Viktor Žmegač, Zdenko Škreb, Ljerka Sekulić

Kleine Geschichte der deutschen Literatur

Viktor Žmegač
Zdenko Škreb
Ljerka Sekulić

Kleine Geschichte der deutschen Literatur

Von den Anfängen bis zur Gegenwart

marixverlag

Genehmigte Lizenzausgabe für Marix Verlag GmbH, Wiesbaden 2004

Covergestaltung: Thomas Jarzina, Köln
Gesamtherstellung: GGP Media GmbH, Pößneck
Printed in Germany

ISBN: 3-937715-24-X
www.marixverlag.de

Inhalt

1. Germanische Dichtung, literarische Tätigkeit in den Klöstern und Anfänge weltlicher Literatur

Als Geburtsstunde der *deutschen* Literatur gilt allgemein die Regierungszeit Karls des Großen (768–814) bzw. der Zeitpunkt seiner Kaiserkrönung in Rom, also das Jahr 800. Damals erreichte der lange Kampf der Franken um die Vorherrschaft in Mittel- und Westeuropa mit der Gründung des karolingischen Imperiums seinen politischen Höhepunkt. Kulturgeschichtlich läßt sich die Regierungszeit Karls des Großen als eine Periode des Umbruchs, als eine „Schwellenzeit" (Hugo Kuhn) charakterisieren. Hier taucht erstmals deutsche Literatur im wörtlichen Sinne auf, in Frühformen der deutschen Sprache gestaltet, und mit den heute noch gebräuchlichen lateinischen Buchstaben festgehalten. Der Geist der neu entstehenden Literatur ist nicht unabhängig vom Einfluß der Kirche. Gleichzeitig jedoch macht sich in dem Bestreben, wichtige sprachliche Äußerungen aus der frühgermanischen Zeit schriftlich zu fixieren, eine deutliche Verbundenheit mit der Tradition der *germanischen* Dichtung bemerkbar. Diese Dichtung, von der nur spärliche Zeugnisse schriftlicher Art, nämlich Runeninschriften erhalten blieben, lebte vor allem in der mündlichen Überlieferung. In jener Dichtung spiegelte sich der Geist der germanischen Stämme, deren historische und sprachliche Entwicklung nun in umrißhaften Zügen skizziert werden soll.

Die germanischen Stammessprachen, aus denen uns eine vergleichsweise bescheidene Zahl schriftlicher Zeugnisse der germanischen Dichtung überliefert ist, gehören zur großen Familie der indogermanischen bzw. richtiger indoeuropäischen Sprachen. Die historische Sprachwissenschaft hat festgestellt, daß die Mehrzahl der modernen europäischen und indischen Sprachen durch Ähnlichkeiten im Wort- und Lautbestand und in der grammatischen Struktur miteinander verwandt ist und sich gleichzeitig von anderen Sprachgemeinschaften (z. B. den baskischen, semitischen, turko-tatarischen und ugrofinnischen Sprachen) unterscheidet. Der Sprachwissenschaft verdanken wir ferner die Erkenntnis, daß sich innerhalb der großen indoeuropäischen Sprachgemeinschaft kleinere Sprachgruppen, wiederum im Hinblick auf Wort- und Lautbestand sowie die grammatische Struktur, voneinander unterscheiden. Solche Gruppen sind die germanischen Sprachen, die keltischen (von denen als Überreste heute z. B. noch die irische und walisische Sprache existieren), die romanischen (als Abspaltung vom Lateinischen) und die slawischen. Ein Fachgelehrter kann heute in der Regel durch Analyse des Sprachmaterials bestimmen, welcher engeren indoeuropäischen Sprachgruppe dieses Material zuzurechnen ist. Als typisches Beispiel dafür gelten geographische Bezeichnungen: wenn der Name für einen Ort, einen Berg oder einen Fluß einmal eingebürgert ist, so bleibt er in der Regel, von geringen Lautwandlungen abgesehen, unverändert bestehen, denn im Laufe der Geschichte neigen Neuansiedler dazu, solche Bezeichnungen von der eingesessenen Bevölkerung zu übernehmen.

In Norddeutschland, im Ostseeraum, in Dänemark und Südskandinavien entstand, wie wir durch archäologische Funde wissen, im 2. Jahrtausend v. Chr. (Bronzezeit) eine Kulturgemeinschaft mit verwandter Lebensweise. Zwar verraten die archäologischen Funde nicht, welche Sprache bei den Mitgliedern dieser nordeuropäischen Kultur verbreitet war, aber hier helfen uns die geographischen Namen weiter: zahlreiche geographische Bezeichnungen in dem erwähnten Gebiet tragen, so alt sie auch sein mögen, charakteristische Merkmale germanischer Sprachen. Deshalb wird inzwischen allgemein angenommen, daß sich während der Bronzezeit in diesem Raum eine Kultur- und Sprachgemeinschaft germanischer Stämme gebildet hat. Es wäre jedoch falsch, von einer „Urheimat" dieser Stämme zu sprechen. Die Bezeichnung „Urheimat" unterstellt, daß einzelne Stämme, die wir aus der Geschichte kennen, sich „seit jeher" in unveränderter Beschaffenheit in einem festumrissenen Gebiet aufgehalten haben und dann von einem Ort zum anderen gezogen sind. Der historische Prozeß verläuft jedoch anders: unterschiedliche geschichtliche Faktoren tragen dazu bei, daß kleinere Stämme an einem bestimmten Ort zu größeren Gemeinschaften zusammenwachsen; in diesem Entwicklungsprozeß erhalten sie dann aus unterschiedlichen Gründen in der Regel einen bestimmten Namen und treten schließlich zu einem bestimmten Zeitpunkt an einem bestimmten Ort in der Geschichte auf – jener Ort, an dem man ihnen zum ersten Mal in der Geschichte begegnet, darf deshalb keineswegs als ihre „Urheimat" bezeichnet werden.

In der Eisenzeit, etwa seit 800 v. Chr., kam es in Mitteleuropa zu einer großen Völkerwanderung. Die germanischen Stämme zogen nach Süden und drangen, wie archäologische Funde zeigen, vor der Zeitenwende bis zum Rhein, an die Grenzen des Römischen Imperiums. Von diesem Zeitpunkt an beginnt die systematische „relative" Geschichte der germanischen Stämme. Von ihnen selbst besitzen wir zwar aus dieser Zeit noch keine schriftlichen Zeugnisse, aber geschichtliche Angaben über sie tauchen nun relativ häufig in den Werken antiker, vor allem römischer Historiker auf. Die Bezeichnung „Germanen" wird erstmals vom griechischen Geschichtsschreiber Poseidonios von Apameia (um 135–51 v. Chr.) überliefert; vermutlich hatten die Römer den Namen eines in der Nähe ihrer Grenze angesiedelten Stammes auf die ganze barbarische Welt des Nordens ausgedehnt. Aus der Sicht der Römer zeichneten sich die Angehörigen dieser Stämme durch ihre kräftige Gestalt, durch blaue Augen und blondes Haar aus.

Die Kämpfe des Imperium Romanum – zunächst der Republik, dann des Kaiserreichs – gegen die vordringenden germanischen Stämme setzten Ende des 2. Jahrhunderts v. Chr. ein: auf der Suche nach geeignetem Siedlungsland waren die Kimbern und Teutonen – zwei germanische Stämme, die von Ackerbau und Viehzucht lebten – nach Gallien vorgedrungen und hatten römisches Gebiet zu plündern begonnen; in Norditalien wurden sie schließlich vom römischen Heer vernichtend geschlagen.

Auch der erste römische Historiker, der über die Germanenstämme berichtet, ging aus solchen Kämpfen hervor: Gaius Iulius Caesar (100–44 v. Chr.), der mit dem römischen Heer den Rhein überquert hatte, beschrieb in seinen *Commentarii de bello Gallico (Aufzeichnungen aus dem Gallischen Krieg)* die Eigentümlichkeiten des Lebens der germanischen Stämme auf der Grundlage von Erfahrungen, die er in den Jahren 58–52 v. Chr. gesammelt hatte. Zu Beginn unserer Zeitrechnung mußte Rom fast ununterbrochen gegen die eindringenden germanischen Stämme kämpfen. Gegen Ende des 1. Jahrhunderts n. Chr. begann das Römische Reich mit dem Bau einer Grenzlinie zwischen Rhein und Donau, um das gefährdete Rheingebiet im Süden des Elsaß zu schützen: ursprünglich eine Militärstraße durch die unwegsamen Wälder Süddeutschlands, wurde der römische „Limes" später durch eine Reihe kleiner Festungen ausgebaut. Um diese Festungen siedelte man ausgediente Legionäre als „Grenzer" an und entwickelte ein Kommunikationssystem. Als im 3. Jahrhundert n. Chr. neue Germanenstämme unaufhaltsam vordrangen, hielt der Limes nicht mehr stand.

Der römische Historiker Publius Cornelius Tacitus (um 55–125 n. Chr.), der in seinen anderen Geschichtsdarstellungen die Kämpfe gegen die Germanen erwähnt, verfaßte um 100 n. Chr. ein eigenständiges Werk, das unter dem Titel *Germania (Über Ursprung und Wohnsitz der Germanen)* bekannt geworden ist. Anders als Caesar hat Tacitus die Germanen nicht aus eigener Anschauung erlebt, aber die Angaben älterer Historiker, deren Aufzeichnungen nicht erhalten sind, gesammelt und mit Augenzeugenberichten zu einem eindrucksvollen Bild zusammengefaßt, dessen Einzelheiten die Forschung auch heute noch als weitgehend zuverlässig beurteilt – nur seine Interpretation der alten germanischen Lebensweise wird heute angezweifelt. Im Anschluß an eine kurze Einleitung (über Land, Aussehen und mutmaßlichen Ursprung der Germanen) schildert das Werk zunächst das öffentliche und dann das private Leben der Germanen. Nach Tacitus' Darstellung basierte die Gesellschaftsordnung der germanischen Stämme auf der Stammesgemeinschaft, die sich im Lauf der Wanderungen und Kämpfe in eine militärische Demokratie verwandelte. Die Stämme kannten die Institution der Gefolgschaft, die sich – meist zum Zweck eines bewaffneten Raubzugs – um einen Krieger scharte. Der Krieger war verpflichtet, für die Mitglieder der Gefolgschaft Sorge zu tragen und sie zu belohnen; diese wiederum waren ihm treu ergeben und auch bereit, das eigene Leben für ihn zu opfern: „die Fürsten streiten für den Sieg, das Gefolge für den Fürsten". Neben der jährlichen Versammlung der gleichberechtigten Bauernkrieger als höchster gesellschaftlicher Instanz des Stammes erwähnt Tacitus die Existenz von Herzögen in Kriegszeiten (bei den westgermanischen Stämmen) bzw. von Königen (bei den Ostgermanen). Tacitus geht auch auf die Religion der germanischen Stämme ein, wobei er allerdings in der Tradition römischer Historiker die Namen der römischen Götter verwendet – diese sogenannte *interpretatio Romana* erschwert das richtige Verständnis seiner Angaben. In den ältesten Zeiten ihrer „relativen" Geschichte kannten die Germanenstämme weder Tempel noch Priestertum und besaßen auch keine Schrift. Besonders betont Tacitus die Kampfeslust der Germanenstämme; da er sie in einer Phase des Übergangs aus der ursprünglichen Stammesgemeinschaft in eine militärische Demokratie beschreibt, kann allerdings bezweifelt werden, ob es sich hier um ein spezifisch germanisches Charakteristikum handelt.

Obwohl Tacitus und andere ältere römische Historiker bei den Germanenstämmen auch Kampf- und Heldenlieder erwähnen, läßt sich die Frage nur schwer beantworten, ob diese Informationen der Wirklichkeit entsprachen oder eine

„interpretatio Romana“ sind. Als sehr wahrscheinlich gilt jedenfalls, daß die Germanenstämme auf dieser Kulturstufe „Ritualdichtung, Zauber-, Spruch-, Merkdichtung, Kleinlyrik“ kannten, aber diese Form der Literatur „ist gattungsmäßig bei vielen Völkern daheim; sie kennzeichnet eine Kulturstufe, nicht einen Stamm“ (Andreas Heusler). Als typisch germanisches Merkmal gilt dagegen die besondere Form des Verses, die sich u. a. durch den Stabreim auszeichnete.

In den ersten Jahrhunderten unserer Zeitrechnung bildete die Sprache den Zusammenhalt der Germanenstämme. Man nimmt an, daß die Sprachen der einzelnen Germanenstämme trotz ihrer Wanderungen bis zum 3. Jahrhundert einander so ähnlich blieben, daß sich die Angehörigen der verschiedenen Stämme ohne Schwierigkeiten miteinander verständigen konnten. Verwandt waren sie ferner durch ihren eigentümlichen Versbau. Jedoch gab es in dieser Sprachfamilie kein Gefühl von Stammesverbundenheit oder von Stammesgemeinschaft, das sie zusammengehalten hätte; ebensowenig war ein übergreifender „germanischer Geist“ vorhanden. Die einzelnen Stämme führten vielmehr ständig Kriege gegeneinander und versuchten, sich gegenseitig auszurotten. Auch waren „tapfere Kämpfer“ aus der militärischen Demokratie der Germanenstämme bereit, den römischen Legionen beizutreten und mit ihnen dann als Legionäre „heldenhaft“ gegen ihre Stammesgenossen zu kämpfen.

In der ersten Hälfte des 3. Jahrhunderts n. Chr. beginnt die Zeit intensiver Wanderungen der germanischen Stämme, die sogenannte Völkerwanderung, die sie durch ganz Europa und bis nach Nordafrika führte. Gotische Stämme z. B. zogen von der Weichselmündung an der Ostsee bis nach Südrußland und dann über den Balkan nach Italien und Spanien, die Wandalen nach Nordafrika usw. Das Römische Reich mit seiner Sklavenhalterordnung und seiner Unfähigkeit, neuere, wirksamere Produktionsformen zu entwickeln, zerbrach mehr aufgrund innerer Schwierigkeiten als durch den Ansturm der Barbarenstämme. Im Jahre 395 wurde das Imperium in ein West- und ein Ostreich geteilt. Der Ansturm der hunnischen Reiterkrieger aus dem Osten beschleunigte den Zerfall der westlichen Reichshälfte, so daß gegen Ende des 5. Jahrhunderts sämtliche weströmischen Provinzen unter der Verwaltung von Königen germanischer Stämme standen. Wie intensiv und umfangreich in diesen Jahrhunderten der Wanderungen der Prozeß des Zerfalls und der Verschmelzung, der Umschichtung und Vereinigung von Stammesgemeinschaften war, zeigt die Tatsache, daß eine große Zahl der von Tacitus erwähnten Stammesbezeichnungen später spurlos verschwunden ist, während die Namen jener Stämme, die sich später in der Geschichte am stärksten hervorgetan haben, erst nach Tacitus aufgezeichnet wurden: der Name der Sachsen taucht erst im zweiten, der der Franken erst im dritten Jahrhundert n. Chr. auf. Unter dem Namen „Franken“ sammelten sich allmählich die germanischen Stämme des Rheingebiets zwischen den Friesen im Norden und den Alemannen (deren Name sich in der französischen Bezeichnung für Deutsche, *allemands*, bis heute erhalten hat) im Süden. An der heutigen deutsch-französischen Grenze kann man ablesen, bis zu welcher Linie im Westen die „Franken“ um 500 das Rheingebiet eingenommen hatten. – Nur in Skandinavien und Mitteleuropa konnten die Germanenstämme den eroberten Boden halten. Die

Stämme östlich der Elbe verließen während der Völkerwanderung diese Gebiete, die dann von slawischen Stämmen eingenommen wurden. Aus allen anderen südlichen und nördlichen Teilen des Kontinents sind die germanischen Eroberer verschwunden. Sie hinterließen hier vergleichsweise zahlreiche Spuren im Wortschatz, in den geographischen und Personennamen sowie in Hinblick auf die ehemaligen Grenzen zwischen den einzelnen germanischen „Staaten". Aus den Grenzen zwischen den Herrschaftsbereichen einzelner germanischer Könige entstanden später die Grenzen zwischen den romanischen Völkern.

Spätestens in den Jahrhunderten der Völkerwanderung setzt sich in der germanischen Sprache ein Differenzierungsprozeß durch, der zur Entstehung deutlich unterscheidbarer Dialektgruppen bzw. germanischer Einzelsprachen führte. Doch trotz immer auffälligerer Sprachbarrieren blieben die germanischen Stämme auch nach dieser Zeit durch drei kulturelle Errungenschaften – die Runenschrift, den germanischen Vers und das Heldenlied – weiterhin miteinander verbunden.

Das Wort *runa* bedeutet in den keltischen und germanischen Sprachen „Geheimnis"; es ist anzunehmen, daß sich über die Bedeutung „magische Formel" auch die Bedeutung „magische Schrift" entwickelt hat. Das älteste Runenalphabet besteht aus vierundzwanzig Zeichen, die sich auf drei Gruppen mit je acht Zeichen verteilen:

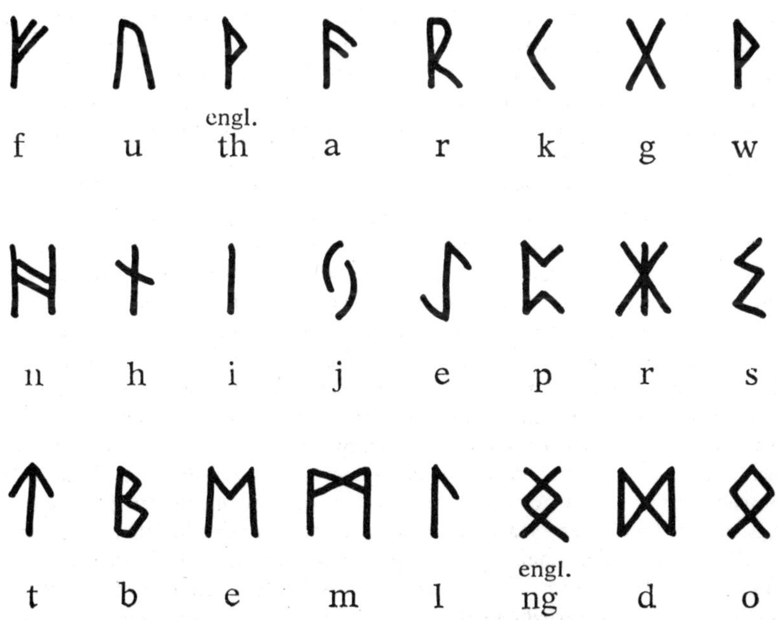

Steinzeichnungen aus Südschweden bezeugen, daß die germanischen Stämme seit den ältesten Zeiten magische Zeichen kannten. Auch die klassische Antike kannte ganze Systeme solcher Zeichen für Zauberei und Wahrsagungen. Die Zeichen der

Runenschrift besitzen starke Ähnlichkeit mit norditalienischen und nordetruskischen Alphabeten, und man vermutet, daß die älteste Form der Runenschrift in Norditalien oder in Nachbarregionen entwickelt wurde, von wo aus sie sich dann über das ganze mit germanischen Stämmen bewohnte Gebiet, bis hin nach Skandinavien und Island, verbreitet hat. In diesem Großraum entwickelten sich später Runenalphabete teils mit mehr, teils mit weniger Zeichen als in der ältesten Form. Die ersten Runeninschriften stammen aus dem 4. Jahrhundert n. Chr., und es gilt als wahrscheinlich, daß die Schrift in den ersten Jahrhunderten unserer Zeitrechnung entstand. Vom Kontinent verschwanden die Runen vermutlich im Laufe des 10. Jahrhunderts, während sie im Norden noch weiter gebraucht wurden. Während der ganzen Zeit der Verwendung der Runenschrift behielten einzelne „Runen" die Bedeutung von magischen Zeichen: jede von ihnen hatte einen bestimmten Namen, der ihre geheimnisvolle Kraft ausdrücken sollte; der erste Laut dieses Namens bestimmte die Bedeutung der Rune als Buchstabe. Die Runen wurden in Stein, Metall, Holz oder Horn eingemeißelt bzw. eingeritzt; sie sollten auf die beschrifteten Gegenstände bzw. Grabdenkmäler eine magische Kraft ausüben. Da aber die Gegenstände aus Holz und Horn in der Regel nicht erhalten blieben, sind im Lauf der Geschichte viele Runeninschriften verlorengegangen. Man vermutet, daß die Technik des Einritzens der Grund für die eckige Form der Runen ist. Wahrscheinlich diente das lateinische Alphabet den Angehörigen der Germanenstämme als Muster für die Schrift einzelner Runen, von denen sie sich eine magische Wirkung erhofften. Die vorrangige Bedeutung der Magie geht auch aus der Tatsache hervor, daß sich Runeninschriften in Grabstätten befinden, wo sie nach dem Begräbnis von niemandem mehr gelesen werden konnten. Für die Aufzeichnung von Urkunden oder literarischen Werken wurde die Runenschrift dagegen nicht benutzt. Zu diesem Zweck entwickelte der gotische Bischof WULFILA (um 311–383), der geistige Führer christianisierter Goten auf dem Balkan, im 4. Jahrhundert eine Schrift nach griechischem Muster und eine Schriftsprache. In dieser neuen Schrift zeichnete Wulfila seine gotische Übersetzung der *Bibel* auf, von der – in einer Pergamenthandschrift aus dem Italien des 6. Jahrhunderts – große Teile besonders des Neuen Testaments erhalten sind (der sogenannte „Codex argenteus" in Uppsala/Schweden). Wulfila fand jedoch keinen Nachfolger, und die gotischen Stämme verschwanden ohnehin relativ bald aus der Geschichte.

Durch den schon mehrfach erwähnten *altgermanischen Vers*, die originellste kulturelle Errungenschaft des Germanischen, unterscheidet sich diese Sprachgruppe von den anderen indoeuropäischen Sprachen. Der Vers ist als sprachliche Erscheinung über die ganze Erdkugel verbreitet. Durch ihn wird das Sprachmaterial auf eine besondere Weise geformt – es wird rhythmisiert. Der Vers hängt deshalb von den strukturellen Eigenarten der jeweiligen Sprache ab. Der altgermanische (*Stabreim*)Vers hebt die strukturellen Haupteigenschaften der germanischen Sprachen mit einer geradezu wissenschaftlichen Genauigkeit hervor, indem er sie als Grundlage für den Rhythmus nutzt. Eine ihrer Haupteigenschaften, die sie von der Mehrzahl der anderen indoeuropäischen Sprachen unterscheidet, besteht darin, daß die freie indoeuropäische Betonung *innerhalb* des Wortes durch die Betonung der *ersten* Wort*silbe* ersetzt wird. Außerdem konzentriert sich die ganze Kraft der Aussprache auf die betonte Silbe, so daß die unbetonten Silben schwächer artikuliert werden und deshalb im Lauf der sprachlichen Entwicklung abbröckelten. Dieser Vorgang läßt sich am deutlichsten in der englischen Sprache verfolgen: so verwandelte sich z. B. die alte Form *habaida* (die Vergangenheitsform des Verbs *haban* = *haben*) in *had* (= *hatte*).

Im altgermanischen Vers bilden die betonten Silben die Grundlage des Rhythmus: sie sind das rhythmische Gewebe des Verses, während die Zahl der unbetonten Silben im rhythmischen Sinne irrelevant ist. Der altgermanische Vers, ein Langvers, besteht aus zwei gleichen Hälften, von denen jede zwei rhythmisch betonte Silben enthalten muß, die zwei rhythmische Einheiten bilden. Der altgermanische Vers steht in enger Beziehung zur rhythmisierten Prosa, und so kann neben den zwei *obligatorischen* betonten Silben in jeder Vershälfte die Zahl der unbetonten Silben variieren. Es handelt sich nicht – wie in anderen Sprachen – um einen musikalischen, sondern um einen rhetorischen, pathetischen Vers. Der logische und affektive Sinn des in ihm rhythmisierten Sprachmaterials wird sowohl durch die rhythmische Position der betonten Silben als auch durch die gesamte Zahl der Silben in einem Vers bestimmt. Bei dem germanischen Langvers stellen vier betonte Silben die untere Grenze dar – solche kurzen Verse sind in der altisländischen Dichtung häufig; eine obere Grenze gibt es in der Regel nicht – Verse mit einer großen Silbenzahl sind für die altenglische und althochdeutsche Literatur charakteristisch. Ein Vers kann mit der ersten betonten Silbe anfangen, doch können vor ihm – auch in großer Zahl – unbetonte Silben stehen.

Während die rhythmische Struktur des altgermanischen Verses erst in unserem Jahrhundert entdeckt wurde, fand eine andere Grundeigenschaft schon früher Aufmerksamkeit: der rhythmische Bau des Verses wird durch Alliteration, d. h. durch gleichen Anlaut der betonten Silben (= Stabreim), zusammengehalten. Dabei können alle Vokale untereinander alliterieren (= staben), während die Lautgruppen *sk, sp, st* nur mit sich selbst alliterieren. In der Regel alliterieren ein oder zwei betonte Silben im ersten Teil des Verses mit der ersten betonten Silbe des zweiten Teils. Eine solche Alliteration, die beide Vershälften zu einer Einheit verbindet, kann nur von den stark betonten Wörtern getragen werden, wobei Substantive immer stärker betont sind als Verben und andere Wortarten. Als Beispiel seien die erhaltenen Verse 3 – 6 des altgermanischen *Hildebrandsliedes* (nach einer Handschrift aus dem 9. Jahrhundert) angeführt:

Híltibrant enti **Há**dubrant || untar **hé**riun tuém.
súnufátarungo || iro **sá**ro ríhtum
gárutun se iro **gú**đhamun || **gúr**tun sih iro suért ana,
hélidos, ubar **hrí**nga || do sie to dero **híl**tiu rítun.

(Hildebrand und Hadubrand, zwischen zwei Heeren.
Vater und Sohn, rückten ihre Rüstung zurecht,
bereiteten ihr Kampfgewand, banden sich ihre Schwerter um,
die Helden, über die Panzerringe, als sie zum Kampf ritten.)

Als sich später, in der althochdeutschen Literatur, mit dem Christentum auch der Einfluß anderer Sprachen bemerkbar machte, wurde der germanische Vers mehr und mehr durch den Endreim verdrängt. (Während der zweiten Hälfte des 19. Jahrhunderts nahm sich Richard Wagner die altisländische Literatur zum Vorbild, als er in seiner Operntetralogie *Der Ring des Nibelungen* den altgermanischen Vers neu zu beleben versuchte. Ähnliche Bestrebungen gingen auch von Schriftstellern dieser Zeit aus; sie kannten jedoch außer der Alliteration keine andere Grundeigenschaft des altgermanischen Verses, und ihre Versuche blieben erfolglos.)

Die kleinen germanischen Kriegerscharen, die auf ihren Wanderungen ihre Familien und ihre Stammesgenossen durch das ganze Römische Imperium führten, um sich an einem geeigneten Ort und inmitten einer fremden Bevölkerung, die sie unterwerfen wollten, anzusiedeln; die plündernden Züge der kämpfenden Gefolgschaftsverbände; der Kampf der germanischen Dorfgemeinschaften um Festigung und Bestand in einer feindlichen und fremden Umgebung – das war die geschichtliche Grundlage, auf der das germanische *Heldenlied* erwuchs, sich entwickelte und von einem Stamm zum anderen weitergetragen wurde. Der Kampf auf Leben und Tod ist das Hauptthema dieser Lieder und ihre Hauptgestalt der unerschütterliche Held, der entweder seine Gegner reihenweise überwältigt oder aber – und dies sind die menschlich und künstlerisch eindrucksvollsten Lieder – seelisch ungebrochen mit souveräner Ruhe seinen Untergang erlebt. Das germanische Heldenlied schildert keine Massenereignisse, sondern auch dann nur die Kämpfe einzelner Krieger, wenn ganze Heere einander gegenüberstehen. Bestimmte geschichtliche Ereignisse, die sich am tiefsten in das Gedächtnis der Zeitgenossen eingeprägt hatten, wandelten sich zur Sage, die der Sänger zum Heldenlied in altgermanischem Vers gestaltete. Sowohl die Sage als auch das Heldenlied ließen aus den geschichtlichen Ereignissen das Vorbild heldenhaften Lebens erstehen. Sie befreiten die Gestalten von ihrem geschichtlichen Hintergrund und stellten den Helden in einer fiktiven Konfliktsituation dar.

Es ist ein spezifisches Merkmal des germanischen Heldenlieds, daß die Rolle der mythischen Elemente stark eingeschränkt ist und daß es kaum Raum für Phantastik, Erotik oder Übertreibungen enthält. Die Pathetik des altgermanischen Verses selbst erhebt die Worte des Liedes über das alltägliche Geschehen hinaus. Ein eigentümlicher „Realismus“ reduziert den Inhalt dieser Lieder auf die seelischen Konflikte der Helden, die sich in längeren Reden offenbaren. Die Reden machen ein bis zwei Drittel des verhältnismäßig kurzen Einzelliedes aus und stellen seine Hauptszene dar; das Lied besteht entweder nur aus einer solchen Hauptszene oder vereinigt mehrere locker verbundene Szenen. Den Hauptkonflikt der Lieder bildet der Gegensatz zwischen unbedingter Gefolgschaftstreue und den natürlichen Verpflichtungen des Helden gegenüber Familie und Sippe. Das germanische Heldenlied – und dies verweist auf seine geschichtlichen Entstehungsbedingungen – verherrlicht die Ethik der Gefolgschaft, die in der bedingungslosen Treue dem Gefolgschaftsführer gegenüber den höchsten moralischen Wert des Kriegers sieht. Kundige Sänger trugen die Lieder an den Höfen der germanischen Könige und im Kreise der Gefolgschaft vor; auf diese Weise gelangten sie von einem Hof zum anderen und von einer Gefolgschaft zur anderen.

Vom Ende des 5. Jahrhunderts an bis zum Tode Karls (814), des angesehensten fränkischen Herrschers, den schon die mittelalterliche Volksliteratur den „Großen“ nannte, gelang es den fränkischen Herrschern, einzelne Germanenstämme im Westen des von ihnen eroberten Landes zu vertreiben (so die Westgoten aus Gallien nach Spanien) und die anderen Germanenstämme in Mitteleuropa zu unterwerfen. Die fränkischen Eroberungen schufen die geschichtliche Grundlage für die Bildung des deutschen Volkes. Von Anfang an wußten sich die fränkischen Herrscher die Unterstützung der Kirche zu sichern, der damals einzigen starken und aktiven Organisation mit kulturellen Zielen.

Im Laufe des 5. Jahrhunderts wurden die letzten antiken Rhetorenschulen im Westen geschlossen; seit dem 6. Jahrhundert starb im östlichen, byzantinischen Teil des Imperiums die lateinische Sprache aus und geriet in Vergessenheit. An ihre Stelle trat die griechische Sprache – eine Entwicklung, die zur völligen Trennung der byzantinischen Kultur vom Westen führte. Im Westen selbst verfiel die antike Kultur. Wo sie sich im Ostreich – in Gebieten, die die Barbarenstämme nicht eroberten – erhalten konnte, blieb sie ihrer Sprache wegen für den Westen unzugänglich. In diesem kulturellen Vakuum war es die *Kirche*, die die Reste der antiken Traditionen als Keime einer künftigen Kultur zu wahren wußte; ihre Träger waren Priester und Mönche. Die Kirche verstand es mit Erfolg, alles zu assimilieren, was von der antiken Kultur erhalten geblieben war. Der römische Bischof, der größte Großgrundbesitzer Italiens mit vorzüglicher Verwaltung, stieg im 8. Jahrhundert zum kulturellen Führer des Westens auf. In den christianisierten Gebieten bildeten die Bischöfe die einzige Verwaltungsinstanz. Als seit dem 4. Jahrhundert von Süden und Osten aus das Mönchtum nach Europa vorzudringen begann und sich im Laufe des 6. Jahrhunderts unaufhaltsam verbreitete, entwickelten sich die neu gegründeten Klöster bald zu kulturellen Zentren. Das fränkische Herrschaftszentrum in Nordgallien – auch Gallien wurde mit Ausnahme des Südens von den Franken unterworfen – vereinigte durch sein Ansehen als einziger aktiver politischer Faktor die alteingesessene romanische Bevölkerung und die germanischen Eroberer in einem Heer und an einem Hof. Die Romanen in Gallien gaben ihren Kindern germanische Namen, die sich in französischen Familiennamen bis heute weitgehend erhalten haben. Aber erst die Christianisierung Mitteleuropas vereinigte die germanischen Stämme unter fränkischer Herrschaft. Die ersten Apostel der Germanenstämme kamen aus Irland und Großbritannien. Im 5. Jahrhundert besiedelten die germanischen Stämme der Angeln, Sachsen und Jüten, die mit Schiffen vom Kontinent gekommen waren, den Süden Englands. Da sich auf englischem Boden fast nichts vom kulturellen Erbe der hier nie besonders starken römischen Herrschaft erhalten hatte, nahmen die angelsächsischen Stämme das Christentum als einzige Form kulturellen Lebens an und bezeigten dem römischen Bischof gegenüber besondere Ergebenheit. In Irland wiederum entwickelte sich ein ausgeprägtes mönchisches Leben. Von diesen Inseln kamen die ersten Apostel der Germanenstämme nach Mitteleuropa.

Ähnlich wie einige Jahrhunderte später die ersten Vertreter des jungen Kaufmannsstandes wanderten auch diese Mönche durch die unwirtlichen Gegenden, wobei sie sich in ständiger Lebensgefahr durch Wälder und Sümpfe schlagen mußten; viele von ihnen wurden von den heidnischen Stämmen erschlagen. Die Klöster, die sie schließlich gründeten, stellten für die ungebildete und analphabetische einheimische Bevölkerung Kristallisationspunkte des kulturellen Fortschritts dar und entwickelten sich darüber hinaus zu Stützpunkten der fränkischen Herrschaft.

Die seit dem 5. Jahrhundert bezeugten fränkischen Herrscher zeichneten sich nicht gerade durch eine vorbildliche Lebensweise aus: für Besitz und Herrschaft wurde in ihren Familien und in deren Umgebung unbarmherzig gemordet. Um ihre Macht zu festigen, versuchten die Herrscher, die angesehenen und wohlhabenden Familien der unterworfenen Stämme für sich zu gewinnen, indem sie ihnen Landbesitz verliehen und auf diese Art einen Hofadel bildeten. Da sich die ganze Macht auf den Besitz von Land stützte, stellte die fränkische Herrschaft den ersten Schritt zum Feudalismus dar. Den fränkischen Herrschern gelang es im Laufe der Zeit, aus der fränkischen Kirche eine Stütze und aus den Klöstern im Osten Brückenköpfe ihrer Herrschaft zu machen. Die Klöster genossen im ganzen Lande hohes Ansehen, und die Söhne mächtiger fränkischer Familien entschieden sich für das Mönchsleben. Das Christentum bildete im fränkischen Staat die ausgeprägteste Form von Kultur. Mehr noch: der mittelalterliche Begriff *christianitas* entsprach, wie später zu Recht behauptet wurde, jener Vorstellung, die wir heute mit dem Begriff *Kultur* verbinden. Zu dieser Zeit gab es keinen Gegensatz zwischen „Rechtgläubigkeit“ und „Ketzerei“, wohl aber zwischen Bildung und Unbildung, und die einzigen Träger der Bildung waren die Vertreter der Kirche. Wenn die germanischen Krieger einen Missionar nicht töteten, so blieben sie angesichts seiner Verkündigung hilf- und ratlos, denn im christlichen Glaubenssystem war unvergleichlich mehr Logik und Sinn als in der primitiven Mythologie der Germanenstämme. Kurz: es war die Kirche, die den germanischen Stämmen auf dem Boden des späteren Deutschland Bildung vermittelte.

Die ersten deutschsprachigen Schriftdenkmäler sind aus dem 8. Jahrhundert erhalten. Bevor jedoch das deutsche Wort auf Pergament erschien, zog eine (zweite) Lautverschiebung eine scharfe Grenze zwischen den Mundarten des südlichen und mittleren Deutschlands auf der einen Seite und denen des nördlichen Deutschlands auf der anderen. Im Norden haben sich stimmlose und stimmhafte Verschlußlaute (p, t, k – b, d, g) so erhalten, wie sie heute noch in den anderen germanischen Sprachen (z. B. im Englischen) anzutreffen sind, während sich im Süden die Lautverschiebung vollzog. Sie gehört zu jenen Merkmalen, durch die sich die deutsche Schriftsprache in charakteristischer Weise von den übrigen germanischen Sprachen unterscheidet. In allen Mundarten des südlichen und mittleren Deutschlands verwandelte sich der Laut *t* im Anlaut eines Wortes in z, während die Laute *p, t, k* zwischen Vokalen und im Auslaut nach Vokalen zu *f, s, ch* wurden. So entspricht dem englischen *t*en das deutsche Wort zehn; ebenso verhält es sich mit slee*p* – schla*f*en, le*t* – la*ss*en, ma*k*e – ma*ch*en. In diesem Zusammenhang mag der Hinweis genügen, daß es sich dabei nur um die typischste

Lautverschiebung handelt, die die Mundarten des südlichen und mittleren Deutschlands von den nördlichen zu trennen begann. Aufgrund dieser Lautverschiebung spricht man bei norddeutschen Schriftdenkmälern von *nieder*deutscher Literatur im Unterschied zur *hoch*deutschen Literatur in Süd- und Mitteldeutschland.

In zeitlicher Hinsicht unterscheidet man eine *althochdeutsche Literatur* (etwa von 750 bis 1050) von einer *mittelhochdeutschen* (etwa von 1050 bis 1350) und einer *neuhochdeutschen* (etwa seit 1350) sowie – analog dazu – eine altniederdeutsche oder altsächsische von einer mittelniederdeutschen Literatur. Mit dem Auftreten Luthers und der Verbreitung seiner Bibelübertragung setzte sich als Schriftdeutsch jene Sprache durch, die auf den Grundlagen der süd- und mitteldeutschen Mundarten entstanden war. Deshalb gibt es keine neuniederdeutsche Literatur, wohl aber ein umfangreiches Dialektschrifttum in den norddeutschen Mundarten. – Aus der Zeit fränkischer Herrschaft sind Schriftdenkmäler zumeist in althochdeutschen Mundarten erhalten.

Wir können uns heute kaum vorstellen, was für ein schwieriges Unterfangen es war, die lateinischen Texte der römisch-vorchristlichen und der christlichen Kultur ins Deutsche zu übertragen und auf Pergament festzuhalten. Man mußte die deutschen Wörter in einer Schrift aufzeichnen, die dem Lautsystem der lateinischen Sprache angepaßt war, aber oft gab es für spezifische Einzellaute der deutschen Mundarten keine entsprechenden Zeichen. Außerdem kannte die christliche Kultur eine Reihe von abstrakten Begriffen, für die im Germanischen nicht nur die passenden Ausdrücke fehlten, sondern die den Stämmen mit ihrer kriegerischen Ideologie auch fremd waren und unannehmbar schienen. Deshalb mußte in solchen besonders schwierigen Fällen ein neues Wort geschaffen oder dem herkömmlichen Ausdruck ein neuer Sinn verliehen werden. – Die ersten erhaltenen Schriftdenkmäler sind Wörterbücher und Glossare, in denen die lateinischen Wörter aus einzelnen Texten ins Deutsche übersetzt wurden. Diese Übertragungen zeichnete man häufig interlinear auf, d. h. zwischen den Zeilen des lateinischen Originals. Eine entscheidende Anregung für die Entstehung der deutschen Schriftkultur ging vom Hofe Karls des Großen aus. Im Interesse der Christianisierung und der religiösen Belehrung erhielt der Klerus den Auftrag, die wichtigsten religiösen Texte in die Volkssprache zu übersetzen und zu verbreiten. Mühsam verrichteten die Mönche in den Klöstern diese schwierige Arbeit. War schließlich in einem Kloster die Übersetzung eines dieser Texte angefertigt, so wurde sie von einem Kloster zum andern weitergetragen; die ohnehin engen Kontakte zwischen den Klöstern erleichterten die Verbreitung. – Eine weitere Schwierigkeit bereitete die Tatsache, daß jedes Kloster seine besondere Sprache entwickelte – schließlich gab es ja noch keine gemeinsame deutsche Schriftsprache. Aus diesem Grund mußten die übersetzten Texte wiederum jeweils der neuen sprachlichen Umgebung angepaßt werden. – Wie schon erwähnt, bestand das gravierendste Problem darin, abstrakte Begriffe aus der lateinisch-christlichen Kultur in die deutschen Sprachen zu übersetzen. Bei dieser Aufgabe erwies sich der Schweizer Mönch und Gelehrte NOTKER LABEO (d. h. der Großlippige, auch

Teutonicus, der Deutsche, genannt; um 950–1022) aus dem berühmten Kloster St. Gallen (das der irische Mönch Gallus im 7. Jahrhundert gegründet hatte) als besonders erfindungsreich. Am Anfang des 11. Jahrhunderts schrieb Notker zahlreiche Lehrbücher, die in der Klosterschule die mittelalterliche Schuldoktrin vermitteln sollten. In seinen Werken werden die lateinischen Termini gebraucht, gleichzeitig in die süddeutsche Mundart übersetzt und erklärt. Nur ein Teil seiner Werke blieb erhalten. Überhaupt ging der größte Teil des zwischen dem 9. und 11. Jahrhundert geschaffenen deutschen abstrakten Wortschatzes verloren, so daß man in späteren Jahrhunderten die gleiche Arbeit wieder neu aufnehmen mußte. – Trotz der vielfältigen Schwierigkeiten, die die Entstehung der deutschen Schriftkultur begleiteten, zeichnen sich die aus dieser Periode erhaltenen literarischen Zeugnisse durch ein erstaunlich hohes sprachliches Niveau aus.

Wahrscheinlich begann sich vom Hofe Karls des Großen aus der Vorläufer des heutigen Begriffs „deutsch" zu verbreiten: das latinisierte Adjektiv *theodiscus* oder *theotiscus* (abgeleitet aus dem alten Substantiv *thiuda* = Volk) kennzeichnet ursprünglich – seit dem Ende des 8. Jahrhunderts, als es zum ersten Mal erwähnt wird – die Volkssprache der Germanenstämme im Unterschied zur lateinischen Sprache. Entstanden ist der Begriff wohl in Nordgallien als Bezeichnung für die germanischen Mundarten im Unterschied zu den romanischen. Aus der althochdeutschen Form *diutisc* verwandelte sich das oben genannte Adjektiv im Rahmen der gesamtsprachlichen Entwicklung schließlich in seine heutige Form. Im Mittelalter war der Ausdruck noch wenig verbreitet.

Die in fränkischer Zeit von der Kirche erlassenen Verbote, nach denen es der christianisierten Bevölkerung untersagt war, sprachliche Dokumente des Heidentums mündlich zu verbreiten, gelten als Beweis dafür, daß innerhalb des fränkischen Staates neben der kirchlichen Übersetzungsliteratur auch eine mündliche Volksliteratur weiterbestand. Nur durch Zufall wurden einige wenige Texte der mündlich überlieferten Literatur auf Pergament festgehalten, so zum Beispiel Zauber- und Beschwörungsformeln, davon einige im altgermanischen Vers wie die *Merseburger Zaubersprüche* (vor 750 entstanden und im 10. Jahrhundert aufgezeichnet). Einen besonderen Platz nimmt das einzige altgermanische Heldenlied ein, das auf dem heute deutschen Gebiet erhalten blieb: das *Hildebrandslied* (vermutlich in der zweiten Hälfte des 8. Jahrhunderts entstanden und um 810 im Kloster Fulda aufgezeichnet) gilt im Hinblick auf Stil und Komposition als Musterbeispiel für das Heldenlied in altdeutscher Sprache und mit altgermanischem Vers. Der Vater Hildebrand zieht als Gefolgsmann eines vertriebenen Herrschers in die Fremde und hinterläßt in der Heimat seine Frau und einen kleinen Sohn, Hadubrand; Hildebrand kehrt später an der Spitze eines Heerbanns heim, um das eroberte Land zurückzugewinnen. Als Gegner steht ihm sein Sohn Hadubrand gegenüber. Der Vater erkennt den Sohn und gibt sich selbst zu erkennen; doch der Sohn mißtraut den Worten des Vaters und zwingt ihn durch den Vorwurf der Feigheit zum Kampf. Hier bricht das Lied ab. Es blieb nur als Fragment mit 68 stabenden Langzeilen erhalten. Das Lied besteht aus einem Gespräch zwischen Vater und Sohn vor den beiden Heeren und einem verzweifelten Monolog des Vaters unmittelbar vor dem Zweikampf, dessen tragischer

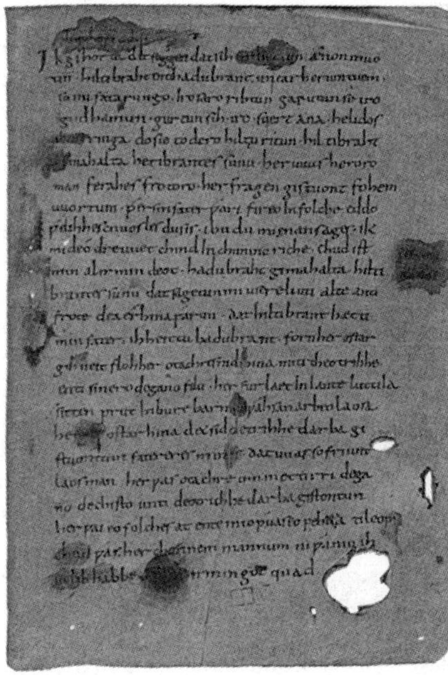

Das Hildebrandslied: *die erste Seite der Handschrift, die vermutlich um 810 im Kloster Fulda aufgezeichnet wurde.*

Ausgang nicht bezweifelt werden kann. Tapferkeit und Ehre, die der Sohn an seinem totgeglaubten Vater rühmt, zwingen Hildebrand, diese Tugenden selbst dem Sohn gegenüber zu bewähren. Das Lied verherrlicht die Gefolgschaftstreue: sie steht über der Liebe des Vaters zu seinem Sohn.

Als Dokumente des Übergangs von der heidnisch-germanischen zur frühen christlich-deutschen Literatur lassen sich Texte charakterisieren, in denen religiöse Themen mit typischen Stilmerkmalen der germanischen Sprachen gestaltet sind. In der angelsächsischen Literatur bedienten sich Mönche des altgermanischen Verses, um mit seiner Hilfe Werke ausgesprochen christlichen Geistes zu verfassen. Auf dem Kontinent gibt es dafür nur wenige Beispiele: aus dem süddeutschen Raum ist das *Wessobrunner Gebet* (in bayrischer Mundart Ende des 8./Anfang des 9. Jahrhunderts entstanden und in einer unvollständig erhaltenen Handschrift von 814 aufgezeichnet) zu nennen, das kurze Fragment eines Liedes über die Entstehung der Welt, außerdem das mit 103 überlieferten Versen längere Lied *Muspilli* (zu Beginn des 9. Jahrhunderts entstanden) über den Weltuntergang in Flammen. Dieser Untergang wird mit dem geheimnisvollen Rätselwort *muspilli* umschrieben. Diesen kleinen Denkmälern der althochdeutschen Literatur schließen sich zwei viel umfangreichere Werke der altniederdeutschen bzw. altsächsischen Literatur an: zum einen die fast 6000 Verse des sogenannten *Heliand* (d. h. Heiland; um 830), einer vollständigen poetischen Erzählung des Lebens Christi. Der Autor hat in beträchtlichem Maße Wortschatz und Stileigenschaften des altgermanischen Heldenlieds beibehalten. Zum anderen ist auf die bald darauf und wohl im Umkreis des unbekannten *Heliand*-Autors entstandene sogenannte *Altsächsische Genesis* hinzuweisen – das Bruchstück einer Darstellung, die von der Schöpfung bis zur Ankunft Christi reicht. Die beiden Werke gelten als wichtigster Beitrag des Niederdeutschen zur gemeinsamen deutschen Literatur des Mittelalters.

In der deutschen christlichen Literatur des 9. Jahrhunderts trat ein Ereignis ein, das die weitere Entwicklung der deutschen Literatur entscheidend beeinflussen sollte: Die schreibenden Mönche gaben den altgermanischen Vers, der sich ganz auf die rhetorische Kraft der ersten betonten sinntragenden Wortsilbe stützte, auf und übernahmen den *Reim* als Grundlage für die Versbindung. Der elsässische Mönch Otfrid von Weissenburg (um 800 – um 870) gestaltete in seinem althochdeutschen *Evangelienbuch* (863–870 vollendet) das Leben Christi in gereimten Versen. Inhaltlich ein Gegenstück zum *Heliand*, faßte Otfrid wie sein altsächsischer Vorgänger die von der Kirche als authentisch erklärte Darstellung der vier Evangelien zusammen. Schon vorher, (um 830) hatte der Lehrer Otfrids und des *Heliand*-Dichters, der Gelehrte und spätere Mainzer Erzbischof Hrabanus Maurus, mehrere Mönche dazu angeregt, die lateinische Fassung einer *Evangelienharmonie* des Syrers Tatian aus dem 2. Jahrhundert ins Althochdeutsche zu übersetzen. Otfrid, der erste namentlich bekannte deutsche Autor, folgte in seinem Werk der theologischen Tendenz seines Jahrhunderts. Mit seinen rund 7000 Langversen ist das *Evangelienbuch* erheblich umfangreicher als ähnliche Versuche – vor allem deshalb, weil der Autor in seinem Werk auf die zeitgenössische theologische Literatur zurückgriff und außerdem allegorische, mystische und moralische Interpretationen der Evangelien einfügte. Diese Dichtung ragt aus der damaligen mittelalterlichen Literatur heraus. Trotz der Einführung des Endreims gelang es Otfrid, viele Eigenschaften des altgermanischen Verses beizubehalten. Seine Neuerung besteht darin, daß er beide Hälften des Langverses verselbständigte, indem er sie nicht mehr mit Hilfe der Alliteration, sondern durch den Reim verband. Dieser Reim war viel freier als der Reim des späteren deutschen Verses. Bei Otfrid hatte der Kurzvers vier betonte Silben, während die Zahl der unbetonten Silben wechselte. Otfrid bewahrte zwei grundlegende Freiheiten des altgermanischen Verses: die erwähnte Variation bei der Zahl der unbetonten Silben (sowohl vor der ersten betonten Silbe im Vers als auch innerhalb des Verses) und die Füllung des ganzen Verstaktes durch eine einzige betonte Silbe (also ohne unbetonte Silben).

Erst im 13. Jahrhundert versuchten die deutschsprachigen Dichter, nach romanischem Muster im Vers regelmäßig betonte und unbetonte Silben abwechseln zu lassen. Im sogenannten deutschen Volkslied dagegen hielt sich die Variation der Zahl der unbetonten Silben – eine Tradition, die im vergangenen Jahrhundert neu belebt wurde, als deutsche Lyriker sich den Stil des Volkslieds zum Vorbild nahmen. Seitdem verbreitete sich dieses Versmerkmal auch außerhalb der Grenzen des deutschsprachigen Raums.

Otfrid selbst trug in seine Texte Akzente als Hilfen für das korrekte Lesen der auf neue Art rhythmisierten Verse ein. Seine Verse:

Uuánana sculun Fráncon éinon thaz biuuánkon
ni sie in frénkisgon biginnen, sie gótes lób singen –

(Warum sollen die Franken als einzige zurückschrecken vor dem Versuch, in fränkischer Sprache Gottes Lob zu verkünden?)

interpretiert der angesehene Germanist Edward Schröder als eine Anspielung auf die Tatsache, daß der Papst den Slawenaposteln Kyrill und Method erlaubt hatte, für die slawischen Stämme die heiligen Bücher und die Liturgie in die slawische Sprache zu übertragen. Schröder nimmt an, daß der Erfolg Kyrills und Methods in Rom Otfrid zur Abfassung seines Werkes angeregt hat.

Neben dem großen epischen Lied Otfrids sind aus der zweiten Hälfte des 9. Jahrhunderts noch einige kürzere literarische Zeugnisse erhalten, die – ganz in religiösem Geist – in den von Otfrid geschaffenen Reimversen gestaltet sind. Dazu gehört auch das *Ludwigslied* (um 881, in rheinfränkischer Mundart), das den Sieg Ludwigs III. über die Normannen besingt und dabei christliche Motive stark hervorhebt. Es ist nicht klar, ob Otfrids Werk zu seinen Lebzeiten in Handschriften derart weit verbreitet war, daß andere, anonym gebliebene Autoren – mehr oder weniger seine Zeitgenossen – es als Vorbild genommen haben, oder ob alle diese Autoren gleichen (und heute unbekannten) Anregungen folgten, als sie zum Reimvers übergingen.

Der neue Reimvers erlaubte es den Autoren, sich vom Wortschatz und Stil der altgermanischen Poesie zu lösen. Otfrids Langvers, der in zwei durch Reim verbundene Verse mit vier kurzen Takten zerfällt, wurde – mit den genannten rhythmischen Freiheiten – zum grundlegenden rhythmischen Schema der deutschen epischen Literatur des späteren Mittelalters. Auch die mündliche epische Literatur verließ im Mittelalter den Stabreim und ging zu einem Reimvers über, der Otfrids Vers glich. Es ist nicht mehr möglich festzustellen, wann und unter welchen geschichtlichen Bedingungen dies geschehen ist; ebensowenig weiß man, ob die Reform Otfrids und seiner Zeitgenossen auf einen Wandel in der Versbildung innerhalb der mündlichen Literatur zurückzuführen ist.

Das Reich Karls des Großen, das nach seinen Plänen die führende Rolle des Römischen Imperiums übernehmen sollte, war nicht von langer Dauer. Ähnlich wie das Römische Imperium im Jahre 395, zerfiel auch Karls Reich Mitte des 9. Jahrhunderts in zwei große Gebiete. Die Spuren dieser Teilung prägen noch heute die Landkarte Europas: der östliche Teil wurde das Land des späteren deutschen Volkes, im westlichen (und mittleren) Teil entwickelte sich das französische Volk. Den schwachen Nachfolgern Karls gelang es nicht zu verhindern, daß die starken Vertreter des Adels in einigen Stämmen ihre Position ausbauen und in ihren Herzogtümern schließlich mehr Macht ausüben konnten als der Kaiser. Im Jahre 911 wählten die Stammesherzöge der Sachsen, Bayern, Schwaben, Franken und Thüringer den Frankenherzog Konrad zum deutschen König. Dieses Datum wird in der Regel als Geburtsstunde des Deutschen Reiches angesehen. Allerdings setzte erst der zweite Nachfolger Konrads, Otto I. der Große, in seiner militärisch expansiven Amtszeit (936–973) die Autorität des Königs endgültig durch. Er wurde während seines zweiten Italienzuges 962 in Rom zum Kaiser gekrönt. Der Expansionsdrang blieb in der Folgezeit ein Hauptmerkmal deutscher Feudalherren und Kaiser. Er richtete sich sowohl gegen die Slawen (in der sogenannten „Ostkolonisation") als auch gegen das damals reiche Italien, auf das die deutschen Kaiser in der Nachfolge des Römischen Imperiums Anspruch erhoben. Anders als in der Karolingerzeit, gingen von den deutschen Höfen, an denen die Kinder der Herrscher kaum lesen und schreiben konnten, in dieser Periode keinerlei kulturell bemerkenswerte Anregungen aus.

Im Gegensatz dazu verlief die Entwicklung in Frankreich. Hier fand die feudale Gesellschaft des Mittelalters zuerst zu einem Gleichgewicht zwischen königlicher, herzoglicher, kirchlicher und (früh)bürgerlicher Macht. In Frankreich gelang es, die wirtschaftliche Produktion zu intensivieren und einen Nationalstaat zu errichten, der die vergleichsweise fortschrittliche Form der absoluten Monarchie besaß. In diesem Klima erlebte die feudale Kultur Europas ihre größte Blüte. Daher wurde seit dieser Zeit „Frankreich tonangebend. Die deutsche Dichtung erkannte die Führungsrolle Frankreichs ausdrücklich oder stillschweigend an. Französische Stoffe und Gattungen werden in Deutschland übernommen und nachgebildet" (Helmut de Boor).

Im Deutschen Reich änderte sich inzwischen auch die Rolle der Kirche. Otto I. der Große hatte sich im Kampf gegen die starken Feudalherren auf die ihm treu ergebenen Bischöfe gestützt. Dieser Faktor trug historisch wesentlich dazu bei, daß die deutschen Bischöfe schließlich selbst die Rolle mächtiger Feudalherren und politischer Persönlichkeiten übernahmen. Die Klöster hörten auf, Zentren der Christianisierung und der deutschen Schriftkultur zu sein. Dort, wo sie noch kulturelle Energien entwickelten, orientierte sich ihre Tätigkeit an der lateinischen Kultur. Der bereits erwähnte Mönch Notker Labeo schrieb außer Schullehrbüchern auch eine Reihe von lateinischen Werken. Aus dieser Zeit sind außer lateinischen Schriften deutscher Autoren auch Lieder erhalten, die in einer ungewöhnlichen deutsch-lateinischen Sprachmischung verfaßt waren: die eine Hälfte des Verses schrieb man in lateinischer, die andere in deutscher Sprache. Insgesamt ist uns aus der Zeit zwischen etwa 900 und 1060, also bis zum Ende der althochdeutschen Periode, kein literarisches Werk in deutscher Schriftsprache überliefert.

Der Beginn der mittelhochdeutschen Literatur wird von einem deutlichen Lautwandel begleitet. Vorher hatten die deutschen Mundarten trotz vieler lautlicher und struktureller Veränderungen zumeist jene lautliche Struktur der germanischen Sprachformen beibehalten, die in den Texten zwischen dem 8. und 10. Jahrhundert aufgezeichnet worden war. Der sogenannte germanische Akzentwandel, der auf die Betonung der Wurzelsilbe zurückzuführen ist, hatte die Endvokale der Nachsilben und der Wortendungen in der althochdeutschen Zeit nur teilweise erfaßt. In den Texten dagegen, die uns seit dem Ende des 11. Jahrhunderts begegnen, stößt man auf weitreichende Veränderungen im Erscheinungsbild der Sprache: u. a. sind nun fast alle Endvokale zu einem dumpfen Laut abgeschwächt, der mit dem Buchstaben *e* bezeichnet wird.

Die ersten geistigen Anregungen auch für die mittelhochdeutsche Literatur gingen wieder von Klöstern aus, nur kamen sie diesmal von jenseits des Rheins, aus dem heutigen Frankreich. Die deutschen Klöster, anfangs strategische Brükkenköpfe der fränkischen Herrschaft und beliebte Aufenthaltsorte der Kinder fränkischer Feudalherren, hatten im Laufe der Zeit aufgehört, Stätten der Askese zu sein. Eine deutliche Tendenz zur Verweltlichung des Klosterlebens, insgesamt vor allem begründet im Aufkommen der geistlichen Fürstengewalt, zeichnete sich ebenfalls in anderen Regionen ab, so auch auf dem Boden des heutigen Frankreichs. Hier aber war auch das Zentrum einer kirchlichen Reformbewegung, die zu Beginn des 10. Jahrhunderts vom burgundischen Kloster Cluny ausging und das Ziel anstrebte, in den Klöstern die mystische und asketische Lebensweise zu erneuern.

Aus dem Umfeld der Reformbewegung verbreitete sich eine kultiviertere, spirituelle Form des Christentums, die sich vom Christentum der in blutige Kämpfe verstrickten Feudalherren abhob. Die cluniazensische Bewegung gewann in Frankreich rasch an Boden und trug zur Stärkung der königlichen Macht bei, während sie in Deutschland keine derartigen Erfolge verzeichnen konnte. Auch die neuen Mönchsorden, von denen seit dem 11. Jahrhundert Reformbestrebungen ausgingen, entfalteten sich in Frankreich (und Italien) wesentlich besser als auf deutschem Boden.

Die frühe mittelhochdeutsche Literatur hat ihre Entstehung den aus Frankreich erhaltenen Anregungen zur Reform des christlichen Lebens zu verdanken. Die Verfasser der Werke – nicht nur Mönche, sondern auch Weltpriester und sogar Laien – sind uns namentlich meistens unbekannt, und wenn die Namen auch bekannt sind, so fehlen uns biographische Daten über ihre Träger. Mit der Zielsetzung hat sich auch das Publikum dieser Literatur gegenüber der althochdeutschen Zeit geändert: Während die aus den fränkischen Klöstern hervorgegangene althochdeutsche Literatur vorwiegend für die grundlegendsten praktischen Bedürfnisse des religiösen Lebens bestimmt war und sich an das gebildete kirchliche Publikum, an Priester und Mönche, sowie höchstens an einzelne Herrscher wandte, berücksichtigt die frühe mittelhochdeutsche Literatur Ende des 11. und fast im gesamten 12. Jahrhundert das weltliche Publikum, hauptsächlich den kleinen und mittleren Adel. Die Werke selbst sind ganz vom Geist der Verachtung weltlichen Lebens und weltlicher Kultur durchdrungen; sie betonen das religiöse Leben und die absolute Hingabe an Gott als die einzigen Werte des menschlichen Lebens. Man könnte sie als eine Art geistigen Rousseauismus bezeichnen. Die Thematik dieser ausschließlich religiösen Literatur ist sehr unterschiedlich: Es gibt biblische Szenen (aus dem Alten wie aus dem Neuen Testament), Heiligenviten, religiöse Traktate, Allegorien, moralische Traktate, gereimte Predigten, Darstellungen des Lebens im Himmel und in der Hölle, insbesondere aber enthusiastische literarische Zeugnisse der Marienverehrung.

An der Grenze zwischen dieser Literatur und der althochdeutschen stehen zwei Prosawerke aus der Mitte des 11. Jahrhunderts. Der Abt des bayrischen Klosters Ebersberg WILLIRAM (vor 1010–1085) schrieb eine Übersetzung und Interpretation des *Hohen Liedes* aus dem Alten Testament, wobei der deutschen interpretie renden Prosaübertragung eine in lateinischen Hexametern geschriebene Paraphrase gegenübersteht. Das andere Werk, der um 1070 im Kloster Hirsau entstandene *Physiologus*, enthält phantastische Beschreibungen von Tieren und wird als christliche Allegorie des Lebens gedeutet.

Die ungefüge und kunstlose Versbildung unterscheidet die frühen Texte von den späteren Werken der mittelhochdeutschen Literatur aus den Jahrzehnten um 1200. Die Verse mußten vier betonte Silben enthalten, je zwei Verse durch Reim verbunden. Der Reim allerdings besitzt wenig Reinheit, und die Freiheiten bei der Verteilung von betonten und unbetonten Silben sind so groß, daß dieser Vers fast die Beweglichkeit des altgermanischen Verses zurückgewonnen hat – jedoch ohne die Kunst des alten Sängers, der alle rhythmischen Freiheiten einem spürbaren logischen und affektiven Sinn dienstbar zu machen wußte.

Zu den frühen Zeugnissen mittelhochdeutscher Literatur gehören auch zwei Moraltraktate, die rund 100 Jahre später, in der Mitte des 12. Jahrhunderts entstanden sind. Man vermutet, daß ein Klosterbruder aus dem Kloster Melk der Autor beider Werke ist, auch wenn er nur in einem der beiden Texte seinen Namen (Heinrich) erwähnt hat. Dieser sogenannte HEINRICH VON MELK (12. Jahrhundert) kann als später Vertreter jener europäischen literarischen Tradition angesehen werden, die im Geist von Cluny verfaßte Bußpredigten und Sittenkritik hervorbrachte. In der Darstellung vom *Priesterleben* (um 1150 entstanden und Heinrich zugeschrieben) werden Völlerei und Unzucht der Geistlichen mit beißendem Spott bedacht. In seiner mahnenden *Erinnerung an den Tod* (wahrscheinlich zwischen 1150 und 1160 verfaßt), einem Beispiel der Memento Mori-Literatur, geißelt Heinrich von Melk die gesellschaftlichen Unsitten und Laster seiner Zeit. Dabei brandmarkt er auch zwei Rittergestalten: einen unkultivierten Grobian und Streithammel, der nichts weiter als ein Krieger ist, und einen vornehmen Mann mit guten Manieren, der nur seine Liebessorgen kennt.

Der Ausbau der feudalen Gesellschaftsordnung hatte bis zum Ende des 12. Jahrhunderts dazu geführt, daß die Krieger, die in den Diensten eines Feudalherren standen, ohne Rücksicht auf ihre Herkunft Ländereien zunächst leihweise (Lehen) und dann als Eigentum erhielten. Auf diese Weise traten sie in die Klasse der Ritter ein und waren, im Sinne der feudalen Gesellschaftspyramide, von ihren Herren abhängig; andererseits waren sie gesellschaftlich getrennt von Bauern und Bürgern, die sie verachteten und denen gegenüber sie sich wie Ausbeuter verhielten. So sehr auch die Ritter von der Gnade ihres Herrn abhängig waren, sie fühlten sich doch sozial mit ihm verbunden. Diesem Ritterstand gelang es, sich kulturell über jene Lage zu erheben, die Heinrich von Melk beschrieben hatte, und in der 2. Hälfte des 12. Jahrhunderts in Deutschland zum Träger einer eigenständigen ritterlichen Kultur und Literatur zu werden. Einer der wichtigsten Faktoren für diesen Wandel waren die Kreuzzüge, die Ende des 11. Jahrhunderts begonnen hatten. Die Teilnehmer der Kreuzzüge verließen die Grenzen des frühen europäischen Feudalismus und kamen mit fortschrittlichen nichtchristlichen Gemeinschaften in Berührung, die gebildeter und – in kultureller und geistiger Hinsicht – freisinniger waren. Der deutsche Adel, bisher ein dankbares Publikum für religiöse Werke, aus denen die Verachtung des weltlichen Lebens sprach, begann

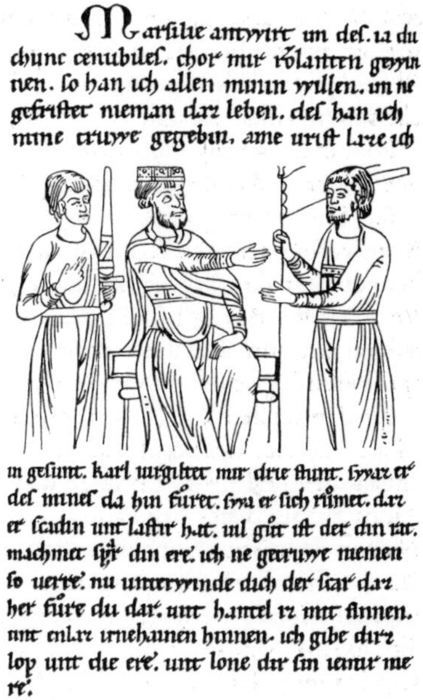

Rolandslied *(um 1170 entstanden) des Pfaffen Konrad: Seite aus einer rheinfränkischen Handschrift vom Ende des 12. Jahrhunderts.*

sich für eine ganz andere Thematik zu interessieren, und eine Reihe epischer Werke versuchte, diesem Interesse entgegenzukommen. Mit Sicherheit stammt eine gewisse Anzahl dieser Werke von Priestern, und wahrscheinlich hat der Wunsch der Zuhörer diese Autoren dazu bewogen, neue Themen und Motive aufzugreifen.

An erster Stelle ist hier auf das *Alexanderlied* (um 1120/1130) hinzuweisen, eine phantastische Lebensbeschreibung Alexanders des Großen, ein beliebtes Thema bereits in der griechischen und lateinischen Literatur. Der Autor des *Alexanderlieds*, der Pfaffe LAMPRECHT (1. Hälfte des 12. Jahrhunderts), hat eine französische Vorlage in deutsche Verse übertragen. – Besondere Beachtung verdient die *Kaiserchronik* (um 1150 in Regensburg entstanden), das erste umfangreiche geschichtliche Werk in deutscher Sprache, das eine Reihe phantastischer Biographien zunächst römischer und dann deutscher Kaiser (bis 1147) vorstellt und das Deutsche Reich als Fortsetzung des Römischen deutet. Die *Kaiserchronik*, die auch novellistische Elemente enthält, bricht nach mehr als 17000 Versen ohne Abschluß ab. Die historischen Quellentexte des Werks sind nur z. T. bekannt, und unbekannt ist auch, wer den Text verfaßte. Für den Geist des Autors bzw. der Autoren ist bezeichnend, daß die ritterliche Liebe, die *minne*, als eine moralische Tugend erwähnt wird. Vom Pfaffen KONRAD (12. Jahrhundert), der möglicherweise an der *Kaiserchronik* beteiligt war, blieb ein Werk erhalten, das ebenfalls in diesen Kreis historischer Themen gehört: seine um 1170 entstandene Übersetzung des französischen epischen *Rolandsliedes* stilisierte – abweichend von der franzö sischen Vorlage – die Krieger Karls des Großen in Kämpfer für das Himmelreich um, die vom Glauben inspiriert sind.

Einige erhaltene epische Dichtungen dieser Frühzeit sind rein phantastische Schöpfungen unbekannter Autoren. Es ist schwer zu entscheiden, wer sie verfaßt hat: War es ein Volkssänger (*spileman*), der auf einen ritterlichen Hof gekommen war, oder auch hier ein Priester, der dem Wunsch seines Publikums gerecht zu werden suchte und deshalb märchenhafte Züge und fabulöse Heldentradition in seinen Text aufnahm? Jedenfalls sind die sprachliche Beschaffenheit und der Rhythmus dieser Lieder viel ungefüger und kunstloser als die der alten Heldenlieder. Erhalten sind ein fabulierfreudiges Lied über *König Rother* (um 1150–1160 entstanden), der um die Tochter des byzantinischen Königs wirbt; ein Lied über *Herzog Ernst* (um 1180), seine Vertreibung aus Deutschland und seinen Weg nach Osten, und schließlich legendäre Lieder über *Salman* (d. h. Salomon) *und Morolf* (um 1190) sowie über die Heiligen *Oswald* (um 1170) und *Orendel* (um 1190). Alle diese Lieder – wer vom *Alexanderlied* bis zu *Orendel* auch immer ihr Autor gewesen sein mag – verbinden märchenhafte Züge mit religiösen und weltlichen Motiven zu einem Konglomerat, das dem alten Heldenlied ebenso fremd war wie dem religiösen Enthusiasmus der Darstellungen des Lebens Christi oder der Heiligen.

Weil die deutsche Sprache in der althochdeutschen Periode nur selten den Weg zum Pergament fand, erwähnt die deutsche Literaturgeschichtsschreibung alle Reste der deutschen Schriftkultur aus dieser Zeit, welchem Zweck sie auch immer gedient haben mögen. Erst nach der mittelhochdeutschen Zeit trennt sich die deutsche mittelalterliche Literatur im engeren Sinne, d. h. die deutsche Versliteratur, von der Geschichte der deutschen Prosa, die praktischeren Zielen dient.

2. Ritterdichtung und frühe bürgerliche Kultur

Die weitere Entwicklung der mittelhochdeutschen Dichtung steht im Zeichen der aufblühenden Ritterkultur und der literarischen Kunst ihrer Dichter. Diese treten zwar in der Regel im Dienst der Feudalherren auf und gehören dem Stand der sogenannten Ministerialen an, entwickeln aber als Ritter ein Standesbewußtsein, das sie mit ihren Lehnsherren, Beschützern und Mäzenen gleichstellt. Nur unter den Schöpfern der lyrischen Liebesdichtung begegnen wir dem Hochadel und sogar dem Kaiser. Die literarischen Werke sind für den Gesang bestimmt oder werden, wenn sie der epischen Dichtung angehören, an Höfen der Lehnsherren vorgetragen, die ihrerseits die Autoren materiell unterstützen und Themen für literarische Werke in Auftrag geben. Ritterdichtung ist Standesdichtung in strengem Sinne: ihre Ideale und Idealgestalten sind unverwechselbare Schöpfungen der herrschenden Klasse des europäischen Feudalismus, entstanden in jenem Lande, in dem der Feudaladel die höchste kulturelle Entwicklungsstufe erreicht hatte, in Frankreich. An diesen Idealen prüft die Gesellschaft ihre Identität, und neben Übungen zur körperlichen Ertüchtigung, neben Turnieren und Wettkämpfen, neben der Jagd und – modern ausgedrückt – Sportfesten aller Art dient die Literatur der Unterhaltung einer hochstehenden Gemeinschaft. Die Bedeutung der Ritterdichtung wird uns verschlossen bleiben, wenn wir die Tatsache außer acht lassen, daß sie als Unterhaltungsliteratur für eine bestimmte Gesellschaftsschicht verfaßt war und daß sich die Dichter, obwohl sie nicht zu ihren höchsten und angesehensten Vertretern gehören, doch zu ihren Mitgliedern zählen.

Schon die geistlichen Dichter des epischen *Alexanderliedes* und des *Rolandsliedes* griffen auf französische Vorlagen zurück. Für die Ritterdichtung wird die Bindung an französische Vorbilder zur Regel. Als echte höfische Dichtung versteht die Ritterdichtung Originalität als stilistische Verfeinerung und Erneuerung von Themenbereichen, die der Hörerschaft allgemein bekannt waren, ja als verbindlich galten. (In diesem Selbstverständnis ist die Ritterdichtung mit der späteren Lyrik des Petrarkismus und des Rokoko verwandt.) Ähnlich wie es in den Franziskanerklöstern und späteren Ordensgemeinschaften der Fall war, verbindet auch die Dichter des Ritterstandes ein gemeinsames Interesse: sie lesen oder hören sich die Werke ihrer literarischen Konkurrenten und Rivalen an, um sie anschließend entweder kollegial zu feiern oder, was häufiger vorkommt, scharfe Kritik daran zu üben. Innerhalb der Sangverslyrik tragen die Dichter regelrechte Wettkämpfe aus, um die Wortkunst des Gegners zu übertreffen und die Gunst der vornehmen Hörerschaft zu gewinnen. Herrscherlob und Herrschergunst sind damit verbunden. Kritische Stellungnahmen von Dichtern des Ritterstandes gegenüber einzelnen dichtenden Zeitgenossen sind vereinzelt vorkommende Beispiele für die Existenz literarischer Kritik innerhalb der ritterlichen Gesellschaft. – Als Vertreter authentischer höfischer Dichtung waren auch die Dichter des Ritterstandes bestrebt, das sprachliche und rhythmische Ausdruckspotential der deutschen Verssprache zu vervollkommnen; und in diesem Bemühen waren sie zweifellos erfolgreich. Die epischen und lyrischen Werke der deutschen Ritterdichtung stehen daher den französischen Vorlagen in keiner Weise nach. Die ritterliche Literatur markiert in den ersten Jahrzehnten des 13. Jahrhunderts den ersten Höhepunkt der deutschen Sprach- und Verskunst. Nach diesem Höhepunkt finden wir erst in der Stilkultur des deutschen Barock wieder eine vergleichbare Entwicklungsstufe der Dichtersprache. Die Ritterdichtung kennt zwar noch keine standardisierte Hochsprache, aber ihre Vertreter, die durch Süd- und Mitteldeutschland von Hof zu Hof reisten und ihre Verse vor Sprechern verschiedener Mundarten vortrugen, bemühten sich bewußt darum, aus der Sprache ihrer literarischen Werke alle Dialektmerkmale zu beseitigen, die sie als Sprecher einer bestimmten Mundart ausgewiesen hätten. Ähnlich wie die früheren Anstrengungen der Mönche, in der althochdeutschen Sprache einen abstrakten Wortschatz zu schaffen, in Vergessenheit gerieten, erlöschen mit dem Untergang der Ritterkultur auch die vielfältigen Bemühungen ihrer Autoren, der deutschen Dichtersprache die höchste Ausdrucksform zu verleihen. Lediglich einzelne Elemente aus der Sprache der Ritterlyrik blieben in Versen des sogenannten Volksliedes erhalten. Da die Dichter des Ritterstandes auf literarische Stoffe aus der französischen Literatur zurückgriffen, entlehnten sie diesen Vorlagen auch französische Wörter. Auch diese Wortentlehnungen blieben in späteren Entwicklungsphasen der Sprache nur in geringer Anzahl bewahrt.

Die Ritterdichtung schuf *epische, lyrische* und *didaktische* Werke. Innerhalb der didaktischen Literatur wirkten auch Dichter, die nicht dem Ritterstand angehörten. Die französischen Dichter gliederten das stoffliche Material ihrer epischen Werke in drei Gruppen, die thematisch bestimmt waren: französische Themen, bretonische Themen und Themen über Rom. Die französischen Themen umfaßten den Bereich des epischen Heldenliedes, wie es z. B. das *Rolandslied* darstellte. Daneben entstanden in der Mitte des 12. Jahrhunderts in der französischen Literatur drei überragende Werke mit antiker Thematik: der Thebenroman, der Roman von Aeneas und der Trojaroman. Im Unterschied zum epischen Heldenlied, das Kämpfergestalten verherrlicht, die vom Gemeinschaftsgeist durchdrungen sind, gelten Werke der Ritterepik mit außereuropäischer oder phantastischer Thematik im allgemeinen als Romane; mit dieser späteren Gattung sind sie verwandt, weil sie – angefangen beim *Roman d'Enéas* – die Abenteuer (*âventiuren*) eines Ritters (zuweilen auch von zwei Gestalten), seinen Kampfesmut und seine Liebesabenteuer als Hauptthema haben, ohne sie mit der geschichtlichen Wirklichkeit zu verbinden.

Als Begründer der deutschen Ritterdichtung gilt Heinrich von Veldeke (Mitte des 12. – Anfang des 13. Jahrhunderts), der den deutschen Roman von Aeneas, die *Eneide* schuf. Die Forschung hat festgestellt, daß Heinrichs zwischen 1170 und 1190 entstandene *Eneide* aus der niederdeutschen in die mitteldeutsche Mundart umgedichtet wurde, um aus dem Werk mundartliche Züge zu beseitigen. Heinrich von Veldeke hatte zwar in der neueren Ritterepik Vorläufer, aber erst ihm ist es gelungen, eines der Vollkommenheitsideale der Dichtersprache in der neuen Literatur zu verwirklichen: die Reinheit des Reimes, die rigoros eingehalten wird und die das Werk von der frühen mittelhochdeutschen Dichtung deutlich abhebt. Ebenso wie seine Vorläufer stammt er aus dem belgisch-niederländischen Sprachraum, d. h. aus dem Gebiet der niederdeutschen Dialekte, aus denen sich die gegenwärtige niederländische und die flämische Literatursprache entwickelt haben. In diesen wohlhabenden Ländern erreichte die Kultur der feudalistischen Gesellschaft ein hohes Niveau, und hier kamen Deutsche mit Franzosen zusammen, was auch die Tatsache erklärt, daß gerade von diesen Grenzgebieten die ersten Impulse für die deutsche Ritterdichtung ausgingen. In diesem Zusammenhang ist es bemerkenswert, daß die deutsche Bezeichnung „Ritter" in niederdeutscher Form erhalten blieb.

Einige überlieferte Erzählgedichte greifen die Liebe zwischen Mann und Frau als Hauptthema auf: *Floyris und Blancheflur* (um 1170 entstanden) handelt von der Liebe des Heiden Floyris zu einer christlichen Sklavin; das Bruchstück über *Graf Rudolf* (um 1170) thematisiert dessen Reise in den Nahen Osten und seine Liebe zu einer Sultanstochter, und Eilhart von Oberg(e) (2. Hälfte des 12. Jahrhunderts) nimmt sich vermutlich um 1170 in der ersten deutschen Bearbeitung des Tristanromans der Liebe zwischen Tristan und Isolde an (*Tristrant*).

Die Darstellung der unbändigen Liebe zwischen Aeneas und Dido sowie zwischen Turnus und Lavinia bedeutet wiederum ein Novum, das der französische Autor in seiner Bearbeitung von Vergils *Aeneis*, im *Roman d'Enéas* eingeführt hatte. Diese Liebe, in der deutschen Ritterliteratur als *minne* bezeichnet, ist das Grundthema der Ritterlyrik. Innerhalb der Ritterepik spielt sie eine ebenso bedeutende Rolle wie Tapferkeit, Kampfesmut und Unerschrockenheit als Erlebnismomente des Hauptthelden. (Engels erkannte in der ritterlichen *minne* die erste historisch fixierte Form der Geschlechterbeziehungen, die sich als Leidenschaft, also als Gefühl manifestiert und dabei jedem Menschen, zumindest jedem Angehörigen der herrschenden Klasse, als höhere Form des Geschlechtstriebs zugänglich und begreifbar erscheint.) Die idealisierte Darstellung dieser Liebe erlaubte dem Publikum, sich über die Alltagswirklichkeit scheinbar hinwegzusetzen.

Das *minne*-Motiv nahm in der ausdrucksreichen Troubadourdichtung der Provence zum ersten Mal Gestalt an, im Süden Frankreichs also, der mit dem Provenzalischen eine eigene Literatursprache schuf. Es ist unklar, wie und in welchem Maße die ähnlich geartete arabische Liebeslyrik im maurischen Spanien an der Entstehung der provenzalischen Troubadourlyrik beteiligt war. Jedenfalls kann man bei der Lektüre der Troubadourdichtung feststellen, daß hier erstmals in der Geschichte der europäischen Literatur jene sprachlichen und stilistischen Ausdrucksmittel für die Schilderung der Liebe zwischen Mann und Frau vorgeprägt sind, die sich in der späteren Lyrik von Jahrhundert zu Jahrhundert bis in die Gegenwart hinein wiederholen werden. – Vom Süden aus verbreitete sich das *minne*-Motiv in den Norden Frankreichs und gelangte dann in den Westen Deutschlands. Vom deutschen südöstlichen Kulturraum, dessen Grenzen heute Österreich bildet, sind uns allerdings Beispiele ritterlicher Liebeslyrik überliefert, die viel einfacher strukturiert war als die provenzalisch-französische Dichtung, und deshalb wird angenommen, daß diese deutsche Poesie das Ergebnis einer an Ort und Stelle entstandenen Entwicklung des ritterlichen Kulturlebens ist.

Von der Provence bis Deutschland orientierte sich die Ritterlyrik am ländlichen Tanzlied und an der Lyrik der Vagantenkreise, zu deren Verfassern reisende Studenten und Wandergesellen gehörten. Die Vagantenlyrik besang in lateinischen Versen die Annehmlichkeiten des Lebens, vor allem die sinnliche Liebe, wobei sie die schwere Last des Menschendaseins ironisierte oder mit den Mitteln der scharfen Satire den herrschenden Feudaladel angriff. In einer umfangreichen Sammlung dieser lyrischen Dichtung aus der Mitte des 13. Jahrhunderts, aufbewahrt im bayrischen Kloster Benediktbeuren (woher auch die Bezeichnung *Carmina burana* stammt), befindet sich zwischen vorwiegend lateinischen Texten eine bestimmte Anzahl deutscher Liebesverse; sie verweisen darauf, daß eine derartige Liebesdichtung damals auch in deutscher Sprache existierte.

Ritterliche *minne* enthält in der Art, wie sie in der lyrischen und epischen Dichtung zum Ausdruck kommt, große Widersprüche. Zweifellos entspricht die *minne* dem Selbstverständnis der Ritter und bedeutet für das Rittertum eine ethische Wertordnung. Im Prinzip jedoch ist unter *minne* nicht jene Liebe zwischen Mann und Frau zu verstehen, die zur Heirat führt, zumal sie auch gar keine wesentliche Beziehung zur Ehe besitzt. Im *Tristan*roman steht die *minne*-

Beziehung im offensichtlichen Widerspruch zu Ehepflicht und Ehetreue; im *Parzival*roman erweist sie sich dagegen ehestiftend. In der Minnesanglyrik gilt die Frau (*vrouwe*) als verheiratet, was allerdings unerwähnt bleibt. In einer besonderen lyrischen Gattung, der provenzalischen *alba* und ihrer deutschen Entsprechung, dem *tageliet*, verbringt der Ritter die Nacht mit der Geliebten, der Wächter verkündet den Anbruch des Tages und mahnt zum Aufbruch. In den anderen Liedern erreicht die männliche Verehrung der Frau eine so hohe Stufe der Verherrlichung, daß sie für den Ritter gleichsam zum Inbegriff aller Schönheit und Tugend wird, ihn wie eine abstrakte Wertordnung mit religiösen Momenten beeinflußt und dadurch einen Hintergrund schafft, vor dem sich sein Minnedienst bewähren muß. Ob die Frau seine Minnekunst nun mit *gruoz* und *hulde* belohnt oder aber mit Tadel erwidert – davon hängt das Glück oder Unglück seines Lebens ab. Sehr oft wird die Beziehung zwischen Mann und Frau ähnlich wie das Lehnsverhältnis des Ritters zu seinem adligen Herrn dargestellt. Der bedeutendste deutsche Minnesänger, Walther von der Vogelweide, über dessen Herkunft und Geburtsort nichts Genaues überliefert ist, schildert in einem seiner originellsten Lieder die erotische Begegnung in der Natur, über die ein Mädchen mit Entzücken erzählt. Auch die Dichter der provenzalischen Liebeslyrik folgen verschiedenen Eingebungen: die Skala reicht von religiöser Verehrung bis zur erotischen Ausgelassenheit. Die Liebe stellt zweifellos das literarische Hauptthema der Ritterdichtung dar, und der Dichter stand vor der Aufgabe, die verschiedenen Ausformungen der Liebe mit Hilfe verfeinerter Ausdrucksmittel Sprachkunst werden zu lassen.

Die scholastische Philosophie entwickelte im 12. bzw. 13. Jahrhundert den Versuch, die mittelalterliche Theologie im Sinne einer umfassenden Synthese des damaligen Kulturlebens zu begründen, und sah darin die göttliche „Ordnung" verwirklicht. Sie bestritt deshalb nicht mehr den Stellenwert des Weltlichen im Leben, sondern erwartete von Angehörigen aller Stände, daß sie die höchsten Tugenden ihres Standes verwirklichten. Dies galt auch für den Ritter, für den *minne* eine Standestugend bedeutete. Das Weltall wäre unvollkommen, erklärte Thomas von Aquin (1226–1274), der Hauptvertreter der scholastischen Philosophie, wenn es nur eine Tugend gäbe.

In der Ritter*epik* wird die *minne* gewissermaßen als Krankheit dargestellt, die den Menschen heimsucht, sich physiologisch als Fieber, Schmerz oder Ohnmachtsgefühl äußert und unheilbar erscheint. Darin zeigt sich auch der Einfluß der Werke von Ovid. In Anlehnung an die *Eneide* von Heinrich von Veldeke bearbeiteten zwei deutsche Autoren, die dieses Werk kannten, in den letzten Jahrzehnten des 12. Jahrhunderts zwei weitere antike Themenkreise: Albrecht von Halberstadt übersetzte ohne französische Vermittlung die *Metamorphosen* von Ovid direkt aus dem lateinischen Original, und Herbort von Fritzlar legte eine deutsche Version des Trojaromans vor. Nach ihnen sind uns auch einige epische Werke überliefert, die die römische Thematik und darüber hinaus die Gestalt Karls des Großen verarbeiteten; es handelte sich jedoch lediglich um Einzelerscheinungen. Das Vorhandensein dieser Thematik in der Ritterepik bezeugt, daß die Welt der antiken und insbesondere der römischen Kultur dem Mittelalter nicht unbekannt war. Die Vermittlung der römischen Kultur erfolgte in städtischen Domschulen, deren Gründung zu Beginn des 12. Jahrhunderts als Ablösung der damaligen Klosterschulen eingesetzt hatte. Dort erlernte man die *lingua latina*, las klassische lateinische Autoren; die Aneignung aber beschränkte sich auf die Motivik, auf menschliche Schicksale und Leitfiguren. Das menschliche Leben, die Reaktionen des einzelnen, die Denkweise und ihr sprachlicher Ausdruck wurden als Handlungsfolgen dargestellt, wie sie dem Mittelalter eigentümlich waren, eingebettet in die Lebensgewohnheiten und Sitten der mittelalterlichen Welt.

Die wichtigsten und markantesten Werke schuf jedoch die deutsche Ritterepik durch die Bearbeitung der aus Frankreich stammenden bretonischen Thematik, durch die Darstellung der phantastischen Welt von Motiven um König Artus und seinen Hof. Schöpfer dieser grundlegenden und bedeutsamen Thematik der mittelalterlichen Ritterepik war der französische Dichter CHRÉTIEN DE TROYES (vor 1150 – vor 1190). Über seine Herkunft sind uns nur wenige Daten überliefert. Seine literarische Tätigkeit begann zu Anfang der zweiten Hälfte des 12. Jahrhunderts. Chrétien muß zu den größten Epikern der Weltliteratur gezählt werden. Die Artussage selbst, die der lateinischen Literatur des Mittelalters nicht unbekannt war, kann auch auf dem Wege der mündlichen Überlieferung aus der keltischen Literatur zu Chrétien gelangt sein. Unabhängig davon verlieh seine hohe literarische Erzählkunst dieser Thematik jene Ausdrucksform, die allen späteren mittelalterlichen Epikern der bretonischen Thematik als unantastbares Schema diente. König Artus umgibt seinen Hof mit Glanz und Pracht. Dort versuchen sich die berühmtesten Ritter im Wettkampf, um zu neuem Ansehen zu gelangen. König Artus sitzt mit seinen Rittern an einem runden Tisch; daher rührt die Bezeichnung Ritter der Tafelrunde. Darin zeigt sich auch die soziale Gleichheit innerhalb der Rittergesellschaft, angefangen beim König bis hin zum Jüngling, der tags zuvor den Ritterschlag erhalten hatte. Diese Gesellschaft kümmert sich nicht im geringsten darum, mit welchen Erwerbsmitteln sie ihre aufwendige Lebensweise bestreiten soll. Ihr Interesse gilt einzig der Abenteuerwelt des ritterlichen Helden (franz. *aventure*, die deutsche Entlehnung lautet *âventiure*, heute *Abenteuer*) und der ritterlichen Liebe. Diese Welt, in deren Mittelpunkt die ungetrübte Verwirklichung der Ideale der ritterlichen Gesellschaft steht, weist eine auffallende Ähnlichkeit mit der idyllischen Welt der Schäferdichtung auf, die in der europäischen Barock- und Rokokoliteratur Dichter und Leser anregte. Die Welt des Artuskreises zeigt ein weiteres Wesensmerkmal dieser Literatur: sie nimmt Elemente des Märchens auf, die sie gleichsam durchdringen. Feen, böse oder gute Geister, Zwerge, verzauberte Schlösser, wundersame Quellen und verzauberte Gegenstände bilden den Hintergrund der ritterlichen Tafelrunde und spornen sie fortwährend dazu an, sich mit ihrem Heldenmut gegen rätselhafte Gefahren dieser Welt zu behaupten und zu beweisen, daß sie als echte Ritter stärker sind als alle Wunder und Zaubereien. (Eine ähnliche Märchenwelt schilderte auch das europäische Rokoko, das hierin den Märchen von Perrault und *Tausendundeine Nacht* in der Übersetzung von Galland folgte.) Die Bedeutung Chrétiens als Künstler und Erzähler liegt darin begründet, daß er in der Tat dieser

Welt des Heldentums, der Liebe und des Märchens mit großer künstlerischer Überzeugungskraft Gestalt verlieh. Dabei kam ihm seine Fähigkeit zugute, Menschen und Erscheinungen mit vielen charakteristischen Einzelheiten darzustellen. In seiner Orientierung auf einen „realistischen" Stil hielt er eine Vielzahl von Alltagsmomenten fest, die dem Leser die fiktive Welt vergegenwärtigen. Seine Kunst beweist er in der Darstellung extremer Armut im Ritterhaus, in Situationsbildern, die die Tätigkeit von Mädchen in mittelalterlichen Manufakturen schildern, oder in der Beschreibung von Heilpraktiken mittelalterlicher Ärzte. (In der Verbindung scheinbar gegensätzlicher Stilverfahren ist Chrétien mit E. Th. A. Hoffmann verwandt, über den sich die Wissenschaftler streiten, ob er der Romantik oder dem Realismus zuzuordnen sei.) Keinem der Ritterdichter, weder französischer noch anderer Herkunft, ist es wie Chrétien gelungen, in geradezu naiver Vollendung die idealisierte Welt der ritterlichen Tafelrunde lebendig zu gestalten. In welchem Maße diese Welt idealisiert war, beweisen exemplarisch bestimmte Einzelzüge bei allen Epikern der Ritterdichtung, die das Bild der ritterlichen Alltagswirklichkeit vermitteln. Aus dem Gesamtkomplex der literarischen Überlieferung des Mittelalters dürfte die Lektüre der Ritterlyrik und der Ritterepik des bretonischen Themenkreises auf den heutigen Leser den stärksten und nachhaltigsten Eindruck hinterlassen. Richard Wagner ist zu bescheinigen, daß er bei der Auswahl der Libretti für seine Opern (*Lohengrin, Tristan und Isolde, Parsifal*), die er dem bretonischen Themenkreis entnahm, einer besonders glücklichen Inspiration folgte.

In die deutsche Literatur führte Hartmann von Aue (um 1165 – um 1215) das Handlungsschema von Chrétien ein. Er war Ministeriale eines Freiherrn von Aue und nahm an einem Kreuzzug teil. Er hatte, wie er selbst angibt, Schulen besucht. Wie sein Vorgänger Heinrich von Veldeke, der Verfasser der *Eneide*, trat Hartmann von Aue nicht nur als Autor von Versepen (*Erec* und *Iwein*), sondern auch durch zwei Verslegenden hervor: sein *Gregorius* (zwischen 1187 und 1197 geschrieben) und *Der arme Heinrich* (um 1195 entstanden) sind beide vom christlichen Glauben tief durchdrungen. (Es ist bekannt, daß Thomas Mann in seinem kurzen Roman *Der Erwählte* die Fabel des *Gregorius* verarbeitete, wobei er ihr durch das Stilmittel der Ironie die mittelalterliche Aura nahm.) Aus Hartmanns frühester Schaffensperiode stammt ein längeres Traktat in Versen über die ritterliche Liebe, das die Form eines Zwiegesprächs zwischen Leib und Herz besitzt. Hartmann setzt sich darin engagiert für eine ethische Auffassung der *minne* ein. – Der vermutlich bald nach 1180 verfaßte *Erec* ist der erste Artusroman der deutschen Literatur und trotz Chrétiens Vorlage ein Werk ganz eigenständiger Prägung. Hartmann hat das französische Muster stofflich erweitert und stilistisch gleichsam gedämpft, was sich auf den Grundgedanken seines Epos zurückführen läßt – die „Haltung der seelischen Balance, die das Zentrum der ‚höfischen' Gesittung ist" (Peter Wapnewski). Der wahrscheinlich 1205 abgeschlossene *Iwein*, eher eine Übersetzung des Textes von Chrétien, bildet ein Gegenstück zu Hartmanns erstem Versepos. Das Werk hat zeitgenössische Leser und spätere Generationen durch seine vielfältigen stilistischen Qualitäten zu überzeugen gewußt und wurde deshalb auch als „das strahlendste Werk der höfischen Klassik"

Hartmann von Aue *(um 1165–um 1215) in Ritterrüstung und mit heraldischen Symbolen ausgestattet. Diese Darstellung, ein „sprechendes Wappen", ist in der Manessischen Handschrift aus dem 14. Jahrhundert enthalten, einer umfangreichen Sammlung mittelalterlicher Literatur.*

(Hugo Kuhn) charakterisiert. Hartmann von Aue hat sich auch als fruchtbarer Dichter lyrischer Verse erwiesen. Die Natürlichkeit und Einfachheit seiner Verse, die Reinheit seiner Reime, die Klarheit und Gewandtheit seines Stils fanden auch später noch ungeteilte Hochachtung. Im Geist der christlichen Lehre geschult, erreichte er eine Darstellungsform, die es ihm ermöglichte, das Wesen der völligen Weltzugewandtheit des Ritterdaseins zu erfassen, ohne die Verbindung zum Glauben aus dem Blick zu verlieren: der Ritter muß *got unt der werlde gevallen.*

Wolfram von Eschenbach (um 1170–1220) war der populärste deutsche Ritterepiker des Mittelalters. Sein bedeutendstes Werk, die Umdichtung des unvollendeten Romans von Chrétien über Perceval, den er *Parzival* nennt, entstand etwa zwischen 1200 und 1210. Das Werk umfaßt nahezu 25 000 Verse und existiert in 84 Handschriften und einigen Bruchstücken. Die ungewöhnlichen Widersprüche in seiner dichterischen Persönlichkeit tragen dazu bei, daß er uns ebenso nah wie fern erscheint. Die Verwendung von Vers und Sprache in seinen Werken zeigt neben sprachlicher und rhythmischer Korrektheit, verbunden mit der großen Virtuosität der deutschen Ritterdichtung nach Heinrich von Veldekes *Eneide*, unerwartete und ungewöhnliche Abweichungen im Hinblick auf Reimtechnik und Versstruktur. Wolfram ist damit bestrebt, seiner Dichtersprache eine spezifische Originalität zu verleihen, die ihren Ausdruck vor allem in kernigem Humor findet. Die Ausdrucksskala seiner Erzählkunst reicht vom Humor bis zum Pathos, von der Beschreibung blutiger Schlachten bis zur Darstellung mystischer Geheimnisse des Himmels und der Erde; nichts ist ihr fremd. Aber in

Parzival *von Wolfram von Eschenbach (um 1170–1220): Miniatur mit der Tafelrunde, Parzivals Kampf mit Feirefis von Anjou und der Versöhnungsszene – enthalten in einer Handschrift, die vermutlich zwischen 1228 und 1236 in Straßburg entstand.*

seiner Erzählweise fehlt den Übergängen zuweilen die stilistische Konsistenz; Humor und kernige Direktheit gleiten, obgleich selten, ins Banale ab. Wolfram liebt es, in vielen mimetischen Zügen auch unheroische Einzelheiten aus dem Alltagsleben darzustellen. Darin kommt auch seine Vorliebe zum Ausdruck, die Rittergestalten mit höchst seltsamen Namen zu bezeichnen und in die Erzählung rätselhafte pseudowissenschaftliche Ausdrücke einzuführen. Der *Parzival*roman ist die Geschichte vom mystischen Glaubensgeheimnis eines Gegenstandes, des *grals*, und enthält stoffliche Elemente von Märchen, Grals- und Artussage. Bei Chrétien begegnen wir dem Gral als Kelch, bei Wolfram als wundersamem Edelstein. Parzival erlebt bei Wolfram das Wunder der geistigen Glaubensbekehrung, seine Liebe führt zur ehelichen Vereinigung, er wird Anführer der Gralsritter – und doch tritt Parzival in langen Partien von Wolframs Werk gar nicht auf, zur Hauptgestalt wird darin der Ritter Gâwân, der den weltlichen Ritter verkörpert. – Wolfram von Eschenbach hinterließ auch etwa zehn Minnelieder. Erstaunlich ist, daß sie als *Tagelieder* aus der Feder eines Dichters stammen, der die eheliche Liebe pries. Wolframs Bestreben, den kanonisierten Stil des ritterlichen Erzählers durch persönliche und intime Elemente aufzulockern, trug zu seiner Popularität bei, die das Mittelalter überdauerte. Auf Vorschlag seines Mäzens, des Landgrafen Hermann von Thüringen, verarbeitete Wolfram in seinem epischen Werk *Willehalm* (1215–1218) die Version der französischen Chanson de geste *La Bataille d'Aliscans*. In dem Fragment *Titurel* (vor 1219 entstanden) griff er erneut auf Motive aus seinem *Parzival* zurück.

Gottfried von Strassburg (2. Hälfte des 12. – Anfang des 13. Jahrhunderts),

Bürger dieser fortschrittlichen und reichen Stadt, entfaltete die deutsche Ritterepik zu virtuoser Meisterschaft von Vers- und Wortkunst. Die Zeitgenossen nennen Hartmann und Wolfram *her* (heute: *Herr*), Gottfried aber *meister*. Sein großes, Fragment gebliebenes Werk, der Versroman *Tristan*, bezeugt, daß er ein gelehrter Mann war, über sein Leben jedoch wissen wir sehr wenig. Die ursprünglich keltische Sage von Tristan und Isolt war eines der beliebtesten Themen mittelalterlicher Literatur. Vor Wolfram hatte schon Eilhart dieses Thema in deutscher Sprache bearbeitet. Auch Chrétien, der im Prolog zu einem seiner Romane das bisherige Schaffen erwähnt, führt einen *Tristan* an. Leider ist uns dieses Werk nicht überliefert. Gottfried von Straßburg lag die französische Fassung des Thomas von Britanje vor, doch hat der Stoff bei Gottfried verfeinerte und vergeistigte Züge angenommen. Der Dichter wendet sich nicht an das Publikum des typischen heldischen Rittertums, sondern an das „edele herze". Das Epos, das viele Exkurse enthält, erzählt Tristans Lebensweg von der Geburt, bei der die Mutter Blancheflur stirbt, über die Jugend und die ersten kämpferischen Bewährungsproben und gipfelt schließlich in der Darstellung der gefährdeten Liebe zwischen Tristan und Isolt, die sich schuldig-unschuldig ihrer Leidenschaft hingeben. Gottfried übertrifft seine Vorgänger nicht nur in der künstlerischen Virtuosität von Stil und Rhythmus, sondern vor allem in der philosophischen Bedeutungsvertiefung der ritterlichen *minne*. Diese wird für ihn zum Mittelpunkt, auf den die gesamte ritterliche Welt ausgerichtet ist. Es ist nicht mehr notwendig, daß die Liebenden Gott gefallen, wie das Hartmann gefordert hatte. Der Reichtum ihres Seelenlebens ist ausschließlich aufs Menschliche bezogen, Motive des christlichen Daseins und Fragen christlicher Gesittung werden an manchen Stellen geradezu parodiert. Gottfried übernimmt zwar das Motiv des Minnetranks, der Tristan und Isolt verbindet, seine Folgen werden jedoch dermaßen vermenschlicht, daß dieses Motiv als unbedeutendes Relikt erscheint. Mit Recht könnte man behaupten, Gottfried habe der Liebesgeschichte Züge einer Heiligenlegende verliehen. Es lag deshalb nahe, daß sich Wolfram und Gottfried stilistisch und gedanklich als unversöhnliche Gegner empfanden.

Nach Hartmann erreichte die deutsche Ritterepik mit Wolfram und Gottfried im ersten Jahrzehnt des 13. Jahrhunderts ihren Höhepunkt. Ihre Entwicklung ging jedoch mit Wolfram und Gottfried keineswegs zu Ende, denn eine Reihe von Dichtern griff diese Tradition auf und setzte sie fort. Auch Autoren bürgerlicher Herkunft übernahmen die Thematik der Ritterdichtung, ihre Werke weisen jedoch unterschiedliche Qualität auf. Die Hauptursache für diese Entwicklung ist darin zu suchen, daß das Leben der ritterlichen Gesellschaft, die in dieser Thematik ihren künstlerischen Ausdruck fand, im Lauf des 13. Jahrhunderts von fortschreitenden Auflösungserscheinungen begleitet wurde. Zudem bot die Thematik der Ritterepik mit ihrer strengen Schematisierung des Aufbaus und mit ihren Komponenten Heldentum, Abenteuer und Liebe keine hinreichende Grundlage für eine originelle Neugestaltung. Darüber hinaus verfügte der ritterliche Dichter nicht über die Stilmittel zur psychologischen Charakterisierung seiner Helden: sie unterscheiden sich einzig durch ihr Schicksal, nicht dagegen durch ihre Persönlichkeit voneinander. Chrétien kennt zwar unter seinen Rittern auch

Walther von der Vogelweide *(um 1170–um 1230), der bekannteste deutsche Minnesänger nach einer farbigen Miniatur aus der Weingartner Liederhandschrift des 14. Jahrhunderts.*

den feigen Prahlhans, im Mittelpunkt der Darstellung steht jedoch allein der Hauptheld, der durch die Größe seiner Heldentaten hervorgehoben wird.

Zu den bedeutendsten Repräsentanten der deutschen Ritterdichtung gehört neben Wolfram und Gottfried ihr Zeitgenosse Walther von der Vogelweide (um 1170 – um 1230) der bekannteste deutsche Minnesänger überhaupt. Walthers Minnesanglyrik bildet den Höhepunkt einer Tradition, die in Deutschland in den Jahrzehnten vor 1200 begann und durch Dichter wie den Kürenberger, Heinrich von Veldeke, Heinrich von Morungen und Reinmar von Hagenau repräsentiert wird, von denen uns Lieder überliefert sind. Walther überragt sie alle durch meisterhafte Beherrschung der lyrischen Wortkunst, durch Reichtum und Vielseitigkeit der lyrischen Thematik. Minnedichtung war Sangverslyrik, ihre Dichter mußten zu ihren Texten Melodien komponieren. Daher übernahm die Verskunst der deutschen Minnelyrik von der provenzalisch-französischen Poesie ein unverzichtbares Grundprinzip, das der damals noch an althochdeutschen Vorbildern orientierten Verstechnik unbekannt war: der Vers mußte eine bestimmte und feste Silbenzahl besitzen: aus dem rhetorischen Vers entwickelte sich der liedhafte. Diese Sangverse werden zu Strophen vereinigt, die nach derselben Melodie gesungen werden. Nach der romanischen Vorlage wird die Strophe in drei Teile gegliedert: in zwei gleich lange Kurzteile und in einen längeren Schlußteil. Diese Strophenform, der wir auch in der Liebeslyrik und in der didaktischen Poesie von Walther von der Vogelweide begegnen, hat sich außerhalb der mündlichen Überlieferung bis zum Ende des 16. Jahrhunderts erhalten. Zur Besonderheit des ritterlichen Minnesangs gehört es, daß die logische Verbindung zwischen den Strophen eines Liedes oft recht schwach ausgeprägt ist. (In dieser Hinsicht läßt sich diese Komposition mit dem modernen *couplet* der Kabarettistik vergleichen, in dem zwar die Strophen durch einen Refrain verbunden werden, aber dennoch jede von ihnen eine in sich geschlossene Einheit bildet.) Aufgrund der Handschriftenüberlieferung ist es häufig mühsam festzustellen, welche Einzelstrophen zu welchem Lied gehören; in den verschiedenen Handschriften werden bestimmte Strophen verschiedenen Autoren zugeschrieben.

In den eigenständigsten Beispielen seiner Liebeslyrik verläßt Walther den traditionellen höfisch-ständischen Rahmen des Minnesangs und wendet sich der „niederen Minne" nichtadliger Personen zu. In diesen Gedichten (z. B. *Under der linden*) gehen stilistische Formkunst und persönlich-erlebnishafte Stimmung eine bisher unerreichte Verbindung ein, die maßgeblichen Einfluß auf die weitere Entwicklung der deutschen Lyrik nahm. – Walther von der Vogelweide zeigt als Minnesänger, der von Hof zu Hof reist und seine Mäzene wechselt, in seiner „aktuellen" Lyrik, die er formal in kurze, strophenlose Lieder gliederte, reges Interesse für das politische Leben seiner Zeit. Hier tritt er als Vorkämpfer für die staatliche Autonomie des Kaiserreichs gegenüber dem Papsttum auf und erweist sich als entschiedener Gegner der materiellen Ausbeutung, die das Papsttum im Kampf mit den deutschen Kaisern praktizierte. Es ist schwierig zu entscheiden, ob seine Lieder, in denen er den Verfall des Rittertums beklagt, Neubearbeitungen überlieferter Themen darstellen, oder ob er den damals beginnenden Verfall selbst bewußt erlebte. Walther von der Vogelweide gebührt als der lebendigsten und ausdrucksstärksten Dichterpersönlichkeit des deutschen Minnesangs innerhalb der Weltliteratur gewissermaßen der Rang eines Vorgängers von François Villon. Walthers Werk galt in der Beurteilung seiner Zeitgenossen und der folgenden Generationen als der Höhepunkt deutscher Minnelyrik. Diese Tradition wurde in seiner Nachfolge von zahlreichen Dichtern gepflegt (so z. B. von Ulrich von Lichtenstein, um 1200–1275, und von Heinrich von Meißen, Frauenlob genannt, um 1250–1318). Originalität bewies der in der ersten Hälfte des 13. Jahrhunderts wirkende NEIDHART VON REUENTHAL (um 1180/1190–1246), der in seiner Lyrik dem französischen Vorbild der *pastourelle* folgte. In parodistischen Zügen schilderte er das derbe und einfache Landleben, um auf diese Weise höhere Gesellschaftskreise erbaulich zu unterhalten. In der Nachfolge Walthers steht auch OSWALD VON WOLKENSTEIN (1377–1445), der ein sehr bewegtes Leben führte. Er trug in erster Linie zur Entwicklung der musikalischen Ausdruckskraft des Minnesangs bei und bereicherte die Lyrik um die biographische Thematik seiner Erlebnisse und Gefühle. Die Lyrik des Spätmittelalters vermeidet in der Folgezeit entschieden Darstellungen, die die Liebe in ihrer religiösen Verklärung zeigen, und bevorzugt statt dessen ausführliche Beschreibungen der weiblichen Anmut und ihrer Reize.

Die deutsche Ritterdichtung des Mittelalters zählt zu jenen Literaturen, in denen sich auf dem Hintergrund des epischen Heldenliedes eine neue literarische Gattung entwickelte, das *Heldenepos*. Das erste bedeutende Werk dieser literari-

Das Nibelungenlied *(vermutlich im ersten Jahrzehnt des 13. Jahrhunderts verfaßt): „Wie Gunther Siegfrieden und Kriemhilden durch Botschaft nach Worms einlud". Die Abbildung zeigt eine Seite aus der Prünn–Münchener Handschrift, die im letzten Drittel des 14. Jahrhunderts entstand und sich durch ihre ornamentale künstlerische Gestaltung von schlichteren früheren Fassungen abhebt.*

schen Gattung wurde vermutlich im ersten Jahrzehnt des 13. Jahrhunderts verfaßt: es handelt sich um das *Nibelungenlied*; die genaue Bezeichnung lautet *der nibelunge nôt*. Dieses epische Lied vereint als ganzheitliches Gebilde die Tradition mehrerer alter Heldenlieder. Der als unbesiegbar geltende Held Siegfried bittet die schöne Kriemhild um ihre Hand. Wegen ihres Streites mit Brünhild, der Gattin von Kriemhilds Bruder Gunther, erschlagen Kriemhilds Verwandte, die König Gunther ergeben sind, Siegfried auf heimtückische Weise. Die Witwe Kriemhild heiratet später Etzel, den Hunnenkönig. Als Etzels Gattin lädt sie die Brüder zu sich ein, in Etzels Burg richtet sie mit ihnen und ihrer Gefolgschaft ein Blutbad an, wobei auch sie selbst umkommt. Die Forschung hat nicht feststellen können, wer der Dichter dieses Epos war und welchem Stand er angehörte. Zweifellos jedoch wirkte sich in diesem Werk der Stil der Ritterepik aus. Dieser Einfluß zeigt sich vor allem in der Darstellungsweise der Liebesbeziehung zwischen Siegfried und Kriemhild, steht aber in offensichtlichem Widerspruch zur Darstellung des blutigen Kriegsgeschehens: es ist nicht mehr die *âventiure* eines außergewöhnlichen Helden, sondern Aufruhr und Kampf der Geschlechter und Sippen. Als Werbender sieht Siegfried in Kriemhild die Verkörperung höchster Tugenden. Als Ehegatte wird er sie, worüber sie auch klagt, unbarmherzig züchtigen, sobald er von ihrem Streit mit Brünhild erfährt. Trotz solcher Widersprüche hat dieses Epos hohe künstlerische Qualitäten: Mit der vollendeten stilistischen Virtuosität der Ritterepik wird die unmenschliche Wirklichkeit der militärischen Demokratie aufgezeigt; vor diesem Hintergrund hebt sich dennoch in imposanter Weise die Gestalt des selbstbewußten Kriegers ab, der in seinem ungestümen Heldentum überzeugend dargestellt wird. Vor dieser Gestalt verblassen alle Märchengestalten der Ritter der Tafelrunde. Zweifelsohne stand die Darstellung der Welt und des Lebens im epischen Heldenlied der Wirklichkeit der feudalistischen Gesellschaft näher als der Hof von König Artus. Das Nibelungenepos unterscheidet sich von der traditionellen Form der Ritterepik auch darin, daß es in vierzeiligen Strophen abgefaßt ist. Je zwei Zeilen werden dabei als Reimpaare verbunden. Dieser Strophenform begegnen wir bereits in der frühen österreichischen Ritterlyrik. Eine ähnliche Strophenform weist das wahrscheinlich um 1230–1240 entstandene *Kudrun-* bzw. *Gudrunlied* auf, das ähnlich wie das Nibelungenlied verschiedene Themen aus der Tradition des Heldenliedes vereint, dessen Hauptmotiv aber die Entführung eines Mädchens ist.

Die Tradition des epischen Heldenliedes muß sich auch in der mündlichen Überlieferung beharrlich fortgesetzt haben. Die Dichter jedoch scheinen sich mit dieser Thematik entweder nicht mehr befaßt zu haben, oder ihre Werke sind der Nachwelt nicht überliefert worden, denn erst am Ende des 13. Jahrhunderts begegnen wir in der *Dietrich-Epik* einer großen Anzahl von Heldenepen in späteren Bearbeitungen. Ihr Held ist eine der Hauptfiguren der altgermanischen Heldenepik, der gotische Herrscher Theoderich der Große. Er trägt den Namen Dietrich und ist Handlungsträger abenteuerlichster fiktiver Geschichten. Auch seine Gestalt weist märchenhafte Züge auf.

Die wichtigsten literarischen Zeugnisse der *didaktischen* Ritterdichtung stammen aus den ersten Jahrzehnten des 13. Jahrhunderts. THOMASIN VON ZERKLAERE (um 1186 – um 1235), italienischer Domherr zu Aquileja, betitelte sein rund 14700 Verse umfassendes und um 1215/1216 verfaßtes Poem *Der welsche Gast*, da er es den Deutschen von Italien aus sandte. Sein Gedicht hat die Absicht, ein Lehrbuch praktischer Ethik zu sein, zwar in erster Linie für Herrscher bestimmt, aber nicht ohne belehrende Leitgedanken für alle Stände. Außer Thomasin – und in seiner Nachfolge – hinterließ ein unbekannter Dichter, der sich selbst FREIDANK nannte, unter dem mittelhochdeutschen Titel *Bescheidenheit* (d. h. etwa „Bescheidwissen“) eine große Spruchsammlung, die in epigrammatischen Reimpaaren gestaltet ist. Diese erste deutsche Sprichwort- oder Epigrammsammlung (um 1220–1230) besticht durch kunstvollen Stilwillen in den epigrammatischen Reimpaaren, die komprimierte Maximen lebendiger Volksweisheit vermitteln. Um 1180, also vor Thomasin und Freidank, schrieb der Dichter HEINRICH DER GLICHEZAERE (d. h. Gleißner) nach einer französischen Vorlage (*Roman de Renart*) das satirische Tierepos *Reinhart Fuchs* und bediente sich dabei ebenfalls des epischen Versmaßes. Der Autor verwandelte die französische Bezeichnung für den Fuchs, *renard*, in den deutschen Personennamen Reinhart, worauf der Titel dieser zeitkritischen Fabel zurückzuführen ist.

Im Sichtkreis der ritterlichen Burg und im Umfeld der in der zweiten Hälfte des 13. und 14. Jahrhunderts allmählich zerfallenden Ritterkultur entstand eine Siedlungsform, die in der Folgezeit zum neuen Zentrum des kulturellen Lebens werden sollte – die Stadt. Das ritterliche Schloß und seine Burgfestungen boten alles andere als Komfort. Die kalten und nachts völlig dunklen Räumlichkeiten waren mit einem Minimum an Mobiliar ausgestattet: Tische, Stühle, Truhen und Betten. Lediglich kostbare Teppiche verliehen der bescheidenen Ausstattung Glanz. Ebensowenig Wohnkomfort war auch in der Stadt anzutreffen. Die Stadtbewohner legten ihre Gärten und Stallungen in unmittelbarer Nähe des Hauses an. Den Abfall warf man in die engen und übelriechenden Gassen. Die elementarsten Grundsätze der Hygiene waren unbekannt. Die Stadt übernahm jedoch bald von der Ritterburg die Grundlagen der Verteidigung, das Prinzip der Festungsmauern. Sie garantierten dem Bürger trotz allen unhygienischen Widerwärtigkeiten ein Minimum an Lebenssicherheit. Noch in der ersten Hälfte des 16. Jahrhunderts sprach Ulrich von Hutten, der Humanist und Mitstreiter Martin Luthers, voller Verachtung vom feigen Stadtbürger, der sich hinter den festen und undurchdringlichen Mauern verstecke, anstatt tapfer in den Kampf zu ziehen. Die Stadtbürger waren Kaufleute und Handwerker. Durch unermüdliche Arbeit, durch lange und gefährliche Geschäftsreisen gelang es ihnen, Kapital zu erwerben und zu Geld zu kommen, das sich in den folgenden Jahrhunderten als größter gesellschaftlicher Bestimmungsfaktor erweisen sollte. Die Ritterwelt war auch in der Stadt präsent. Die wehrkundigen Ritter übernahmen Aufgaben der Stadtverteidigung und stellten die Wachtposten. Die Stadt nahm ihrerseits an der literarischen Kultur des Rittertums teil, indem sie auf die höfische Kunst zurückgriff und sie nach ihren Bedürfnissen und Vorstellungen umformte.

Die Dichter der frühbürgerlichen Stadtkultur setzten die Tradition des Ritterromans fort. Sie verfolgten jedoch nicht mehr das Ziel, die stilistischen Ausdrucksmittel weiter zu vervollkommnen. Statt dessen verlegten sie ihr Interesse auf die Breite der Darstellung, zumal der Stadtbürger bestrebt war, die ihn umgebende Welt genauer und detaillierter kennenzulernen. Einer Folgeerscheinung dieser Umorientierung begegnen wir in den umfangreichen historischen Reimchroniken der zweiten Hälfte des 13. Jahrhunderts. Von ihrer weit zurückliegenden Vorform, der *Kaiserchronik* aus der Mitte des 12. Jahrhunderts, unterscheiden sie sich durch das Bestreben ihrer Autoren, der Darstellung geschichtliche Genauigkeit und Glaubwürdigkeit zu verleihen. Auf der anderen Seite wird in der Mitte des 13. Jahrhunderts die Gattung der „langen" epischen Verserzählung von der Gattung der „kurzen" Form der Verserzählung abgelöst. Diese bleibt zwar ihrer Tradition verpflichtet, übernimmt aber – wie etwa die französischen *fabliaux* – vorwiegend die Funktion, mit novellistischer Spannung zu erzählen und Spaß, Unterhaltung sowie satirische Gesellschaftskritik zu bieten, indem sie Mönche, Trinker und Frauen aufs Korn nimmt. Unter diesen „kurzen" Gattungsformen verdient die Verserzählung *Meier Helmbrecht* erwähnt zu werden, die Wernher der Gartenaere in der zweiten Hälfte des 13. Jahrhunderts schrieb. Helmbrechts Sohn verläßt den väterlichen Bauernhof, um sich der zwielichtigen Gesellschaft von Raubrittern anzuschließen. Der Vater versucht ihn davon abzuhalten, indem er ihm in eindringlichen Bildern die Vergangenheit der höfischen Kultur und der ritterlichen Lebensform schildert. Doch der Sohn schlägt die väterlichen Ermahnungen aus und wird schließlich von Bauern gehängt, nachdem seine Spießgesellen bereits den Galgentod gefunden haben.

Die frühbürgerliche deutsche Stadt trug als Begegnungsstätte und Verbindungsort zwischen den von ihr noch nicht wesentlich abgesonderten Dorfbewohnern und den Repräsentanten des Rittertums wesentlich dazu bei, daß sich die Ritterlyrik zum deutschen Volkslied entwickelte. Die Erfindung des Buchdrucks um 1445 förderte dabei seine rasche Verbreitung in Einzelblattdrucken. Bald begann man auch, diese Lieder zu sammeln. Dieses deutsche „Volkslied" war in der Tat das Lied der arbeitenden Bevölkerung. Das Volk bereicherte seine eigene Ausdruckskraft durch die Übernahme bestimmter Stilverfahren der Ritterlyrik. Das „Volkslied" strömte gleichsam von allen Seiten in die Stadt und fand von dort aus weitere Verbreitung. In den spätmittelalterlichen Stadtchroniken wird – zuweilen Jahr für Jahr – vermerkt, welches Lied zu einem bestimmten Zeitpunkt besonders oft gesungen wurde. Aufgrund ihrer mündlichen Verbreitungsform besaßen diese Lieder keinen ein für allemal festgelegten Text, sondern konnten von den jeweiligen Sängern oder Sängergruppen beliebig geändert werden. Die Verfasser dieser Lieder sind unbekannt, doch stellen sie sich zuweilen in den Liedern selber vor – durch Angaben entweder über ihr Alter oder über ihren Beruf, die in der Regel am Ende des Liedes stehen: die Verse wurden von einem Reiter, Jäger, Schmied, von einem jungen Mann oder gar zweien gesungen. Der Vers dieser Lieder behielt seinen überlieferten „volkstümlichen" Charakter, weil er an keine feste Silbenzahl gebunden war. Die Anmut des Volksliedes ergibt sich aus seiner stilistischen Naivität, Einfachheit, Ungekünsteltheit und Unmittelbarkeit. Die Gefühlswelt, die im Volkslied zum Ausdruck kommt, und die Metaphorik seiner poetischen Sprache, sein Wortschatz und sein Satzbau orientieren sich an kanonisierten Vorlagen, ohne jedoch Verfeinerung des Ausdrucks anzustreben. Und dennoch vermag das Volkslied mit Hilfe einfacher, nahezu unbegrenzter Ausdrucksmöglichkeiten eine Fülle menschlicher Beziehungen darzustellen, ohne dabei den Eindruck eintöniger Wiederholung zu erwecken. Während das „Kunstlied" immer mehr an Bedeutung enthält, als der Wortlaut mitteilt, besteht im „Volkslied" vollkommene Übereinstimmung zwischen der Mitteilung und ihrem sprachlichen Ausdruck. Der schlichte und einfache Volkston, an dem das Volkslied auch ohne Stilanalyse leicht zu erkennen ist, kann den Leser noch heute für sich einnehmen, ähnlich wie er die Dichter der Spätaufklärung begeistert hat. Von der Romantik bis in die Gegenwart wirkte der Volkston dieser Lieder auf die Werke bürgerlicher deutscher Dichter in unterschiedlichem Maße ein. In den gelungensten Beispielen repräsentieren die Volkslieder eine Form der Lyrik, die auf logische Ausführung und Argumentation verzichtet und die einzelnen Momente von Handlung, Sprache und Empfindung punktuell aneinanderreiht. Das gilt auch für die „Volksballade", die einzelne Szenen in komprimierter Form nebeneinanderstellt und dem Leser lediglich andeutet, wie sie in einen logischen Zusammenhang zu bringen sind.

Die frühbürgerliche deutsche Stadt entwickelte jedoch auch eine andere Gattung der lyrischen Dichtung, den *Meistersang*. Die Bürger gründeten Bruderschaften, die die Aufgabe hatten, für Beerdigungen zu sorgen und Seelenmessen für verstorbene Mitglieder lesen zu lassen. Aus den Bruderschaften gingen seit dem 14. Jahrhundert Singschulen hervor, die dann im Zuge der kulturellen Entwicklung der Stadt im ganzen süddeutschen Raum (z. B. in Mainz, Straßburg,

Ulm, Worms, Augsburg und Nürnberg) einen großen Aufschwung erlebten. Da die Meistergilden bereits gegründet waren, übernahmen diese die Organisation der Singschulen und betreuten ihre Aufführungen. Für Sprache und Musik des Meistersangs gab es feste Vorschriften, die man später schriftlich zusammenfaßte (Tabulatur). Vom Meistersinger verlangte man, daß sein Lied sich u. a. im Hinblick auf Sprachbehandlung, Betonung, Reimgebrauch und deutlichen Vortrag des Gesangs genau an die Regeln hielt. Die Meistersinger verstanden sich bewußt als Nachfolger der ritterlichen *minne*-Tradition und führten die berühmtesten Minnesänger als ihre „Meister" an. Vom Minnesang übernahmen sie die Dreigliedrigkeit der Strophenform; allerdings erweiterten sie die einzelnen Strophen in einem Umfang, der dem Minnesang völlig unbekannt war. Gravierender noch waren zwei weitere Veränderungen: zum einen griffen sie in ihren Liedern in der Regel auf biblische oder religiöse Motive zurück und bevorzugten eine belehrende an Stelle einer persönlich-gefühlsbetonten Haltung. Zum anderen übernahmen sie vom Minnesang zwar den Vers, der eine bestimmte Silbenzahl aufweisen mußte, achteten jedoch keineswegs auf die richtige Verteilung der betonten Silben. Dieses Verfahren stand im völligen Widerspruch zum Betonungsprinzip der germanischen Sprachen, insbesondere des Deutschen. Auf diese Weise wurde der Rhythmus des Liedes und der kleinen Verserzählung in den Singschulen fast zwei Jahrhunderte lang „verkrüppelt" und seiner künstlerischen Glaubwürdigkeit beraubt. In den Meistersingerschulen hat die frühbürgerliche Stadtkultur dem deutschen Vers einen folgenschweren Schaden zugefügt. Wenn wir heute Verse der Meistersinger lesen, müssen wir sie oft gleichsam als Prosa wahrnehmen und den Versrhythmus vergessen. In den Meistersingerschulen wurde der Schüler zunächst dazu aufgefordert, ein bestimmtes Lied mit einer bereits bekannten Melodie vorzutragen; die Melodien und „Töne" hatten besondere Namen. Bei der Prüfung zum Meister wurde von ihm verlangt, selbst eine originell aufgebaute Strophe zu dichten und dafür eine Melodie oder einen neuen Ton zu erfinden. In der zweiten Hälfte des 15. Jahrhunderts erlangte die Nürnberger Meistersingerschule das höchste Ansehen unter allen diesen Schulen. Dank Richard Wagners Oper *Die Meistersinger von Nürnberg* wurden die deutschen Singschulen des 15. und 16. Jahrhunderts in der ganzen Welt bekannt. Diese Schulen waren ein sichtbares Zeichen für den materiellen Aufstieg der deutschen Stadt und Ausdruck ihres kulturellen Selbstbewußtseins.

Ein weiteres Zeugnis für die literarische Kultur der deutschen Stadt in dieser Epoche stellt das *mittelalterliche Drama* dar. Während das griechisch-antike Drama seinen Ursprung in den kultischen Handlungen und Festen zu Ehren des Gottes Dionysos hatte, entwickelte sich das deutschsprachige Drama des Mittelalters im Laufe des 13. und 14. Jahrhunderts aus dem römisch-katholischen liturgischen Zeremoniell des Gottesdienstes. Zuerst wurde ein entsprechend geeigneter Teil des liturgischen Zeremoniells dialogisiert. Das Interesse der Gläubigen förderte dann zunehmend die Erweiterung der Dialogform. Der dialogische Teil wurde dann aus dem Gottesdienst herausgelöst und vor der Kirche aufgeführt, später auf dem Marktplatz. Die ursprünglich lateinischen Teile der Mysterienspiele ersetzte man in der Folgezeit durch deutsche Texte, die das alte epische Versmaß

Till Eulenspiegel *(in der zweiten Hälfte des 14. Jahrhunderts entstanden): Titelseite der ältesten überlieferten Ausgabe, die 1515 in Straßburg erschien – damals unter dem Titel „Ein kurtzweilig lesen von Dyl Ulenspiegel".*

mit vier Tonsilben aufwiesen. Auf dem Marktplatz errichtete man podienförmige Holzgerüste mit kompletter Bühneneinrichtung für die einzelnen Dramenszenen (mansiones). Die „Schauspieler" betraten zunächst die Holzbühne und wechselten im Handlungsverlauf die einzelnen Schauplätze, d. h. sie gingen von Szene zu Szene. Die Zuschauer bewegten sich auf dem Marktplatz entsprechend dem Handlungsgeschehen. Gerade an den Entwicklungsphasen der Glaubensthematik dieser dramatischen Texte läßt sich erkennen, wie der skeptische und materialistische Geist des Bürgers, der mühevoll sein Brot verdiente, innerhalb eines Jahrzehnts zum religiösen Drama vordrang und die von Frömmigkeit geleitete Eingebung zu überwinden vermochte. Das Evangelium überliefert, daß die Frauen, die Christus die Treue hielten, nach seinem Tode in die Stadt eilten, um Salben und Öle zu besorgen. Diese Botschaft aus dem Evangelium bot den Anlaß für das Auftreten der ersten neuen Figur im Ensemble der Osterspiele, der Gestalt des Kaufmanns, die zum markantesten Vertreter des Stadtlebens gehört. Neben den religiösen Mysterienspielen wurden in den Städten auch Fastnachtspiele aufgeführt. Sie sind als Überreste alter Volkstradition anzusehen, in der sich die heidnischen Kulthandlungen und Fruchtbarkeitsriten erhalten haben.

Der städtische Bürger liebte Schwank und Scherz, auch wenn er derb und kernig war. Mit Vergnügen hörte er sich Geschichten über frivole Abenteuer an, die bestimmten Personen widerfuhren. Dazu zählten in Deutschland der Ritter Neidhart, dessen Name an den Minnesänger Neidhart von Reuenthal erinnert, und der Pfaffe von Kahlenberg. Über sie wird in Versen, später in Prosa gedichtet. In der zweiten Hälfte des 14. Jahrhunderts muß auch *Till Eulenspiegel* entstanden sein, eine Sammlung von Geschichten in Prosa über die derben und komischen Possen eines Bauernsohns aus dem Braunschweigischen. Die älteste überlieferte Fassung dieses Buches, das viele Nachahmungen und Übersetzungen erlebte, erschien 1515 in Straßburg.

Das Zeitalter der deutschen Stadt war in der deutschen Literatur auch die erste Epoche der deutschen Prosa. Die neuen Geschäftsbedürfnisse der beginnenden Geld- und Warengesellschaft trugen seit dem 13. Jahrhundert dazu bei, in den Behörden und Dienststellen allmählich das Lateinische zu verdrängen und statt dessen die deutsche Sprache einzuführen. Im 13. Jahrhundert entstehen die ersten deutschen Gesetzbücher in Prosa und die ersten deutschsprachigen Prosachroniken. Auf Initiative der Stadtverwaltungen werden im 13. und 14. Jahrhundert die Bürger angehalten, außer ihrem Vornamen einen weiteren Namen als persönliches Kennzeichen anzugeben. In der zweiten Hälfte des 14. Jahrhunderts erscheint die erste Stadtchronik. Chroniken werden in der Folgezeit in vielen Städten geschrieben und stellen Zeugnisse des neuen bürgerlichen Selbstbewußtseins dar. In Prosa werden auch Autobiographien und Reisebeschreibungen abgefaßt. Im Spätmittelalter gehörten die Neugründungen von Universitäten zu den größten kulturellen Errungenschaften der Städte. Kaiser Karl IV. gründete im Jahre 1348 in Prag die erste deutsche Universität. Weitere Universitätsgründungen folgten in Wien (1365), Heidelberg (1386), Köln (1388), Erfurt (1389), Leipzig (1409).

Die Erweiterung des Ausdruckspotentials der neuen deutschen Prosa war jedoch nicht die Frucht der literarischen Stadtkultur, sondern das Ergebnis neuer Glaubensaktivitäten, die von christlichen Ordensgemeinschaften und vor allem von der deutschen Mystik ausgingen. Deutsche Prosapredigten sind uns bereits aus der althochdeutschen Zeit überliefert; damals waren sie als Texte konzipiert, die der Christianisierung und Glaubensbelehrung dienten. Die Predigt erlebte im 13. Jahrhundert einen kräftigen Aufschwung, als die neugegründeten Franziskaner- und Dominikanerorden Maßnahmen einleiteten, um Ketzertum und Sektenwesen zu bekämpfen. Diese Sekten, entstanden aus dem unbeschreiblichen Elend, in das die expandierende Geld- und Warengesellschaft die Stadtbewohner abgedrängt hatte, schlossen sich zusammen und erhoben Protest gegen die ungerechte Gesellschaftsordnung. Da das gesamte intellektuelle Leben des Mittelalters vom Geist des Glaubens durchdrungen war, erschien dieser gesellschaftliche Protest im Gewand des Glaubens. Die Mönche der neuen Bettelorden schlossen sich nicht mehr wie ihre Vorgänger in die Klöster ein, sondern gingen zum Volk, um zu predigen und zu lehren. Am Anfang des 13. Jahrhunderts erfolgten die ersten Klostergründungen der neuen Orden auf deutschem Boden; um das Jahr 1300 verfügten einige Bettelorden in Deutschland bereits über zweihundert Klöster. Berühmt wurde im 13. Jahrhundert Berthold von Regensburg, ein Prediger des Franziskanerordens. In der zweiten Hälfte des Jahrhunderts übertrug der Papst dem Dominikanerorden die geistige Führung der Frauenklöster. Ungeordnete gesellschaftliche Verhältnisse, Elend und Armut, vor der Mädchen und Frauen in die Klöster flüchteten, haben bei ihnen wahrscheinlich schwere psychische Störungen hervorgerufen, auf die sie dann in den Klöstern, vor allem in den Dominikanerorden, mit ekstatischen und mystischen Visionen reagierten. Literarische Qualitäten besitzt der Text der Visionen von Mechthild von Magdeburg (um 1207/10 – 1282/83), der Mitte des 13. Jahrhunderts aufgezeichnet wurde (*Das fließende Licht der Gottheit*). – Der gelehrte Theologe Meister ECKHART (um 1260 – 1327), Nachkomme einer Ritterfamilie, erwarb sich als Prediger bei den Nonnen des Dominikanerordens großes Ansehen. Die jungen Dominikanermönche Johannes Tauler (um 1300 – 1361) und Heinrich Seuse (bzw. Suso; 1295–1366), Schüler von Meister Eckhart, die in ihren Predigten die Lehre Eckharts vertraten, sind zusammen mit ihrem Lehrer später als *die* deutschen Mystiker bezeichnet worden. In Analogie zu Kant, demzufolge die Aufklärung den Menschen mündig gemacht hat, könnte man sagen, daß die Prediger des Dominikanerordens dem mittelalterlichen Gläubigen zu seiner Mündigkeit und Reife verhalfen. In ihren Predigten an die ungebildeten Nonnen verwendeten sie eine Sprache, die auf spezifische theologische Fachausdrücke verzichtete, aber dennoch abstrakte Begriffe vermittelte. In ihrem Bemühen, trotz aller Abstraktheit ihrer Themen für ihre einfache Hörerschaft verständlich zu bleiben, gelang ihnen erneut etwas, um das sich vor ihnen schon die althochdeutschen Mönche verdient gemacht hatten, das dann aber in Vergessenheit geraten war: sie schufen die Grundlagen für den deutschen abstrakten Wortschatz, der sich später in der von ihnen vorgezeichneten Richtung weiterentwickelte. In dieser Sprache lehrten die Prediger ihre Zuhörerinnen, daß jeder Mensch in der Tiefe seines Herzens einen göttlichen Funken trage. Wenn es ihm gelingt, sich von weltlichen Sorgen zu befreien, so steht ihm der Weg zu Gott offen. Dafür sind weder die Kirche noch ihre Bräuche notwendig. Im Gegenteil, wenn es dem Menschen nicht gelingt, seinen göttlichen Funken zu entfachen, werden ihm auch keine äußeren Glaubensbezeugungen zum Heil verhelfen. Nach Eckharts Tod verurteilte der Papst diese Lehre. Die mystische Bewegung verbreitete sich jedoch weiter auch außerhalb des Kreises seiner Ordensschüler.

Die Vorherrschaft der Prosa, des neuen Ausdrucksmediums im Spätmittelalter, führte schließlich dazu, die Bearbeitung französischer Epik nicht mehr in Versen, sondern in Prosa zu schreiben. Nach einigen Versuchen dieser Art im 13. und 14. Jahrhundert, die nur als Fragmente überliefert sind, begegnen wir im 15. Jahrhundert einer großen Anzahl von Prosaübersetzern, darunter die Gräfin Elisabeth von Nassau-Saarbrücken (um 1397–1456) und die Herzogin Eleonore von Österreich (aus dem schottischen Stuartgeschlecht; 1433–1480), die auf kleinen Höfen residierten; andere sind Edelleute oder Bürger. Diese Übersetzungen sind als zeitgenössische literarische Werke für Fürstenhöfe oder für bürgerliche Patrizier bestimmt, die mit dem Adel wetteifern. Die Übersetzer legten keinen großen Wert auf die Ausgefeiltheit und Vollkommenheit des Prosaausdrucks. Sie versuchten, die bunten Episoden der abwechslungsreichen Handlung ihrer Werke möglichst glaubwürdig und detailreich zu gestalten, und zwar in einer Prosa, die die Leser als natürlich und bekannt empfinden sollten. Darin unterschied sich die deutsche Prosaepik, die aus der Feder dieser Übersetzer stammte, von der Prosa der ersten deutschen Humanisten.

3. Humanismus und Reformation

Karl IV. von Luxemburg, deutscher Herrscher von 1347 bis 1378, wählte Prag zu seiner Residenzstadt und gründete dort 1348 die erste Universität des deutschen Reiches. Als Kenner vieler Sprachen und als Mäzen, der auch selbst literarisch hervortrat, zählte er zu den gebildetsten Menschen seiner Zeit. Da seine Tochter mit dem englischen König verlobt war, gingen böhmische Studenten zum Studium nach England; auf diesem Weg gelangten die Anschauungen des Vorreformators Wyclif nach Böhmen, wo sie dann die Grundlage der Lehre von Jan Hus bildeten. Wie die deutschen Aufklärer Ende des 18. Jahrhunderts in Joseph II., dem Sohn Maria Theresias, einen mächtigen Verfechter ihrer Ideen sahen, so hielten die italienischen Humanisten damals Karl IV. für den Befreier Roms und Italiens von päpstlicher Willkür und für den Erneuerer des alten römischen Ruhms. Karl IV. erfüllte freilich nicht alle Erwartungen, denn als der römische Revolutionär Cola di Rienzo vor dem Zorn des Papstes nach Prag flüchtete, ließ ihn der Kaiser verhaften und lieferte ihn dem Papst aus. Auch der Dichter Francesco Petrarca kam nach Prag und führte später einen längeren Briefwechsel mit dem kaiserlichen Hof. Vom Kaiserhof und von der Prager Universität gingen innerhalb der deutschen Kulturwelt die frühesten humanistischen Anregungen aus; um den Hof versammelten sich Vertreter der neuen kulturellen Bestrebungen. Sie setzten sich für eine Erneuerung des religiösen Lebens in franziskanischem Geist ein und für die Verbreitung des Deutschen als Kultursprache anstelle des universalen Lateins.

Auf der Grundlage dieser kulturellen und literarischen Anregungen entstand um 1400 der Dialog *Der Ackermann aus Böhmen*, der als das erste wichtige literarische Denkmal der frühen neuhochdeutschen Prosa gilt. Die junge Frau des Ackermanns ist gestorben; deshalb klagt er den Tod als personifizierte Erscheinung in einem leidenschaftlichen Wechselgespräch an und vertritt das Recht des Menschen auf Leben und Glück. Schließlich wenden sich die Kontrahenten an Gott, der das Urteil fällt: „Klager habe ere! Tot habe sig! Seit jeder mensch dem Tote das leben, den leib der erden, die Seele Uns pflichtig ist zu geben." Obwohl durch diese Entscheidung der Tod die Oberhand behält, kommt in den Worten des Ackermanns die neuzeitliche Achtung und Einschätzung des menschlichen Lebens und des menschlichen Körpers deutlich zum Ausdruck. Der Dialog ist ein Werk des Notars und Schulrektors Johannes von Tepl (um 1350 – um 1414) aus Saaz.

Im Wettstreit mit dem Kaiser bemühten sich die Habsburger, aus Wien ein kulturelles Zentrum zu schaffen. Zunächst gründeten sie dort 1368 eine Universität. Im 15. Jahrhundert überführten sie dann die moderne und humanistisch eingerichtete Luxemburger kaiserliche Kanzlei von Prag nach Wien, nachdem die Kaiserkrone 1438 wieder einem Habsburger, Albrecht II. von Österreich, zugefallen war. Kaiser Friedrich III. brachte den begabten italienischen Kleriker und Humanisten Enea Silvio Piccolomini, den späteren Papst Pius II. (1405 – 1464),

Johannes von Tepl (um 1350–um 1414), Der Ackermann aus Böhmen: *der handkolorierte Holzschnitt aus der zweiten Ausgabe (um 1463) stellt die Klage des Witwers dar; der Tod verweist auf Papst, Herzog und Mönch, die ihm vergeblich Krone und Gold anbieten, um sich loszukaufen. – Die wenige Jahre zuvor erschienene Erstausgabe des um 1400 entstandenen Werkes war das erste gedruckte Buch in deutscher Sprache.*

an den Wiener Hof, wo Piccolomini zum Apostel des Humanismus in Deutschland wurde. Das Urteil Piccolominis über die deutsche Kultur fiel sehr schlecht aus, deshalb bemühte er sich, wohin er auch kam, die Kulturideale des italienischen Humanismus zu vertreten. Das hohe Ansehen, das er als vorzüglicher Stilist und Redner genoß, bewog die Juristen des Kaisers dazu, ihr Fachwissen durch Studien in Bologna und Padua zu vervollkommnen. Jetzt schätzte man an den Höfen und in den Kanzleien auch deutsche humanistisch gebildete Fachgelehrte, und allmählich fing man an, sie an die Schulen der Städte zu berufen, die Ende des 15. und Anfang des 16. Jahrhunderts eine materielle und kulturelle Blütezeit erlebten. GREGOR VON HEIMBURG (um 1400–1472), ein gewandter Literat, der seine Ausbildung in Italien vervollkommnet hatte, schuf ein zweites Zentrum des frühen deutschen Humanismus in Nürnberg, womit er sogar Piccolomini in Wien begeisterte. Um Heimburg versammelten sich auch andere Vertreter des frühen deutschen Humanismus. Sie bedienten sich der deutschen Sprache und bemühten sich dabei, in der deutschen Prosa die Vollkommenheit der lateinischen Prosa Ciceros zu erreichen. Da sie jedoch der deutschen Sprache gewaltsam die Konstruktionen des lateinischen Satzbaus aufzwangen, konnten sie keinen Einfluß auf die weitere Entwicklung der deutschen Prosa ausüben. Durch ihre Übersetzungen der italienischen humanistischen Literatur, insbesondere der Werke Piccolominis und Boccaccios, verbreiteten sie allerdings die humanistischen Ansichten über das menschliche Leben und führten eine neue Thematik in die deutsche literarische Praxis ein. Die in diesem Kreis um 1472 entstandene vollständige Übersetzung von Boccaccios *Decamerone* wurde durch eine Neuauflage in der ersten Hälfte des

Das Narrenschiff von Sebastian Brant (1458–1521): Seite aus der Erstausgabe von 1494. Die zahlreichen Illustrationen sind fester Bestandteil des Werkes, das als beliebtestes Buch dieser Zeit anzusehen ist.

16. Jahrhunderts zum unerschöpflichen Themenreservoir für die deutschen Schriftsteller. Ungefähr von 1480 bis 1535 nehmen die Humanisten bedeutende Stellen an den Universitäten, in den Schulen, in den Stadt- und Hofkanzleien ein. Sie stehen in wechselseitiger Beziehung zueinander und fördern und unterstützen sich gegenseitig. Als ihre Mäzene treten einzelne Herrscher auf, daneben vor allem die städtischen Patrizier, die in ihnen Vertreter der höchsten Stufe städtischer Kultur sehen. Im Unterschied zu dem Kreis um Heimburg bedienen sich diese Humanisten der lateinischen Sprache.

Der Straßburger Juraprofessor SEBASTIAN BRANT (1458–1521), ein fruchtbarer Schriftsteller in deutscher und lateinischer Sprache, veröffentlichte 1494 *Das Narrenschiff*, das wohl populärste Buch seiner Zeit. Das moralisch-satirische Lehrgedicht ist in deutschen Reimversen geschrieben. Mit diesem Buch wollte Brant allen lese- und schriftkundigen Schichten der damaligen Gesellschaft die Ideale des Humanismus nahebringen. Der Narr ist das Symbol des ungebildeten, kulturlosen Menschen. Die deutsche Literatur des 16. Jahrhunderts nahm bereitwillig diese Gestalt auf und popularisierte sie. In der Person des Narren, so könnte man sagen, gibt der selbstbewußte Bürger den Vertreter seiner ungebildeten Vorfahren und der Bauern dem Spott preis. Diese Figur ist aber auch Ausdruck einer zeitgenössischen Gesellschaftskritik. In seinem Werk versammelt Brant die Narren auf einem Schiff, wobei er jeden Narren als Personifikation bestimmter Schwächen, Vergehen und Laster ausführlich schildert. Die Darstellung wird durch zahlreiche Holzschnitte illustriert, die vermutlich der junge Dürer angefertigt hat. Brants Vers ist der bekannte epische Vers mit vier betonten Silben, wobei

Der Holzschnitt von Jost Aumann zeigt eine Druckerei aus der Zeit der Reformation.

je zwei Verse durch den Reim verbunden werden. Im Laufe der Zeit erhielt dieser Vers den Namen *Knittelvers*. Da er, ausgenommen bei den Meistersingern und ihren Nachfolgern, im Hinblick auf die Silbenzahl große metrische Freiheiten erlaubt, haben deutsche Schriftsteller von der frühen Goethezeit bis heute ihn oft zu verschiedensten Zwecken benutzt. Als Mittel der Satire verwandte ihn Bertolt Brecht mit großer Originalität in einigen seiner Dramen.

Den deutschen Humanisten war es jedoch nicht gelungen, in ihrem Land jenen Erfolg zu erzielen, den die Humanisten in Italien hatten. Weder die politische Kraft noch die Kultur der reichsten deutschen Städte konnten sich mit dem Niveau der italienischen Städte messen, und auch die höfische Kultur der beiden Länder ließ keinen Vergleich zu. Der deutsche Humanist blieb in seinem Wirken hauptsächlich auf Kanzlei und Schule beschränkt, zum öffentlichen Leben fand er kaum Zugang. Einfluß gewannen die deutschen Humanisten dagegen im Bereich des Dramas: ähnlich wie in Italien griffen sie Formen des antiken Dramas auf, das sie vor allem bei dem römischen Autor Seneca und dem Komödiendichter Plautus kennenlernten, und schufen die ersten Muster der neuzeitlichen Dramenliteratur, d. h. des modernen Schauspiels. Sie hemmten dadurch die Weiterentwicklung des mittelalterlichen religiösen Dramas. Das europäische Theater, wie überhaupt das Welttheater der Neuzeit, verdankt den Humanisten seine weitere Entwicklung. Nach dem antiken Vorbild teilten die Humanisten ihre Dramen in Tragödien und Komödien ein, wobei sie die Personen für ihre Komödien aus den niedrigeren Gesellschaftsschichten, für die Tragödien aus den Kreisen der Herrscher und

Feudalherren wählten. Als Rektoren und Gymnasiallehrer führten sie in den Schulen Dramenaufführungen ein, bei denen die Schüler als Schauspieler auftraten und sich so in der Beherrschung der lateinischen Sprache und im feinen und ungezwungenen gesellschaftlichen Umgang übten. Auf diese Weise schufen die Humanisten den Begriff des Schuldramas, das Katholiken und Protestanten dann übernommen haben und das in Deutschland eines der Hauptgebiete der dramatischen Produktion bis zum Ende des 17. Jahrhunderts bleiben sollte.

In Italien hatte der Humanismus seine Herrschaft auch auf den päpstlichen Hof ausgedehnt; zur gleichen Zeit verstand es die französische Kirche, ihre große Selbständigkeit gegenüber der römischen Kurie zu bewahren. In Deutschland hingegen waren die Verhältnisse vollkommen anders. Hier konnte sich aufgrund der kaiserlichen Reichs- und Weltpolitik kein fortschrittlicher Nationalstaat entwickeln, vielmehr wurde das Heilige Römische Reich Deutscher Nation von einzelnen Fürsten, Grafen und freien Städten in eine große Zahl miteinander verfeindeter Territorien gespalten. Aus diesem Grunde blieb Deutschland für die Kirche auch weiterhin ein ideales Gebiet, um verschiedene Abgaben für religiöse Zwecke bei allen Ständen zu sammeln, und somit ein starker materieller Stützpunkt für den päpstlichen Hof.

Nicht nur der ungebildete und unkultivierte Teil des Welt- und Ordensklerus, sondern auch deren theologisch geschulte Vertreter an den Universitäten, die dort noch immer eine führende Stellung innehatten, mußten zwangsläufig mit den deutschen Humanisten in Konflikt geraten, da diese nach übernationaler Bildung und nach Kultur in Weltmaßstäben strebten. Einer der vorzüglichsten Vertreter des deutschen Humanismus war JOHANNES REUCHLIN (1455–1522), den man als dreisprachiges Wunder bezeichnet hat: er übersetzte nicht nur griechische Klassiker ins Lateinische, sondern wurde von gelehrten Juden so gründlich in der hebräischen Sprache unterrichtet, daß er imstande war, eine Grammatik und ein Wörterbuch dieser Sprache herauszugeben. Reuchlin mischte sich in den Streit ein, der im ersten Jahrzehnt des 16. Jahrhunderts um die Frage entstanden war, ob die angeblich gegen das Christentum gerichteten jüdischen Bücher, insbesondere der *Talmud*, vernichtet werden sollten. Die Kölner Theologen befürworteten die Vernichtung, während Reuchlin in einer scharfen literarischen Polemik seine Stimme zum Schutz der jüdischen Bücher erhob. Die Frage bewegte die ganze Welt der deutschen Theologen und Humanisten. Die Zuschriften seiner Zeitgenossen, die ihn unterstützten, gab Reuchlin 1514 unter dem Titel *Clarorum virorum epistolae ad Johannem Reuchlinum (Briefe berühmter Männer an Johannes Reuchlin)* heraus. Danach erschien 1515 und 1517 ohne Angabe der Verfasser das zweibändige Werk *Epistolae obscurorum virorum (Dunkelmännerbriefe)*, das fingierte Briefe enthält, die an einen Kölner Magister und Feind der jüdischen Bücher gerichtet sind. Diese Briefe stammten angeblich aus der Feder von Theologen, Priestern und Mönchen, die auf der Seite der Gegner der jüdischen Bücher standen, aber ihr schlechtes und falsches Latein, ihre Ungeschicktheit im Argumentieren, die Grobschlächtigkeit und Unbildung, die ihr Leben und ihre Umgangsformen verraten, sowie die Darstellung unsittlicher Szenen aus ihrem Alltag – dies alles stellt dem zeitgenössischen mittleren und niederen deutschen

Ulrich von Hutten *(1488–1523), ein humanistischer Gelehrter und Mitstreiter Luthers. Ulrich von Hutten war Reichsritter und wurde, Gepflogenheiten seiner Zeit entsprechend, 1517 vom deutschen Kaiser mit der Dichterwürde ausgezeichnet – die Darstellung zeigt ihn deshalb mit Ritterrüstung und Lorbeerkranz.*

Klerus in intellektueller, moralischer und religiöser Hinsicht ein vernichtendes Zeugnis aus. Die Satire übte seinerzeit gewaltigen Eindruck aus und genießt auch heute noch in der Literaturgeschichte hohes Ansehen, das sie vollkommen als kulturelles, nicht aber als literarisches Dokument verdient. In ihren Stilmitteln ist die Satire eintönig, grob und wenig erfindungsreich, aber vielleicht war ihre Wirkung gerade deswegen in den aktuellen kulturellen Auseinandersetzungen um so stärker. Die *Dunkelmännerbriefe* entstanden im Kreis der Erfurter Humanisten und sind ihr gemeinschaftliches Werk, an dem ein abenteuerlicher Vertreter des niedrigen Adels, Ulrich von Hutten (1488–1523), maßgeblichen Anteil hatte. Von seiner Familie für das Studium bestimmt, konnte er jedoch nirgendwo Ruhe finden. Er reiste mehrmals nach Italien und stand in Verbindung nicht nur mit deutschen Humanisten; er erhielt auch eine solide humanistische Bildung und gab als humanistischer Gelehrter Werke der antiken Klassiker heraus. Ulrich von Hutten schrieb selbstbewußte und rebellische deutsche Gedichte, sein originellstes Werk schuf er jedoch 1521 mit dem *Gesprächsbüchlein*, der deutschen Übersetzung von lateinischen Dialogen, die er gegen die päpstlichen Übergriffe und die kirchliche Ausbeutung der deutschen Gläubigen geschrieben hatte. Die kämpferische deutsche Prosa seiner Streitschriften wirkt so lebhaft und unmittelbar, daß sie uns näher und natürlicher erscheint als die ersten Schriften Luthers. Mit der gleichen dynamischen Kraft der Sprache und des Stils hatte vor ihm Walther von der Vogelweide in seinen Versen denselben Nutznießer der frommen deutschen Leichtgläubigkeit angegriffen.

Die größte Gestalt des Humanismus auf deutschem Boden war zweifellos

Erasmus von Rotterdam (1466 oder 1469 – 1536), der seit 1514 in Basel ansässig war. Er verfaßte seine Werke jedoch nicht in deutscher Sprache, für die auch seine Schüler und Nachfolger nicht mehr kämpften. In den deutschsprachigen Ländern herrschten unüberbrückbare gesellschaftliche Gegensätze; die Humanisten waren nicht imstande, den Kampf gegen diese Mißstände aufzunehmen. Diese Aufgabe übernahm Martin Luther (1483–1546). In Luthers Auftreten, in seiner Lehre, ihrem Echo und ihrer Wirkung kam das kulturelle Leben der deutschsprachigen Länder erstmals deutlich zum Ausdruck – in einer so unüberhörbaren Art und Weise, daß sie sich als spezifisch deutsches Phänomen über die ganze damalige Kulturwelt verbreitete und diese Welt geradezu erschütterte. Die kulturellen Probleme der deutschen Länder wurden im 16. Jahrhundert nicht von den Humanisten gelöst; diese Aufgabe stellte sich die Reformation. Von symbolischer Bedeutung war dabei die Tatsache, daß der kämpferische Humanist Ulrich von Hutten in seinen letzten Lebensjahren ein entschiedener Anhänger Luthers wurde. Die deutschen Humanisten sind in den Glaubenskämpfen und politischen Auseinandersetzungen des 16. Jahrhunderts nicht einfach vom deutschen Boden verschwunden, sondern haben auch weiterhin gewirkt, allerdings in lateinischer Sprache. Ähnlich wie das Mittelalter neben einer Literatur in Volkssprachen auch eine – nicht nur wissenschaftliche – reiche und vielfältige übernationale Literatur in lateinischer Sprache kannte (die sogenannte mittellateinische Literatur), so haben auch die deutschen Humanisten während des 16. Jahrhunderts eine reiche und vielfältige neulateinische deutsche Literatur geschaffen. Während die deutschsprachige Literatur sich in dieser Zeit hauptsächlich mit dem neuen Thema *Reformation* befaßte und dabei der Kultur der sprachlichen und stilistischen Ausdrucksmittel nur wenig Aufmerksamkeit widmen konnte, hob sich die neulateinische humanistische Literatur besonders durch ihr Bestreben hervor, aus der lateinischen Sprache ein verfeinertes künstlerisches Medium sowohl für das intellektuelle Leben als auch für das Gefühlsleben des gebildeten Menschen ihrer Zeit zu schaffen. Diesen Eigenheiten kam im Verlauf der Reformation keine große Bedeutung zu, aber die ersten Vertreter der deutschen Barockliteratur zu Beginn des 17. Jahrhunderts, allesamt gute Latinisten, lernten gerade aus dieser neulateinischen Literatur die Mittel, die junge hochdeutsche Dichtersprache stilistisch nach Möglichkeit zu vervollkommnen.

Nach dem Durchbruch der Lutherschen Lehre war die deutsche Literatur in der Mehrzahl ihrer Werke das ganze Jahrhundert hindurch eine „engagierte" Literatur im vollen Sinne dieses Wortes. Die deutschen Schriftsteller bedienten sich literarischer Formen und auch der dramatischen Kunst, um alle Teile des gebildeten Bürgertums zum Kampf gegen Ausbeutung und Verblendung durch das Papsttum und seinen Klerus aufzurufen, der entweder mächtig und gewalttätig auf den Bischofsstühlen herrschte oder in Klöstern und Pfarreien ungebildet und liederlich ein Parasitendasein führte. Erfolglos versuchten die katholischen Kreise, mit denselben Mitteln die Ausbreitung der Reformation zu bekämpfen. Die rückständigen Gesellschaftsstrukturen im zerstrittenen Deutschland ermöglichten es Luther, eine Bewegung auszulösen, die die Welt erschüttern sollte. All diejenigen, die sich von Kirche und Klerus ausgebeutet fühlten, schlossen sich

Martin Luther *(1483–1546): Porträt von Lucas Cranach dem Älteren aus dem Jahre 1526.*

dem Lutherschen Kampf an: die Bauern, die unter der Last der Abgaben und Frondienste litten, die Bürger, die selbstbewußt und begeistert die Abhängigkeit von der fremden übernationalen Herrschaft der Kirche und des Klerus abzuschütteln suchten, und schließlich die Feudalherren, die danach trachteten, sich des reichen kirchlichen Grundbesitzes zu bemächtigen. Der Kaiser dagegen verteidigte hartnäckig die alten Strukturen.

Luther, der Sohn eines Bergmanns aus Eisleben, trat nach dem Theologiestudium in Erfurt 1505 als Mönch in das dortige Augustinerkloster ein. Nach seiner Promotion war er seit 1512 an der neugegründeten Universität Wittenberg als Professor für biblische Theologie tätig. Am 31. Oktober 1517 schlug er dann an die Tür der Schloßkirche zu Wittenberg seine 95 lateinisch verfaßten Thesen an, die sich gegen den Mißbrauch des Ablaßhandels richteten. Zur Erhöhung ihrer Einkünfte ließen der päpstliche Hof und der hohe Klerus durch abgesandte Ordensleute für teures Geld den Sündenablaß verkaufen. Luthers Empörung richtete sich auch gegen die theologische Lehre seiner Zeitgenossen. Ursprünglich hatte er nicht die Absicht, die Beziehungen zu Rom, das er als Mönch besucht hatte, abzubrechen, aber die Unversöhnlichkeit seiner Gegner sowohl in Rom als auch unter dem deutschen Klerus trieb ihn in eine immer entschlossenere Opposition. Im Jahre 1519 fand die Leipziger Disputation mit Eck über die Unfehlbarkeit des Papstes und des kirchlichen Konzils statt, die den endgültigen Bruch mit Rom herbeiführte. 1521 wurde Luther mit dem Kirchenbann belegt. Im Jahr zuvor hatte die Reformation ihren Durchbruch erzielt: 1520 waren Luthers große

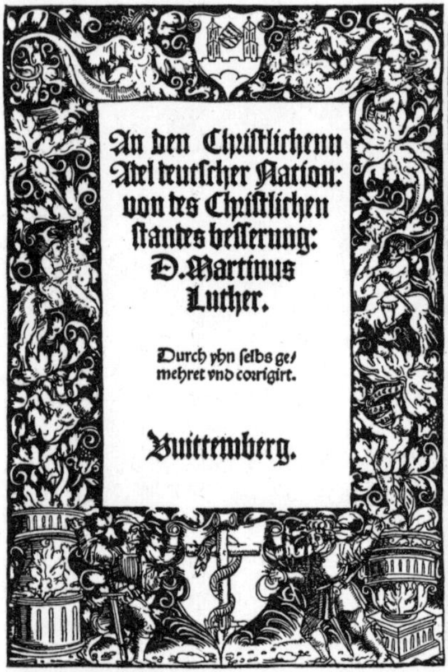

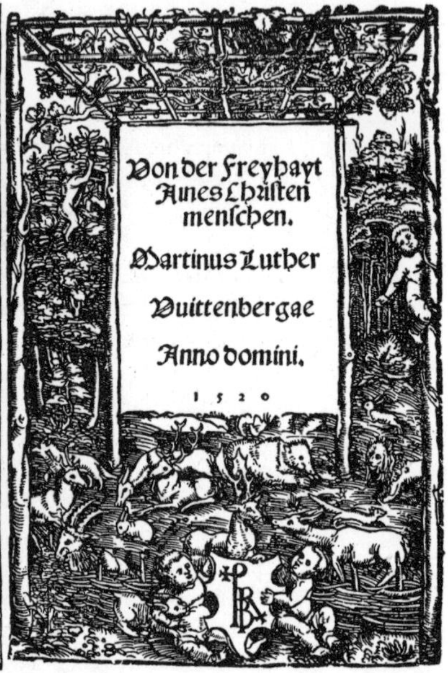

An den christlichen Adel deutscher Nation *(erste Ausgabe der zweiten Bearbeitung, Wittenberg) und* Von der Freiheit eines Christenmenschen *(gedruckt bei H. Lufft in Wittenberg): die Titelseiten von zwei der großen Flugschriften, mit denen Martin Luther 1520 der Reformation in Deutschland zum Durchbruch verhalf.*

Flugschriften erschienen, die im Unterschied zu den Werken der Humanisten in deutscher Sprache verfaßt waren, und hatten gleichsam über Nacht starken Widerhall in allen Schichten der deutschen Bevölkerung gefunden (*Von den guten Werken; An den christlichen Adel deutscher Nation von des christlichen Standes Besserung; Von der Freiheit eines Christenmenschen*). Luthers Reformation des Glaubens war, ähnlich den mittelalterlichen Sekten und Ketzerbewegungen, vor allem ein ökonomisch-sozialer Aufstand. Es schien, als ob alle alten Formen des gesellschaftlichen Systems abgenutzt und bedeutungslos geworden wären. Auch die Bauern gerieten in Aufruhr, doch distanzierte sich Luther 1525 mit seiner Schrift *Wider die mörderischen und räuberischen Rotten der Bauern* vollständig von ihnen. Um so annehmbarer war sein sehr gemäßigter ökonomischer und sozialer Reformwille für die Bürger und die Feudalherren.

Als im April 1521 der Deutsche Reichstag Luther ächtete, brachte der sächsische Kurfürst Friedrich der Weise seinen bedrohten Untertan in der Festung Wartburg vor den Gegnern heimlich in Sicherheit. Hier begann Luther, auf Anregung seines hochgebildeten Anhängers Philipp Melanchthon, die *Bibel* zu übersetzen. Die Übersetzung wurde zwischen 1522 und 1534 gedruckt. Unabhängig von seiner Bedeutung als religiöser und sozialer Reformator, gilt Luther in der Geschichte der deutschen Literatur als genialer Sprachkünstler, der in seinen Werken, vor allem in seiner Bibelübersetzung, als erster die gemeinsame deutsche Literatursprache als Nationalsprache verwendet. Luther hat diese Sprache nicht geschaffen: Im kolonisierten deutschen Osten, wo die Fürsten und Herzöge Ankömmlinge aus verschiedenen Gegenden Deutschlands ansiedelten, hatte sich aus deren verschiedenen Mundarten eine auf den Besonderheiten der süd- und mitteldeutschen Mundarten beruhende gemeinsame Sprache, das „gemeine Deutsch" der sächsischen Kanzleisprache entwickelt, die mit Luthers Werk Eingang in die Literatur fand. Luthers Verdienst ist es, Grammatik und Lautstand dieser Kanzleisprache mit dem Wortschatz und dem Satzbau der Umgangssprache verschmolzen zu haben. Die römische Kirche verweigerte ihren Gläubigen die Lektüre der *Bibel*, die Lehre Luthers dagegen gab dieses Buch jedem Lesekundigen in die Hand, der sich dann selbst sein Urteil bilden konnte. Ähnlich wie die Mystik Meister Eckharts verhalf auch die *Bibel* Luthers dem deutschen Gläubigen zu Selbständigkeit und Mündigkeit. Außerdem strebte Luther bewußt nach einem natürlichen und möglichst ungezwungenen Sprachausdruck. Nach seiner Überzeugung sollte Literatursprache die Sprache des einfachen, von fremden Einflüssen unverdorbenen Volkes sein. Luthers *Sendbrief vom Dolmetschen* aus dem Jahre 1530 ist ein geniales Werk, von dem man noch heute keine einzige Zeile als veraltet bezeichnen kann. Zwar sind uns auch aus der Zeit vor Luther seit 1466 vierzehn vollständige, dazu drei niederdeutsche Bibelübersetzungen erhalten geblieben, jedoch erst die deutsche Reformation stellte während des 16. Jahrhunderts die *Bibel* in den Mittelpunkt des gesellschaftlichen und politischen Geschehens. Wie weit Luthers vollständiger Bibeltext damals verbreitet war, geht aus der Tatsache hervor, daß allein sein Wittenberger Drucker zwischen 1534 und 1570 rund 100000 Exemplare auslieferte – in einer Zeit, in der nach heutigen Schätzungen nur fünf bis zehn Prozent der deutschen Gesamtbevölkerung lesen konnten. Dank Luthers künstlerischer Begabung stellte die Sprache seiner *Bibel* all die früheren Übersetzungen völlig in den Schatten. Die mittelniederdeutsche Sprache, die sich besonders in den reichen Hansestädten als Geschäftssprache entwikkelt hatte, erwies sich anfangs als so lebendig, daß Luthers Übersetzung ins Niederdeutsche übertragen werden mußte. Als aber mit dem Verfall der materiellen Macht der deutschen Städte Ende des 16. Jahrhunderts auch die Hansestädte ihre gesellschaftliche Bedeutung verloren, eroberte Luthers Sprache als Schriftsprache allmählich auch den Norden, indem sie die niederdeutschen Mundarten auf die Bedeutung von bloßen Mundarten herabsetzte. Luther und seine Anhänger gaben für die Bedürfnisse des neuen Gottesdienstes ein evangelisches, d. h. protestantisches Gesangbuch heraus, in dem auch geistliche Dichtungen Luthers selbst enthalten waren. 1530 stellte Luther, der wie die ganze bürgerliche Welt die lehrhaften Eigenschaften der Literatur schätzte, eine kleine *Fabel*sammlung zusammen, die aus Prosaübersetzungen Äsops besteht. Mit der Fabelausgabe setzte Luther die seit Mitte des 14. Jahrhunderts überlieferte Tradition der mittelalterlichen bürgerlichen Literatur fort. (Die neue Welle von Moral und Lehrhaftigkeit hat in der Literatur der Aufklärung während des 18. Jahrhunderts die Fabel wieder beliebt werden lassen.)

Das reformatorische „Engagement“ der deutschen Literatur des 16. Jahrhunderts äußerte sich insbesondere im Drama, hauptsächlich im Schul-, aber auch im städtischen Drama, in denen biblische Themen vorherrschen. Luthers Beispiel bewegte auch andere Schriftsteller dazu, Fabelsammlungen herauszugeben, und GEORG ROLLENHAGEN (1542–1609) besang (1595) in einem bedeutenden epischen Werk *Froschmeuseler* in acht- und neunsilbigen Versen mit gesellschaftskritischen Anspielungen einen Kampf zwischen Fröschen und Mäusen. Das Werk erlebte im folgenden Jahrhundert mehrere Neuauflagen. – Auch die städtische Literatur der Handwerksmeister wandte sich der Reformation zu: einige Werke des bekanntesten deutschen Meistersingers, des Nürnberger Schuhmachers Hans Sachs, der in Deutschland durch den jungen Goethe und in der ganzen Welt durch Wagners Oper *Die Meistersinger* populär geworden ist, können im Sinne der Reformation ebenfalls als „engagiert“ bezeichnet werden. HANS SACHS (1494–1576) war ein außerordentlich fruchtbarer Schriftsteller, man könnte ihn im Scherz den deutschen Lope de Vega nennen. Er schrieb Gedichte im Stil der Meistersingerschulen, kurze lustige Erzählungen in Versen, Fabeln und engagierte Prosadialoge. Er verfaßte außerdem 85 Fastnachtspiele, einige davon in mehreren Akten, 61 Tragödien und 64 Komödien – so viele sind uns zumindest erhalten geblieben. Die Themen für seine Werke fand er überall, häufig auch in Boccaccios *Decamerone*. In seinen Dramen kam es ihm vor allem auf den Handlungsablauf an, während seine Figuren keine psychologische Überzeugungskraft besitzen. Der Vers seiner Dramen entspricht der Praxis der Meistersingerschulen und ist durch die Silbenzahl bestimmt: acht mit einsilbigem, neun mit zweisilbigem Reim. Dieser Vers muß häufig wegen der Sorglosigkeit im Hinblick auf die Verteilung der betonten Silben als Prosa gelesen werden. In seinen *Fastnachtspielen*, deren Figuren Sebastian Brants Narren ähneln, zeigt Hans Sachs überwiegend in unbefangener Unmittelbarkeit die gesellschaftlichen Verhältnisse des 16. Jahrhunderts. Unbarmherzig verspottet hier der Autor, ein selbstbewußter Bürger, die Bauern, die er als dumm und ungeschliffen darstellt; sie können leicht beschwindelt und betrogen werden, und so ist ihre Unwissenheit für den überlegenen Bürger eine ständige Quelle der Komik. Im 16. Jahrhundert kannte man in Deutschland weder den Schauspielerberuf noch Theatergebäude. Alle Dramen wurden von Laien inszeniert und gespielt, in den Meistersingerschulen von Handwerkern. In Nürnberg führte man gegen Ende des 16. Jahrhunderts Tragödien und Komödien in Kirchen auf.

Bürgerliches Selbstbewußtsein und Unterhaltungslust regten eine Reihe von Schriftstellern dazu an, Sammlungen mit lustigen kleinen Geschichtchen und Schwänken zusammenzustellen – eine literarische Gattung, die im 16. Jahrhundert zunehmend an Bedeutung gewann. JÖRG WICKRAM (um 1505 – vor 1562) wurde mit einer solchen Schwanksammlung rasch beliebt: *Das Rollwagenbüchlein* (1555) ist vorwiegend im bürgerlichen Milieu angesiedelt; die Geschichten und Anekdoten von elsässischen Pfaffen und Handwerkern, Kauf- und Wirtsleuten, Bauern und Landsknechten leben vom Kontrast zwischen durchtriebenem Witz und närrischer Einfalt. Der Autor hatte mit seinen Romanen *(Gabriotto und Reinhart,* 1551) zunächst die Tradition der Prosadarstellung aus dem Ritterleben

Affentheurlich Naupengeheurliche Geschichtklitterung/
Von Thaten vnd Rahten der
vor kurtzen langen weilen Vollenwolbeschreiten Helden vnd Herren
Grandgusier/Gargantoa vnd Pantagruel/Königen inn Vtopien/Jedewelt vnd Nienenreich/Soldan der Neuen Kannarrien vnd Oudyssen Inseln: auch Großfürsten im Nubel Nibel Nebelland/ Erbvögt auff Nichtburg/vnd Niderherren zu Nullibingen/Nullenstein vnnd Niergendheym.
Etwan von M. Frantz Rabelais Frantzösisch entworffen: Nun aber vberschrecklich lustig inn einen Teutschen Model vergossen/ vnd vngefärlich obenhin/ wie man den Grindigen laußt/ inn vnser MutterLallen vber oder drunder gesetzt. Auch zu disem Truck wider auff den Ampoß gebracht/vnd dermassen Pantagruelisch verpossirt/ verschmidt vnd verdängelt/daß nichts ohn ein Eisen Nisi dran mangelt:
Durch Huldrich Elloposcleron.
Si laxes crepit: Si premas erumpit.
Zu Luck entkriechts: Ein Truck entzlechts.

Im Fischen Gilts Mischen.
Getruckt zur Grensing im Gänsserich. 1582.

Johann Fischart (1546–1590), Gargantua und Pantagruel: *Titelseite der zweiten Ausgabe (1582) mit verändertem Text. Er enthält erstmals das Wort „Geschichtklitterung“, das sich bald als Begriff durchsetzte.*

fortgesetzt. Mit zwei Romanen, die beide didaktische Zwecke verfolgen, wandte er sich dann dem bürgerlichen Leben zu: *Der jungen Knaben Spiegel* (1554) und *Von guten und bösen Nachbarn* (1556), seinem letzten Werk. Wickram gilt damit als der erste Vertreter des bürgerlichen Romans in der deutschen Literatur.

Im 16. Jahrhundert übersetzte JOHANN FISCHART (1546–1590) einen größeren Teil aus Rabelais' Roman *Gargantua und Pantagruel* (1575, das Original war 1532–1564 erschienen) und gab ihm einen langen, pompös-satirischen Titel. Fischart, Sohn der reichen und kulturell agilen Stadt Straßburg, in der auch Gottfried und Sebastian Brant gewirkt hatten, starb verhältnismäßig früh, hinterließ aber eine große Anzahl von Werken in Prosa und Vers, die häufig als Bearbeitung fremder Originalwerke entstanden waren. Fischart trat als kämpferischer Anhänger Luthers und geschworener Feind des Papsttums und seiner Gefolgschaft auf. Viele seiner Werke atmen diesen Geist, in anderen wiederum greift er gesellschaftliche Laster seiner Zeit an. Fischart will auf breite Leserkreise einwirken. Vor allem in seinem Prosastil strebt er danach, den Leser durch sprachliche Akrobatik, Anhäufung von Wörtern, Wortspiele, Parodie und Groteske zu verblüffen; daher vermißt man in seinem Stil das Gefühl für Maß und Harmonie. Durch seine Künstelei verunstaltete er das Werk Rabelais', indem er es über alle Maßen ausdehnte und dabei das Ziel verfolgte, sein Vorbild durch eigene sprachliche Meisterschaft zu übertreffen. Doch seine vermeintliche Meisterschaft erweckt eher den Eindruck der Formlosigkeit als der Virtuosität. Fischarts Prosawerke zeigen deutlich, daß die deutsche protestantische Stadt während des

16. Jahrhunderts noch nicht imstande war, in der Literatur neben dem „Engagement“ auch künstlerische Sprachkultur zu entwickeln. Mit der Absicht, auch in die breitesten Schichten des Volkes Eingang zu finden, übertrug Fischart die lustigen Begebenheiten Till Ulenspiegels in Verse (1572). Auch später blieb dieses Buch eine beliebte Lektüre breiter, wenig gebildeter Schichten, bis deutsche Autoren der Romantik es in den sogenannten Volksbüchern als wertvolles Erbe des Alten wieder popularisierten.

Die im 15. Jahrhundert praktizierte Übertragung französischer Heldenepik in Prosa, die Übersetzung des *Decamerone* als unerschöpfliche Quelle epischer Thematik, ein lebhaftes Interesse für ritterliche, heldenhafte, ja legendäre Ereignisse aus der Vergangenheit, die erwähnten Sammlungen von kurzen Schwänken machten aus der *Prosaepik* die volkstümlichste Gattung der deutschen Stadt in der zweiten Hälfte dieses Jahrhunderts. Zu dieser Zeit hatte die Erfindung des Buchdrucks schon eine hundert Jahre alte Tradition; die Drucker verstanden es, daraus ein einträgliches Geschäft zu machen, und sie verbreiteten mit ihren billigen und auf schlechtem Papier gedruckten Ausgaben Themenkreise der epischen Prosa, für die sie bei allen Leserkreisen mit Interesse rechnen konnten. Der kunstlose, schlichte und völlig anspruchslose Stil dieser Literatur scheint uns heute näher zu stehen als die Aktualität der damaligen „engagierten“ Literatur, die kaum etwas Künstlerisches enthielt; sie steht uns näher als die Formlosigkeit der redseligen, künstlerische Wirkungen erstrebenden Prosa, vor allem näher als der holprige und stolpernde Rhythmus des damaligen *Knittelverses*.

Die *Volksbücher* wollen das Interesse des Lesers nur durch ihren Inhalt wecken, mit dem einfachen Erzählen von ungewöhnlichen, sonderbaren oder lustigen, aber immer Neugier erregenden und spannenden Ereignissen. Unter diesen Büchern erschien ein Werk, das – Luthers und Huttens Schriften ausgenommen – die wertvollste literarische Gabe darstellt, die das 16. Jahrhundert späteren Generationen hinterlassen hat: *Historia von D. Johann Fausten*, im Jahre 1587 vom Drucker Johann Spies in Frankfurt am Main herausgegeben. Faust war eine historische Persönlichkeit, dessen Andenken eine ziemlich große Anzahl von Quellen aus den ersten vier Jahrzehnten des 16. Jahrhunderts bewahren. In diesem leichtgläubigen Jahrhundert wurde Faust weit und breit bekannt durch seine, wie man glaubte, übernatürlichen Fähigkeiten, deren er sich auch selber rühmte: er stellte unter anderem Horoskope und prophezeite die Zukunft. Es ist heute schwer zu sagen, ob er nur ein Scharlatan und Betrüger war oder ob er tatsächlich humanistische Bildung besaß und von den Humanisten und Reformatoren nur deshalb bewußt verleumdet wurde, weil sie ihn um sein Ansehen bei Herrschern und breiten bürgerlichen Schichten beneideten. Jedenfalls regte er als Wundertäter die Phantasie des Bürgertums an. An jenen Orten, wo er der Überlieferung zufolge gelebt hatte, sammelte man nach und nach Berichte über ihn, und vermutlich wurde nach diesen Zeugnissen seine Geschichte zum ersten Mal in Form einer phantastischen Biographie schriftlich fixiert. Die Ausgabe von Spies machte sie sozusagen im Handumdrehen populär. Später folgten weitere Ausgaben, und bald wurde die *Historia* auch in die westlichen Nachbarsprachen übersetzt. Schon um 1590 gab Christopher Marlowe, der große Zeitgenosse

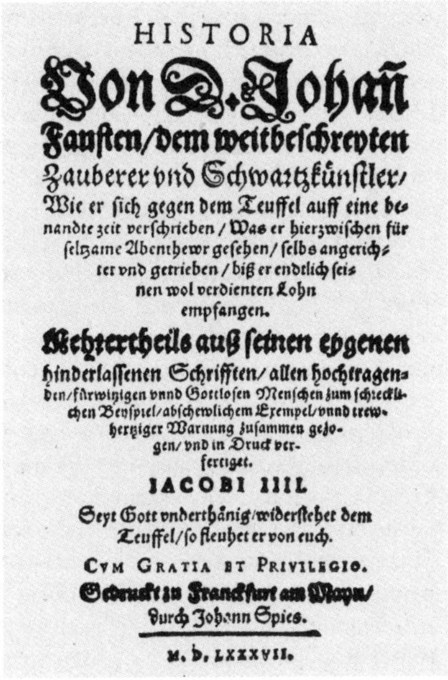
HISTORIA
Von D. Johañ
Fausten/dem weitbeschreyten
Zauberer vnd Schwartzkünstler/
Wie er sich gegen dem Teuffel auff eine be-
nandte zeit verschrieben / Was er hierzwischen für
seltzame Abentheuwr gesehen/ selbs angerich-
tet vnd getrieben / biß er endtlich sei-
nen wol verdienten Lohn
empfangen.
Mehrertheils auß seinen eygenen
hinderlassenen Schrifften/ allen hochtragen-
den/fürwitzigen vnnd Gottlosen Menschen zum schreckli-
chen Beyspiel/abscheuwlichem Exempel/vnnd trew-
hertziger Warnung zusammen gezo-
gen/ vnd in Druck ver-
fertiget.
IACOBI IIII.
Seyt Gott vnderthänig/widerstehet dem
Teuffel/so fleuhet er von euch.
CVM GRATIA ET PRIVILEGIO.
Gedruckt zu Franckfurt am Mayn/
durch Johann Spies.
M. D. LXXXVII.

Historia von D. Johann Fausten, *Volksbuch eines anonymen Verfassers: Titelblatt der Erstausgabe, die der Drucker Johann Spies 1587 in Frankfurt/Main veröffentlichte.*

Shakespeares, dem Thema Faust die Form einer Tragödie; in dieser Form kehrte Faust auf den deutschen Boden zurück. Von Marlowe stammt auch die Idee für Fausts langen Einführungsmonolog. Die Ausgabe von Spies zeigt offensichtlich, daß es sich hier um eine Übersetzung aus dem Lateinischen handelt, daß also die erste Faustbiographie zum ersten Mal in lateinischer Sprache aufs Papier kam. Außerdem legt die Ausgabe von 1587 den Schluß nahe, daß der Redakteur des Textes mit großer Wahrscheinlichkeit ein protestantischer Geistlicher war. Der Autor verurteilt nämlich Faust und sein Bündnis mit dem Teufel und schildert mit Genugtuung das jammervolle Ende seines Lebens, das nach vierundzwanzig Jahren – so lange verpflichtete sich der Teufel, ihm zu dienen – in Schauder und Wehklagen auslief. Der Autor hat jedoch Fausts unstillbaren Wissensdurst, seinen Drang nach Erkenntnis des Universums, der Sterne, der Teufel, der Engel, der Beschaffenheit der Hölle ausführlich dargestellt: Mephistopheles, der Faust als Vertreter des Teufels zu Diensten steht, diskutiert mit ihm eingehend über all die Fragen, die Faust – dem Geist seiner Zeit verhaftet – so stark interessieren. Im dritten Teil der Ausgabe von Spies erscheint Faust auf Höfen und in Städten als Wundertäter und bedient sich dabei der Macht, die er dem Teufel verdankt: es handelt sich hier großenteils um grobe Scherze und Bauernfängereien. Aber auf dem Hof ruft er einmal den Geist Alexanders des Großen herbei, vor Studenten erweckt er Helena, die berühmte griechische Schönheit, von den Toten; später verlobt er sich mit ihr, und sie schenkt ihm einen Sohn. Als aber Faust umkommt, verschwinden Helena und sein Sohn wie Schatten. Nach der Ausgabe von Spies erschien das Faustthema im Laufe späterer Jahrzehnte auch in anderen, längeren oder kürzeren, der ersten Ausgabe ähnlichen Versionen. Zum letzten Mal erschien ein Faustbuch 1725, und es ist durchaus möglich, daß gerade diese Ausgabe dem jungen Goethe in die Hände fiel. Faust blieb auch später in den breiten Leserschichten sehr beliebt. Die deutschen Aufklärer des 18. Jahrhunderts allerdings deuteten diese Volkssage anders als das 16. Jahrhundert: sie verstanden das Faustthema als Verherrlichung des selbstbewußten Menschen, der seine Kräfte – absolutes Vertrauen in sich selbst und seine geistigen Energien – in vollem Ausmaß dazu nutzt, das Wesen der Welt zu erkennen und sich in ihr zurechtzufinden, ohne dabei auf Glaubensgebote und -verbote zu achten – als Verherrlichung des Menschen, der fähig ist, sich selbst zu helfen. Lessing war der erste, der das lange Zeit als trivial geltende Thema in diesem Licht darstellen wollte, doch sind davon nur Fragmente und Pläne erhalten geblieben.

Die Popularität der Volksbücher bewegte auch gelehrte und humanistisch gebildete Schriftsteller dazu, die wichtigsten epischen Werke der antiken Literatur in deutscher Prosa herauszugeben: die Prosaübersetzung von Homers *Odyssee* erschien in deutscher Sprache 1537, die Übersetzung der *Ilias* 1584, und 1554 wurde auch der älteste erhaltene altgriechische Prosaroman, nämlich Heliodors *Äthiopische Geschichten*, in deutscher Übersetzung herausgegeben. Im letzten Drittel des 16. Jahrhunderts begann auch der *Amadis*-Roman zu erscheinen, der innerhalb von wenigen Jahrzehnten zu einer Folge von dreißig Büchern anwuchs. Dieser Roman kann jedoch nicht mehr zu den Volksbüchern gezählt werden: mit seinen Figuren, seiner Thematik und seinem Stil war er, wenn auch noch in ungeschliffener Form, ein charakteristischer Vorläufer einer entschiedenen Wendung in der Geschichte der deutschen Literatur – ein Vorzeichen des Barock.

4. Literatur im Barockzeitalter

Gegen Ende des 16. Jahrhunderts, an der Schwelle zum Barockzeitalter, treffen wir in Deutschland und Europa veränderte wirtschaftliche, politische und kulturelle Ausgangsbedingungen für die weitere Entwicklung an. Die deutschen *Städte*, die sich im 15. und zunächst auch im 16. Jahrhundert ökonomisch gestärkt hatten, verloren im weiteren Verlauf des 16. Jahrhunderts zunehmend ihre Bedeutung für Handel und Gewerbe. Nur die reichsten unter den alten deutschen Städten konnten ihre Macht beibehalten: Hamburg, Nürnberg und Danzig. Die Entdeckung Amerikas verschob zusammen mit der Gründung von Überseekolonien die Hauptstraßen des Welthandels nach Westen: an die Stelle der Verbindung von Venedig über Augsburg und Nürnberg nach Lübeck trat die Linie Lissabon, Antwerpen, Amsterdam. Anders als in Deutschland war der Adel in den Niederlanden weder die herrschende Klasse, noch legte er den Handelsaktivitäten der reichen Bürger Fesseln an. Diesen gelang es, das Monopol für den Handelsverkehr in Mitteleuropa zu gewinnen, indem sie die deutschen Städte, vor allem die

Mitglieder der Hanse im Ostseeraum, ihrer Verkehrs- und Handelsprivilegien beraubten. Damit entzogen sie den Hansestädten die Hauptquelle ihrer materiellen Gewinne. Außerdem beteiligten sich auch Engländer und Polen, Russen und Skandinavier mit Erfolg an der Verdrängung des deutschen Handels. Zudem verminderte die Zufuhr von Edelmetallen aus der neuen Welt die Bedeutung des deutschen Bergbaus. Die Großkaufleute und Bankiers der bis dahin mächtigen deutschen Städte mußten die internationalen Beziehungen und den Handel mit dem Ausland abbrechen, soweit sie nicht ohnehin dem Verfall ausgeliefert waren. In den deutschen Städten, die schließlich auch noch unter der unerbittlichen Steuerlast verschwenderischer Höfe zu leiden hatten, brach die wirtschaftliche Entwicklung zwar nicht völlig ab, aber insgesamt boten sie ein Bild der Krise und der Stagnation. Die skizzierten geopolitischen Verschiebungen hinderten die deutschen Städte auch daran, weiterhin Zentren kultureller Aktivitäten zu bleiben. Hatte die Reformation ihnen zu Selbstbewußtsein und Kampfeslust verholfen, so verloren sie nun den Anschluß an die kulturelle Entwicklung ihrer westlichen Nachbarn.

Mit der endgültigen Stabilisierung der absoluten Monarchie ging im 17. Jahrhundert alle Macht auf den weltlichen Herrscher über, also auf den Monarchen bzw. – in Deutschland – auf den Fürsten. Anders als in Frankreich kristallisierte sich auf dem zersplitterten deutschen Territorium, das nur durch die übernationale kaiserliche Macht verbunden war, keine starke Zentralgewalt heraus. So gingen in Deutschland die Fürsten als Sieger aus dem geschichtlichen Verlauf des 16. Jahrhunderts hervor. Die deutschen *Fürstenhöfe* konnten sich im Hinblick auf politische Bedeutung, finanzielle Kraft und gesellschaftliche Aktivitäten nicht mit den mächtigen absolutistischen Monarchien im Westen messen. Deren Beispiel auf dem Gebiet der Organisation und der Verwaltung aber mußten die deutschen Fürstentümer folgen, wenn sie sich als neuzeitliche Staaten behaupten wollten. So war es insbesondere notwendig, in der rechtlichen Praxis vom einheimischen mittelalterlichen Gewohnheitsrecht zum römischen Recht überzugehen. Diese Anpassung verlangte, als spezialisierte Fachleute sachkundige Beamte einzustellen, die auch bei der Ausübung der Herrscherpflichten am Fürstenhof gebraucht wurden. Für eine Beamtenstellung bei Hof war eine akademische Ausbildung unbedingte Voraussetzung. Ähnlich wie später in der ersten Hälfte des 18. Jahrhunderts der selbständige und unabhängige Kaufmann der angesehenste Vertreter des Bürgertums werden sollte, so war dies am Hofe ein juristisch gebildeter Beamter.

Die hierarchische Staatsordnung des Barockzeitalters kann mit einer Pyramide verglichen werden, an deren Spitze der Herrscher thronte, dessen Person allein gesellschaftliche Bedeutung nach unten ausstrahlte: je näher eine Person dem Herrscher stand, desto höher waren ihr Ansehen und ihr Ruf, auch wenn sie nur gelegentlich mit dem Hofe in Verbindung trat. (So waren in der alten österreichisch-ungarischen Monarchie, die in ihrer gesellschaftlichen Ordnung bis zu ihrem Zerfall 1918 ausgesprochen barocke Züge bewahrte, Kaufleute stolz auf den Titel „kaiserlicher und königlicher Hoflieferant".) Die niederen Gesellschaftsschichten, die keinerlei Kontakt zum Hofe hatten, stellten selbst für den gebildeten Bürger den „Pöbel“ dar. Die Barockkultur mißt darum den äußeren Zeichen des Ansehens wie dem Gruß, dem Platz bei Feierlichkeiten oder den Ehrenzeichen auf der Kleidung größte Bedeutung bei. Sie signalisierten den Platz, den der einzelne innerhalb der gesellschaftlichen Hierarchie einnahm.

Im neuen sozialen Klima des Barockzeitalters bildeten sich in Deutschland die Fürstenhöfe als Zentren der Kultur heraus. Die Fürsten und der zahlreiche Hofadel traten in vielen der vergleichsweise kleinen Länder mit dem Anspruch auf, die kulturelle Tätigkeit in deutscher Sprache zu ihren eigenen Ehren zu organisieren und um sich zu konzentrieren. Die Höfe mit ihren Residenzen wetteiferten um die Entfaltung von Prunk und Luxus, und die verschiedenen Künste sollten dazu ihren Beitrag leisten. Als fester Bestandteil des Hoflebens hatte die Literatur des deutschen Barock die Aufgabe, die Bedeutung festlichen Geschehens sprachlich zu gestalten: sie bringt keine privaten Gefühle des einzelnen zum Ausdruck, sondern verwandelt durch Gehalt und Form das Leben in ein Hoffest. Belanglosigkeiten des Alltags gehören nie zu ihren Themen. Sie strebt nach erhabener literarischer Gestaltung der grundlegenden und – wie sie meint – ewigen Wahrheiten des menschlichen Lebens und der menschlichen Gesellschaft. Ihr Stil ist im höchsten Grade pathetisch; aber da die ganze stürmische Affektivität ihrer Figuren völlig der Rationalität der göttlichen Weltordnung und der Unerschütterlichkeit universaler Moralgesetze unterworfen ist, erscheint uns heute der ständige Gegensatz zwischen entfesseltem stilistischem Pathos und weltanschaulicher Rationalität fremd und schwer zugänglich.

Zu Beginn des 17. Jahrhunderts waren sich die deutschen Initiatoren des Barock der Tatsache bewußt, daß Spanien, Italien und Frankreich damals die deutsche Kultur bei weitem übertrafen. Im Rückblick allerdings kann man neben Spanien und Italien auch Deutschland zu den typischen Barockländern zählen, von denen sich Frankreich unterscheidet. Einen Sonderfall bilden die Niederlande, wo das Bürgertum als Träger der Barockkultur auftrat. In allen anderen genannten Ländern war das Barock dagegen eine *Hofkultur* und darin mit der mittelalterlichen Ritterkultur verwandt.

Das Beispiel des *Amadis*-Romans, der sich damals in ganz Europa großer Beliebtheit erfreute und den z. B. auch Cervantes sehr zu schätzen wußte, kann die geistige Verwandtschaft wie auch die Unterschiede zwischen Barock- und mittelalterlicher Ritterkultur verdeutlichen. Dieser Roman entstand auf der Pyrenäischen Halbinsel, in Spanien oder Portugal. Die erste uns erhaltene Druckausgabe, eine spanische Bearbeitung, stammt aus dem Anfang des 16. Jahrhunderts. Um die Mitte desselben Jahrhunderts erschien die französische Übersetzung, der das Werk seine internationale Popularität verdankt. Auf deutschem Boden, wo sich – aus europäischer Sicht – die Hofkultur am spätesten durchsetzen konnte, erschien der erste Band der deutschen Übersetzung 1569, und zwar in Frankfurt, wie die *Historia von D. Johann Fausten*. Wie im mittelalterlichen Ritterroman werden auch im *Amadis*-Roman die vollendeten Gestalten adeliger Ritter geschildert, die Amadis alle mit seinen ritterlichen Tugenden übertrifft. Die Sorgen des Alltags sind ihnen unbekannt, sie leben im Überfluß, und ihre einzige Beschäftigung besteht in ritterlichen Heldentaten und in ritterlicher Liebe. Auch in diesem

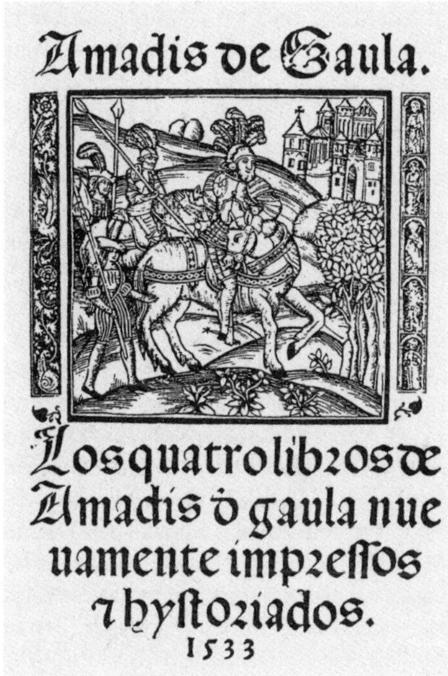

Garci Rodriguez de Montalvo, Amadis de Gaula: *Titelseite einer 1533 in Venedig gedruckten spanischen Ausgabe. Dieser Ritterroman wurde das berühmteste und beliebteste Werk seiner Gattung in ganz Europa und von so unterschiedlichen Persönlichkeiten wie Ariosto, Montaigne, Ignatius von Loyola, Cervantes und Goethe geschätzt.*

Roman treten Feen, Riesen und Zauberer auf, mit denen die Ritter zu kämpfen haben, wenn sie nicht untereinander heldenhafte Zweikämpfe ausfechten. Aber der Mittelpunkt, um den sich alles dreht, ist nicht mehr die *table ronde*, der runde Tisch des Königs Artus, um den sich Ritter mit gleichem Ansehen und gleichen Rechten scharen, sondern jetzt sind es die Königshöfe mit ihrer barocken Hierarchisierung der Gesellschaft und dem spanischen Zeremoniell. Schon allein die langen Titulaturen, mit denen die Figuren angeredet werden, bilden eine tiefe Kluft zwischen dem *Amadis*-Roman und seinen mittelalterlichen Vorläufern. Obwohl die erotischen Beziehungen im Roman sehr freizügig dargestellt werden und z. B. außereheliche Kinder aus den höchsten gesellschaftlichen Kreisen darin eine wichtige Rolle spielen, zeichnen sich alle Heldenfiguren nicht nur durch „vorbildliches" Benehmen, sondern auch durch einen schematisierten überladenen Stil in Wort und Schrift aus. Den didaktischen Wert des Romans für Höflinge hat insbesondere der französische Übersetzer hervorzuheben gewußt. Der Roman setzt sich aus zahlreichen Episoden zusammen, die alle durch die Geschichte einer „vorbildlichen" Liebe verbunden sind, welche immer wieder neue Hindernisse zu überwinden hat. Dieses Kompositionsmuster ist zum Grundkonzept des europäischen, also auch des deutschen Barockromans geworden.

Die prägende Wirkung der Fürstenhöfe für die deutsche Barockliteratur zeigt sich auch in der Herkunft bzw. im Beruf ihrer Autoren. Unter ihnen begegnen wir, sofern es keine Geistlichen waren, entweder Beamten oder, freilich seltener, Adligen oder Fürsten. Diese Literatur atmet auch dann, wenn ihre Verfasser dem Bürgertum entstammen, mehr höfischen als bürgerlichen Geist.

Allerdings brachte die deutsche Literatur im 17. Jahrhundert auch literarische Gattungen hervor, die auf andere Einflüsse als die fürstlichen Höfe zurückzuführen sind: als neue Erscheinung in der deutschen Kultur sind hier die *Volksdramen* zu erwähnen, wie sie von wandernden Schauspielertruppen aufgeführt wurden; dann das *lyrische Gedicht*, insbesondere religiöse Lyrik, hauptsächlich von Vertretern der katholischen und protestantischen Geistlichkeit geschrieben; ferner die *Volksbücher* als Erbe des vergangenen Jahrhunderts und schließlich die *mystische Prosaliteratur*, die sich außerhalb der dem Landesherrn untertanen Amtskirche entwickelte.

In diesem Zusammenhang verdient die ausgeprägte *religiöse Kultur* der deutschen Barockliteratur hervorgehoben zu werden. Diese Literatur stellte zwar die gesellschaftliche Hierarchie nicht in Frage, denn diese galt – auch bei bürgerlichen Rechtsgelehrten – als eine von Gott festgesetzte Ordnung; aber das häufig wiederkehrende Motiv der Vergänglichkeit allen Ruhms und allen Daseins trägt eher die Züge bürgerlichen Denkens (und ist außerdem zweifellos auch Ausdruck eines tiefen Pessimismus angesichts der Verheerungen, die der Dreißigjährige Krieg in Deutschland hinterließ). Das irdische Leben galt als Bühne, auf der jeder Mensch die ihm von Gott zugedachte Rolle zu übernehmen hatte. Die eigentliche Heimstätte des Menschen befand sich in der Welt nach dem Tode, im Jenseits, wo jeder den Platz einnehmen würde, den er sich bei der Befolgung ewiger göttlicher Moralgesetze an seinem vorherbestimmten Ort in dieser Welt verdient hatte. Aus diesem Grunde wählen der barocke Roman und das barocke Drama bewußt die Thematik extremer Situationen aus, in denen die dargestellten Personen durch ihre Reaktionen ihr Verhältnis zur Ewigkeit offenbaren können.

Bevor wir uns der deutschen Literatur im Barockzeitalter selbst zuwenden, sollen noch drei Kulturerscheinungen skizziert werden, die in je spezifischer Weise deutliche Spuren im europäischen Kulturleben und auch in der deutschen Barockliteratur hinterließen: die Theateraktivitäten der Jesuiten, die Gegenreformation und der Aufenthalt ausländischer Bühnengruppen in Deutschland. – Ähnlich wie im 13. Jahrhundert die Gründung neuer Orden – der Bettelorden der Franziskaner und der Dominikaner – das erfolgreiche Bemühen der Kirche bezeugt, in die neuen gesellschaftlichen Verhältnisse mit neuen Formen der Lehre und Seelsorge einzugreifen, so fand die katholische Kirche während des 16. Jahrhunderts eine neue und starke Stütze in dem 1534 gegründeten Jesuitenorden. Die gesellschaftlichen Wandlungen schufen einen fruchtbaren Boden für die Verbreitung und Tätigkeit des neuen Ordens, der sich ungewöhnlich schnell entwickelte, indem er besondere Aufmerksamkeit der kulturellen Tätigkeit widmete. Der Orden war zahlreich in jenen Ländern vertreten, in denen sich die Barockkultur behaupten konnte (Spanien, Italien, Deutschland), zumal die Jesuiten selbst einen maßgeblichen Beitrag zu dieser Kultur leisteten. Die Hauptstützpunkte der Jesuiten auf deutschem Boden lagen bereits bald nach der Gründung des Ordens in jenen Regionen, die katholisch geblieben waren: Österreich, Bayern und das westliche Gebiet am Rhein. Überall, wo Jesuiten sich ansiedelten, gründeten sie Gymnasien mit Internaten. In den Gymnasien übernahmen sie die humanistische Gewohnheit, mit ihren Schülern Bühnenstücke aufzuführen; die Schüler sollten dadurch zu gefälligem Benehmen erzogen und in der praktischen Beherrschung des Lateins geübt werden. Das *Schuldrama* erlangte in ihren Gymnasien unerwarteten Erfolg: die Vorstellungen fanden zur Feier des Schuljahrsanfangs oder -endes in den Klosterhöfen, d. h. den Jesuitenkollegien statt und wurden später öffentlich und auf besonderen Bühnen aufgeführt. Außerdem übernahmen die Jesuiten in einigen Städten, so zum Beispiel in München, auch Theatervorstellungen für das städtische Publikum. Einen besonderen Erfolg konnten die *Jesuitendramen* in Wien verzeichnen, wo die Ordensmitglieder eine Bühne errichten ließen, auf der mehrmals im Jahr Vorstellungen stattfanden. Die Schuldramen folgten zumeist Vorlagen antiker Dramen, doch im Laufe der Zeit begannen die Jesuiten, Texte für ihre Aufführungen selbst zu schreiben. Von solchen Bühnenwerken verlangte man keinen besonderen künstlerischen Rang: sie mußten in gutem Latein geschrieben sein und sollten in ihrer Komposition den Forderungen der Bühne sowie in ihrem Inhalt dem typischen Ideenschema des Ordens entsprechen. Da aber die Jesuitendramen in lateinischer Sprache verfaßt waren, blieben sie für die Mehrheit der Zuschauer unverständlich, sobald sie die klösterlichen Aufführungsstätten verlassen hatten. Deshalb bemühten sich die Autoren darum, mit wirkungsvollen szenischen Mitteln die Aufmerksamkeit der Zuschauer auf die Handlung zu lenken und das Geschehen auf der Bühne verständlich zu halten. Die übernommene szenische Form wußten sie allseitig zu modernisieren und mit vielfältigem Instrumentarium auszustatten. Das Hauptthema des Jesuitendramas ist die Quintessenz des barocken Weltbilds: die Verbindung zwischen dem Diesseits und dem Jenseits und deren Verhältnis zueinander. Das Heldentum der Hauptfigur besteht in absoluter Unterwerfung unter die göttliche Überwelt und ihre Gesetze, während sich die Bosheit der Hauptperson in sündigem Selbstbewußtsein äußert. Der Held ist entweder ein Heiliger, ein Märtyrer oder ein Kämpfer Gottes gegen die höllischen Mächte des Bösen. – Außer den Jesuiten pflegten auch andere Kirchenorden das Schuldrama, wie zum Beispiel die Benediktiner.

Mit der weltlichen Macht verbunden, waren die Jesuiten die stärksten Vertreter und Streiter der *Gegenreformation*. Ähnlich wie tausend Jahre zuvor die Lautverschiebung der germanischen Verschlußlaute eine sprachliche Grenze zwischen den hoch- und niederdeutschen Mundarten zog, so zog – nun aber um vieles deutlicher – die katholische Gegenreformation eine zweite scharfe Grenze zwischen Nord und Süd. Der große Unterschied in der Liturgie betraf zwar nur das religiöse Leben, war aber immerhin so groß, daß deutsche protestantische Schriftsteller um 1800 mit Verwunderung im Süden ihres Landes künstlerische Elemente in der katholischen Liturgie entdeckten. Viel gravierender war der Unterschied im Verhältnis zur literarischen Kultur. Das protestantische Deutschland mit seiner ausgeprägten *Bibel*kultur regte die Gläubigen zum Lesen an; der katholische Klerus im Süden hielt die Gläubigen von der *Bibel* und somit vom Buch überhaupt fern: im katholischen Süden wurde bis zur Ausbreitung der bürgerlichen Kultur im 19. Jahrhundert weniger gelesen als im protestantischen Norden. Dagegen entwickelte der katholische Süden eine starke Musik- und

Theaterkultur, wobei er in der Hülle eines oberflächlichen Christentums auch alte heidnische Volksbräuche weiterpflegte. Vor allem aber festigte die Gegenreformation für Jahrhunderte die Verehrung des Herrschers als einer irdischen Gottheit. – Auf diesem kulturgeschichtlichen Hintergrund läßt sich auch die Frage beantworten, ob die Literatur des katholischen Südens sich von der protestantischen Literatur Mittel- und Norddeutschlands unterscheidet, und ob es wissenschaftlich begründet ist, von einer eigenen österreichischen Literatur zu sprechen, da sich die Literatur des Südens hauptsächlich in österreichischen Kulturzentren entwickelte. Die Gegenreformation mit ihren Begleiterscheinungen und Folgen im kulturellen Leben, der engere Kontakt der Österreicher mit der gottähnlichen Person des Kaisers und seinem Hof schufen einen besonderen geschichtlichen Boden, auf dem sich gleichsam mit historischer Notwendigkeit eine eigenständige Literatur, zwar in derselben Sprache wie in Mittel- und Norddeutschland, aber mit spezifischen Besonderheiten entwickelte.

Obwohl die Theateraufführungen der Jesuiten zahlreiche Zuschauer aus dem Bürgertum anzogen, blieben sie in erster Linie Unterhaltung für das literarisch gebildete Publikum. Wandernde Truppen von Berufsschauspielern, die aus England nach Deutschland kamen („englische Komödianten"), popularisierten das Theater dagegen in allen Schichten des Bürgertums. Berufsschauspieler im Sinne eines Standes hatten sich zuerst in Italien, und zwar aus Laiendarstellern entwickelt. Solche italienischen Schauspieltruppen kamen bereits um 1500 gelegentlich nach Deutschland. Sie hinterließen jedoch, ähnlich wie die französischen Truppen, keine dauerhaften Spuren. (Während des 18. Jahrhunderts sollten italienische Truppen in Wien eine ernstzunehmende Konkurrenz für das einheimische „Volkstheater" darstellen, unterlagen aber bald in einem ungleichen Kampf.) Die englische Kultur folgte in der zweiten Hälfte des 16. Jahrhunderts dem italienischen Beispiel und brachte ebenfalls einen zahlenmäßig nicht unbedeutenden Schauspielerstand hervor; zu dieser Zeit gab es in England bereits 56 Schauspieltruppen. Auf der Suche nach Broterwerb begannen einzelne von ihnen Ende des 16. Jahrhunderts nach Deutschland zu ziehen. Hier boten sie den deutschen Bürgern – aber auch den Höfen – Gelegenheit, eine Schauspielkunst kennenzulernen, die sich durch ihre Lebhaftigkeit und Buntheit deutlich von den bisherigen deutschen Theateraufführungen durch Laien unterschied. Zunächst fanden die Vorstellungen in englischer Sprache statt; dann gingen die Gruppen dazu über, Einheimische aufzunehmen, bis sich schließlich aus dieser Mischung rein deutsche Schauspieltruppen entwickelten. Weder Stadtrat noch Klerus standen ihnen wohlwollend gegenüber. Solange englisch gespielt wurde, konnten die Zuschauer nichts verstehen; also mußten die Schauspieler mit ihrem Spiel selbst und besonders mit den Inhalten Interesse erwecken, denn schließlich hing ihre Existenz davon ab. Die Dramen, die sie vorführten, spielten sich in der Regel an Königs- oder an Fürstenhöfen ab und hatten vor allem Machtkämpfe zum Inhalt. Die Handlung bestand aus einer Folge von zahlreichen seltsamen und ungewöhnlichen aufregenden Ereignissen aus Herrscherkreisen, meistens auf dem Boden irgendeines fernen und phantastischen Landes. Englische Schauspieler brachten u. a. vulgarisierte, für ihre Bedürfnisse umgearbeitete Dramen Shakespeares nach

Deutschland, sehr früh auch schon den *Faust*-Stoff. Besonderen Erfolg erreichten sie dadurch, daß sie selbst in den blutigsten Tragödien eine komische Figur auftreten ließen. Diese Figur trug unterschiedliche Namen. Nur aus dem Wiener „Volkstheater" des 18. Jahrhunderts hat sich der Name einer ähnlichen komischen Figur erhalten – Hans Wurst (später Hanswurst). Deutsche wandernde Schauspieltruppen, die sich aus den englischen Vorläufern entwickelt hatten, wurden später zur Grundlage der „Nationaltheater", für die man im 18. Jahrhundert besondere Theatergebäude zu errichten begann.

Um fester Bestandteil der deutschen kulturellen Wirklichkeit zu werden, mußten sich die „englischen Komödianten" in ein ständiges deutsches Theaterensemble verwandeln. Bei der *Oper*, dem echten Kind barocker Theaterkultur, erübrigte sich das. Sie war entstanden, als Ende des 16. Jahrhunderts die Florentiner Humanisten versuchten, die antike griechische Tragödie aufs neue ins Leben zu rufen. Die Barockkultur verstand die Oper als ihr größtes Werk, denn keiner anderen Gattung gelang es so vollkommen, die Kunst als Festlichkeit zu präsentieren. In der Barockoper scheint das Ideal eines Gesamtkunstwerks längst verwirklicht, bevor Wagner es mit seinen Opern anstrebte. In ihr verschmolzen die Künste (bildende Künste, Poesie, Musik und Tanz) zu einer harmonischen und schwelgerischen Einheit. Auch für einen kleinen und finanziell schwachen Hof war es eine Frage der Ehre, in einem besonderen Gebäude eine eigene Oper zu unterhalten und italienische Sänger und Sängerinnen mit hohen Summen zu gewinnen, für die ergebene Untertanen mit Mühe und Arbeit teuer zu bezahlen hatten. Die Übermacht der damaligen italienischen Musikkultur äußerte sich auch darin, daß die Opern in italienischer Sprache gesungen wurden. (Noch im späten 18. Jahrhundert schrieb Mozart Kompositionen für italienische Libretti, und die italienische Terminologie hat sich in der Musiksprache bis in die Gegenwart behauptet. Immer noch trägt die Oper Züge des Barock, und wenn man heute eine Opernvorstellung besucht, erweist man dieser Kultur und ihrer dauerhaftesten Schöpfung eine späte Ehre.)

Die eben umrissenen Neuerungen weisen sämtlich auf ein Merkmal hin, das für die deutsche Barockkultur in ihren Anfängen charakteristisch ist: die kulturelle Vorherrschaft fremder Sprachen im einheimischen Gebiet. Die Jesuitendramen wurden in lateinischer Sprache aufgeführt, die ersten professionellen Schauspieler in Deutschland trugen ihre Stücke lange Zeit in englischer Sprache vor, und die Opern wurden italienisch gesungen. Die ersten deutschen Schriftsteller aus der neuen Schicht des gebildeten Bürgertums, akademisch gebildete Juristen, führten einen entschlossenen Kampf, um die künstlerische Ausdruckskraft der deutschen Sprache durchzusetzen und auszuprägen. An ihrer Spitze stand MARTIN OPITZ (1597–1639), ein gewandter Poet, der bereits als Kind zu dichten versuchte, ein hervorragender Latinist und mit der damals bekannten antiken Literatur vertraut. Er schrieb zunächst lateinische Verse und übersetzte die *Antigone* des Sophokles ins Deutsche. Opitz, der aus Schlesien stammte, bereiste halb Europa und diente mehreren Höfen. Er war ein guter Kenner der gesellschaftlichen Verhältnisse und der Kultur seiner Zeit. Ähnlich wie die mittelhochdeutschen Ependichter Heinrich von Veldeke als Begründer ihrer Kunst feierten, so feierten auch die deutschen Schriftsteller bis in die erste Hälfte des 18. Jahrhunderts Opitz als Begründer der neuzeitlichen deutschen Literatur. Heute läßt sich das nur schwer verstehen, denn die deutsche Barockliteratur verfügte im Bereich der lyrischen Poesie über ungleich originellere und bedeutendere Dichter. Opitz jedoch muß zugestanden werden, daß er ein sicheres Gefühl für die kulturellen und literarischen Bedürfnisse seiner Zeit besaß: sowohl in seiner literarischen Praxis als auch in der Theorie entwickelte er Normen, die seine Zeitgenossen bereitwillig akzeptierten und befolgten. Vor eine breitere Öffentlichkeit trat der zwanzigjährige Opitz, in guten Gymnasien seiner schlesischen Heimat ausgebildet, mit der lateinisch geschriebenen Studie *Aristarchus sive de contemptu linguae teutonicae (Aristarchus oder über die Verachtung der deutschen Sprache).* Die deutschen Humanisten zu Beginn des 16. Jahrhunderts, die sich des Lateins bedienten, hatten die deutsche Gegenwart nicht rühmen können; dennoch waren sie als bewußte Patrioten aufgetreten und hatten darum mit Stolz die kulturelle Vergangenheit der Germanen, wie sie von Tacitus überliefert war, hervorgehoben. Ähnlich wandte Opitz sich der Vergangenheit zu, nun aber mit dem Ziel, die deutsche Sprache zu feiern. Die romanischen Sprachen, so betont er, seien – geschichtlich gesehen – verdorbenes Latein, während die deutsche Sprache bis in die weiteste Vergangenheit zurückreiche und als „Ursprache" an die Seite der „heiligen" christlichen Sprachen, des Griechischen und des Lateinischen, gestellt werden könne.

Auch die deutschen Fürsten hatten das Bedürfnis, sich in der damaligen europäischen Kulturwelt mit der Kultur ihrer Sprache zu behaupten. Auf Initiative eines von ihnen – des Fürsten Ludwig von Anhalt-Köthen, der die italienischen Sprachakademien kannte – wurde 1617 in Weimar die „Fruchtbringende Gesellschaft" bzw. – in Anlehnung an den Palmenbaum in ihrem Wappen – der „Palmenorden" gegründet. Die Gesellschaft verfolgte das Ziel, durch gemeinsame Pflege der deutschen Literatursprache fremde Einflüsse auf deutschem Boden zu bekämpfen. Die Gesellschaft nahm auch Literaten bürgerlicher Herkunft auf, blieb aber in ihrem Wesen ein adeliger Standesverein. Sie gelangte bald zu hohem Ansehen und verbreitete sich in den deutschen Ländern als eine Art Freimaurertum auf kulturellem Gebiet. Nach dem Muster der „Fruchtbringenden Gesellschaft", zu deren Mitgliedern auch Opitz in seinen späteren Jahren gehörte, entstanden dann in mehreren deutschen Städten bürgerliche Gesellschaften für Sprachpflege, die ein charakteristisches Kennzeichen der deutschen Kultur in der ersten Hälfte des 17. Jahrhunderts bilden. Innerhalb dieser Gesellschaften, aber auch außerhalb davon vollbrachten die deutschen Schriftsteller damals die wichtigste Errungenschaft, die die deutsche Literatur dem Barockzeitalter zu verdanken hat: eine intensive Sprachkultur der dichterischen Ausdrucksmöglichkeiten in Vers und Prosa. Man könnte ein langes und umfangreiches Verzeichnis von Ausdrücken und Begriffen zusammenstellen, die damals als Übersetzung aus anderen Kultursprachen oder als Neubildungen zum ersten Mal auftauchen und in die deutsche Literatursprache eingegangen sind. Höfische Kultur und höfisches Zeremoniell verlangten die Kultivierung des Ausdrucks. Dank dieser Hilfe entfaltete die deutsche Literatursprache, deren Grundlagen Luther geschaffen hatte, bald ihre große Kraft. Jetzt konnten es deutsche Autoren wagen, auf jedem literarischen Gebiet mit ihren fortschrittlicheren Nachbarn zu wetteifern. So erschienen z. B. auch, von einem Adligen aus dem Kreis des „Palmenordens" übersetzt, deutsche Ausgaben von Torquato Tasso und Ariosto, der gerühmten italienischen Renaissance-Dichter.

Ende des 16. Jahrhunderts wurden die ersten Grammatiken der deutschen (und zwar der Lutherschen) Sprache verfaßt. Ein deutscher Grammatiker versuchte auf der Grundlage der bescheidenen linguistischen Kenntnisse seiner Zeit, eine deutsche Grammatik mit wissenschaftlichen Ansprüchen zusammenzustellen: Justus Georg Schottel (1612–1676; nach der humanistischen Manier gab er seinem Namen die lateinische Form Schottelius). 1663 erschien seine *Ausführliche Arbeit von der Teutschen Haubt-Sprache*, wobei er die Bezeichnung „Haubt-" in Anlehnung an den Begriff „Ursprache" gebraucht. Auch er wurde Mitglied des „Palmenordens". Dennoch konnte sich die kulturelle Kraft der zahlreichen kleinen deutschen Höfe nicht mit dem Niveau etwa des französischen Hofes messen, wo die französische Literatursprache schon in der ersten Hälfte des 17. Jahrhunderts zu stilistischer Vollkommenheit gelangte. (Die Dichtung Molières und andere große Werke der französischen Literatur, die gegen Mitte des 17. Jahrhunderts und später entstanden, sind in sprachlicher Hinsicht auch für den heutigen Leser lebendig geblieben. Demgegenüber verlieh erst das aufklärerische Bürgertum seit der Mitte des 18. Jahrhunderts der deutschen Sprache eine vergleichbare und bis heute frische Ausdruckskraft.)

Als Schriftsteller war Opitz auf verschiedensten Gebieten tätig: er übersetzte lateinische, niederländische und französische Verse, Tragödien von Sophokles und Seneca, ferner biblische Psalmen und italienische Opernlibretti, so auch den Text zu *Dafne*, der ersten deutschen Oper (1627). Er schrieb Gedankenlyrik und führte 1630 mit einem Schäfergedicht, einer Mischung von erzählerischen, lyrischen und dramatischen Elementen, die Gattung des Pastorale in Deutschland ein. Sein Gesamtwerk wirkt nahezu wie das Programm der deutschen Barockliteratur. Die Schrift aber, mit der Opitz seinen Namen unauslöschlich in die Geschichte der deutschen Kultur eingetragen hat, war ein schmales Bändchen mit acht Kapiteln, das 1624 unter dem Titel *Buch von der deutschen Poeterey* erschienen ist. Opitz' Buch ist eine traditionelle Poetik, also eine theoretische Abhandlung über literarisches Schaffen, vor allem über Gattungen, Komposition und Dichtersprache. Die griechisch-römische Antike verfügte über eine große Zahl solcher Abhandlungen, die auch in der mittellateinischen Literatur bekannt waren. Nach dem Muster der Poetiken von Aristoteles und Horaz, die unter den Humanisten das Ansehen heiliger Schriften genossen, verfaßten die Humanisten selbst derartige Poetiken in der lateinischen wie in der Nationalsprache. Diese Vorlagen, insbesondere die Poetik des französischen Dichters Ronsard, nahm Opitz zum Vorbild seines Werkes, dessen Originalität darin liegt, daß der Autor genug Scharfsinn, Findigkeit und Mut besaß, um die Lehre vom deutschen Vers auf neue Grundlagen zu stellen. Opitz läßt als Muster für den deutschen Vers nur den strengen Wechsel von betonter und unbetonter Silbe gelten. Als am besten geeignetes rhythmisches Schema empfahl er nach französischem Vorbild den

MARTINI
OPITII
Buch von der Deutschen
Poeterey.
In welchem alle jhre eigen-
schafft vnd zugehör gründt-
lich erzehlet/vnd mit exem-
peln außgeführet wird.

Gedruckt in der Fürstlichen
Stadt Brieg/bey Augustino
Gründern.
In Verlegung David Müllers Buch-
händlers in Breßlaw. 1624.

Martin Opitz (1597–1639), Das Buch von der Deutschen Poeterey: *Titelblatt der Erstausgabe von 1624.*

Alexandriner mit der festliegenden Zahl von zwölf bzw. dreizehn Silben. Opitz übernahm aus der romanischen Metrik die feste Silbenzahl und die Zäsur nach der sechsten Silbe, schrieb aber darüber hinaus den Wechsel von betonten und unbetonten Silben als obligatorisch vor, wie ein Beispiel von ihm deutlich macht:

„Ich weiß nicht, was ich will, / / ich will nicht, was ich weiß“

Dieser eingedeutschte Alexandriner, der keine zweisilbigen Senkungen kennt und deshalb steifer wirkt als der französische, entwickelte sich – sowohl in der Lyrik als auch im Drama – zum gebräuchlichsten Vers der deutschen Barockliteratur. (Die Vorherrschaft des Alexandriners hielt in der deutschen Literatur bis weit ins 18. Jahrhundert an, und noch der junge Goethe griff bei seinen ersten Dramenversuchen darauf zurück. Erst in der zweiten Hälfte des 18. Jahrhunderts setzten Autoren der Klassik wie Lessing und Goethe selbst nach dem englischen Vorbild Shakespeares den geschmeidigeren Blankvers mit seinen fünf betonten Silben insbesondere im deutschen Drama durch.) Spätere Autoren barocker Poetiken, Nachfolger von Opitz, brachten etwas mehr Freiheit in die Lehre ihres Vorgängers, und einzelne Lyriker machten Versuche in den verschiedensten Schemata, jedoch immer auf der rhythmischen Grundlage der betonten Silbe. Da die Lehre vom Akzent als rhythmischer Grundlage des deutschen Verses der Struktur der deutschen Sprache völlig entsprach, konnte sie sich in der deutschen Literatur unaufhaltsam durchsetzen. Bis heute ist sie die theoretische Grundlage für den

Rhythmus des deutschen Verses und die Grundlage seiner Umsetzung ins Sprachmaterial geblieben.

Das Weltbild der deutschen Barockliteratur mit seiner Gegenüberstellung von Diesseits und Jenseits, mit der Verherrlichung des Jenseits als einzig wahrem Ort menschlicher Existenz und mit der Verklärung des Herrschers als Stellvertreter Gottes auf Erden erscheint uns heute fremd. Und fern steht uns auch das hervorstechendste Stilmerkmal der Barockliteratur, die extrem pathetische dichterische Gestaltung ihrer Themen. Aber im Bestreben dieser Literatur, die Ausdruckskraft der poetischen Sprache auszubauen und zu vervollkommnen, ihrem großen Beitrag zur Entwicklung der deutschen Literatur, entwickelten die deutschen Barockdichter ein Gefühl für die Magie des Wortes, und diese Sensibilität entfaltete sich am unmittelbarsten in der *Lyrik.*

Vom literarischen Erbe des Barock bewahrte das lyrische Gedicht für die Nachwelt die dauerhafteste Frische. Es suchte seine Vorbilder vor allem in der neulateinischen deutschen Poesie, erhielt jedoch auch von anderen Seiten Anregungen. – Das italienische städtische Lied, ein Gesellschaftslied, begann bereits in der zweiten Hälfte des 16. Jahrhunderts auf deutschen Boden vorzudringen. Die galante Gesellschaft des barocken Hofes wußte es mit den Themen Wein und Liebe sehr zu schätzen. Auf diesem Wege fand der italienische Petrarkismus Eingang in die deutsche Literatur. Als Hauptvertreter dieser Art von Lyrik gilt der Opitz-Schüler Paul Fleming (1609–1640), der seinem Lehrer im Hinblick auf dichterische Kraft und Frische deutlich überlegen war. Das sangbare Lied, dem deutschen Volkslied verwandt, wurde besonders im Nordosten, in Königsberg, von einem Literatenkreis gepflegt, der in vielem den Sprachgesellschaften ähnelte. Musiker aus dem Kreis vertonten die Verse, die dann zusammen mit der Melodie veröffentlicht wurden. Die ausdrucksvollste Persönlichkeit dieses Kreises war Simon Dach (1605–1659). Er schrieb wie nahezu alle deutschen Barocklyriker auf Bestellung auch Gelegenheitsgedichte für Feierlichkeiten am Hof und in der bürgerlichen Gesellschaft. In dieser Funktion verwandelte sich auch die lyrische Poesie in eine festliche Feier oder in ein Gesellschaftsspiel. Alle Dichter schrieben auch religiöse lyrische Gedichte und Lieder.

Von 1618 bis 1648 war Deutschland den Verwüstungen und Verheerungen des Dreißigjährigen Krieges ausgesetzt. Im Erlebnis dieses Krieges ist die Ursache für den tiefen Pessimismus in der deutschen Barockliteratur zu suchen, für ihre Flucht aus der Welt, die ihr nur ein Bild des Jammers und der Unbeständigkeit bot, in das trostversprechende Jenseits. Hervorragende Vertreter der religiösen Barocklyrik sind der Jesuitenpater Friedrich Spee von Langenfeld (1591–1635), Beichtvater unglücklicher, als Hexen zum Scheiterhaufen verurteilter Frauen, der auch anonym und mit einigem Erfolg eine lateinische Kampfschrift gegen die Hexenprozesse herausgab, und der protestantische Pastor Paul Gerhardt (1607–1676), von dem einige Lieder bis heute im evangelischen Liedgut erhalten sind. Das originellste Werk auf dem Gebiet dieser Lyrik schuf der katholische Konvertit Johann Scheffler (1624–1677) unter dem lateinischen Pseudonym Angelus Silesius (d. h. Schlesischer Bote). Seine lyrische Sammlung aus dem Jahre 1657, die unter dem Titel der zweiten Ausgabe als *Cherubinischer Wandersmann* bekannt wurde, enthält religiöse, ganz vom Geist des Barock inspirierte Gedichte und zeigt den Autor ferner als Anhänger der deutschen theologischen *Mystik*. Luthers Reformation hatte ihrerseits die rationalen Grundlagen des christlichen Glaubens und seiner Theologie verstärkt. Daneben aber traten in der deutschen Kultur des 16. und 17. Jahrhunderts Schriftsteller auf, die sich bei ihrem Glauben in mystischer Ekstase und Hingabe auf einen persönlichen Kontakt zu Gott beriefen. Sie waren davon überzeugt, aus irrationalen Quellen der Erkenntnis mehr über Wesen und Entwicklung der Welt und über deren Verhältnis zu Gott erfahren zu können als aus der Theologie und den Naturwissenschaften. Ihre Werke waren zuweilen nur in den Kreisen Gleichgesinnter verbreitet. Die größte Zahl von Schriften, die aus derartigen Meditationen entstanden, verfaßte der Schlesier JAKOB BÖHME (1575–1624), ein Schuhmacher wie Hans Sachs. Seine Werke wurden in Mystikerkreisen auch weit außerhalb der deutschen Grenzen bekannt, und in solchen Kreisen haben sie ihre Bedeutung auch bis heute nicht verloren. Der *Cherubinische Wandersmann*, von Angelus Silesius in Alexandrinern gestaltet, ist eine Sammlung von kurzen Sentenzen, die alle die mystische Einheit zwischen Gott und Mensch verkünden und die göttliche Bedeutung und den göttlichen Wert der menschlichen Seele hervorheben: über den ethischen Wert des Menschen entscheiden weder äußere Zeichen der Frömmigkeit noch der Glaube selbst, sondern ausschlaggebend ist allein die Einstellung jedes einzelnen zu Gott und der Welt. Auf engsten Raum beschränkt, entfalten Pathos und Rationalität des barocken Stils im *Cherubinischen Wandersmann* eine nahezu explosive Kraft. Die Sprachkunst des Autors verbindet sich mit der Thematik, die – ohne Rücksicht auf die äußeren Formen der Barockgesellschaft – ganz den Grundproblemen der menschlichen Seele gewidmet ist, zu einem in der Weltliteratur einzigartig dastehenden Werk.

Lyrische Gedichte machen einen bedeutenden Teil des Schaffens von ANDREAS GRYPHIUS (1616–1664) aus, der zu seiner Zeit als Dramatiker hohes Ansehen genoß. In beiden literarischen Gattungen thematisiert Gryphius die Widersprüche des menschlichen Daseins, wie sie der barocke Dichter erlebte: die tiefe Kluft zwischen der Ewigkeit des Jenseits und der menschlichen Vergänglichkeit, der auch größter Ruhm und höchste Ehre nichts entgegenzusetzen haben; den Gegensatz zwischen den Hoffnungen des Menschen und seiner Nichtigkeit sowie den Kampf zwischen dem Guten und dem Bösen. Gryphius verleiht diesen Widersprüchen mit pathetischen Stilmitteln eine literarische Gestalt, die manchmal als langes Fortissimo der poetischen Sprache erscheint: so füllt er seine Verse gerne mit langen, oft einsilbigen Wortreihen, die dann mit starkem Nachdruck auf den Leser lossteuern; er wiederholt häufig denselben Gedanken, indem er ihn stilistisch variiert; er läßt Ausrufe- und Fragesätze aufeinander folgen, ohne jedoch die streng rationale Anlage seines Stils zu beeinträchtigen. Ideelle Gegensätze werden durch starke Antithesen und Übersteigerungen ausgedrückt. Der Stil dieses Autors darf als Musterbild des entwickelten deutschen Hochbarock bezeichnet werden, wie ihn Opitz und die um ihn gescharte literarische Generation noch nicht kannten. Unter den Dichtern seiner Zeit zeichnet sich Gryphius

Andreas Gryphius *(1616–1664): der Kupferstich von Ph. Kilian zeigt den Autor zu einer Zeit, als er schon ein bekannter Dichter und angesehener Jurist war. Er verdiente seinen Lebensunterhalt als städtischer Beamter; Berufsschriftsteller gab es damals noch nicht.*

durch sein sicheres Gefühl für den Stilwert des lyrischen Vokabulars und für die rhythmische Ausdruckskraft des Verses aus; an eine rhythmisch betonte Stelle setzt er stets ein entweder logisch oder affektiv betontes Wort. Auch in seinen dramatischen Werken stellen die lyrischen Partien Höhepunkte der dichterischen Aussage in künstlerischem Sinne dar.

In der zweiten Hälfte des Jahrhunderts lassen sich in Deutschland dann immer zahlreichere Stilmerkmale der eindringenden italienischen Barockliteratur, des sogenannten „Marinismus" beobachten. Giambattista Marino (1569–1625), dem dieser Stil seinen Namen verdankt, wird von der modernen Kritik als „Dichter der fünf Sinne" charakterisiert. Er verstand es, seine Überraschungseffekte, die er durch eine unerwartete und ungewöhnliche Metaphorik erzielte, mit scharfsinnigem, treffendem Witz und vor allem mit einer geradezu berauschenden Musikalität der lyrischen Sprache zu verbinden. Von ihm lernten seine deutschen Anhänger die Häufung ungewöhnlicher Metaphern, die sie mit der traditionellen barocken Pathetik verknüpften. Die Hauptvertreter des deutschen Marinismus, Christian Hofmann von Hofmannswaldau (1617–1679) und Daniel Casper von Lohenstein (1635–1683), gehörten zusammen mit Gryphius und Opitz bis in die erste Hälfte des 18. Jahrhunderts und selbst noch für die ersten Aufklärer zum Kanon vorbildlicher Schriftsteller aus der literarischen Vergangenheit. Auch Lohenstein trat wie Gryphius als Dramatiker hervor; beide schrieben Schuldramen in Versen, fünfaktige Tragödien mit allegorischen Zwischenspielen. Gryphius verfaßte auch einige Komödien; in einer dieser Prosakomödien, *Horribili-*

cribrifax (1663), setzt der Autor um einen aufschneiderischen Soldaten, dessen skurriler Name dem Stück den Titel gab, unterschiedliche Personen der Barockgesellschaft in verwickelte Beziehungen zueinander. Das Bühnenwerk bezieht seine komische Wirkung weniger aus der Handlung als aus dem raschen Wechsel der oft derben Sprache, mit der die Akteure ihre Herkunft bzw. ihren Beruf offenlegen. – Lohenstein wiederum war nicht nur Dramatiker und Lyriker, sondern auch Autor des mit über 3000 Seiten umfangreichsten deutschen Barockromans *Großmütiger Feldherr Arminius oder Hermann*, der nach seinem Tod 1689–1690 in einer zweibändigen Ausgabe erschien. Darin wird das Leben des germanischen Fürsten Arminius geschildert, dem die deutschen Schriftsteller den Namen Hermann gaben, obwohl in der Geschichte nur die lateinische Form seines Namens bezeugt ist. Arminius besiegte im Jahre 9 v. Chr. im Teutoburger Wald die römischen Legionen und verhinderte damit die Romanisierung der jenseits des Rheins gelegenen Lande. Schon deutsche Humanisten feierten ihn als Muster deutschen Heldentums und deutschen Patriotismus, und diesen Ruhm behielt er auch in der folgenden Literatur. Der deutsche Barockroman wollte mit seiner Fülle von Figuren und Ereignissen, Episoden und Wendungen die Unbeständigkeit und die Unzuverlässigkeit dieser Welt aufzeigen, über die am Ende die ewige göttliche Ordnung des Jenseits siegt. (Der hier entwickelten erzählerischen Technik bedient sich heute noch der Abenteuerroman: Schwierigkeiten auf der Reise, Räuber, Entführung, Vertauschung von Figuren, Betrug usw.) Charakteristisch für diese Romane sind auch zahlreiche Beschreibungen des höfischen Lebens und Einfügungen belehrend-informativer oder didaktischer Kapitel. (In dieser Hinsicht hat der moderne Roman nur die stilistischen Züge seines barocken Vorgängers übernommen). Aus diesem Zeitalter blieben uns kaum zwanzig deutsche Barockromane erhalten, und nach der Wende zum 18. Jahrhundert wurden keine weiteren verfaßt. In Deutschland genoß der Roman als Gattung bis zur Mitte des 18. Jahrhunderts keinen guten Ruf, vergleichbar mit dem heute geringen Ansehen der Trivialliteratur.

Eine Ausnahme unter den deutschen Romanen des 17. Jahrhunderts bildet *Der Abenteuerliche Simplicissimus* (1669) von Hans Jakob Christoffel von Grimmelshausen (um 1622–1676). Der Roman knüpft an die deutschen Volksbücher an; als sein Vorbild gilt der spanische Schelmenroman. Grimmelshausen hatte zuvor zwei typische Barockromane verfaßt, und daher enthält auch sein *Simplicissimus* deutliche stilistische Züge dieser Gattung. *Simplicissimus* schildert deutsche Verhältnisse während des Dreißigjährigen Krieges, etwa in der Zeit von 1632 bis 1645. Der Roman, als autobiographische Ich-Erzählung des „einfältigen" Simplizius angelegt, verfolgt den Lebensweg des jugendlichen Helden: auf dem Lande, im Kloster, beim Militär, auf dem Schlachtfeld und in der Stadt. Die locker geknüpfte, novellenähnliche Erzählfolge stellt viele Einzelheiten des Alltagslebens so unmittelbar vor, daß dieser erstaunliche stilistische und thematische Realismus den Roman bis auf den heutigen Tag lebendig erhalten hat.

Das kritische Verhältnis, mit dem die deutsche Barockliteratur der faßbaren Wirklichkeit gegenübertrat, ist die Ursache dafür, daß diese Zeit auch ausgesprochen satirische Werke hervorbrachte. So hat der erste große deutsche Epigramma-

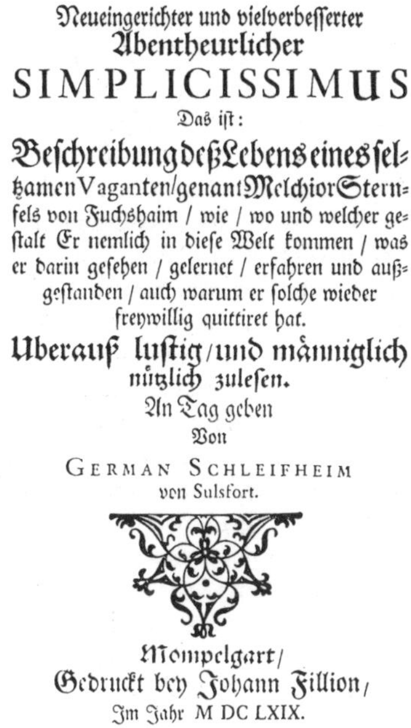
Neueingerichter und vielverbesserter
Abentheurlicher
SIMPLICISSIMUS
Das ist:
Beschreibung deß Lebens eines seltzamen Vaganten/ genant Melchior Sternfels von Fuchshaim / wie / wo und welcher gestalt Er nemlich in diese Welt kommen / was er darin gesehen / gelernet / erfahren und außgestanden / auch warum er solche wieder freywillig quittiret hat.
Uberauß lustig/ und männiglich nützlich zulesen.
An Tag geben
Von
GERMAN SCHLEIFHEIM
von Sulsfort.
Mompelgart/
Gedruckt bey Johann Fillion/
Im Jahr M DC LXIX.

Hans Jakob Christoffel von Grimmelshausen (um 1622–1676), Der Abenteuerliche Simplizissimus: *Titelseiten der Erstausgabe, die 1669 in fünf Büchern erschien. Der große Erfolg der stark mundartlich gefärbten Fassung führte dazu, daß noch im selben Jahr eine Fortsetzung als sechstes Buch veröffentlicht wurde.*

tiker, der von Lessing wiederentdeckte Friedrich von Logau (1604–1655), in seinen prägnanten Epigrammen z. B. den Krieg, die Sittenverwilderung, die konfessionelle Intoleranz, soziale Ungerechtigkeit und bürgerliche Laster seiner Zeit mit scharfer Satire bedacht. In der schlesischen Stadt Zittau wirkte Christian Weise (1642–1708) mehrere Jahre als Rektor des dortigen Gymnasiums und verfaßte unter anderem eine große Zahl von Schuldramen für sein Gymnasium. Dieser Zeitgenosse Racines bediente sich künstlerischer Ausdrucksmittel, die das Ende der Barockperiode ankündigten, auch wenn das barocke Weltbild aus seinen Werken noch nicht verschwunden war. Im Gegensatz zu Gryphius' Dramen sprechen die Personen in Weises Stücken in Prosa, weil die Menschen im alltäglichen Umgang miteinander keine Verse gebrauchen. Weise diktierte seine Werke in die Feder, um seine Gestalten in einem möglichst ungezwungenen Unterhaltungsstil sprechen zu lassen. Er war gleichzeitig Lyriker, Erzähler und Theoretiker. Seine Romane sind eher dem Volksbuch als dem Barockroman verwandt, und in seiner Theorie der Lyrik forderte er, daß sich die Verssprache in ihrer Syntax von der Prosasprache nicht unterscheiden dürfe. Das sind Postulate bürgerlicher Empfindungsweise – und Weises Werk ist ein beredtes Zeichen des Ausklangs der deutschen Barockliteratur. Trotz der schwierigen Verhältnisse in den deutschen Fürstentümern konnten sich die Städte im Laufe der Jahrhunderte ökonomisch aufwärts entwickeln. Die gebildeten Vertreter des Bürgertums begannen, sich bewußter für die Realisierung des bürgerlichen Geistes in der Kunst einzusetzen. Die offenen Angriffe auf die Barockkunst begannen 1700 mit dem entschiedenen Kampf sowohl der Universitäten als auch des Klerus gegen die Oper als vermeintliche Parodie echter Kunst. Gleichzeitig setzte der zweite wichtige deutsche Epigrammatiker, CHRISTIAN WERNICKE (1661–1725), vor allem die schwülstig überladene Sprache des Spätbarock dem Spott aus.

Im Barockzeitalter brachte die deutsche Kultur überzeugende Kunstwerke in der Architektur und in der Musik hervor. Ihr genialster Vertreter war der Komponist Johann Sebastian Bach (1685–1750). „Er sollte nicht Bach heißen", rief Beethoven später aus, „sondern Meer." – Eine Übergangserscheinung zwischen dem höfischen Barock und der bürgerlichen Welt ist der deutsche Philosoph GOTTFRIED WILHELM LEIBNIZ (1646–1716), der zeitweilig Hofbeamter war und hauptsächlich lateinisch und französisch schrieb. Sein theozentrisches Weltbild verweist auf das Barockzeitalter; der unbesiegbare Optimismus jedoch, von dem seine Philosophie durchdrungen ist, kann als Ausdruck des gestärkten bürgerlichen Selbstbewußtseins verstanden werden.

5. Frühaufklärung und bürgerliche Empfindsamkeit

Wie „Labyrinth und Traum" erlebte – nach eigenem Bekenntnis – Johann Christoph Gottsched, die zentrale Figur der deutschen Frühaufklärung, die Welt, bis ihm 1720 als zwanzigjährigem Studenten die eben erst veröffentlichte Schrift *Vernünftige Gedanken von Gott, der Welt und der Seele des Menschen* des Philosophen Christian Wolff in die Hände fiel und ihn belehrte, wie in diesem Labyrinth Ordnung und Wahrheit zu erkennen seien.

Dieses Schlüsselerlebnis des jungen Gottsched im Verhältnis zur Welt faßt den komplexen und langwierigen Entwicklungsprozeß des bürgerlichen Bewußtseins bildhaft zusammen, der ein fester Bestandteil des bürgerlichen Kampfes um gesellschaftliche Anerkennung in der feudalen Staatsordnung ist. Moderne Soziologen sehen im Übergang zur Warenproduktion für den Markt den Anfang dieser Entwicklung, in deren Verlauf der Bürger seit dem ausgehenden Mittelalter immer autonomer, immer entschlossener auftritt, weil der Markterfolg des Gewerbetreibenden oder Kaufmanns von persönlichen Fähigkeiten zur Kalkulation, Entscheidung und Aktion abhängt. Die Emanzipation des einzelnen im Produktionsbereich stärkte das individuelle Bewußtsein, veränderte die Denkhaltung und die Wertvorstellungen. Die soziologische Analyse des Wandels im Produktionsprozeß verweist auf tiefe sozio-ökonomische Wurzeln „einer einzigartigen und entscheidenden Wendung innerhalb der Entwicklung des westeuropäischen bürgerlichen Denkens" (Lucien Goldmann) während der Epoche der Aufklärung. Auf der Grundlage der Überzeugung „vom individuellen Bewußtsein als einem absoluten Anfang der Erkenntnis und des Handelns" entwickeln sich die philosophischen Systeme des Rationalismus und des Empirismus. In dem bekannten Ausspruch „Ich denke, also bin ich" von René Descartes (1596–1650), dem geistigen Vater des europäischen Rationalismus, kommt in gedrängter Form das grenzenlose Vertrauen der Aufklärung in die Fähigkeit des menschlichen Verstandes zum Ausdruck, unabhängig von jeglicher Autorität – sei sie nun kirchlich oder staatlich – die Wahrheit zu erkennen. Ebenso gegen die bestehende Autorität gerichtet ist die Auffassung des englischen Philosophen Earl of Shaftesbury (1671–1713), wonach die ethische Entscheidung des einzelnen auf seinem natürlichen Gefühl für das Gute basiert und er somit keinerlei vorgeschriebenen Regeln verpflichtet ist. Der niederländische Jurist Hugo Grotius (1583–1645) bekräftigte den Begriff des „Naturrechts" und brachte die geistigen Grundlagen der Feudalordnung ins Wanken: alle Menschen sind ihrer Geburt nach gleich und frei, und das positive Recht der Staatsgemeinschaft ist einzig dann gültig, wenn es dem Naturrecht nicht widerspricht. Das Bestreben der bürgerlichen Denker, in den gesellschaftlichen Verhältnissen eine natürliche Ordnung und sogar eine wissenschaftlich definierbare Gesetzmäßigkeit des Geschehens zu erkennen, stützt sich weitgehend auf den allgemeinen Aufschwung der Naturwissenschaften seit dem Humanismus und der Renaissance. Es ist kein Zufall, daß viele Philosophen der Aufklärung mit Erfolg im Bereich der Naturwissenschaften, besonders in der Mathematik und Physik arbeiteten, weil – wie die Forschung zeigte – „das Problem der Natur und das Problem der Erkenntnis für sie eine untrennbare Einheit bildeten."

Das trifft ebenfalls für Gottfried Wilhelm Leibniz (1646–1716) zu, den wichtigsten Philosophen der deutschen Aufklärung, der auch als Begründer der Differential- und Integralrechnung bekannt ist. Nach seiner Auffassung bestehen Mensch und Welt aus Entwicklungssubstanzen, die geistige und physische Qualitäten besitzen und die er „Monaden" nennt. Die Monaden sind „individuelle Substanzen", weshalb jedem Lebewesen eine *unwiederholbare Individualität* zukommt. In geistiger Hinsicht unterscheiden sich die Monaden voneinander durch den jeweils erreichten Grad an Klarheit in der Erkenntnis der Welt. Die Welterkenntnis der einzelnen Monade kann sich entwickeln bzw. *aufklären.* Gott ist in diesem System kein übernatürliches Wesen, sondern die aufgeklärteste Monade, der vollkommenste Grad der Erkenntnis. Die autonomen und dynamisch verstandenen Monaden besitzen keine Fenster zur Außenwelt; sie sind gleichsam blinde Spiegel. Das Problem, wie in dieser Welt unterschiedlichster Monaden die Harmonie ihrer Wirkung aufeinander, die Harmonie von Geist und Materie bzw. von Seele und Körper möglich ist, löste Leibniz durch den Begriff der „prästabilierten Harmonie": ebenso wie ein fähiger Uhrmacher in der Lage ist, zwei Uhren herzustellen, die – ohne späteres Eingreifen von seiner Seite – gleichgerichtet und zweckmäßig funktionieren, so mischt sich auch der Schöpfer der Welt nicht in das Geschehen ein, nachdem er das gleichgerichtete und zweckmäßige Funktionieren eines jeden Atoms in Bewegung gesetzt hat. Die Vollendung der aufgeklärtesten

Leipzig: *der Kupferstich von Johann Georg Schreiber aus dem Jahr 1735 zeigt Thomaskirche und Thomaskirchhof zur Bachzeit.*

Monade, die Vorsehung Gottes, die den „Regeln der allerbesten Ordnung“ unterworfen ist, garantiert dem Menschen ein Leben „in der besten aller möglichen Welten“. (Voltaire machte sich unter dem Eindruck des entsetzlichen Erdbebens in Lissabon 1755, das ganz Europa beunruhigte, in seinem 1759 erschienenen Roman *Candide* auf geistreiche und bissige Art über diesen Optimismus der Frühaufklärung lustig.) Leibniz inspirierte als genialer Denker viele wissenschaftliche Gebiete mit seinen Ideen. Da er seine Arbeiten jedoch zum größten Teil in lateinischer und französischer Sprache schrieb, konnte er im 18. Jahrhundert nur auf einzelne sehr gebildete Deutsche direkt Einfluß nehmen.

Einem breiteren Teil des damals noch geistig nachholbedürftigen deutschen Bürgertums öffnete CHRISTIAN THOMASIUS (1655–1728), Professor des Rechts in Leipzig und oft Vater der deutschen Aufklärung genannt, im Jahre 1687 symbolisch die Tür zum Tempel der weltlichen Philosophie: in diesem Jahr hielt er als einer der ersten Hochschullehrer seine Vorlesung in deutscher statt in lateinischer Sprache und gründete im Jahr darauf die erste deutsche populär-wissenschaftliche Zeitschrift. In seinem Programm, das die Verbreitung von modernem und praktischem Wissen ebenso vorsah wie einen neuen, von der kirchlichen Autorität unabhängigen Weg der Urteilsbildung, spielt der erbitterte Kampf gegen besondere Arten von Aberglauben wie der Kampf gegen die Hexenverfolgungen eine wichtige Rolle. Wenn man z. B. weiß, daß erst 1775 die letzte „Hexe“ in Deutschland verbrannt wurde und daß Thomasius selbst nur durch die Flucht aus

Leipzig einer Verhaftung seiner fortschrittlichen Ideen wegen entging, dann kann man erahnen, mit welchem gesellschaftlichen und kulturellen Zustand sich die Aufklärung auseinanderzusetzen hatte.

Der Bildungsprozeß breiter bürgerlicher Schichten gegen Ende des 17. und am Anfang des 18. Jahrhunderts bereitete einen günstigen Boden für das Eindringen und die Verbreitung von Anschauungen, wie sie in Christian Wolffs populär-philosophischen Schriften für das gebildete Publikum in systematischer Form und – leichter zugänglich – in den sogenannten moralischen Wochenschriften für das weniger gebildete bürgerliche Lesepublikum dargelegt wurden. CHRISTIAN WOLFF (1679–1754), Professor für Mathematik und Philosophie in Halle, konkretisierte Leibniz' philosophische Grundprinzipien und unterzog sie einer umfassenden schematischen Überarbeitung im Interesse der praktischen Anwendung. Dabei ging er vom gesunden Menschenverstand als einzigem Maßstab für Urteilsbildung und Orientierung im Leben aus. Alle seine Schriften sind mit den gleichen charakteristischen Worten überschrieben: vernünftige Gedanken. Seine Darlegungen über die Logik heißen beispielsweise *Vernünftige Gedanken von den Kräften des menschlichen Verstandes und ihrem richtigen Gebrauche in Erkenntnis der Wahrheit* (1712), seine Darlegungen zur Ethik *Vernünftige Gedanken von der Menschen Tun und Lassen* (1720) usw. Er proklamierte das persönliche irdische Glück als Lebensziel: es lasse sich in einer auf Ethik basierenden Gesellschaft verwirklichen. Die *Vernunft* lehre den Menschen, was gut und was böse sei; wenn er das erkannt habe, sei der Mensch aufgrund des *Naturrechts* verpflichtet, seine Entscheidungsfreiheit der Einsicht unterzuordnen: „Und also irren diejenigen, welche ihnen einbilden, ein Atheist möge leben, wie er wolle, und werde auch alle Schandtaten und Laster in der Tat begehen, wenn er nur von bürgerlichen Strafen frei ist: denn dieses trifft nur ein, wenn ein Atheist unverständig ist, und die Beschaffenheit der freien Handlungen nicht recht einsiehet. Daher bringt ihn nicht die Atheisterei zum bösen Leben, sondern seine Unwissenheit und sein Irrtum von dem Guten und Bösen, aus welcher Quelle auch bei anderen, die keine Atheisten sind, ein unordentliches Leben und unrichtiger Wandel entspringet ... Es sei ferne, daß ich den Atheisten das Wort reden wollte! Ich kann doch aber auch nicht wider die Wahrheit sein." Daß der gesunde Menschenverstand die ethischen Werte definiert und keine übernatürliche Offenbarung oder ein theologisches Dogma, ist auch der Grundgedanke seiner Rektoratsrede aus dem Jahre 1721. Es gebe keine Unterschiede zwischen den Lehren von Konfuzius, Moses, Christus oder Mohammed, versicherte Wolff; das Prinzip der Toleranz, nicht nur der Glaubenstoleranz, gehöre zu den Grundwerten der bürgerlichen Weltanschauung. Solche Äußerungen, die heute ganz unspektakulär wirken, hatten zur Folge, daß Wolff 1723 unter Androhung des Galgens innerhalb einer Frist von 48 Stunden Halle verlassen mußte. Die Vertreibung machte ihn noch populärer. Die jüngere Generation bekannte sich entschieden für Wolffs Deutung der Welt, und Anfang der dreißiger Jahre beherrschte er die öffentliche Meinung.

Gleichzeitig mit Wolffs populär-philosophischen Schriften fanden die Botschaften der moralischen Wochenschriften, einer besonderen Form belehrendunterhaltender Zeitschriften, im Bewußtsein von breiten Kreisen des deutschen Bürgertums große Resonanz. Am Anfang des 18. Jahrhunderts war in England eine neue Art von Journalen entstanden, die z. T. mehrmals wöchentlich erschienen. Sie wurden rasch übersetzt und in ganz Europa als Wochenschriften nachgeahmt. In Deutschland gewannen sie plötzlich auch weniger gebildete Leserkreise und blieben bis weit ins 18. Jahrhundert hinein eine beliebte Lektüre. Die moralischen Wochenschriften stellten in literarisierter Form, auf unterhaltend-belehrende Weise Alltagssituationen dar; dadurch halfen sie, das Bild von der ethisch starken bürgerlichen Persönlichkeit aufkommen zu lassen, die schon durch ihre bloße Existenz – zwar indirekt, aber hartnäckig – das gesellschaftliche Ansehen der ausschweifenden herrschenden Kreise mindere. Die politischen Verhältnisse erlaubten keinen direkten Angriff auf die grenzenlose Willkür der deutschen Fürsten, auf diese „Gottesgeißel der Menschheit", wie sie ein Zeitgenosse nannte, die mit allen Mitteln den Luxus des Versailler Hofes nachahmten und sich nicht einmal vor der „Ausfuhr" ihrer Untertanen für den Kriegsbedarf anderer Länder scheuten, als die staatlichen Einkommensquellen und das Einkommen aus dem Großgrundbesitz erschöpft waren. Die moralischen Wochenschriften wichen einem offenem Konflikt bewußt aus und verwiesen ihr bürgerliches Publikum statt dessen auf die Autorität der öffentlichen Moral als das momentan einzig mögliche Gegengewicht zur Fürstenherrschaft. Sie lenkten Verstand und Tugend, eng miteinander verbundene Werte bürgerlichen Denkens und Handelns, auf das Betätigungsfeld des kulturellen Lebens, von dem sich die genußsüchtigen Adelshöfe immer mehr zurückzogen. Die Rolle des Hofes im Kulturleben des Landes begannen nun die mächtigen protestantischen Handels- und Universitätsstädte wie Hamburg, Leipzig, Zürich, Berlin, Halle und Göttingen zu übernehmen.

Die Literatur der frühen Aufklärung hat einen ausgesprochenen Übergangscharakter und ist von nur bescheidenem künstlerischem Niveau. Der Markt wird überschwemmt von Abenteuer- und Liebesromanen, die in der Tradition des Barock stehen und unbestreitbar triviale Züge aufweisen, so daß der Roman als literarische Gattung kein Ansehen gewinnt. Die italienische Oper als repräsentative Kunst des Hofes ist einem engen Kreis Auserwählter vorbehalten; reisende Theatergruppen, die das Schaustück auf Improvisation beschränken und dem Geschmack der Bevölkerung anpassen, führen literarisch wertlose Werke auf. So bleibt es der Lyrik vorbehalten, dem neuen bürgerlichen Selbstbewußtsein erstmals eine literarisch überzeugende Gestalt zu geben: Die 1724 postum veröffentlichte Gedichtsammlung von JOHANN CHRISTIAN GÜNTHER (1695–1723) bildet mit der Individualität und Intensität des lyrischen Ausdrucks eine einsame Ausnahme in dieser Periode. Das kurze und unruhige Leben dieses Autors stand quer zu den Konventionen seiner Zeit und gab – fast hundert Jahre später – dem alternden Goethe Anlaß zu der Charakteristik: „Er wußte sich nicht zu zähmen, und so zerrann ihm sein Leben wie sein Dichten." Günthers lyrische Thematik reicht von Studenten- und Trinkliedern über leidenschaftliche Liebesgedichte bis hin zu geistlichen Liedern. In seinen Gedichten wie auch in einigen anderen

Johann Christian Günther *(1695–1723): Porträt aus einem handschriftlichen Gedichtbuch von 1719.*

zeitgenössischen Texten finden wir trotz einiger barocker Merkmale deutliche Anzeichen einer neuen Literatursprache: die barocke Häufung der Stilmittel wird abgelöst von einer klaren, übersichtlichen und verständlichen Einfachheit; die sprachliche „Wahrheit" hebt sich von der „unwahren" Pathetik der Hofdichtung ab, und die Kluft zwischen gehobener Dichtersprache und Alltagssprache wird verringert. „Konstruktionen, die in der Prosa nicht gelitten werden, haben auch im Vers nichts zu suchen" (Christian Weise) – so lautet ein Grundsatz der Frühaufklärung. Der für das Barockzeitalter kennzeichnende Wertkontrast zwischen irdischem und jenseitigem Leben verblaßt, und die Unruhe des zwischen Sinnlichkeit und Entsagung hin und her gerissenen Dichters macht einer bewußt diesseitsfreudigen Haltung Platz. Barthold Hinrich Brockes (1680–1747) gibt seiner neunbändigen Gedichtsammlung den Titel *Irdisches Vergnügen in Gott* (1721–1748) und ruft seine Zeitgenossen dazu auf, „im Buch der Kreatur erstaunt mit Ehrfurcht (zu) lesen". „Das Weltbuch" wird in seinen Gedichten bis ins Detail eingehend beschrieben, von kleinsten Blumen und Würmern bis zur grenzenlosen kosmischen „lichten Dunkelheit". In der zweckgerichteten und für den Menschen nützlichen Naturordnung und in der Gesetzmäßigkeit des Geschehens ahnt er die Vollendung des Schöpfers, aber der Weg zu Gott – und das ist eine große Wende im Verhältnis des Schriftstellers zur konkreten Realität – führt durch eine eingehende analytische Darstellung der wahrnehmbaren Erscheinungen.

Der Schweizer Naturwissenschaftler Albrecht von Haller (1708–1777) verherrlicht in seinem Lehrgedicht *Die Alpen* (1732) erstmals die Gebirgslandschaft, ohne dabei dem Gefühl der Bedrohung Raum zu geben. Der Autor, in mancher Hinsicht ein Vorläufer Rousseaus, preist das natürliche und damit auch vernünftige Leben der Bergbewohner; ihr Vorbild hebt er ebenso von „der Lastern schwarzer Brut" in der Stadt wie auch vom Hofe ab, wo der „Purpur sich mit lauem Bürger-Blut färbet". In Hallers Alexandrinern gehen persönliches Erlebnis, sachlich gehaltener Exkursionsbericht und kulturkritische Überlegungen eine eigenwillige Mischung ein. – Die natürliche Lebensart ist auch das Ideal der bürgerlichen Helden in der beliebtesten der zahlreichen Robinsonaden, die in Deutschland in der Nachfolge Daniel Defoes erschienen: JOHANN GOTTFRIED SCHNABELS Werk *Die Insel Felsenburg* (so heißt der Roman seit der von Ludwig Tieck 1828 veröffentlichten Fassung; die ursprüngliche Version wurde 1731–1742 veröffentlicht) verknüpft das Motiv des Schiffbruchs mit der Kritik am absolutistischen Staat. Schnabels Inselbewohner, deren Lebensläufe Zeugnis ablegen von der bürgerlichen Unzufriedenheit mit den gesellschaftlichen Verhältnissen in der Alten Welt, haben dem spätfeudalistischen Europa bewußt den Rücken gekehrt. Die Insel wird zum „Asyl der Redlichen", die dort eine idyllisch patriarchalische Gesellschaftsordnung errichten: sie kommen ohne kirchliche und staatliche Macht aus, ihr Zusammenleben ist auf Vernunft gegründet, und ihre Beziehungen zueinander haben familiären Charakter. Die beste aller möglichen Welten nimmt hier die literarische Form der Utopie an, aber die Flucht aus eindeutig benennbaren gesellschaftlichen Strukturen bedeutet keineswegs auch eine Flucht aus dem Leben; das Interesse für den Menschen und die Welt um ihn wird und bleibt das Hauptmerkmal der bürgerlichen Literatur.

Die dominierende Figur im literarischen Leben der ersten Hälfte des 18. Jahrhunderts ist nicht etwa eine Dichterpersönlichkeit, sondern der überaus gebildete Professor für Philosophie und Literatur an der Universität in Leipzig JOHANN CHRISTOPH GOTTSCHED (1700–1766), der mit seiner theoretischen Erarbeitung des bis dahin vernachlässigten literarischen Bereichs das philosophische System von Christian Wolff ergänzt. Der *Versuch einer critischen Dichtkunst* (1730), eine typisch klassizistische normative Poetik, greift auf verschiedene Vorbilder zurück. Insbesondere stützt sich Gottsched auf Aristoteles' wörtlich verstandene Definition der Literatur als „einer geschickten Nachahmung aller natürlichen Dinge", doch „hauptsächlich der Handlungen der Menschen . . ., die entweder gut oder böse sind", und ferner auf die festen Regeln von Boileaus *L'art poétique* (1674), die auf dem rationalistischen Verständnis beruht, wonach nur das schön sei, was für alle Menschen und für alle Zeiten wahrhaftig sei. Das Festhalten an allgemeinen und absoluten Werten verstellte den Blick für die individuellen und historischen Besonderheiten von Personen und Ereignissen. Der Dichter ist nach Gottsched „als ein redlicher Bürger (verpflichtet), die Tugendhaften auf eine vernünftige Art zu loben, ihr Gedächtnis zu verewigen und durch die Beschreibung ihrer rühmwürdigen Exempel teils die zu ihrer Zeit Lebenden, teils auch die Nachkommen zu löblichen Taten aufzumuntern." Das Verständnis vom Dichter als einem Lehrer und die Betonung der moralischen Wirkung von Literatur bestimmen auch Gottscheds Sicht von der Kunst des Dramas. Die Rezeptionsgeschichte der Dramen im 18. Jahrhundert beweist, mit welcher ideologischen Kraft das Wort von der Bühne wirkt. Dies war für Gottsched zwar nicht der einzige,

Versuch
einer
Critischen Dichtkunst
vor die Deutschen;
Darinnen erstlich die allgemeinen Regeln der Poesie,
hernach alle besondere Gattungen der Gedichte,
abgehandelt und mit Exempeln erläutert werden:
Uberall aber gezeiget wird
Daß das innere Wesen der Poesie
in einer Nachahmung der Natur
bestehe.
Anstatt einer Einleitung ist Horatii Dichtkunst
in deutsche Verße übersetzt, und mit
Anmerckungen erläutert
von
M. Joh. Christoph Gottsched.
Leipzig 1730
Verlegts Bernhard Christoph Breitkopf.

Johann Christoph Gottsched (1700–1766), Versuch einer critischen Dichtkunst: *Titel der Leipziger Erstausgabe von 1730.*

aber ein wohlbegründeter Anstoß, seine große Autorität für die Reform des deutschen Theaters einzusetzen. Der trivialisierten Barocktradition stellte er die sorgfältige Aufführung literarisch wertvoller Übersetzungen und Überarbeitungen aus fremdsprachigen Literaturen und die Werke seiner Schüler gegenüber, die sich zumeist am Vorbild des französischen klassischen Dramas orientierten. Mochte das von Gottsched initiierte Theater auch Bedürfnissen des gebildeteren Bürgertums entgegenkommen, so hatte er damit doch noch kein neues deutsches Drama geschaffen, das den Vorstellungen der Aufklärung voll entsprach. Gottsched zollte seiner Zeit, einer Periode des Übergangs, Tribut: angezogen von einer Dramaturgie, die auf den Prinzipien der Ordnung und der Vernunft beruhte, wie auch von den großen künstlerischen Leistungen der französischen Klassik beeindruckt, war er nicht imstande, die Gestalt des Bürgers konsequent in das Zentrum der Dramenhandlung zu stellen. Er übernahm automatisch auch die sogenannte Ständeklausel, derzufolge in der Tragödie die „erhabene" Rolle der Hauptthelden nur von hervorragenden Vertretern des Adels übernommen werden kann. Obwohl seinen Theaterreformen eine breite gesellschaftliche Wirkung nicht abzusprechen ist, geriet Gottsched durch seinen Mangel an Verständnis für die Notwendigkeit, die Ausdrucksmittel zu verändern, und durch seine ausschließliche Orientierung an Theorie und Praxis der französischen Klassik unvermeidlich in Konflikt mit jenem Milieu, in dem sich plötzlich ein Interesse für literarische Probleme und für die Tätigkeit zeitgenössischer englischer Autoren entwickelte.

In der Polemik mit Gottsched führten die Schweizer Theoretiker Johann Jakob Bodmer (1698–1783) und Johann Jakob Breitinger (1701–1776) das

Literaturverständnis aus der Sackgasse, in die es durch Überbetonung der rationalen und durch Unterschätzung der emotionalen Elemente im schöpferischen Prozeß wie auch im Hinblick auf die Wirkung der Literatur geraten war. „Die einzige Quelle des poetischen Schönen (ist) das wundersame Neue“, schreibt Breitinger in *Critische Dichtkunst* (1740); da es aber dem Dichter nicht ständig möglich ist, neue Inhalte zu finden, wird er „auch wissen, gemeinen und bekannten Wahrheiten ein neues Ansehen mitzuteilen“, das ihnen die „durch die Leidenschaft erhitzte Phantasie“ verleiht. Der Dichter ist nicht verpflichtet, „die Sachen immer in ihrer wahren und natürlichen Größe vorzustellen, wie sie demjenigen vorkommen, der keinen Anteil an einer Begebenheit hat“, sondern er wird sie schon um der Wirkung willen „vergrößern oder verringern“. Die Schweizer erweiterten so die rationalistische Vorstellung von der Naturnachahmung um das Recht des Dichters auf Erfindung und Vertiefung, d. h. um den künstlerischen Eingriff. Außerdem verlangten sie von einem Werk nicht nur, daß es belehre, sondern auch, daß es „zu Herzen geht“. Durch diese neuen ästhetischen Kriterien überwanden Bodmer und Breitinger die Gleichsetzung von natürlicher und künstlerischer Schönheit. Im Unterschied zu Gottsched konnten sie sich bei ihren Überlegungen zum Wesen der Literatur auf eine breite Kenntnis literarischer Texte (u. a. von Homer, Dante, Milton) stützen; sie kündigten damit einen theoretischen Wandel in der Mitte des Jahrhunderts an: den Übergang von der normativen zur deskriptiven Poetik.

Das Hauptmerkmal des literarischen Geschehens nach 1740 ist die Befreiung der Literatur von den Fesseln der Philosophie und der Moral. Die Gedankenpoesie wird abgelöst durch leichte Verse nach dem Vorbild der höfischen, aber auch antiker Literatur mit dem Ausdruck der Lebensfreude und des Rausches an weltlichen Genüssen. Diese Lyrik dringt auch in die Tiefen des bisher verdrängten Gefühlslebens vor.

Mit dem Rückzug aus der unmittelbaren Lebensrealität in die Idylle der Lebensfreude und der verfeinerten Sinnlichkeit grenzte FRIEDRICH HAGEDORN (1708–1754) in den Gedichtsammlungen *Erlesene Proben poetischer Nebenstunden* (1729) und *Versuch in poetischen Fabeln und Erzählungen* (1738) seinen Privatraum bürgerlicher Freiheit ein. Sein weiser Eremit zieht sich in die Einsamkeit zurück, wo er „die Welt, wie ihn die Welt vergaß“. Er freut sich über Schönheit und ein Glas Wein, ohne sich um die Verlockung von „Ruhm, Ehre, Hoheit“ zu kümmern. Die Ungezwungenheit des lyrischen Ausdrucks, der keine Pathetik kennt, und die geistreiche Pointierung verstärken den Eindruck einer unbeschwerten Gegenwart. Der ausgefeilte Vers und die Sprache zeugen von einem Gefühl für ästhetisch-literarische Werte. Mit seinen Übersetzungen und teilweise auch mit seinen Gedichten paßte Hagedorn die Lyrik des französischen und englischen Rokoko dem bürgerlichen Geschmack an. Er gilt als Begründer der deutschen anakreontischen Schule, zu der auch Johann Wilhelm Gleim, Johann Peter Uz und Johann Nikolaus Götz gehören. Auf den griechischen Lyriker Anakreon hatten schon andere europäische Dichter gern zurückgegriffen, seit Henri Estienne 1554 eine dem antiken Autor zugeschriebene Gedichtsammlung in französischer Übersetzung veröffentlicht hatte. Hagedorn folgte diesem

Vorbild. Die Lebhaftigkeit der Verse und der scherzhaft witzige Ton seiner Weingedichte und seiner Grußadressen an befreundete Dichter beherrschten die deutsche Lyrik teilweise bis hin zum jungen Goethe. Die Sehnsucht, sich im Kreise der Freunde und in der freien Natur unter Bacchus' und Amors Schutz ungehemmt den Genüssen hinzugeben, ist ein alter Topos; in der deutschen Anakreontik verwandelt er sich in die sorglose Maske, hinter der sich der gelehrte und gesittete Bürger verbirgt.

In Gottscheds Auseinandersetzung mit Bodmer und Breitinger wirkten die polemischen Thesen der Schweizer für die Mehrheit von Gottscheds Schülern überzeugend. Sie kehrten, auch beeindruckt von der zeitgenössischen englischen Literatur, die den Reichtum des Seelenlebens enthüllte, Wolff und Gottsched den Rücken und leugneten die Ausschließlichkeit einer rationalistischen und utilitaristischen Bestimmung der Literatur. Diese Richtungsänderung wurde auch gefördert durch die Tradition der pietistischen Bewegung in Deutschland, die sich seit dem letzten Drittel des 17. Jahrhunderts gegen einen orthodoxen Protestantismus wandte und das Glaubenserlebnis auf eine unmittelbare, bis zur Ekstase verstärkte emotionale Beziehung zu Gott gründete.

Sein bereits entwickeltes Selbstbewußtsein führt den Bürger zu einer kritischen Haltung gegenüber einer Gesellschaftsordnung, die ihn daran hindert, aktiv am öffentlichen Leben teilzunehmen. Diese Kritik kommt, wenn auch nur zurückhaltend und indirekt, in den Satiren von Christian Ludwig Liscow (1701–1760) und Gottlieb Wilhelm Rabener (1714–1771) zum Ausdruck, doch insgesamt wird im Konflikt mit der Realität der Schwerpunkt auf die Überlegenheit des bürgerlichen emotionalen Welterlebens gelegt. Der gesellschaftlichen Differenzierung in der „vorsubjektiven" Literatur bis 1770 mangelt es an Aggressivität, und sie erschöpft sich in der gefühlsbetonten Verbundenheit mit einer Gemeinschaft nicht nur vernünftiger, sondern auch rührend edler Seelen. In Ewald Christian Kleists (1715–1759) Gedicht *Der Frühling* (1749) begegnen wir einer solchen Gemeinschaft in der idyllischen Abgeschiedenheit des deutschen Dorfes, und Salomon Gessner (1730–1788) hat sie in der rhythmisch stilisierten Prosa seiner *Idyllen* (1756) in ein zeitloses Arkadien verlegt. Die tränenreiche Empfindsamkeit der *Idyllen* ergriff sehr rasch die Leser von Frankreich bis Rußland, und das anmutige, feinfühlig gestaltete Landschaftsbild als Hintergrund für die Liebesschwärmerei „empfindsamer Jünglinge" und „tugendsamer Mädchen" wurde schnell zum ständig wiederkehrenden Element der sentimentalen Trivialliteratur.

Ein beliebter Lehrer der Epoche der Empfindsamkeit, geradezu ein Volksschriftsteller, der Aufrichtigkeit, Treue, Selbstlosigkeit und vor allem Freundschaft an die Spitze der Wertordnung stellt, wird Gottscheds Schüler Christian Fürchtegott Gellert (1715–1769). Seine *Fabeln und Erzählungen* (1746–1748) gelangten selbst in Häuser, in denen bis dahin nur die Bibel vorhanden war. In freien Versen geschrieben, zeichnen sich die Fabeln durch eine klare, der Alltagssprache nahe Sprache aus, darüber hinaus durch Heiterkeit und Sinn für Humor. Seine Botschaften, die jede Schärfe vermeiden, stehen in der Tradition der moralischen Wochenschriften und wenden sich auch an deren breites Publikum: „Die Wahrheit, lieber Freund, die alle nötig haben, / die uns als Menschen glücklich macht, / Ward von der weisen Hand, die sie uns zugedacht, / Nur leicht verdeckt, nicht tief begraben." So endet eine Erzählung und charakterisiert damit gleichzeitig die ganze Sammlung. Dem Adel von Geburt wird das Recht und die Pflicht des Bürgers auf Adel der Gefühle gegenübergestellt. Der Kraft dieses Gefühls kann sich nicht einmal das hartgesottene Herz des Bankiers Valer widersetzen, als Alcest sich ihm zu Füßen wirft, um für den Preis seiner eigenen Freiheit den Vater aus dem Kerker zu erlösen: „Valer bewunderte des Jünglings edle Triebe, / Empfand die Macht des Mitleids und der Liebe / Und ward mit einemmal erweicht. / Er hob ihn auf mit zitterndem Erbarmen" *(Alcest, II. Buch der Fabeln und Erzählungen).* Durch tränenreiche Empfindsamkeit zeichnen sich auch die Komödien aus, die einen breiten Zuschauerkreis anziehen; Gellert schreibt sie nach dem Vorbild der französischen *comédie larmoyante.* Die Gestalt des Bürgers ist zwar immer noch nicht in den Personenkreis der Tragödie vorgedrungen, aber in Gellerts neuer Art von Bühnenwerken wird sie als vorbildliche Gestalt gezeigt, die im Zuschauer Stolz und Selbstachtung weckt, d. h. die Handlung nähert sich der unmittelbaren bürgerlichen Realität an, aber die Gestalten des Dramas bleiben passiv, und die dargestellte Welt ist, wie auch in anderen Werken dieser Phase, auf den engen Familien- und Freundeskreis begrenzt.

Zur gleichen Zeit, als das aufklärerische Wirken von Gellert und seinem Kreis (Johann Elias Schlegel, Justus Friedrich Wilhelm Zachariae u. a.) sich darauf konzentrierte, ein Weltbild zu entwerfen, das auf dem Gleichgewicht von Empfindsamkeit und Vernunft, auf der Erziehung zu überindividuellen moralischen Pflichten und auf dem Ideal der heiteren Gelassenheit beruhte – zu dieser Zeit tauchte in der Literatur mit FRIEDRICH GOTTLIEB KLOPSTOCK (1724–1803) die erste starke Dichterpersönlichkeit auf. Schon als Abiturient begeisterte er sich für die Würde des Dichterberufs und träumte – verlockt vom Gedanken der Schweizer, das religiöse Epos repräsentiere die höchste literarische Gattung – von einem deutschen Epos nach dem Vorbild von Miltons *Paradise Lost* (1667). Die ersten drei Gesänge seines Heldengedichts *Der Messias* (1748–1773) beeindruckten die literarische Öffentlichkeit tief. Dennoch überschritt das Werk – in der Zeit Voltaires und der französischen Enzyklopädisten entstanden – nie die deutschen Sprachgrenzen und fiel schließlich selbst in Deutschland der Vergessenheit anheim, noch ehe es vollendet war. Der *Messias* verdankt seinen ursprünglichen Erfolg in erster Linie epischen Mängeln: der breiten Darstellung des Seelenzustands seiner Gestalten und vor allem der ausgesprochen lyrischen, empfindsamen Dichtersprache. Die Ausdrucksfähigkeit wird verstärkt durch den Gebrauch des Hexameters, den Klopstock vom antiken Epos übernahm, weil er sich durch die freiere Anwendung der rhythmischen Betonungen harmonischer dem Sinn der Verse anpaßt als das schon bis zur Monotonie erstarrte Schema des romanischen Alexandriners. Zum Erfolg trug auch die Auswahl des biblischen Stoffes bei, das Opfer Christi für die menschliche Erlösung: symbolisch aktualisierte dieses Thema das Streben des Bürgertums nach „Erlösung" vom unmenschlichen gesellschaftlichen Zwang, zumal Klopstock sich auch sonst direkt zum Absolutismus äußerte: "Königen gab der Olympier Stolz, und sklavischen Pöbel / Um den gefürchteten Thron: / Weisheit gab er den Königen nicht, sonst hielten sie

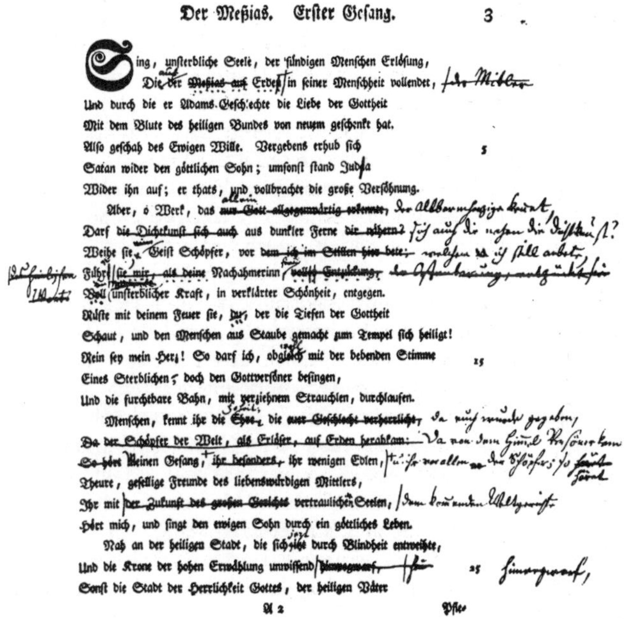
Der Meßias. Erster Gesang. 3

Sing, unsterbliche Seele, der sündigen Menschen Erlösung,
Die der Meßias auf Erden in seiner Menschheit vollendet,
Und durch die er Adams Geschlechte die Liebe der Gottheit
Mit dem Blute des heiligen Bundes von neuem geschenkt hat.
Also geschah des Ewigen Wille. Vergebens erhub sich
Satan wider den göttlichen Sohn; umsonst stand Judäa
Wider ihn auf; er thats, und vollbrachte die große Versöhnung.
Aber, o Werk, das
Darf die Dichtkunst sich auch aus dunkler Ferne die nähern?
Weihe sie, Geist Schöpfer, vor dem ich im Stillen hier bete;
Führ sie mir, als deine Nachahmerinn,
Voll unsterblicher Kraft, in verklärter Schönheit, entgegen.
Rüste mit deinem Feuer sie, du, der die Tiefen der Gottheit
Schaut, und den Menschen aus Staube gemacht zum Tempel sich heiligt!
Rein sey mein Herz! So darf ich, obgleich mit der bebenden Stimme
Eines Sterblichen, doch den Gottversöner besingen,
Und die furchtbare Bahn, mit verziehnem Strauchlen, durchlaufen.
Menschen, kennt ihr die Ehre, die
Da der Schöpfer der Welt, als Erlöser, auf Erden herabkam:
So hört meinen Gesang, ihr besonders, ihr wenigen Edlen,
Theure, gesellige Freunde des liebenswürdigen Mittlers,
Ihr mit der Zukunft des großen Gerichtes vertraulichen Seelen,
Hört mich, und singt den ewigen Sohn durch ein göttliches Leben.
Nah an der heiligen Stadt, die sich itzt durch Blindheit entweihte,
Und die Krone der hohen Erwählung unwissend
Sonst die Stadt der Herrlichkeit Gottes, der heiligen Väter

A 2 Pfle-

Der Messias *von Friedrich Gottlieb Klopstock (1724–1803): Seite aus dem Handexemplar des Dichters mit eigenhändigen Korrekturen.*

Menschen / Nicht für würgbares Vieh." Die Hoffnungen auf eine freie bürgerliche Gesellschaft wird Klopstock später in Oden gestalten, die der Französischen Revolution gewidmet sind und die den Nationalkonvent dazu anregen, ihn 1792 zum Ehrenmitglied der Republik zu ernennen.

Dank des Mäzenatentums von seiten des dänischen Hofes braucht Klopstock seit 1751 als erster deutscher Dichter nicht mehr für seinen Lebensunterhalt zu sorgen, und so wird die erhabene dichterische Sendung sein ausschließlicher Beruf.

Gleichzeitig mit der Arbeit am Messias veröffentlicht er in Zeitschriften lyrische Gedichte in einem Versmaß, das der klassischen Ode angepaßt ist, und in Freien Rhythmen; diese *Oden und Elegien* gibt er 1771 gesammelt heraus. Klopstocks Dichtung, die den herkömmlichen lyrischen Themenkanon der Frühaufklärung noch um die Liebe zur Heimat erweitert, bedeutet nicht nur eine Wende im lyrischen Ausdruck, sondern hinterläßt auch Spuren in der deutschen Lyrik bis ins 20. Jahrhundert. Klopstocks tief durchlebte Gedankenwelt äußert sich dichterisch kraftvoll im radikalen Bruch mit der Tradition: ohne sich um die Forderung nach Übersichtlichkeit und Klarheit zu kümmern, unterstreicht er durch eine ungewöhnliche Wortfolge die auch rhythmisch betonte Ausdruckskraft der sehr gewählten, alltagsunüblichen und neugeschöpften Wendungen. Seine Verachtung gegenüber Konventionen, die den schöpferischen Elan lähmen, wird bereits in einer Ode aus dem Jahre 1747 deutlich: „Willst du zu Strophen werden, o Lied, oder / Ununterwürfig Pindars Gesängen gleich, / Gleich Zeus erhabenen trunkenen Sohne / Frei aus der schaffenden Seele taumeln?"

Schon Brockes lenkte den Blick des Bürgers auf das All, aber mit der Absicht, seine Fähigkeit zur Wahrnehmung der Umwelt zu erweitern und ihn von der Zweckmäßigkeit der göttlichen Vorsehung zu überzeugen. Von ganz anderer Art ist Klopstocks Eintauchen in die Harmonie der kosmischen Unendlichkeit. Sein Staunen im Angesicht des Alls erscheint so gewaltig, daß ihm die Sprache der religiösen Pathetik am ehesten entspricht. Doch auf dem Höhepunkt der Begeisterung mißt der Dichter der Aufklärung die kosmische Unendlichkeit – am Menschen selbst: „Hier steh ich Erde! Was ist mein Leib / Gegen diese selbst den Engeln unzählbare Welten, / Was sind diese selbst den Engeln unzählbare Welten / Gegen meine Seele!" Der hymnisch erhabene literarische Ausdruck, der sich bisweilen bis zum damals gerade in der Musik entwickelten Crescendo steigert, begegnet uns auch in der berühmten Ode *Die Frühlingsfeier* (1789), die trotz des religiösen Gewandes vom Gefühl menschlicher Größe durchdrungen ist. Der von der göttlichen Schöpferkraft in Staunen versetzte Dichter "fällt (vor ihr) nicht auf sein Angesicht", weil die unsterbliche Seele des Menschen mit Gott am engsten im ganzen Kosmos verwandt ist. Seine Sehnsucht nach völliger Freiheit der menschlichen Würde setzt Klopstock in eine neue Versart, in freie Rhythmen um, die den Gefühlsausbruch weder an den Reim noch an ein steifes metrisches Schema binden, sondern den Ausdruck der Verzückung bis zum Gipfel ekstatischen Stammelns rhythmisch steigern.

Der historischen Bedeutung Klopstocks als Schöpfer eines neuen lyrischen Ausdrucks entspricht die Bedeutung Christoph Martin Wielands (1733–1813) für die Entwicklung des Romans und der künstlerischen Prosa. Als ausgezeichneter Kenner der europäischen Literatur übernahm Wieland mehr Stoff für sein umfangreiches und vielfältiges literarisches Werk, das er noch zu Lebzeiten in rund 40 Bänden veröffentlichte, als er selbst selbst erfand. Über seine Entlehnungen spotteten viele Zeitgenossen, aber die Originalität des Stoffes kann nicht als Grundbedingung künstlerischer Produktion gelten (wie im 20. Jahrhundert das Beispiel Thomas Manns und Bertolt Brechts beweist). Mit der Einführung des fiktiven Erzählers, der psychologisch überzeugend die Aktionen und Reaktionen der Romanhelden kommentiert und seine eigenen Ansichten darlegt, wendet sich der Autor direkt an den Leser und bricht als „Allwissender" das bis dahin starre Gesetz der chronologischen Folge, indem er Elemente aus der Vergangenheit oder einen Blick in die Zukunft einschaltet. Nach dem Vorbild von Cervantes und Fielding führte Wieland eine neue, vielschichtige und den immer komplexeren gesellschaftlichen Verhältnissen angemessene Kunst des Erzählens in die deutsche Literatur ein. In seinem ersten Roman *Der Sieg der Natur über die Schwärmerey oder Die Abenteuer des Don Sylvio von Rosalva* (1764) stellt er eine pietistisch-schwärmerische Phase seiner Jugend dar, von der ihn die Lektüre Voltaires, des englischen humoristischen Romans und des in Deutschland lange schon populären Cervantes heilte. Auf ähnliche Weise wirkte auch die gründliche Kenntnis Shakespeares, von dessen Werken Wieland zwischen 1762 und 1766 zweiund-

Christoph Martin Wieland *(1733–1813): der Kupferstich (von M. Steinla nach F. Jagemann) zeigt den Autor in späten Jahren. Wielands literarische Tätigkeit zeichnet sich durch ungewöhnliche Vielfalt aus: er übersetzte zweiundzwanzig Dramen Shakespeares, begründete die Tradition des bürgerlichen Romans in Deutschland und trat durch dichterische Werke hervor, die als späte Zeugnisse der Kultur des Rokoko anzusehen sind.*

zwanzig Dramen in Prosa überträgt und so einem breiten Lesepublikum zugänglich macht. Die Abenteuer, in die Sylvio gerät, weil er – eingeschlossen in die Welt des Märchens – die Fähigkeit verliert, Phantasie von der Realität zu unterscheiden, enden mit „dem Sieg der Natur über die Schwärmerei", wie der erste Teil des umfangreichen, aufklärerisch intonierten Titels lautet. Dem englischen Philosophen Shaftesbury darin folgend, daß scherzende Fröhlichkeit das sicherste Mittel gegen die Schwärmerei sei, belustigt sich Wielands Erzähler nicht nur geistreich über die Figuren, den Leser und sich selbst, sondern er macht auch in eigens eingefügten Kommentaren eine ganze Reihe kultureller Persönlichkeiten und Phänomene aus Geschichte und Gegenwart zur Zielscheibe seiner Ironie. In dem Roman *Geschichte des Agathon* (1766–1767), dessen Schauplatz das Griechenland des 4. Jahrhunderts v. Chr. ist, greift Wieland mit unaufdringlicher, aber deshalb nicht minder treffender Ironie in die zeitgenössische Problematik des Verhältnisses von Individuum und Gesellschaft ein. Mit *Agathon* beginnt in der deutschen Literatur die Geschichte des beliebten Bildungs- und Entwicklungsromans: die Abenteuer des äußeren Geschehens verwandeln sich in Abenteuer der Persönlichkeitsentwicklung, wobei es zur Auseinandersetzung mit einer Gesellschaft kommt, die dem Streben des Bürgers entgegensteht, sich zu einem freien, rational und emotional ausgeglichenen Mitglied der Gemeinschaft zu entfalten. Die erste Version des Romans enthält unübersehbare Anspielungen auf die deutschen Verhältnisse und endet mit der Darstellung der Tyrannei am Hof von Syrakus. Agathon erlebt dort die schwerste Krise, wobei er fast den aufklärerischen

Glauben „an die angeborne Schönheit und Würde dieser menschlichen Natur“ verliert, „auf diesem Theater der Verstellung, der Betrügerei, der Intrigen, der Schmeichelei und Verräterei, wo Tugenden und Pflichten bloße Rechenpfennige und alle Gesichter Masken sind“.

1794, fast dreißig Jahre später, rundete Wieland diesen Roman mit der utopischen Darstellung einer freien und gerechten Gesellschaft ab. In der Zwischenzeit lebte er zunächst von 1772 an als Erzieher am Weimarer Hof, dann seit 1775 nahezu wie ein freier Schriftsteller. Von Weimar aus berichtete er laufend über die deutsche Literatur, später auch über die Französische Revolution, und zwar für die von ihm 1773 selbst gegründete Zeitschrift „Der Teutsche Merkur“. Die anspruchsvolle und kulturell bedeutende Zeitschrift machte sich um die Entwicklung des bürgerlichen Selbstbewußtseins im gebildeten Deutschland verdient. – 1774 erschien der später umgearbeitete satirische Roman *Die Abderiten*, der ein griechisches Gegenstück zum deutschen Schilda als Schauplatz hat. Wieland setzt hier die kleinbürgerliche Beschränktheit, die Selbstzufriedenheit und die Deformation menschlicher Beziehungen dem Spott der Leser aus.

Als Autor des ersten wichtigen bürgerlichen Romans eröffnet Wieland ein neues Kapitel in der deutschen Literatur, doch seine geistreichen und eleganten Verserzählungen sind das letzte suggestive dichterische Zeugnis einer verfeinerten ästhetischen Kultur des Rokoko. Die betont erotische Sinnlichkeit der *Komischen Erzählungen* (1762) fordert in eigentümlicher Weise die kleinbürgerliche Heuchelei heraus. Wielands Fähigkeit, die Lebensfreude in freien Versen zu gestalten, erreicht hier ein hohes Niveau lebhafter, ironisch verspielter lyrischer Sprache. – Nach einer Grundhaltung Wielands kann man durch eine vernünftige Abstimmung von Trieb- und geistigem Leben die Entfaltung seiner Persönlichkeit erreichen. Mit Hilfe dieser Einstellung gelang es der schönen und intelligenten Griechin *Musarion* in der gleichnamigen Verserzählung (1768), einen jungen Mann, der sich vom Leben enttäuscht in die philosophische Gleichgültigkeit zurückgezogen hatte, für die Liebe und die Gesellschaft zurückzugewinnen. – Wielands bekanntestes Werk dieser Art blieb *Oberon* (1780), ein phantastisches Epos in frei gestalteten Stanzen. In einer Zeit lebhaften Interesses für die Verserzählungen der Antike entstanden, überwand *Oberon* durch die ironische Distanz des Autors sowohl zur Erzählung als auch zur Auswahl des Stoffs – Märchen aus 1001 Nacht, altfranzösische Ritterepik, Shakespeare – die traditionelle heroische Pathetik der epischen Literaturgattung. Die aufklärerische Gestaltung des Stoffs sprengt den Rahmen des Märchens: nach vielen Bewährungsproben reifen zwei Liebende zu „freien, selbstbewußten“ Persönlichkeiten; durch die souveräne Kraft ihrer Liebe und Menschlichkeit entscheiden sie über das Schicksal eines feenhaften Königspaares.

Die Antike diente Wieland als Modell zur Darstellung der zeitgenössischen gesellschaftlichen Problematik. Die Welt der antiken Demokratie als Symbol der Freiheit und humaner menschlicher Beziehungen wird für das deutsche Bürgertum immer anziehender. Um die Popularisierung dieser antiken Welt machte sich JOHANN JOACHIM WINCKELMANN (1717–1768) verdient, ein Historiker von europäischem Rang und der Begründer wissenschaftlicher Forschung im Bereich der

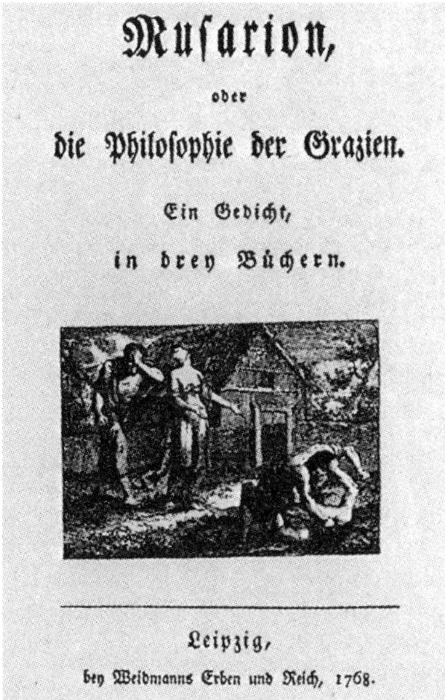
Musarion,

oder

die Philosophie der Grazien.

Ein Gedicht,

in drey Büchern.

Leipzig,

bey Weidmanns Erben und Reich, 1768.

Christoph Martin Wieland, Musarion: *Titelseite der Erstausgabe von 1768. Diese Verserzählung stellt nach Wielands Selbsteinschätzung „eine neue Art von Gedichten" dar, die „zwischen dem Lehrgedichte, der Komödie und der Erzählung das Mittel hält oder von allen dreyen etwas hat". Der Autor steht mit* Musarion *in der Tradition der Rokokoliteratur.*

bildenden Kunst. Seine Abhandlungen *Gedanken über die Nachahmung der griechischen Werke in der Malerei und Bildhauerkunst* (1755) und *Geschichte der Kunst des Altertums* (1764), in einer ausgesprochen künstlerischen Prosa geschrieben, stellen mit Enthusiasmus die bildenden Künste des antiken Griechenlands als Gipfel der Vollkommenheit dar, wobei der Autor insbesondere die Schönheit und Würde in der Gestaltung des Menschen hervorhebt. Winckelmanns kurz gefaßte Definition vom Wesen der griechischen Kunst – edle Einfalt, stille Größe – übte beträchtlichen Einfluß auf die Entfaltung des literarischen Ausdrucks der deutschen Klassik aus.

Gotthold Ephraim Lessing (1729–1781) hat als Autor den Traum der deutschen Aufklärung in die Realität umgesetzt: er schuf das künstlerisch suggestive bürgerliche Drama. Seine Erforschung des literarischen Kunstwerks führte zur unwiderruflichen Diskreditierung der normativen Systematik: auf der Basis einer empirischen, am einzelnen Werk gewonnenen Methode entwickelte Lessing Beurteilungskriterien für den Charakter von Literatur. Seine kritische Tätigkeit orientierte sich an den Maßstäben der Weltliteratur.

Nach einer Reihe von Versuchen im Stil der Schule Gottscheds gelang Lessing mit *Miß Sara Sampson* (1755), der ersten deutschen bürgerlichen Tragödie, der Durchbruch auf der Bühne. „Die Zuschauer haben drei und eine halbe Stunde zugehört, stille gesessen wie Statuen und geweint", berichtete ein Zeitgenosse nach der ersten Aufführung. Das Werk war nach dem Vorbild des neuen englischen Dramas geschrieben, das sich im Milieu des fortschrittlichen Bürger-

Gotthold Ephraim Lessing *(1729–1781): das Porträt – wahrscheinlich eine Arbeit des Malers G.O. May – zeigt den Schriftsteller 1767 während seines Aufenthaltes in Hamburg.*

tums entwickelt hatte. Die Befreiung des ethischen Bewußtseins vom Druck der gesellschaftlich deformierten Beziehungen sucht Lessing nicht mehr – wie die Mehrheit deutscher Autoren vor ihm – in der Flucht vor der Wirklichkeit, sondern in der direkten Konfrontation des Bürgers mit den unmittelbaren gesellschaftlichen Gegebenheiten. Der Einzug der bürgerlichen Welt in die Tragödie nimmt der Ausdrucksweise das Pathos, die Prosa löst den Vers ab, und die Helden, für Lessing „schöne Ungeheuer", werden auf menschliches Maß – „von gleichem Schrot und Korn mit uns" – gebracht. Nach der comédie larmoyante (dem „weinerlichen Lustspiel") bietet endlich auch die Tragödie dem Bürger die Möglichkeit, sich mit den Gestalten auf der Bühne zu identifizieren. (Erst rund 175 Jahre später wird Brechts energische Ablehnung der Identifikation eine ganz neue Auffassung von der Funktion des Theaters ankündigen.)

Emilia Galotti (1772) setzt als eines der ersten politischen Dramen in der deutschen Literatur mit der scharfen Verurteilung des Lebens an den Fürstenhöfen und mit der Empörung über Verstöße gegen grundlegende Menschenrechte eine scharfe Zäsur. Tugenden und Laster sind hier keine allgemein menschlichen Eigenschaften, sondern treten bei den Angehörigen der verschiedenen gesellschaftlichen Stände in unterschiedlicher Weise auf, was allerdings eine psychologische Vertiefung und Individualisierung der Personen nicht ausschließt. Der Prinz von Guastalla – die Zuschauer verstanden, daß sich Guastalla mitten in Deutschland befindet – ist von der Schönheit der bürgerlichen Emilia aufrichtig begeistert. Doch seine Ausdrucksweise, die gleichzeitig unbewußt „die menschliche Person der Emilia zur Ware herabwürdigt" (Manfred Durzak), verrät – und darin kommt Lessings Kunst der Charakterisierung voll zum Ausdruck – einen durch privilegierte gesellschaftliche Stellung verdorbenen Menschen. Lessings Kritik verschont auch nicht den bloß passiven Widerstand des unterdrückten Bürgertums, der zur Selbstvernichtung führt, wie dies symbolisch in der vorletzten Szene dargestellt ist: der Vater tötet seine Tochter, da er unfähig ist, sie aus der „Räuberhöhle" des Prinzen zu befreien. – In der heute noch beliebten Komödie *Minna von Barnhelm* (1767) besteht ein preußischer Offizier, in einer wirklichkeitsfernen Tradition moralischer Prinzipien verwurzelt, auf „dem Gespenst" der Ehre wie „ein Blinder, der nicht sehen will". Er unterdrückt grundlegende menschliche Gefühle, bis ihn nach einer Reihe geistreicher Verwicklungen seine besonnene Verlobte davon überzeugt, daß „die Ehre die Stimme unseres Gewissens" ist.

Eine Persönlichkeit, die in solcher Weise moralische Selbstbestimmung praktiziert, ist *Nathan der Weise* (1779), die Hauptfigur des gleichnamigen Dramas. Zum Kern der Handlung – der Geschichte von den drei Ringen, unter denen Nathan den „echten" herausfinden soll – wurde Lessing von einer Novelle in Boccaccios *Decamerone* angeregt. Den unmittelbaren Anlaß für das Stück jedoch, dessen Uraufführung Lessing nicht mehr erleben sollte, bot eine heftige Auseinandersetzung mit Vertretern der kirchlichen Orthodoxie: Lessing, damals Bibliothekar in Wolfenbüttel, hatte sich als Herausgeber religionskritischer Schriften *(Wolfenbüttelsche Fragmente)* bestätigt und sich daraufhin wütende Proteste namentlich des Hamburger Pastors Goeze eingehandelt. Als Lessing durch eine Kabinettsordre an der Fortsetzung der Edition gehindert wurde, wechselte er den Kampfplatz; er wollte versuchen, „ob man mich auf meiner alten Kanzel, auf dem Theater, wenigstens noch ungestört wird predigen lassen". Die Entstehungsgeschichte hat offensichtlich Spuren in diesem Spätwerk hinterlassen, das mit seinem Übergewicht an rationalen, reflexiven Elementen „einen abstrakten, theoretischen Grundzug" (Gert Sautermeister) besitzt, der die Bühnenwirkung beeinträchtigt. Um so mehr beeindruckt auch heute noch die aufklärerische Substanz des Textes, dessen Fazit lautet: der Wert eines Menschen hängt nicht von der äußerlichen, historisch erstarrten Form des Glaubensbekenntnisses ab, dem er mehr oder weniger zufällig angehört, sondern von der Qualität seines vernunftgeleiteten Handelns, von seiner praktischen Beziehung zu allen Menschen – ohne Ansehen nationaler und konfessioneller Unterschiede. Die literarische Bedeutung des Werks beruht darauf, daß hier erstmals in einem deutschen Drama in überzeugender Weise der sogenannte Blankvers, ein fünffüßiger Jambus, gebraucht wird, der bald zum obligatorischen Vers des deutschen klassischen Dramas werden sollte.

Gleichzeitig mit den Dramen entstanden auch Lessings kritische Werke *Briefe, die neueste Literatur betreffend* (1759–1765) (zusammen mit Moses Mendelssohn und Friedrich Nicolai), *Laokoon oder Über die Grenzen der Malerei und Poesie* (1766) und die *Hamburgische Dramaturgie* (1767–69). Mit seinen immer motivierten, aber rücksichtslosen Angriffen auf das französische klassische Drama bekämpfte Lessing in Wirklichkeit die konventionelle Hofliteratur. „Aber wenn

Hamburgische Dramaturgie.

Erster Band.

Hamburg.
In Commission bey J. H. Cramer, in Bremen.

Gotthold Ephraim Lessing, Hamburgische Dramaturgie: *Titelseite der Erstausgabe von 1767. Die Sammlung dramaturgisch-theaterkritischer Beiträge erschien in mehreren Lieferungen von 1767 bis 1769. Ursprünglich als Chronik aktueller Theaterberichte geplant, weitete sich die Schrift zur Kampfansage gegen die Vorherrschaft französischer Bühnenautoren aus.*

Pomp und Etikette aus Menschen Maschinen macht, so ist es das Werk des Dichters, aus diesen Maschinen wieder Menschen zu machen", schrieb er und verdeutlichte diese Absicht an Beispielen der griechischen Dichter, den Werken Shakespeares und Diderots. Es ist Lessings Verdienst, mit den lange vorherrschenden Forderungen aus Horaz' Poetik aufzuräumen, wonach der Dichter mit Worten malen solle. Durch die Analyse „gewisser Handgriffe" und des Objekts der künstlerischen Gestaltung zeigte er, daß jede Kunst notwendigerweise ihrer eigenen Gesetzmäßigkeit folgt: die bildenden Künste gestalten Körper zugleich in der Dimension von Raum und Zeit und wählen dabei einen einzigen Moment des Geschehens aus, der ihren Gestaltungsmöglichkeiten am besten entspricht; die Dichtung bringt Handlung in zeitlicher Folge zum Ausdruck. Der Begriff der Handlung dient als roter Faden in Lessings Theorie des Dramas, doch ist darunter nicht so sehr eine äußerliche, sondern vielmehr eine innere, psychologisch motivierte Aktivität zu verstehen. Im Unterschied zu der jahrhundertelang geübten Praxis, sich auf Aristoteles-Übersetzungen zu berufen, greift Lessing auf dessen Originaltexte zurück und deutet sie auf seine Weise. Anders als Gottsched fordert Lessing von der Tragödie nicht, daß sie belehre, sondern daß sie beim Zuschauer durch einen Prozeß der Identifizierung und der emotionalen Anteilnahme humane Gefühle wecke, ihn veredele und ihm den Weg zu anderen Menschen zeige. Der Dichter ist nicht verpflichtet, feste äußere Regeln einzuhalten; das schöpferische Genie trägt seine eigenen Gesetze in sich, und diese sind für den Aufklärer vernunftbestimmt. In seiner dichterischen Welt ist alles durch

„Ketten von Ursachen und Wirkungen" motiviert. Darin unterscheidet sich Lessings Genieverständnis vom Verständnis der kommenden Generation, die den Begriff der Regel überhaupt verwirft. Lessings große Leistung in der ästhetischen Theorie bestand darin, daß er alle vorangegangenen Versuche, das Wesen der Literatur zu erfassen, übertraf: er verstand, daß die spezifische Bedeutung der dichterischen Welt in ihrer Autonomie begründet ist. Mit dieser Einsicht überwand er insbesondere die Forderung der Gottschedschen Poetik, dichterische Wahrhaftigkeit ausschließlich an der historischen Glaubwürdigkeit zu messen: „Wenn wir die Möglichkeit, daß etwas geschehen kann, nur daher abnehmen wollen, weil es geschehen ist: was hindert uns, eine gänzlich erdichtete Fabel für eine wirklich geschehene Historie zu halten, von der wir nie etwas gehört haben? Was ist das erste, was uns eine Historie glaubwürdig macht? Ist es nicht ihre innere Wahrscheinlichkeit?" Für den Aufklärer Lessing rechtfertigt sich die überzeugende dichterische Welt durch ihre eigenständige Existenz und drückt zugleich in symbolischer Weise die Gesetzmäßigkeit und Kontinuität der natürlichen Welt aus: „Aus diesen wenigen Gliedern (die der Dichter . . . aus dem ewigen unendlichen Zusammenhange aller Dinge . . . herausnimmt) sollte er ein Ganzes machen, das völlig sich rundet, wo eines aus dem andern sich völlig erkläret, wo keine Schwierigkeit aufstößt, derenwegen wir die Befriedigung nicht in seinem Plane finden, sondern sie außer ihm, in dem allgemeinen Plane der Dinge, suchen müssen; das Ganze dieses sterblichen Schöpfers sollte ein Schattenriß von dem Ganzen des ewigen Schöpfers sein."

Lessing ist der erste deutsche Dichter, der ein paar Jahre lang versuchte, sein Brot durch literarische und kritische Arbeit selbständig zu verdienen. Das brachte ihm viele Enttäuschungen und Geldmangel ein; dennoch hielt er an seiner leidenschaftlichen Lust zu kämpfen und an seiner Unabhängigkeit bei der ständigen Suche nach Wahrheit fest: „nicht die Wahrheit, in deren Besitz irgendein Mensch ist oder zu sein vermeinet, sondern die aufrichtige Mühe, die er angewandt hat, hinter die Wahrheit zu kommen, macht den Wert des Menschen. Denn nicht durch den Besitz, sondern durch die Nachforschung der Wahrheit erweitern sich seine Kräfte, worin alle seine immer wachsende Vollkommenheit bestehet."

Den aufklärerischen Glauben an die Entwicklungsmöglichkeiten der Menschheit als extrahistorische Kategorie zu immer größerer Vollendung teilt GEORG CHRISTOPH LICHTENBERG (1742–1799) mit Lessing – allerdings auf eine Weise, die den Rang von Lessings kämpferischer Haltung noch deutlich unterstreicht. „Während man über geheime Sünden öffentlich schreibt, habe ich mir vorgenommen, über öffentliche Sünden heimlich zu schreiben", spottete der geistreiche Professor der Naturwissenschaften in Göttingen, der in der Kraft des Gedankens, der Bündigkeit des Ausdrucks und der kritischen Kühnheit Lessing gleichkam. „Wir sollten deutsche Charaktere auf die Bühne bringen: Vortrefflich: Und die deutschen Charaktere uns dafür ans Halseisen. Nicht wahr?"

Lichtenbergs *Aphorismen*, gesammelt erstmals postum zwischen 1800 und 1806 veröffentlicht, sind ein lebendiges Erbe der deutschen Aufklärung. Zugleich greifen sie in vielfacher Hinsicht ihrer Zeit voraus und haben bis heute kaum etwas von ihrer Aktualität eingebüßt. Der thematische Horizont der *Aphorismen* reicht von psychologisch scharfsinniger Selbstanalyse über religions- und bewußtseinskritische Einsichten bis zur Auseinandersetzung mit dem politischen und kulturellen Klima ihrer Zeit. Lichtenberg gilt zu Recht als der erste große und – neben Novalis, Friedrich Nietzsche und Karl Kraus – als einer der wenigen Aphoristiker europäischen Formats, die die deutsche Literatur hervorgebracht hat.

Lichtenberg scheute davor zurück, mit dem brisanteren Teil seiner *Aphorismen* ans Licht der Öffentlichkeit zu treten. Dies blieb einem verwandten Geist vorbehalten – Friedrich Schiller, der 1784 mit dem bürgerlichen Trauerspiel *Kabale und Liebe* ein Stück vorlegte, das „wie kaum ein anderes ein Dolchstoß in das Herz des Absolutismus“ (Erich Auerbach) war.

6. Sturm und Drang

Die Losung der jungen bürgerlichen Literaten lautete: Eigenständigkeit. Was kümmern uns Konventionen und Regeln verstaubter Bücher – so ungefähr drückt die Mehrheit von ihnen ihre Opposition aus. Das über Generationen sorgfältig gehegte Gebäude der klassizistischen Poetik, in dem gleichzeitig auch die antike Tradition bewahrt war, begann sich in eine belagerte Festung zu verwandeln. Für die literarischen Rebellen bedeutete dieses Gebäude in zweifacher Hinsicht die Verkörperung der Vergangenheit: künstlerisch und gesellschaftlich. Die gebräuchlichen stilistischen Normen und der „gute“ literarische „Ton“ befanden sich in der Schußlinie; aber der Angriff war gleichzeitig auch gegen die Institutionen gerichtet, in deren Schutz diese Normen sich festigen konnten. Wer es verstand, poetologische Abhandlungen zu lesen, indem er den wahren Inhalt „zwischen den Zeilen“ ausfindig machte, wußte, daß die eigentliche Zielscheibe die Hofkultur der feudalen Gesellschaft war.

Eines der Anzeichen für das Erwachen bürgerlichen Selbstbewußtseins ist der Individualismus – eine Erscheinung, die dem Hervortreten des einzelnen im Bereich der materiellen Produktion entspricht. Während in den vorangegangenen Epochen der Kulturgeschichte die Vorstellung von der Gesetzmäßigkeit überindividueller Normen dominiert hatte, betonte die Aufklärung in ihrer radikalsten Phase den Gedanken der schöpferischen Eigenständigkeit. So behauptete der englische Dichter Edward Young in seinen *Conjectures on Original Composition* (1759), literarische Regeln seien wie Krücken: für den Hinkenden eine notwendige Hilfe, aber ein Hindernis für den wahrhaften Schöpfer. Damit sprach Young einen Gedanken aus, der auch in anderen Ländern begeistert aufgegriffen wurde. In Deutschland äußerte sich Heinrich Wilhelm Gerstenberg (1737–1823), ein Verfechter der Shakespeareschen Dramaturgie und Autor der damals vielbeachteten Tragödie *Ugolino* (1768), auf ähnliche Weise; wo ein Genie erscheine, schreibt er, dort seien Phantasie, Frische und Ursprünglichkeit Zeugnisse eines freien, nicht an die Konventionen des „guten Geschmackes“ gebundenen Geistes (*Briefe über Merkwürdigkeiten der Literatur*, 1766/67).

Solche Urteile deutscher Literaten, besonders der Theoretiker, sind zahlreich. Es ist jedenfalls bezeichnend, daß der Dramatiker Heinrich Leopold Wagner (1747–1779) sehr bald die heftig antiklassizistisch eingestellte Abhandlung des französischen Schriftstellers Mercier über die Kunst des Dramas (*Du théâtre ou nouvel essai sur l'art dramatique*, 1773) übersetzte (1776) und damit der Stimmung der jungen Autoren im Frankfurter Kreis um Goethe entsprach. Mercier, der sich im 28. Kapitel seiner Abhandlung dem fiktiven „Jungen Dichter" zuwendet, schreibt (in Wagners Übersetzung): „Du, der du in dir einen Funken von Genie fühlst, was brauchst du dich mit Poetiken zu umschanzen, und ihnen die Ehre anzutun, bald diese bald jene zu Rat zu ziehn? [. . .] Folg' deinem Feuer; du kommst weiter damit als mit Regeln. Was können dich Aristoteles, Vida, Horaz, Skaliger, Boileau lehren? Gemeinörter, abgedroschene Wahrheiten; das Geheimnis der Komposition gewiß nicht. Verwirf diese kalte, abgerißne, unbelebte Lehren, aus denen der bloße Menschenverstand spricht und kein Fünkchen poetischen Genies hervorleuchtet."

Die Verfechter der neuen Ästhetik verzichteten indessen keineswegs auf die *Vernunft*, den zentralen Begriff des 18. Jahrhunderts; sie verstanden ihn nur anders. Sie sahen die Offenbarung des Vernunftprinzips gerade in der natürlichen Entwicklung der „genialen" Begabung, die Unvernunft dagegen im Druck der auferlegten Tradition.

Man kann die Prinzipien, auf denen die aufklärerische Wirklichkeitssicht beruht, in dem angeblich ungebändigten Irrationalismus der jungen Schriftsteller unschwer wiedererkennen. Die Verbindung tritt anhand ihrer Deutung des *Naturbegriffs* zutage. Dieser Begriff kennzeichnete den Glauben der bürgerlichen Philosophie an die verborgene Harmonie, die die physikalische und geistige Welt durchdringt; er war Symbol einer universalen Ordnung in allem, was existiert. Der naive Optimismus der vorangegangenen Generation wurde zur Zielscheibe, als Rousseau begann, auf die Widersprüche in der Vorstellung von der vernünftigen Natur aufmerksam zu machen. Woher die Kluft zwischen der Harmonie in den physikalischen Gesetzen und den Widersprüchen in der menschlichen Gesellschaft? Der Mensch – so lautete Rousseaus Antwort – sei als natürliches Wesen gut; schlecht und unvollendet sei die Gesellschaft. Der optimistische Glaube an den Fortschritt durch Erziehung und Bildung wurde durch diesen kritischen Zweifel relativiert, und die *Natur* begann, angesichts der *unnatürlichen*, auf Ungleichheit gegründeten gesellschaftlichen Beziehungen eine utopische Bedeutung zu erhalten. Die zeitgenössische Gesellschaft, die – besonders in Deutschland und Frankreich – durch ihre Feudalordnung den politischen Fortschritt hemmte, vermochte die kritischen Geister nicht davon zu überzeugen, daß eine stille Evolution die Ungerechtigkeit unter den Menschen ausräumen und die unvernünftigen Hindernisse ausgleichen werde.

In dieser Situation richteten die bürgerlichen Intellektuellen in den deutschen Kleinstaaten – ohne Hoffnung auf den grundlegenden Wandel der gesellschaftlichen Verhältnisse – ihr Augenmerk auf zeitlich und räumlich entfernte Erscheinungen, um in ihnen Zeugnisse wahrhaftiger und unverfälschter *Natur* zu finden; und diese Natur bedeutete für sie das Gegengewicht zu der verhaßten literarischen

„Galanterie", die den Bedürfnissen der höfischen Kreise angepaßt war. Im Gegensatz zur kosmopolitischen Orientierung des Adels werden die nationale Eigenart und die nationale Tradition der Kultur hervorgehoben; das Wort *Volk*, das die jungen Schriftsteller mit enthusiastischer Ehrfurcht aussprechen, erstrahlt in mythischem Glanz. Es versteht sich, daß die antike Kultur, die man in einer früheren Epoche der Aufklärung als alleiniges Vorbild im Prozeß der bürgerlichen Emanzipation betrachtet hatte (so z. B. bei Winckelmann), angesichts der neuen Auffassungen bedeutend an Autorität einbüßte. Die Aufmerksamkeit richtete sich auf Denkmäler der Vergangenheit, die auf heimischem Boden zu finden waren, besonders auf Zeugnisse der Dichtung und Geschichte jüngerer Völker, bei denen das nationale Bewußtsein eben erst erwacht war. Man betrachtete alles als reizvolle Entdeckung, was anscheinend unmittelbar aus der Tiefe der Volksüberlieferung wie eine Frucht des „organischen" Wachstums, frisch und originär, ohne Einflüsse einer „künstlichen" Zivilisation der Klassengesellschaft entstanden war. Die Widersprüchlichkeit, die Rousseaus Gedanken eigen ist, äußert sich auch in der Begeisterung, die dazu neigt, Zweifel zurückzuweisen, und Ideen, die eher ein Produkt mythischer Phantasie als Ausdruck der Realität waren, unkritisch zu verherrlichen. Wenn irgendwo irrationalistische Züge jener Epoche zu beobachten sind, dann in diesen Visionen und Schwärmereien.

Aber nicht nur von Rousseau gingen Wirkungen aus. Auf die Zeitgenossen übten auch die Gedanken, die etwa zur gleichen Zeit – Anfang der sechziger Jahre – aus den nördlichen Regionen, aus Königsberg, zu ihnen drangen, Eindruck aus. Dort, in der Stadt Kants, lebte Johann Georg Hamann (1730–1788), philosophischer Publizist und Literaturkritiker. Seine zahlreichen Schriften gleichen eher magischen Orakelsprüchen und Beschwörungen als kritischen Abhandlungen: sie sind in einem höchst subjektiven, von einer Fülle rätselhafter Gedanken und versteckter literarischer und mythologischer Anspielungen überladenen Stil geschrieben. Die Glaubenssymbolik ist bei Hamann das Gewand, in dem die Empörung gegen den pedantischen Rationalismus seiner Zeit sich äußert. In der Überzeugung, daß die einseitige Pflege des Verstandes entstellte Menschen hervorbringe und daß erst in der tiefen Empfindung der ganze Mensch entstehe, befürwortete der Verfasser der *Kreuzzüge eines Philologen* (1762), die auch die Schrift *Aesthetica in nuce* enthalten, die Freiheit individueller Entfaltung. Bei der Begegnung mit der Wirklichkeit seien die Sinne am verläßlichsten, und der Schlüssel zur Wahrheit liege in den Gefühlen, meinte Hamann. Mit einem solchen Sensualismus steht er der französischen materialistischen Philosophie des 18. Jahrhunderts, z. B. Condillac, trotz aller Unterschiede nahe. In seinen ästhetischen Betrachtungen vertrat er jene Ursprünglichkeit, die seiner Meinung nach von der Zivilisation und dem zeitgenössischen rationalisierten Leben zugeschüttet worden sei. Der Mensch habe in der alten, primitiven Gesellschaft der Kunst nähergestanden, weil er nicht verstandesgemäß geurteilt, sondern sich in Bildern ausgedrückt habe. „Poesie ist die Muttersprache des menschlichen Geschlechts; wie der Gartenbau, älter als der Acker: Malerei, – als Schrift: Gesang, – als Deklamation: Gleichnisse, – als Schlüsse: Tausch? – als Handel. Ein tieferer Schlaf war die Ruhe unserer Urahnen; und ihr Bewegung ein taumelnder Tanz. [...] Sinne und Leidenschaften reden und verstehen nichts als Bilder. In Bildern besteht der ganze Schatz menschlicher Erkenntnis und Glückseligkeit" (*Aesthetica in nuce*).

Ungeordnet und launenhaft, gab Hamann seinen jüngeren Zeitgenossen zahlreiche Anregungen, aber die meisten Gedanken beließ er sozusagen im Rohzustand, vieles deutete er nur an. Hätte es keine Schriftsteller gegeben, die diese seine Gedanken aufgegriffen hätten, wären die Ergebnisse seiner Intuition in Vergessenheit geraten. Sie wurden besonders in den Werken und Gedanken eines der universalsten Geister des 18. Jahrhunderts bewahrt, im Schaffen JOHANN GOTTFRIED HERDERS (1744–1803).

Als Sohn eines Kleinstadtlehrers wuchs Herder in ärmlichen Verhältnissen auf. Mit geduldiger Arbeit ermöglichte er sich sein Studium in Königsberg, wo er Kant und Hamann kennenlernte. In Riga, wohin er auf Empfehlung Hamanns ging, arbeitete er einige Jahre als Lehrer und protestantischer Prediger und veröffentlichte auch seine ersten kritischen Arbeiten: die Sammlung der „Fragmente" *Über die neuere deutsche Literatur* (1767) und *Kritische Wälder* (1769 mit dem Titel nach lat. *silvae*, in der römischen Literatur Bezeichnung für eine Sammlung verschiedenartiger Gedichte). Im Jahre 1769 fuhr der junge Autor, der sich nach neuen Erfahrungen sehnte, mit dem Schiff nach Frankreich, nach dem Land, in dem die aufklärerischen Bestrebungen am nachdrücklichsten vertreten wurden. In Paris lernte er Diderot kennen, den auch Lessing ungewöhnlich schätzte. Auf diesen Reisen kam er nach Straßburg, wo sich sein Lebensweg mit dem Goethes kreuzte; diese Begegnung sollte für beide von dauernder Bedeutung sein. Im Jahre 1776 wurde Herder durch Befürwortung Goethes Hofprediger und Bildungsinspektor in Weimar, womit er eine Anstellung annahm, in der er bis ans Ende seines Lebens bleiben sollte. In Weimar hatte Herder günstige Bedingungen für eine fruchtbare literarische Arbeit, aber er erlebte auch Enttäuschungen; seinen Lebensabend verbrachte er, unter anderem wegen Meinungsverschiedenheiten mit Goethe, einsam und verbittert.

Herders Lebenslauf ist in vielem für die damaligen deutschen Verhältnisse bezeichnend. Von soziologischem Standpunkt ist zu beachten, daß die Kultur der Aufklärung nicht nur ihrem Geist und ihrer Tendenz, sondern auch der gesellschaftlichen Abstammung ihrer führenden Persönlichkeiten nach bürgerlich ist. Die Schriftsteller und Gelehrten kommen größtenteils aus gebildeten Bürgerfamilien: aus den Reihen des städtischen Patriziats und später auch aus weniger wohlhabenden Schichten. Allmählich setzten sich auch Handwerker- und sogar Bauernsöhne durch. Besonders zahlreich sind Schriftsteller, deren Väter protestantische Pfarrer waren: unter ihnen sind Gottsched, Bodmer, Gellert, Lessing, Wieland, Lichtenberg, Bürger, Lenz. Im Elternhaus mit der *Bibel* erzogen (die sonst in ärmeren Haushalten oft die einzige Lektüre zu sein pflegte), sollten sich viele von überlieferten Glaubensvorstellungen freimachen und Träger aufklärerischer Gedanken werden. Auch darin äußert sich der Erstarkungsprozeß weltlicher Auffassungen, der für das 18. Jahrhundert so charakteristisch ist. Zumindest eine gewisse Unabhängigkeit bietet den bürgerlichen Intellektuellen das gebildete Lesepublikum, das in immer größerem Ausmaß zur Grundlage des literarischen

Lebens wird, wobei es gleichzeitig die Säkularisierung fördert. Um 1740 ist der Anteil der religiösen Schriften in der literarischen Produktion in Deutschland höher als der Prozentsatz belletristischer Werke; fünfzig Jahre später ist das Verhältnis umgekehrt. (Während um 1740 jährlich zehn neue Romane vermerkt wurden, erreichte man um 1800 für diese literarische Gattung eine Zahl von annähernd fünfhundert Neuerscheinungen jährlich.) Das Phänomen des Literaturmarktes brachte Veränderungen für die materielle Existenz der Schriftsteller mit sich, was wiederum zum Wandel ihres Selbstverständnisses beitrug. Zwar blieb der größte Teil der Autoren – unter ihnen auch Herder – durch seine Anstellung mit höfischen und kirchlichen Kreisen verbunden, aber die wesentliche Wandlung blieb nicht aus: der Schriftsteller fühlt sich nicht mehr als Sprecher herrschender Schichten, sondern als Träger einer individuellen Geisteskultur; es ging ihm nicht mehr um den Beifall des Adels, sondern um die Gleichgesinntheit innerhalb einer Kulturgemeinschaft, die ständisch nicht begrenzt ist.

Auf dem Meer, in der Einsamkeit und in unmittelbarer Berührung mit der elementaren Natur erkannte Herder (*Journal meiner Reise im Jahre 1769*, postum veröffentlicht), daß die Welt, in der er sich bis dahin bewegt hatte, nur ein winziger Ausschnitt des Geschehens ist, das seit Menschengedenken dauert, und daß dessen Schauplatz unübersichtliche Weiten sind. Was bedeutet die Gegenwart, was das Bewußtsein eines gebildeten Europäers angesichts der Grenzenlosigkeit von Zeit und Raum, angesichts der geschichtlichen und geographischen Unbekannten? In Herders *Journal* finden sich mehr Fragen als Antworten. Dennoch sind einige Schlußfolgerungen für den Verfasser unumstritten, und er hat sie auch später in überarbeiteter und modifizierter Form zum Ausgangspunkt gewählt; die zeitgenössische Kultur ist nur eine von vielen Episoden des Menschengeschlechts, und wir werden sie besser begreifen, wenn wir uns bemühen, zu jenem vorzudringen, was uns fern und fremd ist, was auf seine Art gewachsen ist und sich – „organisch", wie Herder sagt – entwickelt hat. Jede Zeit und jedes Volk hat seine Besonderheiten, deshalb ist es ein Irrtum, das einzigartige und absolute Maß zu suchen. Die den historischen Veränderungen zugrundeliegenden Erscheinungen sind relativ – das ist einer der zentralen Gedanken Herders.

Seinem Sinn für Geschichte, für die Welt, die er im Wandel sieht, verdankt Herder ohne Zweifel seine bedeutendsten Erkenntnisse. Indem er sich ganz in der Tradition der Aufklärung als Volkserzieher (er prägte sogar den Begriff des „Demopäden") betrachtete, vertiefte er sein Interesse für die nationale Vergangenheit, die er unter anderem in den Schöpfungen der Volkskultur vermutete. Dieses Suchen nach verschütteten Quellen ist bei Herder – wie man es fälschlicherweise interpretierte – kein Zeichen der reinen Emotionalität und des Irrationalismus im Zuge des Aufbegehrens gegen die national indifferente akademische Bildung, sondern in erster Linie Ausdruck des Bedürfnisses, die Volksüberlieferung dem normierten Wertekanon der privilegierten Schichten gegenüberzustellen.

Bei der Erforschung der Vergangenheit konzentrierte sich Herder auf den Begriff *Entwicklung*. In der *Abhandlung über den Ursprung der Sprache* (1772) greift er Hamanns These auf, daß in den Anfängen das dichterische Bild natürli-

Johann Gottfried Herder *(1744–1803): seine bedeutendsten Einsichten verdankte er ohne Zweifel seinem Sinn für Geschichte, für die Welt, die er im Wandel sieht.*

cher Ausdruck war, aber diesen Zustand betrachtete er nicht als Folge einer Offenbarung, sondern als Stadium eines Prozesses, der Produkt menschlichen Handelns, Ergebnis der Lebenspraxis ist. Allerdings war Herder keineswegs ein konsequenter Anhänger materialistischer Weltanschauung. Seiner Meinung nach ist der Mensch von Anfang an ein vernünftiges Wesen; die Fähigkeit, die Sprache zu entwickeln, ist nur ihm gegeben. Und doch ist Herders Auffassung ihrem Wesen nach anthropozentrisch. In der Entwicklung und im Älterwerden, meint der Autor, drohe der ursprünglichen Frische des Ausdrucks eine Verarmung, da die rationale Erkenntnis, eine Frucht der Zivilisation, klassifiziere und etikettiere, wobei sie anschauliche Ausdrücke auf eine begriffliche Abstraktion bringe. Die Aufgabe des Dichters sei, ein Gegengewicht zu dieser Entwicklung zu schaffen.

Die Idee des historischen Wandels äußerte sich am weitreichendsten in der Literaturkritik. Schon in seiner ersten Arbeit, in den *Fragmenten,* betonte Herder, daß es keinen absoluten Maßstab des kritischen Urteils gebe; anstatt sich starre Normen zum Vorbild zu nehmen (die eigentlich auch nur Normen einer Epoche seien), sei es die Aufgabe des Kritikers, sich in Geist und Form der vielfältigen dichterischen Äußerungen unter dem Aspekt ihrer Entstehung einzufühlen. Dieser Gedanken, der auch heute noch in Literaturkritik und Ästhetik lebt, wurde in dem berühmten Essay über Shakespeare (1773), einer der grundlegenden Schriften der neuen, antiklassizistischen Poetik, ausgeführt. Innerhalb der Tradition der deutschen Schriften über Shakespeare gebührt Herders Arbeit ein besonderer Platz. Indem er begeistert Lessings Urteil über den englischen Drama tiker aufgreift, versucht Herder, dessen historischen Ort in der Geschichte der Dramenliteratur zu bestimmen. Es sei sinnlos, an das ungebändigte Genie des Schöpfers von *Hamlet* und *König Lear* mit Schablonen heranzugehen, die aus einer unter anderen geographischen, historischen und gesellschaftlichen Bedingungen entstandenen Dichtkunst abgeleitet seien; die antike Tragödie, etwa bei Sophokles und Euripides, sei auf ihre Art vollendet, aber man dürfe aus ihr keine Kriterien ableiten, um diese auf Shakespeares Kunst anzuwenden. Aber gerade in diesem normierenden Sinne, sagte der Autor, setze namentlich die französische klassische Tragödie an, die er, Lessing folgend, als ein Ergebnis erstarrter, „unnatürlicher" Konventionen betrachtet, ein Urteil, in dem er sich mit seinem ganzen bürgerlichen Bewußtsein dem höfischen Geschmack widersetzt.

Attribute wie „erstarrt" und „gekünstelt" kennzeichneten damals gleichzeitig die ästhetische Wertung und die klassenspezifische Orientierung. Man darf nicht vergessen, daß die jungen Schriftsteller den französischen Klassizismus, die Kunst „des Hofes und der Stadt", als Verkörperung der absolutistischen Ästhetik betrachteten, und man muß auch beachten, wie sie sich der strengen Empfehlungen Boileaus (*L'art poétique,* 1674) erinnerten, denen ein guter Teil der Dichter Europas über Jahrzehnte untertänig gefolgt war. Sie erinnerten sich in negativem Sinne daran: zum einen wegen der verhaßten Regeln und der gezierten Pedanterie, zum anderen wegen der gesellschaftlichen Exklusivität, die Boileau repräsentierte, so wenn er beispielsweise Molières Zuneigung zum einfachen Volk („ami du peuple") mißbilligte.

Das Beispiel des französischen Klassizismus zeigt, daß Herder in seiner kritischen Wertung weit davon entfernt war, ein Verfechter des Objektivismus zu sein. Indessen vertrat er durch die Betonung einer spezifisch historischen Betrachgungsweise damals in Europa am entschlossensten den Grundsatz, ohne den man sich die Entwicklung geschichtlicher Forschung und namentlich die Begründung einer systematischen Literaturgeschichte nicht vorstellen kann. Indem Herder mit der überlieferten klassizistischen Theorie abrechnet, begründet er den *Historismus* in der Beschäftigung mit Literatur – ebenso wie er hinsichtlich seiner Behauptungen über die Bedeutung klimatischer, ethnischer und politischer Faktoren Vorläufer von Taine ist.

Es sei schwer für den Menschen, schreibt Herder, wenn ihm der Platz, der sein Leben und Handeln bestimmt, zuwider sei; doch auch jener hat es schwer, der über Völker und Gebräuche nachsinnt, aber nichts weiter als seine eigene Zeit kennt. Die Voraussetzungen für wahre Philosophie und Kritik sind ein weiter Gesichtskreis und ein weites Maß. Die Konsequenzen, die daraus für das Studium der Dichtung folgten, zog Herder in seiner Abhandlung *Auszug aus einem Briefwechsel über Ossian und die Lieder alter Völker,* die ebenfalls 1773 veröffentlicht wurde. Ergriffen von der Begeisterung der literarischen Welt über Macphersons englische „Übersetzungen" altgälischer Dichtung, die dem Barden Ossian zugeschrieben wurde, hielt Herder (der zunächst nicht an der Originalität dieser Texte zweifelte) diese Poesie für eine Quelle, die beweise, daß neben Homer und Shakespeare eine reiche Tradition unkonventioneller Dichtung vorhanden sei. Diese Überlieferung interpretiert er im Geiste Rousseaus: je mehr ursprüngliche

Kraft in einem Volk sei, desto freier, lebendiger und sinnlicher seien seine Lieder.

Die von einer erstarrten Poesie übersättigte Zeit, in der man zu sehr den Geruch der Talgkerze oder auch den Duft von Puder spürte, war für Töne empfänglich, die sie als originell betrachtete. Es lohnte sich, ihnen außerhalb von „Hof und Stadt“ zu lauschen. Nach seiner Ankunft in Deutschland begann Herder die mündliche, sogenannte Volksdichtung aufzuschreiben und Material aus anderen Ländern und Gebieten zu sammeln. Er regte dazu auch den jungen Goethe an. In den Jahren 1778 und 1779 veröffentlichte er schließlich in Leipzig zwei Bücher seiner Sammlung von *Volksliedern,* die unter dem Titel der postumen Ausgabe *(Stimmen der Völker in Liedern)* bekannter ist. Dieser spätere Titel erscheint uns heute gerechtfertigt; er ist auch schon deshalb geeigneter, weil er Mißverständnisse in bezug auf die Bedeutung des *Volks*begriffes ausräumt. In der Sammlung finden sich nämlich nicht nur die Folklore vieler Völker, wie der germanischen, romanischen und slawischen, sondern auch Auszüge aus der *Bibel,* Texte altgriechischer Dichter, Verse von Dante und Shakespeare, die Lyrik zeitgenössischer deutscher Dichter und natürlich auch Auszüge aus dem *Ossian.* In dieser „ersten Anthologie der Weltliteratur“ (Wellek) sammelte Herder alles, was nach seiner Meinung die Spannweite der Überlieferung im Geist der Vorstellung von elementarer Dichtung, als Zeugnis der Volksmentalität und der Geschichte eines Volkes vergegenwärtigte – Erscheinungen, die Herder und der junge Goethe *charakteristisch* nannten. (Auch dieses Streben, in der Originalität und im Lokalkolorit die Individualität der künstlerischen Manifestation zu entdecken, steht in offenem Gegensatz zum Klassizismus, besonders dem französischen, der den Schriftstellern rät, durch Nachahmung der „Natur“, d. h. der Wirklichkeit, nur das universale und beständige, immer mögliche darzustellen und damit die „idée universelle des choses“, wie Chapelain sagt, auszudrücken.)

„Der größte Sänger der Griechen, Homerus“, schreibt Herder im Vorwort zum zweiten Teil der *Volkslieder,* „ist zugleich der größte Volksdichter. Sein herrliches Ganze ist nicht Epopee, sondern ἔπος, Märchen, Sage, lebendige Volksgeschichte. Er setzte sich nicht auf Sammet nieder, ein Heldengedicht in zweimal vierundzwanzig Gesängen nach Aristoteles' Regel oder, so die Muse wollte, über die Regel hinaus, zu schreiben, sondern sang, was er gehöret, stellte dar, was er gesehen und lebendig erfaßt hatte: seine Rhapsodien blieben nicht in Buchläden und auf Lumpen unsres Papiers, sondern im Ohr und im Herzen lebendiger Sänger und Hörer, aus denen sie später gesammlet wurden und zuletzt, überhäuft mit Glossen und Vorurteilen, zu uns kamen. Homers Vers, so umfassend wie der blaue Himmel und so vielfach sich mitteilend, allem, was unter ihm wohnet, ist kein Schulen- und Kunsthexameter, sondern das Metrum der Griechen, das in ihrem reinen und feinen Ohr, in ihrer klingenden Sprache zum Gebrauch bereit lag und gleichsam als bildsamer Leim auf Götter- und Heldengestalten wartete.“

Vom wissenschaftlichen Standpunkt ist Herders Konzeption der Volks- bzw. natürlichen Dichtung umstritten und teilweise unhaltbar. Bei seinen unkritischen Nachfolgern entstand daraus der Mythos von der Beständigkeit des Volksgeistes, ein Mythos, der reine Ideologie ist. Gerade deshalb muß man Herders Gedanken mit Bedacht und in historischer Sicht zu begreifen versuchen, ohne den gesellschaftlichen Kontext, in dem sie entstanden sind, außer acht zu lassen. Unumstritten ist jedoch Herders Verdienst um die Entwicklung eines Bewußtseins vom dichterischen Beitrag vieler Völker, besonders der kleineren, die bis dahin unbeachtet geblieben und von der sogenannten klassischen Überlieferung in den Schatten gestellt worden waren. Das Interesse für die mündliche Tradition der Dichtung in der Volkssprache, das später in der Romantik von den nationalen Bewegungen in zahlreichen Sammlungen dokumentiert wurde, ist ohne Herders Anregungen, die besonders in slawischen Ländern auf fruchtbaren Boden fielen, kaum zu denken.

Die Sympathie namentlich der slawischen Völker gewann Herder mit seinem kulturgeschichtlichen Hauptwerk, *Ideen zur Philosophie der Geschichte der Menschheit* (1784–1791). Seine Vorstellung von der Entwicklung der Menschheit ist dem Wesen nach materialistisch, auf jeden Fall aufklärerisch. Indem er sich der wissenschaftlichen Erkenntnisse seiner Zeit bedient, beschreibt der Autor auf lebendige, bildhafte Weise die Vergangenheit der Erde, vom Erscheinen ersten Lebens bis zum späten Mittelalter. Den Prozeß, der die ganze organische Welt umfaßt, zeigt er in seinem übersichtlich angeordneten Stoff wie ein riesiges Panorama verschiedener biologisch und gesellschaftlich organisierter Lebensformen. In der Überzeugung, daß sich in der natürlichen Entwicklungslinie ein stufenweiser Fortschritt äußere, betrachtet Herder – trotz aller kritischer Vorbehalte gegenüber seiner Zeit – das zeitgenössische Stadium der Kultur als Beweis, daß die Hoffnung in die Ergebnisse menschlicher Anstrengungen, wirkliche Humanität durch gesellschaftliche Tätigkeit und vor allem durch die Entfaltung von Wissenschaft und Kunst zu verwirklichen, gerechtfertigt sei.

Wertvoll ist das literarische und menschliche Dokument, das aus dem letzten Weimarer Jahrzehnt stammt, eine Sammlung fiktiver Briefe, d. h. verschiedener Abhandlungen unter dem Titel *Briefe zur Beförderung der Humanität* (1793–1797). An die *Ideen* anknüpfend, erläutert der Autor seine Vorstellung von Humanität: von der harmonischen Entwicklung des Individuums in der Gemeinschaft, die sich gleichsam nach den Grundsätzen einer demokratischen Evolution wandelt. Die postum veröffentlichte Fassung der *Briefe* zeugt von seinem Verständnis des Umbruchs in der zeitgenössischen Geschichte: obwohl er – wie die Mehrheit der deutschen Intellektuellen – die radikale Phase der Französischen Revolution verurteilt, macht er sich dennoch die allgemeine Botschaft Frankreichs zu eigen. Seine Beurteilung der politischen Zustände, im Ausland wie auch auf heimischem Boden, ist einer der Gründe für seine Isolation im fürstlichen Weimar. Da er seinen früheren philosophischen und literaturkritischen Anschauungen treu blieb, entfremdete er sich auch sonst von den wichtigsten Zeitgenossen, indem er nur wenig Verständnis für die Entwicklung ihrer Ansichten zeigte. Ebenso wie er Goethe und Schiller die Hinwendung zum Klassizismus aus den erwähnten Gründen verübelte, griff er (in der Abhandlung *Kalligone*, 1800) Kants Ästhetik an, indem er ihr zu Unrecht vorwarf, sie sei nur formalistisch.

Der größte Teil seiner zahlreichen Gedichte bestätigt das Urteil ihres Autors, der sich nicht für einen Dichter hielt. Und dennoch gibt es Verse mit jener

Unmittelbarkeit, die wir in seinen Prosaschriften finden. Berühmt war lange Zeit die Nachdichtung des mittelalterlichen spanischen Cid-Epos, die – obwohl nach der französischen Prosaversion gearbeitet – Ton und Kolorit des Originals trifft. Diese Nachdichtung ist Herders letztes größeres Werk.

Als Johann Wolfgang Goethe (1749–1832) als Student des Rechts während seines Aufenthaltes in Straßburg Herder kennenlernte, hatte er sich schon erfolgreich als Dichter versucht. Sein Elternhaus in Frankfurt am Main bot ihm die Grundlagen einer soliden Bildung. Im Geiste bürgerlicher Tradition erzogen, eignete sich der junge Mann, der zum Studium in das damalige Kulturzentrum Leipzig gegangen war, zwar schnell die von der bürgerlichen und höfischen Kultur des Rokoko vorgegebenen Normen an, zeigte aber bald, daß er die Spielregeln in der modernen Zivilisation, das System „eleganten“ Verhaltens als vergoldete Maske durchschaut hatte, hinter der sich gesellschaftliche Verhältnisse anderer Art verbargen. Diese Erkenntnis drückte er im reifsten Werk seiner Anfangsphase, in der Komödie *Die Mitschuldigen* (1769), aus, die sich mit konventionellen poetischen Verfahren über die den Lügen einer korrupten Gesellschaft anstehenden Konventionen lustig macht. Auch in einigen Gedichten kann man eines der zentralen literarischen Themen Goethes erahnen: die Kluft zwischen den sozialen Normen und der moralischen Verantwortung des einzelnen, der in seinen menschlichen Beziehungen nach ungezwungener Aufrichtigkeit und nach einer neuen Moral strebt.

In Straßburg lernt er von Herder, die Werke Homers, Shakespeares und Lieder aus mündlicher Überlieferung auf eine neue Weise zu erleben. In der ersten schöpferischen Spannung am Anfang der siebziger Jahre entstehen Texte, die ein literarisches Ereignis in der Geschichte des Sturm und Drang darstellen, Werke, in denen man schon damals einen der größten Autoren der neuzeitlichen Literatur vermuten konnte. Fasziniert von der Vorstellung von einem Schaffen frei von allen Bindungen und Forderungen der traditionellen Poetik, begründet Goethe einen neuen Typ lyrischer Dichtung, intim und persönlich, eine Lyrik, die von einer unverbrauchten und kühnen, dem subjektiven Erlebnis entspringenden Metaphorik getragen wird und mit ihrem individuellen Rhythmus herausfordernd den Grundsatz künstlerischer Freiheit ausdrückt. Die Erotik, die unmittelbar erlebte Natur, die nicht Bestandteil dichterischer Topik, sondern „Spiegel der Seele“ ist, ferner das Bewußtsein von der Lage des Künstlers in der Gesellschaft – das sind Motive dieser Lyrik, die Symbole nicht aus einem herkömmlichen Repertoire bezieht, sondern sie unmittelbar aus der lyrischen Situation entstehen läßt. Die hymnische Lyrik im Geist Pindarscher Verse verdrängt allerdings die subjektive Sinnlichkeit und strebt nach allumfassendem, mythischem Sinn. So etwa im Gedicht *Prometheus*, in dem das Selbstbewußtsein der revolutionär gestimmten Kreise des Bürgertums und ihr Bemühen, mit ihren anthropologischen und sozialen Ideen im Namen der gesamten Menschheit zu sprechen, erkennbar ist.

Auch in den Dramenversuchen beschäftigen den Dichter Gestalten aus Mythos und Geschichte, Vertreter umfassender Tendenzen. Aus dieser Zeit stammen die Szenen einer ungeordneten frühen Fassung des *Faust* (der sog. *Urfaust*), über eine

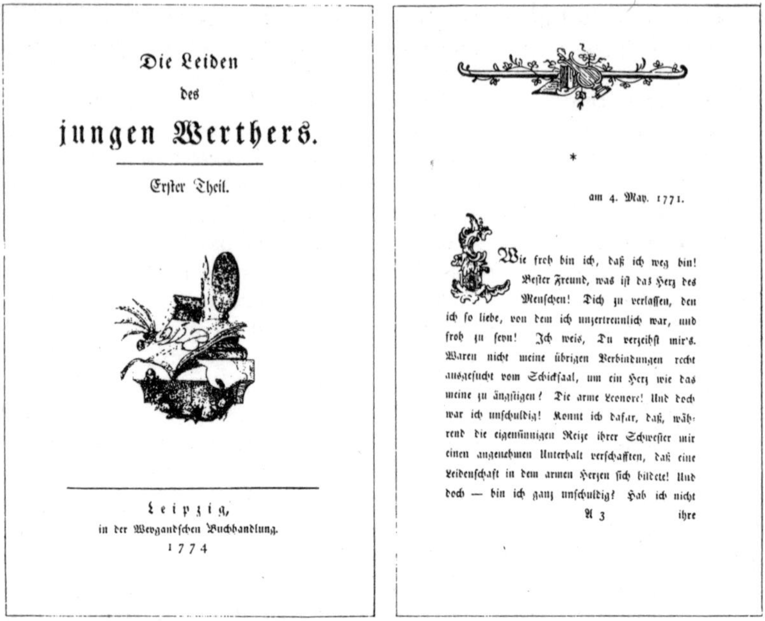
Die Leiden
des
jungen Werthers.
Erster Theil.
Leipzig,
in der Weygandschen Buchhandlung.
1774

*

am 4. May. 1771.

Wie froh bin ich, daß ich weg bin! Bester Freund, was ist das Herz des Menschen! Dich zu verlassen, den ich so liebe, von dem ich unzertrennlich war, und froh zu seyn! Ich weis, Du verzeihst mir's. Waren nicht meine übrigen Verbindungen recht ausgesucht vom Schicksaal, um ein Herz wie das meine zu ängstigen? Die arme Leonore! Und doch war ich unschuldig! Konnt ich dafür, daß, während die eigensinnigen Reize ihrer Schwester mir einen angenehmen Unterhalt verschafften, daß eine Leidenschaft in dem armen Herzen sich bildete! Und doch — bin ich ganz unschuldig? Hab ich nicht
A 3 ihre

Johann Wolfgang Goethe (1749–1832), Die Leiden des jungen Werther*: Titelseite und Anfang von Goethes erstem Roman, der 1774 anonym veröffentlicht wurde.*

Gestalt, die den Autor durch sein ganzes Leben begleiten sollte. Im Jahre 1773 veröffentlicht er das Drama *Götz von Berlichingen* und erzielt seinen ersten größeren Erfolg. Eine Episode aus der Zeit der Bauernkriege in Deutschland im 16. Jahrhundert sehr frei interpretierend, bemühte sich Goethe, mit einer Dramaturgie nach dem Vorbild Shakespeares (dessen dramatische Form er begeistert übernahm und in Gegensatz zum Klassizismus stellte) die Gestalt des edlen, unverdorbenen und „natürlichen“ Ritters zu beleben, der zum Opfer der Intrigen höfischer Kreise wird. Als Kunstwerk ist *Götz* lebendiges, malerisches, den Shakespeareschen historischen Stücken verwandtes Theater, steht aber der realistischen Konzeption, besonders in der charakterisierenden mimetischen Sprache, viel näher. Nach dem Maß an Authentizität ist Goethe der Begründer des historischen Dramas im modernen Sinne, das besonders im 19. Jahrhundert populär wurde.

Indem er sich an einem Erzählwerk aus dem zeitgenössischen Leben versuchte, schrieb der Autor einen Roman – seinen ersten –, der bald zu einem der kanonischen Werke dieser literarischen Gattung (nach Cervantes' *Don Quijote*) wurde. *Die Leiden des jungen Werther* (1774) stellen das Schicksal des einzelnen, des bürgerlichen Individualisten dar, dessen Persönlichkeit in manchen Zügen Streben und Stimmung der jungen Generation verkörpert. Als Goethe im reifen Alter auf seinen Roman aus der Jugend zurückblickte, schrieb er, er habe einen jungen

Menschen vor Augen gehabt, der „mit einer tiefen reinen Empfindung [...] begabt, sich in schwärmende Träume verliert, sich durch Spekulation untergräbt, bis er zuletzt durch dazutretende unglückliche Leidenschaften, besonders eine endlose Liebe zerrüttet, sich eine Kugel vor den Kopf schießt". Der *Werther* ist demzufolge nicht nur ein Liebesroman, wie oft behauptet wird. Die fiktiven Briefe, welche die Bekenntnisse des Helden über sein Erleben der Welt enthalten, über die Begeisterung und die Bedrängnisse seines Inneren, in dem die Liebesleidenschaft das Erleben noch intensiviert, sind Offenbarungen der intimen Natur eines Menschen, der nur die Unbedingtheit des Gefühls achtet und zu keinen Zugeständnissen im Leben bereit ist. Der Roman beruht auf einem Einblick in die Welt psychischer Reaktionen, einem Einblick, der zugleich Elemente der gesellschaftlichen Bedeutung des „privaten" Schicksals sichtbar macht. Das Leben, von dem Werther träumt, steht in Gegensatz zu der ihn umgebenden Wirklichkeit. Aufrichtigkeit und Sensibilität in den zwischenmenschlichen Beziehungen erlebt Goethes empfindsame Gestalt, die eine Verkörperung des Unkonventionellen ist, als nicht zu realisierendes Streben. Der schmerzliche Gegensatz zwischen der Realität und jenen Idealen, zu denen sich die jungen bürgerlichen Intellektuellen, angeregt von der Lehre Rousseaus, bekannten, ist der Grund für das tragische Scheitern Werthers.

Doch das literarische Werk ist nicht gleich Realität. Goethe suchte Möglichkeiten, das Leben mit seinen Vorstellungen in Einklang zu bringen. Frankfurt bot ihm diese Möglichkeiten nicht. Aus diesem Grund nahm er die Einladung des jungen Weimarer Herzogs an und ging an den Hof eines jener Kleinstaaten, die es damals im Gefüge des Deutschen Reichs zur Genüge gab. Diese Entscheidung stellte eine tiefgreifende Veränderung im Leben des Schriftstellers dar: in Weimar sollte Goethe fortan – mit Unterbrechungen – bis ans Ende seines Lebens bleiben. Trotz seiner unkonventionellen Ansichten an der aufklärerischen Überzeugung festhaltend, daß auch ein absolutistischer Herrscher, sofern er sich an das Vernunftprinzip halte, Träger gesellschaftlichen Fortschritts sein und eine mit bürgerlichen Forderungen in Einklang stehende Ordnung verwirklichen könne, nahm der Dichter bei Hofe Aufgaben in der Verwaltung in Angriff. Als höfischer Berater (später mit den Befugnissen eines Ministers) war er hauptsächlich mit Dingen beschäftigt, die ihn von seinem literarischen Schaffen abhielten. Das Urteil über den „selbstzufriedenen" Minister, der sich in der Rolle des ästhetisch verfeinerten Bürokraten gefällt, ist unbegründet. Auch in Weimar war er sich der persönlichen und gesellschaftlichen Widersprüche bewußt. Im März 1779 schrieb Goethe von einer Dienstreise, auf die er das Manuskript der *Iphigenie*, d. h. die erste Fassung seines Dramas, mitgenommen hatte, daß die Arbeit am Drama kaum fortschreite, da ihn der Gegensatz zwischen idealer Dichterwelt und der Lebensrealität, die er tagtäglich in der Armut des dörflichen Lebens kennenlerne, quäle: es sei schwer, edle Worte für den König von Tauris zu finden, wenn man an die hungernden Strumpfwirker denke. Vollendete künstlerische Leistungen sind in dieser Schaffensperiode nur einige lyrische Gedichte. In den Versen, die eine völlige Harmonie von Bedeutung, Rhythmus und Laut erzielen, gibt es keinen Gegensatz von subjektiver und objektiver Bedeutung des Aussage; die subjektive

Erfahrung und der universale Gedanke verschmelzen ganz miteinander (*An den Mond, Wandrers Nachtlied, Gesang der Geister über den Wassern*). Im Unterschied zur konventionellen Poesie früherer literarischer Epochen ist Goethes Lyrik von einer Vielfalt stilistischer Merkmale geprägt, die man nicht auf ein vorgefertigtes Muster zurückführen kann. Allgemein ist auch das Schaffen dieser Phase trotz einer vergleichsweise geringen Anzahl von Gedichten ein Beweis, daß Goethe seine umfassende dichterische Vollendung gerade im lyrischen Bereich erreichte.

Sein literarisches Ansehen war schon in den siebziger Jahren groß. Die Verfechter eines unkonventionellen Ausdrucks betrachteten ihn sehr bald als das wahrhafte Genie der Epoche. Darunter waren auch junge Autoren, vorwiegend von der Literatur begeisterte Studenten, die ihn in Frankfurt oder Straßburg kennenlernten. Diese Begeisterung beruhte nicht immer auf großer Begabung, und so gibt es im Schaffen der Antiklassizisten viel Unreifes, eher demonstrativ als überzeugend Wirkendes. Von der Shakespeareschen Dramatik angeregt, sahen diese Autoren den Schwerpunkt ihres Schaffens im Drama, ungeachtet der begrenzten Möglichkeiten szenischer Realisierung in den Theatern (über die wir bei der Lektüre von Lessings *Hamburgischer Dramaturgie* eine Vorstellung bekommen). Im allgemeinen erschien ihnen das Drama als die am meisten geeignete Form für ihre Bestrebungen, mit einem mimetischen Medium in die zeitgenössische gesellschaftliche Realität einzugreifen; dabei gingen sie zumeist von einem literarisch noch nicht verarbeiteten, durch die konkrete Erfahrung unmittelbar gegebenen Stoff aus und gleichzeitig von den künstlerischen Errungenschaften der Shakespeareschen „offenen" Form, wie auch von der gegen die „Ständeklausel" des Barocktheaters gerichteten bürgerlichen Tragödie des 18. Jahrhunderts. In den Dramen der jungen Autoren werden zum ersten Mal alle bürgerlichen Schichten zu gleichberechtigten Gestalten ernster Bühnenwerke, zu Trägern menschlicher Gefühle und Tugenden, ohne daß sie vorweg nach klassenspezifischen Kriterien eingeteilt worden wären. Die gesellschaftlichen Privilegien hören demzufolge auf, poetische Norm zu sein. Die Dramatiker sprechen menschliche Würde demonstrativ auch Gestalten bürgerlicher Abstammung zu, oder Adeligen, die sich zum Grundsatz aufgeklärter Menschlichkeit bekennen. Dem mimetischen Prinzip zufolge vermeidet das neue Drama der siebziger Jahre die Formen traditioneller sprachlicher Stilisierung, insbesondere die klassizistische mit dem Gegensatz Vers – Prosa. In der Praxis ist das rhetorische Pathos jedoch sehr stark ausgeprägt. Indem die Autoren in das Zentrum des Geschehens affektiv betonte Situationen rücken, streben sie danach, die Gefühlswelt der Gestalten in einer entsprechenden, von der Lebendigkeit gesprochener Dialoge gekennzeichneten Prosasprache auszudrücken. In die Sprache schleicht sich dennoch oft eine abgenützte, papieren wirkende Metaphorik ein.

Jakob Michael Reinhold Lenz (1751–1792) war der fruchtbarste Dramatiker aus dem Kreis um Goethe, ein Schriftsteller, der die meisten seiner Werke innerhalb einer kurzen Zeitspanne schuf, eruptiv, sich um keinerlei literarische Disziplin scherend. Unfähig, sich im Leben zurechtzufinden, und nervlich zerrüttet, zeitweise in geistiger Umnachtung, starb er in äußerstem Elend. Georg

Büchner stellte in seiner Erzählung *Lenz* (1835) die psychischen Krisen seines Vorgängers dar. Im Jahre 1774 veröffentlichte Lenz eines der poetologischen Manifeste des „Sturms“, die Abhandlung *Anmerkungen übers Theater.* Diese Schrift ist eine temperamentvolle Abrechnung mit dem Klassizismus, vor allem mit der Überlieferung der pseudoaristotelischen Dramaturgie. Von Shakespeare begeistert, verneint der Verfasser die künstlerische Berechtigung von „Regeln“ (weil der urwüchsige Schöpfer seine Form selbst finde) wie auch die ältere Auslegung des Unterschiedes von Tragödie und Komödie. In der Tragödie, schreibt Lenz, dürfe nicht das blinde Schicksal herrschen, statt dessen müsse sich die Kompliziertheit der Charaktere äußern, die Tragödie müsse psychisch motiviert sein. Im übrigen erlaube das zeitgenössische Drama keine strenge Abgrenzung, da sich im Leben tragische und komische Elemente durchdrängen. Die Neutralisierung des Gegensatzes von Tragödie und Komödie führte Lenz in den meisten seiner Theaterstücke durch. Zum ersten Mal realisierte er sie in der „Komödie“ *Der Hofmeister oder Vorteile der Privaterziehung* (1774), die schon mit ihrer sarkastischen Überschrift auf die anstehende Problematik aufmerksam macht. Der Privatlehrer ist eine armselige Existenz, die Verkörperung des von seinem Arbeitgeber abhängigen Intellektuellen. Während im Original groteske und didaktische Züge ineinander übergehen, baute Brecht in seiner Überarbeitung des Werkes (1950) die realistischen Züge aus und betonte den gesellschaftlichen Kontext, übrigens sehr zu Gunsten der szenischen Wirkung. In Lenzens Fassung enthält das Werk wie Goethes *Götz* mehrere kurze Auftritte nach dem Prinzip freier Reihung, ohne Einheit von Zeit und Schauplatz. Diese Freiheit nutzte die Mehrheit der Zeitgenossen ausgiebig. Der „engagierte“ Lenz ist Kritiker abstoßender Sitten seiner Zeit, so in dem Stück *Die Soldaten* (1776). Das Motiv des „entehrten Mädchens“, das hier aufgegriffen wird, ist eines der zentralen Motive der damaligen Dramenliteratur; in ihm äußert sich die Problematik der Standesunterschiede vor dem Hintergrund vieler individueller Erfahrungen auf eine Weise, die man damals als typisch betrachtete. Das bekannteste Beispiel enthält Goethes *Faust,* während unter den zeitgenössischen Dramen die Tragödie *Die Kindermörderin* (1776) von Heinrich Leopold Wagner am bekanntesten war. Das andere herausragende Motiv, der Konflikt zwischen zerstrittenen Brüdern, entspringt dem Interesse jener Zeit für charakterologische Erkenntnisse (die Lichtenberg zu fördern sich bemühte und auf andere Weise etwa auch der Schweizer Theologe und Publizist Johann Caspar Lavater). Die Gegensätze, die Personen derselben Herkunft entzweien und bedrohen, werden verstanden als Symbol individueller Unterschiede zwischen den Menschen, als Ausdruck jener Eigentümlichkeiten, die die Gegner der Konventionen so oft hervorheben. Im Jahre 1776, dem fruchtbarsten in der Zeit des jungen Dramas, erschienen zwei thematisch verwandte Werke, beide mit dem Motiv der zerstrittenen Brüder: *Julius von Tarent* von Johann Anton Leisewitz (1752–1806), einem Autor, der an der erprobten Dramaturgie festhielt, aber sich durch seinen Freisinn auszeichnete, und *Die Zwillinge* von Friedrich Maximilian Klinger (1752–1831). Mit dem Stück *Sturm und Drang* (ebenfalls 1776) gab Klinger einer ganzen Bewegung den Namen. Eigentlich ist sein ursprünglicher Titel *Wirrwarr* genauer, weil er die

Absicht des Verfassers ausdrückt, alles, was geordnet, überlegt und „komponiert“ ist, zu vermeiden: die Handlung beruht auf einer Reihe kaum motivierter Konflikte, in denen sich die Temperamente dreier junger Abenteurer ausleben; die unbändigen und wirren Dialoge sind Äußerungen von Haß, Begeisterung und Resignation, Ausbrüche ungezügelter Leidenschaften. Der politische Hintergrund ist der Befreiungskrieg in Nordamerika, ein historisches Geschehen, das zu Hoffnungen auf bürgerliche Emanzipation ermunterte. Klinger schrieb in späteren Jahren, als er im russischen Heer Karriere gemacht hatte, einen Zyklus „philosophischer“, d. h. gesellschaftskritischer Romane, in denen eine allmähliche Preisgabe seines Skeptizismus festzustellen ist, demzufolge Welt und Gesellschaft Schauplatz des Sinnlosen und des Bösen seien (z. B. *Fausts Leben, Taten und Höllenfahrt*, 1791). Dagegen vertritt er die aufklärerische Überzeugung, wie damals auch Goethe, daß nur die vernünftige, ausgleichende Zusammenarbeit aller Schichten Fortschritt verbürgen könne. Der letzte Roman des Zyklus endet mit Worten, die die Erinnerung an Rousseaus Verdienste beschwören.

Die den „Sturm und Drang“ kennzeichnende Prosa hat Rousseau vieles zu verdanken. Obwohl der Roman als literarische Gattung in Deutschland rasch an Bedeutung gewann, stellte der *Werther* in gewisser Weise dennoch eine Ausnahme dar. Von den Romanen, die in der Nachfolge von Goethes Werk entstanden, ist FRIEDRICH HEINRICH JACOBIS (1743–1819) *Aus Edward Allwills Papieren* (1775/76) zu erwähnen; es ist ein Porträt einer Persönlichkeit, die sich aus Verachtung verlogener Konventionen eine eigene Moral schafft. Von den Schriften des französischen Schriftstellers ermutigt, lösten sich den Zeitgenossen die Zungen; persönliche Schicksale, bittere Erfahrungen, wechselnde Überzeugungen, all das wurde zum Material für die autobiographische Prosa neuer Prägung: für gewissenhafte Innenschau ohne belehrende Absichten und für aufrichtige Zeugnisse über Menschen, Zeit und Umwelt. Es ist charakteristisch, daß die eindrucksvollsten menschlichen Dokumente dieser Art aus der Feder von Autodidakten kamen, die von armen Bauernfamilien abstammten, die außer Gebetbüchern und Kalendern fast keine Bücher besaßen. Der Anstoß durch Rousseaus Werke kam manchmal indirekt. Viel naive Frische enthält das erste Werk der Erinnerungen von HEINRICH JUNG-STILLING (1740–1817), ein Buch, das Goethe anregte und 1777 ohne Wissen des Autors veröffentlichte. Der dörfliche und kleinbürgerliche Alltag der deutschen Provinzen um die Mitte des Jahrhunderts ist in einer etwas umständlichen, aber reichen und bildhaften Prosa anschaulich dargestellt. Vom beschwerlichen Leben der unteren Schichten zeugt die Autobiographie (*Lebensgeschichte* . . ., 1789) eines Lohnarbeiters und Handwerkers, des Schweizers ULRICH BRÄKER (1735–1798), die erst in unserem Jahrhundert als eigentümliches literarisches und kulturgeschichtliches Werk voll gewürdigt wurde. Eine verkappte Autobiographie ist *Anton Reiser* (1785–1790), das Werk des Autodidakten und späteren Professors der Ästhetik KARL PHILIPP MORITZ (1757–1793). Der Schriftsteller nannte seinen Text – eines der interessantesten Prosawerke dieser Zeit – einen „psychologischen Roman“, was nicht ganz dem Inhalt entspricht, da das Werk nicht nur ein eindringliches Bild einer psychischen Entwicklung auf pietistischer Grundlage ist, sondern auch ein erschütternder Bericht über die

Anstrengungen eines künstlerisch begabten jungen Menschen, seine Neigungen frei zu entwickeln. Im Gegensatz zur Mehrzahl der üblichen Romane jener Zeit sind die gelungensten Passagen des *Anton Reiser* ohne Pathetik und Sentimentalität, geschrieben in einer eher kargen Sprache, die der beschwerlichen Realität nicht ausweicht.

Das Bedürfnis, die Stilmuster der Anakreontik und des bukolischen Rokoko durch eine von der alltäglichen Erfahrung durchdrungenen Sprache abzulösen, macht sich auch im Bereich der Prosa-Idylle bemerkbar, besonders in den Werken FRIEDRICH MÜLLERS (1749–1825), Maler Müller genannt, weil er sich auch mit Malerei beschäftigte. Die Idylle *Die Schafschur* (1775) ist ein Gegenstück zu den literarischen Klischees der von jeglicher Realität entfernten Schäferpoesie. Zur Prosa des „Sturms" kann auch der Roman *Ardinghello und die glückseligen Inseln* (1787) gezählt werden, ein Werk, mit dem JOHANN J. WILHELM HEINSE (1749–1803) das damalige Lesepublikum gewann, indem er von den Erlebnissen eines Renaissancekünstlers erzählte, der die Idee der individuellen Freiheit verkörperte. Ardinghello versucht am Schluß auf den griechischen Inseln eine Utopie zu verwirklichen: die Gemeinschaft glücklicher, von den Pflichten zivilisatorischer Institutionen, wie z. B. der Ehe, befreiter Menschen. Es ist bezeichnend für diese liberalistische und dennoch traditionsgebundene Utopie, daß sie auf der Reproduktion von Klassenprivilegien beruht. Indem Heinses Roman den Rousseauismus mit der aufklärerischen Idealisierung der griechischen antiken Kultur und ihrer Form von Demokratie verschmelzt, nähert er sich dem Weimarer Klassizismus.

Um die Mitte der siebziger Jahre begannen sich auch die kurzen literarischen Formen im Vers von den konventionellen Stilnormen zu lösen. Zu dieser Zeit schrieb GOTTFRIED AUGUST BÜRGER (1747–1794), der dem Kreis der jungen Anhänger Klopstocks in Göttingen („Hainbund") verwandt war, daß die Dichtung die Volksüberlieferung nicht verachten dürfe, wenn sie vital zu bleiben wünsche, und daß Werke, die gleichzeitig künstlerisch und populär seien, vollkommen genannt werden sollten. Bürger ist in dieser Hinsicht ein Schüler Herders, aber er überbietet ihn in der Radikalität der Durchführung. Während Goethes Unkonventionalität Verse schuf, in denen die Zeitgenossen trotz allem das Streben fühlten, die Merkmale des herkömmlichen hohen Stils zu bewahren, griff der Göttinger Dichter nach der Volksüberlieferung, nach Motiven und Verfahren der subliterarischen Ebene. Diese Tendenz verurteilte Schiller anläßlich der zweiten Ausgabe von Bürgers *Gedichten* (1789), indem er dem Autor vorwarf, daß er versuche, es den Erwartungen des breiten Publikums recht zu machen, anstatt dessen Geschmack zu kultivieren. Einer von Bürgers Versuchen ist ein eigenartiges Meisterwerk, das ihm einen dauerhaften Platz in der Literaturgeschichte sicherte: die Ballade *Lenore* (1773). Mit diesem Werk beginnt ohne Einschränkung die Geschichte der deutschen literarischen Ballade, einer Gattung, die von Goethe bis Brecht reich vertreten ist. Dadurch, daß er in das Werk Motive aus der Volksmythologie aufnahm, begründete Bürger den Typus der „Gespenster"-Ballade, in der das menschliche Leben übernatürlichen, okkulten Kräften ausgesetzt ist. Die *Lenore* zeichnet sich unter den anderen erzählenden Gedichten des Autors durch eine außerordentliche Organisation der Ausdrucksmittel aus; suggestive Dynamik und Lauthaftigkeit der Sprache, besonders in der Gestaltung der gruseligen Szenen des nächtlichen Ritters, bei dem der tote Soldat seine Braut Lenore in den Tod entführt. Das Werk ging in die europäische Literatur ein, wobei es besonders in den slawischen Ländern sowohl als poetologisches Beispiel als auch als individuelles Kunstwerk auf Resonanz stieß. Noch populärer wurde Bürger durch die freie, phantasievolle Bearbeitung der Erzählungen von den Abenteuern des Barons Münchhausen (1786), der berühmten Lügnerfigur, für die die heitere Unwahrheit eine Form schöpferischer Phantasie war. Während Bürger die Welt der dämonischen Motive literarisierte, veredelte MATTHIAS CLAUDIUS (1740–1815) die Volksüberlieferung in der Lyrik durch den innigen Ton intimer Poesie. Einige seiner Gedichte, wie z. B. das bekannte *Der Mond ist aufgegangen,* sind von anthologischem Wert. Mit der Zeitschrift „Der Wandsbecker Bote" (1771–1775), die er redigierte und dabei den Titel auch als Pseudonym nahm, schuf er einen Typ von Volksblatt, der zeitgenössische kulturelle Bestrebungen (den „Popularismus" vor allem) auf eine möglichst zugängliche Weise verbreitete. Die politisch ausgerichtete Publizistik mit dem Schwerpunkt in der Kritik der feudalen Willkür und des Klerikalismus vertrat CHRISTIAN FRIEDRICH SCHUBART (1739–1791) in seiner Zeitschrift *„Deutsche Chronik"* (1774–1777), die in Augsburg und Ulm erschien. Schubart mußte für seine Tätigkeit, zehn Jahre in einer Festung des Württembergischen Herzogs eingekerkert, schwer büßen. Mit seinen politischen Artikeln war er Vorkämpfer der jakobinischen Publizistik und mit seinen Versen (*Gedichte aus dem Kerker,* 1785) Vorläufer der politischen Lyrik des 19. Jahrhunderts. Durch seine Ausdruckskraft zeichnet sich das damals sehr gewagte Gedicht *Die Fürstengruft* aus, in dem das barocke Motiv der Vergänglichkeit, das in Bildern körperlichen Verfalls veranschaulicht wird, einen politischen Sinn enthält: das Unvermögen des Despoten, sich dem Tode zu entziehen, bekräftigt nicht nur die Gleichheit aller Menschen, sondern spielt auch auf den Tag an, an dem auf die natürliche Gleichheit die gesellschaftliche folgen könnte.

Schubart wurde mit Begeisterung vom jungen FRIEDRICH SCHILLER (1759–1805) gelesen, der ebenso ein Untertan des württembergischen Herzogs war und ebenso von einer brennenden Sehnsucht nach intellektueller Freiheit erfüllt war. Der eingekerkerte Dichter fühlte bei seinem jüngeren Landsmann die Kraft des Geistes, aber er erlebte den Höhepunkt des künstlerischen Aufstiegs eines der größten Autoren des Jahrhunderts nicht mehr. In Schiller, der gezwungen war, Zögling der herzöglichen Akademie, einer höheren Schule für Offiziere und Staatsbeamte, zu werden, wuchs der Widerstand gegen den Druck schulischer Disziplin immer mehr und gleichzeitig seine Neigung zu Literatur und Theater als Zufluchtsorten des Geistes. Er las Shakespeare, Rousseau, Lessing, Goethes *Götz* und *Werther.* Unter dem Eindruck dieser Werke vollendet der Student der Medizin sein erstes Drama, *Die Räuber* (1781). Die Uraufführung, die in Mannheim, außerhalb des Einflußbereichs des Herzogs stattfand, war ein großer Erfolg; die Chronik vermerkt, daß die begeisterten Zuschauer am Ende ein ekstatischer Zustand allgemeiner Verbrüderung und kollektiver Katharsis ergriffen habe, ein Zustand, den der Autor später in seinem Vortrag *Die Schaubühne als*

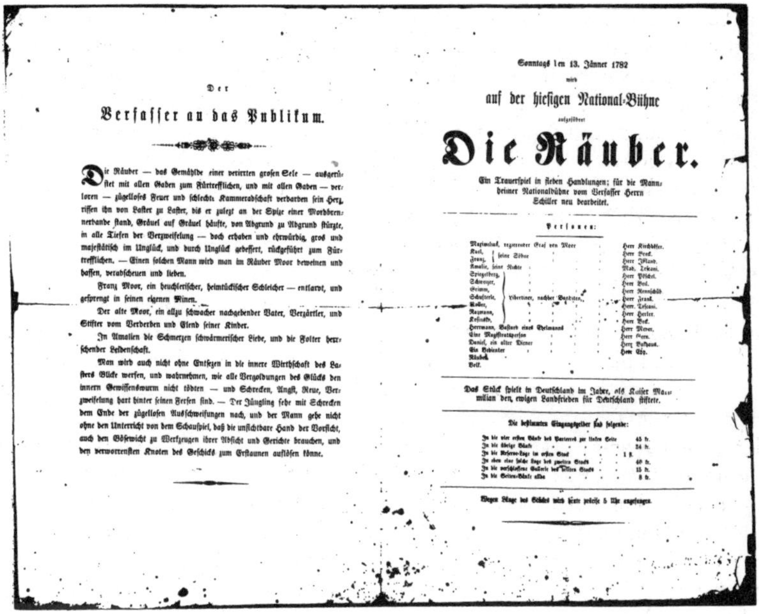

Der

Verfasser an das Publikum.

Die Räuber — das Gemählde einer verirrten grosen Sele — ausgerüstet mit allen Gaben zum Fürtrefflichen, und mit allen Gaben — verloren — zügelloses Feuer und schlechte Kammeradschaft verdarben sein Herz, rissen ihn von Laster zu Laster, bis er zulezt an der Spize einer Mordbrennerbande stand, Gräuel auf Gräuel häufte, von Abgrund zu Abgrund stürzte, in alle Tiefen der Verzweifelung — doch erhaben und ehrwürdig, gros und majestätisch im Unglück, und durch Unglück gebessert, rückgeführt zum Fürtrefflichen. — Einen solchen Mann wird man im Räuber Moor beweinen und hassen, verabscheuen und lieben.

Franz Moor, ein heuchlerischer, heimtückischer Schleicher — entlarvt, und gesprengt in seinen eigenen Minen.

Der alte Moor, ein allzu schwacher nachgebender Vater, Verzärtler, und Stifter vom Verderben und Elend seiner Kinder.

In Amalien die Schmerzen schwärmerischer Liebe, und die Folter herrschender Leidenschaft.

Man wird auch nicht ohne Entsezen in die innere Wirthschaft des Lasters Blicke werfen, und wahrnehmen, wie alle Vergoldungen des Glücks den innern Gewissenswurm nicht tödten — und Schrecken, Angst, Reue, Verzweifelung hart hinter seinen Fersen sind. — Der Jüngling sehe mit Schrecken dem Ende der zügellosen Ausschweifungen nach, und der Mann gehe nicht ohne den Unterricht von dem Schauspiel, daß die unsichtbare Hand der Vorsicht, auch den Bösewicht zu Werkzeugen ihrer Absicht und Gerichte brauchen, und den verworrensten Knoten des Geschicks zum Erstaunen auflösen könne.

Sonntags den 13. Jänner 1782

wird

auf der hiesigen National-Bühne

aufgeführet

Die Räuber.

Ein Trauerspiel in sieben Handlungen; für die Mannheimer Nationalbühne vom Verfasser Herrn Schiller neu bearbeitet.

Personen:

Maximilian, regierender Graf von Moor	Herr Kirchhöfer.
Karl, } seine Söhne	Herr Boeck.
Franz, }	Herr Iffland.
Amalie, seine Nichte	Mad. Toscani.
Spiegelberg, } Libertiner, nachher Banditen	Herr Pöschel.
Schweizer,	Herr Beil.
Grimm,	Herr Rennschüb.
Schufterle,	Herr Frank.
Roller,	Herr Toscani.
Razmann,	Herr Herter.
Kosinsky,	Herr Beck.
Herrmann, Bastard eines Edelmanns	Herr Meyer.
Eine Magistratsperson	Herr Gern.
Daniel, ein alter Diener	Herr Backhaus.
Ein Bedienter	Herr Epp.
Räuber.	
Volk.	

Das Stück spielt in Deutschland im Jahre, als Kaiser Maximilian den ewigen Landfrieden für Deutschland stiftete.

Die bestimmten Eingangsgelder sind folgende:

In die vier ersten Bänke des Parterres zur linken Seite	45 kr.
In die übrige Bänke	24 kr.
In die Reserve-Loge im ersten Stock	1 fl.
In eben eine solche Loge des zweiten Stocks	40 kr.
In die verschlossene Gallerie des dritten Stocks	15 kr.
In die Seiten-Bänke allda	8 kr.

Wegen Länge des Stücks wird heute präcise 5 Uhr angefangen.

Friedrich Schiller, Die Räuber*: Theaterplakat für die Uraufführung am 13. Januar 1782 im Mannheimer Nationaltheater.*

moralische Anstalt betrachtet (1784/1802) als Möglichkeit der Rezeption von dramatischen Werken beschrieb, wobei er für eine Dramaturgie des Erlebens und der Identifikation eintrat, für ein Theater, das fast magisch durch seine künstlerische Faszination wirkt, aber im Geiste der aufgeklärten Moral und folglich mit der Verpflichtung, die Grundsätze der Humanität ungeachtet der realen politischen Verhältnisse zu vertreten.

Die Räuber sind kein großes Kunstwerk, obwohl der Text thematisch beziehungsreich ist. Einer von zwei gänzlich entgegengesetzten Söhnen geht, individuell motiviert, aber auch von einer neuen Ethik der Aufrichtigkeit erfüllt, in der Überzeugung zu den Räubern, er könne so der Gerechtigkeit den Weg bahnen. Aber die Problematik der moralischen Verantwortung und des aus den Widersprüchen sich ergebenden Scheiterns – eine Problematik, die von da an in wechselnder Gestalt das europäische Theater ständig beschäftigten sollte – ist nicht vertieft; sie wird von schematischen Zügen in den Hintergrund gedrängt. Stilistisch ist das Werk ein Beispiel von wuchtigem rhetorischem Pathos, wobei gerade diese Sprache als Idiom einer aufrührerischen Generation auch außerhalb der Heimat des Schriftstellers aufgegriffen wurde. Zehn Jahre später ernannte der Konvent der Französischen Republik den Autor der *Räuber* zum Ehrenbürger der Republik. Jedenfalls präsentierte der ausgehende „Sturm und Drang" mit Schillers Erstlingswerk das populärste Drama der Bewegung.

Friedrich Schiller *(1759–1805): Stahlstich von Sichling nach Schlick.*

Nachdem Schiller heimlich das Territorium des Herzogs verlassen hatte, vor allem wegen des Verbots, literarische Werke zu veröffentlichen, vollendete er sein nächstes Drama in Freiheit: die „republikanische Tragödie" *Die Verschwörung des Fiesco zu Genua* (1783). Auch dies ist, wie die Mehrzahl seiner Theaterstücke, ein Drama mit einer Intrige als Handlungsmuster. Der Stoff ist – ebenfalls charakteristisch für Schiller – der Geschichte entnommen. Eine Episode aus der italienischen Geschichte des 16. Jahrhunderts bot die Grundlage für ein psychologisches und politisches Drama, eigentlich für eine Tragödie des republikanischen Gedankens: Fiesco, der alle Macht an sich reißen will, verrät die Republik; die politische Idee scheitert wegen der moralischen Untauglichkeit ihrer Vertreter. In dem Wissen, daß die Dramenstruktur ihre eigene Gesetzmäßigkeit fordert, ging der Autor sehr frei mit der historischen Realität um. (Darin folgt er Lessings Empfehlung aus dem 23. und 24. Stück der *Hamburgischen Dramaturgie*.) In einem poetologisch wichtigen Vorwort erklärt er seinen Eingriff, demzufolge Fiesco nicht wie die historische Gestalt zufällig umkommt, sondern durch die rächende Hand eines Republikaners. Der Zufall, so schreibt er, sei keine Kategorie des Dramas; damit das Drama künstlerisch überzeuge, müsse es alle Verfahren durch die Notwendigkeit der Entwicklung auf der Grundlage psychologischer Bedingtheit motivieren. In den Jahren 1783/84 schrieb Schiller, sich einem zeitgenössischen Stoff zuwendend, das letzte Drama des „Sturms", die deutlichste Auseinandersetzung mit dem feudalen Despotismus in der Zeit vor der Französischen Revolution. Der Titel *Kabale und Liebe* stammt von A. W. Iffland, einem Schriftsteller, der wie sein Rivale A. von Kotzebue um die Jahrhundertwende die

Bühne mit sentimentalen, melodramatischen Stücken versorgte. Der ursprüngliche Titel ist *Luise Millerin,* nach dem Namen der weiblichen Hauptgestalt, der Tochter eines Stadtmusikanten, die ein junger Adliger liebt, den die Konventionen seines Standes an der aufrichtigen Beziehung zu einer Angehörigen der Bürgerschicht hindern. Die Intrigen, die sein Vater schmiedet, um die „unvernünftige" Heirat zu verhindern, sind erfolgreich; das junge Paar endet durch einen verzweifelten Tod. Das Werk erinnert in Einzelheiten an Lessings *Emilia Galotti,* aber es ist viel entschiedener in der aktuellen Verurteilung höfischer Amoralität, wobei jedoch eine gerechte Unterscheidung zwischen systembedingten Erscheinungen und den Charaktereigenschaften einzelner Gestalten getroffen wird. Es ist eine psychologische Leistung des Autors, daß er die gesellschaftlichen Merkmale des Bewußtseins zeigte: die Tragödie ist nicht nur durch die Intrige motiviert, sondern auch durch das innere, psychische Unvermögen der Gestalten, sich Klarheit über ihre eigene Lage zu verschaffen.

An der Tragödie *Don Carlos* arbeitete Schiller lange. Im Jahre 1787, als das Werk veröffentlicht wurde, war er schon ein anerkannter Schriftsteller und von seinen historischen Studien in Anspruch genommen, die ihn für eine Professur an der Universität Jena befähigten. Der Aufenthalt in dieser Stadt sollte ihn allmählich dem kulturellen Ideal von Goethes Weimar näherbringen. Der Wende im Leben entspricht auch eine Wende in seinem Schaffen. *Don Carlos,* ein „dramatisches Poem" aus der spanischen Geschichte, ist in gewisser Weise mit dem *Fiesco* verwandt, und zwar insoweit, als das private und das politische Drama miteinander verschmelzen. In der letzten Fassung des Werks ist eine stärkere politische Akzentuierung im Sinne des aufgeklärten Absolutismus (wie er damals in der Realität von Maria Theresias Nachfolger Joseph II. vertreten wurde) erkennbar. Für dieses Drama, in dem der Marquis Posa Verfechter universaler Toleranz des Gedankens ist, übernahm Schiller Elemente der klassizistischen Dramaturgie. Er trennte sich von der charakterisierenden und zugleich hochaffektiven Prosa mit Lokalkolorit und entschied sich für die poetische Stilisierung der Sprache in fünftaktigen Jamben (Blankvers), der seit Lessings *Nathan* am meisten verwendeten Versart des deutschen Dramas, dominant bis zur Mitte des 19. Jahrhunderts. Die Sprache im *Don Carlos* bekräftigte, daß die Epoche des „Sturm und Drang" zu Ende gegangen war und ein neues Verständnis literarischer Kultur sich anbahnte.

7. Weimarer Klassik

Im Herbst 1786 ging Goethe nach Italien. Aus Enttäuschung über zeitweilige Mißerfolge bei dem Bemühen, den Kleinstaat in aufklärerischem Geist zu reformieren, und verstimmt infolge von Konflikten mit der Hofbürokratie, entschloß sich der Dichter, die für seine neue schöpferische Arbeit notwendige Ruhe im Land der großen Vergangenheit und besonders der antiken Kulturdenkmäler zu

Johann Wolfgang Goethe in der Campagna: *Tischbein begann dieses Gemälde 1786 in Italien.*

suchen. Nicht ganz zwei Jahre Aufenthalt in Italien – die längste Zeit davon in Rom – bedeuteten nicht nur einen Milieu- und Klimawechsel; auch die künstlerische Kreativität kehrte erneut in den Mittelpunkt seines Lebens zurück. Die Kunst auf südlichem Boden wie auch die mediterrane Natur bestärkten ihn in der Überzeugung, daß sich im menschlichen Schaffen und in der Natur eine innere Harmonie äußere, die auf dauernden, „organischen" Gesetzmäßigkeiten beruhe. Die antiken Kunstdenkmäler sah er als lebendige Zeugnisse einer Kultur an, die eine artifizielle und eigentümliche, dabei jedoch ungekünstelte und ungezwungene Schönheit nach dem Vorbild der Natur hervorgebracht habe. Die Eindrücke und Gedanken dieser Jahre bilden die Grundlage für die Ästhetik des reifen Goethe.

Während seines Aufenthalts in Rom macht er sich erneut an seine Dramenmanuskripte: die *Iphigenie* überträgt er in Verse, er beendet den *Egmont* und setzt seine Arbeit an *Tasso* und *Faust* fort. (Das Fragment *Faust* ist die 1790 veröffentlichte erste Fassung des Werkes.) Während im *Egmont* (1788), einem Drama in Prosa, dem der historische Stoff aus dem niederländischen Aufstand gegen die spanische Herrschaft im 16. Jh. zugrunde liegt, noch überwiegend der Stil aus der Zeit des „Sturms" erhalten ist, sind die anderen Dramen der gesetzten Disziplin des neuen Klassizismus unterworfen. *Iphigenie auf Tauris* (1787) ist Goethes Version dieses traditionsreichen Stoffes. Goethes Beitrag zu dieser Überlieferung ist eine neue Sinngebung des dramatischen Konfliktes. Das antike Werk, das Drama von Euripides, leitet seinen Sinn aus dem Überlegenheitsgefühl der Griechen über die „Barbaren“ ab, und die Entwirrung kommt durch die mythische Intervention in Gestalt der Göttin Athene zustande. Goethes *Iphigenie* dagegen bezeichnet man zurecht als Drama der humanen Freiheit: die Gestalten überwinden bewußt die Vorurteile und die rituellen Gesetze des Altertums und setzen durch ihre sittlichen Entscheidungen Vorbilder für neue zwischenmenschliche Beziehungen. Iphigenie rettet die Ritualopfer und damit ihren Bruder nicht mit List, sondern durch ihr vorbildliches ethisches Handeln. Der Sieg der moralischen Würde ist das Werk des einzelnen, der mit seiner Ethik alle „Menschen guten Willens“ für sich gewinnt. Damit wird der mythische Horizont durch einen psychologischen abgelöst. Seiner Vorstellung von Humanität konnte der Autor keinen bestimmten historischen Rahmen geben, weder in der Vergangenheit noch in der Gegenwart. Die Idee dieses eigentlich abstrakten, sprachlich und dramaturgisch streng stilisierten Dramas ist die Utopie reiner Menschlichkeit. Allerdings ist Schillers Urteil, daß die *Iphigenie* ein großes Dichterwerk sei, diesem Psychodrama aber szenische Lebendigkeit und das visuelle Korrelat abgingen, durchaus verständlich. Das gilt auch für das Schauspiel *Torquato Tasso* (1790), das ebenfalls ganz auf den Vers, auf auditive Dramaturgie ausgerichtet ist. Obwohl die Episode aus dem Leben des italienischen Dichters in gewisser Weise authentisch ist, entwickelt sich die Dramenhandlung, in der die klassizistischen „Einheiten“ gewahrt sind, als spiele sie sich in einem ganz sublimierten poetischen Raum der Ideen ab. Auch der *Tasso* ist eine psychologische Studie mit einer eher modernen als der Renaissance entsprechenden Thematik: sie wird vom Konflikt zwischen dem künstlerischen Streben und der Lebensrealität bzw. zwischen dem Künstler und dem gesellschaftlichen Milieu bestimmt. Goethes Interesse für Tassos Schicksal beruht auf eigenen Erfahrungen am Hof in Weimar: auch dort stießen die Bemühungen der außergewöhnlichen Persönlichkeit auf den Widerstand normierten Denkens. Tasso wurde ein „potenzierter Werther“ genannt – mit dem Unterschied, daß es im Drama keine, nicht einmal eine verzweifelte Lösung gibt, sondern der tragische Zwiespalt mit einer ungelösten Dissonanz endet.

Der Klassizismus Goethes und – später – auch Schillers ist nur eine der Stiltendenzen dieser Autoren in der als Weimarer Klassik bezeichneten Schaffensphase. Zur gleichen Zeit äußern sich in ihren Werken auch andere Stilkonzeptionen (die manchmal fälschlicherweise als romantische bezeichnet werden). Die Begriffe „Klassizismus“ und „Klassik“ sind keine Synonyme: der erste ist ein stilistischer Terminus, eine Bezeichnung für die von einem literarischen System organisierten Verfahren, den Stoff auf besondere Weise zu gestalten; der zweite ist eine Wertkategorie, in diesem Fall ein Attribut für ein großes Zeitalter der deutschen Literatur und Kultur. Die „klassische“ Philosophie und die Musik der „Klassik“ gehören ein und derselben Epoche an.

Die besonders in den nach Goethes Rückkehr aus Italien entstandenen Werken erkennbar werdende Dialektik der Weimarer Klassik ist die Dialektik einer Literatur, für die künstlerische Autonomie einerseits Zeichen der Würde und des

Selbstbewußtseins der Autoren, andererseits aber auch ein Symbol der Schwäche ist. Ihrem ideellen Status nach ist die Klassik in das Gefüge der bürgerlichen Kultur einzuordnen, die im 18. Jahrhundert infolge der Bedingungen, unter denen sie sich entwickelte, und insbesondere wegen des politischen Partikularismus eine Kultur des Klassenkompromisses war. Die besonnenen Intellektuellen erkannten, daß dieser Kultur – die im Unterschied zu den Bedingungen in England keine ausreichende Stütze im Bürgertum hatte – entweder die Isolation drohe oder aber das Abgleiten auf eine provinzielle Ebene der bürgerlichen Tradition. Der „Sturm und Drang", der solche Keime nationalistischer und regionaler Absonderung in sich trug, geriet als literarisches Programm relativ früh in die Krise. Der Weimarer, auf höfische Traditionen gestützte Neoklassizismus ist ein Versuch, die zeitgenössische Dichtung im Geiste der europäischen Aufklärung von allen lokalen Elementen zugunsten eines universell gültigen Ausdrucks zu befreien. Goethe und Schiller verband die Überzeugung, daß die antike Klassik ein solch universelles Kulturmodell biete. Sie betrachteten vor allem die ästhetische und gesellschaftliche Kultur der griechischen Polis als vorbildlich. Ihre poetologische Konzeption, die durch eine allgemein menschliche Thematik und einen sublimierten Stil gekennzeichnet ist, bildeten die Weimarer Dichter im Einklang mit einer Tendenz aus, die im Jahrhundert der Aufklärung und besonders in der Epoche der Französischen Revolution sowohl einen ästhetischen als auch einen politischen Sinn hatte. Diese Tendenz ist erfüllt von der Sehnsucht nach der weiten Welt der antiken Vergangenheit, nach jener „Harmonie von Geist und Körper", die der Leitgedanke des deutschen Mythos vom griechischen Altertum ist – von Winckelmanns Visionen marmorner Schönheit bis zu Hölderlins leidenschaftlichem Enthusiasmus. Schillers poetisches Manifest ist das Gedicht *Die Götter Griechenlands* (1788), ein in großen Zügen ausgeführtes Panorama europäischer Geistesgeschichte, eigentlich eine Elegie aufgrund der Erkenntnis, daß die glückliche Zeit, als „die Götter menschlicher noch waren" und die „Menschen göttlicher" (wie es in der 1. Fassung heißt), unwiederbringlich der Vergangenheit angehört. Die idealisierte griechische Antike nimmt in der Interpretation des 18. Jahrhunderts unterschiedliche Farben an: es überwiegt zwar das Weiß der alten Gipsabgüsse, die Winckelmann beschrieben hat, aber es ist charakteristisch, daß sich dieser Farbe in den Jahren, die damals Europa aufs höchste erschüttert haben, die Farben der französischen Trikolore zugesellen. Der Klassizismus ist der Kunststil der Französischen Revolution, und das bedeutet, daß mit der ästhetischen Auswahl aus der Vergangenheit, die die Zeitgenossen getroffen haben, unzweideutige politische Implikationen verbunden sind. Die griechische Polis und die Römische Republik wurden zum kulturellen Muster, das dazu befähigt war, dem vom höfischen Repräsentationsstil angewiderten Bürgertum einen gültigen Wegweiser für den Aufbau einer Kultur zu bieten, die sowohl von aristokratischem Hedonismus, der den bürgerlichen Begriff der „Tugend" leugnete, als auch von vulgärem Utilitarismus gleichermaßen entfernt sein sollte.

In Deutschland blieb der bürgerliche Klassizismus politisch eher indifferent. Obwohl viele Intellektuelle die Französische Revolution in ihrer ersten Phase begeistert begrüßten, herrschte dennoch die Meinung vor, daß die Praxis des

Nachbarlandes nicht auf deutsche Verhältnisse übertragbar sei; ein gewaltsamer Umsturz, meinte man, würde die mühsam erreichten kulturellen Errungenschaften bedrohen. Daher bilden die radikaleren Verfechter politischer Umwälzungen, wie GEORG FORSTER (1754–1794), eine Ausnahme. Forster war Naturforscher und Literat, 1793 Präsident des deutschen Jakobinerklubs in Mainz. Seine aktuelle Publizistik, in Mainz und Paris entstanden, ist bedeutende politische Prosa. Eine kulturgeschichtliche Quelle von Rang ist seine Reisebeschreibung *Ansichten vom Niederrhein* (1791–1794). Mit Forster in vielem vergleichbar ist Johann Gottfried Seume (1763–1810), der als liberaler Publizist zu den Vertretern der Spätaufklärung zählt. Von politischer Neugierde getrieben, unternahm er eine Fußreise nach Italien und berichtete darüber in der kulturhistorisch ergiebigen und witzigen Reiseschilderung *Spaziergang nach Syrakus im Jahre 1802* (1803).

Dem typischen Standpunkt kommt indessen Goethes Zweifel an dem Sinn einer Revolution und besonders an der Berechtigung radikaler Maßnahmen viel näher. Auch die progressiven Kreise des deutschen Bürgertums neigten zu der Ansicht, daß sich die bürgerliche Ordnung allmählich – unter Führung einer kulturellen Elite – festigen werde. In der Überzeugung, daß eine planvoll gepflegte Geisteskultur, die eher kosmopolitisch als national ausgerichtet ist, auf ihre Weise all das ersetzen werde, was das politisch rückständige und wirtschaftlich nur teilweise entwickelte Deutschland jener Zeit nicht zu bieten hatte, fand Goethe in Schiller einen Gleichgesinnten. Eine solche Sublimierung der Kultur, mit dem Akzent auf der Kunst, basierte auf realem politischem Unvermögen, und dessen war sich Goethe auch bewußt, als er in seinen satirischen Epigrammen (*Xenien,* 1796 gemeinsam mit Schiller) den Deutschen rät, die Menschlichkeit zu pflegen und sich zu „ganzen Menschen“ zu wandeln, wenn sie schon nicht die politische und nationale Einheit errungen haben. „Freiheit ist nur in dem Reich der Träume, / Und das Schöne blüht nur im Gesang“, wird Schiller resigniert sein Gedicht *Der Antritt des neuen Jahrhunderts* (1801) enden lassen. Die deutsche Kultur der klassischen Epoche ist trotzdem eng mit den ausschlaggebenden historischen Tendenzen der Zeit verbunden. Ihr Beitrag zur bürgerlichen Emanzipation liegt im ideellen Bereich, in Philosophie und Literatur. In seiner Kritik der Rechtsphilosophie Hegels betonte Marx, daß die Deutschen das, was die politisch weiter fortgeschrittenen Völker in die Praxis umsetzten, in ihren Ideen ausdrückten.

Das stilistische Äquivalent der allgemeinen Kultursublimierung macht sich in Goethes Werken der neunziger Jahre bemerkbar: der Vers verdrängt die Prosa, von den großen Erzählformen wird das Epos dem Roman vorgezogen, und die Lyrik lehnt sich an antike, klassische Muster an. Die lyrischen Niederschläge seines Aufenthaltes in Italien sind reich. Die *Römischen Elegien* (1795) sind ein in elegischen Distichen geschriebener Gedichtzyklus; im wesentlichen haben die Gedanken und intimen Erlebnisse im Schatten des römischen Altertums, durchweht von der Heiterkeit der südlichen Landschaft, jedoch keinen elegischen Charakter in modernem Sinne. In thematischer Hinsicht eignet sich besser der ursprüngliche Titel *Erotica Romana,* der sich auf das zentrale Motiv der Elegien bezieht, auf die erotische Erfahrung unter dem Aspekt der Leidenschaft, aber auch der Ironie. Das Manuskript stieß bei manchen Kritikern auf puritanische

Mißbilligung, und so ließ der Autor einige der Elegien, in denen Sexualität gefeiert wird, in der Schublade liegen. In die – noch ungeschriebene – Geschichte tabuierter Texte der Weltliteratur geht auch Goethe ein. Von satirischer Bissigkeit sind die *Venezianischen Epigramme* (1795), in denen der Dichter als Augenzeuge der zeitgenössischen gesellschaftlichen Realität in Italien das Wort ergreift. Die Eindrücke sind in keiner Weise schmeichelhaft. Von den epischen Werken in Versen wurden das satirische Epos aus dem Tierreich *Reineke Fuchs* (1794) populär, das eigentlich eine Überarbeitung eines alten literarischen Werkes ist, von dessen humoristischer Sicht auf die Welt höfischer Politik und Macht Goethe sich angezogen fühlte, und das Epos aus dem zeitgenössischen bürgerlichen Leben *Hermann und Dorothea* (1797). Dieses Werk, in dem von der Liebe eines jungen Mannes zu einem aus der Heimat vertriebenen Mädchen erzählt wird, das nach einigem Zögern im kleinbürgerlichen Milieu Anerkennung findet, ist eine Art literaturgeschichtliches Experiment: die bürgerliche Idylle, in die nur aus der Ferne der Lärm der Revolution eindringt, wird mittels der Apparatur und Stilisierung in der Art homerischer Epen dargestellt. Die Idealisierung des bescheidenen Milieus und seiner Ethik, eine Idealisierung, die mit milder Ironie gewürzt erscheint, ist der Grund für die Popularität dieses Werkes im vorigen Jahrhundert; denn auch der bürgerliche Leser, der sich mit den Gestalten identifizierte, konnte sich gewissermaßen als homerischer Held fühlen.

Gestalten anderer Art präsentiert das einzige größere Prosawerk aus dieser Zeit, der Roman *Wilhelm Meisters Lehrjahre* (1795/96). Das Gerüst des Werkes bilden Erlebnisse eines jungen Mannes bürgerlicher Herkunft, der von einer Leidenschaft für das Theater ergriffen ist. Sein weiterer Entwicklungsweg deutet einen Reifungsprozeß an, die Möglichkeiten einer Persönlichkeitsentwicklung auch außerhalb künstlerischer Tätigkeit. Im *Meister* sind sowohl klassizistische Typisierungen als auch Elemente des Realismus, besonders in der Behandlung der Motivierungen vorhanden. So ist das Werk in gewisser Weise ein Bindeglied zwischen dem Roman der Aufklärung und dem Realismus des 19. Jahrhunderts. Allerdings ist das Werk noch weit von einem vertieften Gesellschaftsbild in der Art Balzacs entfernt. Dem heutigen Leser wird die moralistische Charakterisierung der Gestalten anstelle psychologischer und konkretisierender Gestaltung fremd sein, und noch mehr der utopische Charakter der gesellschaftkritischen Abschnitte. Als Modell für den Entwicklungs- oder Bildungsroman, der die stufenweise Entwicklung der zentralen Persönlichkeit, ihren Reifungsprozeß in der Begegnung mit gesellschaftlichen Werten auf verschiedenen Gebieten der Lebenspraxis zeigt, beeinflußte der *Meister* dauerhaft die Tradition dieses Romantyps in der deutschen Literatur bis hin zu Thomas Mann. Gegen Ende seines Lebens setzte Goethe das Werk in dem Roman *Wilhelm Meisters Wanderjahre* (1821, 1829) fort, um den Lebensweg seines Helden zu vollenden, indem er ihn dem Ziel entgegenführte: dem humanen Wirken des einzelnen für das Wohl der Gemeinschaft. Die Handlungsführung ist vielfach unterbrochen und die Komposition diffus, und so gleicht das Werk – darin an romantische Romane erinnernd – einer literarischen Rhapsodie, in die sowohl Novellen als auch Essays und Aphorismen eingeflochten sind.

Die Freundschaft und literarische Zusammenarbeit Goethes und Schillers geht auf das Jahr 1794 zurück. Vor allem aus der Zeit, als Schiller – vor seiner Übersiedelung nach Weimar – in Jena lebte, ist ein sehr lebendiger Briefwechsel zwischen den beiden Autoren erhalten, der nicht nur eine reiche biographische Quelle ist, sondern auch ein systematischer Gedankenaustausch über Poetik und Ästhetik, in mancher Hinsicht ein Querschnitt durch die damalige Literaturtheorie. Einige Fragen, die in Gesprächen über das eigene Schaffen angeschnitten wurden, sind auch heute noch aktuell. Schiller wurde auch sonst in den zehn Jahren nach der Veröffentlichung seines letzten frühen Dramas, *Don Carlos,* von philosophischen und poetologischen Arbeiten in Anspruch genommen. Die hauptsächlichen Abhandlungen auf diesem Gebiet, die nach dem so entscheidenden Studium der Kantschen Philosophie entstanden, gehören zu den wichtigsten Arbeiten der europäischen Ästhetik und Literaturtheorie. Im Mittelpunkt stehen Gedanken über das Problem der Tragödie bzw. tragischer Situationen im abstrakten Sinne, über Fragen der literarischen Gattungen, der Wirkungsästhetik so wie der allgemeinen Anthropologie. Als Systematiker ging Schiller in dem Bemühen, den Abhandlungen über ästhetische und literaturkritische Themen die Dignität philosophischer, logisch begründeter Problematik zu verleihen, noch weiter als Lessing. Er vermeidet normative Werturteile a priori und entfernt sich hinsichtlich seiner Argumentationsweise allgemein von der präskriptiven Tradition der europäischen Poetik. Der idealistische Ausgangspunkt seiner Ästhetik wird z. B. in der Auffassung erkennbar, wonach der tragische Konflikt auf der Freiheit des menschlichen Geistes, der als einziger im Gefüge der Natur die Determination nicht anerkennt, beruhe. Der tragische Held *muß* nicht, sondern *will* und verkörpert als freies Wesen den Triumph der Ideen über die Vergänglichkeit der Existenz (*Über das Pathetische,* 1793; *Über das Erhabene,* 1801). Die Trennung von Geist und Körper ist der tragischen Lebensauffassung eigen. Indem Schiller auf dem Weg von Herder zu Hegel einen Schritt in Richtung Geschichtsphilosophie gegangen war, widmete er die gedankenreiche Abhandlung in Briefform *Über die ästhetische Erziehung des Menschen* (1795) dem Entwurf einer ästhetischen Anthropologie, in der sich Geist und Körper, d. h. Geistigkeit und Sinnlichkeit, nicht im Gegensatz zueinander befinden, sondern in Harmonie. Die Vision vom ganzen Menschen, den keine partiellen Interessen und praktischen Bedürfnisse einschränken, kann nur eine Freiheit im ästhetischen Sinne verwirklichen: all seine Möglichkeiten entwickelt der Mensch in einem befreiten, nicht zweckgebundenen Schaffen, das Schillers paradigmatischer Begriff „Spiel" bezeichnet. Der Homo ludens ist in diesem Gedankengebäude ebenso wie die anderen Begriffe des Autors eine idealistische Abstraktion; in der historischen Diagnose der zeitgenössischen Kultur sind aber auch Elemente einer materialistischen Deutung enthalten. Rund fünfzig Jahre später konkretisierte Marx mit seinem Begriff der Entfremdung die Erkenntnis, der sich Schiller durch seine Gedanken über die Partialisierung menschlicher Arbeit annähert. Am bekanntesten ist sein umfangreicher Essay *Über naive und sentimentalische Dichtung* (1795/96), in dem er die ästhetische Beziehung zur Lebenstotalität auf zwei typologische Begriffe bringt: der „naive" Dichter akzeptiert die mythische Einheit der Natur und stellt sie ohne kritische Distanz dar, während der „sentimentalische“ (nicht „sentimentale“!) Dichter mit Vorbehalten an die Realität herantritt, weil er von Idealvorstellungen ausgeht. Aus dieser Typologie, die auf ähnliche Konstruktionen in der deutschen Ästhetik einwirkte, leitet der Autor Kriterien für eine Deutung der literarischen Gattungen ab, wobei er sich insbesondere mit der Elegie, der Idylle und der Satire beschäftigt. (Die bei der Verurteilung eines Zustandes ein positives Modell implizierende Satire gehört ganz der zweiten Kategorie an.) In allen seinen Abhandlungen setzt sich Schiller für die Auffassung ein, daß die Literatur ein autonomes Gebilde des menschlichen Geistes sei, dem eigene Gesetzmäßigkeiten und Traditionen zugrunde liegen; folglich sei es nicht gerechtfertigt, mechanisch Modalitäten der konkreten Wirklichkeit auf sie anzuwenden. Unbestreitbare Argumente zugunsten einer logischen (aber nicht gesellschaftlichen) Autonomie der Kunst erbrachte auch Goethe in seinem grundlegenden, wenn auch weniger bekannten Essay *Über Wahrheit und Wahrscheinlichkeit der Kunstwerke* (1798). Vom hohen Niveau der deutschen Literaturkritik jener Zeit zeugen auch die Arbeiten Wilhelm von Humboldts (1767–1835), der mit den Weimarer Dichtern in freundschaftlicher Beziehung stand. Als liberaler Politiker, preußischer Bildungsminister, Vertreter von Reformen im Geiste der Klassik, einflußreicher Sprachwissenschaftler, der sich um die Entwicklung der vergleichenden Linguistik verdient gemacht hat, ist Humboldt einer der vielseitigen Geister der Epoche. In seinen literaturkritischen Essays (z. B. *Ästhetische Versuche*, 1799) legte er seine Ansichten in bezug auf die zeitgenössische Literatur dar, wobei er die Konzeption des neuen Klassizismus aufnahm.

Philosophie in Versen wurden Schillers große Gedichte aus derselben Periode genannt, z. B. *Das Ideal und das Leben, Der Spaziergang, Die Ideale,* in denen die Gedankenwelt der ästhetischen Abhandlungen in einer rhetorischen Sprache erscheint, deren Begriffssystem durch Bildlichkeit und besonders durch zahlreiche Verweise auf die antike Mythologie durchdrungen ist. Dieser klassizistische Apparat verlangt vom Leser entsprechende Kenntnisse, und so kann man von einem bestimmten Typ der Bildungspoesie sprechen, die mit stilgerechtem Pathos die Wertvorstellungen des aufklärerischen Idealismus beschwört, vor allem aber die Bedeutung der Kunst für den Menschen. Schiller ist in ihr ganz ein „sentimentalischer“ Dichter im erwähnten Sinne. Interessant ist die Rezeptionsgeschichte. Wegen der Neigung des Autors, Gedanken sentenziös zu gestalten, wurden viele Verse, herausgelöst aus dem Kontext, im gebildeten Bürgertum zum Material für Zitatomanie. Die Romantiker dagegen spotteten über die Pathetik des Dramatikers. Ihre Vorstellung von einer intimen und klanglich verfeinerten Lyrik dominierte sehr lange, und so vernachlässigte man in der Geschichte der deutschen Poesie oft den Typus des Schillerschen reflektierenden Gedichtes. Großer Beliebtheit erfreuten sich seine Balladen: erzählende Gedichte aus der Welt der Sage und Kulturgeschichte, zuweilen der Anekdote nahestehend, stets pointiert in Einklang mit moralischen Wertbegriffen. Die Mehrheit dieser Texte, z. B. *Der Taucher, Die Bürgschaft, Die Kraniche des Ibykus, Der Ring des Polykrates,* wurde als Schullektüre verschlissen. Während Schiller (der mit Goethe über die theoretischen Bedingungen der Ballade, dieser literarischen Gattung ohne klassizistische Legitimation, Briefe wechselte) den Schwerpunkt eines solchen vergleichsweise leicht zugänglichen Textes in einer anthropozentrisch ausgerichteten Fabel sah, blieb Goethe in seinen im selben Jahr (1797) entstandenen Balladen in der Hauptsache dem irrationalen, magischen Typ (z. B. *Der Zauberlehrling, Der Gott und die Bajadere)* treu, wobei er sich durch die Betonung moralischer Werte dennoch Schillers Auffassung annäherte. Im allgemeinen sind Goethes Texte stilistisch vielschichtiger: in sprachlicher Hinsicht kennen sie alle Register, vom „volkstümlichen" humoristischen Ton bis zum verhaltenem Pathos hohen Stils.

Die letzten Lebensjahre Schillers gehörten einer Reihe großer Dramenwerke, die den Höhepunkt seines Schaffens bilden. In der Geschichte des europäischen Dramas stehen die höchsten Leistungen im Zeichen einer glücklichen Synthese von gesprochener und visueller Dramaturgie, von Wort und Szenenspiel. Eine solche Synthese gelang Schiller trotz verhältnismäßig ungünstiger Bedingungen, unter denen der Autor die Theateraufführung seiner Werke vorbereitete. In thematischer Hinsicht fesselte ihn fast ausnahmslos das Problem der historischen Persönlichkeit, unter psychologischen und gesellschaftlichen Aspekten. Den Reigen der späten Dramen (in Versen) eröffnet das „dramatische Gedicht" *Wallenstein* (1800) mit den drei Teilen: *Wallensteins Lager, Die Piccolomini* und *Wallensteins Tod.* Dieses umfangreichste Drama des Autors kann man kompositorisch mit einer Pyramide vergleichen: es wächst auf einem breiten Fundament empor (Vorspiel *Wallensteins Lager*), das die Person des kaiserlichen Heerführers im Dreißigjährigen Krieg exponiert, ohne daß die Persönlichkeit anwesend ist, während es im zweiten und dritten Teil durch Konzentration auf den Konflikt der Hauptgestalten eine gewaltige Steigerung erzielt. Das Vorspiel ist ein buntes, gleichsam „episches" Panorama des lagernden Heeres. In technischer Hinsicht ist es ein Versuch, die Hauptgestalt auf der Basis ihrer Widerspiegelung im kollektiven Bewußtsein zu charakterisieren. Je weiter sich die Handlung des Dramas entwickelt, desto mehr verengt sich das Sichtfeld, bis zum Schluß nur noch Wallensteins persönliches Schicksal bleibt. Aber hier ist auch der individuelle Fall historisch determiniert. Schiller ist der erste Dramatiker überhaupt, der beim Aufbau eines Dramas von seiner künstlerischen Vorgangsweise her die Einheit des Dichters und des Historikers wahrt. *Wallenstein* ist das erste im vollen Sinne historische Drama der neueren europäischen Literatur, ein Werk, das deshalb die Frage aufwirft, was an einem Text, der fast gänzlich authentischem Material folgt, kreativ sei. Die Antwort, die das Drama gibt, erfolgt im Sinne von Lessings und Schillers Dramentheorie: daß es letztlich belanglos ist, in welchem Ausmaß ein literarisches Werk der Historie entspricht; es entscheiden allein die Paradigmatik und die symbolische Bedeutung der Vorgänge. Aus dieser Sicht ist *Wallenstein* mehr als nur eine anregende, wirkungsvoll gestaltete Vergegenwärtigung der Vergangenheit; in den Ereignissen um die Intrigen der Offiziere und die ehrgeizigen Absichten Wallensteins, sich mit allen Mitteln, selbst mit Verrat, die Voraussetzungen zu schaffen, die seinen – objektiv gerechtfertigten – politischen Zielen entsprechen, ist ein Drama des politischen Handelns enthalten, besonders im Konflikt zwischen dem Heerführer und dem idealistischen jungen Max Piccolomini, der Wallensteins Taktieren, seinen politischen Pragmatismus, nicht begreift und lieber in den Tod geht. Eindrucksvoll ist auch das psychologische Porträt Wallensteins, eines Menschen, der, zwischen Selbstbewußtsein und Wankelmut zerrissen, unfähig ist, im richtigen Moment Entscheidungen zu treffen und an sich selbst zu glauben. Damit stellte Schiller, anders als Shakespeare in *Hamlet,* eine Persönlichkeit in einer Epoche des Umbruchs zwischen magischem Glauben und rationalem Individualismus dar.

Ziemlich frei verfuhr der Autor mit dem historischen Stoff in der Tragödie *Maria Stuart* (1801); das virtuos aufgebaute analytische Drama ist Schauplatz politischer Intrigen und individueller Konflikte der Leidenschaft und des Gewissens, ausgerichtet auf die Rivalität zweier Königinnen, der englischen Elisabeth und Maria Stuart, die ihr Drama erleben, wobei jede ihre Wahrheit und ihre Schuld besitzt. Eine Art dramatischer Phantasie über historische Themen ist die „romantische Tragödie“ *Die Jungfrau von Orleans* (1802), die eine bekannte Episode aus der französischen Geschichte in die Sphäre idealistischer Deutung hebt. Das psychologische Gewissensdrama verwandelt sich am Ende in eine phantasievolle moralische Apotheose. Es ist dies Schillers einziges Werk, in dem die poetische Freiheit völlig auf Kosten der realen bzw. möglichen Erfahrung vorherrscht. Der historischen Überlieferung näher steht das Schauspiel aus der Schweizer Vergangenheit *Wilhelm Tell* (1804), das wegen seiner leicht verständlichen ideologischen Botschaft, die den Aufstand gegen die fremden Unterdrücker – vor allem auch individualpsychologisch – motiviert, sowie wegen der dem Volksschauspiel nahestehenden wirkungsvollen Machart populär ist. Die stilistische Einheit von Sprache und Handlung sichert indessen auch diesem Werk einen Platz unter den großen Dramen. In der Schweiz galt *Wilhelm Tell* lange als nationales Stück. Problematisch ist Schillers Versuch, im Trauerspiel *Die Braut von Messina* (1803) Geist und dramatischen Stil der antiken Tragödie (mit Chor) zu erneuern. Verglichen mit den übrigen Dramen wirkt die schicksalhafte Handlung (verfeindete Brüder verlieben sich in ein Mädchen, ohne zu wissen, daß es sich um ihre leibliche Schwester handelt) nicht überzeugend. Nach den beendeten Abschnitten und der Fülle von Notizen zu dem Drama aus der russischen Geschichte *Demetrius* – einem Stoff, dessen sich später Puškin beim Verfassen des *Boris Godunov* bediente – zu urteilen, hat der Tod die Arbeit an einem Werk unterbrochen, das durch Gewichtigkeit der Konzeption *Wallenstein* gleichgekommen wäre. Schillers Ansehen im Europa des 19. Jahrhunderts beruhte auf einer seinem Werk nicht ganz adäquaten Rezeption. Die Romantiker aus anderen Ländern zog das freiheitliche Pathos seiner frühen Dramen und besonders die historische Thematik an. Aber das Bild ist im allgemeinen verzerrt: schablonenhafte Aufführungen der Dramen und zweifelhafte Bearbeitungen, auch in Form von Opernlibrettos, riefen zu einem späteren Zeitpunkt Ablehnung gegenüber dem Autor hervor, der auf wirkungsvolle Rhetorik und idealistische Phrase reduziert wurde. Erforderlich ist eine angemessene, komplexe Betrachtung, um den Wert der szenisch-literarischen Gesamtheit und den Beziehungsreichtum dieser Problemdramatik zu entdecken.

Eines von Schillers Verdiensten ist, daß er Goethe anspornte, seine Arbeit am *Faust* fortzusetzen. So wurde achtzehn Jahre nach dem *Fragment* das Hauptwerk

Faust in der Studierstube: *die Lithographie gehört zu den Illustrationen, die Eugène Delacroix (1799–1863) zu Goethes* Faust *anfertigte.*

des Dichters, eine der universalen Dichtungen der Weltliteratur veröffentlicht: die „Tragödie" *Faust* (mit dem späteren Zusatz: Erster Teil, 1808). Die Thematik des *Faust* beschäftigte Goethe etappenweise schon von Jugend an, und so lassen sich in der Endfassung die Spuren der gedanklichen und stilistischen Wandlungen des Dichters erkennen – wie Schichten, die die Aufschwünge der Schaffensbiographie spiegeln. Der Autor wandte sich ausdrücklich dagegen, dieses „inkommensurable" Werk als Ausdruck einer bestimmten, abstrakt verstandenen Idee zu deuten; er bekräftigte stets, daß sich das auf den Seiten des *Faust* dargestellte reiche und mannigfaltige Leben einer begrifflichen Definition widersetze. Dennoch begrüßte die Kritik anläßlich des *Fragments* schon damals ein Werk, das, würde es vollendet sein, ein „Spiegel des Lebens der Menschheit in Vergangenheit, Gegenwart und Zukunft" sein würde. Was die Zeitgenossen nur ahnen konnten, bestätigte die Endfassung. Das Werk offenbart seinen Sinn und seine Strukturiertheit, wenn man das Ganze als Drama einer symbolischen Persönlichkeit begreift, in deren Schicksal und Streben sich die Entwicklungstendenzen einer Reihe von Epochen der neueren europäischen Kultur äußern. Goethes gleichzeitig abstrakte und individuelle Hauptgestalt ist so gedacht, daß sich ihre phantastischen Abenteuer und Wandlungen über die Ebene einer realen Persönlichkeit erheben; als Verkörperung einer anthropologischen Synthese ist sie allerdings keine unpersönliche Gestalt wie einige ähnlich konzipierte Figuren in expressionistischen Dramen. Fausts Gestalt ist von historischen Elementen durchdrungen, aber diese determinieren ihn nirgendwo völlig. Vermittelt über den älteren literarischen Stoff, zog den Autor die Erzählung über den „Wundertäter“, den Scharlatan aus dem 16. Jahrhundert an, aus einem Zeitalter, das, noch immer von mittelalterlichen Formen des Aberglaubens belastet, eine Epoche des Umbruchs auf dem Weg zu neuen Wirtschafts- und Gesellschaftsformen durch die Beherrschung der Natur darstellte. All das ist in der Welt, aus der die Überlieferung von Faust stammt, gegenwärtig, und Goethe faßte, von den Widersprüchen jener Epoche und seiner Zeit ausgehend, die historischen Erfahrungen in Symbolen zusammen und verband sie mit dem Leben seiner Gestalten. Reale historische Merkmale trägt auch das Milieu, in dem sich einige Szenen abspielen: besonders die Auftritte episodenhafter Gestalten und die Szenen auf den Straßen der Stadt zaubern durch anschauliche Details ein Bild vom Leben in einer Kleinstadt vergangener Jahrhunderte herbei, aber auch das Bild Frankfurts aus der Jugendzeit des Dichters. Dieses Lokalkolorit und die Atmosphäre durchdringen auch die phantastischen Szenen, z. B. den grotesken Reigen der Erscheinungen aus der Volksmythologie in der Walpurgisnacht. Im historisch gefärbten Milieu, in dieser „kleinen Welt“ irgendeiner Kleinstadt mit engen Gassen, ist der Ort der zentralen Episode des Ersten Teils. Fausts Liebesabenteuer und Gretchens Lebenstragödie bildeten das Kernstück der frühesten, zu Lebzeiten des Autors unveröffentlichten Fassung des Werkes (des „Urfaust“). Auf Goethe übte das Motiv des verführten Mädchens und der Kindesmörderin, das neben seiner Aktualität auch eine tiefere Bedeutung hatte, weil es die verlogene Moral in den zwischenmenschlichen, vornehmlich den erotischen Beziehungen erhellte, einen tiefen Eindruck aus. Auch das Schicksal der schlichten Bürgertochter zeigt, daß die Befriedigung persönlichen Glücks im Gegensatz zu den starren gesellschaftlichen Konventionen steht: dem Mädchen, das ohne Aussicht, eine Ehe eingehen zu können, schwanger geworden ist, bleibt nur eine Verzweiflungstat übrig, die es zuletzt zum Richtplatz führt. In der Endfassung des Werkes ist dieser Teil des Dramas etwas zurückgedrängt worden, und so ist Fausts Begegnung mit Gretchen nur eine der Episoden in der Ereigniskette, die das kompositorische Gefüge bildet.

Fausts Bestrebungen überschreiten die Grenzen der „kleinen Welt“. Goethes gereifte Konzeption entwickelt sich deshalb aus Fausts Begegnung mit Mephistopheles, einer Gestalt, die die eigentümlich treibende Kraft der Handlung wird. Aus dieser Sicht ist das Werk eigentlich ein großes Zwiegespräch der beiden Gegenspieler, ein Dialog, in dem ihre Ansichten und Erkenntnisse einmal aufeinanderprallen und sich ein anderes Mal miteinander verbinden. Der Autor verlieh Mephistopheles einige äußere Merkmale der Teufelsgestalt, die aus dem mittelalterlichen Aberglauben herrühren. Aber Fausts geistiger Widersacher ist nicht nur ein mythischer Vertreter des Bösen, der ihm seine Seele entreißen will. Goethes einzigartige schöpferische Leistung ist darin zu sehen, daß er ein mythisches Motiv umgestaltete, indem er ihm eine neue Bedeutung verlieh. Mit Faust, dem wegen seiner Mißerfolge bei den Versuchen, das Wesen des Lebens zu erkennen, enttäuschten Gelehrten, schließt Mephistopheles einen Pakt, der ihm die magische Erfüllung aller irdischen Wünsche und Freuden verspricht, eine Vereinbarung, die Faust annimmt, aber unter einer Bedingung:

Werd' ich beruhigt je mich auf ein Faulbett legen,
So sei es gleich um mich getan!
Kannst du mich schmeichelnd je belügen,
Daß ich mir selbst gefallen mag,
Kannst du mich mit Genuß betrügen,
Das sei für mich der letzte Tag!
- - - - - - - - - - - - - - - - -
Werd' ich zum Augenblicke sagen:
Verweile doch! du bist so schön!
Dann magst du mich in Fesseln schlagen,
Dann will ich gern zugrunde gehn!
Dann mag die Totenglocke schallen,
Dann bist du deines Dienstes frei,
Die Uhr mag stehn, der Zeiger fallen,
Es sei die Zeit für mich vorbei!

Faust geht es nicht um vorübergehende Genüsse; ihn erfüllt das grenzenlose Streben nach Erkenntnis überhaupt, nach der Entdeckung von neuen, noch nicht erprobten Möglichkeiten menschlichen Daseins in der realen Welt. Darin äußert sich der symbolische Kern von Fausts Gestalt. Mephistopheles hilft ihm dabei, auch er ist Teilnehmer an diesem Prozeß. Die Dialektik von Mephistopheles, dem blendenden Zyniker und scharfsichtigen Gesellschaftskritiker, ist schon in den Worten enthalten, mit denen er sich vorstellt: „Ein Teil von jener Kraft, die stets das Böse will und stets das Gute schafft." Unter seiner Führung wird Faust die Welt – jene Seiten des Lebens kennenlernen, die sein Begleiter ihm anbietet. Aber Faust bleibt in den entscheidenden Momenten sich und seinem Streben treu; wo Mephistopheles Animalität anbietet, entdeckt Faust die Tiefe der Gefühle und die Schönheit. Seine mit der Dialektik seines Antagonisten übereinstimmende Widersprüchlichkeit liegt darin, daß die schöpferische Unruhe, die ihm Ausdauer garantiert und ihn vor der Gefahr der Erschlaffung bewahrt, gleichzeitig seine Rücksichtslosigkeit steigert, die in der tragischen Schuld gegenüber Gretchen ausgedrückt wird. Sowohl Faust als auch Mephistopheles sind – weit davon entfernt, schematische Widersacher zu sein – sehr komplexe Gestalten. Mephistopheles' historische Dimension äußert sich auch in der kritischen Einschätzung der gesellschaftlichen Entwicklung: die Thematik des Werkes durch Erfahrungen aus der „großen Welt" ausdehnend, sagt der teuflische Kommentator, dem Goethe viele menschliche Züge verliehen hat, zynisch die nackte Gewalt des Geldes und der politischen Macht in einem neuen Stadium wirtschaftlicher Konkurrenz voraus. Im Zweiten Teil von *Faust* tritt die Erkenntnis gesellschaftlicher Prozesse dann in den Mittelpunkt.

Goethe nannte sein größtes Werk eine Tragödie. Die individuellen Schicksale einzelner Gestalten entsprechen sicherlich diesem Begriff. Aber in Fausts Lebensweg läßt sich eine sinnvolle Gesetzmäßigkeit ahnen, die eine Tragödie eigentlich transzendiert. Mit Hegel darin übereinstimmend, daß der Fortschritt der Menschheit individuelle Tragödien herbeiführe, aber sein letzter Sinn sich dieser Katego-

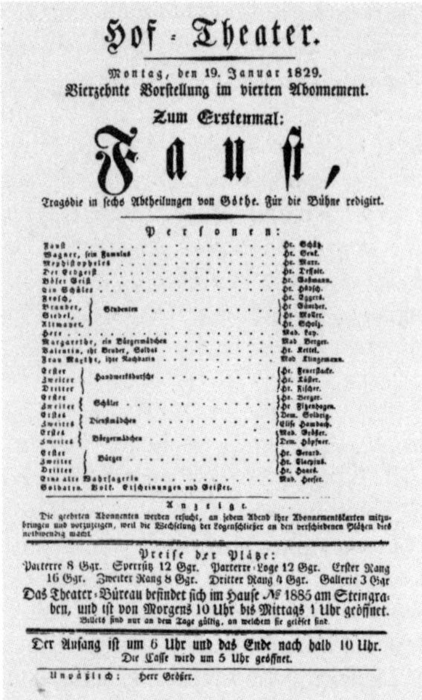

Johann Wolfgang von Goethe, Faust *(mit dem späteren Zusatz: Erster Teil, 1808). Plakat für die Uraufführung der Tragödie am Hoftheater in Braunschweig vom 19. Januar 1829. Der dem Theater angepaßte Text hatte in dieser Fassung sechs Szenen.*

rie entziehe, entfernte sich der Autor im zweiten Teil seiner Dramenphantasie *(Faust. Der Tragödie Zweiter Teil,* vollendet 1831, veröffentlicht 1832), noch weiter von der gewohnten Vorstellung von der Tragödie, indem er sich gleichzeitig auch von der konventionellen Komposition des Dramas entfernte. Dieser Text ist in der Tat „inkommensurabel" und widersetzt sich jeder strengen Klassifizierung. Zwar ist im wesentlichen die Dialogform beibehalten, aber die einzelnen Episoden, die poetischen Zyklen von relativer Selbständigkeit gleichen, sind mit so viel künstlerischer Freiheit gestaltet, daß die formale Einheit hintangesetzt ist. In einer revueartigen Folge mit allegorischen Szenen reihen sich Fausts und Mephistopheles' Abenteuer aneinander: die Begegnung mit der Welt der Politik und Wirtschaft am Kaiserhof, der Reigen mythologischer Gestalten auf dem Boden antiker Kultur, dann die zentrale Episode mit Helena, der Verkörperung weiblicher Schönheit, eine tragisch endende Episode, und schließlich Fausts letzte Begeisterung, als er als Kolonisator die Zufriedenheit der freien menschlichen, in schöpferischer Tätigkeit vereinten Gemeinschaft zu ahnen meint. Im visionären Moment stirbt Faust, und Mephistopheles meint frohlockend, die Wette gewonnen zu haben. Sein universaler Nihilismus hat dennoch nicht das letzte Wort. Das Werk, ein metaphysisches Kabarettprogramm gleichsam, schließt mit der Errettung Fausts, einer Errettung, die trotz der mystischen Symbolik konsequent im Geiste der deutschen klassischen Literatur und Philosophie ist. Das Streben nach der Befreiung menschlicher Kreativität ist eine aufklärerische Antwort auf den Nihilismus und darf, Goethes Auffassung zufolge, im Kampf mit ihm nicht unterliegen.

Ein Jahr nach dem Ersten Teil des *Faust* veröffentlichte Goethe den Roman *Die Wahlverwandtschaften,* in dem er sich der unmittelbaren gesellschaftlichen Wirklichkeit seiner Zeit zuwandte. Aus der Fülle der Lebenserfahrungen näherte sich Goethe der Problematik der Ehe und der Ehekrisen auf eine Weise, die ihm trotz der ethischen Strenge des Werkes ein Teil der Kritiker verübelte: wegen seiner Offenheit in der Darstellung der Erotik, die auf tragische Weise mit dem Prinzip der ehelichen Treue kollidiert, wurde ihm sogar Amoralität vorgeworfen. Die Psychologie der Erotik ist auch die Grundlage des Gedichtbandes *West-östlicher Divan* (1819), der einen der Wendepunkte in der literarischen Biographie des alten Goethe bezeichnet. Allmählich von der einseitigen klassizistischen Orientierung abgehend, erweiterte der Dichter, der die romantischen Bestrebungen kennengelernt hatte, seinen literarischen und kulturgeschichtlichen Gesichtskreis durch das Interesse für den breiten Raum der „Weltliteratur", wie er selbst die geistige Alternative zum Eurozentrismus nannte. So gelangten in sein Weimarer Arbeitskabinett unter anderem Werke der spanischen Literatur, Vuk Karadžićs Sammlung von Volksdichtung und – ebenfalls in Übersetzung – orientalische Poesie. Von den Versen des persischen Dichters Hafiz angeregt, tauchte Goethe in seinem *Divan* in die Welt östlicher Tradition ein und schuf ein virtuoses Werk, erfüllt von verhaltener Freude bei der Evokation von Liebeserfahrungen.

Die letzten Jahrzehnte des Dichters wurden in großem Ausmaß dem Rückblick gewidmet. Die Erinnerungen an Kindheit und Jugend bis zur Abreise nach Weimar gingen in die umfangreiche, wenn auch fragmentarische Autobiographie *Aus meinem Leben; Dichtung und Wahrheit* (1811–1814, Fortsetzung 1831) ein. Die Vergangenheit wird in diesem Prosawerk mit den Augen eines Schriftstellers betrachtet, der sein Leben einer zurechtrückenden Sicht unterordnet. Dennoch ist die Schrift ein kulturgeschichtliches Zeugnis von großem Informationswert. Von den übrigen biographischen Beiträgen sind seine Aufzeichnungen über den Aufenthalt in Italien (*Italienische Reise*, 1829) hervorzuheben. Eine wirkliche Summe an Lebensweisheiten enthält die postum gesammelte aphoristische Prosa (*Maximen und Reflexionen*). Die Erkenntnisse eines langen und reichen Lebens – Betrachtungen über Kunst, Naturwissenschaft, Geschichte, Psychologie – lassen eine innere Einheit der Gedankenwelt des Autors erkennen. Die Biographie des alten Goethe schrieben indirekt die Zeitgenossen, die sich um den berühmten Autor sammelten. Die Stadt Weimar war damals eines der europäischen Literaturzentren, ein geistiger Sammelpunkt von Schriftstellern und Philologen aus verschiedenen Ländern, die kamen, um Goethe zu besuchen. Der Verfasser des *Faust* und des *Werther* zog seine Konzeption der Weltliteratur nicht nur aus seiner Kenntnis der Werke vieler Epochen, von der altindischen und chinesischen Literatur bis zu Stendhal; sein Alltag in den letzten Lebensjahren bestätigte die Realität seiner Gedanken über eine Kultur, die keine nationalen Grenzen anerkennt.

Die breite Spannweite von Goethes Zeitalter umfaßt einige literarische Epochen. Die literaturgeschichtliche Periodisierung, die mit den Begriffen Empfindsamkeit, Sturm und Drang, Weimarer Klassik, Romantik und ähnlichen Kategorien operiert, stellt indessen kein System dar, das alle literarischen Strömungen

Friedrich Hölderlin *(1770–1843)*

eines bestimmten Zeitraums ohne Rest erfassen kann. Benennungen, die dafür geeignet sind, das Geflecht der Tendenzen überschaubar zu machen, dürfen kein Instrument gewaltsamer Korrektur sein. In der deutschen Dichtung um 1800 gibt es einige Autoren, deren stilgeschichtliche Bestimmung umstritten ist, deren Schaffen daher, ganz abgesehen vom künstlerischen Wert, geeignet ist, als eine dauernde Herausforderung der Systematik zu gelten. Gemeint sind der Lyriker Hölderlin, der Erzähler Jean Paul und der Dramatiker Heinrich von Kleist.

Der Weimarer Kunstauffassung steht FRIEDRICH HÖLDERLIN (1770–1843), ein Dichter, der seine Zeitgenossen begeisterte und verwirrte, der in philosophischer Hinsicht dem Idealismus zugeneigt, in politischer Hinsicht Anhänger der Revolution war, verhältnismäßig am nächsten. Mehr als ein halbes Jahrhundert nahezu vergessen, gilt er heute als einer der größten poetischen Visionäre der europäischen Literatur. Gewisse Widersprüche erklärt sein Lebenslauf. Das stärkste historische Erlebnis des jungen Hölderlin, des Tübinger Studenten, war die Französische Revolution. Zusammen mit seinen Landsleuten Hegel und Schelling, seinen damaligen Freunden, begrüßte er die Revolution, die Hegel später die Morgenröte eines neuen Zeitalters nannte. Im Gegensatz zur Mehrheit seiner Zeitgenossen distanzierte er sich in keiner Phase der Ereignisse in Frankreich von der Idee der gesellschaftlichen Umwälzung. Selbst in den Jahren von Napoleons Aufstieg, als – wie bei Beethoven – eine Enttäuschung wegen der politischen Revision der ursprünglichen Ziele erfolgen mußte, hoffte der Dichter krampfhaft, daß die französischen Siege irgendwelche Früchte tragen würden. In seinen Gedichten taucht die revolutionäre Begeisterung allerdings nur gedämpft auf bzw.

in Anspielungen. Das entspricht auch allgemein dem lyrischen Stil Hölderlins, der in allen Phasen zu einer äußerst abstrakten Sublimierung der Erlebnisse neigt. Ihm ist gleichermaßen fremd die Unmittelbarkeit der rhetorischen Agitation, wie z. B. bei Schubart, den er ansonsten schätzte, und die Intimität der musikalischen Lyrik, wie sie die Romantiker pflegten. Der junge Hölderlin nahm sich Klopstock und besonders Schiller, der für ihn in vielerlei Hinsicht Mentor war, zum Vorbild. In Schillers Zeitschriften erschienen die Gedichte des noch unbekannten Autors, der sich wegen seiner komplizierten Natur und moralischer Skrupel schwer tat. Über Zeitschriften und Sammlungen verstreut, wurden Hölderlins Gedichte in größerer Auswahl erst 1826 veröffentlicht, in einer Zeit, als der Autor nicht mehr in der Lage war, die Herausgabe selbst zu besorgen.

Hölderlin ist ein Dichter der Ideen, der poetischen Begeisterung für ideale Werte, die für den von seinen Arbeitgebern unverstandenen und gering geschätzten bescheidenen Hauslehrer in seiner konkreten Lebenserfahrung unerreichbar blieben. Charakteristisch ist, daß in seinem gesamten Schaffen Hymnen, Oden und Elegien dominieren, die traditionellen Gattungen, die durch Trennung des lyrischen Ich vom Objekt der Bewunderung oder Sehnsucht gekennzeichnet sind. Hölderlins Sprachkunst ist ein Pathos utopischer Sehnsucht nach Entgrenzung, nach Freiheit, Schönheit und Jugend (in gereimten Hymnen, die Anfang der neunziger Jahre in Tübingen entstanden) oder ein Pathos der Trauer wegen des verflossenen Glücks der Menschheit, wegen des Untergangs der einzigartigen Kultur des griechischen Altertums (im Gedicht *Griechenland,* 1794). Wie Schiller in dem Gedicht *Die Götter Griechenlands,* ist Hölderlin einer der Urheber des deutschen Mythos von der Antike, des intellektuellen Traums idealistischer Kulturgeschichte. Im Glauben an die unvergängliche Gültigkeit einer Epoche, in der Schönheit und Vernunft, der einzelne und die Gemeinschaft nicht im Gegensatz zueinander standen, paßte der Dichter seinen Vers, darin der Weimarer Klassik folgend, der antiken Tradition an. Die Gedichte, die in Frankfurt am Main und im nahegelegenen Homburg in den neunziger Jahren entstanden, sind eine reife reflexive Lyrik in elegischen Distichen, in Hexametern und in antiken Odenstrophen; ihre Sprache ist gesetzter, dem stilistischen Ideal des klassizistischen Maßes näher, und der allegorische Typ der früheren Gedichte tritt zurück zugunsten einer Symbolik aus dem Bereich der Natur, besonders der Pflanzenwelt. Aber auch bei der Anrufung der Natur bleibt Hölderlin oft eigentümlich abstrakt. Für die Romantiker ist die Natur eine Wahrnehmungsquelle und eine Quelle der Stimmung; für Hölderlin ist sie ein Abglanz der Ideen, und daher unterscheiden sich die sprachlichen Zeichen aus der Welt der Dinge nicht wesentlich von abstrakten Begriffen. Ein solches Verständnis von Dichtersprache begünstigte die Rezeption von Hölderlins Poesie um 1900: sie wurde von den Dichtern und Philologen des George-Kreises vollzogen.

Hölderlins *Werther* ist der Roman *Hyperion oder Der Eremit in Griechenland* (1797–1799), ein Werk in Briefform. Den historischen Anstoß dazu gab einer der damaligen Aufstände des griechischen Volkes gegen die Türkenherrschaft. Doch *Hyperion* ist kein historischer Roman, sondern eher eine Dichtung in lyrischer und reflexiver Prosa, eine Art Elegie über die ruhmreiche Vergangenheit und die traurige Gegenwart Griechenlands. Der Titelheld ist ein Idealist der Revolution, der in einer Welt utopischer Phantasie lebt; angesichts der unvollkommenen Realität zieht er sich am Ende in die Abgeschiedenheit zurück. Die Frauengestalt Diotima, das Genie griechischer Schönheit, ist das literarische Denkmal von Hölderlins Liebe zu Susette Gontard, der Frau des Frankfurter Bankiers, bei dem der Dichter Hauslehrer war. Das einzige Drama, die fragmentarische Tragödie *Der Tod des Empedokles* (erste Fassung 1799) ist eine dialogische Hymne, eine philosophische Dichtung über einen Denker und Politiker, der seinen Mißerfolg beim Versuch, die Tyrannei durch eine vernünftige und humane Staatsordnung abzulösen, mit dem Freitod bezahlt. Die letzten großen Elegien und Hymnen (z. B. *Der Archipelagus, Brot und Wein, Der Rhein, Friedensfeier*) entstanden in der schon von seiner Krankheit überschatteten Zeit, die 1806 den Dichter brechen sollte. Bis zu seinem Tod lebte er in geistiger Umnachtung vereinsamt in Tübingen. Diese späten Gedichte, von ekstatischer Haltung, in einer hermetischen, vieldeutigen Sprache, feiern die Synthese des antiken Geistes mit der in der Heimatlandschaft erlebten Wirklichkeit. Durch eine ungewöhnliche, außerordentlich intensive Bildhaftigkeit zeichnen sich zwei kürzere Gedichte aus dieser Zeit aus: *Hälfte des Lebens,* das von der Vorahnung des Winters, der Einöde ins Leben bringen wird, durchdrungen ist, und *Andenken,* eine Erinnerung an die Landschaften Südfrankreichs. Die Reinheit der Bilder ist in ihnen stärker als jede Begrifflichkeit. Es ist übrigens an der Zeit, daß die Kritik dem *Künstler* Hölderlin mehr Aufmerksamkeit schenkt, nachdem zahlreiche philosophische Interpretationen erschienen sind, die den Dichter abwechselnd für fast alle idealistischen philosophischen Systeme unseres Jahrhunderts beanspruchen.

Die Exaltiertheit, die manche Zeitgenossen Hölderlin vorwarfen, konnte auch bei Heinrich von Kleist (1777–1811) wahrgenommen werden. Unruhig, sprunghaft und von schweren Krisen zerrüttet war sein Leben. Unzufrieden mit dem Dienst, verzichtete er auf eine Karriere im preußischen Offizierskorps und begann, seinem Wunsch nach Bildung entsprechend, zu studieren; aber seine Begegnung mit dem kritischen Skeptizismus in Kants Philosophie brachte ihn zur Verzweiflung und weckte in ihm gleichzeitig irrationalistische Neigungen. Er gab sein Studium auf und reiste, ständig von einer inneren Unruhe gejagt, durch Deutschland, die Schweiz und Frankreich, auf der Suche nach – in erster Linie literarischer – Bestätigung. Als Redakteur von Zeitschriften und Zeitungen hatte er nicht viel Erfolg, als Schriftsteller stieß er auf nur schwache Resonanz. Zur Zeit der Napoleonischen Kriege und anderer politischer Ereignisse in der Heimat verlor er, nervlich zerrüttet, zeitweise die Orientierung, und seine Reaktionen wurden immer extremer. In seinen letzten Lebensjahren geriet der einstige Anhänger Rousseaus, der über die Eroberungspolitik der Regierung in Frankreich aufgebracht war, zum Fürsprecher des deutschen Nationalismus. Seine größeren Werke blieben dennoch, wenn man von dem Drama *Die Hermannsschlacht* (1806) absieht, davon verschont. Gegen Ende 1811 verübte er, nach einer Reihe von Mißerfolgen verbittert, in ruhiger Überlegung Selbstmord. Sämtliche Dramen und Erzählungen Kleists entstanden in den letzten zehn Lebensjahren. Die erste Publikation, das Drama *Die Familie Schroffenstein* (1803), ist eine Schicksalstragödie von verfeindeten Familien, die Opfer eines blinden Fatums werden. Die Täuschungen, die dabei eine Rolle spielen, sind ein charakteristisches Motiv seines Schaffens. Kleist, der von Shakespeares und Schillers Dramaturgie ausging, fand seinen Ausdruck als Dramatiker zwischen Klassizismus und Romantik, als Dramatiker des Scheins, der Täuschungen und Verwirrungen, der rätselhaften Situationen und überraschenden Wendungen, in denen die Paradoxien des menschlichen Lebens sich abzeichnen. Im Gegensatz zu Schiller sind Kleists Gestalten eher gefühlsmäßig als moralisch, mehr vom Unterbewußtsein als vom Bewußtsein bestimmt; sie erfassen die Dinge des Lebens intuitiv, wobei sie mit dem jeweils gültigen Normensystem in Konflikt geraten. Und dennoch bleiben diese Gestalten ganze Persönlichkeiten; sie sind noch nicht von der Desintegration erfaßt, die für das moderne Drama kennzeichnend ist (und das Kritiker in Abhandlungen über Kleist heute gern erwähnen, wobei sie ihn als Vorläufer der „absurden" Dramatik der menschlichen Existenz betrachten).

Ungewöhnlich ist Kleists Neigung, die Grenzen zwischen Tragödie und Komödie zu verwischen oder gar zu beseitigen bzw. für das Drama einen Ort in jenem schwer definierbaren Grenzgebiet zu bestimmen, wo die Kategorien ineinander übergehen. Daher tendieren die Komödien bei ihm zur Groteske und die Dramen mit tragischen Konflikten zu einer versöhnlichen Lösung. Die ersten beiden bedeutenden Werke sind Komödien, in denen die Heiterkeit von Beklommenheit überschattet wird: *Amphitryon,* nach Molière (1807) und *Der zerbrochene Krug* (1808, der vollständige Text wurde erst 1811 veröffentlicht). Die Komödie über den zerbrochenen Krug zeigt mit analytischer Technik die Entwicklung eines Prozesses am Dorfgericht, vor dem ein rätselhafter Einbruch verhandelt wird. Die tiefe Symbolik dieses Meisterwerkes, in dem sich die geschickte Führung der kriminalistischen Fabel und die geistreiche Charakterisierung des Milieus ideal ergänzen, offenbart am Ende die Entflechtung: es stellt sich heraus, daß der Richter selbst alle Straftaten begangen hatte und er im Grunde gegen seine eigene Person verhandelte, indem er den Prozeß gegen „unbekannt" führte. Auf diese Weise ist die Komödie eigentlich eine beziehungsreiche, aktualisierbare Parabel über die Identität von Wahrer und Brecher des Gesetzes. An Paradoxien fehlt es noch weniger in Kleists Version von Molières *Amphitryon,* mit einer stärker betonten psychologischen Durchleuchtung der Reaktionen auf die Willkür Jupiters, der in Gestalt des Heerführers Amphitryon dessen Frau verführt. Sich mit der subjektiven und moralischen Problematik der Täuschung befassend, bewegt sich Kleist hier als Philosoph auf dem Gebiet der Komödie. Ein Drama der Täuschung und der blinden Leidenschaft gestaltet die Tragödie *Penthesilea* (1808), wo nach einem Stoff aus der Zeit Homers der Konflikt zwischen den Gebräuchen der archaischen Gemeinschaft und dem individuellen Empfinden dargestellt wird. Die Möglichkeit einer Theateraufführung außer acht lassend, stützte sich der Autor ganz auf sprachliche Dramaturgie. Allein sein Vers ist weder hier noch in anderen Dramentexten starr deklamatorisch, sondern wirkt im Gegenteil – von der Lebendigkeit der Sprache im Dialog getragen – affektiv und lebhaft. Vers und Prosa lösen einander ab im „Ritterdrama" *Das Käthchen von Heilbronn* (1808), einem Schauspiel, das dem romantischen Theater modischer

Prinz Friedrich von Homburg: *das Rollenbild zu Kleists letztem Drama (um 1810 entstanden und 1821 uraufgeführt) zeigt Martin Benrath, Anna Damman und Clara Maria Skala in der Düsseldorfer Inszenierung von Felsenstein aus dem Jahr 1958.*

Art am nächsten kommt. Der Wunsch, es dem Publikum recht zu machen, regte den Schriftsteller an, sein Inventar populärer Motive aus dem Bereich der Zaubermärchen, okkulter Phänomene und eines literarisierten Mittelalters zu schöpfen. Das Ergebnis erinnert an ein Bild eines akademischen Malers, das für eine Ausstellung von Sonntagsmalern bestimmt ist. Ein Werk großer künstlerischer Reife ist sein letztes Drama, *Prinz Friedrich von Homburg* (1810, veröffentlicht 1821). Der preußische Hof hintertrieb seinerzeit die Aufführung, vor allem, weil die Hauptgestalt des Werkes nicht ganz der ideologisch normierten Gestalt eines preußischen Offiziers entsprach. Das Drama ist auf einem für Kleist sehr charakteristischen Konflikt aufgebaut. Der Titelheld, ein preußischer General, gerät in eine paradoxe Lage: Nachdem er in einer Schlacht aus Unachtsamkeit gegen die Vorschrift verstoßen hat, wird er trotz des erkämpften Sieges zum Tode verurteilt. Im Angesicht des Todes kämpft er – in einem der größten Auftritte der Dramenliteratur – um sein nacktes Leben, das ihm in diesem Moment mehr als alle Ideologeme bedeutet. In dem Augenblick jedoch, wo man ihm in einer Weise, die er nicht für ehrenhaft hält, eine Begnadigung anbietet, nimmt er bewußt das Urteil an, indem er seiner persönlichen Moral folgt. Diese seine Entscheidung rettet ihm das Leben. Nach Hebbels Worten bewirkt die Angst vor dem Tode in Kleists Drama, was in der Tragödie sonst erst der Tod erreicht: die Katharsis und den moralischen Sieg. Der wie das ganze Drama vieldeutige, wenn auch versöhnliche Schluß, in eine magisch irreale Stimmung getaucht, ist Kleists utopische Vision, erfüllt von der Hoffnung auf die Humanität der Vernunft. Dieses Drama eines sensiblen Offiziers ist eine preußische *Iphigenie.* Mit seinen Erzählungen (zwei Bände, 1810 und 1811) gehört Kleist zu den Begründern der deutschen Novelle. Auch den Erzähler ziehen besonders außerordentliche, paradoxe Ereignisse, tragische Wendungen, Folgen von Dämonismus und schicksalhaften Irrtümern an, aber das vorherrschende Merkmal dieser Texte, von denen man einige als Prosaballaden bezeichnen kann, ist die Lebendigkeit der Handlung. Diese Geschichten von Grausamkeit, Gewalt und Tod sind sehr diszipliniert gestaltet. Die komplizierte Syntax in ihnen bewirkt einen adäquaten Erzählstil. Der wichtigste und bekannteste Text ist *Michael Kohlhaas,* eine umfangreiche Erzählung – nach einer Chronik aus dem 16. Jahrhundert – über einen Händler, der auf der Suche nach Gerechtigkeit selbst zum Rechtsbrecher wurde. Das Thema des Werkes ist die Dialektik des Rechts, in gewissen Sinne vergleichbar mit den Themen von Kleists Dramen. Eine Unterhaltungslektüre für die Zeitungen sind die Anekdoten des Schriftstellers, Prosaminiaturen am Rande literarischer Fiktion.

Anekdoten, Parabeln und andere kurze Erzählformen pflegte zur gleichen Zeit JOHANN PETER HEBEL (1760–1826), gebürtig aus Basel, kultureller Mentor der ungebildeten Leserschichten aus der oberrheinischen Gegend. Heute wird Hebels unprätentiöse Lektüre, die in protestantisch-aufklärerischem Geist für die Erfordernisse eines Volkskalenders geschrieben ist, zu Recht als vorbildliche Prosa gewertet. Kafka, Bloch, Walter Benjamin und viele andere nannten den Autor der Sammlung *Schatzkästlein des rheinischen Hausfreundes* (1811, nach dem Titel des erwähnten Kalenders) einen Klassiker der Parabel. Der Reiz der besten Texte Hebels liegt darin, daß menschliche Erfahrungen von langer historischer Dauer in einer tiefen Symbolik ausgedrückt werden, aber gleichzeitig so einfach und zugänglich sind, daß der Gegensatz von kultivierter und didaktisch-populärer literarischer Praxis verschwindet. Indem sie die Rezeption auf verschiedenen intellektuellen Ebenen befriedigen, regen Hebels Miniaturen zum Nachdenken über Fragen an, die seither kaum an Aktualität verloren haben.

Der Liebling der gebildeten Leser war zu jener Zeit JEAN PAUL (eigentlich Johann Paul Friedrich Richter, 1763–1825). Heutzutage sind die einstigen Erfolge eines Schriftstellers, dessen Werke so weit von jeglicher moderner Vorstellung von Popularität entfernt sind, schwer zu begreifen. Die Literarisierung des kulturellen Lebens um 1800 in Deutschland ist der Schlüssel zum Verständnis dieses Phänomens. Mit den Romantikern ist Jean Paul durch seine unbändige Phantasie und seine Neigung zur Groteske verwandt, aber auch durch seine Gleichgültigkeit gegenüber einer einheitlichen, streng durchgeführten Komposition; doch er unterscheidet sich von ihnen durch seinen humoristischen Zweifel an der metaphysischen Magie. Obwohl er seine Gestalten bisweilen nach dem Modell mondäner literarischer Helden zuschnitt, äußerte er versteckte Sympathien in der Poetisierung des „kleinen“ bürgerlichen Lebens, das er – nach eigenem Eingeständnis – liebte, aber nicht schätzte. So ist sein Humor Ausdruck eines lebendigen Widerspruches, angeregt von der Erkenntnis vom Zwiespalt, aber auch von der dialektischen Verbundenheit der absoluten Welt der Ideen und der nüchternen, bescheidenen Realität. (Eine Poetik des Humors formulierte er auf geistreiche Weise in seiner *Vorschule der Ästhetik*, 1804.) In seinen ersten Romanen (*Die unsichtbare Loge*, 1793, und *Hesperus*, 1795) nimmt er sich englische Romanschriftsteller, vornehmlich Fielding und Sterne, zum Vorbild, Autoren, die Lebenswege launenhafter oder feinfühliger Menschen darstellen. Die Schicksale leidenschaftlicher Persönlichkeiten, die von der mächtigen Welt der Phantasie angezogen werden, stehen im Mittelpunkt der späteren großen Romane (*Titan*, 1800–1803, *Flegeljahre*, 1805, *Der Komet*, 1822). Unzählige Abschweifungen des eigenwilligen Erzählers, der ganze Kapitel mit Früchten seiner Lektüre, kulturgeschichtlichen Abhandlungen, bizarren Einfällen und poetologischen Kommentaren füllt, kennzeichnen die komplizierte Struktur. In unserer Zeit ist das Interesse für solche Labyrinthe des Erzählens von neuem gewachsen; der moderne enzyklopädische Roman findet in ihnen eine der Quellen der Tradition.

8. Romantik

Es ist müßig darüber zu streiten, wessen Beitrag zur Romantik innerhalb der europäischen Literaturen bedeutender ist. In den Nationalliteraturen – und diese Kategorie trat in der bürgerlichen Kultur dieser Zeit immer stärker in den Vordergrund – hat jede dieser Bewegungen ihren eigenen Platz. Als sicher erscheint dagegen, daß auf die deutsche Romantik unbestrittenerweise ein Superlativ zutrifft: sie ist die komplexeste und widersetzt sich entschieden einer einfachen Begriffsbestimmung. Ihre wechselhaften Züge geben auch dem an komplizierte Erscheinungen gewöhnten Literaturhistoriker Rätsel auf. Nicht anders erging es auch den Protagonisten der Romantik. Auf die Frage, was „romantisch" sei, antwortete Friedrich Schlegel in einem Brief, er werde es nicht einmal zu definieren versuchen, weil er dafür zweitausend Seiten benötigen würde. In der Tat, wo sind die wesentlichen Merkmale der Romantik zu suchen? In der sublimierten Intellektualität literarischer oder philosophischer Texte aus der Frühphase oder in den naiven und phantastischen Mythen der späteren Entwicklung? In den phantasievollen Märchen oder in der kritischen Essayistik, in den Romanen und Dramen, die mit der literarischen Fiktion eigensinnige Spielereien betreiben, oder in der Schlichtheit volksliedartiger Gedichte? Stellen die Erneuerungsversuche der Dichtung nach dem Vorbild der anonymen, kollektiven Überlieferung die „authentische" Romantik dar, oder ist dieser Versuch lediglich als eine der vielen romantischen Masken anzusehen, hinter der sich die intellektuelle Genugtuung der Schriftsteller verbirgt, die darauf stolz sind, die Kunst der Nachahmung, der Parodie und der literarischen Mimikry virtuos zu beherrschen?

Die komplexen Widersprüche der Romantik bzw. ihrer einzelnen Entwicklungsphasen sind nicht nur Folgeerscheinungen eines wachen und sensibilisierten Bewußtseins von der Beschaffenheit literarischer Phänomene; die Literatur war auch für die Romantiker eine spezifische Antwort auf außerliterarische Impulse und Situationen. Und an neuen Impulsen, die die geschichtliche und gesellschaftliche Wirklichkeit veränderten, mangelte es gerade in dieser Zeit, also um 1800, keineswegs. Die Behauptung, daß die Anfänge der Romantik im Zeichen der Französischen Revolution standen, ist keineswegs so abwegig, wie es im ersten Augenblick erscheinen mag. Die epochalen Ereignisse im Nachbarland riefen freilich keine entsprechenden politischen Vorgänge in Deutschland hervor; die deutschen Staaten behielten auch nach den Napoleonischen Kriegen noch ihre feudale Grundstruktur. Die Unruhen aber, die mit unterschiedlicher Intensität fast ganz Europa ergriffen, zeigten im Leben des Landes östlich des Rheins ihre Wirkung. In Deutschland, wo im 18. Jahrhundert geistige Aktivitäten für politische eintraten, reagierten die bürgerlichen Intellektuellen auf die Revolution sehr lebhaft, viele davon entschieden positiv, so z. B. Hölderlin, der junge Fichte, Klopstock. Der Theoretiker der frühen Romantik, der junge Friedrich Schlegel, schrieb am Ende der neunziger Jahre, die Französische Revolution, die Philosophie Fichtes und Goethes Roman *Wilhelm Meisters Lehrjahre* stellen die „größten Tendenzen des Zeitalters“ dar, und fügte hinzu: der Leser, den die Verbindung von Fakten dieser Art verwirre, weil er die Bedeutung der nicht „lauten und materiellen“ Revolution unterschätze, habe die höchste Stufe der Menschheitsgeschichte noch nicht erreicht. Bezeichnenderweise mißt Schlegel dem geistigen Schaffen dieselbe Bedeutung bei wie der politischen Tätigkeit. Diese, man könnte sagen, „deutsche Ideologie“ jener Zeit entsprach der gesellschaftlichen Lage und dem Potential des deutschen Bürgertums, das sich in erster Linie durch die Schaffung seiner Kultur in einer Art intellektueller und ästhetischer Republik von Philosophen, Literaten und Komponisten etablierte. Auf ihren Reisen durch Deutschland erlebte Madame de Staël die Dominanz des kulturellen Schaffens so intensiv, daß sie die Deutschen etwas pathetisch als das Volk der Dichter und Denker bezeichnete. Dem Betrachter, der an französische Verhältnisse, d. h. an den totalen Kulturzentralismus mit Paris als Metropole gewohnt war, bot die deutsche Tradition des Partikularismus und kultureller Dezentralisierung in der Tat ungewöhnliche Überraschungen: die Begegnung mit hochbegabten Intellektuellen in sonst unbedeutenden Städtchen oder kleinen Universitätsstädten, kurz gesagt, in der Provinz, wenn wir französische Maßstäbe anlegen. Das politisch verworrene und undefinierte Selbstbewußtsein des deutschen Bürgertums beruhte auf Zuständen, für die die französische Besucherin die erwähnte Formulierung fand; nebenbei gesagt, ein Ausspruch, der später und unter veränderten gesellschaftlichen Verhältnissen zu einem ideologischen Klischee geriet. Die Romantik war lediglich eine neue Phase in der Tradition sublimierter und politisch ohnmächtiger Geistigkeit; eine solche Entwicklungsphase war auch für die deutsche Aufklärung charakteristisch gewesen.

Und dennoch markiert die Romantik in vielfältiger Weise eine bahnbrechende Etappe in der Geschichte der Literatur. Die Unruhe, die die „romantische“ Generation erfaßte, war die Unruhe einer Generation, die eine geschichtliche

Dresden um 1800: *Canalettos Radierung zeigt die katholische Kirche. Zu dieser Zeit entwickelt sich Dresden neben Jena zum Sammelpunkt der deutschen Romantiker.*

Erschütterung angeahnten Ausmaßes erlebte. Die Französische Revolution vermittelte den gebildeten Deutschen die Einsicht, daß die Zeit tief verankerter gesellschaftlicher Strukturen, die sich in mittelalterlichen und barocken Hierarchievorstellungen spiegelten, vorbei sei. Es setzte sich die Erkenntnis durch, daß die geschichtliche Wirklichkeit ewig existierende Einrichtungen nicht kennt und daß die Formen der menschlichen Gemeinschaften und die gesellschaftliche Herrschaft lediglich konventionelle Gebilde darstellen. Den Glauben an eine harmonische, gleichsam schmerzlose und vernunftbedingte Evolution, auf die noch die Vertreter der Frühaufklärung vertrauten, erschütterten revolutionäre Ereignisse, die in den idealistisch geprägten Gebildetenkreisen Zweifel hervorriefen. Die Skepsis – hervorgerufen durch eine Entwicklung, die Gegensätze nicht aufhob, sondern sie potenzierte – förderte die Überzeugung, daß sich die menschlichen Hoffnungen und Wunschvorstellungen frei nur in einer Idealsphäre des Geistes entwickeln können: im Höhenflug menschlichen Denkens und ästhetischen Schaffens. Die romantische Anbetung der Kunst, die eine Vorstufe der geläufig gewordenen Auffassung von *l'art pour l'art* darstellt, war zweifach motiviert: sie nahm die Bedeutung einer aufklärerisch legitimierten und konfessionsindifferenten Metaphysik an, gleichzeitig drückte sie auch das Bedürfnis nach einer Distanzierung von den gesellschaftlichen Forderungen des Tages aus. In einigen Texten der Romantik gelten künstlerisches Schaffen oder künstlerische Sensibilität als Universalbedingung, die dem einzelnen eine glückliche Entwicklung garantiert. Wenn alle Menschen Künstler wären oder begreifen würden, was

Kunst ist, lesen wir in Tiecks Roman *Franz Sternbalds Wanderungen,* dann wären sie vollkommen glücklich; wenn es ihnen auf diese Weise gelänge, sich aus den Verstrickungen der Lebenssorgen zu befreien, ohne dabei die natürliche Sensibilität zu verlieren, würden ihnen echte Freiheit und Zufriedenheit zuteil werden. Erfahrungen folgend, verstanden es die Spätromantiker, die Künstler auch anders darzustellen: als unglückliche Einzelgänger, besessen von einer dämonischen und irrationalen Sehnsucht.

Die schwärmerische Entzückung der romantischen Romanhelden hatte mit den Lebenserfahrungen ihrer Schöpfer im übrigen oft wenig gemeinsam. Diese Romanhelden sind Gebilde der literarischen Phantasie und zuweilen auch der literarischen Tradition. Oft werden diese Gestalten zu Medien, die die ästhetischen Ansichten des Autors interpretierend vermitteln. Es versteht sich, daß die fiktiven Vertreter dieser Theorie primär die künstlerische Freiheit hervorheben, die der Einwirkung überlieferter Kunstnormen widersteht. Unmittelbarkeit, Phantasie und subjektive Sensibilität sind die Schlüsselwörter. Eine programmatische Äußerung von Friedrich Schlegel (aus der Zeitschrift „Athenäum") besagt, die Haupteigentümlichkeit der romantischen Literatur sei die unerschöpfliche Fähigkeit, immer neue Ausdrucksmöglichkeiten zu finden und jeder poetologischen Doktrin zu widerstehen, die sie zu definieren bzw. vollständig zu bestimmen versuchte. Ihr „erstes Gesetz" sei, so ergänzt Schlegel, „daß die Willkür des Dichters kein Gesetz über sich leide". Der Dichter lehnt Sanktionen und autoritative Vorbilder entschieden ab – darin ist die Hauptherausforderung der Romantik zu sehen. Zu dieser Herausforderung kam es jedoch nicht völlig unerwartet. Der „Sturm und Drang" leitete den Zerfall der barocken und klassizistischen Dichtungsdoktrin ein und trug partiell zu ihrem Niedergang bei. Die Romantik führte diesen Prozeß zu Ende; seit der epochalen Wende um 1800 stellt die normative Poetik lediglich ein Relikt der Vergangenheit dar, das in diesem oder jenem Werk bruchstückartig überliefert wurde. Die Emanzipierung der Literatur markiert eine der Bestrebungen innerhalb der neuen gesellschaftlichen Verhältnisse. Die allmähliche Stärkung der bürgerlichen Präsenz in der Öffentlichkeit schuf im Bereich des literarischen Lebens die Grundvoraussetzungen für den Autonomiestatus der Dichter und des literarischen Produktionsbetriebes. Die kulturellen Bedürfnisse des expandierenden bürgerlichen Lesepublikums förderten die Aktivitäten der Verleger und boten auf diese Weise der neuen Standeskategorie, den Dichtern und Schriftstellern, materielle Unterstützung an. Während noch um die Mitte des 18. Jahrhunderts der professionelle Schriftsteller eine Ausnahme darstellte (weil die Mehrzahl der Dichter höfische Beamte oder Nutznießer von Förderungen war, mit deren Hilfe die Adeligen sich selbst absicherten und entsprechende Dienstleistungen honorierten), stieg um die Jahrhundertwende die Zahl der sogenannten freien Schriftsteller und Künstler erheblich an; das künstlerische und geistige Schaffen erfaßte der Prozeß der bürgerlichen Institutionalisierung. Nach der Französischen Revolution erwies sich die freiwillige Zusammenarbeit bürgerlicher Intellektueller mit höfischen Kreisen als problematisch, auch etwa in der Form, die unter spezifischen Bedingungen die in Weimar wirkenden Autoren empfahlen.

Durch die Konfrontation mit neuen Erfahrungsbereichen verlor die Generation die Illusion von der Beständigkeit der – heute würden wir sagen – „elitären" Kulturgemeinschaft. Primär auf die Interessen und die Kaufkraft des bürgerlichen Publikums ausgerichtet, erkannten die Vertreter der jungen romantischen Literatur die Möglichkeit und Verpflichtung, ihre Idee einer von den Fesseln der Vergangenheit befreiten Kunst zu realisieren. Darin bestärkte sie mehr denn je eine Auffassung, die sich als eine der bedeutendsten Tendenzen des späten 18. Jahrhunderts erwies: die historistische Erkenntnis, die zuerst bei Herder vorkommt, daß es keine künstlerischen Normen gibt, die überall und für alle Zeiten gelten. Der im Bewußtsein von der Geschichtlichkeit der Abläufe verankerte Relativismus gehört als Bestimmungsmerkmal zur Kunst, die ihrerseits die Romantikbewegung durchdringt und prägt. In diesem geschichtlichen Kontext wird auch das Insistieren auf Begriffen wie Individualität und Originalität verständlich, die als logische Folge der neuen Stellung des Schriftstellers in der Gesellschaft entstanden sind. Die neue Poetik und das Bewußtsein von der Eigentümlichkeit historischer Epochen sind Manifestationen ein und desselben Prozesses: der gesellschaftlichen Emanzipierung.

Der Historismus in der romantischen Literaturauffassung artikuliert sich am deutlichsten in der Neubestimmung des Verhältnisses zur Antike. Der große Spannungsbogen zur griechisch-römischen Überlieferung, der jahrhundertelang alle Literaturen verband, verlor in der Epoche der Romantik definitiv seine feste Stütze im geschichtlichen Fundament; der Zweifel an der Universalgültigkeit antiker Vorbilder, der schon in der Zeit Herders und des jungen Goethe aufkam, führte zu weitreichenden Schlußfolgerungen. Die Folgen wirken sich auf alle Kriterien der romantischen Poetik aus. Die Romantik ist, allgemein gesehen, die erste literarische Bewegung, die in der Geschichte der europäischen Literaturen nach dem Zeitalter der Renaissance die Werke und die Theorien der Antike nicht nur als unbestrittenen Wertmaßstab ablehnt, sondern auch bewußt die antike Tradition in den Hintergrund drängt, indem sie sich für eine literarische Kultur einsetzt, die auf einem anderen Boden entstanden ist. Dies soll allerdings nicht bedeuten, daß es in der Romantik an Motiven, Metaphern und anderen Elementen aus der antiken Überlieferung fehlt; diese Elemente haben jedoch oft die Funktion parodistischer Beigaben. Diese Tatsachen verdienen deswegen hervorgehoben zu werden, weil einige Anführer der Romantik, wie z. B. August Wilhelm und Friedrich Schlegel, im klassizistischen Geist der Aufklärung erzogen wurden; in der antiken Tradition fanden sie daher den notwendigen Ansatzpunkt für ihre Kritik. Bald erscheint allerdings in dem literarkritischen Wortschatz der Romantiker eine Unterscheidung, der viele Ästhetiker des 19. Jahrhunderts, darunter Hegel, folgten; in ihrer Terminologie unterscheiden sie zwischen „romantischer" und „klassischer" (antiker) Kunst, wobei sie unter dem ersten Begriff nicht nur die zeitgenössische – bei F. Schlegel zuweilen „moderne" – Kunst verstanden, sondern den ganzen Bestand der nationalen Überlieferung einbezogen, vom Mittelalter angefangen. Auf diese Weise postulierten die Romantiker *ihre* Tradition und suchten die Bestätigung ihrer Theorien in literarischen Epochen, in denen die Gattungen wie Roman, Romanze und Novelle aus der literarischen Praxis der romanischen Volkssprachen des Mittelalters entstanden sind. (Die Bezeichnung „romantisch“ ist in diesem Entstehungskontext zu sehen.) Schlegels dialogisch aufgebauter Essay *Gespräch über die Poesie* (1800) enthält einen Rekurs auf die romantische Tradition: auf Petrarca, die phantastischen italienischen Epen und Cervantes. Insbesondere wird Shakespeare hervorgehoben, der für die „Stürmer“ wie auch für die Romantiker eigenständiges Schaffen verkörperte.

Die Bewegung der Romantik war komplex und widersprüchlich, weil in ihr verschiedene Tendenzen in ihrer Gegensätzlichkeit aufeinanderstießen. Eine Vorstellung von diesem Spannungsfeld bieten die romantische Kunsttheorie und Poetik sowie zahlreiche andere Texte reflexiven Charakters, die als Eigentümlichkeit der deutschen Romantik anzusehen sind. Verliert man diese Komponente aus dem Blick, entsteht ein einseitiges und falsches Bild, zu dem sich obendrein das geläufig gewordene Klischee gesellt, auf dem das Ergebnis einer oberflächlichen Lektüre oder die Folgen einer ideologischen Verkürzung erkennbar werden, nämlich: Romantik gleich romantische Stimmung, geheimnisvolle Landschaft im Mondschein, Fernweh ... In der Romantik mangelt es an solchen Erscheinungen nicht; die Sehnsucht nach Ungewöhnlichem und der Ferne mag zu einigen authentischen dichterischen Entdeckungen der romantischen Bewegung geführt haben. Allerdings erscheint das Romantik-Bild ohne Vereinfachungen weniger gefällig und ähnelt eher einer komplizierten Scharade. Unter den deutschen Romantikern begegnen wir weniger „naiven“ und versponnenen Dichtern denn spekulativen Köpfen, scharfsinnigen und philosophisch geschulten Essayisten, Kennern der Abhandlungen von Kant und Schiller, Kritikern und Philologen mit fundierten Kenntnissen der Weltliteratur. Phantasie und überschwängliche Farbenpracht sind gutenteils Destillate des Bewußtseins. Hinter dieser bunten Welt verbirgt sich der Begriffsapparat einer intellektuellen Theorie.

Den Zugang zu dieser Theorie verstellen einige Hindernisse. Das erste ergibt sich aus der Tatsache, daß die Romantiker zu einer esoterischen Verwendung ihrer Begriffe neigten und diese nicht selten bewußt verdunkelten. Das zweite bedingen der Charakter und die Form der romantischen Denkweise, die anfangs systemhaften und verallgemeinernden Darstellungen aus dem Wege ging und fragmentarischen Gedanken, aphoristischen Pointen und begrifflichen Chiffren den Vorzug gab. Diesen Zug bestätigt auch die Terminologie: unter *Fragment* verstehen die Frühromantiker charakteristische, kurze literarkritische Äußerungen und philosophische Skizzen. Als Zeugen eines Zeitalters, das einstmals etablierte gesellschaftliche und künstlerische Normen nach und nach in die Rumpelkammer der Geschichte abschob, übertrafen sich die Frühromantiker gegenseitig in ihrem Bemühen, neue und unerwartete Sinnkonstrukte von sprühender Intellektualität zu erfinden. Den raschen geschichtlichen Wandel haben die Romantiker auch selbst erfahren. Die Theorie der Frühromantik, die der Tradition der Aufklärung verpflichtet war, unterscheidet sich erheblich von der romantischen Konzeption aus jenem Zeitraum, der nur zehn Jahre später beginnt. Die Zeit, und das bedeutet das politische Gesamtgeschehen, das durch die nachrevolutionäre Entwicklung in Frankreich, den Aufstieg und Niedergang Napoleons, hervorgerufen wurde, leistete dabei ihren Beitrag. Die Metamorphosen der Romantik sind in beträchtlichem Maße Widerspiegelungen dieser Ereignisse, die sich auch im deutschen Kulturraum auswirkten. Während sich die Frühromantiker (sie wirkten zeitweilig in der Nachbarschaft der Stadt Weimar, in der Universitätsstadt Jena, der die erste Phase der Romantik ihre Bezeichnung verdankt) dem freien Spiel des Geistes und der Phantasie hingaben und Tendenzen der aufklärerischen Emanzipation auf metaphysische Fragestellungen übertrugen, suchten die Spätromantiker (besonders in Heidelberg und Berlin aktiv) ihre Vorbilder in der nationalen, geschichtlichen und mythologischen Überlieferung. Das Bürgertum, das im Schutz des national-politischen Programms nach Anerkennung suchte, begann seine Kultur in Übereinstimmung mit diesen Bemühungen aufzubauen; der nationale Gesichtspunkt verdrängte die kosmopolitische Orientierung der Frühromantik, an die Stelle der philosophischen Reflexion und der Literaturkritik traten Philologie, Geschichtsforschung und Mythologie.

Einige Konstanten der Romantik erlauben jedoch, diese Bewegung als eine komplexe Ganzheit aufzufassen. Der Schlüssel zum Verständnis der romantischen Poetik ist im Prinzip der emanzipierten Phantasie zu suchen. Die Romantiker waren keineswegs gewillt, jenes Prinzip anzuerkennen, dem sich – trotz aller Abweichungen in der Praxis – die Literaturtheoretiker des 18. Jahrhunderts beugten: das Prinzip der vernunftbedingten Mimesis. Die Theorie bisher mußte jede Abweichung vom Prinzip der „Naturnachahmung", d. h. der Modellierung des literarischen Werks nach der empirischen Wirklichkeit, vorsichtig und indirekt rechtfertigen. Als Verfechter der Autonomie des dichterischen Ausdrucks versuchten die Romantiker dieses Kriterium zu beseitigen, da sie sich dessen bewußt waren, daß „Wahrhaftigkeit" und „Vernunft" sehr leicht als Instrumente der gesellschaftlichen Kontrolle dienen und als Vorwand ausgenutzt werden können, um das, was einer bestimmten Gesellschaft als anstößig erscheint, als „unvernünftig" zu bezeichnen. In ihrem Kampf um die literarische Autonomie stützten sich die Romantiker auf die Philosophie ihrer Zeitgenossen, vor allem auf den subjektiven Idealismus Fichtes, der das allumfassende erkennende und schöpferische Subjekt als eine Instanz auffaßt, von der die objektive Welt abhängt. Eine ähnliche Rolle spielte die Philosophie des jungen Schelling (*Ideen zu einer Philosophie der Natur*, 1797), der von der These über die Systemidentität von Geist und Natur ausging, von der Idee, die ganze Natur sei „vergeistigt". Dieser Gedanke führte auch zu der romantischen Auffassung, daß die Natur ständiger Schauplatz geheimnisvoller Geschehnisse und Wandlungen sei und eine Art lebendiger Poesie darstelle. Beide Philosophen, damals Universitätslehrer in Jena, hatten zeitweilig enge Kontakte mit der Literatengruppe um die Brüder Schlegel und wirkten so auf die Entwicklung der Romantik unmittelbar ein. Die idealistische Ausrichtung der Romantik ist auch ohnehin erkennbar. Die Natur – schreibt Novalis – ist ein universales Bild des Geistes, ein Entwurf, den unser Geist schafft. In einem anderen Fragment nennt der Autor in bizarrer Metaphorik, die für den unakademischen Ton der frühromantischen Aphoristik bezeichnend ist, die „Denkorgane" Genitalien der Natur, „Naturgeschlechtsteile".

Die Wirklichkeit ist demzufolge ein Produkt des Geistes, und die Poesie (was bei den deutschen Romantikern bedeutet: die ganze ästhetisch suggestive Literatur) ist potenzierte Wirklichkeit. Daher erscheint es unsinnig, der Kunst die Forderung aufzuzwingen, sie müsse die empirische Wirklichkeit nachahmen; denn die Erfahrung – so die Romantiker – stelle nur ein torsohaftes Bild dessen dar, was möglich ist, ein Bild, das Faktoren bedingen, die die Poesie nicht einschränken dürfen. Keineswegs sei die Natur nachzuahmen, liest man bei Novalis; denn die Poesie sei gerade das Gegenteil davon. Bestenfalls lasse sich die Nachahmung der Natur, der Wirklichkeit allegorisch auffassen. Und allegorisch bedeutet bei F. Schlegel und Novalis: durchdrungen vom Bewußtsein der Totalität des Lebens. Zeichen und Bilder, die die Allegorie konstituieren, sind nicht mehr, wie z. B. im Barock, Personifizierungen einer bestimmten Idee, die verbalisierbar ist, sondern Ausdruck des Unaussprechlichen und zu Erahnenden. Der Terminus „Allegorie", der den Zerfall der alten Rhetorik überlebte, bedeutet bei den Romantikern eigentlich das Symbol; hinter diesem romantischen „Symbolismus" verbirgt sich das Streben nach einem künstlerischen Äquivalent des romantischen Glaubens an das Absolute und Unaussprechliche. An entscheidenden Stellen berührt sich diese Theorie mit den Abstraktionen der Metaphysik und Sprachmagie. Einer der beliebtesten Ausdrücke für das ausufernde Gefühlsempfinden, das keine empirischen Grenzen kennt, war das Wort „Unendlichkeit". Im Hinblick auf den Glauben an das metaphysische Absolutum – das keinen unmittelbaren konfessionellen bzw. theologischen Bezug aufweist – unterscheidet sich die Romantik daher vom literarischen Symbolismus am Ende des 19. Jahrhunderts, den die Romantik im übrigen zweifellos auf vielen Ebenen vorbereitete.

Von der klassizistischen Poetik entfernten sich die Romantiker ganz und gar durch ihre Auffassung der literarischen Werkstruktur. Das klassizistische Werk ist ein geschlossenes literarisches Gebilde. Der Text wird als Ergebnis präsentiert. Bildlich ausgedrückt: der Text stellt ein Bauwerk dar, von dem das Gerüst entfernt und alle Spuren des Arbeitsprozesses beseitigt worden sind. In romantischen Texten hingegen sind die Spuren der jeweiligen Arbeitsschritte und auch der architektonische Plan oft genau erkennbar: zahlreiche Textstellen verweisen auf die Poetik, die den Schaffensprozeß bestimmte. Mehr noch, oft bilden Erläuterungen des literarischen Verfahrens sowie Reflexionen über das Verfahren feste Bestandteile des Textes, und zwar nicht als Exkurse, sondern als strukturelle Motive. Das literarische Werk präsentiert sich auf diese Weise als *artifizielles Gebilde*. Hierbei handelt es sich allerdings nur um eine scheinbare Tautologie. Der Roman und das Drama, also Gattungen, die für diese Verfahrensweisen besonders geeignet sind, entblößen ihre fiktionale Bedeutung, ohne darauf zu insistieren, daß wir das Gestaltete als eigenständige Wirklichkeit und als ein organisches Modell auffassen. Um die Illusion zu zerstören, daß das Werk die Wirklichkeit simuliert, heben die Romantiker die Fiktionalität hervor und spielen gleichzeitig mit literarischen Techniken oder auch mit der Illusion des Romanlesers oder Theaterzuschauers. In Tiecks Komödie *Der gestiefelte Kater* wird die spielerische Bearbeitung eines Märchens von den Kommentaren eines fiktiven Publikums begleitet, das die Komposition des Stückes beurteilt und auf diese Weise das szenische Geschehen relativiert. Ein Text dieser Art ist Zeugnis der romantischen Theorie von der geistigen Allmacht des literarischen Schöpfers, der

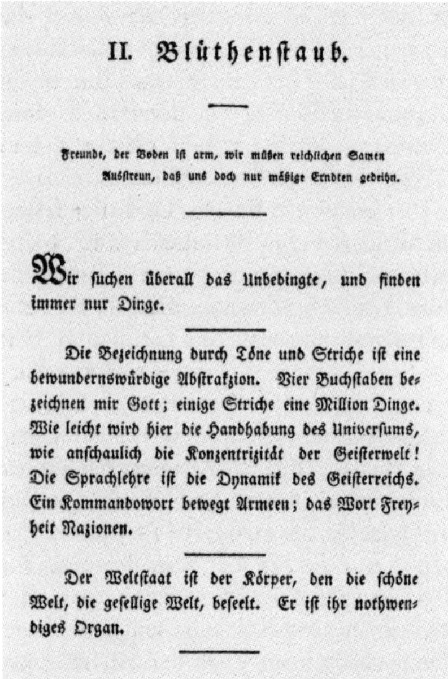

II. Blüthenstaub.

Freunde, der Boden ist arm, wir müßen reichlichen Samen
Ausstreun, daß uns doch nur mäßige Erndten gedeihn.

Wir suchen überall das Unbedingte, und finden immer nur Dinge.

Die Bezeichnung durch Töne und Striche ist eine bewundernswürdige Abstrakzion. Vier Buchstaben bezeichnen mir Gott; einige Striche eine Million Dinge. Wie leicht wird hier die Handhabung des Universums, wie anschaulich die Konzentrizität der Geisterwelt! Die Sprachlehre ist die Dynamik des Geisterreichs. Ein Kommandowort bewegt Armeen; das Wort Freyheit Nazionen.

Der Weltstaat ist der Körper, den die schöne Welt, die gesellige Welt, beseelt. Er ist ihr nothwendiges Organ.

Novalis, Blüthenstaub*: eine Sammlung aphoristischer Aufzeichnungen, veröffentlicht in der Zeitschrift* Athenäum *(1. Jahrgang, 1798).*

sich mit dem Werk nicht identifizieren darf, sondern über den dichterischen Schaffensakt reflektieren und ihn transparent machen muß, wodurch er gleichsam Literatur über Literatur oder – nach F. Schlegel – potenzierte Poesie zur Darstellung bringt. Dies bezeichneten die Romantiker als *Ironie.* Das Wesen dieser Ironie-Auffassung besteht darin, daß sich der Schöpfer von seinem Objekt intellektuell distanziert, gleichzeitig aber – durch den dialektischen Umschlag – seine Subjektivität in die Werkstruktur hineinprojiziert. Das Prinzip der ironischen Relativierung modifizierte hundert Jahre später Thomas Mann.

Die Ironie, die sich als poetologische Kategorie auf Fichtes Wissenschaftslehre gründet, ermutigte die Romantiker in ihrem Bemühen, sich von der traditionellen Poetik der literarischen Gattungen loszulösen. Das schöpferische Subjekt, das sich im Bewußtsein seiner Fähigkeiten und Rechte die Freiheit nahm, selbst darüber zu befinden, was unter Poesie zu verstehen sei, schreckte freilich vor den traditionellen Normen nicht zurück. Die „moderne Poesie" der Romantiker überwand diese Hürde – zumindest in der Theorie – sehr geschickt, indem sie die alte Klassifikation durch eine Deutung ablöste, die von der Poesie forderte, sie müsse sich fortwährend entwickeln und ständige Wandlungen anstreben. Im 116. Fragment, das in der Zeitschrift „Athenäum" erschien, versuchte F. Schlegel den romantischen Standpunkt in folgender Weise zu definieren: „Die romantische Poesie ist eine progressive Universalpoesie. Ihre Bestimmung ist nicht bloß, alle getrennten Gattungen der Poesie wieder zu vereinigen und die Poesie mit der Philosophie und Rhetorik in Berührung zu setzen. Sie will und soll auch Poesie und Prosa, Genialität und Kritik, Kunstpoesie und Naturpoesie bald mischen, bald verschmelzen, die Poesie lebendig und gesellig und das Leben und die Gesellschaft poetisch machen, den Witz poetisieren und die Formen der Kunst mit gediegnem Bildungsstoff jeder Art anfüllen und sättigen und durch die Schwingungen des Humors beseelen. Sie umfaßt alles, was nur poetisch ist, vom größten wieder mehrere Systeme in sich enthaltenden Systeme der Kunst bis zu dem Seufzer, dem Kuß, den das dichtende Kind aushaucht in kunstlosen Gesang."

Die literarischen Gattungen, für die die Romantik-Bewegung einen festen Status erkämpfte, umfaßten eine breite Skala, die vom philosophischen Essay bis zu zarten lyrischen Gebilden reichte. In das ohnehin erschütterte Gattungsgefüge drangen, die traditionellen Normen verdrängend, der Roman, die Prosanovelle (die in der deutschen Literatur keine Tradition vorzuweisen hatte) und, mit besonderen Akzenten, das Märchen ein. Dem Roman und dem Märchen gelang es, in das Zentrum der romantischen Poetik vorzudringen. Besonders die Frühromantiker betrachteten den Roman – eine literarische Gattung, die in der Theorie des 18. Jahrhunderts um ihre Anerkennung rang – als die bedeutendste Tendenz der modernen Literatur und als eine Form, die aufgrund ihrer Wandelbarkeit geradezu dafür prädestiniert sei, das von F. Schlegel konzipierte Programm der „Universalpoesie" zu verwirklichen, nämlich literarische Kunst in Prosa darzustellen, die nicht nur unterhaltsame und didaktische Absichten verfolgt, sondern gleichzeitig als eine Art Enzyklopädie des Geistes dient. Die diffusen Züge in der Kompositionsweise mancher romantischen Romane spiegeln diese Absicht wider. In diesen Romanen werden oft Beschreibungen, Gespräche, essayistische Fragmente, Briefe und Gedichte – nicht selten ohne logische Motivierung – schlicht aneinandergereiht. Der Erzähler widmet sich insbesondere poetologischen Fragestellungen und allgemeinen Betrachtungen über die Kunst. Dieses Verfahren erscheint insofern gerechtfertigt, als die romantischen Romangestalten größtenteils Künstler und Kunstliebhaber darstellten. Das Handlungsschema des „romantischen Erziehungsromans" wird von den Vorkämpfern der modernen Literatur „romantisiert". Während Goethe, den die Romantiker übrigens sehr schätzten, seinen Wilhelm Meister im Streben nach bürgerlicher Sozialisierung darstellte, verliehen die Romantiker ihren Gestalten den Ausdruck einer unendlichen Sehnsucht nach nirgendwo verzeichneten Räumen und nach Dimensionen des menschlichen Empfindens, die nur in der Phantasie und im Traum existieren. Als kreatives Prinzip der Phantasie siegt die Poesie im Roman über die Wirklichkeit: die empirische Wirklichkeit ist nichts weiter als der Stoff, aus dem erst die freie Einbildungskraft Leben modelliert. So hüllten auch die Maler der Romantik wie Caspar David Friedrich und Philipp Otto Runge die im Augenschein transparente Welt in Stimmungsbilder des Unwirklichen. Ungewöhnliche Farbkontraste und Lichteffekte vermitteln den Eindruck, als wären die Gegenstände und Landschaften Teil einer magischen, nur im Traum existenten Wirklichkeit. Die romantische Kunst, schrieb Novalis, ist bestrebt, einen bekannten Gegenstand so darzustellen, daß er uns fremd, unbekannt und gleichzeitig vertraut erscheint.

An einer anderen Stelle bekennt Novalis, daß er sich im Märchen am unmittelbarsten auszudrücken vermag. Diese Äußerung ist für die ganze Romantik bezeichnend. Unter den deutschen Romantikern gab es keinen Dichter, der in praktischer oder theoretischer Hinsicht von der Welt des Märchens nicht angezogen worden wäre; von jener wundersamen Zauberwelt, die innerhalb der etablierten literarischen Gattungen erst so spät ihr Existenzrecht erhielt. Die Romantiker haben dieses Unrecht nicht nur wiedergutgemacht, sondern das Märchen sogar zum Inbegriff der poetischen Gestaltung erklärt. Dieses Urteil war – wie überraschend und verwirrend auch immer es auf die Zeitgenossen wirkte – eine logische Schlußfolgerung aus der antimimetischen Theorie, die sich dagegen verwahrte, daß die empirische Wirklichkeit der Literatur Normen aufdrängt. Die Unbekümmertheit, mit der das vorwiegend in der „nichtliterarischen" Volksüberlieferung existierende Märchen die mimetische Kunst ignorierte, deuteten die Romantiker als unmittelbaren und originären Ausdruck einer Gestaltungskraft, die sie mythische Kombinatorik nannten. Die phantastische poetische Wirklichkeit war für die Romantiker gleichzeitig Voraussetzung für das Prinzip der schöpferischen Freiheit, die sich der Einwirkung von Naturgesetzen und physikalischen Notwendigkeiten widersetzt. Nach dieser Auffassung ist das Märchen Poesie ohne Determinismus und Kausalität. Die romantische Apologie des Märchens verfügte indessen auch über eine gesellschaftliche Motivation: sie zeigte sich in dem Bestreben, innerhalb des Systems der literarischen Gattungen den Gegensatz zu überwinden, der zwischen der für gebildete Schichten zugänglichen (und für diese bestimmten) Literatur und der Literatur der „Volksüberlieferung" bestand. In dieser Hinsicht stellt das Märchen ein Beispiel der „Universalpoesie" dar. In der literarischen Praxis der Romantiker begegnen wir dennoch einigen Widersprüchen: das Kunstmärchen, das zu den dominierenden Gattungsformen der Romantik zählt, unterscheidet sich in bedeutendem Maße von dem Typus der mündlichen Märchentradition, dem Volksmärchen. Die Naivität des Kunstmärchens ist das Ergebnis eines bewußten Kunstgriffes, und das phantastische Geschehen ist durchflochten mit parodistischen und satirischen Elementen; kurz: die stilistische Virtuosität ist das Produkt einer sublimierten literarischen Kultur, der es nur scheinbar gelang, die Kluft zwischen den unterschiedlichen Leserschichten zu überbrücken.

Novalis bezeichnete das Märchen als die Grundform aller Poesie und verglich es wegen der Freiheit in der Kompositionsweise mit der Gattungsform der Phantasie in der Musik. Der Vergleich mit der Musik versetzt uns ins Zentrum der romantischen Ästhetik. Die gesamte deutsche Romantik stand im Zeichen einer Faszination, die für die Romantiker von allen musikalischen Phänomenen ausging: angefangen bei schlichten Klanggebilden bis zu komplex strukturierten Kompositionen. Innerhalb der ästhetischen Hierarchie erreicht die Musik die höchste Rangstufe, weil sie als die „reinste" Kunst, als unmittelbarer Ausdruck menschlicher Empfindung aufgefaßt wird, dem pragmatische Absichten fremd sind. Und die metaphysische Deutung der Musik durch Schopenhauer (*Die Welt als Wille und Vorstellung*, 1819) spiegelt in spezifischer Weise die romantischen Auffassungen wider. Für die Ästhetik der modernen Kunst um 1800 war jedoch nicht nur die emotionale „Magie" der Musik von entscheidender Bedeutung, denn gleichermaßen faszinierte die Romantiker der abstrakte, antimimetische Charakter der Musik, aufgrund dessen die Klangkunst auch für andere Künste, die eine Loslösung von der mimetischen Bindung anstrebten, zum Modell werden konnte.

Die Arabesken (gegenstandslose, ornamentale Malerei) bezeichnete F. Schlegel als absolute Malerei, Novalis als malende Musik. Novalis schwebte auch eine musikgleiche Abstraktheit in der Poesie vor – Erzählungen ohne logisches Fabelschema, freigestaltete Traumassoziationen und Liedschöpfungen aus Wörtern, denen die Schönheit des Klanges eignet, die aber nicht in logisch-rationalen Bindungen stehen. Auf diese Poetik der „Sprach-Musik" und alogischen Bildlichkeit beriefen sich später die Symbolisten und die Surrealisten in dem Glauben, in den Romantikern ihre Vorgänger entdeckt zu haben. Darin hatten sie zwar bis zu einem gewissen Grade Recht, sie ließen allerdings die Tatsache unberücksichtigt, daß sich der ideengeschichtliche Kontext der modernen „reinen Poesie" in vielerlei Hinsicht grundsätzlich von jenen Bedingungen unterscheidet, unter denen die Romantiker die Theorie der neuen Literatur vertraten.

Um die deutsche Romantik hat es viele Mißverständisse gegeben. In der traditionellen Komparatistik, aber zuweilen auch heute, wird die gesamte deutsche Literatur des ausgehenden 18. und frühen 19. Jahrhunderts ausnahmslos und undifferenziert in den Rahmen der Romantik hineingepreßt; bestenfalls unter Einbeziehung der Unterscheidung: Vorromantik – Romantik. Oberflächliche Verallgemeinerungen und literarhistorisches Rezeptdenken *à la carte* sind allerdings in keiner Weise geeignet, das wissenschaftliche Ansehen einer Disziplin zu heben. Gerechtfertigt ist dies auch nicht durch die Tatsache, daß in der Zeit, als die deutschen Autoren auf die Entwicklung zahlreicher europäischer Literaturen entscheidend einwirkten, die Rezeption deutscher Literatur in außerdeutschen Ländern im Zeichen der romantischen Terminologie vollzogen wurde. In der retrospektiven Betrachtung lassen sich dennoch – trotz bestimmter Übereinstimmungen – deutliche Unterschiede zwischen der Romantik und der aufklärerisch-klassizistischen Tradition feststellen: zwischen der anthropozentrisch ausgerichteten bürgerlichen Klassik und dem Poesie-Mythos der romantischen Moderne. Das bahnbrechende Moment der Romantik stellt ihr Historismus dar. Diese Auffassung ist bereits in Herders *Ideen zur Philosophie der Geschichte der Menschheit* vorgeprägt; sie setzt sich jedoch voll erst in der ersten Hälfte des 19. Jahrhunderts durch, das mit Recht als das historische bezeichnet wird. Die romantische Phantasie wirkte sich nicht allein auf die Poesie aus. Sie war auch in der Erforschung der Kulturgeschichte, vor allem der Literaturgeschichte, wirksam, und zwar nicht nur im Hinblick auf nationale Gegenstände; denn die auf wissenschaftlichen Prinzipien gegründete Historiographie begann damit, die Vergangenheit in das Blickfeld des Betrachters zu stellen, und die Übersetzungen von Werken aus vielen anderen Kulturen trugen dazu bei, die Landkarte der Geistesgeschichte übersichtlicher zu gestalten. Die Kunde von den Reichtümern der Vergangenheit und von der Weite des Raumes, der sich dem wißbegierigen Auge bietet, war eine der nachhaltigsten Botschaften der deutschen Romantik.

Alles fing, wie das so üblich ist, fast unmerklich an. Es begann mit der publizistischen Tätigkeit jenes jungen Schriftstellers, von dem Heine später sagte, er habe die literarischen Stile wie Modekleidung gewechselt. Das war Ludwig Tieck (1773–1853), Sohn eines Berliner Handwerkers, ein junger Mann, der die Literatur bereits früh nicht nur von emotionaler, sondern auch von kommerzieller

Seite kennengelernt hatte. Der junge Tieck schrieb Auftragserzählungen und schöpfte damit von allen Seiten Anregungen; er las viel und wandte die literarische Routine, die er sich angeeignet hatte, geschickt an. Mit effektvollen Mitteln war er nicht wählerisch und griff denn bei Bedarf auch zu trivialen Effekten. Von den großen Werken der Weltliteratur begeisterten ihn die Dramen Shakespeares, ein Erlebnis, das auch in seiner literarischen Arbeit dauerhaften Widerhall fand. Vom Studium aus schrieb der Zwanzigjährige seinem Freund Wackenroder, er bedauere, nicht als Bürger der jungen revolutionären Republik in den Reihen der Franzosen zu stehen; in einem tristen Alltag bleibe dem Menschen dagegen nichts anderes übrig, als sich selbst ein Reich zu schaffen, das ihn beglückt. Der Ausdruck einer Aufruhrstimmung, die durch Zweifel und das Gefühl der Ohnmacht erstickt wird, ist der erste wichtigere Text des Autors, der Briefroman *Geschichte des Herrn William Lovell* (1795/96), eine Art pervertierter *Werther*, die Geschichte eines jungen Mannes, den die Lebensunzufriedenheit zu Zynismus und ins Verbrechen treibt. Nur ein Jahr später zeigte Tieck eine ganz andere Seite seines Talents. Unter einem Pseudonym veröffentlichte er eine Sammlung verschiedenartiger Texte: *Volksmärchen* (1797). Das ist sozusagen das Signal für den Beginn der Romantik. Neben der Bearbeitung sog. Volksbücher des 16. Jahrhunderts, eigentlich populärer, zum Teil aus der mittelalterlichen Literatur überlieferter Erzählungen, enthält die Sammlung die wertvollsten Texte des jungen Autors: die phantastische Geschichte *Der blonde Eckbert* und die Komödie *Der gestiefelte Kater*. Die Geschichte eröffnet einen Reigen romantischer Kunstmärchen: ins Novellengeschehen mengen sich irrationale, unerklärliche Kräfte ein, die über die Menschen, ob schuldig oder nicht, ein schreckliches Schicksal fällen; die scheinbar idyllische Natur ist Schauplatz hereinstürzender Ereignisse, und so schließt sich der magische Kreis. Ahnt man in Details auch die Traditionen des englischen „Schauerromans", so ist das Werk doch weit von Schablonenhaftigkeit entfernt. Mit sparsamen Mitteln wird eine sehr intensive Stimmung erreicht. – Das Grauen wird in der szenischen Burleske des bekannten Märchens vom schlauen Kater durch eine vielschichtige Komik ersetzt. Das Werk ist das erste in einer Reihe romantischer „literarischer Komödien", in denen die Dramenfabel nur Anlaß für die Entwicklung parodistischer oder verwandter Verfahren ist, die darauf verweisen, daß satirisches Objekt die Literatur selbst, ja gerade das aktuelle literarische Leben ist. Diese Komödien, unter denen die von Tieck und Brentano herausragen, bleiben zum Großteil mit ihren Witzen auf Kosten literarischer „Kollegen" auf der Ebene interner literarischer Streitigkeiten – ein Zeichen der Literarisierung des Kulturlebens jener Zeit. In Tiecks Bearbeitung gibt es nicht die Naivität des eigentlichen Märchens; dagegen ist die Dramenhandlung ein sublimiertes Spiel mit der szenischen Illusion und künstlerischen Konventionen, ein Spiel, das augenscheinlich die Grenze zwischen Fiktion und Wirklichkeit zerstört, wobei die Exponenten der „Wirklichkeit", das Publikum und die Ausführenden, in die Sphäre der Fiktion hineingezogen werden. Das ist Tiecks Variante der romantischen Ironie. Mehr als hundert Jahre später stellte das moderne Theater, das sich vom Realismus entfernte, eine solche szenische Relativität wieder her (Schnitzler, Pirandello u. a.).

Auf dem Gebiet des Dramas hatte Tieck später keine glückliche Hand mehr. Die phantastischen Komödien, die wie *Der gestiefelte Kater* die literarische und gesellschaftliche Satire mit Märchenelementen vermengen (*Prinz Zerbino oder Die Reise nach dem guten Geschmack,* 1799; *Die verkehrte Welt,* 1800) und Phantasiedramen nach spätmittelalterlichen Erzählungen (*Kaiser Octavianus,* 1804; *Fortunat,* 1817) gehören zu einem Typus von Lesedramen, die die Möglichkeit der szenischen Darstellung kaum in Betracht ziehen. Die sehr umfangreichen, für das Theater ungeeigneten Texte sind Beispiele der romantischen Vorstellung von einer universellen Poesie, die, jenseits aller Normen, eine Synthese literarischer Gattungen sucht. So ist *Octavian* ein riesiges Bilderbuch romantischer Phantasien über das Mittelalter, mit einem Text, in dem die moderne stilistische Mischform vorherrscht. Das allegorische Vorspiel enthält Verse, die zum romantischen Topos wurden: sie beschwören die Magie einer vom Mondlicht beschienenen Nacht und die Zauberwelt der Märchen. Der Roman *Franz Sternbalds Wanderungen* (1798) reiht Episoden aus dem Leben eines Künstlers aus dem 16. Jahrhundert aneinander, verwebt mit essayistischen Fragmenten über die Malerei der Dürerzeit und der Renaissancekunst in Italien. Als Roman war das Werk ein Fehlschlag – „leer" nach Goethes Urteil. Einigermaßen wichtig ist es wegen der Anregung, die die Kunstimagination der Zeitgenossen, der Maler, von der Beschreibung fiktiver Bilder empfing, die die Helden des Romans in sich tragen und damit eigentlich die romantische Malerei vorwegnehmen. Der Autor überlebte, noch lange produktiv, die Romantik. Nach 1820 beschäftigten ihn vor allem die historische Erzählung (die ein Echo auf Scotts Romane darstellt) und die Novelle aus dem zeitgenössischen Leben, die bei Tieck trotz der Zugeständnisse an eine realistische Orientierung eine lebendige, zuweilen groteske Fabel enthält.

Es ist Tiecks Verdienst, die Öffentlichkeit auf die Werke seines Freundes Wilhelm Heinrich Wackenroder (1773–1798) aufmerksam gemacht zu haben, des ersten Romantikers, wie ihn einige nennen. Seinen Anteil kann man allerdings nicht genau beurteilen, denn beide Textsammlungen (*Herzensergießungen eines kunstliebenden Klosterbruders,* 1797, und *Phantasien über die Kunst für Freunde der Kunst,* 1799) wurden von Tieck herausgegeben und enthalten auch eine Reihe von Texten Tiecks. Den „effektvollen" Titel der ersten Sammlung steuerte der Verleger bei. Sie enthält in Prosa und in Versen eine begeisterte Apologie der Malerei des 16. Jahrhunderts; in der letzten Prosaskizze der Sammlung ist das Leben eines Komponisten als Beispiel für das Schicksal eines inspirierten romantischen Künstlers geschildert. Ähnlich angelegt ist der Zyklus *Phantasien* (an dem Tiecks Anteil noch größer ist). Diese kurzen Essays und Skizzen über ästhetische Themen sind neben den *Fragmenten* Schlegels und Novalis' die wichtigsten theoretischen Texte der frühen Romantik, mit dem Schwerpunkt auf der Malerei (eine Apologie der Farbe, der koloristischen Nuance!) und der Musik, die den Autoren wegen ihrer abstrakten und unmittelbaren Sinnlichkeit als eine vollendete, universelle Kunst, als eine Quelle der Inspiration für alle anderen Künste gilt. Besonders ragt *Ein wunderbares morgenländisches Märchen von einem nackten Heiligen* heraus, eine subtil erzählte Allegorie über die rätselhafte Macht der Musik, über die lautliche Magie, die die schwindelerregende Drehung des „Rades der Zeit" aufhalten und allem Dasein in der absoluten Harmonie eine sanfte Ruhe verleihen kann.

In seiner produktivsten Phase, seiner Frühphase, gehörte Tieck zu einem Kreis von Schriftstellern und Philosophen, der sich in Jena, Dresden und Berlin versammelte. Bei den Zusammenkünften und in dem Briefverkehr keimte ein neues literarisches Programm von Konkurrenten der Weimarer Klassiker, ein Programm sehr selbstbewußter Vertreter romantischen Gedankenguts. Die Organisatoren waren die Brüder SCHLEGEL – FRIEDRICH (1772–1829) und AUGUST WILHELM (1767–1845). Der jüngere Bruder, geistig lebhafter, aber auch unbeständiger, ist eine der interessantesten Persönlichkeiten des damaligen literarischen Europas. Nicht nur dem Alter nach, sondern auch in seiner Überzeugung jung, verstand er es, durch die Lebhaftigkeit seines Intellekts die Aufmerksamkeit vieler seiner Zeitgenossen auf sich zu ziehen. Der umfassend gebildete, hervorragende Literaturkenner bewegte sich gleichermaßen sicher in den Kreisen akademischer Gelehrter und auf dem Parkett der literarischen Salons in den Häusern des intellektuellen Berliner Bürgertums, z. B. in den Salons jüdischer Familien, die sich um die Entwicklung der Literatur- und Musikkultur in der preußischen Metropole überaus verdient machten. Aus einer solchen Familie stammt auch DOROTHEA MENDELSSOHN (1763–1839), die Tochter des Aufklärungsphilosophen Moses Mendelssohn, in erster Ehe mit dem Bankier Veit verheiratet, später die Frau Friedrich Schlegels. Die sehr gesellige und geistvolle Dorothea war neben Caroline, der Frau Augusts (und später Schellings), sozusagen die intime Protokollantin der frühen Romantik, im übrigen eine Verkörperung der damals sich anbahnenden Emanzipation der Frau. Nicht nur die einzelnen Werke, sondern auch die Lebensweise einiger Romantiker, namentlich die erotische Unkonventionalität, fanden sich unter den Objekten öffentlicher oder heimlicher Skandale. Auch dieses Merkmal der frühen Romantik, ihren „Libertinismus", die Herausforderung jener Zeitgenossen, die von den Romantikern „Philister" genannt wurden, sollte man im Bild der Romantik hervorheben.

Die ersten Abhandlungen Schlegels demonstrieren die Einheit von ästhetischem Klassizismus und politischem Republikanismus. Mit der Absicht, ein „Winkelmann der Literatur" zu werden, entwarf der junge Philologe eine Reihe von Studien und historischen Darstellungen der antiken Literatur, überzeugt davon, die Einheit von kritischer Analyse und umfassender historischer Vision der Vergangenheit verwirklichen zu können. Von den vollendeten Arbeiten ist die wichtigste die Abhandlung *Über das Studium der griechischen Poesie* (1797), eines der grundlegenden Dokumente der neueren europäischen Literaturkritik. Überträgt man die Terminologie des Autors in die Sprache eines modernen kritischen Systems, besteht eine sichtliche Übereinstimmung zwischen seinen Auffassungen und der Problematik heutiger literaturkritischer Tendenzen. Der Autor erahnte Probleme, die der Gegensatz zwischen synchroner und diachroner Betrachtungsweise aufwerfen wird; er erkannte Fragen, die sich stellen, wenn man sich auf die Alternative von „moralischer" oder „ästhetischer" Beurteilung besinnt; und zuguterletzt war er sich der Relativität des Standpunkts des modernen Kritikers bewußt, der über die Vergangenheit urteilt. Durchdachten Objektivismus und

August Wilhelm Schlegel *(1767–1845) nach einem Bildnis, das um 1793 entstanden ist.*

Toleranz, Empfehlungen an den Literaturkritiker, vertrat Schlegel auch in politischer Hinsicht: sein Essay über den Republikanismus (*Versuch über den Begriff des Republikanismus,* 1796) setzt sich, von Kants Denken ausgehend, für eine „Weltrepublik" und den bürgerlichen Parlamentarismus ein. Zehn Jahre später widerrief er sich selbst; der einstmalige Republikaner und Protestant befand sich im Lager des Legitimismus und des Katholizismus. Dem Gesinnungswechsel (der nicht der einzige bei den Romantikern ist) folgte der Aufstieg in den diplomatischen Dienst am Wiener Hof. Schlegel schrieb auch weiter fleißig; aber mit der Trennung vom Geist seiner frühen Werke verlor er auch seinen jugendlichen Elan. Diese Entwicklung kennzeichnet auch ein Kapitel europäischer Geschichte jener Zeit.

Zwischen diesen extremen Punkten liegt eine ruhelose Phase des romantischen Modernisten. Zusammen mit dem Bruder redigierte er in Berlin die Zeitschrift „Athenäum" (1798–1800), das wichtigste Organ des romantischen Kreises. In den *Fragmenten* (eigentlich Aphorismen und kurzen Essays), die in dieser Zeitschrift veröffentlicht wurden, skizzierte F. Schlegel seine Ansichten über Literatur, Philosophie, Religion und gesellschaftliche Moral; es ist eine Miniaturenzyklopädie der Übergangszeit aus der Aufklärungsepoche in eine neue, nachrevolutionäre Periode, einer Zeit, gesehen aus der Sicht eines luziden, ein wenig launenhaften, auf jeden Fall aber subjektiven Zeitgenossen. Erläuternde Breite und Systematik gibt es hier nicht: der Autor bietet Geistesblitze, das Aufleuchten eines Paradoxons, überraschende Formulierungen. Darin brachte der Nachfolger Lichtenbergs und der französischen Moralisten, zugleich der Vorgänger Nietzsches, seine

Gedanken zum Ausdruck. Charakteristisch ist für die Romantiker aus Schlegels Kreis, daß die *Fragmente* gewissermaßen ein kollektives Werk sind: neben Friedrichs Anmerkungen finden sich, ohne besondere Kennzeichnung, Fragmente aus der Feder seines Bruders, ferner Beiträge von Novalis und Schleiermacher. (Der Berliner Theologe und Schriftsteller FRIEDRICH ERNST SCHLEIERMACHER, 1768–1864, war mit den Brüdern Schlegel befreundet, und als Mitkämpfer der frühen Romantiker hatte er Anteil an ihrer Bewegung. Sein undogmatisches – nach romantischem Sprachgebrauch poetisches – Religionsverständnis und seine liberale Ethik schaffen ein Verbindungsglied zwischen dem klassischen Idealismus der deutschen Philosophie und den romantischen Tendenzen.) Es ist eine undankbare Aufgabe, aus Schlegels Schriften ein wie auch immer geartetes System, z. B. ein poetologisches, abzuleiten. Doch das *Gespräch über die Poesie* (in der erwähnten Zeitschrift, 1800), ein dialogischer Traktat über die moderne Literatur und über das Programm der Romantik, ein Nachhall von Gesprächen, die bei einer Begegnung 1799 in Jena geführt wurden, bietet Hilfe. Aus Schlegels Thesen ragt die Auffassung heraus, daß die Synthese intellektueller Kreativität und Emotionalität der Maßstab der modernen Poesie sei, die ganz von dem Bewußtsein der schöpferischen Persönlichkeit über die Relativität aller Normen und Konventionen durchdrungen sein muß. Statt eines blinden Glaubens an objektive Gesetzmäßigkeiten ist die überlegene Weisheit der Ironie erforderlich. Der subjektivistische Intellektualismus läßt sich auch an der Überzeugung ablesen, der Schriftsteller sei Gesetzgeber des Geistes, der Normen aufstellt und aufhebt – stilistische Schemata, die auch so nicht dauerhaft sind, denn sie unterliegen geschichtlichen Wandlungen. Die beste Theorie der Kunst ist deren Geschichte – das ist F. Schlegels Überzeugung.

Dem Roman, schrieb F. Schlegel, ist alles erlaubt: er kann und muß eine Synthese aller Möglichkeiten sprachlichen Schöpfertums und die paradigmatische Form der modernen Poesie sein. In der Praxis versuchte sich der Autor daran, indem er seinen Roman *Lucinde* (unvollendet, der erste Teil erschien 1799) schrieb, eigentlich eine Abhandlung über die Erotik in einer Reihe fiktiver Briefe, Essays und lyrischer Intermezzos. Dieser Text ist von ständigen Mißverständnissen begleitet: in jener Zeit von Entrüstung wegen „Unmoral“ und, wie man meinte, sublimer Pornographie, bei den Kritikern späterer Zeiten von Vorwürfen wegen der „erzählerischen Impotenz“, der vermeintlichen Unfähigkeit, den Text episch zu organisieren. Von den Zeitgenossen nahm Schleiermacher das Werk in Schutz (*Vertraute Briefe über Friedrich Schlegels Lucinde*, 1800), indem er die Absichten des Autors angemessen interpretierte. Bei Schlegel ist für den Roman nicht die Handlung, die Fabel, sondern das Bekenntnis konstitutiv, d. h. intime Merkmale des Werks. Sein Thema ist die Erotik unter verschiedenen Aspekten, und *Lucinde* stellt die Skizze der romantischen Philosophie der Erotik mit der zentralen These dar: daß die Offenheit des Gefühls und die individuelle Verantwortung die Garantie der Moral ist. Diese These verurteilt die Scheinmoral, die die bürgerliche Ehe legalisiert, aber nur der Pragmatik materieller Interessen dient. Schlegel verteidigt die Idee der gesamten Persönlichkeit und der vollkommenen, ungeschmälerten Sensibilität in erotischen Beziehungen, ungeachtet der augenblicklichen gesellschaftlichen Konventionen – und variiert so eine der zentralen Ideen von Schillers Anthropologie.

Während seines Aufenthalts 1802 in Paris intensivierte Schlegel sein Studium der außereuropäischen Kulturen und Sprachen. Mit dem Buch *Über die Sprache und Weisheit der Indier* (1808) förderte er in Europa das Kennenlernen der indischen Kultur und legte gewissermaßen den Grundstein für die vergleichende Linguistik. Seine späteren Schriften sind Zeugnisse eines Gelehrten und gewandten Schriftstellers, aber auch eines überzeugten Ideologen der antinapoleonischen Koalition, eines Fürsprechers der Restauration. In der Geschichte der europäischen Literaturgeschichtsschreibung fällt seinen Vorlesungen, die 1812 in Wien gehalten wurden, ein sichtbarer Platz zu (*Geschichte der alten und neuen Literatur,* veröffentlicht 1815). Der Text ist einer der frühesten Versuche, die europäische, zum Teil auch die orientalische Literaturtradition von der Antike bis ins 19. Jahrhundert in ihrer Gesamtheit, in der geschichtlichen Abfolge zu überblikken. Die Schwäche des Unternehmens ist allerdings trotz aller Verdienste offensichtlich: Schlegel gelingt es nur, einige Perioden und Schriftsteller genauer zu charakterisieren; meistens begnügt er sich mit bloßen Bewertungen. Allerdings hat sich der Kanon der Wiener Vorlesungen, der durch Namen wie Homer, Sophokles, Dante, Shakespeare, Cervantes, Goethe gekennzeichnet ist, bis heute gehalten.

Einen systematischen Zugang zur riesigen Tradition aus vielen Jahrhunderten der literarischen Vergangenheit – ein Zugang, der das bis dahin unzusammenhängende und unkritische Aneinanderreihen von Titeln und Angaben in den Schriften über die Literatur vergangener Zeiten ablöste – verschaffte sich etwas früher auch August Wilhelm Schlegel. Mit Recht fanden gerade seine literaturgeschichtlichen Arbeiten im Ausland Widerhall. Die Kritik wurde dem älteren Schlegel nicht gerecht, wenn sie die Ansicht vertrat, er habe nur die Gedanken des jüngeren Bruders popularisiert. In Wirklichkeit ist er als Kritiker der zeitgenössischen deutschen Literatur (*Charakteristiken und Kritiken,* mit F. Schlegel, 1801), Historiker und Theoretiker (*Vorlesungen über schöne Literatur und Kunst,* Berlin 1801–1804, veröffentlicht 1884; *Vorlesungen über dramatische Kunst und Literatur,* Wien 1808, veröffentlicht 1809–1811) eine Persönlichkeit, die in vielem ihre eigenen Wege ging. Darüber legt auch seine Biographie Zeugnis ab, besonders die Tatsache, daß sich August Wilhelm in einer Periode beinahe modischer Konversionen nicht nach dem Bruder richtete. Es gibt dennoch Gemeinsamkeiten in der Unruhe, die verschiedene aktuelle Anlässe und Vorhaben in das Leben der ansonsten nach Bildung und Interesse für eine akademische Laufbahn prädestinierten Brüder trugen. Auch im Leben A. W. Schlegels waren die Jahre am fruchtbarsten, die er in einem Provisorium, vor allem auf Reisen, verbrachte. Mit seinem Geist und seinen Sprachkenntnissen bezauberte er Madame de Staël und wurde 1804 für einige Jahre ihr ständiger Begleiter auf den Reisen durch Europa. Ihr berühmtes Buch über Deutschland und Österreich, besonders über die deutsche Kultur (*De l'Allemagne,* 1810), das dauerhaft das Bild der Franzosen über das Nachbarland prägte und ein nachhaltiges Interesse für die große Epoche der deutschen Philosophie und Poesie weckte, enthält eines der schönsten Zeugnisse über die Leistungen des deutschen Kritikers. Das letzte Jahrzehnt seines Lebens verbrachte Schlegel als Professor für Literatur und Indologie in Bonn.

Die *Vorlesungen über schöne Literatur und Kunst*, in drei Zyklen, stellen einen Versuch dar, die Öffentlichkeit mit einigen Auffassungen des romantischen Kreises bekannt zu machen. Zu diesem Zweck verfaßte der Autor eine breite theoretische Einleitung, eigentlich einen Abriß des Systems der allgemeinen Ästhetik. Dieser Teil ist auch heute noch interessant. Die beiden anderen Zyklen sind ein Kurs der antiken und der neueren (der mittelalterlichen und der Renaissance-) Literatur. Im theoretischen Teil plädiert Schlegel für einen undogmatischen Zugang zur Kunst, indem er sich für eine liberale Historiographie (die auch für das Verständnis haben muß, was weit entfernt und fremd ist) sowie für eine Kritik einsetzt, die, wenn sie zusammenhängende Urteile über Kunstwerke abzugeben versucht, nicht vergessen darf, daß die Subjektivität in der Begegnung von Kritiker und Werk eine unauslöschbare Spur hinterläßt. Man kann nicht sagen, daß sich die heutige Kritik in einigen Fragen von Schlegels Auffassungen weit entfernt hat. Namentlich einer Spielart der heutigen Poetik liegt die Auffassung nahe, daß das literarische Werk als sprachliches Kunstprodukt im wesentlichen Gegenstand der linguistischen Theorie ist, weil es nur eine besondere Erscheinung der sprachlichen Kreativität und der sprachlichen Funktionalität ist. Daraus leitet sich auch eine neue Erklärung der mimetischen Theorie ab, die in der Behauptung enthalten ist, daß die Kunst, wie auch die Sprache, kein Abbild der empirischen Wirklichkeit, sondern Schöpfung einer eigenen Realität ist. Internationales Ansehen brachten dem Autor die Wiener Vorlesungen über die Geschichte des Dramas (die innerhalb kürzester Zeit in einige Sprachen übersetzt, in West- und Osteuropa mit sehr lebhaftem Interesse aufgenommen wurden). Diesen Erfolg kann man auch heute noch begreifen. Es ist die erste Geschichte des antiken und westeuropäischen Dramas, die unter literarischen und dramaturgischen Gesichtspunkten geschrieben wurde, eine Geschichte, die in einigen Punkten bereits den Standards entspricht, an die wir gewöhnt sind. In beträchtlichem Maß zuverlässig, reich an Informationen, überzeugend im kritischen Urteil, in einer Sprache geschrieben, in der sich Begrifflichkeit und flüssige Schilderung ideal ergänzen – ist das Werk eine sehr beachtliche Leistung im Bereich der kritischen Prosa des 19. Jahrhunderts.

Die Synthese dichterischen und kritischen Talents läßt sich an der bekanntesten Veröffentlichung A. W. Schlegels ablesen, an seiner monumentalen Übersetzung von Dramen Shakespeares (siebzehn Dramen, 1797–1810; die übrigen übersetzten später Tiecks Tochter Dorothea und der Graf Baudissin). Diese Übersetzung, wenn auch philologisch nicht tadellos, ist ein Standardwerk, beispielhaft für die neuere europäische Übersetzungsliteratur: indem er die Poesie Shakespeares kongenial in eine andere Sprache übersetzte und dabei, soweit das möglich ist, alle stilistischen Eigenheiten des Originals bewahrte, ebnete der Übersetzer der Rezeption Shakespeares den Weg auch in Ländern, die wegen klassizistischer Voreingenommenheit oder wegen sprachlicher Hindernisse den englischen Dramatiker noch nicht entdeckt hatten. Schlegels Shakespeare war poetische Transmission und Botschaft der Romantik in einem.

Novalis *(1772–1801): zeitgenössischer Stahlstich von A. Weger. „Die Poesie", schrieb Novalis in den* Fragmenten, *„ist das absolut Reelle. Dies ist der Kern meiner Philosophie. Je poetischer, je wahrer." – „Nur ein Künstler kann den Sinn des Lebens erraten."*

Von NOVALIS sagte man einmal, schon sein Name sei Musik. Das ist nicht der einzige Versuch der Poetisierung einer Dichterpersönlichkeit, um die sich viele Mutmaßungen und Mystifikationen rankten. Einige Tatsachen aus dem Leben dieser „magischen Persönlichkeit" sind jedoch ziemlich prosaisch. Friedrich von Hardenberg (1772–1801), wie der Autor eigentlich hieß, schloß in Leipzig das Jurastudium ab, übte in der Provinz bis 1797 das Amt eines Juristen aus, als er, von seinem Interesse für die Naturwissenschaften angeregt, Bergbau zu studieren begann. Der Hang zur Mystik, der ihn nach dem Tod seiner ersten Verlobten ergriff und der in der biographischen Literatur besonders betont wird, hinderte ihn nicht daran, sich intensiv mit Literatur und Philosophie zu beschäftigen und das Bergbaustudium abzuschließen. In seinen letzten Lebensjahren pflegte er mit den Mitgliedern des romantischen Kreises in Jena freundschaftliche Beziehungen, besonders mit Tieck und mit Friedrich Schlegel. In der Berliner Zeitschrift der Brüder Schlegel stellte er sich der Öffentlichkeit unter dem Namen Novalis mit einer Auswahl seiner *Fragmente* vor, d. h. Aphorismen und kurzen essayistischen Betrachtungen aus dem Gebiet der Erkenntnistheorie, der Psychologie, der praktischen Empirie und der Kunst (*Blütenstaub,* 1798). Sehr charakteristisch ist der erste Aphorismus: „Wir suchen überall das Unbedingte, und finden immer nur Dinge." Das sind Betrachtungen einer Persönlichkeit, die den Skeptizismus von Kants Philosophie überwinden will, aber intellektuell viel zu wach ist, um sich blind an irgendein Dogma zu binden. So stellen auch diese *Fragmente*, ähnlich wie die Schlegels, ein Bild der Wandlungen und der Widersprüche dar, eine Art subjektiver Enzyklopädie, in der die Wissenschaft (Notizen über Mathematik und Physik) spekulativ und poetisch wird, die Theorie der Poesie aber nach logischer Klarheit sucht. Die ganze Reichweite von Novalis' Reflexion erkannte die Öffentlichkeit erst viel später aufgrund der Edition seines Nachlasses.

Für die Zeitgenossen war Novalis in erster Linie der Dichter des Zyklus *Hymnen an die Nacht* (in der Zeitschrift „Athenäum", 1800) und des Romans *Heinrich von Ofterdingen* (unvollendet, in der postumen Ausgabe der *Werke*, 1802, die F. Schlegel und Tieck herausgaben). Die *Hymnen*, die in den letzten Jahren des 18. Jahrhunderts entstanden, sind die Abkehr von der anthropozentrischen und intimen Lyrik, besonders aber von der vernunftbedingten Poesie des Jahrhunderts; sie kennzeichnen den Durchbruch zur magischen Poesie esoterischer Mythen, zum Programm des Irrationalismus und zur Traum- und Visionsdichtung, zu einem Ausdruck, der die symbolische Hermetik und Vision surrealistischer Texte vorwegnimmt. Es ist verständlich, daß die französischen Surrealisten Novalis als ihren Vorgänger ansahen. Die rhythmische Prosa und die Verse des Zyklus *Hymnen* sind eine ekstatische Beschwörung der Nacht, die für den Dichter ein Mysterium ist, in das er eintaucht wie in eine rätselhafte Traumwelt, die man im betörenden Mandelöl und im braunen Mohnsaft, in der Weichheit des weiblichen Körpers und im Zauber alter Geschichten erahnt und fühlt. In der letzten, der sechsten Hymne, schließt sich der Symbolik der Liebe, der Begierde und Sehnsucht nach Verwandlung im Augenblick des Todes die Ruhe der religiösen, der christlichen Mystik an. Vom Zauber solcher Dichtung ist auch der Roman über das Leben des legendären mittelalterlichen Dichters Heinrich von Ofterdingen durchdrungen. In der Ansicht, Goethe habe mit seinem *Wilhelm Meister* einen „wider die Poesie geschriebenen" Roman geschaffen, ein Werk, das nur die gesellschaftliche und praktische Natur darstelle, beabsichtigte Novalis, mit seinem Roman die „romantische" menschliche Natur zu entdecken – im Geiste seiner Maxime, die das Genie als die Fähigkeit definiert, mit Gegenständen der Phantasie so umzugehen, als seien sie wirkliche. Sein Roman führt den Helden aus der Welt einer in der Erfahrung verankerten Wirklichkeit in eine geheimnisvolle Naturwelt, wie sie in Träumen und Märchen lebt. Symbol der romantischen Sehnsucht nach einer Wirklichkeit, die sich hinter der Erfahrung verbirgt, ist eine geheimnisvolle „blaue Blume", die sich Heinrich im Traum zeigt (und die zum literarischen Wahrzeichen der Romantik geworden ist). Den ersten, vollendeten Teil des Werks (der in den Unterhaltungen zwischen Heinrich und dem Dichter Klingsohr einen Abriß der Poetik des Autors enthält) rundet ein Kunstmärchen ab, ein einprägsames Beispiel „magischer" Prosa. Die Symbolik des Märchens, rätselhaft und vieldeutig, erinnert mit ihren hermetischen Merkmalen an Goethes *Märchen*. Daß Novalis in der „chiffrierten" Schrift der Natur ein einzigartiges, in Einklang gebrachtes System sieht, schließen wir aus seinem poetischen Traktat über die Natur (*Die Lehrlinge zu Sais*, ebenfalls fragmentarisch, 1802). Der politische Essay *Die Christenheit oder Europa* (1799 entstanden und 1826 publiziert), der oft angeführt wird, wenn vom Konservatismus des Romantikers die Rede ist, ist zwar eine Apologie der mittelalterlichen Idee der Universalkirche, aber keine Verteidigung der feudalen Restauration; Novalis' Vision ist die dichterische Utopie einer Gesellschaft ohne Gegensätze. Der Essay war für das „Athenäum" vorgesehen, aber Goethe, der die Gedanken des Autors als Angriff gegen die Errungenschaften der Aufklärung begriff, verhinderte durch seinen Einspruch die Veröffentlichung.

In Novalis' *Hymnen* wird die Nacht als Geheimnis der Natur mit mystischer Hingabe besungen. Ganz andere Züge der Romantik werden in einem Werk erkennbar, in dem die Nacht ebenfalls das zentrale Motiv ist. Es wurde 1805 unter dem Titel *Nachtwachen* veröffentlicht, dem das Pseudonym BONAVENTURA beigefügt war. Lange konnte man nur Vermutungen anstellen, wer sich hinter diesem Namen verbirgt. Die Zeitgenossen suchten den Autor unter den Romantikern des Jenaer Kreises. Nach neuesten Untersuchungen soll Bonaventura der längst vergessene Schriftsteller und Regisseur ERNST AUGUST KLINGEMANN (1777–1831) gewesen sein. Die Textanalyse zeigt, daß es sich um einen Autor handelt, der die zeitgenössischen Werke gut kannte, und es ist vorstellbar, daß er ein Gegenstück zu Novalis' *Hymnen* im Sinn hatte. In sechzehn Kapiteln (Wachen) unterschiedlichen Charakters sind Betrachtungen eines Menschen mit ruheloser Vergangenheit aufgezeichnet, der sich als Nachtwächter verdingte und auf seinen nächtlichen Rundgängen das Leben im Mantel der Finsternis betrachtet. Dieses Leben, durch das Prisma literarischer Reminiszenzen gesehen, ist eine reine Groteske, eine riesige Farce, die lächerlich und traurig zugleich, vor allem aber sinnlos ist. Die Nacht ist die Zeit, in der der Mensch beim Träumen wenigstens einen Augenblick aufhört, „Philister" zu sein. Neben dem Grauen und den Absonderlichkeiten tritt eine entlarvende Komik in Erscheinung. Die Menschen streifen nachts wie Schauspieler ihre Maske ab: die Schminke, Zahnprothesen, Perücken und falsche Brüste. Die Welt als Schauplatz von Tollheiten und die Welt als Bühne, auf der alle Menschen die Rollen spielen, die ihnen zugewiesen sind – diese beiden traditionellen literarischen Vergleiche sind die zentralen Metaphern des Werks. Den nächtlichen Alp dieses Textes bezeichnete man als Musterbeispiel des romantischen Nihilismus. Die Antwort auf Novalis' mystische Ekstase ist ein universeller Zynismus, dessen letztes Wort – wortwörtlich im Text – *Nichts* ist.

Die spätere Phase der Romantik hat von der geistigen Unruhe der Anfänge sehr wenig bewahrt. Ironie und Skeptizismus traten unter dem Druck der politischen Ereignisse zugunsten einer Stimmung zurück, die einer bestimmten Ideologisierung der Literatur und des ganzen Kulturlebens den Boden bereitete. Obwohl nicht nur solche Motive zentral waren, erfolgte ein stärkerer Anstoß zu einer Neuorientierung der Romantik durch das Aufleben des Nationalbewußtseins als Widerstandsform, die durch Napoleons Politik und Kriegszüge hervorgerufen worden war. Die deutsche Romantik ist nach 1806, dem Jahr, in dem weitere Eroberungen Napoleons erfolgten, zu einem Teil ohne Zweifel das kulturelle Organ der Koalition gegen den französischen Kaiser. Der alte Ausspruch, nach dem die Musen im Krieg schweigen, ist nur bedingt richtig; sicher ist allerdings, daß im Augenblick einer wie auch immer gearteten Konfrontation die Stimme der Skepsis nur schwach gewürdigt wird oder man sie nicht hören will. In den Jahren, als die Losungen des Widerstands und des nationalen Gedankens auch sonst unpolitische Geister erregten, verlor das spekulative Gepräge der frühen Romantik in den Augen der Öffentlichkeit an Aktualität. Die Schriftsteller der älteren Generation wie Goethe, die nicht bereit waren, ihre aufklärerischen Überzeugungen der nationalen Begeisterung zu opfern und in den Franzosen um jeden Preis Feinde zu sehen, stellten ebenfalls ihr Ansehen aufs Spiel. Zur Verteidigung der jungen Generation, die von der nationalen Begeisterung erfaßt war, muß man sagen, daß die französischen Flaggen der offensiven napoleonischen Armee etwas anderes bedeuteten als die Trikolore, die bei der Verteidigung der Revolution gehißt wurde. Obwohl die Franzosen in den okkupierten oder politisch unterstellten Ländern Gesetze einführten, die Errungenschaften der Revolution einschlossen, war ihre Anwesenheit dennoch das Ergebnis einer Eroberungspolitik. Der nationale Widerstand war daher eine widerspruchsvolle, ambivalente Erscheinung: verständlich als Antwort auf die französische Eroberung, gefährlich als Vorwand für eine Abrechnung der konservativen Kräfte mit den Ideen der Revolution. Diese Gefahr bemerkten manche besonnenen Zeitgenossen. Einige deutsche Politiker und Schriftsteller erkannten, daß der Widerstand gegen Napoleon nicht vor den Karren der Reaktion gespannt werden dürfe, sondern daß er mit inneren gesellschaftlichen Reformen Schritt halten müsse. Die Romantik in der Phase der napoleonischen Kriege ist eine ebenso komplizierte Erscheinung. Es gibt in ihr die Sucht nach Mythen und auch Demagogie, die Inflation des dichterischen Wortes, besonders in der Flut zeitgemäßer patriotischer Gedichte; aber es gibt auch bleibende kulturelle Zeugnisse, unvergessene Lyrik und phantastisch ausgelassene Erzählkunst.

Wenn wir noch auf der Ebene allgemeiner Betrachtung verharren, können wir behaupten, daß die spätere Phase der Romantik (die einige Historiker, die das Schaffen jener Periode ideologisieren, als die „reife“ Romantik bezeichnen, während andere, wertneutral, nach den Zentren der Begegnungen von der Heidelberger oder der Berliner Romantik sprechen) durch Tendenzen gekennzeichnet ist, die man in den Anfängen der Bewegung kaum erahnen konnte. Umgekehrt verschwanden einige Merkmale aus der Zeit der Symposien in Jena, so besonders die philosophische Dimension. Die Metaphysik und das kritische spekulative Gepräge geben die Spätromantiker auf zugunsten geschichtlicher, linguistischer und folkloristischer Studien, d. h. zugunsten der Erforschung und Systematisierung von Kenntnissen, die sowohl vom Herderschen Historismus als auch von der Bestrebung angeregt wurden, der Vision von der Einheit der Nation durch einstige Zeugnisse eigenständiger Kultur eine sichere dokumentarische und philologische Grundlage zu verschaffen. Herders Historismus, der Ausdruck einer aufklärerischen Weltsicht, nimmt in der romantischen Entwicklung die Züge einer nationalen Apologetik an, wobei sich die nüchterne Erforschung geschichtlicher Quellen mit einer Faszination vermengt, die für die Romantiker, die enttäuschten Zeitgenossen eines reaktionären politischen Pragmatismus, die Tradition im Lichte des Mythos besitzt.

Die spätere Romantik ist keinesfalls eine einheitliche Erscheinung, das Ergebnis einer solidarischen Gruppe, sondern sie wirkt eher diffus. Bezeichnend ist, daß für die Romantik zwei gegensätzliche Auffassungen von Erzählkunst auf dem Gebiet des Märchens repräsentativ sind: die Folklore der Brüder Grimm auf der einen Seite und die eigentümliche Phantastik E. Th. A. Hoffmanns auf der anderen Seite. Gemeinsam sind aber die Voraussetzungen, die ihr breite Popularität eintrugen – deren sich die frühe Romantik niemals erfreuen konnte. Popularität erlangte auch die spätromantische Lyrik, die, namentlich wenn wir Eichendorffs Verse als Maßstab nehmen, zweifelsohne einer der Höhepunkte romantischen Schaffens ist. In bezug auf die Rezeption sollte man betonen, daß die Spätromantik unvergleichlich stärker die Vorstellung prägte, was „Romantik" sei; ihre stilistischen Errungenschaften wurden im Lauf der Zeit im Bewußtsein des Publikums auf eine Reihe populärer Merkmale des „Romantischen" reduziert, auf etliche Klischees, anstelle der einstigen Vielstimmigkeit eines geschichtlichen Augenblicks.

Ein Bindeglied zwischen der früheren und der späteren Phase ist die unruhige Persönlichkeit eines Dichters, dessen Werk, zu einem Teil vergessen oder auch unveröffentlicht, noch immer Rätsel aufgibt. Clemens Brentano (1778–1842) war zu Lebzeiten auch für seine exzentrische Natur bekannt: in jungen Jahren als romantischer Lebemann, der es liebte, durch sein launenhaftes Verhalten Unruhe in seine Umgebung hineinzutragen, und beständig sowohl Neugierde als auch Unbehagen bei jenen Zeitgenossen hervorrief, die er als „Philister" verachtete. In fortgeschrittenen Jahren, nach seiner Konversion, galt er als religiöser Fanatiker. Sein erstes größeres Werk ist *Godwi* (1800–1802), das die Bezeichnung „verwilderter Roman" trägt: ein anspruchsvoller Versuch in modischem Geist, vor allem für Literaturhistoriker interessant, die hier einen Katalog erzählerischer Verfahren finden können, die dem Wunsch entspringen, den Leser mit Einfällen zu überraschen. Die romantische „Ironie" hat auch diesen Roman geprägt. Ähnliche Neigungen werden auch in der Komödie *Ponce de Leon* (1804) sichtbar, einem heiteren Spiel mit grotesken Beimischungen, einem Produkt für literarische Feinschmecker, die einen Dialog voller Wortspiele und literarischer Anspielungen zu schätzen wissen und die es nicht stört, daß die erotischen Verwicklungen im Wirbel eines Maskenfestes von literarischen Konventionen gesteuert erscheinen.

In Einklang mit romantischen Gepflogenheiten fügte Brentano in einige seiner Prosawerke Gedichte ein. Eine überaus große Anzahl von Versen blieb in verschiedenen Publikationen verstreut oder zu Lebzeiten unveröffentlicht. Auch die postume Ausgabe (*Gedichte,* 1854) ist bei weitem nicht vollständig. Unter diesen Gedichten von ungleichem Wert weisen kurze Gedichte von raffinierter Lautlichkeit, die zugleich den naiven Zauber der Volkspoesie bewahren, die größte Frische auf. Von einprägsamer Unmittelbarkeit sind auch manche erzählende Gedichte mit folkloristischen Motiven, zuweilen mit groteskem Charakter. Postum (1852) wurde auch die umfangreiche epische Dichtung *Romanzen vom Rosenkranz* (1804–1812) veröffentlicht, ein Werk, das der Autor – obwohl die Fabel, mit einer Handlung aus dem mittelalterlichen Italien, das Streben nach christlicher Askese darstellt – nach seiner Bekehrung als einen ästhetisch zweifelhaften Text verurteilte, augenscheinlich wegen der Verse, der wertvollsten in diesem Werk, die die berauschende Schönheit der sinnlichen Welt beschwören. Lebendige literarische Werte gibt es in den kürzeren Erzählwerken, in den Novellen und Märchen. Das Spektrum romantischer Kunstmärchen bereicherte

Brentano mit einer größeren Anzahl erfolgreicher Texte. Von italienischen oder deutschen Quellen ausgehend, baute er unbekümmert seine Märchenwelt auf: Motive und Wendungen aus der Tradition betrachtete er als Stoff aus einem Phantasieland, wo nicht viel nach Originalität gefragt wird. Im Märchen offenbarte Brentano am deutlichsten seine Ader für das Spiel, die scheinbar kindliche Freude, die im Sprachscherz offensichtlich wird. Der reinste Ausdruck seines Erzähltalents sind daher jene Märchen, die den Eindruck phantastischer Verzierungen und einer heiteren ornamentalen Phantasie erwecken, die keine rationalen Grenzen kennt, aber dennoch von der Anschaulichkeit der Wirklichkeit durchtränkt ist. In einigen grotesken Einfällen ahnt man die künftige irreale Phantasie des Surrealismus. Die gesammelten Märchen wurden nach seinem Tod veröffentlicht (*Märchen,* 1846–1847). Von den novellistischen Texten wird am meisten die *Geschichte vom braven Kasperl und dem schönen Annerl* (1817) geschätzt, eine Prosaballade über das Schicksal zweier junger Leute, ein Beispiel romantischer Novellistik, das nach den schlichten Inhalten von Volksgeschichten greift und sie mit den Subtilitäten der Stimmung bereichert.

Eine glückliche Hand hatte Brentano als Sammler sogenannter volkstümlicher Poesie. Zusammen mit ACHIM VON ARNIM (1781–1831), von dem die Idee stammte, ging er an das Sammeln von zum Großteil anonym überlieferten Dichtungen aus vergangenen Jahrhunderten, mit der Absicht, in einem Augenblick politischer Ohnmacht der Nation das Bestehen der Volkstradition, die Kontinuität sprachlichen Schöpfertums, indirekt daher auch die Idee der nationalen Einheit zu belegen. Das Ergebnis des Sichtens und Redigierens war die Sammlung *Des Knaben Wunderhorn* (erster Band 1805, datiert 1806, der zweite und dritte 1808), neben den Grimmschen Märchen eines der dauerhaftesten kulturgeschichtlichen Denkmäler, das romantischen Auffassungen entsprungen ist. Das Verdienst von Arnim und Brentano war, daß sie zumindest einen Teil des riesigen Textbestands der Volkspoesie, der über Flugschriften und Kalender verstreut war, der Vergessenheit entrissen und Lieder aufzeichneten, die nur in der mündlichen Tradition erhalten waren. Breite und Buntheit des Panoramas waren ihnen allerdings wichtiger als philologische Grundsätze: zuweilen bearbeiteten sie die Texte, d. h. sie paßten sie ihren Vorstellungen von Poesie an. Eine solche Haltung zum Stoff schien auch schon ihren Zeitgenossen zweifelhaft; sie provozierte z. B. die Kritik der Brüder Grimm. Von Herders Sammlung, die für alle späteren Sammlungen wegweisend war, unterscheidet sich das *Wunderhorn* nicht nur durch sein nationales Kriterium; dem romantischen Sammelband ist nicht mehr die mittelbar polemische, antifeudale Intention Herders eigen, sondern er sieht im Gegenteil die Vergangenheit als ein harmonisches Museum, in dem alles seinen Platz hat: sowohl das plebejische Sprachgebilde als auch das Kirchenlied, der Vers steifer Zeremonien wie auch das Kinderliedchen. Das alles hatte für die Romantiker den Reiz des Alten und der Naivität, in erster Linie aber den Wert eines Zeugnisses über den Geist einer – idealisierten – Gemeinschaft, eines Dokuments kollektiver schöpferischer Tätigkeit. Geschichte und Philologie urteilen heute anders darüber. Unbestreitbar ist allerdings die Frische vieler Gedichte. Heine und viele andere Dichter wurden von ihnen angeregt. Den stärksten Eindruck hinterließen

Des Knaben Wunderhorn

Alte deutsche Lieder

L. Achim v. Arnim. Clemens Brentano.

Heidelberg, bey Mohr u. Zimmer.
Frankfurt bey J. C. B. Mohr.
1806.

Achim von Arnim (1781–1831) und Clemens Brentano (1778–1842), Des Knaben Wunderhorn: *Titelseite des 1. Bandes der Sammlung, der im Jahre 1805 (datiert 1806) von Arnim und Brentano in Heidelberg zusammengestellt wurde.*

Verse unbekannter Herkunft, die gefaßt, lakonisch, mit sparsamster Metaphorik, über Leid und Nöte Namenloser in Zeiten geschichtlicher Unruhen reden. Einige der Gedichte leben auch heute in der Musik weiter, so in dem künstlerisch vollendeten Liederzyklus Gustav Mahlers.

Achim von Arnim war auch als Erzähler geschätzt. Der Roman *Armut, Reichtum, Schuld und Buße der Gräfin Dolores* (1810), der wie eine trivialisierte Version von Goethes *Wahlverwandschaften* wirkt, überlebte seine Zeit nicht. Mehr Aufmerksamkeit verdient der unvollendete Roman *Die Kronenwächter* (1817), in dem das romantische Interesse für die nationale Vergangenheit, in diesem Fall für die Umwälzungen in der Zeit der Reformation im 16. Jahrhundert, ein frühes Musterbeispiel des historischen Romans schuf. Von Arnims kürzeren Texten ist vor allem die Erzählung *Der tolle Invalide auf dem Fort Ratonneau* (1818) lebendig geblieben. Sie findet sich in zahlreichen Anthologien.

Einige Jahre, nachdem Arnim und Brentano ihren Sammelband veröffentlicht hatten, erschien eine andere Dokumentation romantischer Folkloristik, ein Buch, das außerordentlich populär wurde und den Philologen Anregungen für ähnliche Unternehmen, den Lesern, besonders den Kindern in aller Welt, eine unvergeßliche Lektüre bot. Das ist die Sammlung der Brüder GRIMM, JAKOB (1785–1863) und WILHELM (1786–1859), der Begründer der wissenschaftlichen Germanistik: *Kinder- und Hausmärchen* (1812/1815), die mehr als zweihundert Märchen, Volkserzählungen und Scherzgedichte enthält. Der Bestand wurde nach deutscher mündlicher Tradition, die zum Teil gemeineuropäisch ist, aufgezeichnet. Die Brüder Grimm vertraten die Überzeugung der Romantik, daß sich in diesen

Formen der Volksepik der eigentliche „Volksgeist“ äußert, und so waren sie bestrebt, grundsätzlich den authentischen Stil kollektiver Hervorbringungen zu bewahren. In der Praxis gaben sie allerdings oft den eigenen erzählerischen Neigungen den Vorzug, und so sind denn die Texte in der Redaktion von Wilhelm Grimm (in der zweiten Ausgabe, 1819) erheblich umgestaltet: der naiven Diktion des Originals sind beschreibende Elemente, anschauliche Details, zuweilen Motive aus anderen Quellen beigefügt, und die logische Motivation ist stärker betont. Die romantische Novellistik hinterließ hier ihre Spuren. Die Herausgeber betrachteten ein solches Verfahren als legitim, denn sie sahen in ihrer Bemühung nur ein Glied in der Kette ständigen Schaffens und Erneuerns dessen, was der mündlichen – oder wie man damals zu sagen pflegte: natürlichen – Dichtung eigen ist. Die Brüder Grimm blieben auch später in der Arbeit untrennbar; sie waren Universitätsprofessoren in Göttingen, dann in Berlin, gemeinsam exponierten sie sich in einem Bekenntnis zum politischen Liberalismus, gemeinsam begründeten und verwirklichten sie ihr gewichtigstes Unternehmen: sie schufen die Grundlagen für das monumentale *Deutsche Wörterbuch* (erster Bd. 1852–1854), an dem Generationen von Philologen arbeiteten und das erst hundert Jahre später fertiggestellt wurde. Jakob Grimm interessierte sich lebhaft für die Sprache und die dichterische Tradition der jugoslawischen und anderer slawischer Völker, wovon einige Übersetzungen und Artikel zeugen, besonders aber die Korrespondenz mit dem serbischen Philologen Vuk Karadžić, die ein bleibendes Dokument menschlicher und wissenschaftlicher Solidarität darstellt.

Zwischen Poesie und Philologie ist auch der Platz einiger anderer Zeitgenossen, die das romantische Programm als Verpflichtung gegenüber der nationalen Tradition verstanden. Verdienstvoll sind in dieser Hinsicht einige Publikationen von Johann Joseph Görres (1776–1848), einem Literaturhistoriker und Publizisten, dessen Lebenslauf in vielerlei Hinsicht für die Generation der Romantiker bezeichnend ist, denn er führt von der Begeisterung über die Französische Revolution zu einem strengen, klerikalen Konservativismus. Görres am stärksten beachteter Beitrag zur romantischen Philologie ist die umfangreiche Schrift *Die Teutschen Volksbücher* (1807), die lebhafte Charakteristiken vieler „Volksbücher“ (aus den Anfängen neuhochdeutscher Literatur) enthält. In der Zeit, als das Buch erschien, stand der Autor mit Brentano in Heidelberg in freundschaftlichen Beziehungen. Der Geist der „Heidelberger Romantik“ ist an den Thesen des Vorworts und des Nachworts ablesbar: die Vergangenheit wird als Schauplatz der Entwicklung eines nationalen Organismus verstanden. Dennoch ist die Betonung der sogenannten volkstümlichen Überlieferung nicht ohne politische Nebentöne; der junge Görres, der auch in der Zeit von Napoleons Niedergang in seiner Zeitung „Rheinischer Merkur“ (1814–1816) den Standpunkt des liberalen Bürgertums vertrat, verfolgte offensichtlich nicht die Absicht, romantisches Erwachen der Nation mit gesellschaftlicher Restauration gleichzusetzen.

Konsequent auf dem Standpunkt des linken Flügels des liberalen Bürgertums blieb bis an sein Lebensende der Dichter, Literaturhistoriker und Ethnograph Ludwig Uhland (1787–1862). Das Werk des jungen Uhland bilden dichterische Texte; später nehmen ihn die Germanistik (er ist dann einige Jahre, bis 1833,

Heidelberg im 19. Jahrhundert: *Ansicht von Schloß und Stadt, nach einem Gemälde von Verhas, das um 1830 entstand. Zu Beginn des Jahrhunderts war Heidelberg einer der Sammelpunkte der jüngeren Gruppe deutscher Romantiker.*

Universitätsprofessor in Tübingen, gibt aber den Dienst aus politischen Gründen auf) und die politische Aktivität (1848 ist er Mitglied des Frankfurter Parlaments) in Anspruch. Seine Popularität im 19. Jahrhundert gründete sich auf Lyrik (*Gedichte*, 1815), in denen er den schlichten „Volkston" vorwegnimmt, und auf Balladen, die dem Typus des Erzählgedichts nach dem Vorbild Schillers historische Stoffe, oft aus der Heimat des Dichters, zugrunde legen. Uhland galt als Kopf der sogenannten Schwäbischen Romantik, einer Gruppe von Dichtern, die regionale Merkmale pflegten. Unter diesen „regionalen" Dichtern sind Justinus Kerner und Gustav Schwab die angesehensten. Schwabs Bearbeitungen antiker Texte (*Die schönsten Sagen des klassischen Altertums*, 1838–1840) werden auch heute noch von der Jugend in vielen Ländern gelesen.

Über die Romantik in den Jahren der Heidelberger Begegnungen und später des Sieges der Koalition über Napoleon sagt man, sie sei vor allem als Bewegung bedeutsam. Die Zeit hob allerdings gerade aus der zweiten Generation zwei Autoren heraus, die besondere Aufmerksamkeit verdienen: den Lyriker Eichendorff und den Erzähler E. Th. A. Hoffmann.

Joseph von Eichendorff (1788–1857) ist einer jener Dichter, deren Biographie man, bis auf die Jahre der Kindheit und die Studienzeit, weitgehend vernachlässigen kann, denn sein äußerer Lebenslauf besagt nur wenig über die

Anregungen, die in sein Schaffen eingingen. Der schlesische Adelige befand sich 1807 in Heidelberg, wo er Arnim, Brentano und Görres kennenlernte. In dieser Zeit veröffentlichte er auch die ersten Gedichte. Beamtendienst in der preußischen Verwaltung, Pensionierung, ein zurückgezogenes Leben – damit erschöpfen sich die biographischen Angaben. In Arbeiten über den Dichter wird zu Recht an die gefühlsmäßige Verbundenheit mit der Heimat, mit der Landschaft der Kindheit erinnert. Aber diese Angabe hat keinen kritischen Sinn, wenn sie suggerieren will, daß von einer „regionalen" Poesie die Rede sei. Unter den deutschen Romantikern ist Eichendorff der größte Naturdichter. Die Verse, scheinbar schlicht und metrisch einfach, aber geschmeidig und reich an rhythmischen Nuancen, sind ein zauberhaftes Kaleidoskop, das in einer Unzahl von Varianten jedes Mal aufs neue bezaubert: ob sich nun der Blick auf dunkle und endlose Waldlandschaften richtet oder auf Serenadenszenen in kleinen Städten, mit stillem Brunnengemurmel und weichem Mondscheinschimmer. Die Harmonie von Farben und Lauten, die diese Lyrik durchdringt, ist von einem Gefühl geheimnisvoller Ahnungen und unaussprechlicher Sehnsucht erfüllt. Einige seiner schönsten Gedichte hat Robert Schumann vertont. Diese kongeniale Verbindung von Musik und Poesie ist einer der Höhepunkte künstlerischer Subtilität in der deutschen Romantik.

Eichendorff sammelte seine Gedichte spät, erst 1837. Seitdem fanden viele Eingang in Lesebücher und Anthologien und formten die Vorstellung eines breiteren Lesepublikums von der Romantik: die lyrischen Bilder des Dichters beeinflußten das Entstehen romantischer Stereotypen (die Einsamkeit in der Natur, die Schönheit des Waldes, der Mondschein über der Burgruine) im allgemeinen Bewußtsein. Die ersten beachteten Werke des Autors waren keine Gedichte, sondern Erzählprosa. Zweimal versuchte er sich in der Beherrschung großer Formen; allerdings teilen die Romane *Ahnung und Gegenwart* (1815) und *Dichter und ihre Gesellen* (1834) das Schicksal der meisten romantischen Romane. Die permanente Poetisierung des Lebens (auf dem Hintergrund zeitgenössischer gesellschaftlicher Ereignisse), das Aneinanderreihen von Episoden aus dem Leben ungewöhnlicher Persönlichkeiten, Begebenheiten, die in der Fülle romantischer Stimmungen untergehen, und daneben das Hervorheben moralisierender Pointen, die die Überzeugung des Dichters verraten, daß die empfindsame Exzentrizität im Grunde eine problematische Haltung sei – das sind einige (nicht immer widerspruchslos miteinander verknüpfte) Merkmale der Romane. Eine glücklichere Hand hatte Eichendorff in seinen Erzählungen, besonders in der bekannten Erzählung *Aus dem Leben eines Taugenichts* (1826), in der ein beliebtes Motiv der Romantiker, die Reiseerlebnisse und -abenteuer eines sorglosen jungen Menschen, Handlungsgrundlage ist. Erzählt wird mit einer anmutigen Naivität, die zu der Hauptfigur paßt. Doch der ungebrochene Realitätssinn, mit dem der Autor die erzählte Welt gestaltet, deutet bereits die Abkehr von der romantischen Epoche an.

Der klassische Erzähler der deutschen Romantik ist Ernst Theodor Amadeus Hoffmann (1776–1822). Sein ruheloses Leben erweckt den Eindruck einer Reihe von Episoden aus einem Roman über das Leben eines Künstlers. Nach dem abgeschlossenen Jurastudium beginnt die Karriere des preußischen Beamten, aber

E. Th. A. Hoffmanns eigenhändige Zeichnung zeigt den Musiker Kreisler, *eine seiner Phantasiefiguren.*

gleichzeitig entfalten sich seine vielfältigen künstlerischen Neigungen: er komponiert, dirigiert, beschäftigt sich mit Malerei. Wegen der französischen Besatzung wird er aus dem Dienst entlassen und lebt dann einige Jahre als Musiker und Bühnenbildner. Einige seiner Kompositionen (nach dem Vorbild Mozarts und des frühen Beethoven geschaffen) werden auch heute noch aufgeführt. Mit der Literatur begann er sich verhältnismäßig spät zu beschäftigen: sein erstes Erzählwerk *Ritter Gluck*, eine phantastische Novelle, wurde 1809 veröffentlicht. Dieser kurze Text ist eine markante Einleitung in Hoffmanns Schaffen, eine Art Modell mit den wesentlichen Merkmalen seiner Erfindungsgabe. Das rätselhafte Geschehen versetzt den Leser in Unsicherheit darüber, wie er die eigentümliche Vermengung von Alltag und Phantasie verstehen soll – als ein Kunstmärchen, und dann als ein freies Spiel mit allen Möglichkeiten literarischer Fiktion, oder als durch die Erfahrung motivierte Prosa, in der unwirkliches, „übernatürliches" Geschehen einen subjektiven halluzinativen Charakter hat. Der Autor hat in einigen Erzählungen, so in dem Meisterwerk *Der goldene Topf* (1815), das er „ein Märchen aus unserer Zeit" nannte, diese Frage offen gelassen, vielleicht in der Absicht, auf den Leser und künftigen Interpreten seiner Werke die Unsicherheit zu übertragen, die er als unausweichliche Folge einer vertieften Begegnung mit der Poesie der Wirklichkeit und der Wirklichkeit der Poesie betrachtete. Hoffmann erkannte als echter Romantiker nicht die Zensur der Erfahrung an; seine Welt, voller Sonderlinge, Träumer, dämonischer Naturen, wirkt wie mit der Hand eines launenhaften Karikaturisten gezeichnet.

Auf eine persönliche Inspiration bei Hoffmann weist der Titel der ersten Sammlung von Erzählungen hin: *Fantasiestücke in Callots Manier* (1814/15), nach dem Vorbild des französischen Malers aus dem 17. Jahrhundert, Jacques Callot, der für seine grotesken Motive in der Graphik bekannt war. Im übrigen tritt hier eine der Leitfiguren des Autors, der schrullige Komponist Kreisler, in Erscheinung. Es ist bezeichnend, daß in der Gestaltengalerie dem Komponisten, und damit der Verkörperung des romantischen Künstlers, ein herausragender Platz zufällt – auch bei Hoffmann war die Musik der klarste Ausdruck romantischer Empfindsamkeit. (Anderseits zog die kunterbunte Welt seiner Figuren und Abenteuer Komponisten an, denen er für eine romantische Literarisierung der Musik Anregungen gab. Der phantasievolle Tonreigen in Schumanns Klavierzyklus *Kreisleriana* ist das schönste Beispiel von Inspiration aus Hoffmanns Werken und Offenbachs Oper *Hoffmanns Erzählungen* das populärste.) Die Neigung zur literarischen Groteske läßt sich auch an den Titeln der folgenden Sammlungen ablesen: *Nachtstücke* (1817) und *Die Serapionsbrüder* (1819–1821). Zur Gespenster- und Kriminalgeschichte gesellen sich hier historische und anekdotenhafte Elemente, die die Vielfalt der Novellistik des Dichters unterstreichen. Die bedeutendsten Texte sind auch in diesen Sammlungen jene für Hoffmann so bezeichnenden „dualistischen" Erzählungen. Der bürgerliche Alltag, zuweilen humoristisch, aber auch satirisch dargestellt, wird zum Schauplatz dämonischen Geschehens, das rätselhafte, entstellte Züge annimmt: in das scheinbar ganz normale bürgerliche Leben mischen sich Kräfte, bereit, die „natürliche" Ordnung der Dinge zu bedrohen. Manchmal gründet sich die Lösung auf irgendeine empirische Motivation, und dann zeugt eine solche Rationalisierung des Schauders von der aufklärerischen Tradition in der Romantik. Die „unpoetischen" Tendenzen der Aufklärung verspottete der Autor geistreich in einer seiner besten Erzählungen, in dem virtuos erzählten novellistischen Märchen *Klein Zaches genannt Zinnober* (1819).

Die Romane *Die Elixiere des Teufels* (1815–1816) und *Lebensansichten des Katers Murr nebst fragmentarischer Biographie des Kapellmeisters Johannes Kreisler in zufälligen Makulaturblättern* (1820–1822) unterscheiden sich beträchtlich voneinander: der zweite, wertvollere, ein schwungvolles literarisches *capriccio* für literarische Feinschmecker, auf dem spezifisch romantischen Gegensatz zweier Lebenshaltungen aufgebaut (der künstlerischen Lebensart und der philisterhaften Beschränktheit), ist im weitesten Sinne ein Roman über den Künstler in der Gesellschaft; der erste, bekanntere, ähnelt einem „Labyrinth des Schreckens" und stellt Hoffmanns Zugeständnis an die triviale Romantik dar (die ihre Herkunft aus dem englischen Schauerroman des 18. Jahrhunderts ableitet). Das Geheimnis der Lebenskraft von Hoffmanns Prosa liegt in ihrem breiten Spektrum, in ihrer Fähigkeit, den Bedürfnissen vollkommen unterschiedlicher Lesertypen, auch unterschiedlicher Zeiten gerecht zu werden. Im irren Wirbel der Phantasie, in diesem Fastnachtszug, wirken die Spannung der Fabel, die Humoristik, das Geflecht ungewöhnlicher Maskenfiguren und Marionetten, das oszillierende Spiel mit literarischen Anspielungen und der Zauber poetischen Umherschweifens zwischen Traum und Wachen, Trugbild und Wirklichkeit, faszinierend. Hoffmann entledigte die spekulative, philosophische Romantik der Abstraktion und hauchte ihr durch die Leichtigkeit einer erzählerisch entfalteten Handlung Leben ein, sublimierte aber gleichzeitig die Motive der populären, trivialen Romantik. Das Echo auf Hoffmann im Ausland ist ein interessantes Kapitel der Komparatistik. Er wurde viel in Frankreich gelesen, wo ihn Balzac und Baudelaire besonders schätzten, dann in Rußland, wo er auf Gogol und in neuerer Zeit auf eine Gruppe von Schriftstellern in der Periode nach der Oktoberrevolution (die „Serapionsbrüder") eine beachtliche Wirkung ausübte. Seine Werke gelangten aber auch sehr früh nach Amerika: erkennbar sind die Anklänge Hoffmannscher Grotesken in den Werken von Edgar Allan Poe.

Neben Hoffmann sind zwei Erzähler zu nennen, die ebenfalls zum Kreis der Berliner Romantik gehören. Sie verbindet die Tatsache, daß beide französischer Herkunft sind, und beide erreichten dauerhaftes Ansehen nur durch eines ihrer Prosawerke. FRIEDRICH DE LA MOTTE-FOUQUE (1777–1843) wäre bereits längst vergessen (obwohl er zu seiner Zeit mit dem Roman *Der Zauberring*, 1813, großen Erfolg hatte, in dem er das mittelalterliche Ritterleben idealisiert), wäre er nicht der Autor des Kunstmärchens *Undine* (1811), der Erzählung über das Schicksal einer Nymphe, die unter den Menschen Liebe und verhängnisvolle Enttäuschung erlebt. Dieses Märchen mit Motiven aus der Volksmythologie legte Hoffmann dem Libretto seiner gleichnamigen Oper zugrunde (1816). ADELBERT VON CHAMISSO (1781–1838), Dichter und Naturforscher, war im 19. Jahrhundert auch als Balladenautor geschätzt. Unter den Dichtern der Spätromantik trug er zum ersten Mal in erzählerische und reflexive Gedichte gesellschaftskritische Motive hinein, Mitleidsregungen angesichts der „kleinen Leute", deren Leben so mühselig ist. Mit vielen seiner Gedichte (*Lieder und Balladen*, 1827; *Gedichte*, 1831) entfernte sich Chamisso von der Romantik. Das gilt in gewisser Weise auch für sein bekanntestes Werk, die weltberühmte Erzählung *Peter Schlemihls wundersame Geschichte* (1814), die Elemente des Märchens und der Novelle vereint. Das alte Motiv eines Paktes mit dem Teufel ist in eine neue Fabel eingebettet: Schlemihl verkauft seinen Schatten, bleibt ohne ihn, wird trotz seines Reichtums verstoßen, wird ein Mensch ohne normale Eigenschaften und wird so zum Symbol eines menschlichen Wesens ohne Zugehörigkeit und gesellschaftliche Identität. Besonders wichtig ist die Schlußwendung: nachdem der Held der Erzählung sich in die Einsamkeit zurückgezogen hat, zieht er mit Siebenmeilenstiefeln, ganz der Erforschung der Natur ergeben, durch die Welt. Der Mensch ohne Schatten in Siebenmeilenstiefeln – das ist die Sprache des romantischen Märchens; aber den Helden erfüllt am Ende die Erkenntnis der Erfahrungswelt, einer wissenschaftlichen Systematisierung der Wirklichkeit, und das heißt, daß sein Blick in die Zukunft gerichtet ist, die Spekulation und Phantastik durch das nüchterne Sammeln und Erforschen der Dingwelt ersetzen wird, die der Erfahrung unmittelbar zugänglich ist. Die Symbolik ist offensichtlich: mitten in der Romantik ahnte Chamisso, daß das neue Jahrhundert eine Epoche wissenschaftlicher Neugier und empirischer Methoden sein und daß diese Neugier als eine der deutlichsten Äußerungen neuer gesellschaftlicher Tendenzen gelten wird. Der Mensch ohne Schatten, der ein sinngebendes Leben in der Beschäftigung mit der Naturwissenschaft findet, ist kein romantischer Held mehr. Auf der Schlußseite von Chamissos Erzählung ist, noch vor der Zeit, die Abkehr von der Romantik ausgesprochen.

Schlemihls Schritte führten in die Zukunft; Chamissos Märchen befand sich auf

Peter Schlemihls wundersame Geschichte, *die weltberühmte Erzählung von Adelbert von Chamisso (1781–1838): Kupferstich von George Cruikshank, einem der bedeutendsten englischen Illustratoren des 19. Jahrhunderts, aus der dritten Ausgabe des Werks, die 1835 erschien.*

dem Weg zu der Wirklichkeit, die in Sicht kam. Die bürgerliche Gesellschaft, die neue Praxisformen erprobte, veränderte ihr Verhältnis zur Realität. Heine schrieb nach 1830, daß die Kunstperiode und die Epoche idealistischer Ideen zu Ende geht, jenes Zeitalter, das ungefähr mit den Grunddaten von Goethes Leben zusammenfällt. Gerade diese Periode begriffen viel später einige Literaturhistoriker als eine Ganzheit. Die Germanisten bedienten sich verschiedener Konstruktionen, um den „Rhythmus" jener Epoche zu finden; wie bekannt, versuchten ausländische Historiker, mit der Formel einer über sechs Jahrzehnte sich erstreckenden Romantik der Sache beizukommen. Das Bedürfnis nach Synthese ist verständlich, doch gerechtfertigter ist sicherlich die Forderung, der Historiker dürfe die Widersprüche nicht übergehen und die Gegensätze der Wirklichkeit nicht mit Begriffen verdecken. Aber dennoch haben die Befürworter der Einheit in einigem zweifellos recht: die Perioden der späten Aufklärung, der literarischen „Revolution" und der Romantik sind in ihren kulturellen Leistungen eine einzigartige Epoche. Die deutsche Kultur erbrachte niemals vorher so viele wertvolle Beiträge zur Kunst und Philosophie Europas und der Welt wie in dieser verhältnismäßig kurzen Epoche, als Goethes Weimar das kulturelle Europa anzog, als Hölderlin seine Verse schrieb und die romantische Literaturkritik das

Gefühl für fremde, noch unbekannte Werte erweckte, als an deutschen Universitäten Kant, Fichte, Schelling und Hegel unterrichteten und die Komponisten in den Städten des deutschen Sprachraums, von Bonn bis Wien, Werke schufen, ohne die eine Weltgeschichte der Musik undenkbar wäre. All das hatte Heine im Sinne, als er retrospektiv von einer verflossenen Epoche sprach. Heine verfiel allerdings nicht in den Fehler einiger Kulturkritiker, die die Vergangenheit verherrlichen und über die zeitgenössische Wirklichkeit nur noch jammern. Der Dichter und Kritiker, der, nebenbei gesagt, seinen eigenen Wert kannte, nahm ohne falsche Trauer von der Vergangenheit Abschied.

9. Zwischen Romantik und Realismus

In seiner Artikelserie über *Revolution und Konterrevolution in Deutschland* (1851–1852) hebt Friedrich Engels hervor, daß auch zu Beginn des 19. Jahrhunderts, dem Jahrhundert des Aufstiegs der Bourgeoisie und der Festigung ihrer Macht im politischen und kulturellen Leben Deutschlands, „dem Feudaladel in Deutschland ein großer Teil seiner alten Privilegien erhalten geblieben (war) . . . Dieser seinerzeit außerordentlich zahlreiche und zum Teil sehr reiche Feudaladel galt offiziell als der erste ‚Stand' im Lande. Er stellte die höheren Staatsbeamten, er besetzte fast ausschließlich die Offiziersstellen in der Armee.

Die Bourgeoisie Deutschlands war bei weitem nicht so reich und konzentriert wie die Frankreichs oder Englands. . . . Überdies waren die deutschen Industriebezirke dünn gesät und weit verstreut; sie lagen tief im Innern des Landes, benutzten für ihre Ein- und Ausfuhr vorwiegend ausländische, holländische oder belgische Häfen und hatten daher wenig oder gar keine gemeinsamen Interessen mit den großen Hafenstädten an der Nord- und Ostsee; vor allem aber waren sie außerstande, große Industrie- und Handelszentren zu bilden wie Paris und Lyon, London und Manchester. Die Rückständigkeit der deutschen Industrie hatte mannigfaltige Ursachen, aber zwei werden schon zu ihrer Erklärung genügen: die ungünstige geographische Lage des Landes, seine Entfernung vom Atlantischen Ozean, der zur großen Heerstraße des Welthandels geworden war, sowie die ständigen Kriege, in die Deutschland verwickelt war und die vom sechzehnten Jahrhundert an bis auf den heutigen Tag auf seinem Boden ausgefochten wurden. Diese zahlenmäßige Schwäche und namentlich ihre geringe Konzentration machten es der deutschen Bourgeoisie unmöglich, jene politische Machtstellung zu erringen, deren sich die englische Bourgeoisie seit 1688 erfreut und die die französische Bourgeoisie 1789 erobert hat. Und doch war in Deutschland der Reichtum und mit dem Reichtum die politische Bedeutung der Bourgeoisie seit 1815 in ständigem Wachstum begriffen. Die Regierungen waren gezwungen, wenn auch widerwillig, wenigstens ihren unmittelbaren materiellen Interessen Rechnung zu tragen. . . . Jede politische Niederlage der Bourgeoisie zog einen Sieg auf dem Gebiet der Handelsgesetzgebung nach sich."

Zwar gab es auf deutschem Boden nicht mehr so viele Herrscher wie zu Ende des Dreißigjährigen Krieges, aber ihre Zahl war immer noch groß. 1815 wurde auf dem Wiener Kongreß die Verfassungsurkunde des Deutschen Bundes unterzeichnet, dem 39 Mitglieder angehörten: das österreichische Kaiserreich, fünf Königreiche, ein Kurfürstentum, sieben Großherzogtümer, zehn Herzogtümer, elf Fürstentümer und vier Freie Städte. Dieser Bund sollte das Deutsche Kaiserreich ablösen, das erste Reich, das in den Napoleonischen Kriegen zugrunde gegangen war. In einem satirischen Gedicht hörte Heine das Deutschland seiner Zeit schnarchen – unter der Obhut von sechsunddreißig Monarchen. Das österreichische Kaiserreich sollte an der Spitze des Bundes stehen, die Bundesversammlung sollte in Frankfurt am Main zusammentreten, und der 13. Artikel der Urkunde sah Verfassungen für die Mitgliedstaaten vor, ein liberales Zugeständnis. Als aber ebenfalls 1815 die Herrscher Österreichs und Preußens, der stärksten Bundesmitglieder, mit dem russischen Zaren die „Heilige Allianz" schlossen, wurde vollkommen deutlich, daß die im Deutschen Bund vereinigten Mächte mit allen Mitteln gegen die fortschrittlichen bürgerlichen Kräfte ihrer Zeit kämpfen würden, um die gesellschaftlichen Verhältnisse weiterhin in dem Zustand zu erhalten, der vor der Französischen Revolution geherrscht hatte. Das war auch das erklärte Ziel des damals gewandtesten Staatsmanns, des österreichischen Ministers Fürst Metternich, des Vorkämpfers der europäischen Reaktion. Gegen das restaurative „System Metternich" gründete die deutsche Studentenbewegung, die aus der nationalen Begeisterung während der Napoleonischen Kriege hervorgegangen war, 1815 die Deutsche Burschenschaft. War sie auch keinesfalls revolutionär im gesellschaftlichen Sinne, sondern vorrangig vom Ziel der nationalen Einheit Deutschlands motiviert, so schien sie den Regierungen doch gefährlich genug. Im Jahr 1819 berieten die Bundesvertreter in Karlsbad über eine strengere Aufsicht für Universität und Presse: das Resultat waren die „Karlsbader Beschlüsse", die 1820 Bestandteil der Bundesverfassung wurden. Alle Zeitschriften und alle Bücher mit einem Umfang von weniger als zwanzig Druckbogen sollten jetzt der Zensur unterliegen. Jeder Mitgliedstaat des Bundes war der Bundesversammlung gegenüber für die Durchführung dieser Beschlüsse verantwortlich. An den Universitäten setzte man Inspektoren der Regierung ein, Dozenten wurden bestraft; in Mainz richtete man eine Zentraluntersuchungskommission für die Universitäten ein. Metternich selbst hielt die „Karlsbader Beschlüsse" neben der Niederlage Napoleons für das größte Werk seines Lebens. In dieser Restaurationsphase nahm der überwiegende Teil der deutschen Nation nicht an der liberalen Oppositionsbewegung teil, die vom Bürgertum getragen wurde und im Zeichen des Kampfes um nationale politische Einheit stand.

Der Reichtum des Bürgertums wuchs in den ersten Jahrzehnten des 18. Jahrhunderts dank der technischen Entwicklung. Ab 1825 führte man in den Städten die Gasbeleuchtung ein, 1827 fuhr der erste Dampfer auf dem Rhein, und 1835 rollte die erste Eisenbahn auf deutschem Boden. Diese Veränderungen des gesellschaftlichen Lebens erweckten auch die Aufmerksamkeit der gebildeten Schichten des Bürgertums, die sich für das Alltagsleben zu interesssieren begannen. Der unerträgliche Gegensatz zwischen der sehr hohen Geisteskultur der bürgerlichen Bildungselite und den beengten Formen ihres gesellschaftlichen Lebens verblaßte. Mit einem Wort, die kulturellen Grundlagen der deutschen Romantik bestanden nicht mehr. Das gebildete Bürgertum begann, sich vom Reich des Märchens und der Phantasie abzuwenden und stärker an den neuen Realitäten des täglichen Lebens zu orientieren. Das siegreiche Eindringen der Technik in den Alltag zerstörte auch die Macht des Aberglaubens, der bis dahin selbst in den höchsten Gesellschaftsschichten geherrscht hatte.

Die Belebung der Wirtschaft führte zur unaufhaltsamen Urbanisierung mit ihren vielfältigen Begleiterscheinungen. Bereits die deutsche Romantik hatte auf kulturellem Gebiet danach gestrebt, die nationalen Grenzen zu durchbrechen und Wege zu finden, um die Weltliteratur und -kultur kennenzulernen. Nun weckten die Breite des städtischen Lebens, die Möglichkeit der leichteren und schnelleren Fortbewegung bei den Bürgern ein Bedürfnis, das die Vertreter des deutschen Klassizismus und der deutschen Romantik nicht gekannt hatten, und zwar das intensive Interesse für die unmittelbar greifbare gesellschaftliche Wirklichkeit. In der deutschen Literatur jener Zeit sind die literarischen Formen des Briefes, der über das tagtägliche gesellschaftliche Geschehen Auskunft gibt, der Reisebeschreibung, der Memoiren und der Autobiographie häufig vertreten. Mit dem wachsenden Reichtum des Bürgertums verlor die Finanzkraft des Hofes ihren kulturellen Einfluß: im literarischen Leben verschwindet die Erscheinung des in der Renaissance charakteristischen Mäzenatentums, dessen sich noch Goethe und Schiller erfreut hatten; seinen Platz nimmt jetzt der Verlagsbuchhändler ein. Buch und Zeitschrift werden zur Ware auf dem Markt, nach den Gesetzen von Angebot und Nachfrage honoriert, wovon der Schriftsteller im günstigen Fall auch leben kann. Johann Friedrich Cotta (1764–1832), der die ererbte Buchhandlung 1811 nach Stuttgart verlegte, seit 1806 Verleger von Goethes Werken, entwickelt sich in dieser Zeit zum Verleger für die Mehrheit der angesehensten Schriftsteller und wird zur Großmacht im kulturellen Bereich. In der Freien Stadt Hamburg, in der das bürgerliche Selbstbewußtsein dank ihrer Handelskraft auch im vorangegangenen Jahrhundert lebendig und stark geblieben war, wagte es Julius Campe (1792–1863), Autoren zu verlegen, die in den übrigen deutschen Ländern verboten waren, z. B. die Werke von Börne und Heine.

Die Urbanisierung ließ auch die Tagespresse zur kulturellen Macht aufsteigen, während sie bis dahin nur eine untergeordnete Rolle gespielt hatte. Die „Allgemeine Zeitung", 1798 in Stuttgart gegründet, verlegte der Herausgeber Cotta 1810 nach Augsburg, und diese Zeitung entwickelte sich zur angesehensten und einflußreichsten deutschen Tageszeitung. Die neue Geltung der Zeitungen im Kulturleben gab der Buchkritik Auftrieb. Für die zahlreichen Rezensionen der literarischen Produktion waren die Herausgeber auf ständige Zusammenarbeit mit Tageskritikern angewiesen. Den einflußreichen Rezensenten erlegte die Literatur jetzt mit ihrem Interesse für die aktuelle gesellschaftliche Wirklichkeit geradezu die Pflicht auf, eine kämpferische Stellung zu politischen Ereignissen zu beziehen. Cotta begann die kritische Beilage zu seiner Zeitung „Morgenblatt für gebildete Stände" von 1819 an als eigenständige Publikation herauszugeben, und von 1826 bis 1849 redigierte Wolfgang Menzel (1798–1873), der einflußreichste

Die Buchhandlung der Firma Hoffmann und Campe *in Hamburg um das Jahr 1830. Der Verleger* Julius Campe *(1792–1863) veröffentlichte Heines Werke.*

damalige Literaturkritiker, das Blatt. Menzel vertrat nationalistische Ideale auf „germanischer" und christlicher Grundlage. Deshalb griff er den kulturellen und literarischen Universalismus Goethes scharf an.

Dennoch spielte gerade die Literatur der deutschen Klassik und der deutschen Romantik, welche Stellung auch immer der einzelne Kritiker und Schriftsteller dazu einnahm, eine entscheidende Rolle für die Entwicklung des kulturellen Selbstbewußtseins des gebildeten Bürgers. Die Erfolge der Technik übten zwar einen bedeutenden Einfluß auf die gesellschaftlichen Verhältnisse und das Denken des Bürgertums aus, aber in seinem kulturellen Bewußtsein nahmen sie bei weitem noch nicht jenen Platz ein, den sie später, gegen Ende des 19. Jahrhunderts, erringen sollten. Man braucht sich nur daran zu erinnern, mit welcher Phantasie die Schriftsteller und Philosophen der deutschen Romantik die naturwissenschaftlichen Tatsachen interpretierten, die sie kennengelernt hatten. Im kulturellen Leben freilich besaß die künstlerische Produktion, in erster Linie die Literatur und das Theater, immer noch die Vorrangstellung. Jetzt aber, etwa im dritten Jahrzehnt des Jahrhunderts, konnte der gebildete deutsche Bürger zum ersten Mal mit Stolz auf seine Geschichte zurückblicken: in der deutschen Klassik und in der deutschen Romantik, schließlich auch in der deutschen Philosophie jener Jahre, hatte seine Nation Werke hervorgebracht, die man in der ganzen Welt las und nachahmte. Nicht nur Goethe und Schiller, sondern auch E. Th. A. Hoffmann, der Erzähler der deutschen Romanik, erreichten außerordentliche Popularität über die deutschen Grenzen hinweg, von Rußland bis Amerika. Kritiker wie auch Schriftsteller veröffentlichten nun in verhältnismäßig großer Zahl Geschichten der deutschen Literatur, auch Geschichten einzelner Epochen oder einzelner Gebiete sowie Geschichten der zeitgenössischen Literatur. Höchstes Ansehen erreichte das Werk des Kritikers Georg Gottfried Gervinus unter dem Titel *Geschichte der poetischen Nationalliteratur der Deutschen* (1835–1843). Es gilt heute als die erste sachkundig geschriebene Geschichte der deutschen Literatur. Wichtig ist die weltanschauliche Tendenz des Werks: Gervinus steht auf dem Standpunkt, daß die Deutschen mit Goethe und seiner Epoche die Blüte ihrer literarischen Tätigkeit erreicht haben und daß sie sich jetzt, nach Goethes Tod, der Lösung praktischer Fragen des gesellschaftlichen Lebens widmen müßten.

In dem Maße, in dem seit Ende des 18. Jahrhunderts die allgemeine Schulbildung immer mehr Verbreitung fand, vergrößerte sich auch das Bedürfnis nach Büchern, die der Unterhaltung und Zerstreuung dienten. Es wurde bereits erwähnt, daß die Lektüre im gesellschaftlichen Leben allmählich etwa jenen Platz eroberte, den heute das Fernsehen einnimmt. Bibliotheken und Lesesäle und später literarische Zirkel schossen fast in jeder Stadt aus dem Boden. Den breiten Kreisen des oberflächlich gebildeten Bürgertums diente in erster Linie der Roman zur Unterhaltung und Zerstreuung. Seit der zweiten Hälfte des 18. Jahrhunderts nahm die Romanproduktion in Deutschland unaufhaltsam zu. In der literarischen Produktion rückte die „Unterhaltungs-" bzw. „Trivialliteratur" allmählich auf den ersten Rang – für den Verleger ein hervorragendes Geschäft, das sie auch heute noch ist. Die Zeitgenossen führen als Hauptgattung der Trivialliteratur jener Zeit den Familienroman an – heute wäre das der sentimentale Liebesroman –, aber auch Räuberromane, eine Untergattung des heutigen Abenteuerromans, sowie Gespensterromane und Ritterromane erfreuten sich großer Beliebtheit. Welche Rolle diese Literatur beim Leser spielte, zeigen uns die Angriffe, die gegen sie gerichtet waren. Sie wurde zur Zielscheibe des Spotts in zeitgenössischen Satiren, und es gibt dort so viele boshaft-ironische Anspielungen auf die „Trivialliteratur", daß wir sie heute ohne ausführlichen Kommentar nicht mehr verstehen können.

Für die gebildeteren, „höheren" Leserschichten erschienen in großer Zahl regelmäßig literarische Jahrbücher in elegantem Salonformat, immer mit der Bezeichnung des folgenden Jahres und unter Titeln wie „Kalender", „Almanach", „Musenalmanach" veröffentlicht – schließlich überwog die Bezeichnung „Taschenbuch". Diese Bändchen enthielten in der Regel kürzere Erzählungen, Novellen und Gedichte, und auch angesehene und bekannte Schriftsteller veröffentlichten hier gern ihre kürzeren Werke. Die große Zahl der literarischen Dilettanten im zeitgenössischen gebildeten Bürgertum bezeugt die wichtige gesellschaftliche Rolle der Literatur in jenen Jahrzehnten.

Immer noch herrschte in den ersten Jahrzehnten des vergangenen Jahrhunderts die Überzeugung, das eigentliche Ausdrucksmittel der ernsthaften Literatur sei der Vers, während der Prosaroman als ein unvollkommenes literarisches Gebilde galt. Aber in dem Maß, wie der Trivialroman die weniger gebildeten Leserkreise eroberte, drängte sich den gebildeten Lesern mit aller Kraft der Geschichtsroman

Walter Scotts auf. Seine Werke wurden in zahlreichen Übersetzungen herausgegeben. In gleichem Maße eroberten auch die nordamerikanischen Romane und Erzählungen von Washington Irving und James Fenimore Cooper in deutschen Ausgaben die Sympathien der Leser. Die Zeitgenossen bestätigen uns, daß die gebildeten Leser der damaligen Zeit in jenen Werken erstmals mit Vergnügen einen der Grundzüge des späteren literarischen Realismus entdeckten: die überzeugende Darstellung zahlreicher Details der Erscheinungswelt. Außerdem waren die Werke Scotts wie auch die der nordamerikanischen Erzähler stark vom Streben nach bürgerlicher Freiheit durchdrungen, was sowohl durch die Freiheitsverherrlichung in den Kämpfen der schottischen Edelleute als auch in der Darstellung des freiheitlichen nordamerikanischen Lebens zum Ausdruck kommt. Diesen neuen Gestus hatten die Leser bis dahin in der einheimischen Literatur nicht kennengelernt, und so nahmen sich auch deutsche Erzähler Scott und Irving zum Vorbild.

Den bürgerlichen Schriftstellern jener Zeit war – unabhängig davon, ob sie konservative oder progressive Positionen vertraten – die Tatsache bewußt, daß sie nicht einfach Nachfolger der deutschen Klassik und der deutschen Romantik sein konnten, sondern daß sie für die neue Zeit auch eine neue Literatur schaffen mußten. Am entschiedensten formulierte diese Aufgabe Heinrich Heine im Jahre 1834: „Meine alte Prophezeiung von dem Ende der Kunstperiode, die bei der Wiege Goethes anfing und bei seinem Sarge aufhören wird, scheint ihrer Erfüllung nahe zu sein. Die jetzige Kunst muß zugrunde gehen, weil ihr Prinzip noch im abgelebten, alten Regime, in der heiligen römischen Rechtsvergangenheit wurzelt. Deshalb, wie alle welken Überreste dieser Vergangenheit, steht sie im unerquicklichsten Widerspruch mit der Gegenwart. Dieser Widerspruch und nicht die Zeitbewegung selbst ist der Kunst so schädlich; im Gegenteil, diese Zeitbewegung müßte ihr sogar gedeihlich werden, wie einst in Athen und Florenz, wo eben in den wildesten Kriegs- und Parteistürmen die Kunst ihre herrlichsten Blüten entfaltete. Freilich, jene griechischen und florentinischen Künstler führten kein egoistisch isoliertes Kunstleben, die müßig dichtende Seele hermetisch verschlossen gegen die großen Schmerzen und Freuden der Zeit; im Gegenteil, ihre Werke waren nur das träumende Spiegelbild ihrer Zeit, und sie selbst waren ganze Männer, deren Persönlichkeit ebenso gewaltig wie ihre bildende Kraft; Phidias und Michelangelo waren Männer aus einem Stück wie ihre Bildwerke, und wie diese zu ihren griechischen und katholischen Tempeln paßten, so standen jene Künstler in heiliger Harmonie mit ihrer Umgebung; sie trennten nicht ihre Kunst von der Politik des Tages, sie arbeiteten nicht mit kümmerlicher Privatbegeisterung, die sich leicht in jeden beliebigen Stoff hineinlügt; Äschylus hat die ‚*Perser*' mit derselben Wahrheit gedichtet, womit er zu Marathon gegen sie gefochten, und Dante schrieb seine ‚*Göttliche Komödie*' nicht als stehender Kommissionsdichter, sondern als flüchtiger Guelfe, und in Verbannung und Kriegsnot klagte er nicht über den Untergang seines Talentes, sondern über den Untergang der Freiheit. Indessen, die neue Zeit wird auch eine neue Kunst gebären, die mit ihr selbst in begeistertem Einklang sein wird, die nicht aus der verblichenen Vergangenheit ihre Symbolik zu borgen braucht, und die sogar eine neue Technik, die von der seitherigen verschieden, hervorbringen muß."

Aber wie jene neue Literatur beschaffen sein sollte, die der neuen Zeit gerecht werden müßte, über diese Frage waren sich die deutschen Schriftsteller, die etwa seit dem Ende des zweiten Jahrzehnts des vergangenen Jahrhunderts in die Literatur Eintritt fanden, keinesfalls einig, und nicht alle hätten sich mit Heines Worten einverstanden erklärt. Der unversöhnliche Kampf der deutschen Regierungen gegen das Bestreben der Schriftsteller, in der Literatur als Vertreter des Bürgertums, als Sprachrohr seiner politischen und kulturellen Forderungen Geltung zu erlangen, stieß bei den Autoren auf unterschiedliche Reaktionen. Immerhin gaben sich jene Schriftsteller – auch wenn sie selbst vielleicht nicht in der Lage gewesen wären, es so klar zu formulieren – nicht mehr der Illusion hin, die Ideale der gesamten Menschheit zu vertreten: die nachromantische deutsche Literatur weist ausgeprägt klassenspezifische Züge auf. Zwar haben, wie die Forschung ausdrücklich hervorhob, Schriftsteller adeliger Herkunft in jener Zeit bürgerliche Pseudonyme angenommen (Fürst Pückler-Muskau – Semilasso; Graf Auersperg – Anastasius Grün; Niembsch von Strehlenau – Nikolaus Lenau), aber in allen anderen Fragen sind in der deutschen Literatur der Phase bis zur Revolution von 1848 sehr große Unterschiede feststellbar. Es ist offensichtlich, daß die Literatur sich stilistisch in Richtung auf den bürgerlichen Realismus entwickelt, aber es gelingt ihr erst Mitte des Jahrhunderts, ihn zu verwirklichen. Vorher treten nur unterschiedlich starke Spuren des Realismus in Erscheinung.

Es fällt deshalb auch schwer, eine treffende, alle Merkmale umfassende Benennung für jene Zeit zu finden. Verbreitet ist die Bezeichnung „Vormärz", das heißt die Zeit von 1815 bis zur Märzrevolution von 1848. Diese Bezeichnung stammt nicht aus dem Bereich der Literatur, ist aber nicht schlechter als die anderen Begriffe im allgemeinen Sprachgebrauch. Der Terminus „Zeitalter der Restauration" ist ungenau, weil einige der wichtigsten literarischen Erscheinungen jener Jahrzehnte sich nicht durch den Begriff der Restauration charakterisieren lassen. Noch weniger eignet sich die Bezeichnung „Biedermeier", die in der deutschen Literaturwissenschaft seit 1930 Verwendung gefunden hat. Diese Bezeichnung geht auf die deutschen Schriftsteller L. Eichrodt und A. Kußmaul zurück, die in der Mitte des vergangenen Jahrhunderts die Gestalt des schwäbischen Dorflehrers Gottlieb Biedermaier erfanden – einen Menschen, dem nach ihrer Charakterisierung „seine kleine Stube, sein enger Garten, sein unansehnlicher Flecken und das dürftige Los eines verachteten Dorfschulmeisters zu irdischer Glückseligkeit verhelfen." Den Ausdruck „Biedermeier" begann man als historischen stilistischen Terminus in den ersten Jahren unseres Jahrhunderts zuerst im Kunstgewerbe zu verwenden, von wo er in die Geschichte der Malerei und schließlich auch der Literatur übernommen wurde. Er kann jedoch nur eine Strömung in der deutschen Literatur zwischen der Romantik und dem Realismus kennzeichnen, keinesfalls aber die gesamte Zeit, für die man bis heute keine treffende, allumfassende Bezeichnung gefunden hat. Zweifellos lassen sich bei den deutschen Schriftstellern jener Zeit auch einzelne verwandte künstlerische Merkmale feststellen, da ihre Kunst sich auf gemeinsamen geschichtlichen Grundlagen entwikkelte. Dennoch sind die Unterschiede zwischen ihnen größer als die Gemeinsamkeiten.

Auch wenn nicht viele Jahrzehnte in der deutschen Literaturgeschichte zwischen Romantik und Realismus liegen, so wird diese Epoche durch zwei politische Ereignisse doch in drei geschichtliche Abschnitte untergliedert. Das erste dieser Ereignisse ist die Julirevolution von 1830 in Frankreich, die in Deutschland und Österreich einen sehr starken und dauerhaften Widerhall fand. Nach der Julirevolution verließen die Schriftsteller Ludwig Börne und Heinrich Heine ihre Heimat und siedelten nach Paris über (Börne bereits 1830, Heine 1831). Das zweite Ereignis war der Tod des preußischen Königs Friedrich Wilhelms III. im Jahre 1840. In seinen Nachfolger Friedrich Wilhelm IV. setzte das Bürgertum die große Hoffnung, er werde im Königreich Preußen jene gesellschaftliche Liberalisierung durchführen, für die Handel und Industrie sich bereits länger eingesetzt hatten. Als diese Hoffnung sich zerschlug, übernahm das preußische Bürgertum, das stärkste in den deutschen Ländern, die Leitung der oppositionellen Bewegung. Das letzte Jahrzehnt ist denn auch die Zeit der stärksten Politisierung der deutschen Literatur vor 1848.

Das eigentliche „Biedermeier", wenn wir diesen Begriff aufgreifen wollen, äußerte sich am charakteristischsten im literarischen Schaffen des österreichischen Kaiserreichs, vor allem in der Wiener Literatur jener Zeit.

Die damalige gesellschaftliche Stellung des Bürgers, insbesondere des Schriftstellers und des Lesers von Literatur, beschrieb zuverlässig ein Zeitgenosse, der damals berühmte deutsche Erzähler Jean Paul. Im Vorwort zu seinem Roman *Leben des Quintus Fixlein* (1796) legt er dar: „Ich konnte nie mehr als drei Wege, glücklicher (nicht glücklich) zu werden, auskundschaften. Der erste, der in die Höhe geht, ist: so weit über das Gewölk des Lebens hinauszudringen, daß man die ganze äußere Welt mit ihren Wolfsgruben, Beinhäusern und Gewitterableitern von weitem unter seinen Füßen nur wie ein eingeschrumpftes Kindergärtchen liegen sieht. – Der zweite ist: – Geradezu herabzufallen ins Gärtchen und da sich so einheimisch in eine Furche einzunisten, daß, wenn man aus seinem warmen Lerchennest heraussieht, man ebenfalls keine Wolfsgruben, Beinhäuser und Stangen, sondern nur Ähren erblickt, deren jede für den Nestvogel ein Baum und ein Sonnen- und Regenschirm ist. – Der dritte endlich – den ich für den schwersten und klügsten halte – ist der, mit den beiden andern zu wechseln." Beamten jeden Ranges empfiehlt Jean Paul nur seinen zweiten Weg.

Das österreichische Kulturleben im Vormärz bot die Grundlagen für jenen zweiten Weg, auf dem sich das österreichische Bürgertum entwickelte. Die eigenständige süddeutsche, besonders die österreichische deutschsprachige Kultur, wie sie die starke und beharrlich durchgeführte Gegenreformation geschaffen hatte, bewahrte in der Gesellschaftsordnung des österreichischen Kaiserreichs bis hin zu seinem Zusammenbruch 1918 starke feudale und barocke Züge. Da der österreichische Bürger ferner außer religiösen Büchern sehr wenig las, entwickelte sich die bürgerliche Aufklärung hier wesentlich später und war viel schwächer ausgeprägt als im evangelischen Mittel- und Norddeutschland. Erst als Maria Theresia, von fähigen Beratern umgeben, durch die geschichtliche Entwicklung zur Modernisierung der Sozialordnung des Kaiserreichs gezwungen wurde und die ersten literarischen Wegbereiter der Aufklärung auftraten, ließen sich deren spezifische Formen in der literarischen Produktion erstmals erkennen. Aber die bürgerliche Aufklärung in Österreich blieb ihrem ersten Stadium verhaftet, dem Stadium des entschiedenen Kampfes gegen die Übermacht und die Tyrannei des katholischen Klerus im gesellschaftlichen und kulturellen Leben. In Österreich trat keine eigene Form des Rousseauismus und des Sentimentalismus auf wie in der deutschen Geniezeit, der Epoche des Sturm und Drangs. Goethes *Werther* fand keinen Widerhall in Österreich. Die Regierung Josephs II. (1780–1790), des Sohnes von Maria Theresia, begeisterte das österreichische Bürgertum durch die Liberalisierung des Buchdrucks. Bücher, Büchlein und Broschüren mit aktueller Thematik überschwemmten Österreich geradezu. Aber die langjährige Herrschaft seines Nachfolgers, des beschränkten, eigenmächtigen und gewalttätigen Franz I. (er regierte von 1792 bis 1835), führte ein scharfes und erbarmungsloses Polizeiregime ein und auf dem Gebiet der Literaturproduktion eine allmächtige Zensur, die in jeder Zeile eines Buchs und in jeder Replik eines Theaterstücks gesellschaftsgefährdende Äußerungen witterte. Die Zensur ließ Aufführungen von Theaterwerken deutscher Schriftsteller der Aufklärung und der Klassik nur mit gekürztem und verfälschtem Text zu, so daß jene Werke von der Bühne aus nicht die Kraft ihrer künstlerischen Originalität entfalten konnten. Die österreichische Regierung unternahm noch andere, ähnliche Schritte: 1798 wurde der Beschluß gefaßt, die Philosophie Kants vom Studium an den Philosophischen Fakultäten auszuschließen, und 1808 wurde die Einfuhr ausländischer belletristischer Zeitschriften in den Staat verboten.

Aber Wien war eine Theater- und Musikstadt, das bedeutendste und schöpferischste deutsche Theater- und Musikkulturzentrum. Die Liebe zur Musik, geradezu eine Leidenschaft für sie, verband alle Schichten des Bürgertums und des Adels und verwischte in dieser Hinsicht alle Schranken der Gesellschaft, die im barocken Sinne streng nach Kasten unterteilt war. Die Stadt Haydns, Mozarts, Beethovens und Schuberts bot den Musikliebhabern eine Fülle einzigartiger Kunstgenüsse. Daß auch die Musik der Zensur unterliegt, war dem Polizeiregime des alten Wien noch nicht bekannt. „Wenn sie wüßten, was Sie bei ihrer Musik denken“, schrieb 1823 der österreichische Dramatiker Franz Grillparzer neidisch in das Notizbuch Beethovens, der damals bereits das Gehör verloren hatte. Die Hausmusik, und zwar das Lied mit Klavierbegleitung, die Kammermusik, der Chorgesang – diese Merkmale des „Biedermeier“ waren besonders in Wien ausgeprägt.

Seit dem Ende des 18. Jahrhunderts wirkten im damaligen Wien, das bis 1858 durch die Stadtmauern nur auf die heutige Innenstadt begrenzt war, zwei Theater und in den Vorstädten außerhalb der Stadtmauern weitere drei. In dieser Stadt, in der man wenig las, war das Theater die einzige Bekundung des kulturellen Lebens, die von der Regierung toleriert wurde und allen zugänglich war. Eine solche Konzentration des gesamten kulturellen Lebens auf das Theater hat es in keinem anderen deutschen Land gegeben, weder vorher noch nachher. Vom Theater erwartete man keine Kunst, sondern wirkungsvolle Vorstellungen. Aus dem

Das kaiserliche und königliche Schauspielhaus in Wien: *farbiger Stich von Laurenz Jauscha aus dem Jahr 1810. Zwanzig Jahre zuvor, am 30. 9. 1791, fand in diesem Theater die Uraufführung von Mozarts* Zauberflöte *statt.*

unerschöpflichen Zustrom internationaler Motive verfaßten die Wiener Dramenautoren Hunderte und Aberhunderte von Stücken, die immerhin eine große Zahl von Aufführungen erlebten und jung und alt ins Theater zogen. Diese Schriftsteller hielten sich selbst nicht für Künstler, sondern nur für Meister ihres Handwerks. Besonders charakteristisch waren für das Wiener Volksstück Gespensterdramen und die sogenannten Zaubermärchen. Die Überwelt der Ewigkeit des barocken Dramas verwandelte sich in diesem Volksstück in ein Unterhaltungsreich von Feen und Zauberern, und die sehr hoch entwickelte Bühnentechnik führte den begeisterten Zuschauern das konkrete Bild einer bunten Wunder- und Zauberwelt vor. In diesen Zaubermärchen, in die Musik und Lieder eingeflochten waren, gab es die komische Gestalt als eine immer wiederkehrende Figur. Einzelne Komiker, die die komische Gestalt besonders erfolgreich zu verkörpern wußten, traten in verschiedenen Stücken immer unter demselben Namen und in ähnlicher Funktion auf. Mozarts *Zauberflöte* (1791) hob mit ihrer Musik ein solches Zaubermärchen auf hohes künstlerisches Niveau. Ein Stück, das durch kompositorische Neuheiten die Zuschauer anzog, hatte sofort eine ganze Reihe ähnlicher Stücke zur Folge; ernste Dramen wurden nach ihrer Aufführung bald in den Vorstädten parodiert. So kennt das Wiener Theater bereits seit dem Beginn des vergangenen Jahrhunderts die Parodie der antiken Mythologie, die als Neuigkeit in den Operetten Offenbachs während der zweiten Hälfte des 19. Jahrhunderts Weltruhm erlangte. Alle diese Stücke, auch die Zaubermärchen, waren voller satirischer Anspielungen auf die zeitgenössischen Wiener Gesellschaftsverhältnisse: die Wiener Zuschauer erlebten in einem vordergründig harmlosen Gemisch von Wundern auch soziale Kritik. Die gesamte Wiener Zeitschriftenpresse druckte umfangreiche Besprechungen und Rezensionen von Theateraufführungen; daneben gab es auch Zeitungen, die ausschließlich dem Theater gewidmet waren. Aber Wien hatte auch ein höfisches Theater (das Hofburgtheater, heute nur noch Burgtheater), das der Aufklärer Joseph II. als Thronfolger 1776 zum Nationaltheater und damit zum Verbreitungsorgan bürgerlichen Gedankengutes erklärt hatte. Das klassische europäische und deutsche Drama brachte Josef Schreyvogel (1768–1832) auf die Bühne dieses Theaters, seitdem er 1814 zu dessen Sekretär und Dramaturgen ernannt worden war. Schreyvogel dürfen wir den Reformator des Wiener Theaterlebens in der ersten Hälfte des vergangenen Jahrhunderts nennen. Sein Verdienst ist es, daß Shakespeare wie auch das spanische Barockdrama und die Dramatiker der deutschen Klassik im theaterfreudigen Wien vollkommen heimisch wurden.

Der Wiener Dramenschriftsteller Eduard von Bauernfeld beschreibt in seinen Memoiren sehr lebendig die Stimmung seiner Kindheit und seiner ersten Jugendjahre vor der Julirevolution; er nennt dieses Wien „ein holländisches Stilleben, in welches kein Geräusch der Welt, kein Licht des Tages drang.“ Das war eine „hermetische Abgeschlossenheit von allen äußeren und öffentlichen Dingen, und so blieb der Jugend keine andere geistige Tätigkeit als die Literatur.“ Solche gesellschaftlichen Verhältnisse sind aber der menschlichen Kultur nicht würdig, sondern eigentlich tragisch für sie.

Die Tragik des „Biedermeier“ gestalte der Wiener FRANZ GRILLPARZER (1791–1872) mit künstlerischer Kraft in seinen dramatischen Werken. Der Tod des Vaters brachte tiefe Armut über die Familie, und der junge Mann mußte eine Beamtenstelle annehmen. Sein ganzes Leben blieb er österreichischer Beamter, aber bereits von jungen Jahren an widmete er sich der Literatur, und die literarische Tätigkeit wurde sein einziger wesentlicher Lebensinhalt. Schreyvogel brachte den fünfundzwanzigjährigen Grillparzer in die Öffentlichkeit. In seinem weiteren Schaffen wurde Grillparzer zur zentralen Persönlichkeit des österreichischen und zu einer der zentralen Persönlichkeiten des deutschen Dramas. Man nannte ihn einen österreichischen Klassiker, und er selbst wünschte sich von der Kritik an die Seite Goethes und Schillers gestellt zu sehen. Wie sie hielt auch er den Vers für das wahre Ausdrucksmittel der Dichtung. Er schrieb seine Dramen zum größten Teil im Vers Shakespeares, der durch das Verdienst der deutschen Schriftsteller der Klassik zum festen deutschen Dramenvers geworden war. Auch seine dichterische Sprache geht in vielem auf die deutschen Klassiker, besonders auf Schiller zurück. Oberflächlich betrachtet, könnte Grillparzer als ein Epigone der deutschen Klassik erscheinen. Da die österreichische Literatur keinen „Sturm und Drang“ kannte, konnten sich in ihr weder eine wirkliche Klassik noch eine wirkliche Romantik entwickeln. Die Romantik faßte in der österreichischen Literatur keine Wurzeln. In der Theorie war Grillparzer ein unversöhnlicher

Gegner der deutschen Romantik, aber seine Dramen zeigen in einzelnen stilistischen Zügen Verwandtschaft mit der Romantik. Das erste Bühnenwerk Grillparzers, *Die Ahnfrau* (1817), war ein Gespensterdrama, wie es das Wiener Volksstück liebte. Wegen der begangenen Sünden kann die Ahnfrau erst dann Ruhe im Grab finden, wenn ihr ganzes Geschlecht ausgestorben ist. Grillparzers Erstlingswerk wurde nicht nur in Wien, sondern in ganz Deutschland mit größtem Erfolg aufgeführt, aber die Wiener Kritik griff ihn an, weil das Drama ihrer Meinung nach der sogenannten Schicksalstragödie folgte. Mit einer solchen Tragödie (*Der vierundzwanzigste Februar*, 1810) war der romantische Dramatiker ZACHARIAS WERNER (1768–1823) hervorgetreten, ferner später in seiner Nachfolge unter anderen mit großem Erfolg Adolf Müllner.

Die Erfüllung irgendeines Fluchs, dem der einzelne nicht entrinnen kann, ist Motor dieser Tragödien, und die Symbole des Fluchs sind verhängnisvolle Tage, verhängnisvolle Gegenstände, z. B. Messer u. ä. In Grillparzers Tragödien gibt es keinen ausdrücklichen Fluch, das bewußte Handeln einzelner Personen bestimmt die Handlung, aber dennoch stirbt das Grafengeschlecht aus, wie von einem blinden Schicksalsschlag getroffen. Der Autor schrieb den Text in trochäischen achtsilbigen Versen, im Vers des spanischen Dramas. Die spanischen Barockdramatiker, die er im Original las, waren ihm gut bekannt. Die abfällige und boshafte Kritik seiner *Ahnfrau* führte dazu, daß der junge Schriftsteller in seinen folgenden Werken, in der Tradition Wielands und Goethes, die Welt des antiken Griechenland zum Schauplatz wählte (*Sappho*, 1818; die Trilogie *Das goldene Vließ*, 1821; *Des Meeres und der Liebe Wellen*, 1831). Aber bereits *Die Ahnfrau* wies die Grundzüge von Grillparzers Dramenkunst wie auch den Grundkonflikt seiner Tragik auf. Bei Grillparzer gibt es keinerlei barocke Überwelt. Er dringt nicht nur tief ins Bewußtsein, sondern auch ins Unterbewußtsein seiner Helden ein, so daß er in der traditionellen Form des Dramas eine vollkommen andere Figur des Menschen auf die Bühne bringt als die deutsche Klassik. Seine Personen werden in ihrem Wirken nicht völlig vom Bewußtsein bestimmt, sie täuschen oft unbewußt sich selbst und andere mit ihren Worten. Durch ihre Mimik, durch ihre Gesten offenbart sich mit Hilfe symbolischer Requisiten ihre seelische Haltung oft viel zuverlässiger als durch ihre Worte. Sie werden sich daher auch versprechen, werden die Rede abbrechen, werden keinen Ausdruck finden – all das war in der klassischen Tragödie, in der die Personen nur durch ihr Bewußtsein bestimmt werden, nicht vorstellbar. Grillparzers Personen finden sich nicht mit der Konvention, mit der veralteten Ordnung, mit dem Gesetz ab, sie suchen aus sich selbst heraus den eigentlichen Sinn ihres Lebens. Dabei gehen sie zugrunde. Das „Biedermeier" fordert vom einzelnen, daß er „sich im Bedingten wohl fühlt". Grillparzers Helden durchbrechen die Grenzen des „Bedingten", und gerade darin liegt die Tragik ihres Schicksals. Da die Herrschaft der Konvention auch heute in der Regel dem einzelnen enge Fesseln anlegt, ist die Tragik der Dramen Grillparzers aktuell geblieben.

Aber ein anderer Wesenszug der Dramenkunst Grillparzers entfernt ihn vom zeitgenössischen Theater. Im Bestreben, im Drama jene Züge des menschlichen Charakters darzustellen, die sich als geschichtstranszendente Wesensmerkmale

Franz Grillparzer *(1791–1872): Lithographie von A. Selb. Man nannte Grillparzer den österreichischen Klassiker – er selbst wünschte sich an die Seite Goethes und Schillers gestellt zu sehen.*

im Lauf der Jahrhunderte nicht verändert haben, umhüllte Grillparzer, dem Genius seiner Stadt getreu, seine Dramenwerke mit dem Geist und der Atmosphäre des Märchens. Dem zeitgenössischen Theater ist der Geist des Märchens fremd, und daher wird es wenig Verständnis für Grillparzer haben. In seinen theoretischen Äußerungen wies Grillparzer die Forderung zurück, die Literatur müsse der konkreten gesellschaftlichen Wirklichkeit ihrer Zeit verhaftet sein und solle sie darzustellen versuchen; so verurteilte er auch jede Anspielung auf das zeitgenössische Geschehen im literarischen Werk. Der Erfolg der Trilogie *Das goldene Vließ* war nicht groß, und um einen unmittelbaren Kontakt zu den Zuschauern zu finden, ging Grillparzer in seinen folgenden Werken zu geschichtlichen Stoffen über (*König Ottokars Glück und Ende,* 1826; *Ein treuer Diener seines Herrn,* 1828). Er entsprach damit der Theorie der jüngeren Romantik, die historische Tragödien empfahl. Grillparzer analysierte darin die Psychologie von Herrscherpersönlichkeiten, gab eine Antwort auf die Frage, wie ein Herrscher psychisch bei der Ausübung seiner Regierungsgeschäfte reagieren müsse. In seinen ersten beiden historischen Tragödien stellte er eine charismatische Herrscherpersönlichkeit dar, die den Eindruck einer Märchengestalt erweckt. Weil die Julirevolution auch auf Grillparzer ihren Einfluß ausübte (besonders erbitterte ihn, daß die europäischen Herrscher es zuließen, daß das russische Zarenregime mit eiserner Faust den polnischen Aufstand niederschlug), sind in seinen späteren Werken die Herrscherpersönlichkeiten entweder Schwächlinge oder geradezu gesellschaftliche Schädlinge, wenn sie – sogar trotz guter Absichten – die Regierungspflichten hinter ihre eigenen persönlichen Interessen zurückstellen.

Da von seinen späteren Werken lediglich das Drama *Der Traum ein Leben* (1834) – der Titel ist eine Anspielung auf Calderóns Werk *Das Leben ein Traum* – großen Erfolg hatte, während das Lustspiel *Weh dem, der lügt* (1838) beim Wiener Publikum durchfiel, zog sich Grillparzer vom Theater zurück. In seinem Nachlaß fand man drei Dramen (*Ein Bruderzwist im Hause Habsburg, Libussa, Die Jüdin von Toledo*); eine biblische Tragödie über Esther blieb mit zwei Akten ein Fragment.

Die Habsburger-Tragödie ist Grillparzers einziges Drama, in dem es keine Spur von Märchenatmosphäre gibt. Deshalb wird dieses Drama am häufigsten aufgeführt. Ein besonderer Vorzug aller Bühnenwerke Grillparzers nach der *Ahnfrau* ist, daß er in der Handlung seiner Stücke immer jeweils ein wichtiges gesellschaftliches Problem oder eine Frage des gesellschaftlichen Lebens aufgreift, die bis heute ihre Aktualität nicht verloren haben: z. B. im *Goldenen Vließ* das Problem des Entstehens von Liebe und das Problem der Ehe, in *Des Meeres und der Liebe Wellen* die Frage nach der absoluten Autonomie der menschlichen Selbstbestimmung, in *Libussa* die Frage nach dem geschichtlichen Fortschritt. Grillparzer schätzte seine Dramen höher als seine Lyrik. Von seinen beiden Erzählungen (*Das Kloster bei Sendomir,* 1828; *Der arme Spielmann,* 1848) ist die zweite eine subtile psychologische Studie der Lebensuntüchtigkeit und der schöpferischen Unfähigkeit einer guten und reinen Seele, die sich zur Karikatur einer Persönlichkeit entwickelt: Grillparzer zeigt darin, wohin die Lebensphilosophie des „Biedermeier" führt. Die große Reihe geistreicher, aber scharfer und unbarmherziger Epigramme Grillparzers zeichnet ein düsteres Bild seiner Zeit, das weder die Großen noch die Kleinen schont. Die meisten von ihnen blieben in seiner Schublade, die Zensur hätte sie nicht durchgehen lassen.

Grillparzer war mit ganzem Herzen der spezifisch deutschsprachigen Kultur Wiens und Österreichs verhaftet; deshalb bezeugte er den Mitgliedern der habsburgischen Dynastie als Symbolen und Bürgen dieser von ihm hochgeschätzten Kultur öffentlich Ehre, auch wenn er sie in seinen Epigrammen schonungslos geißelte. Als typischen Vertreter dieser Kultur schätzte er besonders den Wiener Dramatiker FERDINAND RAIMUND (1790–1836). Raimund, der als Schauspieler Stücke für sich selbst schrieb, erhob das Zaubermärchen des Wiener Volksstücks auf ein hohes künstlerisches Niveau. In all seinen Stücken – als Schriftsteller war er nicht sehr produktiv – stellt Raimund ein Feenreich auf die Bühne, anfänglich als Quelle von Komik, später in allegorischer Bedeutung. Raimund war ein Meister der Sprache des komischen Dramas wie auch der Sprache der kleinen Leute aus dem Volk mit ihrer Wiener Mundart. Seine Sprachkunst wie auch die Szenen aus dem Leben der kleinen Leute – das sind für ihn in der Regel die komischen Szenen – halten seine Werke auch heute noch lebendig. Weniger ist es ihm gelungen, in Szenen und Personen, die pathetische Eigenschaften und Stilmerkmale aufweisen, das Zaubermärchen zum sinnreichen allegorischen Drama umzuwandeln.

Mit dem Zaubermärchen begann auch der erfolgreichste Wiener Komödienschriftsteller, JOHANN NESTROY (1801–1862), der väterlicherseits tschechischer Herkunft war. Auch er begann als Schauspieler, anfangs als Opernsänger, Stücke für sich selbst zu schreiben, aber er verwandelte das Zaubermärchen innerhalb kürzester Zeit zum gesellschaftskritischen Lustspiel aus dem Leben der untersten Schichten des Wiener Bürgertums. Im Jahr 1835 wurde mit großem Erfolg Nestroys Stück *Zu ebener Erde und erster Stock* – ein Stück ohne Feenreich – aufgeführt. Darin stellt Nestroy mit großem technischen Können auf der in zwei Stockwerke unterteilten Bühne in einem Atemzug das Leben eines asozialen und verschwendungssüchtigen Reichen und das Leben eines rechtschaffenen kleinen Mannes dar. Der Kapitalist, den Nestroy ab und zu auch als solchen bezeichnet, spielt bei ihm in der Regel eine abstoßende Rolle – teils ist es eine komische, teils eine Schurkenrolle. Die einschneidende gesellschaftskritische Haltung Nestroys, die nur den einfachen kleinen Mann verschont, verlieh seiner Sprache scharfe satirische Kraft, die sich zu vernichtenden Sentenzen ballt, ähnlich Grillparzers Epigrammen, die Karl Kraus vorausgehen. Für sich als Schauspieler schuf der Schriftsteller Nestroy die Gestalt des gewandten kleinen Mannes, der sich trotz Armut und niedrigen Standes gerade mit Hilfe seiner Wendigkeit und seines überlegenen Verstandes durch die Welt schlägt – ein Verwandter von Molières Scapin. Nestroy war ein produktiver Schriftsteller: von 1832 bis 1857 wurden 73 Stücke von ihm aufgeführt, manchmal vier im selben Jahr. Deren Handlung nahm er überall her, zumeist aus der reichhaltigen französischen Dramenproduktion. Einmal dramatisierte er sogar einen Roman von Dickens. Diese Handlung lokalisierte er geschickt in der Wiener Welt; er kümmerte sich dabei weniger um dramatische Komposition und psychologische Überzeugungskraft der Intrige, legte aber größten Wert auf den geist- und wirkungsvollen Aufbau der einzelnen Szenen. Jene Gestalt, die Nestroy eigentlich für sich geschaffen hatte, trat in der Regel mit einem langen komischen gesellschaftskritischen Monolog auf die Bühne, einer satirischen Rede voll origineller Wortspiele. Gesungene Einlagen für die eigene Rolle wie auch für andere Personen verwandelte Nestroy in gesellschaftskritische Strophen mit demselben Refrain, wo in jeder einzelnen jeweils eine unterschiedliche Form derselben Unsitte gegeißelt wird. Wenn seine Satire auch nicht revolutionär im eigentlichen Sinne genannt werden darf, so wurde er doch durch ihre schneidende Schärfe im reaktionären Österreich Metternichs zum gesellschaftlichen Ausdruck der bürgerlichen Opposition. Nestroy blieb im deutschen, erst recht aber im österreichischen Theater bis heute lebendig. Heute werden den gesungenen Einlagen seiner Texte regelmäßig zum alten Refrain aktuelle satirische Strophen beigefügt.

Grillparzers Freund war auch der Wiener Komödienschriftsteller Eduard von Bauernfeld (1802–1890), der sich auf Anregung Schreyvogels auf das Gebiet des Lustspiels aus der vornehmen Wiener Gesellschaft, den Adel und das vermögende Bürgertum, beschränkte. Damals war er ein beliebter Autor des Hofburgtheaters; heute sind seine Werke, außer zwei angriffslustigen politischen dramatischen Satiren, die um das Jahr 1848 verfaßt wurden, vollkommen in Vergessenheit geraten. Satiren sind das allegorische Lustspiel *Großjährig* (1846) und *Republik der Tiere* (1848), eine Reihe allegorischer Szenen, in denen er gleichermaßen die reaktionäre Gewaltherrschaft der Regierung wie auch die Naivität und Unfähigkeit der bürgerlichen Opposition dem Spott preisgab. – Mit Grillparzer verkehrte auch der liberal gesinnte Adelige Graf Auersperg, der als lyrischer und epischer

Dichter das Pseudonym ANASTASIUS GRÜN (1806–1876) annahm. Da seine Gedichtsammlung von der Wiener Zensur zurückgehalten wurde, beschloß er, sie außerhalb Österreichs zu veröffentlichen. Die Gedichte ragen nur selten über den Durchschnitt seiner Zeit hinaus, aber von literaturhistorischer Bedeutung ist die Tatsache, daß gerade dieser österreichische Adelige bei Campe in Hamburg die erste deutsche Sammlung kämpferischer gesellschaftskritischer Gedichte herausgab, den ersten Band deutscher „politischer Lyrik" unter dem Titel *Spaziergänge eines Wiener Poeten* (1831), ein Kulturdokument ersten Ranges. Auersperg, dessen Güter auf slowenischem Gebiet lagen, gab 1850 eine deutsche Übersetzung slowenischer Volkslieder unter dem Titel *Volkslieder aus Krain* heraus.

Die literarischen Kreise in Österreich hielten Mitte des Jahrhunderts nicht Anastasius Grün für den besten österreichischen Lyriker, sondern den Adeligen Niembsch von Strehlenau, der als Künstlernamen die Kurzform NIKOLAUS LENAU (1802–1850) annahm. In Ungarn geboren, in Österreich in ungeordneten Familienverhältnissen aufgewachsen, fand er, wie auch Grillparzer, außer in seiner Dichtung keinen Halt im Leben. Wie Grillparzer empfand auch Lenau die Tragik des „Biedermeier" und brachte sie im tiefen philosophischen Pessimismus seiner Lyrik zum Ausdruck. Diese Lyrik fand bei den Zeitgenossen ein breites Echo; Lenau wurde bereits zu Lebzeiten als einer der bedeutendsten deutschen Lyriker gefeiert. Besonders stark war das Echo auf seine Lyrik in den Ländern der österreichischen Monarchie. 1832 machte sich Lenau auf die Reise nach Nordamerika, um ein neues Leben zu beginnen, kehrte aber im folgenden Jahr enttäuscht zurück. Er verherrlichte in seinen Gedichten die Gestalt des ungarischen Bauern aus der Puszta, den ungarischen Zigeuner wie auch die nordamerikanischen Indianer. Der Pessimismus seiner Lyrik ging bei ihm in scharfe Sozialkritik über: sie äußerte sich unzweideutig in seinen größeren und kleineren epischen Gedichten in Versform. Auch wenn in jenen Jahrzehnten der Prosaroman sich immer größerer Beliebtheit in der Literatur erfreute, blieb die epische Erzählung in Versform ein charakteristisches Merkmal der deutschen Literatur bis hin ins 20. Jahrhundert. Bei Lenau wird die epische Poesie zum stärksten Ausdruck der gesellschaftlichen Auflehnung: seine größten epischen Gedichte sind *Faust* (1836), *Savonarola* (1837), *Die Albigenser* (1842) und der postum erschienene *Don Juan* (1842). Lenau kam 1842 wegen geistiger Umnachtung ins Krankenhaus. In *Savonarola* und besonders in *Die Albigenser* greift der Dichter in die weltanschauliche Auseinandersetzung seiner Zeit ein, die gekennzeichnet ist vom Kampf der konservativen Restauration gegen fortschrittlich-liberale Strömungen. Polemisch geißelt er die Auflösungserscheinungen der religiösen Kultur und stellt den universalen Machtanspruch der katholischen Kirche in Frage. *Faust* und *Don Juan* lehnen sich außerdem gegen die Sinnlosigkeit des menschlichen Lebens auf. Während Goethes Faust sich fähig fühlte, in sich selbst das Schicksal der gesamten Menschheit in seiner ganzen Fülle zu durchleben, sieht Lenaus Faust, daß die Welt in einzelne Lebewesen aufgesplittert ist, von denen sich kein einziges um das andere kümmert. Der Kult der allmächtigen Individualität in der deutschen Romantik wandelt sich bei Lenau zur Negativität seiner selbst. An Lenau schätzten die Zeitgenossen besonders seine lyrische Symbolik der Landschaft.

Sein Vers schwankt zwischen romantischer Musikalität und dem Pathos der gesellschaftlichen Auflehnung.

Nur schlecht meisterte auch der wichtigste Vertreter der lyrischen Poesie des „Biedermeier" außerhalb Österreichs, der schwäbische evangelische Geistliche EDUARD MÖRIKE (1804–1875), sein Leben. Sein Roman *Maler Nolten* (1832) war stärker der Vergangenheit, insbesondere Goethes Romanen verbunden, als daß er Wege in die Zukunft gewiesen hätte. Seine kürzeren Erzählungen hatten mehr Erfolg. Aber Mörikes Verse sind bis heute lebendig geblieben: nicht die Gedichte in antiken rhythmischen Schemata, wie er sie gern verfaßte, sondern Verse im Stil des deutschen Volkstons, in denen er dem Motivschatz der deutschen Romantik folgte, aber durch Einfachheit und Unmittelbarkeit des Ausdrucks, besonders aber durch die Musikalität seiner Sprache völlige Originalität erreichte. Dieselben Vorzüge hat auch seine lyrische Poesie in freien Versen.

Trotz des erwähnten Einbruchs des Romans in breite Leserschichten hielt sich das Drama auch außerhalb Österreichs in jenen Jahrzehnten durchgängig als dominante Form der Literatur. Seit der Zeit der kulturellen Euphorie des deutschen Bürgertums, als man im letzten Drittel des 18. Jahrhunderts in ganz Deutschland ständige Theater zu gründen begann, blieb das Theater eine beliebte kulturelle Unterhaltungsstätte des Bürgertums, nur verband es nirgends alle Schichten des Bürgertums von den untersten bis zu den höchsten Adelskreisen so unbehindert wie in Wien. Das Theater hatte, in einer allerdings begrenzteren Form, damals jene gesellschaftliche Funktion, die heute das Kino einnimmt. Wie man heute bekannte und anerkannte epische Prosawerke auf die Filmleinwand überträgt, so dramatisierte man damals diese Werke.

Die Entwicklung des deutschen Dramas von der Romantik bis zum Realismus kann man deutlich am Schaffen von CHRISTIAN FRIEDRICH GRABBE (1801–1836) ablesen. Grabbes Ausgangspunkt ist die Romantik: sein Erstlingswerk *Herzog Theodor von Gothland* behandelt eine Gestalt von dämonischer Individualität, die sich, wie später bei Hebbel, in Unmenschlichkeit und Barbarei äußert. Die romantische Satire *Scherz, Satire, Ironie und tiefere Bedeutung.* die auch heute noch aufgeführt wird, setzt das gesellschaftliche und literarische Leben des damaligen Deutschland geistreich und unbarmherzig dem Spott auf der Bühne aus. Ein befreundeter Verleger veröffentlichte 1827 die erwähnten Werke, zusammen mit noch einigen anderen (z. B. mit dem Fragment der geschichtlichen Tragödie von *Marius und Sulla*); die Ausgabe verschaffte Grabbe einen guten Ruf bei der damaligen deutschen Kritik. Im Jahre 1827 wurde seine Tragödie *Don Juan und Faust,* im klassischen deutschen Dramenvers, herausgegeben und aufgeführt. Beide Gestalten übernahm Grabbe aus der literarischen Tradition, um sie zu einem Werk zu verschmelzen, während Lenau jeder von ihnen ein gesondertes episches Gedicht widmete. Sie zeugen davon, wie sehr die Idee der Individualität, die zum Symbol der gesamten Menschheit wird – die Grundidee der deutschen Klassik und der deutschen Romantik –, für die neue Generation unter veränderten Gesellschaftsverhältnissen problematisch geworden war. Grabbes Faust beschließt sein Leben mit den Worten:

„... es gab einst einen Gott, der ward
Zerschlagen – wir sind seine Stücke – Sprache
Und Wehmut – Lieb' und Religion und Schmerz
Sind Träume nur von ihm."

Die Figur der selbständigen Individualität nannte Heine spöttisch „die selbsttrunkene Subjektivität, die weltentzügelte Individualität, die gottfreie Persönlichkeit". Im Jahr 1830 wurden zwei Dramen Grabbes veröffentlicht, die die Geschichte der deutschen Kaiserdynastie Hohenstaufen zum Thema hatten. Das künstlerische Durchleben der historischen Handlung brachte Grabbe die Tatsache zu Bewußtsein, daß das einzige, was im geschichtlichen Wandel bestehen bleibt, das unterdrückte Volk auf seiner Erde ist, die jedes Jahr Früchte trägt; die einfachen Freuden des Volkes bestehen in Unterhaltung und Tanz. Grabbe löste in seinen folgenden Werken, den Dramen in Prosa *Napoleon oder Die hundert Tage* (1831) und *Hannibal* (1836), die Dramenform in eine Reihe von Szenen auf, in denen er alle Gesellschaftsschichten auf die Bühne bringt, vor allem aber den kleinen Mann, dem er damit eine gleichwertige geschichtliche Bedeutung zuerkennt wie den großen historischen Gestalten.

Die neue Auffassung des gesellschaftlichen und geschichtlichen Geschehens bildete die Grundlage der Dramen von einem anderen deutschen Schriftsteller dieser Zeit: Georg Büchner (1813–1837), der als Sohn eines Arztes in Hessen geboren wurde und sich genauso wie sein Bruder durch überdurchschnittliche Begabung auszeichnete. Sein jüngerer Bruder Ludwig (1824–1899), auch Arzt, gab 1855 das Werk *Kraft und Stoff* heraus, das als populäres Handbuch des mechanischen Materialismus großen Erfolg errang. Mit achtzehn Jahren zog Georg Büchner aus den beengten deutschen Verhältnissen zum Medizinstudium nach Straßburg. Von dort schrieb er seiner Familie im April 1833: „Meine Meinung ist die: Wenn in unserer Zeit etwas helfen soll, so ist es Gewalt. Wir wissen, was wir von unseren Fürsten zu erwarten haben. Alles, was sie bewilligten, wurde ihnen durch die Notwendigkeit abgezwungen. Und selbst das Bewilligte wurde uns hingeworfen wie eine erbettelte Gnade und ein elendes Kinderspielzeug, um dem ewigen Maulaffen Volk seine zu eng geschnürte Wickelschnur vergessen zu machen.... Man wirft den jungen Leuten den Gebrauch der Gewalt vor! Sind wir denn aber nicht in einem ewigen Gewaltzustand? Weil wir im Kerker geboren und großgezogen sind, merken wir nicht mehr, daß wir im Loch stecken mit angeschmiedeten Händen und Füßen und einem Knebel im Munde. Was nennt ihr denn gesetzlichen Zustand? Ein Gesetz, das die große Masse der Staatsbürger zum fronenden Vieh macht, um die unnatürlichen Bedürfnisse einer unbedeutenden und verdorbenen Minderzahl zu befriedigen? Und dies Gesetz, unterstützt durch eine rohe Militärgewalt und durch die dumme Pfiffigkeit seiner Agenten, dies Gesetz ist eine ewige, rohe Gewalt, angetan dem Recht und der gesunden Vernunft, und ich werde mit Mund und Hand dagegen kämpfen, wo ich kann." Er wird sich, so fährt er fort, in diesem Moment auf keinerlei Aufruhr einlassen, „weil ich im gegenwärtigen Zeitpunkt jede revolutionäre Bewegung als eine vergebliche Unternehmung betrachte und nicht die

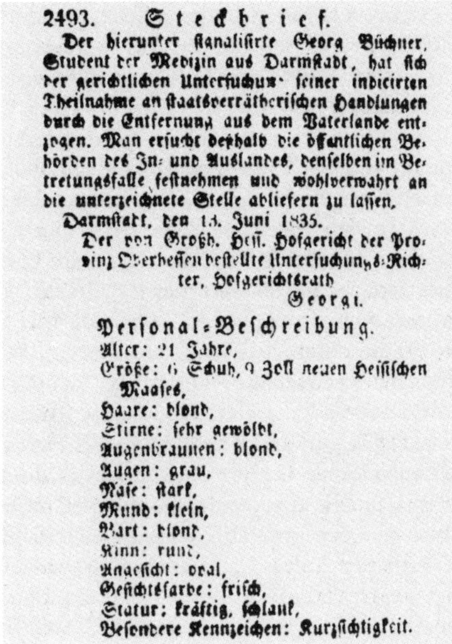
2493. Steckbrief.

Der hierunter signalisirte Georg Büchner, Student der Medizin aus Darmstadt, hat sich der gerichtlichen Untersuchung seiner indicirten Theilnahme an staatsverrätherischen Handlungen durch die Entfernung aus dem Vaterlande entzogen. Man ersucht deßhalb die öffentlichen Behörden des In- und Auslandes, denselben im Betretungsfalle festnehmen und wohlverwahrt an die unterzeichnete Stelle abliefern zu lassen.

Darmstadt, den 13. Juni 1835.

Der von Großh. Hess. Hofgericht der Provinz Oberhessen bestellte Untersuchungs-Richter, Hofgerichtsrath
Georgi.

Personal-Beschreibung.

Alter: 21 Jahre,
Größe: 6 Schuh, 9 Zoll neuen Hessischen Maases,
Haare: blond,
Stirne: sehr gewölbt,
Augenbraunen: blond,
Augen: grau,
Nase: stark,
Mund: klein,
Bart: blond,
Kinn: rund,
Angesicht: oval,
Gesichtsfarbe: frisch,
Statur: kräftig, schlank,
Besondere Kennzeichen: Kurzsichtigkeit.

Gerichtlicher Steckbrief, der am 13. Juni 1835 gegen Georg Büchner *(1813–1837), „einen Studenten der Medizin aus Darmstadt", wegen seiner revolutionären politischen Tätigkeit erlassen wurde.*

Verblendung derer teile, welche in den Deutschen ein zum Kampf für seine Rechte bereites Volk sehen". Im Juni desselben Jahres wiederholt er, er habe in jüngster Zeit gelernt, daß „nur das notwendige Bedürfnis der großen Masse Umänderungen herbeiführen kann, daß alles Bewegen und Schreien der einzelnen vergebliches Torenwerk ist. Sie schreiben – man liest sie nicht; sie schreien – man hört sie nicht; sie handeln – man hilft ihnen nicht". Obwohl er seiner Familie versicherte, er werde sich bei seiner Rückkehr nach Gießen auf keinerlei Umsturzversuche einlassen, hielt er sein Wort nicht, als sich zu Hause seiner Ansicht nach die Möglichkeit eröffnete, auch Arbeiterschichten des Volkes zu aktivieren. Diesem Anlaß haben wir den ersten gedruckten Text Büchners zu verdanken, die anonyme Flugschrift *Der Hessische Landbote. Erste Botschaft. Darmstadt, im Juli 1834* mit dem Motto: „Friede den Hütten! Krieg den Palästen!" In der Flugschrift legte der junge Mann von zweiundzwanzig Jahren dem kleinen Mann, dem Handwerker, dem Bauern, mit vorbildlicher Klarheit und Überzeugungskraft auseinander, wie sehr sie alle die herrschende Klasse ausplündert und irreführt. Aber tatsächlich war das Volk noch nicht reif für den Kampf, das illegale Unternehmen wurde angezeigt, Bauern trugen die Flugschriften der Regierung zu, und der junge Autor floh erneut nach Straßburg. Noch aus Deutschland schickte er zu Beginn des Jahres 1835 dem Verleger in Frankfurt eine Handschrift des Dramas *Dantons Tod;* der Text wurde noch im selben Jahr veröffentlicht. Alle anderen Werke Büchners wurden in seinem Nachlaß gefunden. In Straßburg schlug sich der junge Mann schlecht und recht durchs Leben, auch mit Übersetzungen, aber dann widmete er sich wieder mit beachtlichem Erfolg seinem Studienfach, der Anatomie. Er trat mit der erst 1833 gegründeten Universität in Zürich in Verbindung und reiste nach Zürich, wo man ihn zum Privatdozenten der Naturwissenschaften an der Philosophischen Fakultät berief. Anfang des Jahres 1837 starb er an Typhus.

Noch aus Gießen schrieb Büchner gegen Ende des Jahres 1833 seiner Verlobten: „Ich studierte die Geschichte der Revolution. Ich fühlte mich wie vernichtet unter dem gräßlichen Fatalismus der Geschichte. Ich finde in der Menschennatur eine entsetzliche Gleichheit, in den menschlichen Verhältnissen eine unabwendbare Gewalt, allen und keinem verliehen. Der einzelne nur Schaum auf der Welle, die Größe ein bloßer Zufall, die Herrschaft des Genies ein Puppenspiel, ein lächerliches Ringen gegen ein ehernes Gesetz, es zu erkennen das Höchste, es zu beherrschen unmöglich ... Das *Muß* ist eins von den Verdammungsworten, womit der Mensch getauft worden ... Was ist das, was in uns lügt, mordet, stiehlt?" Bei Büchner nimmt die bei Grabbe schon im Ansatz vorhandene künstlerische Erkenntnis deutlichere Formen an: das Erlebnis der Allmacht der Geschichte und der geschichtlichen Ereignisse, und ihm gegenüber die Ohnmacht des autonomen Individuums, bis dahin Idealfigur der bürgerlichen Literatur. So ist in der Zeit allgemeiner Popularität sogenannter geschichtlicher Dramen, der Dramen sowohl Grillparzers als auch Grabbes, Büchners Werk das einzige im eigentlichen Sinne des Wortes, d. h. ein Stück, dessen Held kein Einzelmensch ist, sondern die Geschichte selbst. In *Dantons Tod* verkörpert dieser Held die Französische Revolution. Büchners Danton wiederholt die Gedanken des Autors als seine eigenen: „Wir haben nicht die Revolution, sondern die Revolution hat uns gemacht ... Es muß; das war dies Muß. Wer will der Hand fluchen, auf die der Fluch des Muß gefallen? Wer hat das Muß gesprochen, wer? Was ist das, was in uns lügt, hurt, stiehlt und mordet? Puppen sind wir, von unbekannten Gewalten am Draht gezogen; nichts, nichts wir selbst! Die Schwerter, mit denen Geister kämpfen – man sieht nur die Hände nicht, wie im Märchen." Büchners Drama verkörpert die Ideen Hegels, wonach sich die menschliche Geschichte aus den Tragödien der einzelnen zusammensetzt, aber selbst keine Tragödie ist. Ähnlich wie Grabbe löste Büchner das Dramengeschehen in eine Reihe unverbundener Bilder auf, in denen alle Gesellschaftsschichten auftreten, aber in denen auch die politischen Reden und langen Monologe der Hauptfiguren Danton und Robespierre nicht fehlen; dazu kommen Szenen, die sich durch die scharfsinnige Formulierung ungewohnter Ideen auszeichnen. Büchners Tragödie ist völlig unsentimental – die Geschichte kennt keine Sentimentalität, denn – wie Büchner im Juli 1835 aus Straßburg an seine Familie schrieb, um sein Werk vor ihr zu verteidigen – die Geschichte ist „vom lieben Herrgott nicht zu einer Lektüre für junge Frauenzimmer geschaffen worden". Büchners Danton ist eine sehr anziehende Persönlichkeit: ein Intellektueller voller Kraft, klug, geistreich, ein Ästhet, ein Genießer, der danach strebt, das revolutionäre Geschehen zu humanisieren – jedenfalls eine viel anziehendere Persönlichkeit als der düstere Asket Robespierre, ein Tugendapostel. Aber die Geschichte tötet den ersten und gibt dem zweiten recht.

In einer Reihe wahrscheinlich unvollendet gebliebener Szenen um den Soldaten Woyzeck schuf Büchner in der gleichnamigen Tragödie ein Werk, das in der

Weltliteratur zu jener Zeit einen einzigartigen Rang einnimmt. Dostoevskij und Thomas Mann machten ihre Leser jeweils im Vorwort zu *Die Brüder Karamazov* und *Der Zauberberg* darauf aufmerksam, daß der Held ihres Werkes kein traditioneller Held im eigentlichen Sinne des Wortes sein werde; dennoch stammt er jeweils aus der gebildeten Bürgerschicht. Büchners *Woyzeck* dagegen ist ein Werk über den kleinen Mann, der ohne den geringsten Schutz und Rückhalt im Leben steht. Den Namen lasen die ersten Verleger „Wozzeck", und diese Form blieb auch in der Oper Alban Bergs bestehen. 1914 entdeckte man, daß Büchner einen konkreten Vorfall aus dem Leben des Friseurs Woyzeck dramatisiert hatte, und so muß demnach auch der Name in Büchners Manuskript gelesen werden. Eine Reihe von Szenen des Dramas bringt Woyzeck mit zahlreichen seiner Vorgesetzten in Kontakt, mit anderen Mitgliedern der Armee, mit Freunden, mit der Frau, die er liebt. Im *Woyzeck* hat die völlig unsentimentale Sprache nur die Funktion, die einzelnen Personen zu charakterisieren und es den Zuschauern zu ermöglichen, in die Tiefe des Seelenlebens jeder Person hineinzublicken. Auch dadurch stand Büchner in seiner Zeit einzigartig da.

Wieviel Poesie trotzdem im jungen Büchner steckte, zeigte sein romantisches Lustspiel *Leonce und Lena,* worin er die gleiche Handlung, die er in seinen übrigen Werken darstellte, ins Märchenreich versetzte. Das ganze blutige gesellschaftliche Unrecht ist hier wegen seiner Unlogik und Unverständlichkeit nur lächerlich; in dem Lustspiel siegen die Ideale Dantons, und nicht Robespierres. – In der unvollendeten Novelle *Lenz* (1839) übertrug Büchner – in Anlehnung an den Sturm-und-Drang-Dramatiker J. M. R. Lenz – die Handlung in das Innenleben eines unglücklichen Menschen, und in der psychologischen Analyse des Helden erlebt der Leser hier die Grausamkeit des geschichtlichen Geschehens.

Neben Wien waren München und Berlin die größten Kulturzentren auf deutschem Boden. Seit den zwanziger Jahren des 19. Jahrhunderts waren die bayrischen Könige mit allen Mitteln bestrebt, München in architektonischer und kultureller Hinsicht in eine Großstadt zu verwandeln, und gründeten dort 1826 auch eine Universität. München wurde bald zum Mittelpunkt des romantischen Katholizismus in der nachromantischen Zeit. Der Philosoph Schelling hielt sich eine Zeitlang in dieser Stadt auf – gerade zu dem Zeitpunkt, als sich in seiner Philosophie eine Wendung zum Katholizismus vollzogen hatte; 1834 kam auch Clemens Brentano nach München, wo er bis zu seinem Tod im Jahr 1842 blieb.

Auch Berlin, in dessen Kulturleben die Juden eine wichtige Rolle spielten, hatte eine starke romantische Tradition (E. Th. A. Hoffmann); darüber hinaus bewunderte man in gebildeten Kreisen die Dichtung Goethes. Aus den Napoleonischen Kriegen war Preußen siegreich hervorgegangen und genoß großes Ansehen im Deutschen Bund. Trotz der wachsenden wirtschaftlichen Bedeutung des Bürgertums blieb die feudale Macht des Adels ungeschmälert. Der Philosoph Hegel, der 1818 an die Berliner Universität berufen worden war, erklärte in seiner *Rechtsphilosophie* (1821) die konstitutionelle Monarchie zur besten Form der Staatsordnung. Die Anhänger von Hegels philosophischem System, die sogenannten Jung- oder Linkshegelianer, stimmten hierin mit ihrem Lehrer nicht überein und ließen sich darum auf den weltanschaulichen Kampf ein. Mit viel schärferen geistigen Waffen als die radikalen Aufklärer des 18. Jahrhunderts griffen die Junghegelianer die ideologische Bedeutung und die gesellschaftliche Funktion der religiösen Traditionen des Christentums an. DAVID FRIEDRICH STRAUSS (1808–1874), ein Vorgänger von Renan, erklärte in seinem Werk *Das Leben Jesu* (1835/6) die christliche biblische Tradition als Mythos; LUDWIG FEUERBACH (1804–1872) legte vor allem in seiner Schrift über *Das Wesen des Christentums* (1841) dar, daß der gesellschaftliche Fortschritt der Menschheit eine Beseitigung der Religiosität erfordere. Die Werke Lenaus, Grabbes und Büchners zeigen, in welchem Maße die entschiedene Abwendung vom Christentum und seiner Vorstellungswelt das gebildete Bürgertum erfaßt hatte. Am stärksten tritt das im lyrischen Werk der Dichterin ANNETTE VON DROSTE-HÜLSHOFF (1797–1848) zutage. In ihrer Gedankenlyrik, die nie wie bei Mörike zu Gesang wird, kommt ein sehr sensibler Mensch zu Wort, der die Welt um sich herum ohne Illusionen betrachtet – sie ist die erste deutsche Lyrikerin, die die Gefühle einer langen schlaflosen Nacht darstellt. Dennoch versucht sie der eigenen individuellen Lebensauffassung treu zu bleiben; in diesem Kampf findet sie die einzige Erleichterung im lyrischen Gedicht. Außer epischen Gedichten veröffentlichte die Dichterin auch eine Lyriksammlung (1838), die erst bei der zweiten Auflage (1844) die Aufmerksamkeit des Publikums auf sich zog. Postum erschien eine Sammlung geistlicher Gedichte *Das geistliche Jahr* (1851), ein erschütterndes Zeugnis für ihr Ringen um den Glauben, mit dessen Hilfe sie sich der Vereinsamung ihres Herzens zu entziehen hoffte. – 1842 veröffentlichte die Autorin ihre Novelle *Die Judenbuche,* ein – so der ursprüngliche Titel – „Sittengemälde aus dem gebirgichten Westfalen". In dieser ihrer berühmtesten Erzählung versetzt sie den Leser gleichsam in die Rolle eines Detektivs, der selbst aufgefordert ist, die präsentierten Fakten und versteckten Hinweise einer psychologisch vielschichtig angelegten kriminellen Entwicklung zu entschlüsseln.

Die radikalsten Vertreter der Linkshegelianer waren KARL MARX (1818–1883) und FRIEDRICH ENGELS (1820–1895). 1842 und 1843 war Marx Redakteur des damals kämpferischsten Presseorgans des deutschen Bürgertums, der „Rheinischen Zeitung", und ging dann, als die Zeitung verboten wurde, nach Paris. Engels, der sich in England aufhielt, lernte mit eigenen Augen die schwere Lage der Arbeiter kennen (*Die Lage der arbeitenden Klasse in England,* 1845). In Paris befreundete sich Marx mit Heinrich Heine.

Entschiedene Gegner der politischen und literaturkritischen Haltung Wolfgang Menzels waren der Jounalist und Schriftsteller LUDWIG BÖRNE (1786–1837) und HEINRICH HEINE (1797–1856). Löb Baruch, wie Börnes bürgerlicher Name lautete, promovierte in Jura, aber als Jude konnte er nach der Niederlage Napoleons und der Wiedereinsetzung der reaktionären Regierung in Frankfurt nicht länger Beamter bleiben; darum widmete er sich der Literatur, und zwar vornehmlich der Kritik und kürzeren Prosawerken. Sein geistreicher Stil, den er nach eigener Aussage von Jean Paul als Erbe übernommen hatte, verschaffte ihm großen Erfolg bei den Lesern, und sein freidenkerischer politischer Standpunkt beeinflußte die Jugend, besonders seitdem Campe 1829–1834 seine gesammelten

Heinrich Heine *(1797–1856): nach einem Gemälde von Moritz Oppenheim aus dem Jahr 1831. „Heine war weder ein echter Romantiker, noch ein echter Bourgeois oder ein echter Kommunist. Er war all das zugleich" (Edmond Vermeil).*

Werke in acht Bänden herausgegeben hatte. Nachdem er nach Paris übergesiedelt war, veröffentlichte Börne (1832–1835) in drei Sammlungen *Briefe aus Paris,* sein in weltanschaulicher Hinsicht wichtigstes Werk. Der Aufstand der Lyoner Seidenspinner im Jahre 1831 öffnete ihm die Augen: Börne erkannte, daß der Krieg der Armen gegen die Reichen begonnen hatte und daß es der furchtbarste Krieg der Zukunft sein würde.

Auch Heinrich Heine war jüdischer Herkunft. Die Familie hatte eigentlich für ihn eine Laufbahn im Geschäftsleben vorgesehen, aber da er sich auf keinen Fall in einem solchen Beruf zurechtgefunden hätte, wurde es ihm ermöglicht, die Rechte zu studieren. Er besuchte mehrere Universitäten und erlangte 1825 in Göttingen den Doktorgrad der Rechte. In Bonn lernte er August Wilhelm Schlegel kennen, der dort eine Professur hatte und der von Heines Gedichten sehr angetan war. In Berlin trat er in das literarische Leben ein: hier wurde 1821 seine erste Gedichtsammlung mit dem Erscheinungsdatum 1822 gedruckt, und 1822 wurde sein erstes Prosawerk, die für seinen Stil charakteristischen *Briefe aus Berlin,* veröffentlicht. Später fügte Heine den Text dieser Briefe zum Teil in andere Werke ein, zum Teil verwarf er ihn. Im Jahre 1826 erschien *Die Harzreise,* das früheste von Heines *Reisebildern* in Prosa, und 1827 folgte eine endgültige Fassung seiner rasch populären Gedichtsammlung *Buch der Lieder.* Da er in Deutschland keinen Ort finden konnte, wo zu leben ihm gefallen hätte, siedelte er im Mai 1831 nach Paris über, wo er als freier Schriftsteller lebte. Mehrmals schickte er aus Paris Zuschriften an Cottas „Allgemeine Zeitung"; diese Zuschriften wurden später als Bücher veröffentlicht. Campe gab die zwei folgenden Gedichtsammlungen heraus: *Neue Gedichte* (1844) und *Romanzero* (1851). Es ist erwiesen, daß Heine während seiner schweren Krankheit, der Rückenmarksdarre, die ihn von 1848 bis zu seinem Tod ans Bett fesselte, noch eine vierte Gedichtsammlung vorbereitete. In Paris begann er eine Serie von Prosasammlungen unter dem Titel *Salon* (eine Anspielung auf die französischen Jahresausstellungen der Malerei, von der auch der erste Band handelt) zu veröffentlichen. Im zweiten Band erschien 1835 seine wichtige Studie *Zur Geschichte der Religion und Philosophie in Deutschland.* Seine Darstellung der damaligen neueren deutschen Literatur kam 1832 auf französisch in einer französischen Zeitschrift heraus; in der endgültigen Ausgabe bei Campe Anfang 1836 erhielt diese Untersuchung den Titel *Die romantische Schule.* Außer den erwähnten Prosawerken veröffentlichte Heine auch andere satirische Schriften, Novellenfragmente und zwei satirische Epen: *Atta Troll* (1843) und *Deutschland. Ein Wintermärchen* (1844).

Die Stellung, die Heine mit seiner Lyrik und Prosa in der Übergangszeit zwischen Romantik und Realismus einnimmt, ist mit der Bedeutung Goethes für die vorausgegangene Literaturperiode vergleichbar. „Heine war weder ein echter Romantiker, noch ein echter Bourgeois oder ein echter Kommunist. Er war all das zugleich" (Edmond Vermeil). Heine war einer der wenigen Vertreter des europäischen Geistes in der deutschen Kultur, wenn wir unter europäischem Geist jene in der Literatur erstmals von Montaigne (1533–1592) zum Ausdruck gebrachte Verbindung von Glauben und Skepsis verstehen: Glauben an Humanität, an Schönheit und an den Kampf für diese Ideale, aber begleitet von der ständigen Skepsis, in welchem Maß diese Ideale im gegebenen Augenblick verwirklicht sind und in welchem Maß sie überhaupt verwirklicht werden können. Ein solcher Standpunkt schließt sowohl Fanatismus als auch Selbstzufriedenheit aus. Deshalb wurden Heine und Börne in Paris zu Gegnern. Der Ästhet und der politische Fanatiker konnten genau wie Danton und Robespierre in Büchners Drama kein Verständnis füreinander aufbringen. In der Literatur ist Heines Ausgangspunkt die Romantik, aber zugleich bekundet er ein lebhaftes Interesse für die widerspruchsvolle menschliche Wirklichkeit in der Übergangsgesellschaft seiner Zeit – ein Interesse, das im Gegensatz zur Romantik steht: daher bleibt Heines Romantik auf der Höhe einer idealen Vision und steigt niemals auf das triviale Niveau des „Biedermeier" herab. Aus der Romantik wie auch aus aufrichtiger Verehrung von Goethes Werk entwickelt sich bei Heine eine bedingungslose und grenzenlose Verehrung der Schönheit: aber gerade diese Verehrung bedingt bei ihm eine bis ins letzte satirische Einstellung zur Welt und zur Gesellschaft seiner Zeit – „im Lichte der Ideale", wie Schiller die Satire definierte. Das Erlebnis solch unversöhnlicher Gegensätze führt in Heines Schaffen rationale Elemente ein, die sich in seinen literarischen Werken als sicheres Gefühl für Maß und Harmonie äußern. Mit Ausnahme seiner aus der Jugendzeit stammenden romantischen Tragödien in Versform und seiner ersten kurzen Prosaentwürfe ist bis heute keine einzige Zeile von Heines Werken – sei es in Versform, sei es in Prosa – veraltet. Auch in stilistischer Hinsicht ist nichts überholt: Heine war einer der größten Meister der deutschen Sprache. Die größte Popularität erlangten jene Gedichte, in denen er den gesungenen Volkston des Volkslieds sprachlich nachbildete, den er nach eigener Aussage vom Lyriker Wilhelm Müller (1794–1827) übernommen hatte. Einen Gedichtzyklus Müllers hat Schubert vertont. Auch Heines Lieder wurden oft und gern vertont. Durch den ungleich größeren Themenreichtum und die schöpferische Sprachkunst gewinnt der überlieferte Volkston in Heines Lied eine bis dahin unerreichte Ausdruckskraft. Für das deutsche lyrische Lied stellte Heine eine ähnliche Wende dar wie Baudelaire in der zweiten Jahrhunderthälfte für die französische und für die Weltlyrik. Die bewußte scheinbare Einfachheit seiner Lyrik im Volkston erreichte Heine durch langwierige Arbeit am Text. Es ist überliefert, daß Marx in Paris zu Heine kam, um ganze Nachmittage mit ihm an der Sprache der Gedichte zu feilen. Heine war aber auch ein Meister des Stils der reflexiven, politischen, satirischen und philosophischen Lyrik. Die vernichtende Schlagkraft der Satire und der Ironie, die sich mit Leichtigkeit der verschiedensten stilistischen Mittel bedienen, verbindet seine Werke in Versform mit seinen Prosawerken. Die souveräne Vereinigung von Gegensätzen ist ein spezifisches Kompositionsmerkmal von Heines größeren Prosawerken: sie verleiht dem scheinbar ungezwungenen Feuilletonismus, der in der Zeit aktuell war, starke künstlerische Ausdruckskraft. Viele gebildete Zeitgenossen Heines sahen in seinem Werk den besten künstlerischen und ideellen Ausdruck ihrer Zeit.

Im Gegensatz zu Heine suchten andere deutsche Dichter, Anhänger der Romantik, das Ideal der Schönheit durch rein äußerliche Mittel zu verwirklichen, durch ungewöhnliche und komplizierte Strophenform und Reimkunst. FRIEDRICH RÜCKERT (1788–1866) und Graf AUGUST VON PLATEN-HALLERMÜNDE (1796–1835), Nachkomme einer adligen Beamtenfamilie, waren die bekanntesten Vertreter dieser pseudoromantischen Richtung.

Ende Dezember 1835 verurteilte die Bundesversammlung in Frankfurt durch ihre Entscheidung die literarische Schule, die sich in Deutschland unter dem Namen „Junges Deutschland“ oder „Junge Literatur“ herausgebildet hatte. Die Entscheidung verlangte, die Dichter, ihre Verleger und die Verbreiter ihrer Schriften gerichtlich zu verfolgen. Als Mitglieder der Schule wurden namentlich Heinrich Heine, Karl Gutzkow, Heinrich Laube, Ludolf Wienbarg und Theodor Mundt angeführt. Dieses „Junge Deutschland“ trat erst durch die Entscheidung der Bundesversammlung ins Leben, da in Wirklichkeit keine solche Schule bestand; es gab nur einander verwandte Tendenzen. Im Jahr 1835 teilte Börne Menzel in einem Brief mit, Gutzkow und seine Freunde schrieben mit einer Lebhaftigkeit, die der deutschen Dichtung bisher fremd geblieben sei. Die neue Art hätten sie von ihm, aber auch von Heine gelernt. Die Aktualität der Thematik, der Kampf für die Ideale des fortschrittlichen Bürgertums, die Unmittelbarkeit des Ausdrucks, der Wunsch nach einem möglichst engen Kontakt mit dem Leser und einem möglichst starken weltanschaulichen Einfluß auf ihn sind gemeinsame Züge nicht nur der erwähnten Schriftsteller und Kritiker, sondern auch anderer Gleichgesinnter. Sie nahmen sich vor allem die französische Literatur zum Vorbild, unter anderem auch in dem Bestreben nach freieren Beziehungen zwischen den Geschlechtern, zu jener Zeit die „Emanzipation des Fleisches“ genannt. Nach dem Vorbild der damaligen revolutionären Vereinigungen außerhalb Deutschlands, „Junges Frankreich“ und „Junges Italien“, tauchte bei Laube und Gutzkow seit 1833 der Ausdruck „Junges Deutschland“ auf – keineswegs aber im Sinne einer literarischen Schule. Büchner schrieb im Frühjahr 1836 aus Straßburg an Gutzkow, mit dem er anläßlich der Herausgabe seines Dramas *Dantons Tod* Kontakt aufgenommen hatte: „Übrigens, um aufrichtig zu sein, Sie und Ihre Freunde scheinen mir nicht gerade den klügsten Weg gegangen zu sein. Die Gesellschaft mittelst der Idee, von der gebildeten Klasse aus reformieren? Unmöglich! ... Sie werden nie über den Riß zwischen der gebildeten und ungebildeten Gesellschaft hinauskommen.“

Die wichtigsten Vertreter des verbotenen „Jungen Deutschland“ waren HEINRICH LAUBE (1806–1884) und KARL GUTZKOW (1811–1878). Beide stammten aus den untersten Schichten des Kleinbürgertums. Laubes Vater war ein schlesischer Maurer, der Vater Gutzkows Reitknecht beim preußischen Prinzen in Berlin. Schwer erkämpften sich Laube und Gutzkow das Studium und begannen als Journalisten literarisch tätig zu sein, beide unter der Protektion Menzels, dessen entschiedene Gegner sie später wurden. Beiden fiel das Schreiben leicht, sie schrieben schnell und viel und verwandten nicht viel Mühe auf stilistische Ausfeilung ihrer literarischen Werke. Laube redigierte 1833 und 1834 die belletristische Zeitschrift „Zeitung für die elegante Welt“, die in Leipzig erschien, und unter seiner Redaktion wurde dieses Blatt zum Organ des „Jungen Deutschland“. Leipzig hatte damals bereits Frankfurt als führende Stadt im deutschen Buchwesen abgelöst. 1834 aus Leipzig vertrieben, wurde Laube in Berlin verhaftet und zu anderthalb Jahren Gefängnis verurteilt, während Gutzkow nur eine Strafe von einem Monat verbüßte. Die Autoren des „Jungen Deutschland“ bevorzugten kurze Prosaformen, Briefe, Reiseaufzeichnungen, Novellen; Laube und Gutzkow füllten auch einige Novellenbände. In der Überzeugung, daß in Deutschland das Drama den stärksten unmittelbaren Einfluß auf das Publikum ausübt, verfaßten sowohl Laube als auch Gutzkow in den vierziger Jahren eine beträchtliche Anzahl von Dramen. Sie sind inzwischen in Vergessenheit geraten, aber auch die Gegner mußten ihnen zugestehen, daß sie mit ihren Werken das damalige Durchschnittsniveau der Dramatik zu heben wußten. Von größerer Bedeutung waren die Spuren, die beide in der Geschichte des deutschen Romans hinterließen. Im Jahr 1832 veröffentlichte Laube den ersten Teil der Romantrilogie *Das Junge Europa* unter dem Titel *Die Poeten*, die beiden anderen Teile jeweils unter dem Titel *Die Krieger* und *Die Bürger*. Diese Romane sind ein hervorragendes Kulturdokument. – Gutzkow veröffentlichte ab 1832 Romane, und nach 1848 entwarf er – aus dem Wunsch heraus, mit seinen Romanen wirklich die Totalität des gesellschaftlichen Geschehens zu erfassen – die Technik des „Romans des Nebeneinander“, in dem der Inhalt in mehrere parallele Geschehensstränge zerfällt, die in den einzelnen Kapiteln unverbunden und austauschbar nacheinander dargestellt werden. Auf diese Weise übertrug Gutzkow in seinem Werk *Die Ritter vom Geiste* (1850–1851) und im antiklerikalen Roman *Der Zauberer von Rom* (1858–1861) die Technik des französischen Roman-Feuilletonisten Eugène Sue (1804–1857) auf die deutsche Literatur. – Laube widmete sich später vollkommen dem Theater und blieb als Direktor zweier Wiener Theater und als ihr Historiker auch im Wiener Kulturleben in dauerhafter Erinnerung.

Der erste Schriftsteller, der in der Geschichte des deutschen Romans in die Fußstapfen Walter Scotts trat, war Heinrich Zschokke (1771–1848). Früh ließ er sich in der Schweiz nieder und entwickelte von da aus eine große literarisch-aufklärerische Aktivität. Er war ein sehr produktiver Novellist; 1824 und 1825 veröffentlichte er zwei Romane aus der Schweizer Geschichte, die sich durch denselben glühenden Freiheitsgeist auszeichnen, der auch in den Werken Scotts herrscht. Zur gleichen Zeit veröffentlichte Wilhelm Hauff (1802–1827), der als Autor von Kunstmärchen bereits bekannt war, *Lichtenstein* (1826), einen historischen Roman im Stile Scotts. In den Jahren 1825 und 1827 schloß sich ihnen mit zwei getreuen Imitationen Scotts jener Schriftsteller an, den man als den Begründer des historischen Romans in der deutschen Literatur betrachtet, Wilhelm Häring, mit dem Pseudonym Willibald Alexis (1798–1871). Sein erstes Werk über die preußische Geschichte, *Cabanis,* veröffentlichte er 1832, und ab 1840 begannen die acht Romane zu erscheinen, in denen Alexis die brandenburgisch-preußische Geschichte vom Ende des Mittelalters bis in die neueste Zeit behandelte. Alexis bevorzugt die Darstellung alter Bräuche und „des alten Rechts"; seinen Werken fehlen der freiheitliche Geist Scotts und die psychologische Überzeugungskraft der Gestalten.

Der österreichische Bauernsohn Charles Sealsfield (Pseudonym für Karl Anton Postl; 1793–1864) hatte sich als entlaufener Mönch 1823 in Amerika niedergelassen; dort nahm er jede Arbeit an, um sich durchs Leben schlagen zu können. Als er 1826 nach Europa zurückkehrte, veröffentlichte er eine zweibändige Darstellung der Vereinigten Staaten von Amerika, „nach ihrem politischen, religiösen und gesellschaftlichen Verhältnisse betrachtet" (1827). Das Werk wurde auch ins Englische übersetzt. 1828 folgte in englischer Sprache *Austria as it is,* ein gnadenloser Angriff gegen das Österreich Metternichs. Ab 1831 ließ er sich in der Schweiz nieder, wo er von 1833 bis 1843 eine Reihe von Romanen und Erzählungen aus dem Leben der nordamerikanischen Indianer und der weißen Einwanderer veröffentlichte. Diese Werke, u. a. auch das heute noch bekannte Werk *Das Kajütenbuch* (1841), zeichnen sich durch Überzeugungskraft der Beschreibung, Lebendigkeit des Dialogs und das Bestreben aus, im Charakter der Personen die Eigentümlichkeit des freien amerikanischen Lebens darzustellen. Diese Werke hatten großen Erfolg bei den deutschen Lesern.

Die Keime des Realismus, in den historischen und den nordamerikanischen Romanen bereits zu erkennen, traten besonders deutlich in den Werken von zwei deutschsprachigen Erzählern hervor, die das Geschehen ihrer epischen Werke im heimatlichen Rahmen beließen. Karl Leberecht Immermann (1796–1840) verbrachte sein ganzes Leben als Jurist im preußischen Staatsdienst und widmete sich in seiner Freizeit der Literatur. Lange Jahre leitete er das Düsseldorfer Theater und verfaßte auch selbst neben Poemen und Gedichten eine Reihe von Dramen. Von Bedeutung für die Geschichte der deutschen Literatur sind nur seine Romane *Die Epigonen* (1836) und *Münchhausen* (1839) sowie das autobiographische Werk *Memorabilien* (1840). In den *Epigonen* war er bestrebt, die auf Ständen beruhende Gesellschaftsordnung seiner Zeit in ihren wechselseitigen Beziehungen darzustellen. Dem späteren Realismus verwandt ist seine nüchterne und ruhige, unpathetische Darstellung der Menschen und des Geschehens; vom Realismus trennen ihn romantische Motive und Gestalten, die er in sein Werk einführt, aber auch jähe Wendungen in der Handlung, charakteristisch für triviale Romantik. Seine Zeitgenossen bezeichnete Immermann als eine Generation, der es beschieden sei, „sich auch ohne besonderen Anlaß unselig zu fühlen". In *Münchhausen* spielt die Handlung an zwei Schauplätzen: auf dem verlassenen Hof der zugrunde gegangenen Adelsfamilie und im reichen Dorf. Auf romantische Art beginnt der Roman durch einen fingierten Irrtum des Setzers mit den Kapiteln 11–15, um dann mit dem ersten Kapitel fortzufahren. Der typische Lügner Münchhausen ist für Immermann ein satirisches Symbol der Gesellschaftsschichten, die zum Untergang verurteilt sind. Immermanns Gegenüberstellung des gesunden Dorfes und des verfallenen Hofes ist nicht nur für sein Werk charakterististisch. Für die gesamte deutsche epische Literatur werden das Mißtrauen gegenüber der Großstadt und dem Großstadtleben und die sentimentale Suche nach intakten gesellschaftlichen Beziehungen in den einfachen Formen menschlicher Gemeinschaft ein charakteristischer Zug bis zum Naturalismus bleiben.

Die stilistischen Merkmale des Realismus treten viel stärker in den Werken des Schweizer evangelischen Dorfgeistlichen Albert Bitzius hervor, der seine Werke unter dem Pseudonym Jeremias Gotthelf (1797–1854) veröffentlichte. In seinem Schaffen wollte er Reformator sein, aber ein Reformator im Geiste traditioneller Werte des Lebens und gegen das Vordringen der kapitalistischen Produktionsweise. Seiner Lebensaufgabe widmete er sich als unermüdlicher Publizist, Pamphletist, aber auch als Erzähler. Seine zahlreichen Erzählungen aus dem Leben der Schweizer Bauern stellen die höchste Stufe des Realismus als Stilform dar, die die deutschsprachige Literatur vor 1848 erreichte (u. a. *Uli der Knecht. – Uli der Pächter*, 1846, zuerst 1841 erschienen unter dem Titel *Wie Uli der Knecht glücklich wird; Die schwarze Spinne*, 1842, in der Sammlung *Bilder und Sagen aus der Schweiz*). Seine populärste Figur wurde der Dorfknecht Uli. Gotthelf verstand es, seine Gestalten überzeugend darzustellen, wie sie als Bauern leben und fühlen. Vom Realismus trennt ihn sein salbungsvoller Predigerton, den er nirgends zu verbergen sucht.

Bis heute lebendig geblieben sind die Erzählungen des österreichischen Schriftstellers Adalbert Stifter (1805–1868), der der Stadt und dem Stadtleben ungewöhnlich detaillierte und stilistisch eindrucksvolle Beschreibungen belebter und nicht belebter Natur als Symbol eines geregelten und normalen menschlichen Lebens gegenüberstellte (*Bunte Steine*, 1853). In ihnen übertraf Stifter all das, was die Schriftsteller des deutschen Realismus auf dem Gebiet der Landschaftsschilderung später leisteten, aber seine passiven Gestalten, ohnmächtige Opfer des Schicksals (z. B. in den Erzählungen *Studien*, 1844–1850), entfernen ihn vom Realismus und verbinden ihn mit dem „Biedermeier".

In der von politischen Konflikten gekennzeichneten Phase der deutschen Kulturgeschichte vor 1848 begannen ab 1840 in der deutschen Literatur Sammlungen von Gedankenlyrik mit gesellschaftlichem Aktualitätsbezug zu erscheinen, eine „politische Lyrik" im Gefolge von Anastasius Grün. Unter ihnen ragen durch das wirkungsvolle Pathos ihrer lyrischen Sprache die *Lieder eines Lebendi-*

gen (in zwei Bänden 1841 und 1843 in Zürich erschienen) von GEORG HERWEGH (1817–1884) heraus. Seine Sammlung errang unter allen ihr verwandten Werken den größten Erfolg bei den Lesern. Eine starke dichterische Persönlichkeit war FERDINAND FREILIGRATH (1810–1876), der auf Wunsch des Vaters Kaufmann werden mußte. In seiner ersten Gedichtsammlung (1838) überwiegt die exotische Thematik. In jener Zeit war Freiligrath auch in der Theorie ein Gegner politischen Engagements der Lyrik, aber er änderte seine Meinung unter dem Einfluß der eigenen Erlebnisse und der Entwicklung der Verhältnisse in Deutschland. Im Jahre 1844 veröffentlichte er den ersten Band politischer Gedichte; im Vorwort begründete er seine neue Haltung. Zur gleichen Zeit begab er sich nach Brüssel, wo er sich mit Marx befreundete. Als er später nach Deutschland zurückkehrte, fuhr er fort, Sammlungen politischer Lyrik zu publizieren (z. B. *Neuere politische und soziale Gedichte*, 1849–1851). In den Jahren 1848 und 1849 gab er mit Marx die „Neue Rheinische Zeitung" heraus. Von 1851 bis 1868 lebte er in London.

10. Bürgerlicher Realismus

Im März 1848 griff der Funke der französischen Februarrevolution auch auf Deutschland über. Hier war den radikalen Kräften, die eine demokratische Republik anstrebten, und der gemäßigten Opposition des Besitz- und Bildungsbürgertums der Wunsch nach nationaler Einheit gemeinsam. Doch das Aufbegehren endete mit der Stabilisierung der feudalen Verhältnisse. Zwar ahnte auch der deutsche Großgrundbesitzer „instinktiv, daß die Lokomotive der Leichenwagen ist, auf dem der Absolutismus und Feudalismus zum Kirchhof gefahren werden" (Friedrich Harkort), aber in Deutschland gelang es dem Adel, die Dynamik der industriellen Kräfte zu kanalisieren. Politische Ohnmacht war der Preis, den das Bürgertum für die ungehinderte Entfaltung seiner wirtschaftlichen Potenzen zahlte. Auch die nationale Einigung, die 1871 mit der Gründung des Deutschen Reiches unter preußischer Vorherrschaft verspätet zustande kam, schuf keine moderne parlamentarische Demokratie, trug jedoch dazu bei, die Koalition zwischen adeligem Großgrundbesitz und bürgerlicher Großindustrie zu festigen. – Die vernichtende Niederlage der Revolution von 1848 setzte dem Bestreben der Vormärzgeneration, das politische Bewußtsein des oppositionellen Bürgertums literarisch zu artikulieren, ein jähes Ende und hinterließ bei den Wortführern des „Jungen Deutschland" das Gefühl tiefer Erbitterung und Resignation. Deshalb sind „nicht zufällig die Jahrzehnte nach der Niederlage der Revolution die Zeit der philosophischen Herrschaft Schopenhauers" (Georg Lukács).

Das Leben ist ohne Sinn und Ziel, ein für den Verstand unergründbares Schicksal, meint ARTHUR SCHOPENHAUER (1788–1860); „der Wille zum Leben" entspringe der Unzufriedenheit mit diesem Zustand; da der Wille aber nicht in der Lage sei, die Verfassung der Welt zu beherrschen – „Es gibt keine Rettung in der

Welt vor der Welt", lautet Wilhelm Raabes Formulierung dieser Überzeugung –, bleibe dem Menschen nur der Weg, ergriffen vom Mitgefühl für die Unermeßlichkeit des menschlichen Leidens, Ruhe zu suchen in der Unterdrückung der blinden Gewalt des Lebenswillens. Die einzige Möglichkeit der Befreiung bietet nach Schopenhauer die Flucht in die Illusion einer inneren Harmonie in der Welt der Kunst, besonders der Musik, die einen unüberbrückbaren Gegensatz zur Welt der erfahrbaren Wirklichkeit darstelle. Schopenhauers pessimistisches Weltbild wurde erst etwa dreißig Jahre nach der Veröffentlichung von *Die Welt als Wille und Vorstellung* (1819) zum Allgemeingut des gebildeten Bürgertums, hinterließ aber im Kulturgeschehen bis hin zu Nietzsche und Thomas Mann seine Spuren. Als man RICHARD WAGNER (1813–1883), den Begründer des Musikdramas und eine der bedeutendsten schöpferischen Persönlichkeiten des Jahrhunderts, in den fünfziger Jahren auf Schopenhauer aufmerksam machte, erkannte er bei diesem Philosophen die Welt der Entsagung und der unvermeidlichen Vernichtung wieder, die zu gestalten er selbst bereits in der Tetralogie *Der Ring des Nibelungen* (1853–1874) begonnen hatte. Wagner, ein aktiver Teilnehmer der Revolution, hatte nach ihrem Scheitern die Hoffnung auf politische Befreiung durch den Glauben an die befreiende Kraft der Kunst ersetzt.

In der gleichen Zeit, in der Schopenhauers pessimistische Philosophie erstmals weite Verbreitung fand, nahm auch das kulturelle Interesse für die empirisch wahrnehmbare Realität zu. In dieser Gleichzeitigkeit kommen die Widersprüche einer Periode zum Ausdruck, in der politische Apathie und rapide Entwicklung von Naturwissenschaft, Technik und Industrie zusammenfielen. Das verstärkte Interesse für die erfahrbare Wirklichkeit förderte die Beachtung von LUDWIG FEUERBACH (1804–1872), der seine Philosophie „die Wissenschaft von der Wirklichkeit" nennt. In seiner Schrift über *Das Wesen des Christentums* (1841) hatte er die Religion in Anthropologie verwandelt und den Glauben an eine göttliche Macht durch den Glauben an den Menschen, an die Wirksamkeit seines ethischen Selbstbewußtseins ersetzt: „Mensch ist dem Menschen Gott." Der optimistische Grundton Feuerbachs beeinflußte u. a. Gottfried Keller.

In seinen *Thesen über Feuerbach* (1845) kritisierte KARL MARX (1818–1887) die Grenzen des Feuerbachschen Materialismus: „Das Höchste, wozu der anschauende Materialismus kommt, d. h. der Materialismus, der die Sinnlichkeit nicht als praktische Tätigkeit begreift, ist die Anschauung der einzelnen Individuen und der bürgerlichen Gesellschaft." Anschließend umriß Marx in den *Thesen* die Aufgabe des „neuen", des historischen Materialismus, die er drei Jahre später gemeinsam mit FRIEDRICH ENGELS (1820–1895) im *Manifest der Kommunistischen Partei* ausführen sollte: „Der Standpunkt des alten Materialismus ist die bürgerliche Gesellschaft, der Standpunkt des neuen die menschliche Gesellschaft oder die gesellschaftliche Menschheit."

Die Schriftsteller gestalten nach 1848 keine Figuren mehr, die als kämpferische Vertreter der ganzen Menschheit auftreten und in der Gemeinschaft für die Gemeinschaft wirken, sondern sie entdecken menschliche Möglichkeiten in der verengten Welt des bürgerlichen Alltags. Menschliche Werte werden bei diesen Autoren außerhalb der Gemeinschaft und in Abrechnung mit ihr verwirklicht; die

Werke der realistischen Literatur sind voll von vereinsamten einzelnen, Außenseitern und Sonderlingen. Die literarische Gestalt verliert die Bedeutung einer gesellschaftlich repräsentativen Person. Die Verengung des Horizonts auf die Wirklichkeit schärfte den Blick der Schriftsteller für die verfeinerte Wahrnehmung scheinbar unbedeutender, aber für das Ganze des Geschehens wichtiger einzelner Züge der sinnlich zugänglichen Erscheinungswelt. Obwohl ihre Helden das Gefühl der Überlegenheit über die Welt, die sie umgibt, verloren haben, obwohl sie heroischer Eigenarten beraubt sind, bleiben sie noch immer im Mittelpunkt der Handlung. Die Welt der Natur und der Gegenständlichkeit wird sich erst gegen Ende des Jahrhunderts verselbständigen. In den Werken des Realismus ist die Darstellung der menschlichen Umgebung dem unmittelbaren Eindringen in die verborgenen Tiefen der menschlichen Seele untergeordnet. Das äußere Geschehen ist zugunsten des inneren reduziert. Durch das sorgfältige Gliedern, Ordnen und Verbinden der Einzelheiten – durch eine gesellschaftliche und psychologische Analyse – strebt der realistische Schriftsteller danach, in das Wesen der komplizierten und widersprüchlichen unmittelbaren Wirklichkeit einzudringen. Das wird sowohl im syntaktischen als auch im kompositionellen Handlungsaufbau sichtbar und schließlich auch in der Entscheidung für literarische Prosagattungen.

Seine innere Unabhängigkeit gewinnt der deutsche Realist zum einen durch die nüchterne und distanzierte Haltung gegenüber der wirtschaftlichen und sozialen Entwicklung, die bürgerlich-humanistische Traditionen ständig weiter untergräbt, und zum andern durch die Suche nach dem Sinn in der verdinglichten Welt. Für die innere Unabhängigkeit zahlt er den Preis des Rückzugs aus dem Mittelpunkt öffentlichen Geschehens in die Einsamkeit eines kritischen Beobachters. Trotz der Reichweite einzelner Werke verliert die deutsche Literatur nach 1848 jene Bedeutung, die sie im Rahmen der Weltliteratur an der Wende vom 18. zum 19. Jahrhundert erreicht hatte. „Der deutsche Beitrag der monumentalen Kunst des 19. Jahrhunderts ist musikalischer und nicht literarischer Natur" (Th. Mann). Die resignierte Haltung der deutschen Realisten, ihr Rückzug in die „Kontemplation" stumpfte die Schärfe der Gesellschaftskritik ab. Während der französische und der russische Realismus die Gegensätze durch die literarische Darstellung radikalisieren, mildert sie der deutsche oft durch Humor ab.

Dem wirtschaftlichen Aufstieg Deutschlands in der zweiten Hälfte des 19. Jahrhunderts fehlte ein künstlerisch gestaltetes Gefühl der Größe. Diese Leerstelle füllten die Werke von Epigonen aus. Indem sie (E. Geibel, P. Heyse, V. von Scheffel u. a.) die sozialen Gegensätze verdecken, weichen sie der Schattenseite des Lebens aus. Ihre Werke ernteten beachtlichen Erfolg auf dem Markt, sie wurden „Bestseller" bei dem immer zahlreicheren, durchschnittlich gebildeten Leserpublikum. Die sentimentalen lyrischen Gedichte, technisch untadelig, reduzierten die noch lebendige Tradition der Klassik und der Romantik auf eine konventionelle lyrische Sprache; sie verhüllten ihre inhaltliche Substanzlosigkeit und Unpersönlichkeit gleichsam durch einen Hauch von Gold, durch ausgewählte „poetische" Ausdrücke, reiche lautliche und rhythmische Effekte. Die Pathetik und Theatralik von Heyses Novellen, die sich häufig mit der Problematik der

Erotik oder des Künstlers beschäftigen, suchte das Reich einer veredelten, vom Grau des Alltags ungetrübten Schönheit hervorzuzaubern. Diese Schriftsteller, von den Naturalisten „sanfte Lämmer" genannt, boten dem Leser ein idealisiertes Bild der Vergangenheit oder der unmittelbaren Wirklichkeit. In Nachbarschaft zu dieser Art von literarischem Formalismus entwickelte sich die sogenannte Malerschule des Historismus (Karl Piloty), die das Bedürfnis nach Erlebnisgröße durch die Darstellung wichtiger geschichtlicher Persönlichkeiten in theatralischer Pose und luxuriöser Umgebung befriedigte. Dem Interesse für geschichtlich-nationale Ereignisse verdankt auch der sogenannte Professorenroman (Felix Dahn, Georg Moritz Ebers) seine Popularität, der Abenteuer und die Exotik längst vergangener Zeiten in die Eintönigkeit des Alltags trägt, wobei er das Erzählen mit wissenschaftlichen, geschichtlich-archäologischen Einzelheiten verwebt.

Die allgemeine Enttäuschung nach 1848 war in der Literatur auch die Ursache für die Flucht aus dem städtischen und industriellen Milieu in die Heimat, in die dörfliche Idylle. Die heute vollkommen in Vergessenheit geratenen *Schwarzwälder Dorfgeschichten* (1843–1854) von Berthold Auerbach (1812–1882) wurden viel gelesen. Seine von Sentimentalität und Moralisieren durchdrungene Darstellung des Dorflebens ist der Vorstellung des Kleinbürgers angepaßt, den die wirkliche Problematik des Dorfes nicht kümmerte; dieser genoß die Harmonie einer vermeintlichen Idylle, die sich vom alltäglichen Streben nach materiellem Gewinn und gesellschaftlichem Ansehen kontrastreich abhob. – Ein Bild von den Leiden der Dorfbevölkerung, vom krassen Gegensatz zwischen Gutsbesitzern und Tagelöhnern boten die autobiographisch gefärbten Werke von Fritz Reuter (1810–1874). Aber er mildert die Bitterkeit der gesellschaftlichen Anklage und die Forderung nach einer „politischen und humanen Reform" durch Humor und die Zuversicht in das unzerstörbare, natürliche Bedürfnis nach Vermenschlichung erheblich ab. „Ich denke mir bei dem allerdings teilweise tragischen Ausgang der Geschichte den Humor zu bewahren und den höchst peinlichen Unverstand der damaligen Zeit . . . durch denselben genießbar zu machen", verkündete er, als er *Ut mine Stromtid* (1862–1864) schrieb, sein erfolgreichstes Werk. Die Lebendigkeit und Überzeugungskraft seiner Figuren wird durch die Verwendung des norddeutschen Dialekts bekräftigt.

Der Beitrag der österreichischen Schriftsteller des späten Realismus bereicherte die dörfliche Thematik in der Literatur. Ludwig Anzengruber (1839–1889) bringt den Bauern anstelle des Kleinbürgers auf die Bühne des Wiener Volkstheaters, ergänzt die Technik des Volksstücks mit ihrer groben Kontrastierung der Charaktere und hebt es durch die psychologische Vertiefung der Personen, durch ihre Verbindung mit dem Milieu, in dem sie aufgewachsen sind, und durch die funktionale Stilisierung des Heimatdialekts auf ein hohes künstlerisches Niveau (z. B. *Der G'wissenswurm*, 1874). Mit der antiklerikalen Tendenz seines bekanntesten, wenn auch nicht reifsten Werks *Der Pfarrer von Kirchfeld* (1870) schaltete sich Anzengruber in den „Kulturkampf" des liberalen Bürgertums gegen die katholische Kirche ein. Die Auseinandersetzung mit der Engherzigkeit, der Intoleranz und der Heuchelei der oberflächlichen Glaubenserziehung geht in eine Gesellschaftskritik über, die die Mehrzahl von Anzengrubers Dramen und Romanen charakterisiert. Ohne stärker ausgeprägte Sentimentalität und mit einer bereits naturalistisch gefärbten Schonungslosigkeit zeigt er Besitzgier, triebhafte Lust und bissige Selbstsucht, die die Bauern im Unterschied zu den Stadtbürgern nicht hinter Bildung und gesellschaftlichen Konventionen zu verbergen verstehen; der Autor hat es, wie er sagt, nicht nötig, ihnen „die Kulturschminke des modernen Menschen erst abzukratzen". In Anzengrubers kritischer Haltung verbindet sich der Einfluß von Feuerbachs diesseitiger Sozialethik mit volkserzieherischen, moralisierenden Absichten. Die Klassen- und Völkerkonflikte in Österreich sowie die krampfhaften Versuche gebildeter Kreise, die überlebten gesellschaftlichen Verhältnisse und das verbreitete Gefühl der Unsicherheit durch ein üppiges pseudokünstlerisches Dekor (in der sogenannten Makartzeit, nach dem Wiener Maler Hans Makart) zu verdecken, stießen Anzengruber ab. Er zog den Weg in eine Umgebung vor, die – im Guten wie im Bösen – Natürlichkeit und Unmittelbarkeit bewahrte und dem Glauben an die Möglichkeit einer glücklicheren und gerechteren Gesellschaft neue Nahrung gab. – Als typischer Vertreter dörflicher Thematik ist hier auch der Steiermärker PETER ROSEGGER (1843–1918) zu erwähnen. Die autobiographische Erzählsammlung *Als ich noch der Waldbauernbub war* (1900–1902) fand im 20. Jahrhundert weiteste Verbreitung – ein Erfolg, der weniger auf literarische Qualitäten als vielmehr auf die gemütvolle Mischung von ländlicher Idylle und bescheidener Erzählhaltung zurückgeht.

Ähnlich wie Anzengruber sprach auch MARIE VON EBNER-ESCHENBACH (1830–1916) in der Literatur die „Sprache des gesellschaftlichen Gewissens". Der traditionelle Gegensatz von Land und Stadt in der Dorferzählung wird bei ihr eher durch die typisch österreichische Verbindung von Dorf und adeligem Großgrundbesitz ersetzt, was auch im Titel ihrer wichtigsten Novellensammlung, *Dorf- und Schloßgeschichten* (1883), zum Ausdruck kommt. Als Angehörige des Adels sucht sie nicht nach grundlegenden gesellschaftlichen Veränderungen, sondern nach einer grundlegenden Humanisierung der menschlichen Beziehungen, ungeachtet aller Klassenzugehörigkeit. Mit Wärme und Verständnis zeigt sie die Leiden der Armen, der Unterdrückten und der Ausgestoßenen aus der städtischen oder dörflichen Gesellschaft. Unmenschlichkeit und Heimtücke, physische und psychische Gewalt deckt sie in allen Gesellschaftsschichten auf, und die entfremdeten Beziehungen stellt sie symbolisch zumeist auf dem Hintergrund der Liebe dar. In ihren besten Erzählungen siegt kaum eine Person im Kampf um die Liebe; dieser Kampf ist vielmehr die Quelle ständiger Leiden. Die Schriftstellerin glaubt aber unverbrüchlich an die verändernde Kraft der Persönlichkeit, wenn auch um den Preis der Einsamkeit und der Entsagung von persönlichem Glück: so erkämpft sich in dem Roman *Das Gemeindekind* (1887) der Sohn eines Tagelöhners und Liederjans mit eigenen Kräften ein menschenwürdiges Leben und antwortet auf die Erniedrigung durch die Umgebung mit eigensinnigem Verschließen in sich selbst. Menschliche Werte sind auch hier nicht in der Gemeinschaft, sondern nur trotz der Gemeinschaft realisierbar.

In die Literatur der Dorferzählung fügt sich teilweise auch OTTO LUDWIG (1813–1865) ein. Zuerst versuchte er sich, ähnlich wie viele zeitgenössische Literaten, auf dem Gebiet des Dramas. Hier blieb er freilich mit der Darstellung kleinbürgerlicher, in ihrer Einseitigkeit gefangener Personen (*Der Erbförster*, 1853) und mit der Zerlegung mythischer Ereignisse in sorgfältig differenzierte psychologische Einzelheiten (*Die Makkabäer*, 1854) von der szenischen Wirkung seines großen Vorbilds Shakespeare weit entfernt. „Mein Hauptfehler (ist) der Hang, Figuren und ihr Handeln, den ganzen Vorgang in Details zu zerlegen . . ., so daß mein Überblick nicht mehr die für die Darstellung wesentlichen (Motive) herausfinden kann". Mit dieser selbstkritischen Äußerung charakterisierte er die analytischen Eingriffe, die seine dramatischen Querfäden zum erzählerischen Gewebe umformten. Während er sich mit den wenig fruchtbaren Dramenversuchen herumplagte, verfaßte er nebenbei Prosawerke, in denen seine Begabung zur detaillierten Wahrnehmung viel angemessener zum Ausdruck kam. Auf Anregung Auerbachs schrieb er die Erzählung *Die Heiterethei* (1855–1856) von einem übermütigen Dorfmädchen. Bis ins kleinste schildert er hier die „gesunde" Verbundenheit der Dorfwelt mit der Natur; Auseinandersetzungen und Mißverständnisse zwischen den Personen löste er in idyllische Liebe auf. Demgegenüber bleiben in der Erzählung *Zwischen Himmel und Erde* (1856) die Zusammenstöße in der kleinbürgerlichen Sphäre unüberbrückbar, eine Beruhigung wird erst durch Entsagung erreicht. „Wie mancher meint, die Welt zu kennen, und kennt nur sich!" In dieser Vereinsamung findet keiner mehr den Weg zu den anderen. In seinen theoretischen Schriften hält Ludwig den Roman für „die Poesie der Wirklichkeit, die nackten Stellen des Lebens überblumend". Aber in seinem besten Werk kann er doch nicht anders, als der psychologischen Überzeugungskraft zu folgen und gerade die Nacktheit des modernen Lebens zu zeigen – den Zerfall der Gemeinschaft in isolierte Einzelwesen, die in ihren Vorstellungen gefangen sind.

Bis in die Gegenwart hält sich in breiten Leserkreisen die Popularität des Romans *Soll und Haben* (1855) von Gustav Freytag (1816–1895). Das Werk, in einem überholten patriarchalischen Geist geschrieben, entstand aus dem optimistischen Glauben des Autors an die historische Mission des bescheidenen und arbeitsamen Bürgers und verfügt über keinen tieferen Problemhintergrund. In einem Roman von Heinrich Mann heißt es über Freytag: „Er sah nichts von den Veränderungen der Zeit seit achtundvierzig, als er sein erstes Buch schrieb von dem braven jungen Kaufmann." Auch wenn es zur Gewohnheit geworden ist, die geschickt aufgebaute Geschichte des fleißigen, aufopferungsvollen und untadeligen Anton Wohlfahrt „nicht ganz zu Unrecht als Apotheose des deutschen Bourgeois im 19. Jahrhundert anzusehen, . . . kam es Gustav Freytag viel weniger auf Verherrlichung bestehender Verhältnisse als auf die romanhafte Darstellung praktisch verwertbarer Lebensnormen an" (Hans Mayer). Der Teil seiner literarischen Tätigkeit, der die größte Lebenskraft besaß, waren die *Bilder aus der deutschen Vergangenheit* (1859–1867), ein kulturhistorischer Rückblick auf wichtige Etappen der deutschen Geschichte von den germanischen Anfängen bis 1848. Seine historischen Romane versuchen, in der Vergangenheit Beispiele zu finden, die sich auf die Gegenwart übertragen lassen und geeignet sind, den Glauben an den Fortschritt der bürgerlichen Gesellschaft zu retten; die Fabel selbst ist zumeist mit wissenschaftlichen Angaben reichlich versehen.

Friedrich Hebbel *(1813–1863): das Photo stammt aus der Zeit um 1860.*

Ohne größeren literarischen Wert sind die damals gern gelesenen Romane von FRIEDRICH SPIELHAGEN (1829–1911), die – ähnlich wie zeitgenössische französische und englische Werke, jedoch in starker Abhängigkeit von der Tradition des deutschen Entwicklungsromans – die unmittelbare Wirklichkeit literarisch zu gestalten versuchen. Auch wenn Spielhagen im Unterschied zu Freytag Kirche und Adel scharf angriff, in einem Roman sogar das Leben des Sozialisten Ferdinand Lassalle verherrlichte, blieb sein achtundvierziger „Radikalismus" doch bald hinter der Zeit zurück. Es fehlte ihm an künstlerischer Begabung, um seine Erkenntnisse in eine literarisch wertvolle Form zu übertragen. Um die ganze Komplexität der Wirklichkeit darstellen zu können, wird sich der Schriftsteller, wie Spielhagen als Zeitgenosse des wissenschaftlichen Positivismus meint, seinem Ziel am erfolgreichsten durch eine „objektive" Erzählhaltung annähern, indem er die fiktive Gestalt des Erzählers aus der Romanstruktur ausschließt – eine Forderung, die auch Flaubert erhob und die von den Naturalisten später verwirklicht wurde.

Wenn auch viele Autoren der Zeit nach 1848 angesichts der Anerkennung ihrer Prosaarbeiten beharrlich glaubten, geborene, aber verkannte Dramatiker zu sein (Ludwig, Heyse, Ebner-Eschenbach), so hinterließ der deutsche Realismus doch ebenso wie der europäische auf dem Gebiet des Dramas keine bemerkenswerteren Spuren. Eine Ausnahme bildet nur FRIEDRICH HEBBEL (1813–1863), der mehr Zeitgenosse als Vertreter der realistischen Literatur ist. Seine Dramen schrieb er nach dem Modell Schillers, aber in scharfem Gegensatz zu Schillers dichterischer

Welt. Den leichtesten Zugang zu Hebbels Werk bietet das „bürgerliche Trauerspiel" *Maria Magdalena* (1844), sein einziges wichtigeres Drama mit zeitgenössischer Handlung. Unter dem symbolischen biblischen Titel wird die hoffnungslose Situation eines verlassenen Mädchens im kleinbürgerlichen Milieu überlebter und steifer moralischer Prinzipien dargestellt, in dem kalte Berechnung und der Schein gesellschaftlichen Ansehens jede menschliche Regung brutal zerstören. Bei H. Laube hinterließ die Aufführung „den Eindruck vernichtender Traurigkeit. Als der Vorhang zum letztenmal gefallen war, herrschte in dem kleinen Zuschauerkreis helle Verzweiflung. Wir gingen von dannen wie von einer Hinrichtung!" In allen übrigen bedeutenden Tragödien (*Judith*, 1840; *Herodes und Mariamne*, 1850; *Agnes Bernauer*, 1852; *Gyges und sein Ring*, 1856) ist das Problem der entfremdeten menschlichen Beziehungen in mythischen Ausmaßen dargestellt. Die Helden der Tragödien sind „monumentale" Personen, die sich ihrer Umgebung mit Gewalt aufdrängen, und durch „die übermenschliche Größe der Unmenschlichkeit" alles um sich herum und sich selbst zerstören. Die Liebe von Herodes und Mariamne, die in der Überzeugung begann: „Zwei Menschen, die sich lieben, wie sie sollen, können einander gar nicht überleben", verwandelt sich in eine schonungslose gegenseitige Vernichtung, denn Herodes will sich um jeden Preis vergewissern, daß Mariamne ihm in den Tod folgen wird. – An die Stelle des Konfliktes zwischen Mann und Frau tritt in *Agnes Bernauer* der Gegensatz zwischen individuellem Anspruch auf Glück und der in letzter Konsequenz mörderischen Idee der Staatsräson. Bestand und Ordnung der Gemeinschaft werden hier durch Gewalt über den einzelnen gesichert. Den größten, wenn auch nicht dauerhaftesten Erfolg – Wagner stellte ihn mit Der *Ring des Nibelungen* in den Schatten – erlangte Hebbel mit der Trilogie *Die Nibelungen* (1862). Die unmenschlichen Beziehungen des bürgerlichen Milieus aus *Maria Magdalena* nehmen, auf einen germanisch-mythischen Hintergrund projiziert, gigantische Konturen an; die Unvermeidlichkeit der gegenseitigen Vernichtung erreicht in einem allgemeinen Blutbad am Hof des Hunnenkönigs Attila ihren Höhepunkt. Trotz des Versuchs, die Ereignisse psychologisch zu motivieren, sondert sich Hebbel mit seiner übersteigerten Stilisierung der Personen und seinem pathetischen dramatischen Ausdruck von der zeitgenössischen Literatur ab, die dem bürgerlichen Alltag zugewandt ist. Dennoch erweist er sich durch seine pessimistische Weltsicht nicht nur seiner Zeit gewachsen, sondern überholt sie sogar in gewissem Sinne. „Weil du schon immer, wie dein ehrnes Bild / in eine Feuersbrunst gelassen-kalt / hineingeschaut in unsre Hölle hast", sagt Mariamne zu dem Römer Tito; „Kommt hier der Teufel noch vor dem Tod? Zurück zur Hölle!" schreit Hildebrandt, als er Kriemhild umbringt; „Du müßtest dich selbst einriegeln in deine Hölle, wenn man dir von außen die Tore öffnen wollte", beteuert Klara aus *Maria Magdalena* sich selbst. Doch relativiert Hebbel diese höllische Gewalt, indem er sie wohlüberlegt in den geschichtlichen Augenblick des Zerfalls von Werten eines aus den Fugen geratenen Zeitalters verlegt hat – eines Zeitalters, nach dem man humanere gesellschaftliche Beziehungen erahnen kann: das ist die Wende zwischen antiker (*Herodes und Mariamne*) oder germanischer (*Nibelungen*) Kultur und Christentum, zwischen der archaischen indischen und der

Conrad Ferdinand Meyer *(1825–1898) trat vor allem durch zahlreiche historische Novellen und Erzählungen hervor. Die Photographie stammt aus dem Jahr 1884.*

individualistischen, rationalen griechischen Kultur (*Gyges und sein Ring*), zwischen Mittelalter und Neuzeit (*Agnes Bernauer*).

Außergewöhnliche, ihrer Umgebung überlegene Persönlichkeiten drehen das Rad der Geschichte mit Blut und Gewalt, kommen aber am Ende auch selbst darunter ums Leben. Das ist eines der Motive in den historischen Novellen des Schweizers Conrad Ferdinand Meyer (1825–1898), der die Übernahme zeitgenössischen Alltags in die literarische Fiktion ausdrücklich ablehnte. Seine erste Novelle, *Das Amulett* (1873), greift die konfessionellen Auseinandersetzungen im Frankreich des späten 16. Jahrhunderts auf. Der Text nutzt noch nicht die vielfältigen stilistischen Möglichkeiten der Rahmenhandlung, eines Kompositionsprinzips, zu dem der Autor sich in einem Brief bekannte: „Meine Neigung zum Rahmen ist bei mir ganz instinktiv. Ich halte mir den Gegenstand gerne vom Leibe oder richtiger gerne so weit als möglich vom Auge." – Bis heute bekannt blieb seine längere Erzählung aus dem Dreißigjährigen Krieg über *Jürg Jenatsch* (1876), den Führer der Bewegung für die Einheit und Unabhängigkeit der Schweizer Kantone. Im Kampf für die Einheit schreckt der protestantische Geistliche Jenatsch weder vor Mord, Verrat, noch Glaubenswechsel zurück. Auf den geschichtlichen Hintergrund projiziert C. F. Meyer mit modernen stilistischen Mitteln eine zeitgenössische Problematik. Der fiktive Erzähler streift sich die Maske der Unparteilichkeit über; der Leser wird unmittelbar mit dem Gang der Ereignisse konfrontiert, so daß sich der Handlungsablauf „ganz von selbst erzählt" – als Reihenfolge subjektiv begrenzter Perspektiven der einzelnen Teilnehmer. Das Geschehen verliert so den Charakter der Eindeutigkeit und der Übersichtlichkeit, die Personen bleiben widersprüchlich und undurchsichtig. Meyers Welterlebnis ist in einem Vers des Gedichts *Mövenflug* zusammengefaßt: der scharfe Widerschein der Vögel auf dem Spiegel der Meeresoberfläche erfüllt den Dichter mit Grauen, da „sich völlig glichen Trug und Wahrheit". Den Eindruck des Rätselhaften in der Welt verstärkt der Autor bewußt auch sprachlich, indem er die Seelenzustände der Personen häufig nur indirekt, durch äußerlich wahrnehmbare Zeichen – z. B. die Körperhaltung, die Bewegung, den Gesichtsausdruck – umschreibt und weitere Erläuterungen vermeidet. So wird dann die Erzählweise dicht, manchmal bis zur empfindlichen Grenze der symbolischen Aufdringlichkeit: „Der Feldherr griff mit der Hand in das erloschene Kohlenbecken, schloß sie und streckte sie gegen Moncado. ‚Mein Ziel?' sagte er und öffnete die Hand: Staub und Asche."

Die Novelle *Der Heilige* (1879) gehört zu den für C. F. Meyer charakteristischen Rahmenerzählungen: Der Bogenschütze Hans, ein früherer Waffenschmied am englischen Hof, erzählt, was sich vor zwanzig Jahren zwischen König Heinrich II. und dem Bischof Thomas Becket ereignete. Der Einblick des Erzählers in die psychologisch komplizierten Beziehungen der vornehmen Gesellschaft ist notgedrungen durch sein Bildungsniveau und den Platz auf der Stufenleiter der Hofhierarchie begrenzt; die stilistische Funktion des Rahmens besteht offensichtlich darin, das Grunderlebnis hervorzuheben: daß es unmöglich ist, bis zum Wesen der Erscheinung vorzudringen, das ausschließlich in der Verkettung von Gegensätzen sichtbar wird, mit anderen Worten: der Leser ist gezwungen, dem Titel der Novelle ein Fragezeichen anzufügen. – Selbst dem Dichter Dante gelingt es in der Novelle *Die Hochzeit des Mönchs* (1884) nicht, die Fäden des schicksalhaften Geschehens zu entwirren, während er eine Geschichte erfindet und dabei manchen aus der Zuhörergruppe als Vorbild für die Gestalten der Erzählung nimmt. Auf diese Weise fügen sich Dichtung und Wahrheit einfallsreich ineinander. Diese virtuose Verknüpfung von Rahmen- und Binnenerzählung trug Meyer manchmal den Vorwurf des Manierismus ein. Wie die Mehrzahl der Novellen verläuft auch *Die Versuchung des Pescara* (1887) im Schatten des Todes. Der Oberfeldherr Pescara weiß, daß er durch eine im Kampf erlittene Wunde zu tödlichem Siechtum verurteilt ist, verrät aber selbst den engsten Mitstreitern für die Vereinigung Italiens nichts davon und widersteht „der Versuchung", zum Verräter zu werden und die angebotene Krone anzunehmen. Die Grundfrage, was Maske und was Wahrheit ist, bleibt offen. – C. F. Meyers emotional ausgesprochen zurückhaltenden *Gedichte* (1882) ersetzen das lyrische Subjekt durch die Symbolik des Bildes oder des Dings (das sogenannte Dinggedicht); der sprachliche Ausdruck ist im Verlauf zahlreicher Überarbeitungen oft auf eine eindrucksvolle Form reduziert. Mit Recht wird Meyer häufig als Vorläufer des Symbolismus angesehen.

Im Unterschied zu Hebbel am Anfang und C. F. Meyer am Ausgang der Epoche wandten sich die wichtigen Vertreter des Realismus der unmittelbaren gesellschaftlichen Wirklichkeit zu, am eindrucksvollsten aber Meyers nur etwas älterer Landsmann GOTTFRIED KELLER (1819–1890). Unter dem Einfluß der

Angler am Fluß, *ein Aquarell von Gottfried Keller (1819–1890), der sich vor seiner literarischen Laufbahn als Maler versucht hatte.*

politischen Lyrik Grüns, Freiligraths und Herweghs (die beiden letzteren hielten sich als Flüchtlinge in der Schweiz auf) trat er nach erfolglosen Versuchen in der Malerei mit den jugendlich radikalen *Gedichten* (1846) an die Öffentlichkeit. Die Sammlung deutete trotz fremder Vorbilder auf eine beachtliche Begabung hin und verschaffte ihm ein Stipendium der liberalen Regierung zum Studium in Heidelberg (1848–1850), wo die Vorlesungen Feuerbachs für ihn eine Offenbarung waren: „Die Welt ist mir unendlich schöner und tiefer geworden, das Leben ist wertvoller und intensiver, der Tod ernster, bedenklicher und fordert mich nun erst mit aller Macht auf, meine Aufgabe zu erfüllen und mein Bewußtsein zu reinigen und zu befriedigen, da ich keine Aussicht habe, das Versäumte in irgendeinem Winkel der Welt nachzuholen."

Während seines Aufenthalts in Berlin (1850–1855) entwarf er den größten Teil seiner nach der Rückkehr nach Zürich ausgearbeiteten Prosawerke und veröffentlichte den Erziehungs- und Bildungsroman *Der grüne Heinrich* (1854–1855). Heinrich Lee, Sohn eines Architekten bäuerlicher Herkunft, durchläuft die Schule des Lebens: das Elternhaus, Freundschaft, Liebe, Religion und Kunst. Ganz am Anfang des Romans schiebt der fiktive Erzähler bei der Ankunft „unseres Helden" in München Heinrichs Geschichte „seiner bisherigen Jugend" ein, die als „eine Art Abschluß und Übersicht" aufgeschrieben wurde, bevor er in die Welt zog. Dieser Abschluß umfaßt mehr als die Hälfte des Romans und stellt

Gottfried Keller: *(1819–1890): die Aufnahme entstand 1863, sieben Jahre nach der Veröffentlichung des ersten Bandes seiner Novellensammlung* Die Leute von Seldwyla.

die zweite durch seine geschichtliche Bedeutsamkeit und künstlerische Suggestivität in den Schatten. In der Darstellung von Heinrichs Kindheit ist die Romantik als künstlerisches Prinzip vorherrschend, und die Hauptfigur, tief in der Gemeinschaft verwurzelt, aus der sie hervorgegangen ist, entwickelt sich erst schrittweise durch die Widersprüche des kleinbürgerlichen Milieus und der phantasievollen Jugendschwärmereien. Am Ende der Beichte quält Heinrich der Gedanke, „daß ich noch gar nicht absah, wie bald und auf welche Weise ich ein nützliches und wirksames Glied dieser Gesamtheit werden würde". Die Unfähigkeit, sein Ziel zu verwirklichen, bezahlt er in der ersten Version des Romans mit dem Leben. Erst in der zweiten, grundlegend überarbeiteten Fassung (1879–1880) entwickelt Heinrich das Bewußtsein gesellschaftlicher Verantwortung, aber um den Preis der Entsagung von persönlichem Glück. Das Erzählen bleibt im großen und ganzen Heinrich überlassen, aber im Unterschied zur Rolle des Ich-Erzählers in den Werken nach dem Realismus „ließe sich ein Wesensunterschied ... zwischen dem erzählten Grünen Heinrich und dem erzählenden aufweisen. Jener ein ewiger Dilettant, der sich alles zutraut und nichts kann, weil er nie in den Kräftestrom der Ordnungen hineinfindet, dieser aber ein Wissender, ein Schauender, ein Gestaltender, der uns, und sei es in einem Landschaftsbild, die dauerhaften Ordnungen ... der Welt offenbart" (Wolfgang Kayser). Die Perspektive des Erzählers Heinrich ist umfassender, offensichtlich bemühte sich Keller darum – selbst um den Preis, hie und da weniger überzeugend zu wirken.

Die Funktion dieses erzählerischen Eingriffs wird in der Novellensammlung *Die Leute von Seldwyla* (Bd. 1: 1856, Bd. 2: 1873–1874) erkennbar. Die zehn

Erzählungen bilden einen Zyklus durch den gemeinsamen Ort, in dem die Personen mit ihrer besonderen Lebensweise wohnen oder aus dem sie stammen: sie geben sich ganz der Träumerei oder unvernünftigem Leichtsinn hin, erkennen nicht den wirklichen Lebenssinn: Da ist „von einem zusammenhängenden und vernunftgemäßen Arbeiten in Manzens Hause längst nicht mehr die Rede"; da sitzen sie dem Trugschluß auf, daß Kleider Leute machen, oder sie glauben wie der Schmied, das Glück werde kommen „wie ein Dieb in der Nacht", wenn nur der Augenblick da ist, „wieder einen kleinen Meisterschlag zu wagen". Aber dieses Glück zerplatzt „wie eine schimmernde Seifenblase im Ätherblau", und so bleibt John Kabys, dem Schmied seines Glückes, nichts anderes übrig, als „ein wackerer Nagelschmied" zu werden, „der erst in leidlicher, dann in ganzer Zufriedenheit so dahinhämmerte, als er das Glück einfacher und unverdrossener Arbeit spät kennenlernte".

Der fiktive Erzähler wendet sich nicht mehr an den Leser, führt ihn aber mit sicherer Hand und überlegenem Lächeln durch die Welt, in der der Unterschied zwischen Wesen und Erscheinung erkennbar und beherrschbar ist – daher auch der unaufdringliche didaktische Beiklang des Erzählens, daher auch der erwähnte Unterschied zwischen Heinrich als Person und Heinrich als Erzähler. Der Empfänger von *Die mißbrauchten Liebesbriefe* mehrte am Ende der Erzählung seinen Besitz „mit Fleiß und Umsicht ... so daß er ein angesehener und wohlberatener Mann wurde". So entwickelte sich aus Freunden und Nachfahren inmitten des leichtsinnigen Völkchens der Seldwyler „nach und nach eine kleine Kolonie von Gutbestehenden, welche, ohne einem heitern Lebensgenusse zu entsagen, dennoch maßhielten und gediehen". Aber in den Alltag Seldwylas ist auch das Motiv von Romeo und Julia eingeflochten. Doch wird die Tragik der Erzählung *Romeo und Julia auf dem Dorfe*, die als Perle der deutschen Novellistik gilt, durch Kellers Abneigung gedämpft, mit großen Worten zu prahlen, und ferner durch die Überzeugung, daß der Hintergrund des Todes die Werte des Lebens stärker hervorhebt. Von dieser Überzeugung ist auch sein bekanntes *Abendlied* durchdrungen. Groteske Figuren, die durch Schwärmerei oder Berechnung aus der harmonischen Naturordnung herausfallen, schafft Keller mit besonderem Vergnügen. Er ist zu „realistisch" nüchtern, um an eine ungetrübte Ordnung der Dinge zu glauben. Die Groteske sorgt in Seldwyla für ein Moment der Unruhe, das sich in der Novelle *Die drei gerechten Kammacher* bis zum Grauen verstärkt, während sie in den übrigen Novellen mildere Züge trägt. Gerade der Groteske bediente sich Keller, um in den *Sieben Legenden* (1872) durch die Sprache der christlichen Mythologie den Wert des irdischen Lebens zu verherrlichen: Die Klosterküsterin zum Beispiel, die von der Sehnsucht nach der Welt gequält wird, vertritt die Gottesmutter eine Reihe von Jahren in deren Gestalt. Als bei der Rückkehr jede Nonne der Gottesmutter eine eigenhändige Gabe bringt, zeigt die Küsterin ihre acht Söhne, die nach einhelliger Meinung aller im Kloster die „reichste Gabe" sind. Das heitere Vertrauen in die Schönheit der Liebe und der Menschlichkeit, dem die Groteske Grenzen setzt, ist Grundmerkmal sowohl der geschichtlichen *Züricher Novellen* (1878) als auch des Rahmenzyklus der „dekameronischen" Erzählungen *Das Sinngedicht* (1881). Aber bereits im Vorwort zum zweiten Band von *Die Leute von Seldwyla* nimmt es der Autor den Personen übel, daß sie Geschäftsleute geworden sind, „die überall mit bekannten und unbekannten Werten“ spekulieren, und daß sie gierig Kapital anhäufen, sich also nicht mehr von der übrigen Welt unterscheiden. Diesen gesellschaftlichen Wandel bürgerlicher Personen betrachtet der Schriftsteller ohne Verständnis in seinem letzten Werk *Martin Salander* (1886). Die Enge seines gesellschaftlichen Horizonts, seiner Welt „ehrbarer und arbeitsamer“ Kleinbürger, macht letztlich wohl die Tatsache plausibel, daß auch der hervorragendste Vertreter des deutschsprachigen Realismus die Grenzen des deutschen Sprachgebietes nicht durchbrechen konnte.

Mit den Versen „Am grauen Strand, am grauen Meer / Und seitab liegt die Stadt“ beginnt ein bekanntes Gedicht von THEODOR STORM (1817–1888) über seine Geburtsstadt an der Nordsee. *Abseits* ist auch eine seiner mehr als fünfzig Novellen betitelt, ebenso ein bekanntes Gedicht über die Heide, wo „kein Klang der aufgeregten Zeit / drang noch in diese Einsamkeit“. Abseits vom Mittelpunkt gesellschaftlichen Geschehens – so könnte man zusammengefaßt die dichterische Welt Storms charakterisieren. Durch seine Kunst der Andeutungen und Erahnungen inmitten des Alltags schafft Storm in seinen lyrischen Gedichten eine Stimmung der Schwermut und Hoffnungslosigkeit, der Unerreichbarkeit und Unhaltbarkeit menschlichen Lebensglücks. Der Mensch, so scheint es dem Dichter, „lebt für sich, in fürchterlicher Einsamkeit; ein verlorener Punkt in dem unermessenen und unverstandenen Raum.“ Dieser unermeßliche Raum ist in der Lyrik und in den Novellen oft als endloses Meeresgrau oder als eintönige Weite der Heide, das Landschaftsbild seiner Heimat, dargestellt. Wenn Storm auch häufig zusammen mit Keller genannt wird, so steht er doch in vieler Hinsicht in Gegensatz zu diesem Autor. Keller behauptete, „daß in jeder Stadt und in jedem Tale der Schweiz ein Türmchen der Seldwyler rage . . . und vielleicht da oder dort über der Grenze des lieben Vaterlandes“. Er war sorgsam darum bemüht, regionale Ausdrücke zu vermeiden. Dagegen verband Storm sein Werk im Landschaftsbild, in der Stimmung und in gewissem Maß auch in der Sprache eng mit seiner Heimat. In der ersten wichtigeren Novelle *Immensee* (1850) kommen bereits die Grundmerkmale von Storms Erzählkunst zum Ausdruck. Den Rahmen bildet die Erinnerung des gealterten Reinhard Werner an eine verfehlte Liebe, an das nicht durchlebte Leben: während er studierte, fügte sich seine Verlobte dem Willen der Mutter und heiratete einen vermögenden Freund Reinhards. Eine Reihe von Jahren später, aus Anlaß eines Besuchs von Reinhard, fühlen beide lebhaft, daß sie durch den erzwungenen Verzicht ihre Liebe nicht besiegt haben, trennen sich aber still für immer. Die Einrahmung der Haupthandlung durch die Erinnerung wiederholt sich in vielen Novellen; erst mittelbar, aus der Perspektive der Vergangenheit wird das Geschehen zugänglich; in der zeitlichen Entfernung sind die Spannungen abgemildert, ist der Schmerz unterdrückt. Dieselbe Funktion übernimmt auch das im Realismus gebräuchlich gewordene Stilmittel der indirekten Darstellung eines Seelenzustands durch einen bildhaften Ausdruck, eine Körperbewegung, den Raum oder einen Gegenstand: „So glitt sein Blick herunter und blieb auf ihrer Hand; und diese blasse Hand verriet ihm, was ihr Antlitz ihm verschwiegen hatte.

Theodor Storm *(1817–1888) im Alter von 70 Jahren.*

Er sah auf ihr jenen feinen Zug geheimen Schmerzes, der sich so gern schöner Frauenhände bemächtigt, die nachts auf krankem Herzen liegen. Als Elisabeth sein Auge auf ihrer Hand ruhen fühlte, ließ sie sie langsam über Bord ins Wasser gleiten." Durch den reduzierten sprachlichen Ausdruck, durch die Fiktion der Unaussprechlichkeit des Gefühls intensiviert Storm geradezu in paradoxer Weise die stilistische Feinfühligkeit, aber dieses Können hielt sich nicht immer in den Grenzen erträglicher Sentimentalität. Die lyrische Durchdringung des Erzählens, das sprunghafte, unverbundene Hervorkehren inneren Geschehens ist auch für die übrigen Novellen charakteristisch.

Storm verhielt sich gegenüber den Verhältnissen im Deutschen Reich Bismarckscher Prägung skeptisch, und nach 1870 dringt immer stärker die gesellschaftliche Bedingtheit des dichterischen Erlebnisses der Einsamkeit durch. In der bürgerlichen Ordnung verlieren die einzelnen das Gefühl der Sicherheit; Ruhe läßt sich nur im freiwilligen Verzicht auf einen Eingriff ins öffentliche Leben (so schon in *Abseits,* 1863) oder – allen bürgerlichen Konventionen zum Trotz – in der harmonischen Liebesehe verwirklichen (*Pole Poppenspäler*, 1875); aber auch die Idylle der Familienharmonie klingt nicht immer dichterisch überzeugend (*Viola tricolor,* 1874). Die patriarchalische bürgerliche Lebensweise zerfällt unvermeidlich (*Carsten Curator,* 1878), die gesellschaftlichen Widersprüche reichen bis tief in das private Familienmilieu hinein (*Hans und Heinz Kirch*, 1883). Eine besondere Art von Rahmen entwickelte Storm, indem er sich der Fiktion der Chronik bediente (*Aquis submersus,* 1877; *Zur Chronik von Grieshuus,* 1884). Aufgabe der

Max und Moritz: *eigenhändiger Entwurf von Wilhelm Busch (1832–1908) für die Titelseite aus dem Jahre 1864. Im Jahr darauf erschien die* Bubengeschichte in sieben Streichen *und wurde rasch ein Welterfolg.*

Geschichtlichkeit ist es, einen beklemmenden Stimmungshintergrund für den sinnlosen Kampf um die Verwirklichung persönlichen Glücks zu schaffen. Die letzte und bekannteste Novelle ist *Der Schimmelreiter* (1888). Die Hauptfigur, ein kühner Deichbauer, stößt im Kampf um gesellschaftliche Anerkennung heftig mit der Umwelt und den Naturgewalten zusammen. Den vorläufigen Sieg über die unausrottbare Rückständigkeit des Milieus und über die Urgewalten der Natur zahlt er schließlich mit seinem Leben und mit dem seiner Familie.

Diametral entgegengesetzt ist die Art und Weise, in der WILHELM BUSCH (1832–1908) den kleinbürgerlichen und bäuerlichen Alltag darstellt. In Wort und Zeichnung (in den sogenannten Erzählungen in Bildern) setzt er seine Figuren dem Spott aus. Das Bilderbuch *Max und Moritz* (1865) wurde innerhalb von kurzer Zeit zu einem Welterfolg. Die Zeichnung ist gewöhnlich von einem Zweizeiler begleitet, einer Art „Volks"-Verspaar in Viertaktern. Die komische Wirkung erzielt Busch einerseits durch den Widerspruch zwischen der Vielfalt stilistischer Verfahren und bewußt banalem Sinn, andererseits durch die spezifische Einheit von Karikatur und begleitendem Vers. Die Komik geht in seltenen Fällen ins Groteske über, wenn der Widerspruch „das menschliche Maß übersteigt" und die bedrückten Verhältnisse der entfremdeten, rohen Welt aufgreift. Aber die Erzählungen in Bildern bleiben zum größten Teil auf der Ebene überlegenen Lachens über die Unverbesserlichkeit der Menschen, „die einander stoßen, schlagen, betrügen und vernichten. Gelegentlich schließen sich die Augenblicksbilder zu kurzen Folgen zusammen, indem der Betrüger von eben zum jetzt Betrogenen wird" (Wolfgang Kayser). Busch schrieb auch Gedichte ohne

Bilder, aber der Grundton ist immer derselbe; mit Vergnügen zerreißt er die Maske von Verlogenheit und Betrug: „Die Selbstkritik hat viel für sich. / Gesetzt den Fall, ich tadle mich, / So hab ich erstens den Gewinn, / Daß ich so hübsch bescheiden bin; / Zum zweiten denken sich die Leut, / Der Mann ist lauter Redlichkeit; / Auch schnapp ich drittens diesen Bissen / Vorweg den andern Kritikküssen; / Und viertens hoff ich außerdem / Auf Widerspruch, der mir genehm. / So kommt es denn zuletzt heraus, / Daß ich ein ganz famoses Haus." In den Bilderbüchern für Erwachsene *Die fromme Helene* (1872) und der Trilogie von der Familie Knopp (*Abenteuer eines Junggesellen,* 1875; *Herr und Frau Knopp,* 1876; *Julchen,* 1877) karikiert Busch jene Gemeinschaft, die einigen zeitgenössischen Schriftstellern noch der einzige rettende Hafen zu sein schien: das Familien- und Eheleben. Unter dem heuchlerischen Trugbild der Sittlichkeit finden Buschs kleinbürgerliche Typen ihren Lebenssinn in der Befriedigung der Geschlechtstriebe und des Bedürfnisses nach reichlichem Essen und Trinken. Das verzerrte Wertverständnis ist hervorragend in der Sentenz am Ende des Bilderbuchs zusammengefaßt: „Das Gute, dieser Satz steht fest / Ist stets das Böse, das man läßt." Mit Satiren auf das Pharisäertum und die geheuchelte Frömmigkeit (den Bild-Erzählungen *Der Heilige Antonius von Padua,* 1870, und *Pater Filucius,* 1872) beteiligte sich Busch auf seine Weise am Kulturkampf, d. h. der Auseinandersetzung zwischen preußischem Staat und katholischer Kirche. In der ausgesprochen grotesken Erzählung *Eduards Traum* (1891) greift eine Reihe absurdphantastischer Ereignisse in die Zeitproblematik auf eine Weise ein, die bereits den Surrealismus andeutet. Die Einleitung zum letzten Prosawerk *Der Schmetterling* (1895) atmet dagegen den verbreiteten Geist stiller Resignation: „Die Kinder, in ihrer Einfalt, fragen immer und immer: Warum? Der Verständige tut das nicht mehr; denn jedes Warum, das weiß er längst, ist nur der Zipfel eines Fadens, der in den dicken Knäuel der Unendlichkeit ausläuft, mit dem keiner recht fertig wird, er mag wickeln und haspeln, so viel er nur will."

Wilhelm Raabe (1831–1910) widmete sein ganzes Leben ausschließlich der literarischen Arbeit und veröffentlichte rund sechzig Werke – Romane und längere Erzählungen – von unterschiedlichem Wert. Die Leser gewann er mit seinem ersten Werk *Die Chronik der Sperlingsgasse* (1857), das die Grundmerkmale seiner späteren Erzählkunst andeutet. Im festen zeitlichen Rahmen von einigen Monaten schreibt der Erzähler Wachholder seine Erinnerungen auf; das unmittelbare Geschehen in einer Berliner Vorstadtstraße verflechtet sich geschickt mit den Ereignissen aus dem Leben von drei Generationen, und diese Erzählperspektive wird durch die Perspektive einzelner Personen ergänzt. Schon hier ist auch der ideologische Standort Raabes deutlich: auf der Seite der armen Schichten und der liberalen Intelliganz tritt er für die Ideale der Französischen Revolution ein. Ein bedeutender Erfolg war auch sein Roman *Der Hungerpastor* (1864). Diese beiden Werke blieben bis heute am bekanntesten. Die folgenden Veröffentlichungen erreichten nur einen engeren Leserkreis, zum Teil wegen der immer stärker zum Ausdruck kommenden Neigung Raabes, historisch Bedeutsames durch Zitate und Anspielungen hervorzuheben (wodurch er seinen Lesern gegenüber Bildungsschranken errichtete), zum Teil auch wegen der immer schärferen

Wilhelm Raabe *(1831–1910) blieb vor allem durch* Die Chronik der Sperlingsgasse, *sein literarisches Debüt aus dem Jahr 1857, und durch den Roman* Der Hungerpastor *(1864) bekannt.*

Kritik an der Gesellschaft und ihren Bildungstraditionen. In dem Roman *Abu Telfan* (1867) wird mit schonungsloser Ironie das Leben in einer recht kleinen Residenzstadt dargestellt, in der Hagebucher, einem Heimkehrer aus Afrika, die menschlichen Beziehungen genauso brutal erscheinen wie bei den primitiven Stämmen des afrikanischen Dschungels. Aber in dem engherzigen und heuchlerischen Milieu vertraut Raabe auf den einzelnen, der „ein kleines Reich gegen eine ganze wilde Welt verteidigt". Der Phantast Hagebucher schwärmt umsonst von der „Kraft, Macht und Herrlichkeit des Menschentums" – das kleine Reich des freien Menschen ist erst außerhalb des bürgerlichen Alltags zu verwirklichen, in der Einsamkeit oder im Tod. – In einer Welt, in der „die Canaille Herr ist und Herr bleibt", verwandelt sich *Der Schüdderump* (1870) zum Symbol eines Lebens, das gnadenlos alles zermalmt, was anmutig und schön ist. – In einer Reihe von Werken, die er bis 1870 schrieb, sucht Raabe noch nach seiner literarischen Handschrift – die Personen sind oft scharf abgegrenzt, und die Botschaft ist durch eine symbolische Bedeutung überlastet. Im Unterschied zu seinem ersten Roman verändert er in diesen Texten die Technik des linearen Handlungsverlaufs und führt einen allwissenden Erzähler ein, der den Leser mit viel Humor durch das chaotische Wirrwarr der Ereignisse führt: „Nun wird uns aber unsere Geschichte selber fast zu bunt und sozusagen zu einer auf uns einstürzenden Wand. Die vielfarbigen Mauerstücke poltern über uns her, und fast vergebens arbeiten wir keuchend und lehnen uns mit Buckel und Ellenbogen an, um nicht unter dem flimmernden Schutt begraben zu werden."

In den Werken nach 1870 verringerte Raabe die Zahl der Personen und rahmte die Handlung streng in Raum und Zeit ein. So umfaßt etwa die Handlung der historischen Erzählung *Das Odfeld* (1889) 24 Stunden vor, während und nach der Schlacht auf dem Feld, aber durch eingewebte Assoziationen zieht sie sich über ein Jahr hin und verleiht der Geschichtlichkeit eine symbolische Dimension: die Beschreibung eines Tages soll „den Lauf der Welt" repräsentieren. Die Darstellung der Welt als chaotisches Geschehen ist bei Raabe bewußt und sorgfältig ausgearbeitet: in die präzis begrenzte zeitliche und räumliche Grundlage ist eine Fülle von Verzögerungen des Handlungsablaufs, Scheinverwirrungen, Anspielungen, Zitaten usw. eingewebt. – Der Autor kehrt in den späten Romanen (*Alte Nester,* 1880; *Stopfkuchen,* 1891; *Die Akten des Vogelsangs,* 1896, u. a.) zur Person des Ich-Erzählers zurück. In den *Akten des Vogelsangs* ist dies ein im Grunde typischer Kleinbürger, den die Sorge um seine Familie und der Wunsch nach gesellschaftlichem Ansehen voll in Anspruch nehmen; er erzählt vom Schicksal eines Freundes, einer sonderbaren Persönlichkeit, die bürgerliche Verhaltensnormen verachtet. Von dessen unbürgerlicher Denk- und Lebensweise ist der Erzähler angezogen, aber auch tief beunruhigt; unbewußt hofft er, durch die Aufzeichnungen das ins Wanken geratene Gefühl der Sicherheit wiederzufinden. Ist er auch der Hauptfigur nicht gewachsen, so charakterisiert er sie doch ausgezeichnet, indem er seinen „Akten" nach Bedarf Schriften, Briefe und Beichten anderer Teilnehmer der Ereignisse beifügt, so daß der Leser die Hauptperson aus einer viel komplexeren Perspektive als bloß der des Erzählers kennenlernt. Durch die Technik der Erinnerung sind, im Unterschied zu Storm, die gesellschaftlichen Widersprüche stärker hervorgehoben, und der Humor ist, im Unterschied zu Keller, mit Bitterkeit getränkt. – In Raabes Welt lassen sich humane Werte nur außerhalb der Gemeinschaft realisieren, was zum Verzicht individueller Beteiligung am gesellschaftlichen Leben führt. Mit der Vielfalt der Erzählperspektive, mit dem virtuosen Verflechten zeitlicher Strukturen in der Handlung und vor allem mit der Darstellung des Zerfalls des bürgerlichen Bewußtseins überbrückte Raabe zum Teil die deutliche Grenzlinie, die in der deutschen Literatur den Realismus von neueren Literaturströmungen trennt.

Das Werk Theodor Fontanes (1819–1898) hat ausgesprochenen Übergangscharakter in seinen literarischen Merkmalen wie auch im Hinblick auf die Entstehungszeit. Die literarische Tätigkeit begann er mit Balladen und Reisebeschreibungen über England, wo er sich längere Zeit als Zeitungskorrespondent aufhielt, und über die Mark Brandenburg. Seinen ersten Roman, der die Zeit unmittelbar vor den preußischen Befreiungskriegen gegen Napoleon thematisiert (*Vor dem Sturm,* 1878), schrieb er erst in späten Jahren; ihm folgten noch zehn weitere. Schon der erste Roman bricht mit der Tradition des Entwicklungsromans, der den Lebensweg einer Person in den Mittelpunkt der Handlung stellt; auf diese Weise führt er trotz der geschichtlichen Verkleidung die moderne Form des Gesellschaftsromans in die deutsche Literatur ein, führt Berlin ein, wie Balzac Paris und Dickens London eingeführt hatten. – Die vornehme Berliner Gesellschaft wird in dem Roman *L'Adultera* (1882) zum Hauptthema. Auch wenn die Vorgeschichte der Personen noch breit erzählt wird, ist hier bereits ein Grundmuster des

Theodor Fontane *(1819–1898): die Aufnahme entstand um 1890. Kurz zuvor hatte Fontane viele Leser mit seinem Roman* Irrungen, Wirrungen *(1888) schockiert: Anstoß erregte insbesondere die von Fontane hervorgehobene moralische Überlegenheit plebejischer Personen über Vertreter der herrschenden Gesellschaftsschicht.*

Gesellschaftsromans angelegt: Die Darstellung der Handlung weicht vor den Unterhaltungszenen zurück, die der Schriftsteller mit immer größerem Können gestaltet. Die Öffentlichkeit, mit Ausnahme naturalistischer Kreise, lehnte das Werk als eine Verletzung der Moral ab. Das hinderte den Autor nicht, mit *Irrungen, Wirrungen* (1888) die Gemüter noch stärker durch die Darstellung der menschlichen und moralischen Überlegenheit plebejischer Personen über Personen der herrschenden Gesellschaftsschicht zu erregen. „Es gibt viele Maßstäbe für die Menschen, und einer der besten und sichersten ist, wie sie sich zu Liebesverhältnissen stellen", wird er später in dem Roman *Unwiederbringlich* (1891) sagen. Fontanes Gesellschaftskritik geht im wesentlichen von dieser Grundlage aus. Die Bürgerin Lene in *Irrungen, Wirrungen* weiß von Anfang an, daß ihr Idyll mit dem preußischen Offizier trotz des beiderseitigen und tiefen Gefühls in den Augen der Umgebung eine freie Liebes„beziehung" bleiben wird, und sie findet sich nur schmerzhaft mit der unausweichlichen Pflicht des Offiziers ab, eine Ehe innerhalb seiner Klasse zu schließen. In einem Brief an seinen Sohn kommentierte Fontane das Thema dieses Werks: „Wir stehen bis über die Ohren in allerhand konventioneller Lüge und sollten uns schämen über die Heuchelei, die wir treiben, über das falsche Spiel, das wir spielen."

Der Roman *Frau Jenny Treibel* (1892) fand ungeteilte Sympathie bei den Lesern und der Kritik. Mit Geist und Ironie wird die finanzkräftige Bourgeoisie der Bismarckzeit dargestellt. Die Handlung ist reduziert und „szenisch" strukturiert: es herrschen Unterhaltungssituationen – Besuche, feierliche Empfänge und gemeinsame Ausflüge – vor. Der fiktive Erzähler tritt immer mehr zurück. Das erzählerische Können wird in der nuancierten Art und Weise sichtbar, mit der die Personen an der allgemeinen Konversation teilnehmen. Das vielfältige Überkreuzen verschiedener Perspektiven schließt eindeutig wertende Betonungen aus; die Vielfalt der Standpunkte unterstreicht die Komplexität der Personen. „Das herrlichste, was wir haben, ist doch die Sprache", lautet eine der in den Romanen reich verstreuten Sentenzen, und gerade durch das Sprechen weist der Autor paradoxerweise auf die Unaussprechbarkeit des Menschlichen hin. – In welchem Maße die „konventionelle Lüge" das Menschliche im Menschen einengt und erstickt, zeigt Fontanes wohl bekanntester Roman *Effi Briest* (1895), die erschütternde, doch unsentimental erzählte Geschichte von den gesellschaftlichen Wurzeln der Tragödie einer jungen Frau – durchschnittlich, aber „lieb" und voller Lebensfreude. Die Liebesverirrung von kurzer Dauer, zu der sie zu einem guten Teil die Leere der Ehe und des gesellschaftlichen Lebens trieb, entdeckt ihr Mann durch Zufall viele Jahre später. Unter dem Druck grausamer gesellschaftlicher Normen, und nicht, wie er selbst gesteht, aus dem Gefühl „von Haß oder gar von Durst nach Rache" tötet er im Duell den Liebhaber und zerstört dadurch ihrer beider Glück. Die gesellschaftliche „Moral" findet darin Genugtuung, jede Verbindung der jungen Frau mit dem Kind, mit den Eltern, mit Bekannten zu verhindern. Die Haltung zur unmittelbaren Wirklichkeit seiner Zeit brachte Fontane unumwunden in privaten Briefen zum Ausdruck: „Mein Haß gegen alles, was die neue Welt aufhält, ist in einem beständigen Wachsen, und die Möglichkeit, ja die Wahrscheinlichkeit, daß dem Siege des Neuen eine furchtbare Schlacht voraufgehen muß, kann mich nicht abhalten, diesen Sieg des Neuen zu wünschen. Unsinn und Lüge drücken zu schwer, viel schwerer als die leibliche Not." Diese Haltung hat erst in Fontanes letztem Roman, *Der Stechlin* (1899), literarische Gestalt gewonnen. Auch wenn das „Neue" hier nicht präzisiert wird, so zeichnet sich die Mehrzahl der Personen, unabhängig von ihrem sozialen Status, durch Offenheit gegenüber den Entwicklungstendenzen der Gesellschaft aus, während konservative und unbeständige einzelne in deutlichem Kontrast dazu stehen. Im Unterschied zu den anderen deutschen Realisten, bei denen sich menschliche Werte nur „abseits" von der Gemeinschaft realisieren lassen, faßt in dem Schlüsselkapitel des Romans eine Person den Grundgedanken so zusammen: „Sich abschließen, heißt sich einmauern, und sich einmauern ist Tod." Ungeachtet des spezifisch preußischen gesellschaftlichen Hintergrunds, auf dem der Roman geschrieben wurde, greift Fontanes Frage: Wie soll sich der einzelne als Mitglied der menschlichen Gemeinschaft gesellschaftlich, ja politisch verhalten? über den zeitlichen Rahmen hinaus, in dem das Werk entstanden ist.

11. Naturalismus und Anfänge des Ästhetizismus

Ein Kritiker hat zu Beginn unseres Jahrhunderts behauptet, mit dem Naturalismus habe die moderne deutsche Literatur begonnen. Die Bezeichnung „Moderne“, beliebt in den letzten zwei Jahrzehnten des vergangenen Jahrhunderts, war damals noch nicht strittig. Heute, wo wir uns der Hundertjahrfeier der „modernen“ Literatur nähern, wissen wir, daß der Modernismus viele Veränderungen durchlebt hat und daß dieses Wort nichts mehr über die spezifischen Entwicklungsphasen der Literatur vom Naturalismus bis heute aussagt. Aber dennoch ist eine bestimmte Kontinuität in dieser Epoche unstrittig: der Naturalismus und die anderen Strömungen am Ende des Jahrhunderts schufen einen Durchbruch hin zu neuen literarischen Kategorien, einen Durchbruch, ohne den man sich die Besonderheiten der zeitgenössischen Literatur nicht vorstellen kann. Namentlich für die deutsche Literatur gilt es zu betonen, daß die Vorstellungen von Beschaffenheit und Funktion der neuen Literatur, d. h. die Bestrebungen, die sich in den Werken und künstlerischen Programmen der Naturalisten ausdrückten, in erheblichem Maße unmittelbar durch umfassende gesellschaftliche Veränderungen bedingt waren. Das, was die Zeitgenossen moderne Literatur benannten, ist eine eigentümliche Antwort auf die Verhältnisse, die in den ersten Jahrzehnten des vereinten Deutschlands, nach dem Jahre 1871, geschaffen wurden. Während die deutsche Literatur nach der Romantik immer mehr ein regionales Gepräge erkennen ließ, besonders in der Epoche des Realismus, gewann das kulturelle Leben im Zweiten Reich neue Züge im Prozeß der Zentralisierung, die durch das stetige Wachsen der Städte im Zuge der wirtschaftlichen Akkumulierung und der Entwicklung der Industrie zustande kam. Dieser Vorgang, der in seiner Expansion einzigartig in der neueren europäischen Geschichte war, reihte das wirtschaftlich relativ zurückgebliebene Deutschland im Zeitraum von dreißig Jahren unter die ökonomischen und politischen Weltmächte ein. Ein anschauliches Beispiel bietet das Wachsen Berlins, das um die Mitte des Jahrhunderts etwa 400000 Einwohner hatte; sechzig Jahre später, vor dem Ersten Weltkrieg, zählte es zehnmal mehr, rund 4 Millionen. Es versteht sich, daß in diesem Prozeß auch die Klassenstruktur einer deutlichen Veränderung unterworfen war. Das starke Anwachsen der Industriearbeiterschaft äußerte sich auch politisch: der konservativ organisierte Staat mit erheblichen Relikten des Feudalismus erlebte einen gewaltigen Aufschwung der Arbeiterbewegung. Nach der Bismarckzeit, in der von 1878 bis 1890 Vereine oder Parteien mit sozialistischem Programm verboten waren, begann seit den neunziger Jahren die Sozialdemokratische Partei so schnell zu wachsen, daß sie im Zeitraum von nur zwei Jahrzehnten einer der stärksten politischen Faktoren wurde. Da die administrative Macht noch überwiegend in den Händen der Grundbesitzer- und Beamtenschicht verblieb, konnte sich im öffentlichen Leben bis zum Zusammenbruch des Kaiserreichs eine Eigenschaft der Kastengesellschaft erhalten – das überhebliche Klassenverhalten von Beamten und Offizieren, ein

Ausdruck tief verwurzelter Vorurteile. Für die kritische Literatur und die Publizistik waren diese Erscheinungen ein ständiges Ziel der Satire.

In den letzten zwei Jahrzehnten des 19. Jahrhunderts wird die deutsche Literatur soziologisch gesehen weitgehend zur Großstadtliteratur. Die Verfechter eines konservativen Provinzialismus, die sich um 1900 bemühten, diesem Prozeß ideologisch entgegenzuwirken, indem sie für die Rückkehr auf die „heimatliche Scholle" eintraten, die sogenannte Heimatkunst, blieben ohne größere künstlerische Bedeutung. Literarische und allgemein kulturelle Mittelpunkte sind die Städte Berlin, München und in gewissem Maße auch Leipzig, mit seiner reichen kulturellen Tradition, später auch Frankfurt am Main. In diesen Städten meldeten sich Zeitschriften und literarische Gruppen zu Wort, Vertreter verhältnismäßig einheitlicher Ansichten über die Tendenzen der literarischen Entwicklung. Organ der süddeutschen Gruppe war die Zeitschrift „Die Gesellschaft" (1885–1902) des Münchner Publizisten und Romanciers Michael Georg Conrad, der seine Zeitschrift als kritische Tribüne für die moderne Literatur und die Probleme des damaligen gesellschaftlichen Lebens betrachtete, wobei er die gemäßigt reformistischen Auffassungen des liberalen Bürgertums vertrat. Die Polemik zielte auf den Konservativismus im öffentlichen Leben und war besonders gegen die Sentimentalität und den seichten Moralismus in den literarischen Beiträgen der sogenannten Familienzeitschriften gerichtet. Ganz allgemein forderten die deutschen Naturalisten (bzw. „Realisten", wie sie sich in ihrer Mehrheit nannten) eine Literatur, durchdrungen von der „Wahrheit" über die gesellschaftliche Wirklichkeit, d. h. eine vertiefte Darstellung der zeitgenössischen gesellschaftlichen „Totalität". Sie vertraten damit Maßstäbe, an denen sich auch die neueren Strömungen der französischen, russischen und skandinavischen Literatur orientierten. Ibsen, Zola und Tolstoj sind die Namen, die man am häufigsten auf den Seiten von Manifesten und Kritiken findet. Von ihnen ist Ibsen, der viele Jahre in Deutschland lebte und hier seine reifsten Werke schuf, eng mit der Entwicklung des deutschen naturalistischen Theaters verknüpft.

In den neunziger Jahren begann der Einfluß von Conrads Zeitschrift schwächer zu werden: ihrem Ansehen schadeten die ungerechtfertigten Angriffe auf die Berliner Gruppe naturalistischer Schriftsteller, zu der die Brüder Heinrich und Julius Hart, die ersten Verfechter eines neuen „Realismus", gehörten, aber auch Arno Holz und Johannes Schlaf, Gerhart Hauptmann, der Erzähler Hermann Conradi und der Kritiker und Naturforscher Wilhelm Bölsche. Es ist unbestritten, daß sich hier bedeutende Talente zusammengefunden hatten und daß Berlin sehr schnell eine Führungsrolle zufiel. Die Initiative für das Theaterleben ergriff die künstlerische Vereinigung „Freie Bühne", gegründet 1889 nach dem Vorbild von Antoines Pariser „Théatre libre", mit dem Ziel, die Aufführung zeitgenössischer, in- und ausländischer Dramen zu ermöglichen, vor allem jener Werke, die wegen ihres Inhalts unerwünscht waren und deren Aufführung von den Behörden nicht freigegeben wurde. Diesen Maßnahmen kam die „Freie Bühne" durch ihre geschlossenen, privaten Aufführungen für Mitglieder zuvor, in denen Ibsen, Hauptmann und andere zeitgenössische Dramatiker aufgeführt wurden. Unter der künstlerischen Leitung von Otto Brahm, den man den deutschen Stanislavskij nennen könnte, bedeuten die naturalistischen Inszenierungen den Auftakt zur großen Bühnenkunst Berlins, zur Epoche Max Reinhardts, des expressionistischen Theaters und – später – Brechts. Unter den Gründern der Vereinigung war auch der Verleger Samuel Fischer, der sich durch die Herausgabe junger Schriftsteller (Thomas Manns, Hauptmanns, Schnitzlers, Hofmannsthals, Döblins und vieler anderer) außerordentlich große Verdienste erwarb. In seinem Verlag erschien (und erscheint auch heute) die Zeitschrift, die sich ursprünglich „Freie Bühne für modernes Leben" (1890) nannte, gedacht als Organ des Kreises um die „Freie Bühne". Später wurde sie als „Neue Rundschau" eine der angesehensten literarischen Zeitschriften des deutschen Sprachgebiets.

Die Naturalisten bezeichneten die beliebte Belletristik bürgerlicher Kreise – Autoren historischer Romane und Erzähler vom Schlage Paul Heyses – als Verkörperung der literarischen Lüge. Sie forderten von der Kunst Lebensnähe, eine komplexe Darstellung des Lebens, ohne Idealisierungen und ohne die konventionellen Rücksichtnahmen auf die Gewohnheiten des Lesepublikums. Zola folgend, proklamierten die Kritiker die Literatur zu einer Art wissenschaftlicher Tätigkeit, oder doch immerhin zu einer Form des Schaffens, die – wenn sie mit ihrer Zeit und den neuen Erkenntnissen über Natur und Gesellschaft Schritt halten will – undenkbar sei ohne die Pflichten, die die moderne Wissenschaft der Literatur auferlegt, insbesondere die Psychologie, die Soziologie und die Naturwissenschaften. Symptomatisch dafür ist der Titel eines Artikels von Wilhelm Bölsche: *Charles Darwin und die moderne Ästhetik*. Die Schrift *Die naturwissenschaftlichen Grundlagen der Poesie* (1887) desselben Autors geht von der Behauptung aus, daß die Grundvoraussetzungen zeitgenössischer Erkenntnis und des Denkens überhaupt in den Naturwissenschaften liegen und daß schon deshalb für Metaphysik in der Literatur kein Platz sei. Die Wirklichkeit des literarischen Werkes könne nicht etwas anderes sein als die durch empirische Befunde gegebene Realität. Das war eine Auffassung, die Flauberts Prophezeiung entsprach: die Kunst von morgen werde unpersönlich und wissenschaftlich sein. Doch dem vulgarisierten Empirismus der Mehrheit unter den Naturalisten war entgangen, daß die künstlerische Literatur in der Rolle eines Wissenschaftsersatzes kaum Sinn hat und Literatur im übrigen wissenschaftliche Ansprüche ohnehin nicht zu befriedigen vermag. Der Kritiker Conrad Alberti, einer der Mitarbeiter der Zeitschrift „Die Gesellschaft", befand sich, wie leicht nachzuweisen ist, im Irrtum, als er in seinen *Zwölf Artikeln des Realismus* (1889) behauptete, die Naturgesetze, die alles mechanische Geschehen in der physikalischen Welt regierten, gälten auch für alle geistigen Erscheinungen und deshalb habe sich auch die Kunst den Gesetzen der mechanischen Natur unterzuordnen. Es genügt nur, daran zu erinnern, daß es in der künstlerischen Struktur keine Zufälle gibt und schon deswegen die künstlerischen „Gesetze" anderer Art sind.

Nach der Theorie der deutschen Naturalisten erstreckt sich die konsequent angewendete Mimesis in der Kunst, die dem Kausalitätsprinzip empirischer Tatsachen untergeordnet ist, folgerichtig auf alle dargestellten Erscheinungen. Demnach ist der Naturalismus nicht durch ein einseitiges Interesse an bestimmten Stoffen, z. B. an Erscheinungen von physischem oder moralischem Verfall, festgelegt und weist die populären Vorstellungen von der einseitigen naturalistischen Vorliebe für das Abstoßende und Häßliche als Mißverständnisse zurück. Die Naturalisten strebten ein umfassendes Bild des Lebens an, wobei sie jenen Seiten, die vorher zumeist verborgen blieben, weil sie ästhetisch oder ideologisch unerwünscht waren, nicht mehr aus dem Wege gingen. Nach den Worten von Arno Holz ist der Naturalismus eine Methode, also eine Art der Darstellung, und nicht eine Stoffwahl. Die Zeitgenossen fühlten sich gleichwohl von der Thematik der Naturalisten herausgefordert und manchmal auch beunruhigt – von deren unkonventionellem Verhältnis zu den Erscheinungsformen der Armut, der Krankheit und der menschlichen Verirrungen. Die Literarisierung einst tabuisierter Lebensbereiche spiegelte sich am stärksten in den damaligen Auseinandersetzungen als ausgesprochen aktueller Impuls des Naturalismus. Manche künstlerische Verfahrensweisen, die aus den neuen Tendenzen sich ergaben, sind auch über ihre unmittelbare Aktualität hinaus bedeutsam. Einige sind bis heute wirksam geblieben.

Der Naturalismus war in Deutschland nur von kurzer Dauer (und in Österreich konnte er kaum Fuß fassen). Man kann sagen, daß der doktrinäre, extreme Naturalismus – ein ästhetisch unfruchtbarer Versuch, dem bald auch seine Vorkämpfer den Rücken kehrten – erheblich mehr Skepsis als Begeisterung weckte. Das bürgerliche Theater- und Lesepublikum, das solchen Experimenten abgeneigt war, die nicht nur eine Revision gesellschaftlicher Vorurteile, sondern auch eine ästhetische Umorientierung erforderten, leistete auf verschiedene Art und Weise, vom Boykott bis zum Skandal, Widerstand. Einwände gab es auch von Seiten der politischen Linken. Symptomatisch dafür ist das Urteil von FRANZ MEHRING (1846–1919), des bekannten marxistischen Kritikers und Autors der *Lessing-Legende* (1892): der Naturalismus sei auf halbem Wege stehengeblieben, da er nur das Elend von heute, aber nicht die Hoffnung von morgen sehe. Der Blick in die Zukunft war dem Naturalismus freilich ganz fremd. Seine eigentliche Stärke bestand in der Gestaltung von Situationen, in der Intensität der „Atmosphäre", in der Suggestion, die von der dichten Vergegenwärtigung einer – wenn auch fiktiven – Wirklichkeit ausging. Deshalb war die Domäne des Naturalismus das Theater, das auf der Bühne realisierte Drama. In seiner kurzen Blüteperiode, um das Jahr 1890, ist der deutsche Naturalismus in erster Linie ein Naturalismus des Dramas.

Seine künstlerische Bedeutung ist das Verdienst von GERHART HAUPTMANN (1862–1946). Ein Zeugnis von den Entwicklungswegen des Künstlers gibt seine Autobiographie *Das Abenteuer meiner Jugend* (1937): über die Kindheit in der bürgerlichen Familie und die ersten Eindrücke von Menschen und Landschaften Schlesiens (mit denen er das ganze Leben über verbunden blieb), über sein Schwanken zwischen der bildenden Kunst und der Literatur und über seine Begegnung mit den Verfechtern des Naturalismus im Berlin der achtziger Jahre. Rasch bekannt wurde Hauptmann nach der Uraufführung seines dramatischen Erstlings, *Vor Sonnenaufgang* (1889), der im gleichen Jahr wie eines der wichtigsten Werke des europaischen Naturalismus, Strindbergs *Fräulein Julie*, aufgeführt wurde. Hauptmanns „soziales Drama", wie es vom Autor genannt wurde,

Verein Freie Bühne.

Sonntag, den 20. October 1889.

Vor Sonnenaufgang.

Soziales Drama in fünf Aufzügen von Gerhart Hauptmann.

Krause, Bauerngutsbesitzer . . . Hans Pagay.
Frau Krause, seine zweite Frau . . . Louise von Pöllnitz.
Helene, Krause's Tochter erster Ehe . . . Elsa Lehmann.
Hoffmann, Ingenieur, verheirathet mit Krause's anderer Tochter erster Ehe . . . Gustav Kadelburg.
Wilhelm Kahl, Neffe der Frau Krause . . . Carl Stallmann.
Frau Spiller, Gesellschafterin bei Frau Krause . . . Ida Stägemann.
Alfred Loth . . . Theodor Brandt.
Dr. Schimmelpfennig . . . Franz Guthery.
Beibst, Arbeitsmann auf Krause's Gut . . . Paul Pauly.
Guste, Liese, Marie, Mägde auf Krause's Gut . . . Sophie Berg. Clara Hayn. Antonie Ziegler.
Baer, genannt Hopslabaer . . . Ferdinand Meyer.
Eduard, Hoffmann's Diener . . . Edmund Schmasow.
Miele, Hausmädchen bei Frau Krause . . . Helene Schüle.
Die Kutschenfrau . . . Marie Gundra.
Golisch, genannt Gosch, Kuhjunge . . . Georg Baselt.

Ort der Handlung: ein Dorf in Schlesien.

Regie: Hans Meery.

Nach dem ersten Akt findet eine Pause statt.

Gerhart Hauptmann, Vor Sonnenaufgang: *Theaterzettel der Berliner Uraufführung, die am 20. Oktober 1889 stattfand und nach übereinstimmenden Berichten vom rasenden Tumult der Zuschauer unterbrochen wurde. Mit diesem Theaterskandal „begann die Bühnengeschichte des deutschen Naturalismus" (Georg Hensel).*

verursachte einen lärmenden Skandal wegen seiner ungewöhnlichen, neuen Züge und seiner Thematik – der Darstellung vom physischen und moralischen Verfall der Familie eines kapitalistischen Neureichen auf dem Lande. Auch wenn dieses Werk beträchtliche künstlerische Schwächen aufweist, besonders wegen der Neigung des Autors, seinen Figuren alles anzuvertrauen, was er über die Zustände in der Gegenwart zu sagen hatte, ist seine dramatische Wirkung doch unbestreitbar: die Figuren wirken individuell, die Sprache (mit mundartlichen Partien) ist Träger gesellschaftlicher Charakterisierung, das szenische Geschehen ist reich an innerer Spannung. Hauptmanns Fertigkeit – in der er ein Schüler Ibsens war –, mit einem Minimum an szenischer Handlung ein Maximum an dramatischer Intensität zu erreichen, wird noch stärker offenbar in den anderen Werken seiner frühen naturalistischen Phase, in den Dramen *Das Friedensfest* (1890), *Einsame Menschen* (1891), *Die Weber* (1892) und *Der Biberpelz* (1893). Hauptmann ist ein Meister der individuellen Charakterisierung mit Hilfe unauffälliger Mittel, ein Schöpfer einprägsamer menschlicher Gestalten, vor allem einfacher, „kleiner" Leute, die in ihrem Leben unterdrückt und benachteiligt erscheinen. Den Schicksalen dieser Figuren vermochte er symbolische und zugleich zeittypische Bedeutung zu verleihen. Wärme und Unmittelbarkeit äußern sich auch dort, wo das Drama in Mosaiktechnik kollektive Vorgänge darstellt, wie in den *Webern,* dem Drama über einen der schlesischen Weberaufstände, einem Werk, das als Musterbeispiel für die Dramaturgie des Kollektivs bleibende Spuren in der Geschichte des Dramas hinterließ. Als Satiriker, immer eher Psychologe als Karikaturist, ergriff er das Wort in der geistvollen Komödie *Der Biberpelz*, in der die Figur der schlauen Waschfrau dominiert, die zwar Diebereien und Betrug nicht abgeneigt, aber dennoch unwiderstehlich sympathisch ist. Das Verhalten einer solchen „Heldin“ demonstriert die Relativität moralischer Konventionen in einer Gesellschaft, die ihrer Struktur nach unvernünftig, ja amoralisch war. Der Autor nimmt hier Elemente von Brechts Dramatik der gesellschaftlichen Widersprüche vorweg.

Ein Teil des bürgerlichen Publikums atmete auf, als 1896 das „deutsche dramatische Märchen“ *Die versunkene Glocke* aufgeführt wurde. Hauptmann wandte sich von den naturalistischen Grundsätzen ab und dem philosophischen Drama (in Versen!) mit Elementen der Volksmythologie zu, außerdem alten Mythen sowie der Philosophie Nietzsches; in das Ganze knüpfte er in einem dekorativen Stil die Fabel vom Künstler, den die Zweifel am Sinn seines Werkes zerbrechen. Dieses Drama, einst ein gewaltiger Erfolg und heute so gut wie vergessen, vertritt beispielhaft die „neuromantische“ Orientierung des Autors, der, zunehmend ein Eklektiker, bis zu seinem Ende ein unruhig Irrender zwischen Stilen und Stoffen geblieben ist. Doch gibt es auch den Versuch einer eigentümlichen Synthese: in einigen Werken vereinigen sich die naturalistischen Verfahren mit phantasievollen Märchenmotiven, z. B. in dem Schauspiel *Und Pippa tanzt* (1906). Das Publikum, das dieses neuromantische Theater begrüßte, in der Hoffnung, daß der naturalistische Dichter des Elends und des Unrechts in der Welt sich endgültig für eine idealistische Thematik entschieden hatte, mußte sich damit abfinden, daß die naturalistische Konzeption niemals aufgehört hatte, ihn zu interessieren. Mehr noch, auch nach der ersten neuromantischen Phase bedeuten seine wichtigsten Schöpfungen nun eine Rückkehr zum Stil der frühen Werke: die Dramen *Fuhrmann Henschel* (1898), *Der rote Hahn* (1901), *Rose Bernd* (1903) und – neben den *Webern* der Gipfelpunkt seines Bühnenschaffens – *Die Ratten* (1911). Die unheimliche Stimmung, die eine Mietskaserne in Berlin beherrscht, bildet den Rahmen, in dem die dramatischen Motive der Handlung abrupt aufeinanderfolgen und sich gegenseitig ergänzen: Das elementare Streben nach Mutterschaft, das vor nichts zurückschreckt, wird auf tragikomische Weise Gegenstand der theoretischen Erörterung moderner Dramaturgie zwischen einem ehemaligen Theaterdirektor (und konservativen Schauspiellehrer) und seinen Schülern. Die Konflikte zwischen den Personen, die mit Hilfe eines Geflechts beziehungsreicher Details veranschaulicht werden, haben einen im doppelten Sinne symbolischen Charakter – sie sind unheilvolles Vorzeichen der Katastrophe, die das Zweite Kaiserreich ereilen sollte, und gleichzeitig eine Aktualisierung des Themas „Illusion und Wirklichkeit“. Ein Jahr früher war der wichtigste Roman Hauptmanns erschienen, *Der Narr in Christo Emanuel Quint*, eine Darstellung der chaotischen psychologischen und ideologischen Reaktionen, die in den verschiedensten Schichten des Wilhelminischen Deutschlands die Erscheinung eines armen Wandergesellen auslöst, der davon überzeugt war, einer mystischen Sendung zu dienen.

Hauptmann, Träger des Nobelpreises 1912, galt bis zur Machtergreifung der Nationalsozialisten neben Thomas Mann als der repräsentative deutsche Literat der Weimarer Republik. Er blieb in der Heimat, vereinsamt nach dem Weggang

Gerhart Hauptmann *(1862–1946): die Aufnahme zeigt den Autor um 1900, nachdem er bereits einen erheblichen Teil seiner naturalistischen Werke veröffentlicht hatte.*

der Mehrzahl bedeutender Schriftsteller in die Emigration, und schuf noch einige Werke, die auf ihre Art den Terror bezeugten, der in Deutschland herrschte: so den Einakter *Die Finsternisse,* veröffentlicht erst 1947, ein „Requiem" für die Leiden der Juden unter dem Faschismus, sowie die bedeutsame *Atridentetralogie (Iphigenie in Aulis, Agamemnons Tod, Elektra, Iphigenie in Delphi,* zusammen 1949). Der Tragödienzyklus im klassischen Dramenvers ist Hauptmanns Interpretation der antiken Tragödie; anders als Goethes Klassizismus betonte der Autor die Rohheit archaischer Bräuche und vermittelte in der Rede von einstiger Barbarei zugleich eine Botschaft über das schreckliche Heute.

Die Zeitgenossen haben eine Zeitlang einen Schriftsteller Hauptmann zur Seite gestellt, der um die Jahrhundertwende der populärste Vertreter der „Moderne" war. HERMANN SUDERMANN (1857–1928) galt damals als der eigentliche dramatische Nachfolger Ibsens. Doch noch zu Lebzeiten des Autors nahm sein modischer Ruhm rasch ab. Zahlreiche Dramen (z. B. *Die Ehre,* 1890, *Sodoms Ende,* 1891) sind genaugenommen nur effektvolle Anverwandlungen einiger naturalistischer Motive für die Zwecke des Boulevardtheaters. Geschickte szenische Technik, dankbare Rollen, Sensationen und Sentimentalitäten, aktuelles Material – das ist Sudermanns Formel.

Ein wichtiger Platz in der Geschichte des Naturalismus kommt dagegen ARNO HOLZ (1863–1929) zu, einem Schriftsteller, der die Mehrzahl seiner Werke aus der frühen, naturalistischen Phase zusammen mit JOHANNES SCHLAF (1862–1941) schrieb. Vor dieser Epoche veröffentlichte er unter anderem die Gedichtsammlung *Das Buch der Zeit* (1886), in der eine konventionelle, stellenweise pathetische Diktion schlecht zu den damals ungewöhnlichen Motiven der sozialen und technischen Großstadtwirklichkeit paßt. Das erste Ergebnis seiner Zusammenarbeit mit Schlaf (die nur bis 1892 dauerte) ist eine kleine Sammlung erzählender Prosa mit dem ungewöhnlichen Titel *Papa Hamlet* (1889). Die Episoden aus dem Leben von Bohemiens, Studenten und Kindern wären keiner besonderen Aufmerksamkeit wert, fände sich nicht in diesen Skizzen das mehr oder weniger folgerichtig angewandte Prinzip eines „konsequenten Naturalismus“. In der Anwendung dieses Grundsatzes bzw. dieser „Methode“ trieben die Autoren den naturalistischen Hang zur Beschreibung bis ins Extrem. Der Text bleibt völlig im Bannkreis einer streng mimetischen, überaus minutiösen Darstellung einer Gruppe, einzelner Personen, ihrer Eigenarten, Gesten, psychischen Reaktionen und Sprachbesonderheiten. Er wird auf diese Weise zu einer Art fiktivem Faktogramm. Als Folge der Bestrebung der Autoren, die Atmosphäre, Farben und Töne irgendeines „Lebensausschnittes“ so zu schildern, wie die anwesende Person diese Erscheinungen gerade beobachtet und erlebt, entsteht eine sehr begrenzte Projektion des Lebens. Der Eindruck, daß es sich hierbei um eine mechanische Reproduktion handelt, drängt sich ständig auf, besonders in den Dialogen, die den überwiegenden Teil des Textes ausmachen und die Erzählrolle zurückdrängen: diese beschränkt sich auf das Notieren von Beobachtungen und Daten, die den Regieanweisungen im Drama gleichen. Die Autoren haben dieses Verfahren, das die Illusion eines tatsächlichen Gesprächs suggeriert (mit Pausen, Stottern und syntaktischen Freiheiten), „phonographische Methode“ genannt – heute könnte man sagen, sie haben die Tonbandaufnahme vorweggenommen. Es ist in dem Zusammenhang nicht unwichtig, daß dieser Versuch, eine intensive sinnliche Empfindung über visuelle und auditive Suggestionen zu erreichen, in dieselbe Zeit fiel, als die ersten Versuche akustischer Wiedergabe durch Schallplatten unternommen wurden. Ein Beispiel dieses „konsequenten Naturalismus“ auf der Bühne ist das Drama *Die Familie Selicke* (1890). Das sinnlose, durch des Vaters Alkoholismus verursachte Elend einer Kleinbürgerfamilie ist Thema dieses Dramas, in dem die Statik der naturalistischen Bühnentechnik wieder, jetzt aber durch neue künstlerische Absichten begründet, das klassische Prinzip der Einheit von Handlung, Zeit und Raum realisiert.

Arno Holz entwickelte seine naturalistische Lehre vom Standpunkt einer allgemeinen Ästhetik in der Abhandlung *Die Kunst. Ihr Wesen und ihre Gesetze* (1891). Holzens Formel: Kunst = Wirklichkeit minus x, nach der die naturgegebene Unzulänglichkeit des Materials (Sprache, Ton, Farbe, Stein usw.) eine ständige Störung für die mimetische Tendenz der Kunst darstellt, ist nicht nur in den Augen des heutigen Lesers eine Verirrung. Das künstlerische Schaffen wäre nach dieser Formel in letzter Konsequenz ein sinnloses Wiederholen der „Natur“. Interessant ist dabei aber immerhin die Anregung, die in der indirekt ausgesprochenen Holzschen Idee steckt, daß nämlich die Geschichte der Kunst die Geschichte der künstlerischen Technik darstellt, d. h. die Entwicklung der Verfahren verknüpft ist mit dem Material, das eben nicht nur passives Medium, sondern auch eine aktive Kraft sein kann, durch das die schöpferischen Möglichkeiten beein-

Phantasus *von Arno Holz (1863–1929): Titelblatt des ersten Heftes, das 1898 erschien. Die Gedichtsammlung enthält lyrische „Momentaufnahmen" im Geiste des dekorativen Stils, der Kennzeichen des Ästhetizismus um 1900 ist.*

flußt werden. Eine Gattung wie das Hörspiel könnte Arno Holz heute als Musterbeispiel dienen.

Um die Mitte der neunziger Jahre begann der naturalistische Impuls schnell nachzulassen. Holz' Gedichtsammlung *Phantasus* (1898/99) enthält bereits eine neue Orientierung; in ihr finden sich neben impressionistischen lyrischen „Momentaufnahmen" Gedichte im Geiste des dekorativen Stils, der eines der Kennzeichen des Ästhetizismus um 1900 ist, Verse, die Träume und Visionen von exotischer Schönheit beschwören und damit dem Geschmack jener Kreise entsprechen, die es gewohnt sind, Poesie als eine Form des sinnlichen Luxus anzusehen. Der *Phantasus* hat Holz bis zu seinem Lebensende beschäftigt: er erweiterte den Text von einer Version zur anderen, indem er z. B. ohne jedes Maß Attribute aufhäufte und damit einigen Gedichten wahrhaft monströse Ausmaße gab. Die Lektüre für Ästheten wurde so zum Material für stilistische Statistik.

Die Poesie der flüchtigen Eindrücke, die auch bei Holz zu finden war, popularisierte Detlev von Liliencron (1844–1909). Sein Impressionismus (z. B. in den Sammlungen *Gedichte*, 1889, und *Bunte Beute*, 1903) ist erfüllt von der Frische unmittelbarer Sinnlichkeit, von humoristischen Kontrasten, drastischen Vergleichen, aber auch von stiller Wehmut über die Vergänglichkeit menschlicher Erlebnisse. Liliencrons Freund Richard Dehmel (1863–1920) erlebte zu seiner Zeit im In- und Ausland ein ungerechtfertigt hohes Ansehen. In seinem Schaffen, das ein Musterbeispiel für den stilistischen Pluralismus abgibt, der um die Jahrhundertwende in der Literatur herrschte, gibt es alles: naturalistische Poesie des sozialen Alltags, mit prophetischen Versen über die Zukunft des

Arbeiters, ferner impressionistische Miniaturen, aber auch sogenannte philosophische Dichtung, unter Nietzsches Einfluß, in der er – wie Wedekind – die von konventionellen Schranken befreite Sexualmoral verherrlicht; schließlich „kosmische" Poesie voller Pathetik, die den Autor als Vorläufer einer Spielart des Expressionismus ausweist. Neben Gedichtsammlungen (z. B. *Erlösungen,* 1891, *Aber die Liebe,* 1893, *Schöne wilde Welt,* 1913) gilt es, an seinen „Roman" in Versen *Zwei Menschen* (1903) zu erinnern, ein Zeugnis von Dehmels Panerotismus.

In einer Epoche, der verschiedenartige literarische Strömungen vom Naturalismus bis zum Expressionismus zuzurechnen sind, gab es wohl keinen Schriftsteller, der sich in diesem Geflecht von Tendenzen ausschließlich als Naturalist oder Impressionist oder Neuromantiker bezeichnen konnte. Diese Benennungen sind lediglich Orientierungsbegriffe für ganze Bündel stilistischer Merkmale, die sich nur selten in reiner Konzentration zusammenfanden. Bei einer Vielzahl von Autoren, so bei Hauptmann und Holz, wechseln die verschiedenen Stilkonzeptionen und ergänzen einander. Das gilt auch für das Schaffen von Frank Wedekind (1864–1918), des neben Hauptmann repräsentativen Dramatikers der Epoche. Da er ein unstetes Leben führte und sich in vielen Berufen versuchte (als Journalist, Werbechef in der Industrie, Sekretär eines Zirkus, als Dramaturg und Schauspieler), hatte er Gelegenheit, die sozialen Schichten und Typen kennenzulernen, die den Stoff für seine Theaterstücke bildeten. Anders als Hauptmann, verbleibt Wedekind zumeist auf dem Boden der Erfahrung bzw. des zeitgenössischen Lebens, ist aber dabei nie Verfechter eines strengen Naturalismus. Er strebt nicht nach der „Wahrheitstreue" beim Zeigen einer Situation, sondern nach drastischen und provozierenden Bühneneffekten. Karikatur und Groteske bei der Gestaltung von Figuren und Situationen, Straßenjargon und exzentrische Stilisierung in der Sprache (wobei manchmal der Vers die Prosa verdrängt), ein rasches Tempo der Bühnenvorgänge, eine Neigung zu spektakulären Auftritten – das sind auffallende Kennzeichen seiner Dramatik. Vor allem Büchner und Grabbe schufen die Tradition, in der er zu sehen ist.

Das erste bekanntgewordene Stück, die „Kindertragödie" *Frühlings Erwachen* (1891), war eines der erfolgreichsten. Hier finden sich bereits charakteristische Merkmale des späten Wedekind: ein starker antibürgerlicher Affekt, der in der satirischen Darstellung der erwachsenen Personen (Eltern und Lehrer) hervortritt, die Neigung, sozialethische Thesen zu verkünden, eine Dramaturgie kurzer Auftritte und jäher Kontraste. Das „Erwachen" bezieht sich auf die Erotik in der Pubertät, die von verlogenen und unsinnigen Beschränkungen durch die bürgerliche Sexualmoral unterdrückt wurde. Das Drama zeigt die verhängnisvollen Folgen gesellschaftlicher Konventionen, die alle natürlichen Triebregungen einschnüren und pervertieren. Wie viele Schriftsteller dieser Zeit ist Wedekind Anhänger des „Lebens" im Sinne eines ästhetischen Immoralismus, der sich unter dem Einfluß von Nietzsches Philosophie einen Kult der Lebenskraft, der entfesselten Vitalität und ekstatischen Schönheit schuf. Der Darwinismus der Naturalisten fand darin sein ästhetisches Gegenstück. Wedekinds Kritik an der bürgerlichen Gesellschaft geht von diesen Positionen aus, verbleibt aber dennoch auf dem

Boden bürgerlicher Vorstellungen. Den „freien", unkonventionellen Menschen konnte er deshalb nur im Rahmen der bestehenden Gesellschaft zeigen und nur im relativen Gegensatz zu dieser. Die Hauptgestalten seiner späteren Dramen (z. B. *Erdgeist*, 1895, *Die Büchse der Pandora*, 1902, eine Fortsetzung des *Erdgeists*, ferner *Der Marquis von Keith*, 1900, *Musik*, 1907, *Schloß Wetterstein*, 1910) sind zumeist Außenseiter der Gesellschaft, Betrüger, Prostituierte, Psychopathen. Des Autors moralistische Analyse, die sich zwischen der Glorifizierung und Verurteilung der aus „Pandoras Büchse" entwichenen Leidenschaften entfaltet, deckt das Elend der bürgerlichen Welt auf, wo sich hinter glänzenden Fassaden Verbrechen und Betrug verbergen. Wedekinds Theater hat dem Expressionismus auf der Bühne wesentliche Impulse vermittelt.

Zensurmaßnahmen haben mehrmals auch Wedekinds Gedichte betroffen (von denen nur ein Teil im Band *Die vier Jahreszeiten*, 1905, gesammelt ist). Heitere Grotesken, frivole und politisch-satirische Verse trug er selbst vor in den bekannten Münchener Kabaretts „Die elf Scharfrichter" (gegründet 1901) und „Simplizissimus" (seit 1903). Seine Chansons fürs Kabarett, teilweise im Ton alter Volksballaden verfaßt, regten die Entwicklung einer ganzen poetischen Gattung (der sogenannten Gebrauchsdichtung) an, die für die deutsche Großstadtliteratur der zwanziger Jahre charakteristisch wurde (bei Brecht, Kästner, Ringelnatz, Tucholsky, W. Mehring). Eine Schilderung der Kreise von Schauspielern, Journalisten und Bohemiens lieferte – eher indiskret als künstlerisch überzeugend – einer der lebendigsten Mitarbeiter der Kabaretts in Berlin und München, Otto Julius Bierbaum (1865–1910). Seine Romane *Stilpe* (1897) und *Prinz Kuckuck* (1907) sind ein kulturgeschichtliches Panorama dieser vergangenen schillernden Welt zwischen Ästhetizismus, Anarchie, Unterhaltung und Literatenintrige.

Für die Anerkennung des modernen Dramas, das mit dem Naturalismus begonnen hatte, erwarb sich der Berliner Kritiker Alfred Kerr (mit richtigem Namen A. Kempner, 1867–1948) große Verdienste: er war einer der einflußreichsten Vertreter der Theaterkritik bis zur Mitte der zwanziger Jahre. Mit seinem bissigen und geistvollen Feuilletonstil ist er ein ausgesprochener Impressionist. Die Kritik, die er als künstlerische Tätigkeit ansah, gründete er auf Intuition, und in seiner sprachlichen Manier liebte er es, mit Paradoxien und unerwarteten Vergleichen zu überraschen. Seine Kritiken, die unter dem Titel *Die Welt im Drama* (5 Bände, 1917) gesammelt worden sind, stellen eine lebendige Theatergeschichte jener Epoche dar.

Bei den Naturalisten konnte man bereits die ersten Spuren einer Rezeption von Nietzsches Schaffen feststellen. Von da an, ganz besonders in den ersten Jahrzehnten unseres Jahrhunderts, ist sein Einfluß, vor allem auf bürgerliche Intellektuelle in Europa, ungewöhnlich stark, besonders auf die sogenannte Lebensphilosophie, später auch auf den Existentialismus. In der kulturgeschichtlichen Essayistik und Literatur der Zeit stößt man allenthalben auf die Beschwörung einer „geistigen Aristokratie" und die These vom Primat eines ästhetischen Kriteriums bei der Beurteilung existentieller Phänomene. Als Literat ist Friedrich Nietzsche (1844–1900) einer der großen deutschen Prosaiker, ein Sprachschöpfer, dessen Ausdrucksinventar sich auch solche Autoren aneigneten, die

Friedrich Nietzsche *(1844–1900): das Photo stammt aus dem Jahre 1883. In dieser Phase seines Denkens setzte sich Nietzsche am schärfsten mit der zeitgenössischen Kultur auseinander.*

nicht gewillt waren, den ideologischen Einschlag seines Werkes zu akzeptieren. Nachdem er in Leipzig das Studium der klassischen Philologie abgeschlossen hatte, wurde er bereits 1870 ordentlicher Professor in Basel, an der Universität, wo damals einer der größten Historiker seiner Epoche, Jacob Burckhardt (1818–1897) lehrte, der Autor einer grundlegenden Geschichte der Renaissance (*Die Kultur der Renaissance in Italien*, 1860).

Unter dem Eindruck von Schopenhauers Philosophie und Wagners Musik entsteht das erste bedeutende Werk Nietzsches, die Abhandlung *Die Geburt der Tragödie aus dem Geiste der Musik* (1872). In ihr finden bereits einige wesentliche Züge der schöpferischen Persönlichkeit des Autors ihren Ausdruck: philologisch-systematisches Vorgehen wird von einer subjektiven Vision der Vergangenheit verdrängt, die logische Analyse weicht affektiven Symbolen, der sprachliche Ausdruck ist durchdrungen von lyrischem Schwung. Poetisch ist auch der Charakter seiner Behauptung von der Dichotomie der antiken Kultur – vom Gegensatz der „apollinischen“ und der „dionysischen“ Elemente. Die sokratische, rationale Kultur der griechischen Antike erscheint als eine Form der „Dekadenz“, die Neigung gilt dem rauschhaften Irrationalismus des Dionysos-Mythos. Eine Konstruktion historischer Entwicklung im Geiste Hegels verwarf er auch im zweiten seiner vier großen Essays von 1873–1876 (seinen *Unzeitgemäßen Betrachtungen);* der Essay *Vom Nutzen und Nachteil der Historie für das Leben* ist der grundlegende Text des modernen Antihistorismus.

Die zweite Phase seines Denkens, die man mit Voltaire in Verbindung brachte, ist die Epoche einer kritischen Beurteilung der zeitgenössischen Kultur. Die

Nietzsche bediente sich wegen der Unleserlichkeit seiner Handschrift in den achtziger Jahren dieser Schreibmaschine. Das Gerät, eine Frühform der Reiseschreibmaschine, gelangte 1882 aus Kopenhagen in seinen Besitz.

Werke dieser Jahre (*Menschliches, Allzumenschliches*, 1878–1880, *Morgenröte. Gedanken über die moralischen Vorurteile*, 1881, *Die fröhliche Wissenschaft*, 1882) sind zu Unrecht weniger bekannt als seine späten, herausfordernden Texte, obwohl sie mehr Aufmerksamkeit verdienen. In ihnen herrscht nicht, wie später, eine Doktrin vor, die nur das eine Vorurteil durch ein anderes ersetzt, sondern analytisches Erkenntnisvermögen und reife psychologische Intuition. Als polemischer Geist schuf Nietzsche seine Schriften nach Art riesiger Tagebücher, als Zeugnisse umfassender literarischer Kultur und großer Sensibilität; Gedanken und Beobachtungen beließ er bewußt in der Form von Fragmenten und strebte nicht danach, ein abgerundetes philosophisches System im traditionellen Sinne zu errichten. Wie die französischen Moralisten, Lichtenberg, Goethe, die Romantiker und Heine (den er über alles schätzte) wählte er die Form der essayistischen Notiz und des Aphorismus. Oft getragen von brillanter Formulierung und geistreichen Paradoxien, scheut er weder Widersprüche, noch versucht er sie einzuebnen. Er ist in dieser Phase in erster Linie ein scharfer Psychologe, der herkömmliche moralische Dogmen kritisch mustert und in der Geschichte den Ursprung ideologischer Vorurteile, z. B. des Chauvinismus und Antisemitismus, aufzuspüren sucht. Das Mißtrauen gegenüber „ewigen Werten" bezieht er in dieser Phase auch auf die Kunst, über die er sehr zurückhaltend urteilt, manchmal fast im Geiste der Hegelschen Ästhetik. Der Ästhetizismus der früheren und späteren Arbeiten erscheint hier zurückgedrängt; es überwiegt ein relativistischer Skeptizismus, der zeigt, was der Autor vom europäischen Rationalismus als Erbe empfing.

Seine späten Werke entstanden schon im Schatten der Krankheit. Er lebte zurückgezogen in der Schweiz und Italien, an wechselnden Aufenthaltsorten. Ende der achtziger Jahre kam es zu einer schweren Krise, von der er sich nicht mehr erholte. Er starb in geistiger Umnachtung. Der „Psychologe der europäischen Dekadenz", wie ihn Thomas Mann nannte, reagierte in seinen späten Sammlungen von Kurzessays und Aphorismen (*Jenseits von Gut und Böse*, 1886, *Zur Genealogie der Moral*, 1887) immer subjektiver und exzentrischer auf verschiedene Tendenzen der zeitgenössischen gesellschaftlichen Wirklichkeit. Als Vorkämpfer einer geistigen Aristokratie urteilt er fast in gleicher Weise über völlig gegensätzliche Erscheinungen (über den Sozialismus wie über imperialistische Tendenzen des Zweiten Kaiserreichs), eine Folge der Mißachtung historischer Maßstäbe. Seine letzten Aufzeichnungen (nach dem Tode des Autors willkürlich unter dem Titel *Der Wille zur Macht* 1901 herausgegeben) enthalten einige der extremen Formulierungen, in denen sich die Übermacht einer regressiven Utopie in Begriffsphantasien entlädt. Besessen von der vitalistischen Schwärmerei für alle Offenbarungen der Kraft und irrationaler Antriebe, variiert Nietzsche seine frühere Idee, daß das Leben nur als ästhetisches Phänomen zu rechtfertigen sei. Auch sein abstraktes Bild vom „Übermenschen" ist Ausdruck dieses ästhetischen Immoralismus, eine Mischung aus romantischem Mythos und umgestülptem Darwinismus. In diesem Konglomerat verschärfte sich sein früherer Skeptizismus bis hin zu einem ahistorischen Nihilismus: die menschliche Geschichte ist eine Bewegung ohne Ziel und Fortschritt, eine zyklische Bewegung, in der sich Motive und Situationen ständig wiederholen. Es ist verständlich, daß sich Nietzsches Sensibilität auch poetisch äußerte: in der Lyrik (in der zum Teil impressionistische Züge überwiegen) und in der Prosarhapsodie *Also sprach Zarathustra* (1883–85). Dieses wohl bekannteste Werk des Autors ist eine Art poetisches Vorspiel zu den späteren essayistischen Texten: in ihm ist zum ersten Mal breit die Apologie des „Übermenschen" dargelegt. Problematisch ist es auch unter ästhetischen Gesichtspunkten: das monotone Pathos der Mehrzahl seiner Teile erreicht nicht das Ausdrucksniveau der essayistischen Prosa. Nietzsches Werke, die einem gewaltigen gedanklichen Kaleidoskop gleichen, entziehen sich jedem Versuch einer begrifflichen Synthese; so ist es auch nicht verwunderlich, daß sie völlig unterschiedliche Deutungen erfuhren: von dem Bemühen, ihre wirkliche kritische Substanz zu erhalten, bis zum ideologischen Mißbrauch durch Entstellung und Manipulation bei der Auswahl der Texte.

12. Im Zeichen des Symbolismus

Man kann nicht behaupten, daß der Pariser „Figaro littéraire“ seine Leser allzusehr überrascht habe, als er im September 1886 Moréas' *Manifest des Symbolismus* veröffentlichte. In Wirklichkeit beendete der Text, der mit der Absicht auftrat, ein Programm zu sein, nur Vermutungen um den Begriff Symbolismus sowie um einige literarische Tendenzen, die zu einer solchen Benennung neigten. Der Schreiber befand sich dagegen gewissermaßen in einem Irrtum; indem er Fundamente zu setzen glaubte, vollendete er eigentlich ein Gebäude; indem er einen Entwurf schrieb, bot er in Wahrheit eine Zusammenfassung. Moréas trat für einen „komplexen Stil“ ein; für einen Ausdruck, gekennzeichnet von ungewöhnlichem Wortschatz, kompliziertem Rhythmus, von einer Syntax, die rätselhafte Vieldeutigkeit erlaubte. Die Vorgänge aus der Natur und der Welt des Menschen sind in dieser Poesie dagegen nur Zeichen von Empfindungen oder Symbole esoterischer Ideen. All das hatte sich mehr oder weniger bereits bei den Dichtern geäußert, die im Manifest als Vorläufer und Vorbilder des Symbolismus erwähnt werden; bei Baudelaire, Verlaine und Mallarmé. Die Tradition reicht aber noch weiter in die Vergangenheit. Die erwähnten Autoren hätten sich, befragt, auf welche Kunst sie sich stützten, ganz sicher bei Edgar Allan Poe, den deutschen Romantikern und der berauschenden Magie von Wagners Partituren in der Schuld gesehen. (Im Februar 1885 erschien die erste Nummer der Zeitschrift „Revue Wagnérienne“, des Organs der Symbolisten und Anhänger von Wagners Kunst, zu denen auch Mallarmé gehörte.) Die Gegner, die den Symbolisten Unschärfe des Ausdrucks vorwarfen, erinnert Moréas an die Urteile über die Weissagungen der Pythia, an Dante und Shakespeare und an den zweiten Teil von Goethes *Faust.*

In der Tradition, auf die sie sich berufen, scheint schon die kosmopolitische Orientierung jener Dichter auf, die diese neue Losung bzw. die dahinter sich verbergende Ästhetik vertraten. Mallarmés Haus in der Rue de Rome war jahrelang der Sammelplatz junger Gleichgesinnter, ein Kreis von Anhängern erlesener und disziplinierter Schönheit. Sie kamen aus vielen Ländern: Yeats und Symons aus Irland bzw. England, Stefan George aus Deutschland, Rubén Darío aus Lateinamerika. Aber auch in anderen europäischen Städten, in Wien, Prag, Moskau, Kopenhagen, London meldeten sich in den achtziger und neunziger Jahren Dichter zu Wort, die zumeist ohne publizistische Sensationen, dafür eher durch ihre exklusiven Werke das Entstehen einer dichterischen Internationale begünstigten.

Die zahlreichen Bekundungen der Gleichgesinntheit sind, auch ohne Berücksichtigung der persönlichen Kontakte zwischen den Autoren, kaum zu übersehen. In den Fundamenten der symbolistischen Poetik verankert war Baudelaires – gegen Rousseau gerichteter – Gedanke, daß die Verirrungen über die Natur der Schönheit aus irrigen Moralvorstellungen des 18. Jahrhunderts herrührten, also aus der Auffassung, daß die unberührte, unzerstörte Natur Quelle alles Guten und Schönen sei. Für Baudelaire dagegen ist die Natur der Ursprung barbarischer und unvernünftiger Vorgänge; Schönheit und Edelmut sind das Resultat von Überlegungen und Erfahrungen, die dem Prozeß der Entfernung von der „Natur" entsprangen. Doch der Pariser Dichter in der Epoche der verlorenen Illusionen der bürgerlichen Gesellschaft trennte das, was ein Jahrhundert zuvor eine Einheit gebildet hatte: Natur und Verstand. Für ihn ist die Kunst der Triumph des Menschen über die Natur und eine Frucht artistischer Fähigkeit, die Inspiration häufiger eine Folge künstlicher Stimulierung als eine Naturbegabung. Mit der Poesie treten wir, dieser Auffassung zufolge, in eine Welt ein, die es nur in unserer Phantasie gibt, niemals in der Wirklichkeit, die aber der Sehnsucht nach der Pracht unsichtbarer Räume am Rande des Bewußtseins sowie nach der Verzauberung der reinen Imagination entspricht, die das „künstliche Paradies" bietet. Diese Visionen (*Les Paradis artificiels*) bemühte sich Baudelaire hervorzuzaubern, indem er sich des Beispiels der durch Drogen herbeigezwungenen Schönheit bediente.

Die Idee der „reinen", denaturierten Poesie begleitet in der künstlerischen Praxis eine im voraus durchdachte Handlung; das Gedicht, der Text ist ein Kunstprodukt, und die Verwirklichung einer Vision erfordert eine gleichsam wissenschaftliche Bemühung des Dichters. Von daher rührt die ungewöhnliche Bedeutung, die Poes *Philosophy of Composition* (ein Essay über das spekulative Verfahren beim Ersinnen und Verfassen eines Gedichtes aus dem Jahre 1846) für die Poetik des Symbolismus erlangte. „Poesie ist Geometrie par excellence", fügte Lautréamont hinzu. Als vollkommen geistige Schöpfung ist sie „absolut", das heißt eine freie und autonome sprachliche Kreation, die keinem anderen außer dem Willen ihres Schöpfers selbst unterworfen sein soll, an niemanden gebunden, außer an eine bestimmte Sprache und ihre Tradition, und sogar das nur bedingt. *Symbole* sind Worte, deren Bedeutung im subjektiven Erlebnis ruht: Sie vertrauen sich einem nicht auf die übliche Art an, ihre Botschaft läßt sich nicht dechiffrieren, sondern nur intuitiv begreifen. Dem Symbolismus fremd ist jedes konventionelle Zeigen und Erklären oder Sprechen von etwas, das außerhalb der Poesie besteht; die Wirklichkeit des Textes ist einmalig und nur ihm selbst immanent. „Was der Dichter in seinen unaufhörlichen Gleichnissen sagt", schreibt Hofmannsthal, „das läßt sich niemals auf irgendeine andere Weise (ohne Gleichnisse) sagen: nur das Leben vermag das gleiche auszudrücken, aber in seinem Stoff, wortlos." So, wie die Schönheit ein Begriff ist, der keine Erklärung und Stütze außerhalb seiner selbst erfordert, so stellt auch das literarische Werk nach den Auffassungen der Symbolisten einen Wert an sich dar, der keinem anderen dient, wenigstens nicht Zwecken materieller oder wissenschaftlicher Natur. Deshalb ist auch die Beachtung, ja der Neid verständlich, mit dem die Anhänger der absoluten Dichtung auf die Musik blickten: auf ihre Autonomie, auf ihr Ausdrucksinventar, das völlig im Dienste der Kunst stand und nicht (im Unterschied zur Verkehrssprache!) belastet war mit pragmatischen Aufgaben. Die letzte Konsequenz der symbolistischen Theorie ist eine Sprache, zurückgeführt auf den ganz subjektiven Ausdruck, bar jeder herkömmlichen Kommunikativität. Es gibt keinen wirklichen Künstler, lesen wir in den Aufzeichnungen Stefan Georges, der nicht irgendwann einmal tief gewünscht hat, sich in einer Sprache, die dem Volk unzugänglich ist, auszudrükken und die Worte so zu kombinieren, daß sie nur noch Eingeweihten verständlich wären.

Georges Wunsch ist zweifelsohne sehr symptomatisch. Auch für andere Kreise der Symbolisten war es typisch, daß die poetische Esoterik mit gesellschaftlicher Exklusivität einherging. Der Dichter empfand sich als ein Auserwählter, als einsamer Prophet, ohne daß sein sozialer Status hierauf einen Einfluß hatte: ob er sich nun als Konsument des gesellschaftlichen Luxus verstand oder als Ausgestoßener, als Verdammter. In der Sozialgeschichte der Autoren um die Jahrhundertwende treten typische Reaktionen auf die Gesellschaft in zwei extremen Spielarten auf: die „aristokratische" Isolation (der die parnassische Metapher vom Rückzug in den *tour d'ivoire*, den Elfenbeinturm entspricht) und die Boheme-Existenz. Mit der Isolation, die ein beredtes Zeichen abgibt für die Ohnmacht sozialer Ideen, ästhetische anzuregen, entwickelt sich gleichzeitig eine besondere Doktrin des „Artismus".

Sie gründet sich auf die Überzeugung, daß künstlerisches Schaffen die Offenbarung höchster menschlicher Werte bedeutet und daß aus diesem Grunde der Dienst an einer vom Pragmatismus unbefleckten Kunst eine Handlung ist, die ihre moralische Berechtigung besitzt. Von diesem Standpunkt aus wird Flauberts geradezu phantastische Schaffensaskese verständlich. Im Lichte von Nietzsches Maxime, wonach das Leben nur als ästhetisches Phänomen zu rechtfertigen ist, erhält die bekannte Losung von der konsequenten Beachtung der künstlerischen Autonomie *(l'art pour l'art)* breitere Bedeutung. Der Künstler, im Prozeß der gesellschaftlichen Emanzipation von der unmittelbaren Abhängigkeit gegenüber einer Person oder Institution befreit, ist ein selbstbewußter Vertreter einer seherischen Kraft der Kunst, der sich gleichzeitig für den wahren und auch höchsten Repräsentanten der geistigen Elite hält. Deshalb sind auch die Worte eines Kritikers nicht ganz gerechtfertigt, der schrieb, daß die Formel *l'art pour l'art* in sich eine Art Religionsersatz enthalte: der Glaube an die reine Kunst ist eigentlich der Glaube an das Absolute, eine Form der säkularisierten Metaphysik. In extremen Fällen freilich verwandelt sich das Programm in einen Schönheitskult mit mystischen Zügen, in einen Ritus, mit dem man sublimierte Sinnlichkeit feiert, wie es Huysmans in seinem Roman *A rebours* (1884) gezeigt hat. Des Esseintes, die Hauptgestalt des Romans, erlebt ja noch mehr, er zelebriert die Schönheit nach Art eines geheimnisvollen Rituals. Doch den allgemeinen Schluß aus solchen Erlebnissen zog einige Jahre später Oscar Wilde, der in seinem Essay *Der Kritiker als Künstler (The Critic as Artist)* schreibt: „Ästhetik ist ein Begriff auf einer höheren Stufe als die Ethik. In ihr ist mehr Geist. Die Schönheit einer Person oder Sache wahrzunehmen, ist das Höchste, was wir erreichen können. So ist auch die Empfindungsfähigkeit für Farben wichtiger für die Entwicklung des einzelnen als sein Sinn für Recht oder Unrecht." Es ist wohl unnötig, besonders zu betonen, daß diese provozierende Formulierung den Kern der Sache trifft, weil sie unverblümt für eine Auffassung eintritt, die mehr oder weniger der ganzen antinaturalistischen Bewegung um die Jahrhundertwende eigen war: für den Ästhetizismus.

Eine asketische Hingabe für die Kunst, aber auch eine hedonistische Amoralität verband sich, im Schatten von Nietzsches Philosophie, mit einem eigentümlichen Protest gegen die Konventionen der bürgerlichen Gesellschaft. Diese Konventionen sind für die Mehrzahl der Künstler eine Verkörperung der Wirklichkeit, die nach und nach jede Unmittelbarkeit in der Sphäre menschlicher Beziehungen abbaut. Eskapismus und die Entdeckung der Poesie der toten Dinge oder der Räume der Einsamkeit sind Antworten auf diese Frage. Bei Mallarmé, von dem die Worte stammen: „Wirf alles weg, was wirklich ist, denn es ist widerlich“, finden wir dieses intime Bekenntnis: „Für mich ist der Dichter in dieser Gesellschaft, die ihn nicht leben läßt, ein Mensch, der sich zurückzieht, um sich ein Grabmal zu bauen ... In einer Epoche, wie es die derzeitige ist, müßte der Dichter, um der Gesellschaft auszuweichen, alle nutzlosen Angebote, die sie ihm macht, ausschlagen.“ Dem Autor wäre folglich die Erkenntnis nicht sehr lieb, daß auch seine Opposition tief verwurzelt ist in den Auffassungen der gesellschaftlichen Schichten, die seine Angewidertheit hervorrufen. Die Sozialgeschichte des Symbolismus bzw. ganz allgemein des Ästhetizismus ist auch die Geschichte dieses Widerspruchs.

In Deutschland war die Isolation symbolistischer Dichter noch offenbarer. Wir leben in einem luftleeren Raum, ist die sehr beredte Äußerung eines Zeitgenossen. Der „luftleere Raum“ ist eine offensichtlich ungewöhnliche Metapher für eine Welt, die im übrigen nichts weniger als unwirklich war. Aber die Anhänger der absoluten Poesie, die in einem Land lebten, das nach den Worten von Thomas Mann durch „machtgeschützte Innerlichkeit“ gekennzeichnet war, gingen der Wirklichkeit im Kaiserreich Wilhelms II. aus dem Wege: in ihren Werken gibt es keine *unmittelbaren* Spuren der jähen Industrialisierung, der politischen Gegensätze, des schnellen Wachstums der Städte oder der kolonialen Eroberungen. Diesen Teil der materiellen Wirklichkeit überließen sie den Naturalisten, die – was es zu betonen gilt – in allem ihre Zeitgenossen waren, und zwar auch unter dem strengen Auge der bibliographischen Chronologie. Robert Musil, ein skeptischer Betrachter jener Zeit, hat in seinem Roman *Der Mann ohne Eigenschaften* das Fernglas seiner Ironie später auf zahlreiche Phänomene aus dem Beginn des Jahrhunderts gerichtet und eine geistvolle Skizze kontrastreicher und untereinander verschlungener Linien gezeichnet. „Es wurde der Übermensch geliebt, und es wurde der Untermensch geliebt; es wurden die Gesundheit und die Sonne angebetet, und es wurde die Zärtlichkeit brustkranker Mädchen angebetet; man begeisterte sich für das Heldenglaubensbekenntnis und für das soziale Allemannsglaubensbekenntnis; man war gläubig und skeptisch, naturalistisch und preziös, robust und morbid; man träumte von alten Schloßalleen, herbstlichen Gärten, gläsernen Weihern, Edelsteinen, Haschisch, Krankheit, Dämonien, aber auch von Prärien, gewaltigen Horizonten, von Schmiede- und Walzwerken, nackten Kämpfern, Aufständen der Arbeitssklaven, menschlichen Urpaaren und Zertrümmerung der Gesellschaft. Dies waren freilich Widersprüche und höchst verschiedene Schlachtrufe, aber sie hatten einen gemeinsamen Atem; würde man jene Zeit zerlegt haben, so würde ein Unsinn herausgekommen sein wie ein eckiger Kreis, der aus hölzernem Eisen bestehen will, aber in Wirklichkeit war alles zu einem schimmernden Sinn verschmolzen.“

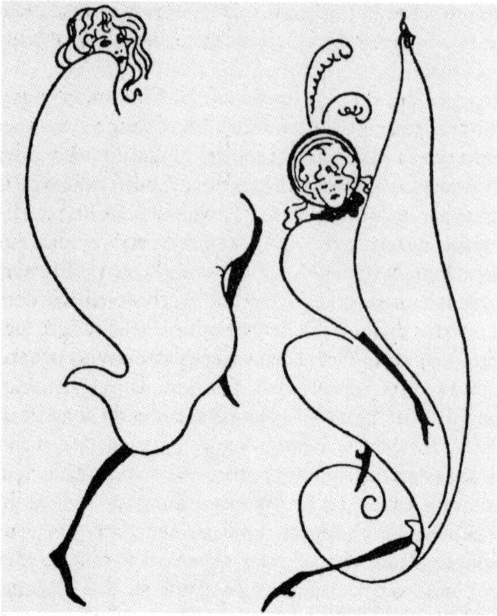

Eine Zeichnung des Münchener Malers Thomas Theodor Heine *(1867–1948) aus dem Jahr 1897. Heine war ein virtuoser Illustrator literarischer Werke und als Karikaturist ein satirischer Chronist der damaligen bürgerlichen Gesellschaft. Unter anderem fertigte er auch Graphiken zu den frühen Erzählungen Thomas Manns an.*

In Deutschland ist der Ästhetizismus zunächst keine Reaktion auf den Naturalismus, sondern eine gleichzeitige Erscheinung, und beide haben, trotz starker Unterschiede, dieselben Wurzeln. Es verbindet sie die Kritik an der damaligen politischen und gesellschaftlichen Entwicklung (so holen sich beide literarischen Strömungen nicht selten ihre Argumente von Nietzsche), dann die angewiderte Empfindlichkeit gegenüber der akademischen Routine der vorangehenden Generation, die Bereitschaft zur Aufnahme ausländischer literarischer Vorbilder und schließlich eine jeder religiösen Metaphysik abgeneigte Orientierung. Die naturwissenschaftliche Ambition der Naturalisten und der nur mit sich selbst beschäftigte Artismus sind verschiedene Parts im selben Orchester.

Die symbolistischen Stimmen waren tatsächlich zuerst kaum bemerkbar. Sie blieben nicht nur wegen des Lärms, der die naturalistischen Publikationen und Uraufführungen begleitete, gedämpft; Zurückhaltung war ein Teil ihres eigenen Programms. Für seine ersten Gedichtsammlungen suchte Stefan George (1868–1933) nicht etwa einen Verleger; der Privatdruck in kleiner Auflage erschien ihm als der einzig gangbare Weg zu seinen auserwählten Lesern. Nachdem er in Paris, im Kreise Mallarmés, die Poetik der esoterischen Kunst kennengelernt hatte, fühlte sich George dazu berufen, in seiner Heimat mit ähnlicher Sprache zu sprechen und um sich Verehrer „des Geistes und der reinen Schönheit“ zu versammeln. Die Gedichtbände *Hymnen* (Berlin 1890), *Pilgerfahrten* (Wien 1891) und *Algabal* (Paris 1892) sind Belege für eine Poesie, die in der deutschen Literatur des 19. Jahrhunderts ohne Tradition ist. (Der Dichter selbst hielt Conrad Ferdinand Meyer für seinen Vorläufer. Auch sonst gab es Verwandtes zwischen ihnen: zweisprachig aufgewachsen, waren sie beide sich zuerst nicht sicher, welcher Sprache, der französischen oder der deutschen, sie sich bedienen sollten.)

Bei George ist alles streng abgemessen, stilisiert, und auch die Einsamkeit atmet noch Feierlichkeit. Die Selbstgespräche „vornehmer Seelen" sind zumeist in einer artifiziellen Umgebung angesiedelt, in einer vollkommen eingefriedeten oder doch so entfernten Welt, daß in sie die Dinge des Alltags keinen Einlaß finden. Die Natur erscheint überwiegend als ein der Menschenhand angepaßtes Objekt: die Landschaften der Romantik werden durch gepflegte Parkanlagen ersetzt, und aus den Pflanzen erhebt sich die lastende Schwüle eines Gewächshauses. (Maeterlincks frühe Gedichte, die zur Zeit von Georges *Hymnen* geschrieben wurden, erschienen unter einem Titel, der anschaulich die gemeinsamen Neigungen demonstriert: *Gewächshäuser – Les serres chaudes.*) Eine Verkörperung des Ästhetizismus und des Immoralismus, im Geiste von Wildes Äußerung, ist Algabal (der junge römische Kaiser Heliogabalus), eine symbolische Figur, in der die künstlerische Empfindsamkeit ein Zeichen für ethische Indifferenz ist. Algabal, der sich in exotischen Gärten und luxuriösen Gemächern bewegt, umgeben von Edelsteinen, betäubenden Düften und Marmor, verfolgt unbeugsam alles, was sich nicht einfügt in seine kalte, erlesene Schönheit. Die Poesie, für die auch eine Blutspur nur ein dekoratives Muster bedeutet, flieht dennoch alles, was sein erzwungenes ästhetisches Gleichgewicht zerstören könnte. Charakteristisch ist, daß George, als er Baudelaires *Blumen des Bösen* übersetzte, einige Gedichte ausließ, so auch das bekannte *Ein Aas (Une charogne).* Die nackte Konfrontation der Schönheit mit dem Ekelhaften verbot ihm seine eigene stilistische Zensur. Seine wohldurchdachte Harmonie sowie das Fehlen tieferer Gegensätze bezahlt Georges Lyrik mit Eintönigkeit; und die Anhäufung von Prunk führt, in seinen schwächeren Gedichten, in die Nähe der Banalität, getragen von blutleerer Kunstfertigkeit. Bezeichnend ist die Tatsache, daß die einleitenden Verse von *Algabal* zur Erinnerung an den bayrischen König Ludwig II. geschrieben wurden, der als Schirmherr von Richard Wagner bekannt war, aber auch durch die Schlösser, die er nach seinem Geschmack errichten ließ und die auf grandiose Weise als Verkörperung eines absonderlichen Kitsches gelten können. George steht, das versteht sich, weit über einem geschmacklosen Eklektizismus, aber der erwähnte Kontext läßt doch den Gedanken daran aufkommen, wie gering manchmal der Abstand zwischen den Extremen, wirklichen oder scheinbaren, ist.

Die Verse Georges regen nicht selten Vergleiche mit der bildenden Kunst an. Es scheint so, als seien in sie ornamentale Flächen von den Bildern des Wiener Jugendstilmalers Gustav Klimt eingewoben oder als eigneten sich zu ihrer Illustration die geschwungenen Linien, mit denen Aubrey Beardsley in der Graphik das englische fin de siècle verewigte. Im übrigen ist die Struktur dieser Lyrik gekennzeichnet von Musikalität. Viele Gedichte sind gesättigt von reicher Lautung: Reime, Alliterationen und Vokalharmonie. Das betonte Spiel mit Lauten, unterstrichen von einem gravitätischen Rhythmus, schafft allerdings Beziehungen, die die Selbständigkeit einzelner Worte oft völlig zurücktreten läßt. „Den wert der dichtung", schreibt George, „entscheidet nicht der sinn [. . .] sondern die form

Stefan George (1868–1933), Der Teppich des Lebens: *Titelseite der Erstausgabe aus dem Jahr 1900.*

d. h. durchaus nichts äußerliches sondern jenes tief erregende in maaß und klang wodurch zu allen zeiten die ursprünglichen die meister sich von den nachfahrenden künstlern zweiter ordnung unterschieden haben.“

Ein Gleichgewicht von Laut und Sinn wurde in der Sammlung *Das Jahr der Seele* (1897) erzielt, in der einige der schönsten Gedichte der neueren deutschen Lyrik zu finden sind. Die Bekenntnisse eines Einsamen im wehmütig erlebten Wechsel der Jahreszeiten sind intime und zugleich farbige Poesie. Um 1900 wird eine Veränderung sichtbar. Die Anzeichen dieser Veränderung lassen sich zuerst daran erkennen, wie der Dichter in die Öffentlichkeit tritt: die Veröffentlichung seiner Werke vertraut er dem Verleger Bondi in Berlin an, wobei er seinen Entschluß, die strenge Exklusivität zu verlassen, mit dem Fortschritt der allgemeinen künstlerischen Sensibilität begründete, die sich besonders augenfällig auf dem Gebiet der bildenden Kunst und des Buchdrucks gezeigt habe. Von nun an erschienen die Sammlungen seiner Gedichte und die Übersetzungen (die Poesien der französischen Symbolisten, Rosettis, Swinburnes, Jacobsens, D'Annunzios, Dantes *Komödie* in Fragmenten und alle Sonette Shakespeares) in kostbar ausgestatteten Ausgaben, und von 1904 an wurden sie mit besonderen, archaisch stilisierten Lettern, der sogenannten George-Schrift, nach den Vorlagen des Malers Melchior Lechter, gedruckt. Seine Außerordentlichkeit betont er auch in der Orthographie (alle Substantive werden mit Kleinbuchstaben geschrieben) sowie in der Interpunktion, die nicht die Normen der Hochsprache befolgt und nur den Rhythmus unterstreicht. Bei all dem ist es schwer, stilistische und rein optische, dekorative Absichten voneinander zu unterscheiden.

Während der junge George seinem gesellschaftlichen Typus nach dem Dandy nahestand, in dem Sinne, wie ihn Baudelaire definiert hatte – als materiell unabhängiger Ästhet und „Aristokrat der Seele" –, kommt in seinen reiferen Jahren immer mehr das Bestreben zum Ausdruck, Prophet und geistiger Führer zu werden, der von seinen Anhängern gleichsam Untertanengehorsam fordert. Er sammelte um seine literarische Zeitschrift „Blätter für die Kunst" (1892–1919) eine größere Zahl ständiger Mitarbeiter, bildete im Lauf der Zeit seinen sogenannten Kreis, eine ausgewählte Gruppe junger Intellektueller, die in ihm Lehrer und Vorbild sahen. Dieser Gruppe, die ihrem Charakter nach eine ästhetische und geistige Sekte war, gehörten eine Zeitlang u. a. der Literaturhistoriker Friedrich Gundolf (Autor einer bezeichnenden Goethe-Monographie, 1916) und der Philosoph und Graphologe Ludwig Klages an, einer der einflußreichen Verfechter des Irrationalismus (*Der Geist als Widersacher der Seele,* 1929–1932). Die Notizen der Mitglieder zeugen davon, daß George schon seinen *Algabal* für ein Werk hielt, dessen Leitgedanke der Protest gegen den bürgerlichen Liberalismus sei. In seinen letzten Gedichtbänden (*Der siebente Ring,* 1907, *Der Stern des Bundes,* 1913, *Das Neue Reich,* 1928) ist George der Dichter eines Mythos von der nationalen Sendung der Elite. Der Kult von Kraft und Schönheit, der bereits spartanische Züge aufweist, ist in dieser späten Schaffensperiode oft in einem spröden Vers gestaltet, in dem die Musikalität durch Pathos verdrängt erscheint.

Es gab den Versuch, die Vision des *Neuen Reiches* mit politischen Tendenzen jener Zeit zu verbinden und damit Georges Poesie zugunsten des Faschismus zu mißbrauchen. Indessen hat sich der Dichter ziemlich klar abgegrenzt: er schlug alle Ehren, die ihm die neuen Machthaber 1933 anboten, aus und suchte Zuflucht in der Schweiz. Dort ist er auch begraben. In der Auffassung, daß Dichtung eine Art Heiligtum sei und daß es notwendig sei, eine Einheit von Poesie und Leben zu schaffen, blieb George konsequent. Auf dem Wege, den er mit der Generation der Symbolisten ging, kannte er keine Zugeständnisse. Aber es stellte sich heraus, daß dieser Weg ein Abweg war, daß es nicht möglich war, ihn weiter zu verfolgen, weder in stilistischer noch in thematischer Hinsicht. Das ist zum Beispiel die Erfahrung Hofmannsthals. Von diesem Standpunkt aus ist es symptomatisch, daß der wichtigste Beitrag der deutschen Dichtung zur Weltliteratur um die Jahrhundertwende von einem Autor erbracht wurde, der sich fern vom George-Kreis hielt und jeder Doktrin, auch der symbolistischen, aus dem Wege ging: von Rainer Maria Rilke.

Rilke (1875–1926) wurde in Prag geboren, in einer Familie, die jenem Bürgertum angehörte, das sich – aus nationalen oder ökonomischen Gründen – der deutschen Sprache bediente. Das österreichische Beamtentum, Siedler aus deutschen Gegenden und ein Teil der jüdischen Bevölkerung bildeten damals in der tschechischen Metropole eine verhältnismäßig dünne gesellschaftliche Schicht, die dennoch einen bemerkenswerten Anteil am kulturellen Leben hatte. So verwundert es kaum, daß sich unter den Fittichen der österreichisch-ungarischen Monarchie eine eigene Prager deutsche Literatur entwickeln konnte, ein auch in sozialer und ästhetischer Hinsicht interessantes historisches Phänomen. Die Tradition und die Strömungen dieser literarischen Enklave erklären die Bemühungen ihrer bedeutendsten Vertreter, auf diesem Boden, auf dem im politischen Leben notwendig Intoleranz zum Ausdruck kommen mußte, der Literatur die Aufgabe zu stellen, eine Botschaft menschlicher Solidarität zu übermitteln. Deshalb eignet dem Titel der ersten Gedichtsammlung des Pragers Franz Werfel: *Der Weltfreund* (1911) eine besondere Symbolik. „Weltfreunde" zu sein und Kosmopoliten, aber ebenso Freunde des tschechischen Volkes, das sind Eigenschaften, die für die Mehrzahl der Autoren gelten, die diesem Zentrum entstammten (neben Kafka, dem größten Namen, traten vor allem in Erscheinung: Max Brod, Egon E. Kisch, Paul Kornfeld, Gustav Meyrink, Ernst Weiß, Paul Leppin, Oskar Baum, Paul Adler, Ludwig Winder, Johannes Urzidil, Hermann Ungar, Franz Carl Weiskopf, Hermann Grab, Louis Fürnberg).

Rilke verließ Prag bereits in seiner Jugendzeit, für immer, aber seine dichterischen Anfänge sind – wiewohl ihrem Wert nach bescheiden – ein vertrauliches Zeugnis seiner Anhänglichkeit gegenüber einer Stadt und einem Lande, in denen er die geliebte slawische Welt gespürt hatte. Der junge René (erst später änderte er seinen Namen in Rainer) war sozusagen ein naiver Dichter: verschieden von den frühreifen Jünglingen vom Schlage Rimbauds oder Hofmannsthals, zeigt er in seinen frühen Sammlungen (z. B. *Larenopfer,* 1896, *Traumgekrönt,* 1897, *Mir zur Feier,* 1899) weder eine Neigung zu neuem Ausdruck noch einen zuverlässigen Geschmack. Er schreibt seine Verse mit der unschuldigen Begeisterung des hoffnungsvollen Literaten, der jedes seiner „Erlebnisse" und jede seiner intimen Begegnungen mit einem Gedicht dokumentiert und sich dabei eines stereotypen poetischen Wortschatzes bedient. Naiv ist der Reiz mancher Strophen, die Erinnerungen an böhmische Landschaften erkennen lassen, an Lieder der Bauern, an alte Prager Gassen ... An literarischen Vorbildern nennt er in einem Gedicht Jaroslav Vrchlický.

Die Aufenthalte in Deutschland erweitern Rilkes Kenntnisse der zeitgenössischen Literatur, und in seinen Dichtungen zeigen sich Einflüsse der symbolistischen Poetik, z. B. Maeterlincks. Einem dekorativen Stil wendet der Dichter sich in seinem populärsten frühen Text zu, der Prosaballade *Die Weise von Liebe und Tod des Cornets Christoph Rilke* (1899, veröffentlicht 1906). Die wirklich entscheidenden Erlebnisse jedoch verdankte er nach eigenen Aussagen seinen Reisen, auf denen er in den Frühjahrs- und Sommermonaten der Jahre 1899 und 1900 Rußland kennenlernte: die Städte, die Provinz, die Menschen, die Natur. Er vertieft seine Sprachkenntnisse, übersetzt Lermontov und Čechov, ja noch mehr, er schreibt sogar Gedichte in russischer Sprache – so wie er sie zwei Jahrzehnte später manchmal auch in Französisch schreiben wird. Als Umherschweifender und Kosmopolit sprach Rilke später oft mit Sehnsucht von den russischen Weiten und hielt dieses Land für seine zweite Heimat (eine geistige, die er zugleich mit einem Mythos vom „einfachen Leben" verband). Gegen Ende seines Lebens schrieb er, Rußland sei die Grundlage seines Inneren geworden und ähnlich habe ihn nur noch Paris berührt, die Stadt neuer künstlerischer Erfahrungen.

Im Jahre 1902 lernt die Öffentlichkeit den „wahren" Rilke kennen. Schon mit der ersten Auflage seiner Sammlung *Das Buch der Bilder* (zweite, erweiterte Auflage 1906) rückte der Autor ab von den Bildern seiner frühen Verse. Mit dem

RAINER MARIA RILKE
DAS BUCH DER BILDER

VERLAG VON AXEL JUNCKER IN BERLIN

Rainer Maria Rilke, Das Buch der Bilder*: Titelblatt der Erstausgabe aus dem Jahr 1902. Die modische künstlerische Ausstattung entspricht dieser Poesie nur partiell. Rilke war schon damals, in der ersten Phase seiner künstlerischen Reife, voller Mißtrauen gegenüber den Vorstellungen des vermögenden Bürgertums, das die Kunst vor allem als ideologisches Dekor oder als Unterhaltung ansah.*

Buch der Bilder beginnt der beharrliche Kampf des Dichters um seinen Ausdruck, sein Bemühen, in angestrengter Konzentration die Sprache an Unnennbares heranzuführen. Die Bilder, die der Titel anzeigt, sind keine impressionistischen Skizzen über die Buntfarbigkeit der Welt; all das, was den Anschein erweckt, konkret zu sein, ist nur eine Reihe von Metaphern für den nicht verbalisierbaren Status des lyrischen Subjekts, für das Gefühl der Einsamkeit, der Stille, der Ergebenheit vor dem Leben. In dieser Dichtung gibt es weder scharfe Umrisse noch jähe Übergänge, alles in ihr ist gedämpft und verhalten, ohne Pathos, und die affektive Betonung liegt bei den sogenannten „kleinen", den „unbedeutenden" Worten. Alles bleibt zerbrechlich und unentschieden, Raum und Zeit verfließen in der Wiederholung solcher Wörter wie „irgendwo", „jemand", „irgendwohin", „etwas". Ein scheinbares Paradoxon dieses lyrischen Stils ist, daß in ihm ein rein begriffliches Vokabular, die Abstraktion hervortritt. Aber seine Besonderheit besteht gerade darin, daß diese Begriffe in die Verse nicht etwa eine herkömmliche „Gedanklichkeit" einführen, sondern anschaulich werden und sich ganz unauffällig in die Textur des Gedichtes einfügen. Die gewohnten Kategorien „Gedanklichkeit", „Bildhaftigkeit", „Stimmung" versagen beim Erfassen dieser Lyrik. Einige Gedichte des *Buchs der Bilder* (z. B. *Einsamkeit, Herbsttag, Kindheit*) sind reinster Ausdruck von Rilkes unnachahmlicher Sprachmagie. In denselben Jahren entstanden auch die drei Zyklen des lyrischen *Stunden-Buchs* (1905). Dieses umfangreichste zyklische Werk verdankt Rußland sehr viel, wenn auch in ihm nur wenige unmittelbare Anklänge daran zu finden sind. Die Überschriften des Zyklus: *Vom mönchischen Leben, Von der Pilgerschaft, Von der Armut und vom*

Tode sprechen metaphorisch über die Stadien im Leben des Einsamen, eigentlich des Künstlers, der in der Meditation über Inhalte religiöser Metaphysik versunken ist. Die Tradition, die das *Stunden-Buch* eröffnet, wird man in den Formen europäischer und östlicher Mystik suchen müssen; die monumentale Einförmigkeit der gereimten Verse suggeriert Sammlung, Versenkung in den Gedanken, der unaufhörlich um ein vermutetes Zentrum kreist. Die konventionelle religiöse Dichtung, konfessionell bestimmt, war Rilke dagegen vollkommen fremd. Insofern ist das *Stunden-Buch* kein Zeichen einer Konversion, sondern die Äußerung eines Dichters, der sein monistisches Weltbild in einer Sprache ausdrückte, in der kollektive und individuelle Vorstellungen sich untereinander auf ungewöhnliche Weise durchdringen.

Seine Biographie verzeichnet Unruhe im äußeren Leben: obwohl er Familie besaß, vermied Rilke jede dauernde Bindung, wechselte seine Aufenthaltsorte und nahm oft die Einladungen von Bekannten an. Er fühlte sich als Bürger Europas, der überall und nirgends zu Hause ist. Wenngleich ihm die Exklusivität Georges fremd war, zweifelte er zutiefst an Funktion und Wirksamkeit der Kunst in der Gesellschaft seiner Zeit; die Stimme des Dichters hielt er für die Stimme eines Vereinsamten in einer Öffentlichkeit, die – wie er es einmal ausdrückte – nur den „Luxus" schätze und für die geistige Schöpfungen nur Objekte übersättigten Genusses seien. Neue Schaffensantriebe brachte ihm der Aufenthalt in Paris, wo er einige Zeit lang der Sekretär Rodins war. Die Pariser Tage und die Erinnerung an viele Reisen liegen dem Werk zugrunde, in dem der spätere Rilke am vollkommensten seinen Ausdruck fand: die Sammlung *Neue Gedichte* (2 Bände, 1907–1908). In diesen Gedichten sind die impressionistischen Eindrücke ganz überwunden, und die früher subjektiven Stimmungsgehalte weichen einer Intuition, mit der der Autor in das „objektive Wesen" der Gegenstände und Ereignisse, die Inhalt seiner Gedichte sind, eintauchen möchte. So werden die Verse zur Stimme sprachloser Dinge, zur Botschaft aus der Welt der Artefakte, der Naturerscheinungen und der Tiere. Noch mehr als in den frühen Gedichten tritt im Versbau ein Gleichgewicht von abstrakter Reflexion und anschaulicher Bildhaftigkeit hervor, die von reicher Lautlichkeit durchdrungen ist, aber niemals oberflächlich bleibt, sondern immer einen intensiven Teil des lyrischen Gedichtvolumens bildet. Rilke waren zu allen Zeiten seines Schaffens Ironie und Persiflage ebenso fremd wie das gekünstelte Spiel mit Versen; so spricht er auch hier mit der gleichen ruhigen Aufmerksamkeit von allen Dingen, den „wichtigen" und den „unwichtigen": vom Ölbaum, von der alten Kirche, vom Park vor dem Regen, von den Tönen der Klavieretüde, vom Karussell, von der Kathedrale, von der schlanken antiken Statue, von der Traurigkeit der Tiere im Zoo, von der Fontäne, vom Kinderspielzeug ... Den Schlüssel zu seiner Poetik erblickte Rilke in der Erfahrung, d. h. im Reichtum durchlebter Momente und Erkenntnisse von der Unerschöpflichkeit des Lebens. Empfindungen, schrieb er, hat jeder, aber erst lange Erfahrung bringt die Reife hervor, aus der manchmal ein gutes Gedicht erwächst. Die *Neuen Gedichte* zeigen, daß auch in den Augen eines großen Dichters die Welt ihre Grenzen hat und daß die Erfahrung des Autors nur einen Teil der komplizierten Wirklichkeit erfaßt: das, was „existentiell" ist, widerstandsfähig gegenüber histo-

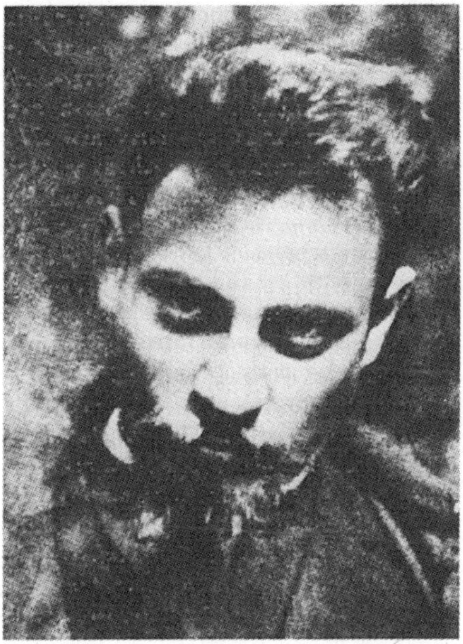

Rainer Maria Rilke *(1875–1926). Seine Biographie verzeichnet Unruhe im äußeren Leben: er fühlte sich als Bürger Europas, der überall und nirgends zu Hause ist.*

rischen Veränderungen. Die historische Dynamik der Wirklichkeit wird auf einige statische Paradigmen des Lebens reduziert.

In diese Poetik der Erfahrung ist Rilkes umfangreichster und sicher auch sein wichtigster Prosatext eingebettet. Es ist der unkonventionelle (ohne Gattungsbezeichnung veröffentlichte) Roman *Die Aufzeichnungen des Malte Laurids Brigge* (1910). Das intime Tagebuch der Hauptgestalt, des jungen dänischen Dichters, der sich in Paris aufhält, ist der fiktive Rahmen für eine Reihe von Psychogrammen, die das Hauptthema dieses Werkes variieren: die Einsamkeit des Künstlers, der Schmerz der Erinnerungen, das Erleben der Vergänglichkeit, die Erkenntnis der Armut der Welt, die sich hinter glänzenden Fassaden verbirgt. Die spröde, aber reich nuancierte Prosa Rilkes, suggestiv besonders, wenn sie von Fällen des Leidens und des Verfalls spricht, entsagt hier all dem, was jahrhundertelang als Stoff im erzählerischen Werk Geltung hatte; in den *Aufzeichnungen* gibt es weder einen „literarischen“ Handlungsfluß, noch Verwicklungen, noch Auseinandersetzungen von Personen. Der Roman hat sich völlig zurückgezogen in das Innere eines Bewußtseins, und Gegenwart und Vergangenheit (in der Erinnerung) fließen ständig ineinander über. Die *Aufzeichnungen* sind ein entscheidender Schritt hin zur Prosa der Introspektion und des Bewußtseinsstroms, die bald danach den europäischen Roman kennzeichnen, z. B. in den Werken Marcel Prousts, James Joyces, Robert Musils.

Nach den *Aufzeichnungen* verstummte Rilke fast ein Jahrzehnt. Die Kriegs- und ersten Nachkriegsjahre erlebte er als Belastung ohne Sinn. Ohne Konzentration zum Schaffen zu finden, äußert er sich betrübt in zahllosen Briefen, in denen nicht selten vollendete Prosa zu finden ist. Der Briefwechsel aus der Zeit seiner Lebensreife ist ein besonderes biographisches, aber auch künstlerisches Zeugnis. Im Jahre 1919 verläßt Rilke München, wo er während des Krieges gelebt hatte und siedelt sich in der Schweiz an. Seit 1921 lebt er häufig in dem abgelegenen kleinen Schloß Muzot. Dort, in der Einsamkeit, vollendet er das Werk, das er zehn Jahre vorher in Duino, an der nördlichen Adria, begonnen hatte: den Zyklus von zehn Gedichten, *Duineser Elegien* (1923). Der späte Rilke, der Valéry kennengelernt hatte, überraschte seine Leser mit einer ungewöhnlich spröden, schwer zugänglichen Poesie, die ganz besonders sein Verständnis des Hermetismus demonstriert. Hermetisch ist diese Lyrik – und im übrigen eher einem Typ der deutschen Dichtung des 18. Jahrhunderts, z. B. Klopstocks Versen, als dem zeitgenössischen Expressionismus verwandt – durch ihre angestrengte Gedanklichkeit, die sich auf Symbole stützt, welche sich sogar der kontextualen Erklärung entziehen. Im Grunde ist dies eine Dichtung, die sich, auch wenn sie die Destruktion des Verses vermeidet, dicht an der Grenze von Sprache und Kommunikativität bewegt. Die Elegien über das Leid in der Welt lassen erahnen, wieviel an menschlicher Verständigung bereits von der Krise erfaßt ist. Ein eher unbeschwertes Verhältnis zur Wirklichkeit spricht aus seiner letzten Sammlung, *Sonette an Orpheus* (1923, mit 26 Sonetten im ersten und 29 Sonetten im zweiten Teil), die ebenfalls im Februar 1922 entstanden sind. Die sehr freien Sonette, die den Eindruck erwecken, als sei mehr die improvisatorische Leichtigkeit betont, sind die Versöhnung des Dichters mit den Menschen und mit der Natur: Orpheus ist Symbol des Schaffenden, der mit dem magischen Gedicht *trotz allem* seinen Enthusiasmus für die Schönheiten des Lebens und die Beständigkeit der Natur ausspricht.

In der Breite seiner literarischen Kultur und zuweilen auch im Charakter seiner Motive kann Theodor Däubler (1876–1934) mit Rilke verglichen werden, ein Triestiner, der sich selbst einen deutschen Dichter des Mittelmeerraumes nannte. Er lebte unstet und reiste viel in Italien, Deutschland und Griechenland. Als Kunstkritiker und Essayist (*Der neue Standpunkt,* 1916) ist er ein Mitstreiter des Expressionismus. In seiner Lyrik (den Sammlungen: *Der sternhelle Weg,* 1915, *Das Sternenkind,* 1916, *Attische Sonette,* 1924, u. a.) nähert er sich einer Tradition, die beides, klassizistische Disziplin und impressionistische Farbigkeit in gleichem Maße schätzt. Er ist ein Dichter der Natur: deutscher Landschaften und, noch mehr, mediterraner Panoramen, die ihn mit ihrer hellen Schönheit begeisterten. Für sein Hauptwerk hielt er den riesigen, episch-lyrischen Zyklus *Das Nordlicht* (erste Fassung 1910, zweite Fassung 1921), der gleichzeitig kosmische Phantasie, kulturanthropologischer Mythos und eine Dichtung über das künstlerische Schaffen darstellt. Der Text ist stilistisch uneinheitlich, die Episoden sind von unterschiedlichem Wert. Däubler schuf damit, und er überschätzte seine Kräfte dabei, eine der umfangreichsten, aber auch eine der heute am wenigsten bekannten Versdichtungen der neueren Literatur.

Die Bestrebungen der pluralistischen Epoche um 1900 zur Erhaltung und Erneuerung einiger schon verblaßter literarischer Gattungen unterstützte auch der Schweizer Dichter und Romancier CARL SPITTELER (1845–1924), Nobelpreisträger von 1919. Ähnlich wie Däubler zog auch ihn die Idee eines modernen Epos in Versen an, eine sehr charakteristische Idee für die Kunst in einer Epoche, die sich für die Idee repräsentativer Monumentalität begeisterte. Spittelers *Olympischer Frühling* (1905, zweite Fassung 1910) ist eine epische Phantasie auf Motive der griechischen Mythologie: Das Leben ist ein unerbittlicher Kampf, sein Sinn liegt einzig und allein in der seltenen, edlen Anstrengung des Geistes. Der philosophische Einschlag des Werkes leitet sich von Schopenhauer und Nietzsche her. Bekannter, jedenfalls dem Titel nach, ist der Roman *Imago* (1906), das psychologische Porträt eines Künstlers, der aus seinem Bewußtsein die Erfahrungen der Wirklichkeit getilgt hat und in sich imaginäre Vorstellungen von den Menschen konstruiert. Der Titel des Werks, der auf Freud einen ungewöhnlichen Eindruck machte, ging in die Terminologie der psychoanalytischen Theorie ein.

Die mythische Phantasie ist Hauptmerkmal der Dichtung von ALFRED MOMBERT (1872–1942). Seine ausgewählten Gedichte *Der himmlische Zecher* (1909) stellen ihn als Pathetiker mit üppiger Phantasie vor, dessen Bilderflut kosmischen Visionen oder „prähistorischen" menschlichen Leidenschaften gilt. In seiner kühnen Metaphorik ist er ein Vorläufer des Expressionismus. Vielfacher Stilwechsel ist charakteristisch für den sensiblen Eklektiker MAX DAUTHENDEY (1867–1918). Er ist ein Dichter, der die Eindrücke seiner Reisen in fremde Länder verarbeitete, verliebt in den Genuß visueller Erlebnisse, in die glühenden Farben tropischer Gegenden, er ist aber auch der Dichter phantastischer Visionen aus exotischen Traumwelten, die den von Drogen hervorgerufenen Bildern ähneln (die Sammlung *Ultra Violett,* 1893). Ein impressionistisches Reisepanorama und exotische Phantasien verschmelzen im großen lyrischen Reisebuch *Die geflügelte Erde* (1910). Von den Prosatexten sind die hervorzuheben, in denen intensiv die Stimmung fremder Länder zum Ausdruck kommt: die „japanischen Liebesgeschichten" *Die acht Gesichter am Biwasee* (1911) und der Roman von ungewöhnlichen Erlebnissen in Mexiko *Raubmenschen* (1911). – CHRISTIAN MORGENSTERN (1871–1914) wäre als Autor konventioneller, ziemlich blasser Lyrik kaum mehr bekannt. Paradoxerweise ist er wirklich bedeutend als Autor von Gedichtsammlungen (*Galgenlieder,* 1905, *Palmström,* 1910, u. a.) geworden, die er ohne besonderen Ehrgeiz, nur zur Unterhaltung im Freundeskreis, geschrieben hatte. In diesen Versen, verwandt der englischen Nonsens-Poesie, gibt es jedoch durchaus Tiefgang: sie sind eine Galerie von groteskem Humor, der mit der Sprache spielt, mit ihren Bildern, ihrer Unlogik und ihren Widersprüchen, und bieten damit einen eigenartigen, geistreichen Zugang zur Philosophie der Sprache. Wie einige seiner Zeitgenossen Vorläufer des Expressionismus waren, so ist Morgenstern ein Vorläufer der visuellen bzw. konkreten Poesie.

13. Wiener Moderne

Wien, schon seit langer Zeit eines der Zentren der Kunst in Europa, war niemals in dem Maße auch eine Stadt der Literatur, wie sie schon immer eine Stadt der Musik oder des Theaters gewesen war. Nach dem Jahre 1848 schien es einige Zeit, als ob die Stimme Österreichs in der europäischen Literatur verstummt und eine Ära der Epigonen und Regionalschriftsteller ohne universelle Bedeutung heraufgezogen sei. Diese Stagnation war beinahe in demselben Moment beendet, in dem in Deutschland mit dem Naturalismus eine neue literarische Epoche begann. Die Wiener Moderne ist kein isoliertes Phänomen; dem literarischen Aufstieg entspricht ein Anwachsen der Schaffensintensität und der Kühnheit neuer Konzepte in Wissenschaft und Kunst. Die populäre Vorstellung von der Stadt der Strauß-schen Walzer in einer Epoche der lange dauernden Agonie der Donaumonarchie verdeckt oft die Tatsache, daß diese Stadt in der damaligen Zeit auch Schauplatz geistiger Vorstöße und Spannungen gewesen ist, die eine tiefe Spur in der Kulturgeschichte unseres Jahrhunderts hinterlassen haben.

Aus der Praxis von SIGMUND FREUD (1856–1939) entwickelte sich die Psychoanalyse, die – abgesehen von allen Mißverständnissen, die sie auch immer verursachen mochte – auch die Literatur lehrte, die unsichtbare Wirklichkeit des psychischen Lebens mit anderen Augen anzusehen. Im Jahre 1900, symbolisch an der Schwelle des neuen Jahrhunderts, erschien sein Buch *Die Traumdeutung*, ein entscheidender Schritt hin zur Erforschung des Unterbewußten und zur Entdekkung von Regionen, die von Vorurteilen und Ignoranz überschattet waren. In Wien lebten und arbeiteten damals Gustav Mahler und Arnold Schönberg. Die „Wiener Schule" der modernen Musik, mit Schönberg, Alban Berg und Anton von Webern brach definitiv mit den traditionellen Kategorien der Harmonielehre und führte die völlige Emanzipation der Dissonanz herbei. Zu Beginn der zwanziger Jahre schrieben Schönberg und seine Schüler dann die ersten Werke nach den Prinzipien der Zwölftonmusik. Von weitreichender Bedeutung ist auch der Kampf, den der Wiener Architekt ADOLF LOOS (1870–1933), einer der Pioniere moderner Architektur und des Design, gegen die Ornamentik der Sezession führte, was in seinen temperamentvoll geschriebenen Essays (z. B. *Ornament und Verbrechen*, 1908), in denen er für eine besonnene und angemessene Funktionalität eintritt, zum Ausdruck kommt. In seiner Polemik gegen den dekorativen Ästhetizismus hatte er einen Mitstreiter in seinem Freunde Karl Kraus, dem polemischen Genius der Wiener Literatur.

Der Naturalismus kam in der österreichischen Literatur kaum zur Geltung. Dafür gibt es in der Wiener Moderne auch nicht jene scharfen Kontraste zum Naturalismus, wie sie der deutsche Symbolismus des George-Kreises darstellte. Eher einer Stilsymbiose zugeneigt, ist die Moderne weniger dogmatisch fixiert und deshalb offener gegenüber verschiedenen Strömungen. Sucht man nach einer synthetischen Benennung für diesen Stil, ist für die Mehrzahl der Autoren, wenigstens in einzelnen Phasen, der Begriff Impressionismus angemessen. Im übrigen sollte der Umstand nicht übersehen werden, daß der Physiker und

Gustav Klimt (1862–1918), Der Kuß*: das Werk des Wiener Sezessionsmalers entstand 1911. Es ist eine bildliche Entsprechung zum dekorativen Stil einiger Dichter um die Jahrhundertwende.*

Philosoph Ernst Mach am Ende des Jahrhunderts eine Erkenntnistheorie entwikkelte, die sein Landsmann Hermann Bahr eine Philosophie des Impressionismus genannt hat. Nach Mach besteht alle Wirklichkeit, die physische und die psychische, aus Komplexen von Empfindungen, aus Farben, Lauten, Gerüchen, Tastempfindungen usw. Die Persönlichkeit, das, was wir das „Ich" nennen, ist nur ein verhältnismäßig stabiles Bündel von Beobachtungen, Gefühlen und Erinnerungen. Deshalb gibt es keinen Unterschied zwischen der Wirklichkeit und dem Subjekt. Das menschliche Denken muß die Metaphysik vermeiden und in der Erfahrungswelt sich die empirischen Erkenntnisse auf rationale Weise beschaffen. Einer solchen Art des Empirismus verschrieben sich die Impressionisten. Mit dem Naturalismus verbindet sie die strenge Unterordnung der Phantasie unter die Erfahrung, ferner die Mimesis in dem Vorzug, den sie der Darstellung des damaligen Alltags einräumen. Deshalb ist ihnen auch der Exotismus der Symbolisten fremd. Aber auch den naturalistischen wissenschaftlichen Ambitionen stehen sie fern. Die Impressionisten wollen wissenschaftliche Thesen weder dokumentieren noch untermauern, sie versenken sich vielmehr in die Welt der Erscheinungen und überlassen sich ihren Eindrücken, starken und unbedeutenden, leidvollen und heiteren. Der impressionistische Stil ist Ausdruck einer sehr ausgeprägten Sensibilität für alles, was spürbar ist, flüchtige, seltene Nuancen in der Menge der Farben, Düfte und Laute. Träger der Sinnesqualitäten ist zumeist das Adjektiv, und es ist kein Wunder, daß die Gebrüder Goncourt als Wegbereiter des Impressionismus betonten, das seltene (besondere, charakteristische) Epitheton sei das

Kennzeichen dichterischen Könnens. Sie vergaßen hinzuzufügen, daß die Vorbedingung für die impressionistische Sensibilität eine bestimmte Disposition ist, oft erworben infolge kultureller Privilegien. Der Kult der Nuance ist Kennzeichen einer Persönlichkeit, welche sich Reaktionen erlauben kann, die nicht vom praktischen Nutzen bestimmt sind; er steht für Exklusivität. Im Essay über D'Annunzio (1893) schreibt Hofmannsthal: „Man treibt Anatomie des eigenen Seelenlebens, oder man träumt. [. . .] modern ist die Zergliederung einer Laune, eines Seufzers, eines Skrupels; und modern ist die instinktmäßige, fast somnambule Hingabe an jede Offenbarung des Schönen, an einen Farbenakkord, eine funkelnde Metapher, eine wundervolle Allegorie."

Der Programmatiker der Wiener Moderne war HERMANN BAHR (1863–1934), ein Literat, für den der Eklektizismus zur Leidenschaft wurde. In der europäischen Literatur und in der bildenden Kunst seiner Zeit gibt es wohl keine Orientierung und kein Programm, das nicht in mehreren seiner Kritiken, Feuilletons, Theaterstücke oder Romane, Texten, die immer modisch und zuweilen oberflächlich waren, zum Ausdruck kam. In seinem öffentlichen Wirken, als Journalist, Dramaturg und Übersetzer war er der gewandte Exponent jener bürgerlichen Mentalität im Vorkriegsösterreich, die Karl Kraus bekämpfte. Sichtbare Spuren in der Kulturgeschichte der Epoche hinterließ Bahr vor allem als Kritiker, der bisweilen durch die Schnelligkeit seiner Reaktionen Eindruck machte, in der ersten Phase auch durch die Durchschlagskraft seines kritischen Urteils. Unter seinen frühen Essays und Versuchen (in den Sammlungen *Zur Kritik der Moderne*, 1890, und *Die Überwindung des Naturalismus*, 1891) gibt es Ansätze, denen man weder Sensibilität noch Weitsicht absprechen kann. Da er jedoch weder seine gedanklichen Ausgangspunkte noch seine frühe Rezeption des Marxismus vertiefte, blieb Bahr bis zu seinem Ende ein Eklektiker. Er verpaßte nicht die Gelegenheit, sich sehr subjektiv über den Expressionismus auszulassen (*Expressionismus*, 1916), und nach 1918 gefiel er sich am besten in der Rolle eines Apologeten des Konservativismus. Als Romancier (ein Romanzyklus über die moderne Gesellschaft, vor allem über Künstler) und Dramatiker erhob er sich in der Mehrzahl seiner Werke nicht über den Durchschnitt. Durch Leichtigkeit, geschickte Technik und Akzente behutsamer Gesellschaftskritik zeichnen sich einige Komödien (z. B. *Das Konzert*, 1909) aus, die dem Typ des anspruchsvollen Unterhaltungstheaters um die Jahrhundertwende angehören. Eingehende literarhistorische Untersuchungen über wichtige Impulse, die von Bahr ausgingen, stehen noch aus.

Ein lebendiges Potential des Wiener Theaters seiner Epoche findet sich im Schaffen von ARTHUR SCHNITZLER (1862–1931), des wohl populärsten Autors der österreichischen Moderne. Geboren in einer angesehenen jüdischen Familie, Sohn eines Medizinprofessors, studierte er auch selbst Medizin und wurde zunächst Arzt. Seinen Kollegen Sigmund Freud, dessen Arbeiten seine psychologische Erfahrung vertieften, lernte er erst zu einer Zeit persönlich kennen, als er bereits ein anerkannter Schriftsteller war. Ein Brief Freuds an Schnitzler aus dem Jahre 1922 enthält ein bezeichnendes Urteil: „Ihr Determinismus wie Ihre Skepsis . . .

Ihr Ergriffensein von den Wahrheiten des Unbewußten, von der Triebnatur des Menschen, Ihre Zersetzung der kulturell-konventionellen Sicherheiten, das Haften Ihrer Gedanken an der Polarität von Lieben und Sterben, das alles berührte mich mit einer unheimlichen Vertrautheit."
Schnitzler qualifizierte sich in den neunziger Jahren zuerst als Dramatiker. Seine Domäne ist die Darstellung des Alltags im bürgerlichen Leben, besonders in intellektuellen Kreisen, bei den Bonvivants, den Künstlern und den Offizieren. Die Lebensauffassungen und Konventionen dieser Schichten in einer wirtschaftlich und politisch scheinbar stabilen Epoche sind Motive von Theaterstücken und Novellen, in denen impressionistische Stilverfahren, eine verfeinerte psychologische Analyse und gekonnte literarische Technik der Schilderung mitmenschlicher Beziehungen dienen, die für das europäische fin de siècle typisch waren. Die Spannweite der Motive ist nicht groß; alles kreist bei Schnitzler um die Erotik in allen ihren Formen – von der Leidenschaft bis zum verfeinerten Spiel, von der Liebelei bis zur morbiden Exaltation. Sinnlichkeit in jedem Erlebnis, Wehmut um die Vergänglichkeit des Daseins und die Suggestion der Stimmungen bilden die Ausdrucksskala seines Impressionismus. In den besten Werken verbreitert sich diese begrenzte Motivbasis um Gesellschaftskritik mit subtiler Ironie.

Schnitzler brachte in seinem Erstling die impressionistische Skizze auf die Bühne, in dem Einakterzyklus *Anatol* (1889–1893), wo sich unter flüchtiger Konversation das wehmütige Porträt eines leichtfertigen Melancholikers und Bonvivants erahnen läßt, der bereits angenagt ist vom Zweifel am Sinn seiner „Abenteuer". Auch seine nächsten Dramen nannte Schnitzler wehmütige Spiele zwischen Tragödie und Komödie. Von den Stücken über die Mißverständnisse des Lebens sowie über Konflikte zwischen Konvention und wirklicher Empfindung, die in ihrer Thematik nicht selten an Čechov erinnern (*Liebelei* 1895, *Der grüne Kakadu*, 1899, *Der einsame Weg*, 1903, *Das weite Land*, 1911), verdient die „Komödie" *Professor Bernhardi* (1912) besondere Beachtung, das einzige Bühnenwerk des Autors, das unmittelbar politische Fragestellungen in den Vordergrund stellt: es zeigt einen Arzt, der wegen seiner humanen Auffassungen in Konflikt mit seiner konservativen und antisemitischen Umwelt gerät. – Ungewöhnlich ist sein geistvolles Beispiel eines „Theaters im Theater", also ein Spiel, das die szenische Illusion zum Thema hat, die sich am Schluß auch auf die Lebenswirklichkeit ausbreitet und damit das alte Motiv des *theatrum mundi* aktualisiert: die kurze Burleske mit Marionetten *Zum großen Wurstel* (1905). Schnitzler nimmt hier einen Platz zwischen der romantischen Komödie (Tieck) und Pirandello ein. Viel Lärm wurde seinerzeit um den Dialogzyklus des *Reigen* (1896/97, erste öffentliche Ausgabe 1903) gemacht, wobei es sogar zu einem Gerichtsverfahren wegen „Pornographie" kam. Heute schätzt man dieses kleine Meisterwerk, das virtuos die Situation vor und nach dem Geschlechtsakt variiert und die Abhängigkeit der Paare von sozialen Vorstellungen und Normen demonstriert, in erster Linie wegen der Schärfe in der Beobachtung sozialer Eigenarten und wegen seiner psychologischen Subtilität. Dieser „Reigen der Sexualität", komponiert nach einem kettenartigen Prinzip, bietet einen Querschnitt durch die damalige Wiener Gesellschaft.

Der Erzähler Schnitzler schuf Werke von unterschiedlichem Wert. Die Romane (*Der Weg ins Freie*, 1908, und *Therese*, 1928) bleiben zurück hinter den Novellen, von denen ohne Zweifel *Leutnant Gustl* (1900) die wichtigste ist. Es ist ein diskretes, durchaus treffendes Porträt eines durchschnittlichen österreichischen Offiziers jener Zeit, des typischen Vertreters einer parasitären Gesellschaftsschicht. Der Text stellte damals ein erzählerisches Novum dar: er gibt eines der frühesten Beispiele eines konsequent durchgeführten „inneren Monologes", d. h., daß die Erzählung im ganzen dem Gedankenfluß und den Beobachtungen des Titelhelden folgt. Das neue Jahrhundert sollte später, in den Romanen von Joyce, Virginia Woolf, Faulkner, Broch und vielen anderen, die weiteren Ausdrucksmöglichkeiten eines solchen Bewußtseinsstroms erproben.

Die impressionistische Skizze, der Reflex eines erlebten Augenblicks, verdrängte bei einigen Schriftstellern sogar die erzählerische Fabel. Ein Autor dieser Art ist PETER ALTENBERG (mit richtigem Namen Richard Engländer, 1859–1919), eine sonderbare Persönlichkeit der Wiener Kaffeehausboheme und ein leidenschaftlicher Beobachter des ihn umgebenden Lebens, Autor zahlreicher Prosaskizzen, in denen er auch noch das kaum mehr merkbare Vibrieren menschlicher Gefühle notiert, „Extrakte des Lebens". Als skeptischer Kritiker bürgerlicher Konventionen proklamierte Altenberg die Subjektivität zum Prinzip von Leben und Stil. Auch wenn er es verstand, aphoristisch zu formulieren, lesen sich viele seiner Skizzen wie Geschichten ohne Pointe, ganz erfüllt von der Augenblicklichkeit von Stimmungen und Erkenntnissen. Die Sprache ist scheinbar in einem unverbindlichen Plauderton gehalten, aber doch ganz darauf gerichtet, ein Erlebnis, vor allem ein visuelles, so genau wie möglich festzuhalten. Typisch sind die Titel seiner Sammlungen: z. B. *Wie ich es sehe* (1896), *Was der Tag mir zuträgt* (1901), *Märchen des Lebens* (1908), *Bilderbögen des kleinen Lebens* (1909).

Der vielseitige Autor der Wiener Moderne ist HUGO VON HOFMANNSTHAL (1874–1929), ein Dichter von profunder Bildung, der danach strebte, mit seiner literarischen Universalität in allen Gattungen: Gedichten, Dramen, Librettos, Erzählungen, Essays und Kritiken noch einmal die ganze Spannweite der europäischen literarischen Tradition zu umfassen und in konservativem Geiste einige ihrer Formen zu erneuern. Hofmannsthal ist, ähnlich wie Rimbaud, bereits in seinen frühesten Werken ein reifer Dichter. Unter den zahlreichen Gedichten des sensiblen Jünglings finden sich einige Anthologietexte des Symbolismus (z. B. *Lebenslied, Ballade des äußeren Lebens, Manche freilich . . ., Terzinen über Vergänglichkeit).* Es ist eine Lyrik, die mit einer Art Magie lautlich verfeinerter Verse Verwunderung und Beklommenheit um das menschliche Erlebnis der unerschöpflichen Schönheit ausdrückt, aber auch eine Klage über das Leben, das rätselhaft und stumm erscheint. Auch die frühen Einakter (mehr dialogisierte Gedichte als Dramen) sind Elegien über die Vergänglichkeit. Die Personen, allesamt Künstler oder kontemplative Naturen, sind sich darüber bewußt, daß sie ihr passiver Standpunkt, den sie dem Leben gegenüber einnehmen, benachteiligt; das Dahinfließen der Zeit ist Symbol unersetzlicher Verluste. Claudio, die Hauptperson des Einakters *Der Tor und der Tod* (1893), ist gleichsam der Faust des symbolistischen Theaters, aber dieser Faust hält in dem Augenblick, wo ihn

Hugo von Hofmannsthal (1874–1929), Kleine Dramen*: Titelseite einer mit Jugendstilelementen ausgestatteten Ausgabe des Insel-Verlages aus dem Jahr 1906. Rilke, Stefan Zweig und viele andere zeitgenössische Autoren begründeten die Tradition der Reihe mit dem charakteristischen Verlagssignet: dem Segelschiff.*

der Tod hinwegführt, sein Leben, das nur der Beobachtung und dem Nachdenken geweiht war, für unfruchtbar. Der Bruch zwischen dem „aktiven" Leben und der ästhetischen Reflexion, ein Problem, das Baudelaire, Flaubert und Nietzsche beschäftigte, ist ein zentrales Problem in Hofmannsthals frühen Werken. Die soziale Isolation des Künstlers wird zum Kennzeichen der Krise: die Einakter thematisieren das schlechte Gewissen des Ästhetizismus. Die übrigen, verwandten Texte (z. B. *Der Tod des Tizian*, 1892, *Das kleine Welttheater*, 1897, *Der weiße Fächer*, 1897) sind eigentlich lyrische Monologe, statische Projektionen innerer Erlebnisse, ausgedrückt in üppiger Metaphorik. Das Bewußtsein, daß sich in der Kunstlehre des Ästhetizismus ebenso wie andererseits in der rücksichtslosen Pragmatisierung der Sprache Entfremdung ausdrückt, ist in seinen frühen Essays gegenwärtig, z. B. in dem berühmten fiktiven Brief des Lord Chandos (*Ein Brief*, 1902). Unter den Erzählungen ist *Das Märchen der 672. Nacht* (1895) hervorzuheben, eine Geschichte vom grausamen und sinnlosen Tod eines Ästheten, die sich durch beziehungsreiche Symbolik auszeichnet.

In seinem späteren Schaffen, das hauptsächlich dem Theater gewidmet war, bleibt Hofmannsthal ein Sprachvirtuose, der sich mit gleicher Fertigkeit in vielen dramatischen Epochen und Stilen zurechtfand, von der antiken Tragödie (freie Bearbeitungen: *Alkestis*, 1894, veröffentlicht 1911, *Elektra*, 1904, *Ödipus und die Sphinx*, 1906) über die mittelalterliche und barocke Tradition des allegorischen Spiels (*Jedermann*, 1911, *Das Salzburger große Welttheater*, 1922, *Der Turm* 1924, zweite Fassung 1927, nach Calderón) und wehmütige Komödien mit

Stoffen aus dem venezianischen Rokoko, in denen die tragischen Akzente ihre Herkunft aus der Erkenntnis beziehen, daß auch ein Mensch, der seine Illusionen verloren hat, weiterleben muß (*Der Abenteurer und die Sängerin,* 1899, *Cristinas Heimreise,* 1910), bis hin zu modernen Konversationskomödien. Aus allen diesen Theatermasken, denen, je nach Stilerfordernis, Vers oder Prosa angemessen ist, spricht aber doch der Dichter, der mit einigen Motiven beschäftigt ist, die alle um ein zentrales Thema kreisen: die Überzeugung, daß eine unmittelbare Gefühlskultur das Unterpfand der wahren Humanität bedeutet. Sein sozialer Horizont verwehrte es ihm, Humanität auch außerhalb traditioneller Wertvorstellungen zu suchen. In seinen besten Texten ist jedoch ein Gespür für soziale Problematik festzustellen, die Unruhe des Künstlers, dem bewußt ist, daß sich traditionelle Werte in Ideologie verwandeln können, die dann ein verlogenes Dekor gesellschaftlicher Gegensätze darstellen. So ist die scheinbare Leichtigkeit seiner späten Komödien, *Der Schwierige* (1921) und *Der Unbestechliche* (1923) von Akzenten bemerkenswerter Gesellschaftskritik durchdrungen. Hofmannsthal vermied die ästhetische Isolation, die er schon sehr früh für eine unfruchtbare Pose hielt, und strebte danach, in unmittelbaren Kontakt mit der Öffentlichkeit über das Medium Theater zu kommen. Seine Texte für das Musiktheater, für die Opern von Richard Strauss, entstanden in Zusammenarbeit mit dem Komponisten (*Der Rosenkavalier,* 1911, *Ariadne auf Naxos,* 1912, *Die Frau ohne Schatten,* 1919, *Die ägyptische Helena,* 1928, *Arabella,* veröffentlicht 1933), sind Zeugnisse dieses Wunsches. Eine Parodoxie in der Werkgeschichte des Autors ist, daß die Popularität, die er als Librettist erlangte, einige andere, vielschichtigere Werke überschattete und damit eine ausgewogene Rezeption seines Schaffens behinderte.

Hofmannsthal verwandt ist RICHARD BEER-HOFMANN (1866–1945), dessen dem Umfang nach bescheidenes Werk noch unlängst als fast vergessen galt. Einige seiner Texte sind jedoch repräsentative Schöpfungen der Wiener Moderne. Beachtung verdient vor allem die größere Erzählung *Der Tod Georgs* (1900), die in impressionistischer Diktion eine krankhaft sensible Persönlichkeit porträtiert, und zwar auf eine Art, die wie auch bei Schnitzler eine gewisse Vorwegnahme der Freudschen Psychoanalyse erkennen läßt. Dem neuromantischen Verstheater gehört die Tragödie *Der Graf von Charolais* (1904) an sowie Dramen aus der jüdischen Mythologie (*Jaákobs Traum,* 1918, *Der junge David,* 1933). Der Autor, von den Nazis vertrieben, starb im amerikanischen Exil.

In der Wiener Moderne gab es nicht nur die „kultivierte Melancholie". Von dieser Vorstellung hebt sich die literarische Tätigkeit von KARL KRAUS (1874–1936) vollkommen ab, die Aktivität des Publizisten, Dramatikers, Dichters und eines der größten Satiriker der neueren europäischen Literatur. Von jüdischer Herkunft, erfuhr Kraus früh die Relativität humaner Prinzipien in der zeitgenössischen Gesellschaft, wobei er zugleich erkannte, daß die Möglichkeiten öffentlicher literarischer Wirksamkeit in hohem Maße abhängig von sozialen, vor allem von materiellen Bedingungen seien. Nachdem er genügend Erfahrungen als Mitarbeiter verschiedener Blätter erworben hatte, gründete er 1899 seine Zeitschrift „Die Fackel", ein polemisches Blatt, das in der Geschichte der Publizistik einzig dasteht, weil es von 1912 an bis zur letzten Nummer, im Todesjahr ihres

Karl Kraus (1874–1936), Die Fackel*: Titelseite der ersten Nummer der Zeitschrift, die im April 1899 in Wien erschien. Kraus' besondere Form des Kampfes gegen die Korruption im öffentlichen Leben provozierte breites Interesse und scharfe Reaktionen. Nach den ersten Nummern veröffentlichte er eine nüchterne Bilanz: 236 anonyme Beleidigungen (in Briefen), 83 anonyme Drohungen, ein Überfall in der Öffentlichkeit.*

Autors, ohne fremde Beiträge veröffentlicht wurde; alle Texte in diesen mehr als 500 Nummern sind von Kraus. Da sich Kraus so Unabhängigkeit sicherte, konnte er scharf und geistreich, ohne irgendwelche Konzessionen machen zu müssen, gegen die konventionellen Lügen der bürgerlichen Gesellschaft zu Felde ziehen, gegen Heuchelei, moralische Tabus und gegen eine korrupte Journaille. Als satirischer „öffentlicher Ankläger" verharrte er lange im Streit mit gesellschaftlichen Phänomenen, die er für Schandflecke der Zivilisation hielt. Erst gegen Ende seines Lebens begann er zu ermüden. Seine Gesellschaftskritik war moralistisch; er glaubte an absolute moralische Werte in der Nachfolge einer aufklärerischen Humanität und stellte die ehemaligen bürgerlichen Ideale der zeitgenössischen Wirklichkeit gegenüber. Der moralistische Idealist von nüchternem Verstand und ungewöhnlichem Scharfblick war freilich von der Illusion erfüllt, daß sein Kampf gegen die Lüge und das Vorurteil der „öffentlichen Meinung", der vor allem gegen die Machenschaften der Boulevardpresse gerichtet war, eine der Formen des ewigen Kampfes zwischen „Geist" und „Ungeist" bedeute.

Mit den Dichtern des Symbolismus, deren Esoterik ihm fremd war, verbindet ihn der Glaube an die Reinheit und die Macht der makellosen Sprache. Daher betrieb er die Präzision und Verständlichkeit im Gebrauch der Sprache mit einer Strenge, die einem Kult glich. Davon zeugen besonders die Essays über die ethische Bedeutung der Klarheit von Gedanke und Ausdruck (*Die Sprache,* postum 1937), aber auch viele polemische Artikel (gesammelt in den Büchern: *Sittlichkeit und Kriminalität,* 1908, *Die chinesische Mauer,* 1910, *Untergang der Welt durch schwarze Magie,* 1922, *Literatur und Lüge,* 1929). Kraus ist mit seinen schlagkräftigen, in glänzenden Formulierungen hervorgebrachten Gedanken, mit seinen reichen Paradoxien und Wortspielen der größte Meister des Aphorismus seit Nietzsche. In allen Sammlungen (*Sprüche und Widersprüche*, 1909, *Pro domo et mundo*, 1912, *Nachts*, 1918) spricht er als vielseitige Persönlichkeit: Moralist, Psychologe, Anatom gesellschaftlicher Konventionen, ein Autor, der noch viel mehr als Nietzsche die Zusammenhänge zwischen Politik, Ideologie und Wirtschaft begriffen hat. Den Weltkrieg hielt Kraus für eine monströse Provokation des gesunden Menschenverstandes. Seine Antwort auf die Schrecken und das Elend des Krieges ist der große Text *Die letzten Tage der Menschheit* (1918–1919 in der Zeitschrift, 1922 als Buch), genannt eine „Tragödie", genaugenommen eine riesige Montage von Dialogen und Dokumenten zu den Kriegsereignissen: über die Reaktion der Bevölkerung, über die von den Propagandafeldzügen der Presse verursachten Psychosen – kurz, über den Irrsinn jener Jahre, als, wie es in der Vorrede heißt, „Operettenfiguren die Tragödie der Menschheit spielten". In diesem Werk, dem die Möglichkeiten der Inszenierung auf dem Theater nicht gewachsen sind, ist Kraus Dokumentarist, der weiß, daß manchmal die Fiktion vor der Wirklichkeit verblaßt. Fast alle Episoden sind authentisch: „Die unwahrscheinlichsten Taten, die hier gemeldet werden, sind wirklich geschehen; ich habe gemalt, was sie nur taten. Die unwahrscheinlichsten Gespräche, die hier geführt werden, sind wörtlich gesprochen worden; die grellsten Erfindungen sind Zitate." Der Autor ist mit diesem Werk ein Vorläufer des heutigen dokumentarischen Theaters. Als Lyriker ist Kraus ein Anhänger der Tradition. Die Sammlungen *Worte in Versen* (9 Hefte, 1916–1930) sind eine Art Rekapitulation herkömmlicher Poesie. Doch auch hier ist der intellektuelle Vers im Epigramm oder im reflexiven Gedicht Kraus' Domäne.

Ohne Kraus und Altenberg wäre ALFRED POLGAR (1873–1955) kaum vorstellbar, ein Autor, der als Verfasser impressionistischer Skizzen und Novellen (z. B. in der Sammlung *Bewegung ist alles*, 1909) im Umkreis der Wiener Boheme zu sehen ist, seiner Neigung zur Satire und Sprachkombinatorik nach aber ein Schüler von Kraus. Eine Art origineller Beilage zu Kraus' *Letzen Tagen* ist Polgars Buch sarkastischer Aufzeichnungen über das moralische Elend des Hinterlandes in der Kriegszeit (*Kleine Zeit*, 1919, neue Fassung: *Hinterland*, 1929). Seine kurze Prosa ist oft eine eigentümliche Verbindung von Erzählung und Essay, das Ergebnis seiner Fähigkeit, ein Lebensdrama in einigen Sätzen zusammenzufassen und einer impressionistischen Skizze die Bedeutung kulturkritischer Betrachtung zu verleihen. Diese Kunst erzählender, essayistischer und aphoristischer Destillate gründet sich auf psychologische Findigkeit, humoristischen Skeptizismus und auf einen sehr wachen Sinn für die Deutung gesellschaftlicher Symptome. Alle Bücher Polgars (z. B. *Orchester von oben*, 1926, *An den Rand geschrieben*, 1926, *Schwarz auf Weiß*, 1929, *Sekundenzeiger*, 1937, *Standpunkte*, 1953) sind Sammlungen von Prosaminiaturen. Zwanzig Jahre lang war der Autor Theaterkritiker in Berlin und Mitarbeiter der bekannten Zeitschrift „Die Weltbühne". Seine gesammelten Kritiken *Ja und Nein* (4 Bände, 1926–1927) sind ein geistreicher Führer durch die dramatische Literatur, vor allem die moderne. Nach 1933 lebte und veröffentlichte Polgar, da er Antifaschist war, im Exil.

Der Schauspieler und Literat EGON FRIEDELL (1878–1938), Polgars Freund, führte den feuilletonistischen Impressionismus in die historische Abhandlung ein und verwandelte damit in seiner unterhaltsamen *Kulturgeschichte der Neuzeit* (3 Bände, 1927–1932) die Kulturgeschichtsschreibung in eine „fröhliche Wissenschaft". Als wissenschaftlicher Amateur und geistvoller Plauderer verstand es Friedell, Epochen, Werke und Persönlichkeiten der europäischen Kultur vom späten Mittelalter bis zu seiner Zeit in einer Reihe essayistischer und anekdotischer Porträts darzustellen. Seine Gedanken sind oft eigenwillig, ohne streng wissenschaftliche Ansprüche und Planmäßigkeit; daher kann man sie vom literarischen Standpunkt aus als anregende Marginalien eines wachen Feuilletonisten bezeichnen. Nach der Okkupation Österreichs beging Friedell Selbstmord: die *Kulturgeschichte des Altertums* blieb unvollendet. Dennoch ist ihr größerer Teil veröffentlicht: der Band über den Orient (*Kulturgeschichte Ägyptens und des alten Orients,* 1936) und die Darstellung der griechischen Antike (*Kulturgeschichte Griechenlands,* 1949).

Der anekdotische Aspekt in der Geschichte interessierte auch STEFAN ZWEIG (1881–1942). Anfangs stand er als Lyriker und Dramatiker unter dem Einfluß der symbolistischen Strömung innerhalb der Wiener Moderne. Er hatte Erfolg mit Erzählungen (vor allem den Sammlungen *Amok,* 1922, und *Verwirrung der Gefühle,* 1927), in denen er, unter Freuds Einfluß, die von den moralischen Normen der zeitgenössischen bürgerlichen Gesellschaft verursachten psychischen Konflikte schildert, namentlich erotische Erlebnisse von Menschen mit ungewöhnlichen Schicksalen. Dies ist auch die Thematik des Romans *Ungeduld des Herzens* (1938). Breite Popularität erlangte er mit seinen romanhaft geschriebenen Biographien historischer Persönlichkeiten: Politiker, Literaten, Forscher (z. B. *Joseph Fouché,* 1929, *Triumph und Tragik des Erasmus von Rotterdam,* 1935, *Maria Stuart,* 1935, *Magellan,* 1938). Er zeichnete darin Charaktere und ihre kulturgeschichtliche Umwelt im Geiste von Taines Gedanken, daß die Geschichte eigentlich ein psychologisches Problem sei. Die Sentimentalität, die in diesen Werken erkennbar ist, fällt in einer Reihe essayistisch-biographischer Studien weniger ins Gewicht: in denen über Balzac, Dickens, Dostoevskij (*Drei Meister,* 1920), Hölderlin, Kleist, Nietzsche (*Der Kampf mit dem Dämon,* 1925), Casanova, Stendhal, Tolstoj (*Drei Dichter ihres Lebens,* 1928). Der tolerante „Bürger Europas" Zweig hat, ähnlich wie sein Vorbild Romain Rolland, aus Verzweiflung über die faschistische Barbarei, seinem Leben in der Emigration selbst ein Ende gesetzt. Seine Autobiographie *Die Welt von gestern* (1942) ist ein wehmütiger Blick auf das alte Österreich und das Nachkriegseuropa.

Von den eher regionalen Autoren im Umfeld der Moderne gilt es, an ANTON WILDGANS (1881–1932) zu erinnern, einen Dramatiker naturalistischer und symbolistischer Orientierung (*Armut,* 1914, *Liebe,* 1916, *Dies irae,* 1918, u. a.) und Dichter eines gelungenen humoristischen Epos aus dem Leben der Provinz (*Kirbisch oder Der Gendarm, die Schande und das Glück,* 1927). Die Lyrik JOSEF WEINHEBERS (1892–1945) ist manchmal pathetisch steif und epigonal, ein Nachhall Hölderlins und Georges (die Sammlungen *Adel und Untergang,* 1934, *Zwischen Göttern und Dämonen,* 1938), manchmal wehmütig und liedhaft (*Kam-*

mermusik, 1939). Des Dichters Kult der „Form", eigentlich die Verabsolutierung komplizierter metrischer und kompositioneller Muster, ist Ausdruck einer vielseitigen literarischen Virtuosität, wie sie die Wiener Moderne pflegte.

14. Wege des Romans

Eine Auswahl von Erzählungen, die 1898 erschien, ist das erste Buch von THOMAS MANN (1875–1955). Die Titelnovelle *Der kleine Herr Friedemann* zeigt schon einige wesentliche Merkmale seiner Erzählkunst: die scheinbar kalte Zurückhaltung des analytischen Betrachters, die genaue Beachtung des Details, die psychologische Determinierung der Personen im Hinblick auf ihre soziale Herkunft, aber auch die Neigung des Autors, menschliche Schicksale und Absichten verallgemeinernd zu zeigen, eher abstrakt, als Beispiele für gewisse typologische Gegensätze in der menschlichen Natur. So bildet sich auch der Gegensatz heraus zwischen glücklichen und erfolgreichen, in jeder Hinsicht „normalen" Menschen, den Durchschnittsbürgern, und jenen anderen, „problematischen" Personen, die schmerzlich einen Zwiespalt in sich spüren, weil sie bestimmte psychische oder körperliche Besonderheiten vom normalen Leben trennen, das ihnen fremd und eisig gegenübersteht, dem aber dennoch ihre Sehnsucht gilt. Solch ein Fremder im Leben ist der bucklige Friedemann, Sohn einer angesehenen Patrizierfamilie, der von der geliebten Frau zurückgewiesen wird und daraufhin gebrochen in den Tod geht. Ähnlich auch zerstört das innere Ich einen künstlerisch begabten jungen Mann (in der Erzählung *Bajazzo*), der sich darüber bewußt ist, daß er seinen Platz nicht finden wird in einer Gesellschaft, deren Konventionen steril sind, mit der er aber durch seine ganze soziale Existenz verbunden ist.

Manns klassisches Werk über die Zweifel, die den Künstler in der zeitgenössischen Gesellschaft begleiten, ist die größere Erzählung *Tonio Kröger* (1903), eine novellistische Komposition, gekennzeichnet von der vom Autor auch sonst geäußerten Neigung, in seine Prosa ein durchdachtes Ebenmaß musikalischer Formen einzuführen, vor allem nach dem Vorbild, das er in Wagner fand. Sie ist durchzogen von autobiographischen Elementen: Handlungsgerüst ist der Entwicklungsweg eines sensiblen Jungen bzw. jungen Mannes, der im literarischen Schaffen eine Möglichkeit findet, seine Lebensenttäuschungen zu sublimieren. Die Erzählung, die der Autor selbst sehr schätzte, enthält den Grundriß zu Manns Poetik und baut sich auf der Überzeugung auf, daß jede literarische Kunst auf ihre Art auch Lebenskritik bedeutet, eine schöpferische Auseinandersetzung mit der Lebenswirklichkeit. Der Autor identifiziert sich demnach nicht mit seinem Stoff, und der unmittelbare, ungezügelte Eindruck zeigt sich als nicht geeignet für die Formung im künstlerischen Ausdruck. Reife Kunst ist vielmehr die Frucht einer Distanz, die Mann später immer öfter als Ironie bezeichnete. Die in der Erzählung von Tonio Kröger geäußerten Erkenntnisse flossen aus dieser zurückhaltenden

Lebensbetrachtung im Rahmen der damaligen gesellschaftlichen Konventionen: die Welt ist gekennzeichnet durch „Komik und Elend“, das ist die Erfahrungssumme des jungen Schriftstellers.
Der Gegensatz zwischen dem Leben und der Kunst, wie er hier gezeigt wird, hat seine Tradition und seine gesellschaftlichen Ursachen. In einer historischen Epoche, in der die Kunst davon bedroht ist, reiner Luxus zu werden und ein dekoratives Anhängsel mancher Ideologien, suchen die Künstler nach Exklusivität, weil sie glauben, auf diese Weise ihren Protest gegen die gesellschaftliche Lüge ausdrücken zu können. Darauf beruhen bei einigen Schriftstellern der militante Individualismus und der Kult der schöpferischen Einsamkeit, ein Standpunkt, wie ihn am konsequentesten Flaubert vertreten hat. Aber Flauberts Schatten hat nur mit einem geringen Teil den Artismus berührt, den der Held Manns, aber auch dessen Autor vertritt. Die Tradition des artistischen Fanatismus, von Flaubert und den französischen Symbolisten an bis zu Gottfried Benn in der deutschen Literatur, hat auch Mann beeindruckt, ihn aber nicht vereinnahmt. Für die Schriftsteller, denen die Kunst ein absoluter Wert bedeutet, ist das Schaffen Lebensdogma und Opfer, eine Art Ritual, dem sie sich mit asketischer Hingabe widmen. Dieser Standpunkt erlaubt keinen Relativismus. Thomas Mann ist jedoch ein Meister des ironischen Relativismus, der sich auf die Dialektik der Vermittlung zwischen den Extremen gründet, auf die Erkenntnis, daß die Lebensphänomene ihre „doppelte Optik“ (Nietzsche) besitzen und daß jeder Extremismus gefährlich ist – was ganz bestimmt für eine Kunst gilt, die ihre Würde in der kritischen Freiheit erblickt.

Es ist eine ungewöhnliche, fast paradoxe Tatsache, daß die Wiedergeburt des deutschen Romans, seine Rückkehr in die Weltliteratur, mit einem Werk beginnt, das regional bestimmt ist. Thomas Mann beabsichtigte ursprünglich, einen kurzen, impressionistischen Roman zu schreiben, autobiographisch eingefärbt. Aber unterm Schreiben wuchs die Chronik vom Aufstieg und Fall einer norddeutschen Patrizierfamilie, gezeigt im Ablauf von vier Generationen, zu unvorhergesehenen Ausmaßen an. Der Verleger riet dem Autor, das Manuskript zu kürzen, da das Publikum diese umfangreichen Romane satt habe. Dennoch wurde gerade dieser Roman, *Buddenbrooks* (1901), für den der Autor 1929 den Nobelpreis erhielt, sein populärstes Werk. Die *Buddenbrooks* widersetzen sich, ähnlich wie viele große literarische Schöpfungen, einer eindeutigen stilistischen Klassifizierung. Es ist zwar nicht schwer zu zeigen, daß der junge Autor viel von neueren russischen Schriftstellern gelernt hat, die er über alles schätzte. Jedenfalls eignete er sich die naturalistische Erzähltechnik an, die den kommunikativen Erzähler abschafft und den Horizont der Narration mit dem Erlebnishorizont der Personen vereinigt. Der naturalistischen Praxis wandte er sich auch schon darin zu, daß der Roman in vielem die Bedeutung eines kulturgeschichtlichen Dokuments hat. Die Stadt Lübeck, die Traditionen des Patriziats, wirtschaftliche Erfolge und Mißerfolge, Gebräuche und Ansichten, die von individuellen und kollektiven Merkmalen belebte Sprache der Personen – all das ist im Text des Romans vorhanden, dessen künstlerische Artikulation ganz durchzogen ist vom Rhythmus des bürgerlichen Lebens im vergangenen Jahrhundert. Den Kompositionsfaden deutet der Untertitel an: „Verfall einer Familie". Der Beweggrund für diesen Prozeß ist kompliziert: politische Veränderungen, geschäftliche Mißerfolge und persönliche menschliche Neigungen greifen in gleicher Weise ein ins öffentliche und private Leben. Auch die sozialen Wertmaßstäbe ändern sich; die Schwächung traditioneller Familieneigenarten, insbesondere der geschäftlichen Fähigkeiten, bedeutete gleichzeitig das Erwachen einer bis dahin nicht beobachteten künstlerischen Begabung. Der letzte Nachkomme, der kleine Hanno, dessen Tod das Ende signalisiert, ist ein werdender Künstler, unfähig zu einem Leben, zu dem ihn die vorhergehende Generation verpflichtet. Seine einzige Leidenschaft ist die Musik, und ganz besonders fasziniert ihn die Kunst Wagners – bei Thomas Mann ein Symbol der künstlerischen Magie, aber auch der „Dekadenz". Der Verfall ist im Roman motiviert, steht aber gewissermaßen im Gegensatz zur naturalistischen Forderung, daß epische Ereignisse dem Prinzip strenger Kausalität zu gehorchen haben. Eher könnte man sagen, daß die Liquidation der Firma Buddenbrook sich nach einer Idee vollzieht, die von Schopenhauers Philosophie des Quietismus durchdrungen ist. Die Chronik vom Ablauf der Zeit und von den Ritualen des bürgerlichen Alltags folgt insgeheim dem Gedanken Schopenhauers, daß im Strudel der Existenz allein die Sublimierung der Lebenstriebe Beruhigung zu bringen vermag. Die *Buddenbrooks* zeigen historische Ereignisse, die typisch sind für jene Zeit: den Prozeß des Verfalls der Patrizierfamilie, ein Prozeß, der die Auflösung der alten, hierarchisch aufgebauten bürgerlichen Familie überhaupt ankündigte. Auch wenn Mann seine Umwelt und seine Kindheit beschrieb, verbot ihm seine künstlerische Empfindung jede Sentimentalität. Mit der Kraft seines Vermögens, nur das, was allgemeingültig ist, zu zeigen, gelang es dem Autor, seinem Roman eine universale Bedeutung zu geben, Lübeck in ein Modell des bürgerlichen Lebens zu verwandeln und im Schicksal der Patrizier, der pedantischen und der habsüchtigen, der nüchternen und der wehmütigen, die Erinnerung an Formen und Leidenschaften einer vergangenen Welt zu erhalten.

Auch in einigen späteren Werken ist die Thematik gekennzeichnet von den Widersprüchen der Epoche, in der die Normen und Auffassungen der Vergangenheit ihre Grundlagen verloren und zu hohlen Masken der Konvention gerieten. So zeigt der Roman *Königliche Hoheit* (1909) das Leben eines jungen Herzogs, der der Meinung ist, er diene den von der Tradition geheiligten Grundsätzen, und dem noch sehr unklar die Wahrheit bewußt wird: daß er eine Marionette, ein Vertreter überlebter und steriler sozialer Formen ist, eine „formale Existenz", wie es der Erzähler nennt. Solch ein Repräsentant auf einer geistigen Ebene ist auch der Schriftsteller Aschenbach, die Hauptgestalt der bekannten Erzählung *Der Tod in Venedig* (1912). Wie so oft bei Thomas Mann wird eine Episode aus dem Leben eines Künstlers erzählt. Der Schauplatz des schicksalhaften Zusammentreffens zwischen Aschenbach, dem bekannten Schriftsteller, einer Berühmtheit in der bürgerlichen Gesellschaft, und einem Knaben aus einer polnischen Familie, für Aschenbach die Verkörperung vollendeter Schönheit, ist die Lagunenstadt mit ihrer eigentümlichen, beklemmenden Atmosphäre. Gefesselt von der Schönheit erlebt der Schriftsteller ohnmächtig den Zerfall seiner „Persönlichkeit", die sich der konventionellen Moral angepaßt hat: das ästhetische Erlebnis verwandelt sich in ein erotisches. Der Tod, der ihn inmitten der von einer Seuche eingeschlossenen Stadt überrascht, ist für ihn die Lösung; er rettet ihn vor der Erniedrigung, die er wegen der Aufrichtigkeit seines Gefühls in einer Gesellschaft erlitten hätte, in der die Lüge zum Prinzip geworden ist. Das Schicksal des englischen Schriftstellers Oscar Wilde ist Teil jener Wirklichkeit, von der Manns Novelle erzählt.

In eine besondere Welt der Fiktionen und der Täuschungen führt den Leser der Roman *Der Zauberberg* (1924), neben den *Buddenbrooks* das wichtigste Werk des Autors. Der ungewöhnliche Titel bezieht sich auf den Ort der Ereignisse: ein Schweizer Sanatorium, in dem die Tuberkulosekranken ein Dasein führen, das sie von den Normen und Gewohnheiten des tätigen Lebens entfernt. Sie verlieren langsam das Gefühl für die Zeit, versinken in einen Zustand der Teilnahmslosigkeit, kaum fähig, sich dem Zauberkreis von Monotonie und Vergessen zu entziehen. Die Hauptfigur, der junge Ingenieur Hans Castorp, ist eine jener Gestalten, denen der Titel von Musils Roman zugedacht sein könnte: ein „Mann ohne Eigenschaften“, ein aufmerksamer Beobachter seiner Umwelt, in der er sieben Jahre verbringt und Zeuge eines bürgerlichen „Totentanzes“ wird. Auch er erlebt die Realität und Irrealität der Zeit, die Verwandlung von physikalischen in psychische Kategorien; aber im Gegensatz zur Mehrzahl der übrigen Patienten begegnet er der Wirklichkeit, die ihn umgibt, mit ernsthafter Wißbegierde, betrachtet sie mit kritisch geschärftem Blick; die medizinisch verordnete freie Zeit stumpft ihn nicht ab, sondern weckt sein Interesse für Erscheinungen und Fragen, von denen er vorher nichts geahnt hatte. So verläßt Castorp das Sanatorium bereichert von Erkenntnissen, die gleichzeitig charakteristisch sind für geistige Strömungen des bürgerlichen Europas in der Epoche vor dem Ersten Weltkrieg. Castorps Zusammentreffen mit der Psychoanalyse, mit zeitgenössischen naturwissenschaftlichen Ansichten, mit gegensätzlichen politischen Thesen, mit der Musik – all das ist einem Roman einverleibt, der trotz seiner intellektuellen Substanz nicht bloß episch gewürzte Essayistik ist. Die künstlerische Glaubhaftigkeit ist das Resultat der Fähigkeit des Autors, mit zahllosen ironisch beleuchteten Details das anschauliche Äquivalent eines gedanklichen Grundrisses zu schaffen. Alle diese suggestiv und geistreich gestalteten Episoden zaubern uns ein einzigartiges Bild von Zeit und Gesellschaft aus dem Blickwinkel der Krankheit. Die Welt des „Zauberbergs“ ist ein Krankenhaus, in dem sich die Pathologie der Gesellschaft spiegelt: das ist die zentrale Metapher des Romans. Castorp verläßt am Schluß diesen Zauberkreis und kehrt in die Heimat zurück, in ein „Leben“, das damals, im August 1914, eher Tod als Leben bedeutet. Die bittere Ironie des Schlusses ist, daß der „Held“ des Romans von einem Ort des Sterbens zum anderen wechselt: aus einer Institution des komfortablen Todes führt ihn sein Weg in den Krieg, an den Schauplatz des furchtbaren und namenlosen Todes von Millionen.

An der Schwelle der dreißiger Jahre beginnt eine neue, späte Schaffensepoche. Auch im Leben des Schriftstellers ist ein klarer Einschnitt zu erkennen. Nachdem er vom bürgerlich-liberalen Standpunkt aus vor der Gefahr, die vom Faschismus drohte, gewarnt hatte, zog er 1933 die Konsequenzen. Von einer Auslandsreise kehrte er nicht mehr in das vom Terror beherrschte Deutschland zurück. Bei den

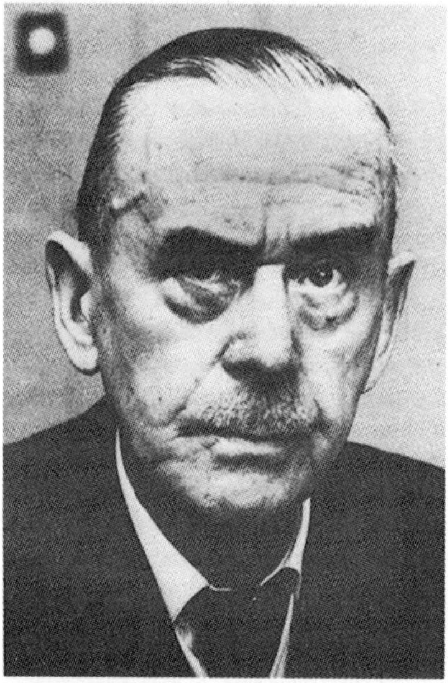

Thomas Mann *(1875–1955): für die* Buddenbrooks *(1901) erhielt er 1929 den Nobelpreis. Es ist eine ungewöhnliche, fast paradoxe Tatsache, daß die Wiedergeburt des deutschen Romans, seine Rückkehr in die Weltliteratur, mit einem Werk beginnt, das regional bestimmt ist.*

meisten nach 1930 entstandenen Werken fällt die Neigung auf, sich Stoffen aus der Überlieferung der Weltliteratur zuzuwenden: aus der *Bibel* (in der umfangreichen Tetralogie *Joseph und seine Brüder*), aus orientalischen Sagen (in der größeren Erzählung *Die vertauschten Köpfe,* 1940), aus mittelalterlichen Texten und anderen Quellen. Aber der Autor begab sich nicht in die Vergangenheit, um dort lediglich die Spur sich beständig wiederholender menschlicher Situationen wiederzufinden; es ging ihm auch darum, die Dialektik der historischen Entwicklung zu zeigen, wobei er nicht verhehlte, daß seine Deutung der Geschichte nichts anderes war als eine besondere Interpretation der Gegenwart. In diesen späten Romanen gibt es keinen literarischen Historismus im Sinne des ehemaligen „Professorenromans". In ihnen herrscht ganz die Freiheit der Imagination: der Erzähler spielt mit der literarischen Überlieferung, mit den geschichtlichen Tatsachen, aber auch mit der Sprache der Vergangenheit, indem er gerade stilistische Gegensätze sucht, die dadurch entstehen, daß er absichtlich Anachronismen gebraucht. Thomas Mann nannte diese Freiheit der Stoffbehandlung, aber auch die Erzählstrategie *Parodie.* Seine parodistischen Verfahren lassen sich am kürzesten definieren, wenn man sie mit der Ironie vergleicht: Ironie, angewandt auf einen Erzählstil, ist nach dem Verständnis des Autors Parodie. (In einem Eigenkommentar zu seiner Versdichtung *Gesang vom Kindchen,* 1920, ist das nachzulesen.) Die Teile der Tetralogie, die Romane *Die Geschichte Jaakobs* (1933), *Der junge Joseph* (1934), *Joseph in Ägypten* (1936) und *Joseph, der Ernährer* (1943) verfolgen den Verlauf der biblischen Geschichten, aber tauschen deren mythische Struktur gegen eine psychologische aus. Mit der frühen Vergangenheit setzt der Autor sich humorvoll auseinander und entledigt sie ihrer archaischen Patina und der ideologischen Staubschicht, die für die modernen Mythomanen so wichtig waren.

In den Romanen *Lotte in Weimar* (1939, über eine Episode in Goethes Leben) und *Doktor Faustus* (1947) kehrte er anhand von historischen Beispielen zur Geschichtsproblematik seiner Heimat zurück. *Doktor Faustus,* die fiktive Biographie des Tonsetzers Leverkühn, dessen Schaffen symbolisch den Hermetismus einiger Tendenzen in der zeitgenössischen Kunst vergegenwärtigen soll, ist nicht nur ein Roman über das 20. Jahrhundert. Als Anspielung auf die Vergangenheit, auf die Überlieferung vom Doktor Faust, ist sie Teil einer epischen Konzeption, die dem Roman die Breite eines historischen Panoramas der deutschen Kultur vom Mittelalter bis zu den Jahren der nazistischen Barbarei verleiht. Die Darstellung der Ideologien des deutschen Bürgertums ist verflochten mit Manns Version von Fausts Verdammnis, in der verallgemeinert auch die Verdammnis einer in die Irre geleiteten Nation erkennbar ist. Trotz der Größe der Entwurfs ist das Werk nicht ganz überzeugend. Thomas Mann wollte das Schicksal der zentralen Figur und die politischen Tendenzen auf einen gemeinsamen Nenner bringen; aber Leverkühns modernistische Kunst, wie sie sich der Autor ausdachte (wobei Schönbergs Zwölftonmusik als Modell diente), und die Ideologie, die in den Faschismus führte, sind so verschiedene und auch gegensätzliche Kategorien, daß ihre epische Synthese nicht gelingen konnte.

In den letzten Werken herrscht parodistischer Humor vor. Der kleine Roman *Der Erwählte* (1951) ist eine geistvolle Paraphrase einer mittelalterlichen Legende. Dem Autor diente diese Geschichte dazu, seine Zweifel am biologischen und sozialen Determinismus fatalistischer Prägung auszudrücken. Die Wandlung, die zur Veränderung führt, ist Menschenrecht, das ist das Fazit, das von seinem Werk gezogen wird. Das Fragment *Bekenntnisse des Hochstaplers Felix Krull* (1954) ist des Autors Rückkehr zur bürgerlichen Welt um die Jahrhundertwende. Der symbolische Vertreter dieser Welt ist ein ohne Sentimentalität dargestellter flinker Hochstapler, ein lebenslustiger Gesetzesbrecher. Ähnlich wie Brechts „Held" in der *Dreigroschenoper* findet Krull sich mit Behendigkeit in einer Gesellschaft zurecht, für die Moral nur eine Larve ist. In der Erkenntnis, daß die Gesellschaft nur die kleinen Gauner verfolgt, die großen aber gewähren läßt, ist er bemüht, sich in höheren Kreisen einen Platz zu sichern. Einen großen Teil von Manns Schaffen bilden Essays (z. B. über Goethe, Wagner, Schopenhauer, Dostoevskij, Freud, Nietzsche, Čechov), ferner politische Publizistik, die besonders in der Zeit seiner antifaschistischen Aktivität wichtig und wirksam war, und biographische Aufzeichnungen (z. B. das Tagebuch *Die Entstehung des Doktor Faustus. Roman eines Romans,* 1949).

Heinrich Mann (1871–1950), Thomas' älterer Bruder, ist in vielem eine völlig gegensätzliche Persönlichkeit – in seiner Auffassung von der Literatur, in der Schreibweise, in seinen politischen Ansichten. Mit dem Bruder verband ihn ein tiefer Zweifel in Sinn und Dauer der im Schatten des Zweiten Kaiserreichs ideologisierten Traditionen; es trennte sie, zeitweilig, ihre unterschiedliche Bewertung der politischen Tragweite der Literatur. In einer Zeit, als Thomas selbst der Rolle des Ideologen zuneigte, im Ersten Weltkrieg, verbarg Heinrich nicht seinen Haß gegen die Verfechter imperialistischer Politik in seiner Heimat. Er hielt die skeptische Neutralität des Schriftstellers für einen sterilen Standpunkt und rief schon vor dem Kriege die Literaten zu sozialem Aktivismus auf, zu einer Rebellion des „Geistes“ gegen politische Rückschrittlichkeit, und zwar nach dem Vorbild einiger französischer Schriftsteller wie z. B. Zola (so in den Essays *Geist und Tat*, 1910, und *Zola*, 1915). Entsprechende stilistische Merkmale sind bereits im ersten Roman H. Manns zu erkennen: *Im Schlaraffenland* (1900). Die Satire auf die „feinen Leute“ (nach dem Untertitel), auf Intrigen von Bankiers, Industriellen und korrupten Intellektuellen des Wilhelminischen Kaiserreichs ist Ausdruck eines rhetorischen Temperaments, das im Gebrauch der Mittel nicht sehr wählerisch ist und beißenden karikaturistischen Zügen sowie der Groteske den Vorzug gibt. Darin liegt eine der Konstanten der Erzählweise Heinrich Manns. Es ist verständlich, daß gerade eine solche Prosa Einfluß auf den jungen, expressionistischen Nachwuchs hatte. Der Autor wandte sich voller Ekel ab von der Zivilisation der aufdringlichen Emporkömmlinge und schrieb, da er keine anderen gesellschaftlichen Kräfte in den Blick bekam, fasziniert von Nietzsches Vorstellung einer Aristokratie des Geistes die Trilogie *Die Göttinnen oder Die drei Romane der Herzogin von Assy: Diana, Minerva, Venus* (1903), ein Werk, das beinahe wie eine unfreiwillige Parodie auf luxuriöse, dekorative Prosa wirkt, durchzogen von der Nervosität eines launenhaften Ästhetizismus. Heinrich Mann ist hier der deutsche D'Annunzio. Die politischen, intellektuellen und erotischen Abenteuer der Herzogin wirken trotz der Bemühung des Autors, sie mit Sinn zu versehen, gestellt und operettenhaft. Der Roman erweckt den Eindruck, als hätte man Flaubert dazu gezwungen, das Libretto einer modischen Operette zu verfassen. In einigen Abschnitten von reicher Bildhaftigkeit spürt man den großen Schriftsteller.

Einige andere Romane zeigen, daß Heinrich Manns Domäne die satirische Prosa war. Am überzeugendsten ist er, wenn er von Merkmalen der zeitgenössischen Gesellschaft ausgeht. So im Roman *Professor Unrat* (1905), der in der Figur eines schrulligen, aber für seine Zeit nicht untypischen Professors den pervertierten Pädagogen in einer Kleinstadt vorführt, einen Tyrannen, der am Schluß, nachdem er in den Händen einer Chansonette, in die er sich verliebt hat, gefügig geworden ist, sein Ansehen verliert und sogar kriminell wird. Das Werk ist jedoch nicht eine sentimentale Ballade von einer zerstörerischen Liebe, sondern ein sarkastischer Roman über die verschiedensten Spielarten der Unterdrückung in einer verlogenen Gesellschaft. – Die sozialen Konflikte, die vom Erscheinen einer reisenden Operntruppe in einer italienischen Kleinstadt verursacht werden, sind die Handlung eines seiner erfolgreichsten Romane, *Die kleine Stadt* (1909). Die Wirkung eines fremden Elementes in einer „kleinen“ Welt ist hier mit sehr viel Sympathie für die republikanischen, demokratischen Traditionen gezeigt, die im italienischen Milieu zum Ausdruck kommen. Motivisch verwandt ist der Roman *Eugénie oder Die Bürgerzeit* (1928). Die Handlung spielt in Manns Heimatstadt Lübeck und beschreibt die Verwirrung, die eine Theatervorstellung in ein scheinbar ruhiges bürgerliches Leben, in der Epoche nach 1870, hineinträgt.

Die bekannte Trilogie über die sozialen Schichten im Wilhelminischen Reich ist ein Werk von uneinheitlichem Wert. Der erste Teil, der Roman *Der Untertan* (teilweise 1914, als Ganzes erst 1918 erschienen), ist der bekannteste Erzähltext des Autors. Der Struktur nach steht er dem Typ des Erziehungs- oder Bildungsromans nahe, aber mit negativen Vorzeichen: der „Held" ist ein rücksichtsloser Karrierist, sein Lebensweg ist typisch für einen Teil der Industriebourgeoisie und das Musterbeispiel einer „unsentimentalen Erziehung" in der Epoche des Imperialismus. Der zweite und dritte Teil der Trilogie sind blaß, die Romane *Die Armen* (1917) und *Der Kopf* (1925) vervollständigen sein Bild der Gesellschaft nach „unten" und „oben". Unter zahlreichen Erzählungen aus der Vorkriegszeit ist *Pippo Spano* (aus der Sammlung *Flöten und Dolche*, 1905) hervorzuheben, die Novelle über einen Schriftsteller, für den das wirkliche Leben nur die Vorlage für Fiktion abgibt. In dem Moment, wo die Wirklichkeit von ihm Konsequenz in seinem Vorgehen fordert, versagt er jämmerlich, im Bewußtsein, daß das künstlerische Schaffen vom Künstler Entsagung fordert und die Fiktion sich nicht ins Leben überführen läßt. Das Motiv der Spaltung von Schaffen und Wirklichkeit und ebenso die Kluft zwischen dem Leben des Künstlers und dem der „anderen" Menschen ist eines der zentralen Motive der Literatur um die Jahrhundertwende – und damit ein Symptom für die Entfremdung des Künstlers in der Gesellschaft. Thomas Manns *Tonio Kröger* ist dieser Erzählung thematisch (aber auch nur thematisch!) verwandt.

In der Zeit, als Deutschland von den Nazis bedroht war, schwankte Heinrich Mann nicht; er trat ein für die Weimarer Republik und ihre demokratische Entwicklung und war schon in den zwanziger Jahren das Beispiel eines Schriftstellers, der sich seiner Verantwortung bewußt war. Das „Dritte Reich" zwang ihn bereits in den ersten Tagen in die Emigration. Im selben Jahr veröffentlichte er seine Abrechnung mit dem politischen Verbrechen, den Aufsatzband *Der Haß* (1933). Obwohl er es verstand, vorbildliche französische Prosa zu schreiben, blieb er der deutschen Sprache treu und schuf in Frankreich sein bedeutendstes Spätwerk, den zweiteiligen historischen Roman über eine stürmische Epoche der französischen Geschichte des 16. Jahrhunderts: *Die Jugend des Königs Henri Quatre* (1935); *Die Vollendung des Königs Henri Quatre* (1938). Die Vergangenheit ist in diesem Roman, in dem auf souveräne Weise Chronikstil mit dem Psychologismus moderner Prosa vereint ist, sein Spiegel der Gegenwart: das Leben des vernünftigen Herrschers, der sich den Kräften der Unvernunft in einer Epoche der Glaubenskriege entgegenstellt, ist Symbol für die Beständigkeit des menschlichen Verstandes und das Streben nach Toleranz. Heinrich Mann, der sich von 1940 bis zum Ende seines Lebens in den Vereinigten Staaten aufhielt, schuf noch einige Prosawerke, von denen der Roman *Empfang bei der Welt* (veröffentlicht erst 1956) eine Art Rekapitulation seiner frühen Romane über die bürgerliche Gesellschaft darstellt, eine Groteske über jene „feinen Leute", die er so sarkastisch bereits in seinem ersten Roman geschildert hatte. Damit wurde der Kreis seines Schaffens geschlossen. Im *Empfang* erhält die Satire phantastische Züge: die Welt „mondäner" Personen wird als eine Art Galerie amoralischer und sinnentleerter Wachsfiguren vorgeführt; verhältnismäßig sympathisch ist noch

Heinrich Mann *(1871–1950): das Photo entstand an seinem 60. Geburtstag – zu einer Zeit, als er die Weimarer Republik entschieden gegen den aufkommenden Nationalsozialismus verteidigte.*

die Figur eines Hochstaplers, dessen Praxis nur scheinbar der gesellschaftlichen Moral widerspricht. Die Dialektik des Hochstaplers ist ein Motiv, das die späte Erzählprosa der Brüder Mann vereint. Eine biographische Bilanz enthält des Buch *Ein Zeitalter wird besichtigt* (1945), gescheitert als Versuch einer politischen Bewertung, aber interessant durch einige kulturgeschichtliche Abschnitte.

Unter den Schriftstellern, die chronologisch, aber in gewisser Hinsicht auch geistig den Brüdern Mann zur Seite gestellt werden können, ist der sie heute an Popularität weit übertreffende HERMANN HESSE (1877–1962), ein Autor, bei dem literarisches Werk und öffentliches Wirken stark differieren. Die Höhepunkte und Krisen dieser komplexen Persönlichkeit können nicht nur nach literarischen Kriterien gemessen werden. Wenn man Maßstäbe anlegt, die auf die bedeutendsten Zeitgenossen zutreffen, wird Hesses Werk, als Ganzes betrachtet, einen bescheideneren Platz einnehmen müssen. Aber das Ansehen, das der Schriftsteller, Nobelpreisträger von 1946, in der Welt genießt, heute besonders bei der Jugend, wo er als Vorläufer und Klassiker der Hippie-Kultur angesehen wird, beruht nicht auf dem ästhetischen Potential seiner Prosa, sondern vielmehr auf der Lebendigkeit seines Geistes, die den Gegenwartsfragen nicht auswich, sowie auf der Dignität seiner humanen Grundsätze. Am Anfang war Hesse ein Erzähler in der Tradition des deutschen Realismus, der in seinen Stoffen regionale Eigenarten bewahrte. Die in Südwestdeutschland, im Schwarzwald verbrachte Kindheit, die ersten Erziehungskrisen, der Widerstand gegen die konventionellen gesellschaftlichen Normen, die Fruchtbarkeit geistiger Unruhen und Zweifel, all das kam in seinen ersten Romanen zum Ausdruck. *Peter Camenzind* (1904) berichtet vom Lebensweg eines Bauernjungen und späteren Schriftstellers, der am Ende enttäuscht von der „großen Welt“ in die Einsamkeit, in die Obhut des „einfachen Lebens“ zurückkehrt. *Unterm Rad* (1906) ist eine Erzählung über die Leiden eines sensiblen jungen Mannes, der zum Opfer schulischer Disziplin und seiner bornierten Umwelt wird. Zwei Motive, die in den früheren Werken sich bereits ankündigen, sind die wichtigsten Leitgedanken seines Werkes. Das erste besteht im Gegensatz zwischen „geistiger“, d. h. gedanklicher und kontemplativer Existenz und „sinnlicher“ Lebensweise. Die abstrakten Benennungen für diese anthropologische Dichotomie, die sich in zahlreichen seiner Figuren äußert (am deutlichsten im Roman *Narziß und Goldmund,* 1930, wo die verschiedenen Lebenswege eines Asketen und eines künstlerisch veranlagten jungen Menschen in mittelalterlicher Umwelt geschildert werden), sind die Begriffe Logos und Eros. Zur Harmonie zu kommen, das sind die dauernden Sehnsüchte seiner Figuren, Sehnsüchte, die nur zu oft nicht befriedigt werden. Das Verhältnis des Künstlers zum Leben, das andere zentrale Motiv bei Hesse, zeigt sich im Zwiespalt, den der Künstler erlebt, hin und her gerissen zwischen dem vollen Leben und der Entsagung, die ihm sein Schaffen aufnötigt. Diese Thematik ist auf verwandte Art in den frühen Werken von Thomas Mann ausgebildet. Aber bei Hesse gibt es keinen ironischen Relativismus; seine psychologischen Romane über die geistigen Krisen von Künstlern, die das Opfer, welches ihre schöpferische Arbeit fordert, akzeptieren (*Gertrud,* 1910, *Roßhalde,* 1914), gleichen eher der Unmittelbarkeit intimer Bekenntnisse.

Die Kriegsjahre waren auch für Hesse entscheidend. Da er schon damals ständig in der Schweiz lebte, faßte er seine relative Freiheit als Verpflichtung auf: er setzte sich öffentlich für pazifistische Ziele ein. Sein Briefwechsel mit Romain Rolland, seinem Mitstreiter, ist ein wichtiges menschliches und politisches Zeugnis. In den Nachkriegsjahren faszinierte er seine Leser, vor allem die jungen unter ihnen, mit dem Roman *Demian* (1919, unter dem Pseudonym Emil Sinclair), der den Beginn einer neuen Schaffensperiode markiert. Die impressionistische Schreibweise wird von mythologischen Vorstellungen und archetypischer Symbolik verdrängt, ein Einfluß der Erfahrungen des Autors mit der Psychoanalyse. Demian ist als Figur eine symbolische Konstruktion, der Vertreter kulturkritischen Gedankenguts, der die zeitgenössische technokratische Zivilisation verurteilt, ein neues Persönlichkeitsverständnis und die Rückkehr zu den Ursprüngen des Lebens predigt. Eine Alternative bietet auch die „indische Dichtung“, d. h. die größere Erzählung *Siddhartha* (1922), durchdrungen von Erkenntnissen orientalischer Meditation, die den Autor schon früh angezogen hatte. Ein Gipfelpunkt von Hesses Schaffen ist mit dem Roman *Der Steppenwolf* (1927) erreicht. Die Aufzeichnungen der Hauptgestalt, eines Schriftstellers, der dem Ekel Luft macht, der ihn befällt angesichts der Lügen der bürgerlichen Gesellschaft, der „Errungenschaften“, die auf der Ausbeutung der Natur beruhen, sind eine vehemente Kritik der modernen Zivilisation, eine Kritik, die in manchem die Ansichten Herbert Marcuses vorwegnimmt (das erklärt auch das derzeitige Echo des Romans), selbst aber in einem unentschiedenen Irrationalismus befangen bleibt. Suggestiv sind die von Drogen hervorgerufenen Visionen einer Revolte junger Menschen gegen eine Welt der

Hermann Hesse *(1877–1962): die Aufnahme zeigt den Autor im Alter von vierundvierzig Jahren; 1922, im Jahr darauf, erschien seine „indische Dichtung“* Siddhartha.

Maschinen und der Kommerzialisierung. Hesses letztes größeres Werk, *Das Glasperlenspiel* (Zürich 1943), ist ein utopischer Roman: die Vision – ohne unmittelbare politische Züge – einer Gemeinschaft, in der es möglich ist, sich ganz den „nutzlosen“ Dingen zu widmen, einer Kontemplation wie sie Mathematik und Musik bieten. Das esoterische Spiel mit geistigen Kombinationen ist die Form dieses Tuns. Hesse hat mit diesem Werk das menschliche Bedürfnis nach einem Zufluchtsort gestaltet. Am Ende deutet der Roman jedoch an, daß auch der reine Geist es nicht auf Dauer fertigbringt, die menschlichen Sehnsüchte zufriedenzustellen.

Der Roman, dieses vitalste Produkt bürgerlicher literarischer Kultur, blieb – in Anlehnung an den Ruhm, den ihm der große realistische Roman des 19. Jahrhunderts eingebracht hatte – trotz der impressionistischen Abneigung gegen große Formen die Dominante des literarischen Lebens um die Jahrhundertwende. Legionen von Romanschriftstellern bemühten sich, die Bedürfnisse des Lesepublikums auf allen Ebenen zu befriedigen, von künstlerisch verantwortlichen Werken bis zum Groschenroman. Die Literatur- und Kulturgeschichte sieht sich mit einer gewaltigen Materialfülle konfrontiert, die in verschiedener Hinsicht von Interesse ist, z. B. unter dem Gesichtspunkt der Popularität, die viele Romane bei den breitesten Schichten genossen. Wendet man das Maß der Popularität an, dann verpflichtet die Statistik den Literaturhistoriker, auch die Erfolge der Autoren sogenannter Heimatromane zur Kenntnis zu nehmen und zu untersuchen, Autoren, die in ihrer Mehrzahl die nationalistisch gefärbte restaurative Ideologie einer

Standesgesellschaft auf agrarischer Basis vertraten, oder der zahlreichen Autoren von Abenteuer- und Reiseromanen aus Überseeländern (eines unterhaltsamen Supplements der Kolonialpolitik), eines Autors wie Karl May (1842–1912), dem es mit seiner Mischung aus Exotik, Abenteuer und moralischem Traktat gelang, die naive Phantasie zahlreicher Generationen zu entfachen.

Auch auf höherem literarischem Niveau entspricht der Roman verschiedenen Intentionen. Die sogenannte Neuromantik legte in ihn die Sehnsüchte, die der Naturalismus hintangestellt hatte; von neuem ist der Roman nun tolerant gegenüber der Phantasie, es interessieren ihn ungewöhnliche, nicht alltägliche Schicksale, Helden vergangener Zeiten, die Schönheit erlesener Augenblicke. Die soziale Problematik des Naturalismus überließ den Platz einem Individualismus, der seine Exklusivität nicht verbirgt. Beispiele dafür finden sich im Schaffen von Ricarda Huch (1864–1947), einer Schriftstellerin, die in den achtziger Jahren des vergangenen Jahrhunderts zu den ersten Frauen gehörte, die es wagten, trotz der Vorurteile in der Gesellschaft, regulär an einer Universität zu studieren. Ihr erster Roman *Erinnerungen von Ludolf Ursleu dem Jüngeren* (1893) zeigt den Prozeß des Verfalls einer Patrizierfamilie in der Art, wie es die *Buddenbrooks* von Thomas Mann andeuten. Im Zentrum steht jedoch ein individuelles Liebesdrama, während die soziale Wirklichkeit kaum spürbar im Hintergrund bleibt. Die Schicksale der „kleinen Leute", der Mieter eines Wohnblocks in Triest, schildert der Roman *Aus der Triumphgasse* (1902); ohne Hauptfiguren und ohne die übliche Fabel ist er ein eigentümliches Kaleidoskop der Armut, aber auch der Hingabe an das Leben. *Vita somnium breve* (1903, später unter dem Titel *Michael Unger*) ist Ricarda Huchs letzter großer Roman aus dem zeitgenössischen bürgerlichen Leben, eine autobiographisch untermauerte, wehmütige Studie der Erfahrungen junger Intellektueller. Von nun an interessiert die Autorin vor allem die Geschichte: ihre Prosa sucht sich einen Weg zwischen dem Roman und der historischen Studie, so im Zyklus von Werken über die italienische Geschichte des 19. Jahrhunderts (z. B. *Risorgimento*, 1908, *Das Leben des Grafen Federigo Confalonieri*, 1910) und in der poetischen Monographie über den Dreißigjährigen Krieg (*Der große Krieg in Deutschland*, 1912–1914). Einen Beitrag zur heutigen Geschichte gab sie am Ende ihres Lebens mit einer Materialsammlung über den antifaschistischen Widerstand in Deutschland, *Der lautlose Aufstand* (1953).

Die Sensibilität zerbrechlicher Naturen zeigte an Kindern und Künstlern der Vetter Ricardas, Friedrich Huch (1873–1913). Seine Romane *Mao* (1907) und *Enzio* (1911) sind knappe Psychogramme, in denen die Außenwelt ein impressionistisches Bilderbuch ist. Auch andere zeitgenössische Erzählwerke, z. B. die Erzählungen und Romane von Eduard von Keyserling (1855–1918), konzentrieren sich auf die Erlebnisse verwundbarer einzelner, denen die Umwelt infolge gesellschaftlicher Konventionen schwere Schäden antut. Diese impressionistische Prosa lebt ganz von Intimität. Soziale Motivationen sind nur angedeutet. Typisch für den Roman der Zeit ist das Motiv des Konflikts von Kindern oder jungen Menschen mit dem Elternhaus (dieses Motiv ist aus dem ersten Drama Wedekinds bekannt); einer unvernünftigen Disziplin ausgesetzt, leiden sensible Jünglinge, oft künstlerisch begabt, daran oder gehen in den Tod. Einen solchen Fall stellt Emil

Strauss (1866–1960) in einem Roman dar, den er nach der volkstümlichen Bezeichnung für den Tod *Freund Hein* (1902) betitelte. Thomas Mann und Hesse haben dieses Motiv modifiziert. Später, im Expressionismus, brach der Gegensatz zwischen der Disziplin des bürgerlichen Hauses und den Bedürfnissen nach Selbstbestimmung und Freiheit mit ganzer Kraft hervor. Ein anderes, verwandtes Motiv ist die Orientierungslosigkeit des einzelnen in der modernen Welt der technischen Zivilisation. Das Erlebnis der Entfremdung durchzieht die Romane (z. B. *Der Gehülfe,* 1908, *Jakob von Gunten,* 1909) und die Kurzprosa des Schweizer Erzählers Robert Walser (1878–1956), der, wie einst Keller, die entscheidenden Jahre seiner Entwicklung in Berlin verbrachte. Ein scheinbar naiver Humor bei ihm macht betroffen, weil man merkt, daß sich dahinter tiefe Unruhe und Unsicherheit verbergen. Kafka hat Walsers Prosa sehr geschätzt.

Die erwähnten Erzähler waren zu ihrer Zeit nicht sehr populär. Einen Welterfolg erlangte zu seiner Zeit Jakob Wassermann (1873–1934), dessen zahlreiche Romane wertvolle, aber auch triviale Traditionen des bürgerlichen Romans verknüpfen. Seine psychologische Prosa, nach dem Muster Dostoevskijs, kann sich nicht gegen den Druck unglaubwürdiger, konstruierter Fabeln und modischer Stoffe behaupten. Wassermanns Gestalten (schon in seinem ersten Roman, *Die Juden von Zirndorf,* 1897) sind Idealisten, die absolute moralische Werte suchen und danach streben, die Gemeinschaft mit ihrem Beispiel ethisch zu erschüttern und zu reformieren. Aber die Kritik der „moralischen Trägheit" in der bürgerlichen Gesellschaft (*Caspar Hauser,* 1908, *Das Gänsemännchen,* 1915, *Christian Wahnschaffe,* 1919, *Der Fall Maurizius,* 1928) ist abstrakt und bleibt oft an der Oberfläche. Die Absicht des Autors, ein breites Panorama seiner Zeit zu bieten, wird von schablonenhafter und unzulänglicher sprachlicher Gestaltung getrübt.

Das deutsche Drama vor dem Expressionismus stand im Zeichen Gerhart Hauptmanns und Frank Wedekinds. Das extreme symbolistische Theater hinterließ nur wenige Spuren, und der Neoklassizismus, seinerzeit als Versuch einer radikalen Erneuerung des Dramas im Geiste der antiken Tragödie begrüßt, blieb künstlerisch unfruchtbar. Paul Ernst (1866–1933), der Wortführer dieser Richtung (vor allem in den Essays *Der Weg zur Form,* 1906) ist Autor historischer und mythologischer Tragödien, die anachronistisch einen elitären „Helden" und sein Schicksal feiern, und zugleich Vertreter eines Idealismus, der sich ohne wirkliche soziale Begründung als leere Phrase erwies. Es ist interessant, daß Ernsts Programm einige Zeit auch die ernst zu nehmende Kritik beeinflußte, beispielsweise den jungen Georg Lukács, der seine erste Essaysammlung, *Die Seele und die Formen* (1911), mit einem Aufsatz über die „Metaphysik" in Ernsts Dramen beschloß. Der Idee des neoklassizistischen Dramas verschrieb sich auch Samuel Lublinski (1868–1910), der sich bemühte, auf Hebbels späten Dramenwerken aufzubauen (die im übrigen das historische Fundament des Neoklassizismus bilden), ein begabter Schriftsteller, der aber als Dramatiker der Sterilität der Dramaturgie unterlag, die er sich selbst auferlegt hatte. Sein kritisches Vermögen bezeugen einige kulturpolitische und essayistische Werke (z. B. *Literatur und Gesellschaft,* 1899, *Die Bilanz der Moderne,* 1904, *Der Ausgang der Moderne,*

1909), die z. T. als Beiträge zu einer soziologischen Literaturbetrachtung gelten können. Lublinski, obwohl nie Marxist, faßte die konkrete Gesellschaft als Determinante auf, die, abhängig von den allgemeinen Beziehungen innerhalb der Gesellschaft, auf den verschiedenen Ebenen Texte kennzeichnet und ihre Funktion bestimmt. Lublinski war zu Unrecht lange Zeit so gut wie vergessen; seinen besten Essays gebührt ein Platz neben denen des jungen Lukács.

15. Expressionismus und verwandte Strömungen

Als Hermann Bahr über Bilder des Malers Ludwig von Hofmann schrieb, stellte er einige Fragen, die damals, im Jahre 1895, kaum jemanden zu beunruhigen vermochten. Rote Bäume hatten auf einem Bild seine Aufmerksamkeit erregt; er begriff, daß das ein Signal war für umwälzende Ereignisse in der Kunst. Rote Farbe als bildnerisches Attribut für Bäume – so erläutert Bahr – ist kein Wahrnehmungswert, aber auch keine symbolische Abstraktion, da diese Farbe nichts Wesentliches über Bäume aussagt. Man muß demnach den Schluß ziehen, daß es dem Maler nicht auf eine wie auch immer geartete mimetische Darstellung ankam, sondern einzig auf die Offenbarung innerer Erlebnisse, die auf diese Weise unsere Sinne herausfordern. Eine solche Kunst folgt nicht der Natur, sondern sucht durch Farben eine besondere geistige, nur vom Willen des Künstlers abhängige Wirklichkeit auszudrücken. Bahr konnte damals nicht wissen, daß er eine künstlerische Tendenz beschrieben hatte, die binnen kurzem zu einem der Merkmale der Epoche werden sollte. Ein Prophet wider Willen, ahnte der Kritiker erst später, wohin der Wegweiser zeigte, den er selbst mit aufgestellt hatte. Alle Konsequenzen begriff er allerdings nicht; sein bekannter Essay über den Expressionismus, zwanzig Jahre später geschrieben, ist im wesentlichen ein Fehlgriff. Für Bahr ist der Expressionismus eine rätselhafte Erscheinung künstlerischer Sensibilität, ein erneuter Durchbruch von Tendenzen, die der Kunst seit langer Zeit eigen sind. Eine solche Auffassung schafft kaum Klarheit, denn sie verschweigt, daß die Sensibilität eines Künstlers nicht abstrakt ist, unabhängig vom allgemeinen Bewußtseinszustand in einem bestimmten Zeitraum. Das Phänomen, oder genauer: die Gruppe von Erscheinungen in Malerei, Literatur und Theater, für die sich – in der Literatur seit 1911 – die Bezeichnung „Expressionismus" eingebürgert hat, ist unabtrennbar von der geschichtlichen Situation.

Im Anfang, könnte man sagen, war die Farbe. Der Durchbruch zur neuen Ästhetik erfolgte ohne Zweifel in der Malerei – auf den Bildern der Pariser „Fauves" und ihrer deutschen Zeitgenossen: Kirchners, Noldes, Schmidt-Rottluffs, Pechsteins und anderer. Die bildnerischen und dichterischen Werke des Österreichers Oskar Kokoschka sind ein frühes Zeugnis für eine Stilverwandtschaft, die sich an den hingeschleuderten und grellen Farben der Bilder und der

Oskar Kokoschka *(1886–1980), eine von acht Illustrationen aus seiner Dichtung* Die träumenden Knaben *(1908).*

ungewöhnlichen Sprache der literarischen Texte beobachten ließ. Die Einhelligkeit der Bestrebungen dokumentiert auch „Der Blaue Reiter" (1912), ein Almanach mit Veröffentlichungen einer gleichnamigen Gruppe bildender Künstler in München. Die Redakteure Wassily Kandinsky und Franz Marc waren, neben Paul Klee, die bekanntesten Künstler dieses Kreises. Kandinsky, einer von den russischen Malern, die ihre Fortbildung an der Münchner Kunstakademie empfangen hatten, veröffentlichte im gleichen Jahr sein bedeutsames Buch *Über das Geistige in der Kunst,* eine Theorie der „spirituellen" Abstraktion, bei der er damals auch in seinem eigenen Schaffen angelangt war – durch die Befreiung von der Gegenständlichkeit oder der „Anekdote" zugunsten einer rein bildnerischen Komposition, ähnlich der musikalischen, aus bloßen Farbtönen und Linien. Die Emanzipation des künstlerischen Materials empfahl Kandinsky auch in den anderen Kunstformen und publizierte im Almanach die „szenische Komposition" *Der gelbe Klang,* eine Art postwagnerianischen Gesamtkunstwerks in abstraktem Gewand: der Maler ersetzte die Leinwand durch die Bühne und komponierte mit pantomimischen Elementen und Lichtzeichen. Das musikalische Äquivalent zum bildnerischen Modernismus, das „atonale" Prinzip, wird im Almanach durch Lieder aus dem Schaffen der Wiener Komponisten Arnold Schönberg, Alban Berg und Anton von Webern vorgeführt.

Marc stellte auf den Seiten des „Blauen Reiters" die „vergeistigte Konstruktion" als primäre Absicht der jungen Generation heraus – und das bedeutete Freiheit des Ausdrucks, eine Kunst ohne die Fesseln der akademischen Routine, eine Expressivität, welche die Verpflichtung der Kunst gegenüber der empirischen Wirklichkeit aufkündigte. Gottfried Benn behauptete, als er rückblickend über den künstlerischen Aufschwung seiner Zeitgenossen schrieb, in Europa habe zwischen 1910 und 1925 ein antinaturalistischer Stil dominiert, der in Deutschland Expressionismus, in anderen Ländern Kubismus, Futurismus oder anders geheißen habe, ein Stil, der trotz unterschiedlicher Varianten in seinem Grundprinzip einheitlich gewesen sei: in der Bekämpfung einer auf Empirismus beruhenden Kunsttradition.

Unter dem Banner der Auflehnung gegen eine Kunst, die die jungen Rebellen als bloßes Spiegelbild einer als öde empfundenen Wirklichkeit ansahen, sammelten sich sehr verschiedenartige Äußerungen von Antinaturalismus. Daher umfaßt die Bezeichnung „Expressionismus" auch unterschiedliche, in vielem gegensätzliche Tendenzen. In der Literatur des deutschen Sprachbereichs tritt diese Mannigfaltigkeit geradezu drastisch zutage. Expressionismus: das sind dichterische Visionen ungewöhnlicher, phantasiegewebter Welten, Beschwörungen einer Sehnsucht nach dem „ursprünglichen" Leben in einer mythischen Vergangenheit oder in fernen Ländern, aber auch satirische Grotesken über den Stumpfsinn der modernen Zivilisation und des mechanischen Lebens im Rhythmus der Maschinen der modernen Großstadt. Das idealistische Pathos des Glaubens an die schöpferische und umgestaltende Macht des „Geistes" gehört ebenso zum Expressionismus wie die gegen die traditionellen bürgerlichen Werte gerichtete bissige Provokation.

Wenn es überhaupt möglich ist, ein umfassendes Merkmal der expressionistischen Bewegung zu finden, so müssen wir es im Verhältnis der Kunst zur Gesellschaft suchen: in der Opposition der Expressionisten aller Schattierungen und Überzeugungen zur bürgerlichen Welt. Die Welt der Väter, nach den Worten der jungen Generation in der Ära Wilhelms II., forderte auf Schritt und Tritt den Protest heraus; die ablehnende Haltung zur Untertanenideologie (zu der Gesellschaft, die Heinrich Mann in seinem *Untertan* dargestellt hat) hielt Schritt mit der Revolte, die Nietzsche geschürt hatte, der Revolte gegen die konventionelle und verlogene bürgerliche Moral – doch zugleich war all das durchdrungen von einer verhängnisdrohenden Ahnung der künftigen Katastrophe des Krieges. Gesellschaftliche Gegensätze spiegelten sich im Leben der Familie und kleinerer sozialer Gruppen, wobei sie sozialbiologische Aspekte bekamen: so ist eines der ständigen Motive des neuen Dramas und der neuen Erzählprosa der Generationenkonflikt, die Kluft zwischen der „Welt der Väter" und der „Welt der Söhne". Die jungen Autoren, von Herkunft meist aus den gehobenen Bürgerschichten, konnten sich in den Gymnasien keinerlei Wissen aneignen, das junge Menschen befähigt hätte, die Rolle der staatlichen Verwaltung oder die Bedeutung der Kapitalkonzentration in den Händen ihrer Väter zu verstehen; die gesellschaftskritischen Analytiker der vorangegangenen Epoche wirkten nicht in größerem Ausmaß bewußtseinsbildend auf sie; Nietzsche mit dem Pathos von Zarathustras Worten war ihnen näher – und im gesellschaftlichen Umfeld leichter zugänglich – als beispielsweise Marx. Und dennoch hielten sich die Zeitgenossen mit einigem Recht für Zeugen einer künstlerischen Revolution. Diese Revolution, angestiftet von der Ablehnung, ja vom Haß auf die „Welt der Väter", ist freilich keine Folge rationaler

Einsicht; entfacht hat sie die Intuition, das Gefühl, daß sich hinter der bürgerlichen Ordnung und ihren zivilisatorischen Errungenschaften Widersprüche verbergen, die so kraß sind, daß sie in die Sinnlosigkeit führen. Im Juni 1911 schrieb der junge Dichter Georg Heym in der Berliner Zeitschrift „Die Aktion": „Unsere Krankheit ist, in dem Ende eines Welttages zu leben, in einem Abend, der so stickig ward, daß man den Dunst seiner Fäulnis kaum noch ertragen kann."

Eine solche Welt wollen die Expressionisten nicht künstlerisch bestätigen: auffrischen, ordnen, harmonisch strukturieren. Im Gegenteil, sie wollen sie, wenigstens im Medium der Kunst, zerschlagen, ihre häßliche Kehrseite dem Gespött aussetzen oder sie schlichtweg gegen eine andere austauschen, und zwar im Vertrauen auf die schöpferische Botschaft der Kunst. In diesem Zweifel, der der bestehenden Wirklichkeit gilt, liegt die tiefste Wurzel für die expressionistische Verneinung der ererbten realistischen bzw. naturalistischen Grundsätze, eigentlich der mimetisch ausgerichteten Kunst überhaupt. Die jungen Schriftsteller, die von den Kritikern Expressionisten genannt wurden, waren sich klar darüber, daß sie mit ihrer Aufkündigung der Tradition an der Trennscheide zwischen den Epochen standen. Charakteristisch ist der Titel einer bekannten Anthologie expressionistischer Lyrik: *Menschheitsdämmerung* (1920, eigentlich 1919) – in dem Wort Dämmerung, das Abend- und Morgendämmerung bedeuten kann, ist ein Doppelsinn ausgedrückt; es ist Dichtung des Abends und des Morgens, des Verfalls und der Erweckung der Menschheit zugleich.

Am Beginn der zwanziger Jahre, als die genannte Anthologie auch im Buchhandel Erfolg erzielte und damit eine gewisse Popularität, jedenfalls aber die Bewährung der neuen Dichtung signalisierte, war das Zeitalter des expressionistischen Höhenflugs schon beinahe vorbei. In diesen ersten Nachkriegsjahren kam eine vorübergehende expressionistische Mode auf, eine Gelegenheit für bescheidene Talente. Der Lärm der zahllosen Manifeste und Proklamationen war trügerisch, denn alle „Weckrufe", aus vollem Halse ausgestoßen, enthielten im Grunde bereits die Rekapitulation einer Bewegung, die ihre Schwungkraft eingebüßt hatte. Heute wissen wir, daß die wichtigsten Errungenschaften des Expressionismus seiner Frühphase entstammen. Die Manifeste (so z. B. das bekannte Manifest von Kasimir Edschmid, das erstmals 1918 erschien) bestätigten nur Tendenzen, die in den dichterischen Entdeckungen der literarischen Texte schon ihren klaren Ausdruck gefunden hatten.

Die Stilsignale des literarischen Ausdrucks, den die Zeitgenossen als neu erlebten, schließen sich zu drei besonders forcierten Merkmalen zusammen. Im Verhältnis zur mimetischen Sensibilität der Impressionisten sticht ein Merkmal hervor, das heute als „sinnliche Irrealität" (H. Friedrich) bezeichnet wird. Damit ist eine Erscheinung erfaßt, auf die Bahr hinwies, als er die Problematik der „roten Bäume" erörterte. Die Poetik des Expressionismus ist, in ihrer Gesamtheit betrachtet, extrem weit von einem poetologischen Verständnis entfernt, wonach der literarische Text eine Art „Spiegel", also ein Abbild der Wirklichkeit und damit verpflichtet ist, Strukturen und Kennzeichen der Erfahrungswelt zu respektieren. Die Expressionisten verweigern sich dieser Verpflichtung kategorisch. Die sehr intensive, besonders visuelle Sensibilität in vielen Texten wurzelt in dem

Grundsatz der völligen sprachlichen Autonomie: die Kreativität, welche von einer Sprache ermöglicht wird, die ihrer mimetischen Funktion entbunden ist, entfalteten die Expressionisten in großem Rahmen. „Die Natur ist die große, vorhandene Passivität der Welt, das Material, in dem die Subjekte des Dichters arbeiten, das sie kneten, schneiden, verschieben, umwandeln: verändern", schrieb Ludwig Rubiner (*Der Mensch in der Mitte,* 1917). Diese Theorie vertieft bewußt die Kluft zwischen Erfahrungs- und Kunstwirklichkeit, mehr noch, sie leitet ästhetische Maßstäbe aus dem Gegensatz von „Expression" und „Deskription" ab, ohne die Tatsache zu berücksichtigen, daß Kunst niemals reine Deskription war noch überhaupt sein konnte. In ihrem Streben nach dem Extremen führten einige Autoren das antimimetische Programm derart konsequent durch, daß sie die kommunikative Sprache vollends ablehnten und den Text als Zeichengebilde ohne Bedeutung im herkömmlichen Sinn entwarfen. Hier liegt der Ursprung der „abstrakten" oder, in einer anderen Terminologie, der „konkreten" Poesie.

Die Mehrzahl der Expressionisten ging jedoch weniger radikal vor. Es gibt aus dieser Zeit Werke, in denen wir weder phantasiereiche Sublimierungen noch Preisgabe der Sprachbasis antreffen und die dennoch deutliche Zeugnisse neuer Bestrebungen sind. Der antibürgerliche Affekt äußert sich in der Auswahl des Stoffs und in der Herausforderung der konventionellen ästhetischen Maßstäbe, die die Expressionisten verachteten, weil sie in ihnen Stützen der Ideologie und schmückende Ornamente der verlogenen Moral erblickten. „Expressivität" ist für einige junge Schriftsteller gleichbedeutend mit dem Durchbruch zum „Leben", ohne irgendeine Rückversicherung bei gefestigten ästhetischen Grundsätzen. Diese Autoren verwarfen jedweden Kanon und maßen die Kraft des Ausdrucks mit einer „Ästhetik des Häßlichen": Lebensatem und „Wahrheit" entdeckten sie in den rußigen Vorstädten der Industriezentren, auf den Straßen der Metropolen, in den Krankenhäusern, in den Elendsquartieren, überall dort, wo sich die Kontraste der modernen Zivilisation häuften. Die pathetische Begeisterung der Expressionisten für alles, was den Stempel menschlicher Leiden trägt, kennt keine Grenzen und keinerlei tabuierte Bereiche im Vokabular; alles, was bis dahin als häßlich, ekelhaft, unerlaubt galt, erlangt im Protest der neuen Dichtung künstlerischen Sinn, ist Teil des Schreis nach „Unmittelbarkeit". Die unterschiedslose Gleichheit aller Lebensphänomene vor der Instanz der Literatur – das war freilich schon die Losung der Naturalisten. Indes, während im Kräftefeld einer wissenschaftlich konzipierten Literatur der Blick hinter die Fassaden des gesellschaftlichen Lebens dazu dient, die Thesen von der biologischen und sozialen Determination zu beglaubigen, sind in der expressionistischen Vision des Lebens die anstößigen Szenen der Fäulnis, der Gewalt und des Todes ein unablöslicher Teil der Wirklichkeit. Sie zu erleben, heißt für die Expressionisten, sich von der gesellschaftlich normierten Gleichgültigkeit loszureißen, die Wirklichkeit tiefer und vollständiger zu erleben.

In dem Bemühen, die Totalität des Lebens heraufzubeschwören, ersetzten die Expressionisten – darin den italienischen und russischen Futuristen verwandt – die symbolische Auswahl aus dieser Totalität durch eine chaotische Fülle von Eindrücken und Daten, die einen alogischen Wirbel von Ereignissen und damit das

Unermeßliche in der zufälligen Gleichzeitigkeit (Simultaneität) von Lebenssituationen suggerieren. „Simultanismus" ist ein programmatischer Begriff jener Zeit. In dieser Bestrebung offenbart sich das städtische Gepräge des Expressionismus, einer Kunst, die undenkbar ist ohne die Erfahrungen und Sehnsüchte des Großstadtmenschen. Das Zeitalter des Flugzeugs, des Automobils, des Telephons und des Films – so die Botschaft der Expressionisten – verändert unsere Vorstellungen von Zeit und Raum und gibt unserem Geist und unseren Sinnen eine andere Orientierung. Allerdings zeigt auch hier der Expressionismus verschiedene Gesichter: Simultaneität ist bei einigen Autoren Ausdruck einer umfassenden Sympathie für alles Lebendige, Ausdruck einer Haltung, die auf diese Weise die traditionellen Anschauungen von der Hierarchie moralischer und ästhetischer Werte der Kritik unterzieht; bei anderen Schriftstellern führt dieses Verfahren zu Groteske und „schwarzem Humor", die Häufung von Eindrücken führt danach den Aberwitz einer Welt vor Augen, in der die Möglichkeiten zur Vernichtung des Lebens planmäßig und rücksichtslos ausgebaut werden.

All diesen Neigungen entspricht eine dichterische Sprache, die als Medium der Freiheit, des Protests, der ungezügelten Emotionalität verstanden wird. „... alogische Bomben unterminieren den traditionellen akademischen Satzbau; die bürgerliche Spracharchitektur: Rhythmik, Melodik, Metaphorik schwankt; die Sprache selbst produziert, unabhängig von ihrem Schöpfer, scheinbar unlösbare, eigengesetzlich gegeneinander sich bewegende, anarchische, gegenseitig explosivartig sich pressende Verknotungen", so faßte Johannes R. Becher 1923 die Tendenzen zusammen und gab zugleich in der Programmatik ein Beispiel für expressionistischen Stil. Erfaßt von dem Bedürfnis, aller Unruhe ihrer Zeit Ausdruck zu geben, verwarfen die Expressionisten verächtlich die Stilwerte der „bürgerlichen Spracharchitektur", die Subtilitäten der psychologischen Prosa, die diskrete Ironie. Ihre Ausdrucksweise neigt stets zu eruptivem Pathos, starken, plötzlichen Affekten, Häufungen. Die Kontinuität des Erlebens (die der psychologischen Auslotung literarischer Gestalten entspricht) wird von unmotiviert wirkenden jähen Wendungen verdrängt. Die programmatische Charakteristik, die Rudolf Leonhard 1917 gegeben hat, trifft auf die meisten seiner Zeitgenossen zu: „Man kann nur in Hypertrophien dichten, denn beim Superlativ fängt das Dichten erst an."

Der Expressionismus will konventionelle Bindungen durchbrechen, die menschliche Wahrnehmungswelt von jeglichem Zwang erlösen, die elementaren Manifestationen des Lebens zur Darstellung bringen, sich über die alltägliche Wirklichkeit erheben: *der Expressionismus sucht die Ekstase.* Ekstase – das ist der Nenner, der im Expressionismus alle schöpferischen Bestrebungen umfaßt. Die Lyrik nähert sich in ihrer emotionalen Intensität der magischen Gebärde; Drama und Erzählung gestalten Situationen, in denen sich die Figuren von allem befreien, was ihnen Fesseln anlegt, und sich den ekstatischen Zuständen unerprobter Erfahrungen hingeben. Ekstase, Unbegrenztheit verlangt allein schon die schöpferische Phantasie des Dichters. In expressionistischen Texten ist im Prinzip alles möglich, denn die Poetologie erkennt die Zensur der Empirie nicht an: eine bestimmte Wirklichkeit mischt sich, namentlich in dramatischen Texten, mit

Träumen oder metaphysischen Visionen. Die Expressionisten geben ihren Gestalten keine psychologischen Muster, es ist ihnen gar nicht um die natürliche Logik des Geschehens oder um „Glaubhaftigkeit" zu tun. Mit den Worten Ludwig Rubiners: nicht die Psychologie beschäftigte sie, sondern eine neue Mythologie. Teil dieser „Mythologie" ist die Überzeugung, daß das neue Kunstschaffen nur eines der Zeichen für eine allgemeine geistige Erneuerung und gesellschaftliche Wiedergeburt sei, die in gemeinsamer Anstrengung all derjenigen Menschen verwirklicht werden könnten, die an die revolutionäre, umgestaltende Kraft des „Geistes" glaubten. Kurt Pinthus, der Herausgeber der Anthologie *Menschheitsdämmerung*, verkündete in seiner *Rede für die Zukunft* (1918), einem der wichtigsten Manifeste des Expressionismus: „Die Wirklichkeit ist nicht außer uns, sondern in uns. Der Geist des Menschen und seine Bewegung als Idee, die sich verwirklicht, ist die wirkliche Wirklichkeit und schafft die außermenschliche Wirklichkeit." Indem sie diese idealistische Auffassung auch auf die politische Tätigkeit ausdehnten, traten sie mit Gleichgesinnten für die Gründung einer „Internationale des Geistes" ein und veröffentlichten pazifistische Aufrufe und Entwürfe für gesellschaftliche Reformen. Ihr Tun bezeichneten sie als *Aktivismus*, denn sie sahen darin eine Art praktischen, von sozialistischen Ideen inspirierten Expressionismus.

Dieser extreme Idealismus war im Grunde naiver Utopismus. Einige „Aktivisten" unter den Expressionisten, wie z. B. Toller, machten nach dem Zusammenbruch der Münchner Räterepublik (1919) die bittere Erfahrung des reaktionären Terrors, dem idealistische Proklamationen freilich nichts anhaben konnten. Andere Autoren resignierten rasch und schworen den Ideen ab, die den Druck der geschichtlichen Wirklichkeit nicht auszuhalten vermochten. In den zwanziger Jahren ließen die meisten die ursprünglichen Grundsätze allmählich fallen; auch künstlerisch begann der Expressionismus, aktuell gesehen, zu ermatten. Im übrigen sprach schon 1921 Iwan Goll, damals Mitarbeiter der Zagreber (später Belgrader) modernistischen Zeitschrift „Zenit", auf den Seiten eben dieser Zeitschrift die Diagnose aus: Der Expressionismus liegt im Sterben. Golls Urteil zielt auf die Unmenge modischer Texte, die heute vergessen sind. Das ungebrochene Leben des Expressionismus zeigt sich in Werken, die der Zeit zu trotzen wußten: in einigen Dramen, Romanen und Erzählungen, besonders aber in einigen Gedichtbänden von bleibendem Wert.

Von der thematischen und stilistischen Spannweite der expressionistischen Lyrik zeugen zwei frühe Sammlungen, die nach allgemeiner Einschätzung einen Wendepunkt markieren: *Der ewige Tag* von Georg Heym und *Der Weltfreund* von Franz Werfel (beide 1911 erschienen). Georg Heym (1887–1912) zählte zu einer Gruppe junger Dichter, die sich in Berlin, das Metropole und Mittelpunkt des literarischen Lebens in Deutschland war, um den Kritiker (und späteren Pazifismus-Theoretiker) Kurt Hiller versammelt hatten und auf den Veranstaltungen von Hillers „Neopathetischem Kabarett", eigentlich einem literarischen Klub, ihre Gedichte vortrugen. Heym war Mitarbeiter eines der bedeutendsten Organe der neuen Literatur und kritischen linken Publizistik, Franz Pfemferts Wochenblatt „Die Aktion" (Berlin, 1911–1932). Einige Dichtungen des Studen-

Umbra Vitae, *Gedichtsammlung von Georg Heym (1887–1912): Frontispiz von Ernst Ludwig Kirchner zu einer bibliophilen Ausgabe des Werks, die 1924 im Kurt Wolff Verlag erschien.*

ten Heym, der noch beinahe pubertärer Begeisterung verhaftet war, wirkten wie ein Trompetenstoß. Der Kontrast zur gepflegten Lyrik Rilkes und Georges – Dichter, die Heym geschminkte Ästheten nannte – stach besonders wegen des Gegensatzes zwischen dem rebellischen, aggressiven Ton vieler Verse und dem disziplinierten Metrum hervor. Das gilt auch für die zweite, postum veröffentlichte Sammlung mit dem Titel *Umbra vitae* (1912). Die moderne Großstadt ist bei Heym ein chaotischer Raum entfremdeten Lebens und Wahnsinns, geradezu ein mythisches Ungeheuer, das den Ruß der Fabriken ausspeit. In der phantastischen Bildhaftigkeit vieler Gedichte erscheinen unheilkündende Visionen kriegerischer und kosmischer Katastrophen. Gipfelpunkte der frühen expressionistischen Lyrik (neben Trakls Gedichten) sind die Verse, in denen die fiebrige Unruhe und Angst zur Ruhe kommen; die Natur, in Augenblicken gesehen, da sie in magischem Glanz leuchtet, ist eine blaue Landschaft, ein Bild der Sehnsucht nach dem Unbekannten.

Anders schlug das moderne Leben im freien Vers des Pragers Franz Werfel (1890–1945) an. Am meisten Aufmerksamkeit errangen damals die Gedichte, in denen die Kritiker einen Widerhall der Poesie Walt Whitmans und Emile Verhaerens erblickten (Dichter, die einige Expressionisten als ihre Vorläufer ansahen). Es liegt viel unmittelbare, ja naive Hingabe in der Dichtung der Kindheitserinnerungen, in der Entdeckung der intimen Werte alltäglicher, scheinbar unbedeutender Erlebnisse. Mit seinen Hymnen an den „kleinen Mann" aller Farben und Kontinente schuf Werfel die Losungen der pazifistischen „Aktivisten". Verse aus dem Gedicht *An den Leser,* der den Wunsch nach allseitiger Verbrüderung unter den Menschen ausspricht, wurden zum populären Kennwort der expressionistischen

Utopie (in der Sammlung *Der Weltfreund*, 1911). Spätere Sammlungen (*Wir sind*, 1913, *Der Gerichtstag*, 1919, *Beschwörungen*, 1923) enthalten weniger Anschauliches und mehr begriffliche Abstraktionen, die eine pathetische Mystik beschwören. (In den zwanziger Jahren zog der Autor nach Wien und widmete sich hauptsächlich der erzählenden Prosa.)

Die Faszination durch die Dynamik des modernen Lebens brachte mit breit angelegten Zeilen, aber ohne Werfels intime Haltung, ERNST STADLER (1883–1914) zum Ausdruck – wie Lichtenstein, Stramm und Lotz, ebenfalls Autoren der *Menschheitsdämmerung*, ein frühes Opfer eines Krieges, der seinen Versuch vereitelte, durch literarische und wissenschaftliche Arbeit zur Annäherung zwischen den Völkern, namentlich zwischen Franzosen und Deutschen, beizutragen. Charakteristisch ist der Titel seines Gedichtbandes: *Der Aufbruch* (1914). Der Aufbruch, der Eintritt in das grenzenlose Abenteuer des menschlichen Bemühens, sich aus dem Alltagsgrau zu lösen, ist ein Akt, der auf einen irrationalen Durchbruch, auf Ekstase zielt. In dem Gedicht *Fahrt über die Kölner Rheinbrükke bei Nacht* schließt die Vergegenwärtigung der „Welt“, die „nur ein enger, / nachtumschienter Minengang“ ist, mit dem Ruf: wir eilen „Zum Zeugungsfest. / Zur Wollust. Zum Gebet. Zum Meer. / Zum Untergang.“ Die Kritik der expressionistischen Dichtung kann nicht die Tatsache übergehen, daß Irrationalismus und Mythomanie, ungeachtet der subjektiven Überzeugung der Dichter, bedenkliche Symptome des Zerfalls von Traditionen im bürgerlichen Weltbild zu Beginn des 20. Jahrhunderts waren, die Kehrseite eben jener herrschenden Ideologien (z. B. des Chauvinismus und proimperialistischer Anschauungen), gegen die die Expressionisten sonst aufrichtig Stellung bezogen.

Glühendes Pathos ist bezeichnend für eine Gruppe von Autoren, die die rhetorischen Visionäre unter den Expressionisten sind. Der Fruchtbarste war JOHANNES R. BECHER (1891–1958), der seine Entwicklung in dem autobiographischen Roman *Abschied* (Moskau 1940) nachgezeichnet hat: Auflehnung gegen das konservative bürgerliche Elternhaus, dann der Weg zur politischen Tätigkeit, seit 1919 im Rahmen der KPD. Seine Dichtung ist Aufschrei und Appell, Stimme eines Agitators und Visionärs, anfangs ungezügelt im krampfhaften Suchen nach ungewöhnlichen Bildern und Fügungen (Sammlungen: *Verfall und Triumph*, 1914, *Verbrüderung*, 1916, *Päan gegen die Zeit*, 1918, u. a.). In diesem Gemenge von Intentionen, das man paradoxerweise als agitatorischen Hermetismus bezeichnen könnte, unterstrich Becher die öffentliche Funktion des Gedichts:

Der Dichter meidet strahlende Akkorde.
Er stößt durch Tuben, peitscht die Trommel schrill.
Er reißt das Volk auf mit gehackten Sätzen.

(Eingang)

Im Vorwort zur Sammlung *An Europa* (1916) notierte er, daß ein ungeschickt zurechtgezimmertes Propagandastück über die Notwendigkeit der Bekämpfung von Geschlechtskrankheiten heute zweifellos weitaus wichtiger sei als eine noch so ebenmäßige Schöpfung Rilkes. Eine Reihe späterer Gedichtbände (z. B. *Maschinenrhythmen*, 1926, *Der große Plan*, 1931, ein Gesang über den ersten

Maschinenrhythmen *von Johannes R. Becher (1891–1958): Holzschnitt von Franz Masareel zur Erstausgabe von 1926.*

Fünfjahresplan in der Sowjetunion; *Deutscher Totentanz,* 1933) formuliert politische Botschaften in vereinfachter Sprache, die nicht immer die gewünschte Monumentalität erreicht. Die späte Lyrik (z. B. die Sammlungen *Heimkehr,* 1946, *Deutsche Sonette 1952,* 1952) steht im Zeichen von Gesetztheit und Optimismus, wobei die formale Harmonie allzuoft klassizistisch eintönig wirkt.

Becher verwandt sind, vor allem in den Motiven, Rudolf Leonhard (1889–1953, Sammlungen: *Das Chaos,* 1919, *Spartakus-Sonette,* 1921, u. a.), Walter Hasenclever (1890–1940, Sammlungen: *Tod und Auferstehung,* 1917, *Der politische Dichter,* 1919), Paul Zech (1881–1946, Sammlungen: *Die eiserne Brücke,* 1914, *Der feurige Busch,* 1919, u. a.) und Ludwig Rubiner (1881–1920, Autor der Sammlung *Das himmlische Licht,* 1916). Rubiners Gedicht *Mein Haus* („Die Aktion", März 1913) ist der erste konsequente Versuch eines „simultanen" Gedichts, bestehend aus einer langen Reihe völlig verschiedenartiger, disparater Wahrnehmungen. Ähnlich verfuhr, ebenfalls unter dem Eindruck der modernen Malerei, in Frankreich im selben Jahr Guillaume Apollinaire. Für die genannten deutschen Dichter, die politisch links standen, ist Dichtung nicht intimes Bekenntnis, sondern Abrechnung mit den widerwärtigen Erscheinungen der Zeit, zumal mit dem Krieg: Poesie ist eine mit donnerndem Pathos von einer imaginären Tribüne aus verkündete Zukunftsbotschaft. Die Vision der Zukunft gründet sich auf das Vertrauen in das Proletariat und den magischen Glauben an den „Geist der Geschichte". Darin verschmelzen mannigfache utopische Vorstellungen miteinander. Die dazu gehörige Sprache ist stellenweise derart überlastet, daß sie sich selbst ad absurdum führt – ihre Symbolik speist sich aus unterschiedlichen Quellen: Glaubensmystik, Philosophie, Politik. (Eine eigentümliche philosophische Synthese expressionistischer Ideen erzielte Ernst Bloch in seinem ersten Buch, *Geist der Utopie*, 1918.) Größere Intensität liegt in Gedichten schlichterer Machart, etwa in Leonhards lapidarem Gedicht über den toten Liebknecht oder in Hasenclevers *Die Mörder sitzen in der Oper*, einem überzeugenden Beispiel politischer Satire.

Im Sarkasmus liegt die Stärke Albert Ehrensteins (1886–1950). Der Wiener Lyriker, der sich, wie zahlreiche Expressionisten, vor dem Nationalsozialismus in die Emigration retten mußte, ist in seinen Gedichtbänden (*Die weiße Zeit*, 1914, *Der Mensch schreit*, 1916, *Die rote Zeit*, 1917, *Mein Lied*, 1931) der angesichts des Anwachsens organisierten Wahnsinns in der modernen Welt verhärmte Intellektuelle: erst war es der Krieg, der Europa zu „Barbaropa“ machte, später dann der Faschismus. Ehrensteins stärkste Waffe ist das satirische Gedicht, das der sprachlichen Kombinatorik, insbesondere dem Wortspiel, einen politischen Sinn gibt. Ehrenstein ist darin Schüler von Karl Kraus. Oftmals ist eine solche Sprachkunst gänzlich unübersetzbar (z. B. in dem parodistischen Gedicht *Deutschland:* „Kennst du das Land, wo die Germanen blühn? . . . Ich bin ein Deutscher. Kennt Ihr meine I. G. Farben?“, wo auf die Verflochtenheit von nationaler Ideologie und Industriekapital angespielt wird). Mit solchen Texten ist der Autor künstlerischer Mitstreiter der deutschen Satiriker der zwanziger Jahre (Tucholskys, Kästners, W. Mehrings). Sein bekanntestes Werk, die Erzählung, *Tubutsch* (1911), kann kaum als Beispiel expressionistischer Prosa gelten. Diese Aufzeichnung humoristischer und wehmütiger Betrachtungen eines österreichischen „überflüssigen Menschen“ um 1910 bleibt der Tradition der österreichischen psychologischen Novellistik verbunden.

Ehrensteins Landsmann Georg Trakl (1887–1914), einer der größten Dichter der Zeit, ist in allem der leibhaftige Gegenpol zu den pathetischen Verkündern der gesellschaftlichen Umwandlung. Trakl ist der lyrische Einsiedler unter den Vertretern der neuen Dichtung: er lebte fernab vom Getümmel der literarischen Zentren und wäre vielleicht unbemerkt geblieben, hätte sich nicht Ludwig von Ficker, der Herausgeber der Zeitschrift „Der Brenner“ (Innsbruck, 1910–1954), für ihn eingesetzt und eine erste Auswahl aus seinen Gedichten veröffentlicht. Eine ungewöhnlich empfindliche, verletzbare Natur, hielt er dem Eindruck der Erlebnisse an der Front nicht stand. Zu Lebzeiten wurde nur seine Sammlung *Gedichte* (1913) veröffentlicht; eine zweite, bereits druckfertige, *Sebastian im Traum*, erschien 1915. Seine frühe Dichtung gehört noch dem Impressionismus an: ihre zarte Lautgestalt ist durchzogen von düsteren Herbststimmungen, müder Resignation, Wehmut angesichts der Vergänglichkeit des Schönen. Man erkennt, daß der Dichter starke Eindrücke von Rimbauds Lyrik empfangen hat. Die reifen Gedichte, Dokumente einer ausgeprägten schöpferischen Individualität, rücken nach und nach von der impressionistischen Palette ab und schaffen einen magischen Raum „sinnlicher Irrealität“, einen Raum sprachlicher Bildhaftigkeit, worin „schwarzer Regen“, „blaue Finsternis“, „blaues Lachen“, „weißer Schlaf“, „roter Wind“ Zeichen einer Welt sind, die sich ganz in ästhetische Ausdruckskraft verwandelt hat. Diese Welt ist von unermeßlicher Trauer und Beklemmung ergriffen, gezeichnet von Dunkelheit, Kälte, rätselhafter Angst, den Schatten des Irrsinns und des Todes. (Für die Sammlung *Gedichte* war der Titel *Dämmerung und Verfall* vorgesehen.) Es ist eine Welt ohne Geschichte, in der die Zeit abgestorben ist, eine schattenreiche Landschaft der Verzweiflung, nur hier und da von einem Schimmer metaphysischer Hoffnung erhellt. Die Erfahrungswelt ist gänzlich verwandelt: die hermetische lyrische Chiffre entfremdet die Worte der gegenständlichen Welt des Realen, und der Vers des Dichters, der sehr häufig isolierte Aussagen hervorbringt, löst mit seiner Syntax die imaginäre Welt in Fragmente auf. Die lyrische Vision gewahrt kein Ganzes, sondern nur Scherben. Auch in Trakls Lyrik fällt eines der Kennzeichen des Expressionismus auf: die Reihung syntaktisch isolierter Verse, die, logisch-formal betrachtet, umkehrbar sind, d. h. im Prinzip auch eine andere Reihenfolge der Verszeilen zuließen. Bei Trakl verbindet sie eine ästhetische Logik:

Über den weißen Weiher
Sind die Vögel fortgezogen.
Am Abend weht von unseren Sternen ein eisiger Wind.

Über unsere Gräber
Beugt sich die zerbrochene Stirn der Nacht.
Unter Eichen schaukeln wir wie auf einem silbernen Kahn.

Immer klingen die weißen Mauern der Stadt.
Unter Dornenbogen
O mein Bruder klimmen wir blinde Zeiger gen Mitternacht.

(*Untergang*, 5. Fassung)

„... ich weiß nicht mehr ein und aus", bekannte Trakl ein Jahr vor seinem Tod, als er im Zustand tiefer Niedergeschlagenheit an einen Freund schrieb. „Es ist ein so namenloses Unglück, wenn einem die Welt entzweibricht." Der Stilpunktualismus bei Trakl läßt sich als Anzeichen psychischer Zerrüttung deuten. Zum Verständnis der literarischen Dimensionen eines Textes ist solch eine Deutung freilich belanglos. Im übrigen ist es eine Tatsache, daß die Erscheinungen der Diffusion, des Simultanismus und der ungewöhnlichen Wahrnehmung einen Großteil der modernen Kunst nach dem Naturalismus kennzeichnen – daß die Zertrümmerung eingeschliffener Wahrnehmungsschemata eine allgemeine künstlerische Tendenz ist, gesellschaftlich bedingt in dem Bestreben, durch schöpferische Freiheit eine Kritik zu artikulieren, die sich gegen überlebte Institutionen und Begriffe richtet.

Unter den Autoren, die den Krisen ihrer Zeit künstlerischen Ausdruck verliehen und das ganze Leben über in ihrem Verständnis des Expressionismus konsequent blieben, ist Gottfried Benn (1886–1956) die herausragende Persönlichkeit. Das Weltbild, welches das Schaffen des Berliner Spezialisten für Haut- und Geschlechtskrankheiten prägte, der streng die private von der künstlerischen Sphäre trennte und so ein „Doppelleben" führte (dargestellt in der Autobiographie *Doppelleben,* 1950), hat die Kritik „medi-zynisch" genannt. Dieses Diktum bezieht sich vor allem auf die frühen Gedichte (in den Sammlungen *Morgue,* 1912, *Söhne,* 1913, *Fleisch,* 1917, *Schutt,* 1924), die die konventionelle Vorstellung von Lyrik derart provokant erschüttern, daß sie in dieser Hinsicht in der Literaturgeschichte kaum ihresgleichen finden dürften. Benns dichterische Obsession ist die in Hospitälern, Armenhäusern, Leichenhallen geschaute Wirklichkeit, eine Wirklichkeit, die nackt und brutal, ohne Eingreifen einer herkömmlichen ästhetischen Überlegung in die Verse eindringt; ohne jegliche Sentimentalität reihen sich Bilder der Verwesung, des von Krebs und Syphilis zerfressenen Fleisches, der blutverschmierten Eingeweide, der eiternden Geschlechtsteile aneinander. In Baudelaires Gedicht *Une Charogne (Ein Aas),* sechzig Jahre zuvor, ist das Bild des modrigen Fleisches noch Teil einer allegorischen Konstruktion, die auf die Gewißheit baut, daß sich in der Vergänglichkeit der Materie die unzerstörbare Ewigkeit des Geistes spiegele; in Benns Vergegenwärtigungen des Verfalls dagegen gibt es keine Transzendenz, sie sind eine Dichtung des Elends ohne Sinn – und doch zugleich Ausdruck ätzender Herausforderung, expressionistische „Antipoesie" voller Verachtung gegen die gesellschaftlich festgeschriebene Norm des Schönen. Aber Benn kennt auch die Sehnsucht nach dem Ekstaseerlebnis in „Ur"-Zuständen des Lebens fernab der gegenwärtigen geschichtlichen Wirklichkeit: Träume von abendroter Dämmerung am Gestade ferner Inseln des Südlichen Meeres, wo das Leben seit Urzeiten im Rhythmus der Elemente geboren wird und wieder verlischt.

Die weiche Bucht. Die dunklen Wälderträume.
Die Sterne, schneeballblütengroß und schwer.
Die Panther springen lautlos durch die Bäume.
Alles ist Ufer. Ewig ruft das Meer –

(Gesänge II)

Benns Lyrik der ersten Schaffensperiode ist überwiegend herb, dissonant. Auch sprachlich geraten die Gedankenwelt des naturwissenschaftlich gebildeten Intellektuellen und das Temperament des allem Irrationalen gegenüber willigen Ekstatikers aneinander. Der ungewohnte Wortschatz des Dichters, befrachtet mit Zitaten, geschichtlichen und mythologischen Anspielungen und ganz besonders Fachausdrücken aus Biologie, Medizin und Anthropologie, ist ein außergewöhnliches Medium lyrischer Magie. Wissenschaftliche Begriffe, exotische Wörter und Vulgarismen des Großstadtjargons verschmelzen miteinander in einer expressiven Diktion, in einem berauschenden Anrufen dichterischer Chiffren, die eine Vielzahl von Assoziationen wecken. Die Magie der Worte will in bizarren Zusammensetzungen und Metaphern (*Sternenfieber, syntaktisches Bordell, Nervenmythen)* Urerfahrungen neu beleben, in eine Welt der Mythen und ritualen Formeln eintauchen und so die Unermeßlichkeit des Lebens, wie sie sich in den Spuren der menschlichen Existenz vom Urbeginn an ausspricht, in einem einzigen dichterischen Augenblick umfangen.

Ende der zwanziger Jahre wird Benns Ausdruck gesetzter, und vor allem im Metrum rückt er der Tradition wieder näher. Die moderne Großstadt verschwin-

George Grosz (1893–1959), das Romanische Café*: die Zeichnung zeigt eines der Berliner Cafés aus der Zeit des Ersten Weltkrieges, einen Treffpunkt von Literaten und Malern. Gottfried Benn und Else Lasker-Schüler stellten die Bohemeatmosphäre dieser Cafés literarisch dar.*

det aus der Lyrik; die Symbole der menschlichen Existenz haben universelle Bedeutung, das elegische Motiv von der Einsamkeit des Dichters verdrängt die Herausforderung. Die *Ausgewählten Gedichte* (1936) sind Benns letzte Veröffentlichung nach dem Machtantritt der Nationalsozialisten. Die Diktatur, der sich der Autor in der gänzlich naiven Meinung, es handele sich um eine antikapitalistische Bewegung, anfangs gewogen zeigte, brachte auch den letzten Vertreter des Expressionismus zum Schweigen. Als Vorbild für junge Lyriker galt er in den ersten Nachkriegsjahren mit seiner Altersdichtung: den Sammlungen *Statische Gedichte* (1948), *Fragmente* (1951), *Destillationen* (1953) und *Aprèslude* (1955). Diese Gedichte sind ein lyrisches Echo der Spenglerschen Lehre vom unaufhaltsamen Verfall aller Kulturen, vom fatalen Rhythmus zyklischen Wandels. Für Benn ist die Geschichte ein Schauplatz von Gewalt und Sinnlosigkeit, ein grotesker Reigen ohne ergründbaren Sinn. Und auch das Leben in seiner Ganzheit sieht er – darin Nietzsche folgend – einzig als ästhetisches Phänomen gerechtfertigt. Deshalb erkennt er die wahre Transzendenz im künstlerischen Schaffen. Nur in der Kunst: in vollkommenen Versen, in der Schönheit der Musik, in der Vollendung behauenen Steines ruht die Ewigkeit, ein Sinn und eine Botschaft, die der Zeit Einhalt bieten können; alles übrige ist zufällig und vergänglich. Daher auch die Vorliebe des Dichters für Symbole künstlerischer Dauer, für alles, was sein ästhetisches Weltbild bestätigt. Besonders in der späten Dichtung finden sich oftmals Verse, die die leuchtenden und scharfen Konturen der Denkmäler antiker Mittelmeerkultur beschwören.

Gottfried Benn *(1886–1956): „Sie schreiben merkwürdig leicht über das Altwerden“, notierte Benn 1949 in einem Brief an Thea Sternheim, „ich empfinde es als eines der größten Rätsel und nicht leicht zu ertragen, die inneren und äußeren Müdigkeiten, die unerklärlichen Mißstimmungen, die Fremdheit, die man in sich selber spürt, auch die Hoffnungslosigkeit des Ganzen ...“.*

Benns Prosa tendiert stets zur Lyrik (wie andererseits sein Vers sich nicht selten die Prosadiktion zu eigen macht). Die frühen Erzählungen (z. B. der Zyklus *Gehirne,* 1916) sind Beschreibungen „lyrischer Ekstasen“, von Augenblicken, in denen eine fiktive Gestalt, der junge Arzt Rönne, die Aufspaltung von Zeit und Raum erlebt und sich ganz den flüchtigen Eindrücken der ihn umgebenden Wirklichkeit überläßt. Er ist, könnte man sagen, Rilkes Malte in einer abstrakten, expressionistischen Variante, ein naturwissenschaftlich gebildeter Skeptiker, den tiefgreifender Zweifel am Sinn der modernen analytischen Erkenntnis gepackt hat. Kulturkritische Betrachtung und subjektive Impression durchdringen einander in der „synthetischen Prosa“ der Texte *Roman des Phänotyp* und *Der Ptolemäer* (beide 1949). Die Aneinanderreihung von Gedanken über Kunst, historische Ereignisse und persönliche Erfahrungen ist assoziativ, doch wird die größte Intensität in den Momenten lyrischer, „statischer“ Vergegenwärtigung eines Erlebnisses erzielt. Erzählen bedeutet, die Kategorie der Zeit anzuerkennen, schreibt Benn; die Worte jedoch, auf die es ihm allein ankommt, fügen sich der Zeit nicht. In Begleitung der Dichtung kam bei Benn stets der Essay (die Sammlungen *Nach dem Nihilismus,* 1932, *Ausdruckswelt,* 1949, der Vortrag *Probleme der Lyrik,* 1951, u. a.): Aufgipfelung galliger Sarkasmen, die gegen alles zielten, was nach Meinung des Dichters die Freiheit der Kunst und die Integrität der geistigen Schöpferkraft bedrohte.

Becher und Benn fanden beide – jeder auf seine Weise – im Chaos einen Sinn: der eine in politischer Aktivität, der andere in der Überzeugung, die Kunst sei das einzige Zeugnis menschlicher Transzendenz. Wo nicht ein Sinn oder die Möglichkeit einer Versöhnung der Gegensätze in den Blick kommt, herrscht die Groteske. Dichter einer entfremdeten, bedrohlichen Wirklichkeit sind JAKOB VAN HODDIS (eigentlich Hans Davidsohn, 1887–1942?) und ALFRED LICHTENSTEIN (1889–1914), beide Mitarbeiter der Zeitschrift „Die Aktion". Lichtenstein fiel im Krieg, van Hoddis wurde Opfer der nationalsozialistischen Vernichtungslager. Sein Gedicht *Weltende,* 1911 erstmals veröffentlicht, steht am Anfang der Anthologie *Menschheitsdämmerung*: ein ungewöhnliches, verwirrendes Signal der neuen Dichtung. Die Umkehrbarkeit der Verse ist bei van Hoddis gestalterische Entsprechung einer zersplitterten Welt, wie sie der Dichter erlebt: als Gegenstand der Groteske, zumal in ihr die Gleichzeitigkeit von Ereignissen, die auf keinen gemeinsamen Nenner zu bringen sind, jegliche Kategorisierung negiert; so verschwimmt der Unterschied zwischen Ernst und Komik, alles gerät durcheinander im grotesken Reigen der Sinnlosigkeit. André Breton hat in seiner Anthologie des „schwarzen Humors" van Hoddis eine unüberhörbare Stimme der modernen Dichtung an der Schwelle zum Surrealismus genannt, einen Meister des schwarzen Humors. Die Zeitgenossen sahen – mit Recht – auch in Lichtenstein einen Begründer der neuen lyrischen Groteske. Die einzige zu Lebzeiten des Autors veröffentlichte Sammlung, *Die Dämmerung* (1913), ist stilistisch konsistenter als das Werk seines Zeitgenossen. Lichtensteins Welt ist der hoffnungslose, graue Schauplatz der kleinbürgerlichen Stumpfheit, der boshaften Grimassen, der Langeweile endloser städtischer Straßen, der qualvollen Nächte, in denen der Mond am Himmel lauert wie eine giftige, feiste Spinne ... Die Welt als „riesenhafte Mausefalle" – das ist Lichtensteins Vision. Einige Gedichte über das Elend verrauchter Lokale, in denen Wucherer sich ein billiges Vergnügen leisten, sind das dichterische Gegenstück zur Graphik von George Grosz, die, rund zehn Jahre später, ebenfalls in Berlin entstand. Den scharfkantigen, bissigen Zeichnungen des Malers entspricht der Lakonismus von Lichtensteins Vers, worin die traditionelle Gestaltung (jambisches Metrum, Reim) die mechanischen Merkmale der Groteske noch unterstreicht. Einige Gedichte Lichtensteins, in denen das Großstadterlebnis satirisch rationalisiert ist, sind Vorläufer der „sachlichen" Lyrik der zwanziger Jahre (Kästner, Ringelnatz).

In Berlin erschien in den Jahren 1910 bis 1932 die Zeitschrift für moderne Kunst „Der Sturm", eines der namhaftesten Organe des europäischen Modernismus. Sein Begründer HERWARTH WALDEN (mit richtigem Namen Georg Levin, 1878–1941, seit 1932 in der Sowjetunion), ein Allroundtalent und rühriger Organisator, verdienstvoll besonders als Kunstkritiker, versammelte um sich einen Kreis von Gleichgesinnten, Vorkämpfern der modernen Kunst: Dichter, Maler, Theaterregisseure, Architekten. In den etwa zwanzig Lebensjahren der Zeitschrift wurden Texte und Zeichnungen vieler Modernisten aus den meisten europäischen Ländern veröffentlicht, und die Kunstgalerie „Der Sturm" stellte seit 1912 zahlreiche Beispiele zeitgenössischer europäischer Malerei vor. Im letzten Kriegsjahr gründete einer der Redakteure der Zeitschrift, LOTHAR SCHREYER (1896–1966, Dramatiker und bildender Künstler, eine Zeitlang Professor am „Bauhaus" in Weimar), die Theatersektion „Sturm-Bühne", die für Inszenierungen nach Schreyers

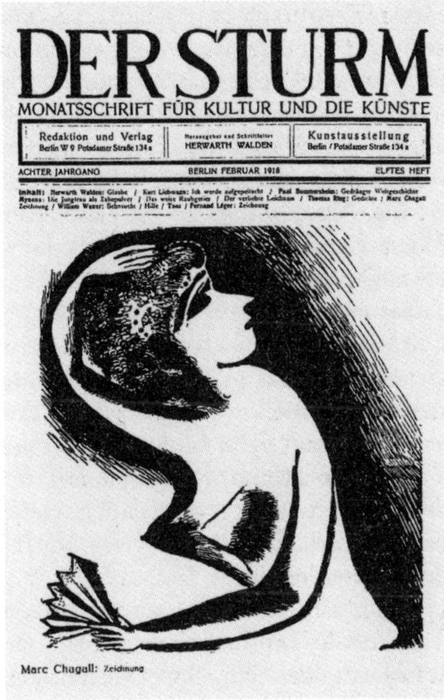

Der Sturm *erschien von 1910–1932 als „Monatsschrift für Kultur und die Künste".* Herwarth Walden *(1878–1941) gründete die Zeitschrift, eines der namhaftesten Organe des europäischen Modernismus. Die Abbildung zeigt die Titelseite eines Heftes aus dem Jahr 1918 mit einer Zeichnung von* Marc Chagall.

und Waldens dramaturgischen Konzeptionen vorgesehen war (eine Synthese aus Sprechdrama, Klang, Rhythmus und Farbe). Das Schaffen der meisten ursprünglichen Mitarbeiter in Waldens Kreis hat indessen nur programmatische Bedeutung. Das Experiment wurde in diesem Kreise Selbstzweck, und Walden errichtete Schranken der künstlerischen Exklusivität in der Meinung, einzig seiner Bewegung komme das Attribut des wahren Expressionismus zu.

Unter den Vertretern eines poetischen Konstruktivismus nach Waldens Muster (Franz Richard Behrens, Otto Nebel, Rudolf Blümner u. a.) ragt August Stramm (1874–1915) besonders heraus, ein Dichter, von dem man behaupten könnte, er sei bekannter als seine Werke. Seine Lyrik, seinerzeit als „abstrakt" oder „kubistisch" bezeichnet, ist im Vergleich mit den Texten der soeben erwähnten Autoren traditioneller, weil sie auf sprachlichen Sinn nicht verzichtet. Im Prozeß der allmählichen lautlichen und rhythmischen Emanzipation des Wortes, einem Prozeß, der in der deutschen Romantik eingeleitet und in der französischen symbolistischen Dichtung vorangetrieben wurde, markieren Stramms Verse einen Extrempunkt: Destruktion der normativen Syntax, Preisgabe metrischer Schemata und Isolierung einzelner Wörter (oftmals unübersetzbare, durch Umbildung grammatischer Kategorien zustandegekommene Wortschöpfungen) sind die auffälligsten Merkmale. In Anspielung auf Stramms bürgerlichen Beruf bemerkte ein Kritiker, sein rhythmischer Pointillismus sei die Dichtung eines Postbeamten, der einen Telegrammtext eintippt. Gedichtsammlungen Stramms: *Du. Liebesgedichte*, 1915, *Tropfblut*, 1919.

Ein Beispiel für unorthodoxe Lyrik in den älteren Jahrgängen von Waldens Zeitschrift bietet die Dichtung von Else Lasker-Schüler (1869–1945). Die exzentrische Dichterin lebte ein unstetes Bohemeleben und stand in freundschaftlicher Beziehung und Briefwechsel mit vielen Zeitgenossen (Benn, Werfel, Kraus, Trakl). Ihre Prosaaufzeichnungen (*Mein Herz,* 1912, und *Konzert,* 1932) enthalten poetisch-anekdotische Erinnerungen an die Anfänge des Expressionismus und an die Atmosphäre der Berliner Literatencafés. 1933 verließ sie wegen der Rassenverfolgungen ihre Heimat. Sie starb in Jerusalem. Ihre Lyrik ist nahezu monothematisch: die Verzückungen der Liebe und des Schmerzes sind mit zerbrechlicher Sinnlichkeit in Verse gefaßt, die beständig um erotische Phantasien und Visionen exotischer Traumländer kreisen. Die wichtigsten Sammlungen sind *Der siebente Tag* (1905), *Meine Wunder* (1911) und *Mein blaues Klavier* (1943). Besonderen Zauber verleihen ihrem Ausdruck die an der Bibel geschulten Stilarchaismen, vor allem in den Gedichten, die Schicksal und Leiden des jüdischen Volkes besingen (*Hebräische Balladen,* 1913). Die imaginative Macht ihrer Wortschöpfungen und rhythmisch bedingten Komposita wirkt am einprägsamsten in dem Gedicht *Ein alter Tibetteppich* (1910) – einem der vollkommensten Werke deutscher Lyrik.

Ein diskreter, anfangs geradezu unbemerkter Weggenosse der Expressionisten war Oskar Loerke (1884–1941), ein Dichter, der sich die metaphorischen Freiheiten der neuen Dichtung zu eigen machte, sich aber abseits von allem hielt, was in seinen Augen bloße Modeerscheinung war. Seine Lyrik ist Ausdruck der Sehnsucht des Großstadtmenschen nach dem „grünen Gott", dem stummen Zauber der Natur (Gedichtsammlungen: *Gedichte,* 1916, wiederaufgelegt 1929 unter dem Titel *Pansmusik, Die heimliche Stadt,* 1921, *Der längste Tag,* 1926, *Atem der Erde,* 1930, *Der Wald der Welt,* 1936). Die späten Gedichte, in denen ein begrifflicher Hermetismus sich vor die unmittelbare Sinneserfahrung schiebt, sind schmerzlicher Ausdruck dichterischer Einöde in einem Alltagsleben, das unter dem Alpdruck des Faschismus steht. Loerke zählte zu den Vorbildern junger Dichter nach 1945.

Zur expressionistischen Bewegung in ihrer ersten Phase gehörte auch Iwan (Yvan) Goll (eigentlich Isaac Lang, 1891–1950), gebürtiger Elsässer, der Sprache nach deutscher und französischer Dichter. In einer autobiographischen Notiz steht: „vom Schicksal her Jude, durch Zufall in Frankreich geboren, den Papieren nach unter die Deutschen gereiht". Goll war ein ungewöhnlich fruchtbarer Autor, in erster Linie Lyriker, ein rastloser Künstlergeist, ein Verwandlungsartist, unermüdlich auf der Suche nach neuen Ausdrucksmöglichkeiten. In seiner ersten Schaffensperiode, in der er sich überwiegend der deutschen Sprache bediente, besingt Goll mit Pathos den Rhythmus der neuen, der technischen Zeit (z. B. in dem Poem *Der Panamakanal,* das in vier Fassungen erschien, zuerst 1914, dann in einem Band gesammelter Gedichte mit dem Titel *Der Eiffelturm,* 1924, worin sich zum Pathos die Ironie gesellt und die Großstadtmotive im „Film"-Tempo aufeinanderfolgen). Auf die Kriegsereignisse antwortete der Dichter mit pazifistischen Protesten in Versen (*Elégies Internationales,* in französischer Sprache, Lausanne 1915) im Glauben an die Botschafterrolle des literarischen Wortes in der Zeit

Eine Zeichnung von Fernand Léger zu Iwan Golls „Film-Poem" Die Chaplinade *(1920). Goll ist der erste Dichter, der die künstlerische Bedeutsamkeit von Chaplins Talent erkannte.*

moderner Kommunikation. Überhaupt erblickt er im Dichter, im „neuen Orpheus", den Boten und Hüter uneingeschränkten menschlichen Empfindens:

> *Die Menschen sind elend*
> *Gefangen in tiefer Unterwelt*
> *In Städten von Mörtel*
> *Von Blech und Papier*
> *Sie muß er befreien*
> *Die Armen an Mond an Wind und an Vögeln*

In seinen ersten Nachkriegstexten setzte sich Goll auch für die Literarisierung des Films ein. Von Chaplins Talent begeistert, schreibt er das dramatische Gedicht *Die Chaplinade* (1920, Illustrationen: Fernand Léger). Überzeugt von der Sinnlosigkeit und Verlogenheit jener Ideologien, die dem Krieg den Boden bereitet hatten, tritt er für eine Internationalisierung der Literatur ein und belegt den eigenen dichterischen Ausdruck (der auf der Freiheit von Assoziationen aufbaut, die sich mit einer dem technischen Zeitalter angepaßten Geschwindigkeit aneinanderreihen) mit einem Namen, der eine Pariser Künstlerbewegung vorwegnimmt – „Surrealismus". Seine Dichtung *Paris brennt,* ein Beispiel für die „surrealistische" Vision vom hektischen Leben in der modernen Großstadt, erscheint erstmalig 1921 in Zagreb. Nachdem er sich in den zwanziger Jahren in Paris niedergelassen hat, publiziert er immer häufiger in französischer Sprache. Sein Hauptwerk der späteren Jahre ist der große lyrische Zyklus *Jean sans terre* (*Johann Ohneland,* drei

Bände, 1936–1939), in dem er unter ausgiebiger Verwendung hermetischer Metaphorik das eigene Schicksal (daher der Titel!) besungen und mit mythischen Zügen versehen hat. Nach der Rückkehr aus der Emigration in den Vereinigten Staaten schreibt er von neuem deutschsprachige Gedichte: *Traumkraut* (1951), reife, mit den „magischen Chiffren" des Unterbewußtseins und den Symbolen von Vergänglichkeit und Tod durchwobene Verse.

Unter den wenigen dramatischen Werken sticht die groteske Komödie *Methusalem oder Der ewige Bürger* hervor (1922). Diese Satire auf die Kleinbürgermentalität (die der Autor für „ewig" hält, ungeachtet der modischen Phrasen, hinter denen die Kleinbürger ihre Zuflucht suchen), auf die Ungereimtheiten in den gesellschaftlichen Konventionen, in Politik, Erziehung, Erotik, ist beißend und aggressiv, dazu ungewöhnlich und innovativ in der dramaturgischen Konzeption, die mit Filmprojektionen, Masken, mechanischen Puppen und sonstigen Elementen des antinaturalistischen Theaters arbeitet. (Die Figurinen zum Text entwarf George Grosz.) Goll führt suggestiv die Zusammenhanglosigkeit der „gesellschaftlichen" Konversation, die von zopfigen Klischees lebt und im Grunde mechanische Pseudokommunikation ist, vor Augen und ist damit einer der ersten Dramatiker, die die Sinnlosigkeit ausgelaugter gesellschaftlicher Übereinkunft mittels Karikatur der Konversation zum Ausdruck brachten; darin ist er Vorläufer von Ionescos „Antitheater" und Handkes Kritik sprachlicher Stereotype. Es liegt gewiß eine Symbolik in der Tatsache, daß bei der Pariser Aufführung der Komödie (1927) Antonin Artaud mitgewirkt hat.

Für das *expressionistische Drama* insgesamt ist Golls Stück nicht charakteristisch. Diejenigen Dramatiker, die als die Expressionisten der Bühne bezeichnet worden sind, eiferten Wedekind und dem späten Strindberg nach und neigten viel mehr zur Tragödie oder gar zu szenischen Werken, die sich der Kategorisierung nach gewohnten dramatischen Rastern entziehen. Charakteristisch sind Benennungen wie dramatische Legende, Mysterium, szenische Vision, Oratorium u. ä. Und dennoch muß uns heute, nach Brecht, dem „Antitheater" oder den Dokumentarstücken, das expressionistische Drama geradezu als ein Hort der Tradition erscheinen. Literarische Phänomene müssen jedoch im geschichtlichen Kontext gesehen werden. Im zweiten und dritten Jahrzehnt unseres Jahrhunderts legte die expressionistische Dramatik stets Wert auf die eigene Unkonventionalität, vor allem dadurch, daß sie sich einer Tendenz entgegenstemmte, welche auch selbst noch verhältnismäßig jung war: dem Naturalismus. Es ist begreiflich, daß der Widerstand gegen den naturalistischen Determinismus im Drama eine besonders heftige Reaktion hervorrief. Die Welt als nicht zu durchstoßender Zirkel biologischer und gesellschaftlicher Determination wirkte auf der naturalistisch angelegten Bühne penetrant hoffnungslos. Die bürgerlichen Salons oder die Kneipen der Vorstadt wurden für die junge Generation, die bestrebt war, sich vom Alltagsgrau zu befreien, zu Symbolen eines Lebens ohne Zukunft. Die Macht dieser Suggestion galt es wenigstens auf der Bühne zu brechen.

In symbolischen Handlungen auf der Bühne wollten die Expressionisten die Möglichkeit der Freiheit manifestieren, indem sie den (empirischen) Determinismus durch einen (utopischen) Voluntarismus ersetzten. Die Bühne ist für sie ein

Raum dichterischer Imagination, die grundsätzlich unbegrenzt ist – vor allem unabhängig von konkreter Erfahrung und demnach auch von einer auf einen bestimmten Wahrnehmungshorizont angelegten Mimesis. Schon Strindberg hatte im Vorwort zu seinem Drama *Traumspiel* (1902) die Prinzipien einer solchen Dramatik bestimmt und erklärt, es komme ihm nicht auf Übereinstimmung mit der Wirklichkeit, sondern auf Phantasiereichtum an, wie ihn etwa Träume bieten, in denen alles möglich ist, in denen wir aus der Gesetzmäßigkeit von Zeit und Raum heraustreten könnten; Erinnerungen, Traumgesichte, Ahnungen, all das greife im Reigen der künstlerischen Phantasie ineinander. Die deutschen Expressionisten – einige unter dem Eindruck von Strindbergs Werken – proklamierten eine solche Freiheit als Fundament des neuen Dramas. Die Freiheit, die sie für sich in Anspruch nahmen, ist nicht in allen dramatischen Werken in gleichem Maße verwirklicht. Demnach kann man nicht von einem einzigen Muster für das expressionistische Drama sprechen. Die von der ästhetischen Autonomie gebotene Spanne von Möglichkeiten reicht von der Sprachstilisierung, die eine ansonsten realistische Faktur poetisiert, bis zum vollends abstrakten Spiel. Abstraktion ist ganz allgemein ein Kennzeichen des expressionistischen Dramas. Auch dort, wo der Bezug zu einer zeitlich und räumlich markierten Erfahrungswelt aufrechterhalten bleibt, ist doch die expressive Gewichtung ganz augenfällig.

Die Theoretiker dieses modernen Dramas – Kornfeld, Edschmid, Pinthus und andere – trugen ihre Auffassungen unmißverständlich vor. Angelpunkt ihrer Konzeption ist der anthropologische Mythos vom „ewigen Menschen", von den existentiellen Ausprägungen der menschlichen Natur, die sich in allem geschichtlichen Wandel gleichbleibt. Sahen sie die geschichtliche Determination als etwas Sekundäres oder auch Auszusparendes an, so sollte das dramaturgische Äquivalent der ins Allgemeine gehobene, abstrakte szenische Raum sein, der der Suggestion einer sich „immer und überall" ereignenden dramatischen Handlung Vorschub leisten würde. (Darin liegt eines der Paradoxa des Expressionismus: der antinaturalistische Modernismus erneuerte unwillkürlich einige alte Forderungen der Klassik – der Modernismus gelangte auf Umwegen unfreiwillig zu restaurativen Positionen.) Das „menschliche Wesen" mühten sich die Expressionisten durch Intuition auszuloten, nicht durch kritische Beobachtung; so ist die „Seele" für sie ein unentwirrbares Rätsel, ein Geheimnis, das sich in irrationalen Handlungen offenbart, die durch eine rationale Psychologie nicht einzuholen sind. Zweifel und Widerwille gegen die empirische Psychologie sind eines der Schlüsselmotive der expressionistischen Poetik, auch über die Dramatik hinaus. Konsequent werden die dramatischen Figuren nach einigen überindividuellen, etwa biologischen (geschlechtlichen), gesellschaftlichen oder Generationsmerkmalen abstrahiert und kategorisiert. Die Generalisierung sticht nicht selten das Private, Individuelle aus, die Personen werden auf Begriffsinhalte reduziert – anstelle von Namen tragen sie die Bezeichnungen abstrakter Funktionen.

Eine weitere Widersprüchlichkeit dieser Dramatik liegt darin, daß Autoren, die sich von der Determination lossagen, ihre Figuren in ein System moralischer Werte einspannen, das zur Allegorie tendiert. Indem sie ihre Figuren vornehmlich in Extremsituationen, in „Ekstasen" des Willens und Empfindens zeigen, die die

Normen gewohnter menschlicher Reaktionen sprengen, entheben die Dramatiker auch die Sprache der Figuren einer mimetischen Verpflichtung. Wie Shakespeare oder die Klassizisten fragen sie nicht nach der „realistischen" Überzeugungskraft der dramatischen Rede; die poetische Stilisierung läßt ja alles zu, vom unartikulierten Schrei bis zur streng metrischen Rede. Bei den Expressionisten gibt es sowohl das eine als auch das andere, die Motivation jedoch ist ausschließlich affektiv. Mit Recht wurde gesagt, daß die Sprachdramaturgie des expressionistischen Theaters (die meist eher auditiv als visuell angelegt ist) in strukturaler Hinsicht an die Oper erinnert: dem Rezitativ wird die „Information" anvertraut, dem Pathos der großen Monologe (Arien) dagegen die dramatische Substanz. Der Tradition der neueren Dramenliteratur hielt der Expressionismus insofern die Treue, als er eines der wesentlichen Kennzeichen des Dramas von der Klassik bis zum Naturalismus unangetastet ließ: den Illusionismus, d. h. die uneingeschränkte Fiktion, das Geschehen auf der Bühne sei nicht Spiel, sondern symbolische Wirklichkeit. Die Dramatik der Expressionisten fördert beim Publikum also die Einfühlung, die Notwendigkeit, sich mit dem Geschehen auf der Bühne zu identifizieren. Brecht und Piscator bezeichneten das expressionistische Drama daher als „hypnotisch".

Das expressionistische Drama ist radikal vor allem in seinen Anfängen. Schon die ersten Werke, die in der Absicht entstanden, anstelle von Studien aus dem Felde der modernen Sozialpathologie die Ekstasen menschlicher Leidenschaften und Konflikte in menschheitlichen Maßstäben darzustellen, signalisieren sehr entschieden den neuen Stil. Einer der extremsten unter den Wegbereitern des jungen Dramas ist Oskar Kokoschka (1886–1980), der als Maler weitaus bekannter wurde. Seine szenischen Werke, in denen die visuelle, bildnerische Komponente hervorsticht, blieben anfangs unbemerkt – man vergißt oft, daß der Bühnenexpressionismus schon 1907 beginnt. In diesem Jahr schrieb Kokoschka das Stück *Mörder, Hoffnung der Frauen* (veröffentlicht 1910 in der Zeitschrift „Der Sturm"). Das Werk, eine Synthese aus Pantomime, rhythmisierter Rede und szenographischer Phantasie, präsentiert in einer imaginären Antike den Konflikt zwischen Mann und Frau als eine Episode des „ewigen Kampfes" der Geschlechter. (Die trübe Sexualsymbolik ist ein Nachhall der spekulativen Geschlechterpsychologie, wie sie Kokoschkas Wiener Landsmann Otto Weininger in seiner damals populären typologischen Abhandlung *Geschlecht und Charakter*, 1903, vertrat.) In dieselbe Problematik stößt das umfangreichere Stück *Der brennende Dornbusch* (1913), das die Erotik als Teil eines ewigen Mythos behandelt, der sich auch in den archetypischen Symbolen von Sonne und Mond, Feuer und Asche, Stachel und Balsam wiederfinde. Beide Werke interessieren nur noch vom historischen Standpunkt als Beispiele einer Stilintegration der zeitgenössischen Bühnentechnik (Simultanismus, Spiel mit farbigen Lichtgarben, Reflektoren, bewegliche Bühne usw.). Ebenfalls eher ein Stildokument des frühen dramatischen Expressionismus als eine reife künstlerische Leistung ist die „dramatische Mission" *Der Bettler* (1912). Ihr Autor Reinhard Johannes Sorge (1892–1916) schrieb das Werk mit achtzehn Jahren und nahm in der Form und manchen Motiven die Entwicklung des expressionistischen Dramas vorweg: der Text wirkt wie ein

Katalog wesentlicher Merkmale. Der Generationenkonflikt und die Geburt eines „neuen Menschen", eines Menschen mit neuer Moral und neuer Sensibilität, ist das Thema von Sorges Werk. Dieser Prozeß, dargestellt in einer Reihe verhältnismäßig selbständiger Episoden (für diese Art der Komposition hatte sich damals die Bezeichnung Stationendrama eingespielt), ist ein unmotiviertes, „mystisches" Geschehen, nebulös und angespannt pathetisch wie auch die Verse, die in ekstatischen Momenten die Prosa verdrängen.

Die eigentliche künstlerische Bewährung des neuen Dramas ist das Verdienst von Georg Kaiser (1878–1945), dem fruchtbarsten Dramatiker seiner Generation, einem Schriftsteller, der ein umfangreiches, stilistisch vielgestaltiges dramatisches Opus von uneinheitlichem Wert hinterließ. Das wertvollste Werk, an der Schwelle der expressionistischen Phase, sind *Die Bürger von Calais* (1914, Uraufführung 1917). Angeregt von einem historischen Stoff aus den englisch-französischen Kriegen des 14. Jahrhunderts (und auch der gleichnamigen Skulptur Rodins), zeigt das klar durchkomponierte Drama in großem dramatischem Bogen die moralische Mustergültigkeit des freien, des „neuen" Menschen, der sich über pragmatische Interessen erhebt. Der Vorzug von Kaisers Drama liegt in der Konkretheit des Geschehens: das moralische Pathos ist darin nicht hohle Phrase, sondern Ergebnis zusammenhängender Vorgänge. Protagonist des Dramas ist einer von sechs Bürgern, die sich auf Verlangen des englischen Königs, der eine französische Stadt belagert, bereit erklären, vor die Mauern der Stadt zu treten und diese durch Aufopferung ihres Lebens vor der Zerstörung zu retten. Indem er sich das Leben nimmt, noch bevor eine Entscheidung darüber gefallen ist, wer von den sieben Freiwilligen „überflüssig" sein, d. h. am Leben bleiben wird, gibt der Angesehenste unter ihnen ein Beispiel für innere Freiheit und flößt ihnen dadurch Mut ein. Den dramatischen Knoten, der an die idealistische Moralproblematik von Schillers späten Dramen erinnert, löst der Beschluß des englischen Königs, der versöhnlich gestimmt ist und auf das Opfer verzichtet. Der Tod des Freiwilligen war unnötig, aber dennoch nicht unsinnig, ist die Schlußfolgerung, die sich aus dem Drama ergibt. Auch die übrigen Helden Kaisers sind überwiegend Figuren, die, bisweilen völlig unerwartet, infolge einer Augenblicksintuition eine tiefgreifende innere Umkehr durchmachen: sie verwerfen ihre alte Lebensweise, die sie zu Marionetten, zu mechanischem Handeln degradiert hat, und erproben ein neues, von konventionellen Fesseln freies Leben. Diese expressionistische Katharsis und idealistische Wandlung – ein Zentralmotiv der meisten expressionistischen Dramen – hat Kaiser vielfach variiert. Die Begegnungen eines Kleinbürgers mit dem ihm unbekannten, aber heißersehnten Leben ergibt eine tragikomische Variante in dem Stück *Von morgens bis mitternachts* (1916). Ein Bankkassierer, der Geld veruntreut hat, irrt in der Großstadt von Sensation zu Sensation auf der Suche nach dem „Leben"; am Ende begeht er enttäuscht Selbstmord. Der expressionistische Aufbruch nimmt hier negative Gestalt an, doch zielt die Kritik der gesellschaftlichen Verhältnisse unverhüllt auf die kapitalistische Welt. Dennoch ist diese Kritik naiv: als Ursprung von Enttäuschung und Übel wird das Geld dargestellt, isoliert und abstrakt, nicht aber die Ordnung, in der das Geld seine Rolle versieht. Ähnlich fällt das Urteil über die Entfremdung im „Labyrinth" der modernen Großstadt in dem „Volksstück“ *Nebeneinander* (1923) aus, wo der gute Wille eines einzelnen an der allgemeinen Gleichgültigkeit des Milieus zerbricht. Der Simultanismus unterschiedlicher Handlungsstränge versinnbildlicht den Verlust menschlichen Kontaktes; in der Jagd nach dem Geld spult sich das Leben in parallelen Strängen ab, die Linien überschneiden sich kaum.

Viel abstrakter angeordnet sind die Elemente zeitgenössischer Wirklichkeit in der Trilogie *Die Koralle* (1917), *Gas I* (1918) und *Gas II* (1920). Diese Stücke über die gewaltige, globale Macht, die sich in der Industrie (der Gasproduktion) konzentriert, bieten eine Art wissenschaftlich-technischer Phantastik in dramatischem Gewand. Die namenlosen Figuren sind Verkörperungen der Mechanismen, die den Menschen zur Maschine gemacht und versklavt haben. Im zweiten Teil von *Gas* ist die abstrakte Typisierung der Figuren vollkommen: sie sind eingeteilt in blaue und gelbe „Figuren“, in Ausführende ohne Individualität. Zwar gibt es Protagonisten, wie z. B. den Fabrikbesitzer und den leitenden Ingenieur, doch auch diese Gestalten sind unfähig, die Katastrophe zu verhindern. Der allumfassende Wahnsinn (die Trilogie wurde unter dem Eindruck der Kriegsereignisse geschrieben!) bereitet der Welt den Untergang: das Werk schließt mit einer Szene, die den Zusammenbruch der Zivilisation andeutet. Die Kritik hat besonders in dieser Trilogie ein Beispiel der für Kaiser typischen Dramenstruktur gesehen – ein Beispiel ausgesprochen konstruktivistischer, effektvoll berechneter, geradezu geometrischer Bauweise. Ein solches Verfahren macht sich auch in der Sprache bemerkbar: der Dialog ist spärlich stilisiert, absichtlich „unnatürlich“; wiese er keine affektiven Signale auf, so ähnelte er großenteils einem Austausch von Telegrammen. Die sprachliche Rationalisierung ist Abbild einer technokratischen Welt. (Wo es keine künstlerische Rechtfertigung gibt, wird sie zur bloßen Manier, worin Kaiser anscheinend mit seinem Zeitgenossen Sternheim wetteiferte.)

In den zwanziger Jahren war Kaiser der meistgespielte Dramatiker in Deutschland. 1933 gerät er auf den nationalsozialistischen Index, seine Dramen werden nicht mehr aufgeführt. Vor Ausbruch des Krieges geht er in die Emigration. In den Stücken *Kolportage* (1924), *Die Lederköpfe* (1928), *Oktobertag* (1928) u. a. ließ der Autor die Prinzipien der expressionistischen Dramatik allmählich fallen; die Lebhaftigkeit, mit der er auf Aktuelles reagierte, führte ihn in den Eklektizismus. Es verblieb jedoch sein Hang, dramatische Konflikte unter Vereinfachung der komplexen gesellschaftlichen Problematik in erster Linie aus ethischen Grundsätzen abzuleiten. Lösungen sucht er – und das ist bezeichnend für den Utopismus der Expressionisten – in der individuellen Anstrengung des einzelnen, die neue, humane Verhältnisse schaffen sollte. Auch die späten Dramen (z. B. *Der Gärtner von Toulouse*, 1938; *Der Soldat Tanaka*, 1940; die nachgelassenen „griechischen Dramen“ *Pygmalion, Amphitryon, Bellerophon*, 1948) verzichten auf das szenische Experiment zugunsten eines Theaters, das auch inhaltlich zur Tradition zurückkehrt und von dem Glauben des Dichters an den individuellen, metaphysisch gedeuteten Widerstand des Menschen gegen alle Formen der Einschränkung menschlicher Freiheit durchdrungen ist. Das letzte zu Lebzeiten des Autors aufgeführte Werk, das „Kinderstück“ *Das Floß der Medusa* (1945), schließt den thematischen Kreis: dreizehn Kinder von einem torpedierten englischen Schiff treiben in einem Rettungsboot auf hoher See und durchleben, bevor sie gerettet werden, Tage schrecklicher Ungewißheit; in diesem Zustand melden sich im Bewußtsein der Kinder überall die Folgen verfehlter Erziehung, Aberglaube, Argwohn; um sie davon zu befreien, opfert sich ein Junge freiwillig – wie einst der Bürger von Calais. Die Darstellung der Kriegspsychose im kindlichen Bewußtsein ist ein einzigartiges Unterfangen in der gesamten dramatischen Literatur – wegen der ungewöhnlichen Schauspielerbesetzung allerdings schwer aufführbar.

Kaisers Dramen aus der expressionistischen Phase haben auf das Bühnenschaffen Europas und Amerikas einen erheblichen Einfluß ausgeübt. In der Breite der Resonanz kommt ihm nur noch das literarische, namentlich das dramatische Werk Ernst Tollers (1893–1939) gleich. Toller hatte unter dem Eindruck der Kriegsgreuel zu schreiben begonnen, und bereits sein erstes Drama, *Die Wandlung* (geschrieben 1917, veröffentlicht 1919), ist eine Art szenischen Manifests, das einen politisch betonten Aktivismus (der gefühlsmäßig motiviert und utopisch ausgerichtet ist) mit einer Neigung zum Theaterexperiment im Geiste der expressionistischen Dramenkonzeption verbindet. Auch Toller reiht Episoden aneinander, die den Entwicklungsweg eines jungen Mannes nachzeichnen, der sich nach Kriegserfahrungen zum Kämpfer für einen humanistischen Pazifismus wandelt. Die Bühne ist ein Raum freier dichterischer Imagination, die Personen des Dramas sind allumfassende Symbole menschlicher Mühen, Leiden und Träume.

Im Frühling 1919 ist der Sozialist Toller einer der politischen Führer der kurzlebigen, blutig erstickten Räterepublik in Bayern; die in diesem Versuch, eine poetische Vision durch Praxis zu bereichern, gewonnene Lebenserfahrung trat in seinem weiteren Wirken und Schaffen immer wieder zutage. Trotz fünfjährigen Freiheitsentzuges hört der Autor (im Gefängnis) nicht auf zu schreiben: er schreibt Gedichte über Erfahrungen der Haft (*Das Schwalbenbuch*, 1924) und die Dramen *Masse Mensch* (1921), *Die Maschinenstürmer* (1922), *Der entfesselte Wotan* (Komödie, 1923) und *Hinkemann* (1924). Einer der Helden bei Toller ist die „Masse“, genaugenommen das Proletariat in der Zeit der Industrialisierung (der historische Stoff der *Maschinenstürmer* ist der Ludditenbewegung im England des 19. Jahrhunderts entnommen). Toller rückte jedoch von einer konsequenten Konzeption in der Darstellung kollektiver Ereignisse, wie sie etwa Hauptmann in den *Webern* verfolgt hatte, ab und gründete *Masse Mensch*, sein Drama von den revolutionären Ereignissen des 20. Jahrhunderts, auf ein allgemein gehaltenes Modell, dem es – auch infolge künstlerischer Ungereimtheit und stereotyper Pathetik – an Überzeugungskraft fehlt. Im Einklang mit dem expressionistischen Gedanken von der missionarischen Rolle der Persönlichkeit, die kraft ihres Geistes die Wirklichkeit umgestalten würde, erblickt er das zentrale Problem der Revolution (wie er sie auch selbst erlebt hat) in der tragischen Kluft zwischen der moralischen Verantwortung des einzelnen, des Führers, der ethische Grundsätze wahren muß, und dem revolutionären Zwang, der Gewaltanwendung verlangt. Diesen Widerspruch hat Toller sein Leben lang als quälendes, unlösbares Problem erfahren.

Ernst Toller *(1893–1939): das Photo entstand um 1920; im Frühjahr 1919 hatte sich Toller maßgeblich am kurzlebigen, blutig erstickten Versuch der Münchner Räterepublik beteiligt.*

Sein bekanntestes Werk ist die Tragödie vom schmerzlichen Schicksal des Kriegsinvaliden Hinkemann, der, im Krieg an den Geschlechtsorganen verstümmelt und von seiner Umgebung erniedrigt, den Glauben an jegliche sinnvolle Ordnung des menschlichen Lebens verliert. Nahezu unbemerkt blieb die Komödie von den politischen Schachzügen des boshaften Kleinbürgers Wotan, obwohl sie als Studie über das Phänomen demagogischer Suggestion in den Anfangsjahren des Faschismus wie auch als Persiflage auf ein schon hohles expressionistisches Pathos Interesse verdient. Mit dem Expressionismus brach Toller nach seiner Rückkehr in die Freiheit. Ein satirisches Panorama der aktuellen politischen Verhältnisse in der Weimarer Republik entrollt des Stück *Hoppla, wir leben!* (1927), das zur dramatischen Reportage tendiert und damit in scharfem Gegensatz zur früheren, ekstatischen Dramatik steht. Die Technik der filmischen Montage kommt darin zur Anwendung in der Absicht, auf der Bühne die Komplexität und das Tempo des modernen Lebens im Zeitalter der Technik mit simultanen Projektionen und einem Ineinandergreifen der Szenen zum Ausdruck zu bringen. Die angemessene Realisierung dieses Entwurfs leistete der revolutionäre deutsche Regisseur Erwin Piscator in einer seiner berühmten Berliner Inszenierungen. Im dokumentarischen Drama, das damals im Zuge der „Neuen Sachlichkeit" in Deutschland sehr lebendig war, versuchte sich der Autor mit dem Stück *Feuer aus den Kesseln* (1930), in dem es um den Aufstand in den Reihen der Kriegsmarine am Ende des Krieges geht. Den letzten größeren Text, die bedeutende Autobiographie *Eine Jugend in Deutschland* (1933), publizierte er schon in den Niederlanden, wohin er als Antifaschist und Jude emigrieren mußte. Es ist das Zeugnis einer vom Weltkrieg und dem Wirbel der Nachkriegsereignisse mitgerissenen Generation. Dokumentarischen Wert hat die Darstellung des Zusammenbruchs der deutschen Revolution 1918/1919 und die Beleuchtung der Ursachen ihres Mißerfolgs. Bedeutenden Zeugniswert hat ferner die Rede, die Toller im Mai 1933 auf dem Kongreß des Internationalen Pen-Club in Dubrovnik hielt, ein antifaschistischer Appell zu einem Augenblick, da die Nationalsozialisten seine – und viele andere human engagierte – Bücher auf dem Scheiterhaufen verbrannten.

Eine recht ähnliche literarische Entwicklung durchlief der Dramatiker WALTER HASENCLEVER (1890–1940). Mit seinem Erstling *Der Sohn* (1914) schuf er ein Werk, das die Zeitgenossen als geradezu beispielhaft für den Expressionismus ansahen. Die Stileigenheiten gerade dieses Stücks (lyrische Prosa, ekstatische Verse, allegorische Typisierung, Wechsel „realistischer" und visionärer Szenen) regten die Ausarbeitung neuer Regielösungen im zeitgenössischen Theater an; primär jedoch war ein beliebtes expressionistisches Motiv: der Generationenkonflikt, der Zusammenstoß von Vater und Sohn, von jugendlicher Begeisterung und Autoritätsprinzip. Der dramatische Konflikt, in dem der Sohn indirekt den Vater tötet, war ein Symbol für die Auflehnung der jungen Generation gegen die konservative Erziehung im Elternhaus und gegen die entsprechenden Institutionen der Gesellschaft, namentlich die schulische Disziplin. Das Motiv des Widerstandes gegen die Stellvertreter repressiver Staatsmacht kleidet sich in antikes Gewand in Hasenclevers *Antigone* (1917), einer Tragödie in der Stofftradition des Sophokles, angelegt als aktuelle Anklage gegen eine kriegstreiberische Ideologie. Ein Versuch des Autors, das Wort im Drama auf ein Minimum zu reduzieren und sich ganz auf die ekstatische Dramatik der Bewegungen zu stützen, scheiterte in dem Drama *Die Menschen* (1918), das einem Menschen gilt, der aus mystischer Nächstenliebe zu jedem, auch dem absurdesten Opfer bereit ist. In diesem Werk, das eine unfreiwillige Karikatur des Expressionismus ist, ließ sich der Autor vom Film leiten. 1920 – in einer Zeit beachtenswerter Bemühungen um einen neuen, künstlerisch anspruchsvolleren Ausdruck im deutschen Film – brachte er *Die Pest*, ein Filmszenario in Buchform heraus und war damit einer der ersten europäischen Literaten, die ein ernsthaftes Interesse für das neue Medium bekundeten. Das Szenario ist eigentlich ein expressionistisches Drama ohne Worte, die Vision einer globalen Katastrophe, mit den Zutaten eines allegorischen „Totentanzes".

Um die Mitte der zwanziger Jahre (in der Übergangsperiode wirtschaftlicher Stabilität) verschwanden dann die Katastrophen von den Bühnenbrettern: symptomatisch sind somit auch Hasenclevers Zugeständnisse an das Unterhaltungstheater, so z. B. in den Komödien *Ein besserer Herr* (1926) und *Napoleon greift ein* (1929), die zwischen Boulevardtheater und aktueller politischer Satire ihren Platz haben. Seit 1933 im Exil, erlebte der Autor mit dem Verlust seines Publikums das bittere Los der vielen aus ihrer Heimat vertriebenen Literaten. Nach dem Zusammenbruch der französischen Verteidigung 1940 verübte er Selbstmord.

Der Auflehnung gegen die Welt der „Väter" im Expressionismus hat ARNOLT

BRONNEN (1895–1959) äußerst drastische Gestalt gegeben, ein österreichischer Dramatiker, der überwiegend in Berlin lebte (wo er in den zwanziger Jahren mit Brecht verkehrte). Sein *Vatermord* (1920), ein naturalistisch gefärbtes Drama aus dem Kleinbürgermilieu, ist die Darstellung einer explosiven Tat, die den Weg zur Freiheit eröffnen sollte. Der Titel des Werkes wurde damals zum literarischen Losungswort. Unter den späteren Stücken verdient *Ostpolzug* (1926) Erwähnung als interessanter szenischer Versuch, eine einzige Person auftreten zu lassen (was in der dramatischen Literatur bis dahin wohl ein Einzelfall war) und sie dann durch eine visionäre Synchronisierung der Altertumsgeschichte (die Heereszüge Alexanders von Makedonien) mit unserer Gegenwart (die Besteigung des Mount Everest) zu gestalten.

Zwischen aktueller Anspielung und mythischem Tableau des Lebens, „wie es immer war und immer sein wird", bewegt sich das dramatische Schaffen von PAUL KORNFELD (1889–1942, Prager, Opfer der nazistischen Todeslager), der in seinen Tragödien *Die Verführung* (1916) und *Himmel und Hölle* (1919) den qualvollen menschlichen Konflikten in der bürgerlichen Gesellschaft existentielle Bedeutung verlieh und als Theoretiker des modernen Dramas mit dem Postulat eines Gegensatzes zwischen „beseeltem" (intuitivem, metaphysischem) und „psychologischem" (verstandesmäßig erhelltem) Menschen hervortrat (vgl. seinen Essay *Der beseelte und der psychologische Mensch*, 1918). Ähnliches gilt für weitere Autoren: REINHARD GOEHRING (1887–1936), Autor des großen Einakters *Seeschlacht* (1917), der eine Gruppe von Matrosen eingepfercht im Geschützturm eines Kreuzers zeigt, deren Ahnungen, Träume, Befürchtungen und Hoffnungen angesichts des Todes; LUDWIG RUBINER, dessen umfangreichstes Werk, das Drama *Die Gewaltlosen* (1919), thematisch mit Tollers frühen Dramen verwandt, jedoch in seinem idealistischen Schwung noch abstrakter ist: erfüllt von emotionalem Sozialismus ist die – von Tolstojs Gedanken inspirierte – „aktivistische Utopie" der Güte, die durch ihr Beispiel die Gewalt besiegt; FRANZ THEODOR CSOKOR (1885–1969), ein sehr fruchtbarer österreichischer Schriftsteller, der in seinen frühen Werken (z. B. in *Die rote Straße*, 1918) Verfechter des Expressionismus ist, während er später unter Beibehaltung einer moralisch-ethischen Problemorientierung einer realistischen Konzeption nähertritt (z. B. in seiner „europäischen Trilogie": *Dritter November 1918; Besetztes Gebiet; Der verlorene Sohn;* von diesen zwischen 1930 und 1947 entstandenen Dramen schöpft das letzte seinen Stoff aus dem jugoslawischen Befreiungskampf, den Csokor, während des Krieges als Antifaschist emigriert, bei einem Aufenthalt auf befreitem Gebiet in Dalmatien kennengelernt hat); FRITZ VON UNRUH (1885–1970), dessen Versdrama *Ein Geschlecht* (1917) über die mythische Kraft der Mutterschaft, die im Krieg das Prinzip des Lebens angesichts von Zerstörung und Verfall aufrechterhält, für die zeitgenössische Kritik eines der stärksten Zeugnisse des Expressionismus bedeutete; FRANZ WERFEL, der der Geschichte des expressionistischen Dramas namentlich mit der „magischen Trilogie" (eigentlich einem Dreiakter) *Der Spiegelmensch* (1920) angehört, einem Werk, in dem die komplexe Symbolwelt eines seelisch zwiespältigen Menschen, der auf der Suche nach seinem „besseren Wesen" ist, einen szenisch effektvollen Ausdruck findet, wobei die Sprache deutlich eine Anlehnung an Goethes *Faust* verrät (mit einer Transposition des Gegensatzes Faust – Mephisto).

Die Text- oder Rededramatik hat ihr Gegengewicht in einer Visualisierung des szenischen Ausdrucks, worauf namentlich die Mitarbeiter von Waldens Zeitschrift große Hoffnungen setzten. In einem Werk, das in einer Synthese aller Elemente erst die Regie in vollem Umfang realisiert, ist der Text lediglich eine besondere Ergänzung zu Bewegung und Farbe. Daher ist der dramatische Text in den Stücken eines repräsentativen Mitarbeiters Waldens, AUGUST STRAMMS, in den Einaktern *Sancta Susanna* (1914), *Erwachen* (1914), *Kräfte* (1915), *Geschehen* (1915), auf ein Minimum reduziert: kurze Gefühlsäußerungen, lyrische Extrakte, Ausrufe. Wie in diesen Werken, die eigentlich Zyklen einzelner Szenen sind, sowohl Entwicklung als auch Fabel im traditionellen Sinne fehlen, so spielt auch die Sprache keine dialogische, sondern nurmehr eine expressive Rolle. Folge dieser Visualisierung: eine Art szenischer Lyrik.

Zu den expressionistischen Dramatikern rechnet die Kritik für gewöhnlich auch ERNST BARLACH (1870–1938) und CARL STERNHEIM (1878–1942). Barlach, weltberühmt als Bildhauer und Graphiker, erweist sich auch in seinen Dramen (*Der tote Tag*, 1912, *Der arme Vetter*, 1918, *Die echten Sedemunds*, 1920, *Die Sündflut*, 1924, *Der blaue Boll*, 1926) als ein Künstler von herbem Ausdruck. Angereichert mit komplexer Symbolik, für die der Autor manchmal szenisch außerordentlich suggestive Lösungen findet, zeigen diese Dramen meist die moralische Ausweglosigkeit empfindsamer Menschen, ihre Bemühungen, durch eigenes Vorbild die Summe des Guten in der Welt zu erhöhen. Dieser Spiritualismus, verwurzelt in unkonventioneller Religiosität, steht in schmerzlichem Gegensatz zur Stumpfheit der Umwelt; der Gemeinschaft, die mißtrauisch alle Bekundungen von Individualität verfolgt. Diese Dramen einer „geistigen Wiedergeburt", thematisch in den Expressionismus eingebunden, sind konkret im Detail: die norddeutsche Heimat des Dichters ist gegenwärtig, folkloristische Züge sind unverkennbar, die Sprache der Personen kommt dem Verfahren der realistischen Charakterzeichnung wieder nahe. All dies, und insbesondere Barlachs eigentümlicher Humor, sichert den genannten Werken einen eigenen Platz im Gefüge des visionären und ekstatischen Dramas.

Noch weniger trifft die Bezeichnung „Expressionismus" auf Sternheims Werke zu. Den größten Erfolg errangen die Komödien aus einem Zyklus mit dem Sammeltitel *Aus dem bürgerlichen Heldenleben*, z. B. *Die Hose* (1911), *Die Kassette* (1912), *Bürger Schippel* (1913), *Der Snob* (1914), *1913* (1915), schließlich die Komödie *Tabula rasa* (1916). Der Sarkasmus, der im Sammeltitel zum Vorschein kommt, zielt auf alle Schichten der deutschen Gesellschaft in der Zeitspanne vor dem Weltkrieg: Adel, kapitalistische Emporkömmlinge („Konjunkturritter"), unterwürfiges Kleinbürgertum und den saturierten Teil der Arbeiterschaft. Sternheim stellte die verlogene Moral, die Karrieresucht und die Verabsolutierung der „Klassenehre" im Wilhelminischen Kaiserreich bloß und ist damit neben Heinrich Mann, diesem in Ausdruck und Thematik verwandt, der konsequenteste Satiriker der Zeit. Mit dem Expressionismus verbindet ihn der Hang zu Groteske und Typisierung, sprachlich fügt sich der übersteigerte und zugleich als Verfahren bloßgelegte „Telegrammstil" in die Technik der Karikatur. Und dennoch gehen seine Werke nicht in den Hauptströmungen des Expressionismus auf: ihr Schwerpunkt liegt nicht in der abstrakten Typisierung, sondern in der Darstellung eines zeitlich und räumlich umgrenzten Milieus. Das ist zweifellos einer der Gründe, weshalb sich Sternheims Komödien – wenn wir die Nazizeit ausnehmen, als der Autor verboten war – bis heute in den Spielplänen deutscher Bühnen haben halten können. Sie werden sogar in letzter Zeit immer häufiger aufgeführt.

Die expressionistischen Dramen im engeren Sinne sind nahezu ausnahmslos nurmehr Literaturgeschichte – wenn auch anerkannt werden muß, daß ohne die Anstöße, die der Expressionismus dem modernen Theater insgesamt (in der Regieführung, im Bühnenbild) gegeben hat, manche Errungenschaften der gegenwärtigen Bühnenkunst kaum vorstellbar sind. Die dramatischen Texte der Expressionisten sind der ihnen eigentümlichen Dialektik zum Opfer gefallen: Durch ihr Bündnis mit dem Mythos, der ausdrücken sollte, was immer und überall Gültigkeit hat, verfehlten sie die Konkretisierung, ohne die die Kunst zur bloßen Proklamation gerät. Die Autoren vergaßen, daß „immer und überall" auch „nie und nirgends" bedeuten kann. Der junge Brecht hielt den Expressionisten schon 1920 vor, daß versifizierte Verlautbarungen keine Dramen seien und der abstrakte Mensch, die „Menschheit im Singular", rasch in Vergessenheit geraten werde. Trotzdem vermag der Bühnenexpressionismus als Gesamtphänomen immer noch zu faszinieren: ein Beweis dafür, daß das Ganze mehr ist als die Summe der einzelnen Teile.

Für die expressionistische *Erzählprosa* gilt just das Gegenteil. Sie imponiert nicht als Gesamtphänomen, als Ergebnis stilistischer Einheit und ideeller Übereinstimmung, sondern als Leistung einiger markanter Schriftsteller, die sich einer kollektiven Charakterisierung entziehen. Bezeichnend ist, daß gerade die exponierten Autoren, wie Kafka oder Döblin, allgemeinen Einordnungskategorien den zähesten Widerstand entgegensetzen. Für den historischen Ort der meisten Prosaschriftsteller der Zeit gibt jedoch ihre faktische Orientierung an Heinrich Mann den Ausschlag, der das Vorbild für den Nachwuchs abgab, als Vertreter eines eigentümlichen Erzählstils wie auch als Kritiker bürgerlichen Bewußtseins, kurz: als Bahnbrecher einer Synthese von Artismus und gesellschaftlichem Engagement.

Eine Art Schulexpressionismus ist das Bewährungsfeld einiger Schriftsteller von geringerer Reichweite; diese Autoren identifizierten sich ganz mit einer gewissen Stiltendenz und erschöpften sich in der Herstellung von Mustern, von Belegen für ihr Programm. Ihre Texte eignen sich eher für Stilanalysen als für ein nichtpragmatisches Lesen. Charakteristisch ist unter diesem Blickwinkel Kasimir Edschmid (mit richtigem Namen Eduard Schmid, 1890–1966), der besonders durch sein expressionistisches Manifest bekannt wurde (1918 in der „Neuen Rundschau", 1919 als Broschüre unter dem Titel *Über den Expressionismus in der Literatur und die neue Dichtung* veröffentlicht). Diesen Text illustriert sehr gut die folgende Stelle: „So wird der ganze Raum des expressionistischen Künstlers

Vision. Er sieht nicht, er schaut. Er schildert nicht, er erlebt. Er gibt nicht wieder, er gestaltet. Er nimmt nicht, er sucht. Nun gibt es nicht mehr die Kette der Tatsachen: Fabriken, Häuser, Krankheit, Huren, Geschrei und Hunger. Nun gibt es die Vision davon." In demselben Essay hebt Edschmid, ähnlich wie Kornfeld, hervor, daß die Zeit der Psychologie vorüber und der neuen Literatur nicht an der Analyse und Deutung von Motiven, sondern an suggestiver Bildlichkeit gelegen sei, die uns das irrationale „Wesen des Menschen" und die Rätselhaftigkeit aller Lebensvorgänge ahnen lasse. Deshalb wirkt die neue Prosa sprung- und lückenhaft: sie spart die logischen Bindeglieder im Erzählvorgang aus, konzentriert sich ganz auf das „Wesentliche" und versucht angestrengt, das „Tempo" der Gegenwart einzufangen. Edschmids Erzählungen allerdings (*Die sechs Mündungen*, 1915, *Das rasende Leben*, 1915, *Timur*, 1917 – alle verlegt bei Kurt Wolff in Leipzig, dem verdienstvollsten Mentor der jungen Literatur und damaligen Verleger Heinrich Manns) scheren sich kaum um die zeitgenössische Wirklichkeit; sie gestalten vorrangig Extremsituationen im Leben „starker", „exklusiver" Persönlichkeiten aus der exotischen Ferne oder einer legendären Vergangenheit, ihre grenzenlosen Leidenschaften und abenteuerlichen Heldentaten. Exotik, Sensationen, strotzende Erotik – das ist Edschmids Welt. Diese Formel gilt auch für den Roman *Die achatnen Kugeln* (1920). Wäre das zügellose Leben, das uns der Autor da zeigt, nicht völlig indifferent gegenüber den Normen bürgerlicher Moral, so würden wir vermuten, daß die überdimensionierten Helden manchen trivialen Erzählungen des 19. Jahrhunderts entsprungen sind. Edschmids Expressionismus ist im Grunde pervertierte alte Novellistik. Die stellenweise frische, suggestive Bildhaftigkeit der Sprache erstickt in einem übersteigerten Stil, der sich wie eine unfreiwillige Selbstparodie ausnimmt.

Edschmid als Erzähler verwandt ist Klabund (Pseudonym für Alfred Henschke, 1890–1928), ein ungewöhnlich produktiver Schriftsteller und Übersetzer, Autor geistreicher Kabarettlyrik (in der er sein großes Vorbild Villon nicht verleugnet), als Dramatiker bekannt durch seine Bearbeitung des alten chinesischen Schauspiels *Der Kreidekreis* (1924). In die expressionistische Phase dieses virtuosen Eklektikers fällt eine Reihe von Kurzromanen, z. B. *Moreau. Roman eines Soldaten* (1916), *Mohammed. Roman eines Propheten* (1917), *Bracke. Ein Eulenspiegelroman* (1918) und *Pjotr. Roman eines Zaren* (1923). Es handelt sich dabei nicht um Romanbiographien (womit sich später Stefan Zweig Popularität erwarb), sondern um subjektive Porträts ungewöhnlicher Persönlichkeiten, Darstellungen „ekstatischer" Geister und rätselhafter Mythenverkörperungen. Klabunds Stil, lyrisch verschwommen und eigenwillig stereotyp in der Parataxe, förderte eine einseitige Vorstellung von expressionistischer Prosa. Der wertvollste unter den genannten Texten ist der Roman über Bracke, einen weisen Narren, Eulenspiegel ähnlich, im Stil der Possen des 16. Jahrhunderts erzählt und mit plebejischer Erfahrung jener Zeit versetzt.

Subtilere Möglichkeiten expressionistischer Novellistik verrät Heyms nachgelassene Sammlung *Der Dieb* (1913), die von Angstgefühlen und verhängnisdrohenden Ahnungen geprägt ist, wie sie auch für die Gedichte des Autors bezeichnend sind. – Ein ungewöhnliches modernistisches Werk ist der als „Roman" bezeichnete kurze Prosatext *Bebuquin oder Die Dilettanten des Wunders* (1912) von CARL EINSTEIN (1885–1940). Der Schriftsteller und Kunsthistoriker lebte lange Zeit in Paris, wo er mit vielen modernen Malern Umgang pflegte. Als Antifaschist kämpfte er in Spanien. Nach dem Einfall der Hitlertruppen in Frankreich beging er Selbstmord. Bekannt wurde er als Autor bedeutender Studien über bildende Kunst, namentlich als Verfasser des Buches *Negerplastik* (1915), das das Eigentümliche des „primitiven" bildnerischen Ausdrucks aufzeigt und von daher eine Verbindungslinie zum Abstraktionsstreben in der modernen Kunst zieht, weiterhin einer Monographie über zeitgenössische Tendenzen der bildenden Kunst (*Die Kunst des 20. Jahrhunderts,* 1926, ein Band der Propyläen-Kunstgeschichte). *Bebuquin,* bereits 1909 abgeschlossen und André Gide zugeeignet, ist völlig unkonventionelle Prosa, eine Synthese aus Erzählung und Essay: der Text enthält Gedanken und Eindrücke eines Schriftstellers, der in einer Welt der Bohemecafés die Zergliederung der unsteten Regungen seines Geistes betreibt, erfüllt von Problemen ästhetischer Formgebung, aber auch von den grotesken Vorstellungen einer durch seine Einbildungskraft verzerrten Wirklichkeit. Eine herkömmliche Handlung fehlt, der Stil ist „flächig" – der Autor war bestrebt, eine „akausale" Prosa zu schaffen, vergleichbar mit dem aperspektivischen bildnerischen Ausdruck des Kubismus. Das Sprachgewebe, strukturiert als eine in bizarren Metaphern verankerte Detailvielfalt, wirkt wie eine Mitschrift von Halluzinationen. Darin ist Einstein Vorläufer des Surrealismus. Benn, der sich bereits in seiner frühen Prosa an diesem Werk orientierte, hat den *Bebuquin* mit Gides *Paludes* verglichen. Neben der Prosa Einsteins und Benns verdienen die Erzählungen des Dramatikers STERNHEIM Erwähnung, besonders die Texte der Sammlung *Chronik von des 20. Jahrhunderts Beginn* (1918). Trotz der Stilmodernismen (des intellektualistischen Erzählens, das den Beobachtungsbestand einer sehr ungewöhnlichen Syntax unterwirft) ist Sternheim der Tradition näher; er schätzt die klare novellistische Fabel, wie sie sich z. B. in einer Lebensbeschreibung von Menschen aufspannt, die in einem schicksalsträchtigen Augenblick (im Moment der expressionistischen „Bewußtseinsweckung") ihr bisheriges Leben wie eine sterile Hülse von sich werfen. Zur kulturkritischen Essayistik tendiert der einzige Roman des Autors, *Europa* (1919/1920).

Die stärkste schöpferische Persönlichkeit unter den Bahnbrechern des neuen Erzählens ist ein Autor, der mit einem Werk Berühmtheit erlangte, durch das er über die eigene expressionistische Phase hinauswuchs. ALFRED DÖBLIN (1878–1957) stammte aus einer jüdischen Kleinbürgerfamilie; er wuchs in Berlin auf, der Stadt, die seiner Prosa einen bleibenden Stempel aufgedrückt hat. Seit 1911 lebte er in Berlin als Facharzt für Nervenkrankheiten (einer der zahlreichen Ärzte unter den Schriftstellern des 20. Jahrhunderts!), und zwar bis 1933, als er der rassischen und politischen Verfolgungen wegen ins Exil gehen mußte. Nach 1945 lebte er abwechselnd in Westdeutschland und in Frankreich. Der Durchbruch gelang ihm mit dem Erzählungsband *Die Ermordung einer Butterblume* (1913), kurzen Texten, die teilweise schon etwa zehn Jahre vorher entstanden waren, so die Titelgeschichte. Diese anthologische Erzählung verrät durch ihr Motiv psychiatrische Erfahrung. Ein Geschäftsmann reißt auf einem Waldspaziergang mit seinem

Alfred Döblin *(1878–1957): die Aufnahme zeigt den Autor 1912. Kurz zuvor hatte er sich in Berlin als Facharzt für Nervenkrankheiten niedergelassen; 1913 erschien ein Band mit Erzählungen, die Döblin literarisch zum Durchbruch verhalfen:* Die Ermordung einer Butterblume.

Stock eine Butterblume ab; der Tod der Blume versetzt ihn in eine gänzlich unmotivierte Erregung – in ihm kommt ein Schuldgefühl auf, das sich zu einem psychotischen Zustand auswächst. All das ist in nervöser, kurzatmiger Prosa erzählt, in Segmenten, die hastig einander ablösen wie kurze, stoßartig montierte Filmtakes. Der Vergleich ist nicht willkürlich. Ein Kritiker begrüßte Döblins Erzählungen mit den Worten: „Der Wortfilm rollt.“ Die programmatischen Artikel des Autors, zur selben Zeit entstanden, fordern von der neuen Prosa den Mut, narrative Floskeln über Bord zu werfen: es gelte den „alten“ Erzähler, seine Kommentare, die psychologischen Tüfteleien, die „gepflegte“ Syntax usw. abzuschaffen und die Prosa statt dessen mit nackter Gegenständlichkeit zu befrachten, mit der Wirklichkeit, so wie wir sie wahrnehmen – ungeregelt, flüchtig, oft sehr schnell, mit Hilfe blitzartiger Assoziationen. Geboten sei ein „Filmstil“, schrieb Döblin schon 1913, ein Stil, der die jähe Aufeinanderfolge der Ereignisse im modernen Leben und zugleich auch die Simultanität der Ereignisvielfalt suggeriere. Er begrüßt die Stilverfahren der Futuristen, beanstandet aber an Marinetti Inkonsequenz und die Bereitschaft, sich mit Halbheiten zufriedenzugeben. Aufs Korn nimmt Döblin auch den traditionellen literarischen „Helden“, das Symbol des bürgerlichen Individualismus. Statt des privaten oder exklusiven Horizonts des einzelnen müsse die kollektive Erfahrung in das epische Werk eingebracht werden, die großen Massenbewegungen, das Leben der Großstadt. (Ungefähr zehn Jahre später konnte Döblin die Verwirklichung einiger seiner Gedanken in Joyces *Ulysses* und im neuen amerikanischen Roman, in Dos Passos' Werken, feststellen.)

Das kollektive Geschehen ist die Achse des Romans *Die drei Sprünge des Wang-lun* (geschrieben 1912, veröffentlicht 1915). Dieser „chinesische Roman", wie ihn der Autor genannt hat, steht, obwohl er auf Elementen der chinesischen Geschichte des 18. Jahrhunderts aufbaut, nicht in der Tradition des europäischen historischen Romans. Die Fabel vom Plebejer Wang-lun, der mit seiner Sekte armer, aber untertäniger Menschen eine Bewegung von großen Ausmaßen stiftet und dann gegen seinen Willen blutige Zusammenstöße mit der kaiserlichen Macht auslöst, ist eigentlich eine Parabel über die Widersprüche des Quietismus: sowohl die Widersetzlichkeit als auch die Unwidersetzlichkeit gegenüber dem Bösen ist gleichermaßen frevelhaft, da sie den Menschen gleichermaßen mit Schuld belädt. Dem Charakter der Parabel, die sich im Grunde zeitlicher und räumlicher Festlegung entzieht, entspricht eine Erzählweise, die trotz eines sehr anschaulichen, mit bildhaften Details getränkten Stils absichtlich unwirklich, wie eine Traumbildfolge wirkt. Es versteht sich, daß hier die Frage, ob Döblins Einzelheiten aus dem imaginären China „genau" und „wirklichkeitsgetreu" sind, vollkommen unangebracht ist. Viele Seiten des Romans sind Gipfelleistungen expressionistischer Prosa. Es folgt ein Beispiel satter und doch transparenter Bildhaftigkeit; die Herbstlandschaft ist hier mit feinen Strichen nachgezogen wie auf einer zarten chinesischen Tuschzeichnung:

> *„Der sanfte Herbst kam. Das Schiff glitt die südliche Küste entlang. Aus den Städten schrillte Musik; die Ernteprozession auf den Feldern böllerte; die Dschunken flitzten spielerisch über das dunkle Wasser. [. . .] Besonnte Zacken der Granitberge. Träumerische Landschaften eingesenkt. Schlanksäulige Fächerpalmen mit hellen Stimmen. Kamelien hunderttausend. Hauchende Teiche, schwimmende Lotos. Zwischen Hecken, hinter steinigen Wegen Tempel am Fuße des Hanges. Starrgespannter Himmel."*

Oder ein Abschnitt, der die intensive visuelle Einbildungskraft des Schriftstellers augenfällig macht, die Beschreibung eines nächtlichen Scharmützels und Feuers in einer belagerten Stadt:

> *„Das blendende Weißrot des Feuermeers im Osten der Tatarenstadt trug in das Bild die Durchschneidung der Helligkeiten und schwerer Schatten ein. Das nördliche neue Kornmagazin loderte. Von dem Funkenregen wurde das südlicher gelegene unermeßliche Reislager befruchtet und gedieh in Minuten zu einer im Wind tosenden flammenden Riesenmohnblüte. Unter diesen feierlichen Lichtern wühlten die zuckenden Massen ineinander. Groteskes Zappeln, Verrenken, Armschwingen, Hüpfen von Silhouetten, gespensterhaftes Rennen über verschattete Kasernenhöfe und Gassen. Schwirren, Platzen, Prasseln in überhitzter Luft von allen Seiten, überschüttend die herkömmlichen Geräusche des Frage- und Antwortspiels zwischen dem Tod und dem menschlichen Leben."*

Rhythmisierte Prosa voll bizarrer Metaphorik kennzeichnet auch die sich anschließenden Romane: *Wadzeks Kampf mit der Dampfturbine* (1918), *Wallenstein* (1920), *Berge, Meere und Giganten* (1924). Gemeinsam ist ihnen das phantastische und utopische Element. Im *Wadzek* ist die moderne Großstadt (Berlin) Schauplatz des aussichtslosen menschlichen Kampfes mit den Ungeheuern der industriellen Zivilisation, den Maschinen. Dieser Kampf, in dem der Mensch ein entfremdetes Wesen ist, das die Gesetzmäßigkeit des Geschehens nicht mehr begreift, nimmt das Gepräge eines phantastischen Mythos an, und das Bild der Stadt gemahnt an die düsteren Visionen in Heyms und Bechers Gedichten. Die utopische Phantasie des Autors dominiert vollends im Roman über die Giganten: das „Prosaepos" von den gewaltigen und ungeheuerlichen Umwälzungen der Erde und der Menschheit im 24. Jahrhundert, von den nicht endenwollenden grausamen Kämpfen zwischen Ost und West, aber auch zwischen Natur und Technik, nimmt die heutigen Science-Fiction-Romane vorweg, verfällt aber dank der Phantasiekraft und dem sprachlichen Können des Autors nicht in Schablonen. Auch in dem historischen Roman, genauer: der Phantasie auf historische Motive über den Heerführer des Dreißigjährigen Krieges ist das Kollektiv wichtiger als der einzelne. Ungewöhnlich ist die Verknüpfung von materialistischer Geschichtsauffassung, besonders deutlich in den Absätzen über Finanzspekulationen im Zuge der Kriegsereignisse, und grotesker Typisierung. Die widersprüchliche Barockkultur offenbart in Döblins Prosa ihr gespreiztes Zeremoniell, aber auch ihren strahlenden Glanz. Seinem Entwurf des Epos, das in einer allumgreifenden Vision den „privaten", bürgerlichen Roman verdrängen sollte, kam der Autor mit dem Versepos *Manas* (1927) noch näher, einem von der alten indischen Epik inspirierten expressionistischen Mysterium von der Wandlung des Menschen.

Die Kritik, die des Autors „Flucht vor der Wirklichkeit" mit Mißtrauen begegnet war, begrüßte bald darauf mit fast einhelligem Beifall den Roman *Berlin Alexanderplatz* (1929), sein bekanntestes und ohne Zweifel auch unmittelbarstes Werk. Der große Erfolg (auch im Ausland) ist teilweise dem einigermaßen ungewöhnlichen Stoff zuzuschreiben: der deutsche Roman kannte bis dahin keine künstlerisch vertiefte Darstellung der großstädtischen Unterwelt, des Lebens der Einbrecher, kleinen Schmuggler, Prostituierten. In solchem Milieu bewegt sich der Held des Romans – der Untertitel lautet *Die Geschichte vom Franz Biberkopf* –, ein schlichter Bursche, der aufrichtig bemüht ist, sich aus Verbrechen herauszuhalten, aber, da er nicht die Unterstützung der Gesellschaft findet, doch immer aufs neue hineinschlittert. Der „kleine Mann" (die zentrale Gestalt auch bei Döblins Zeitgenossen, bei Fallada, Anna Seghers u. a.) ist ein ohnmächtiges Wesen im Strudel der Großstadt, des gewaltigen Organismus, der im Text des Verfassers trotz aller mimetisch getreuen Einzelheiten, vom Berliner Idiom bis zu Angaben über Straßenbahnlinien, dämonische Züge annimmt. Inhaltlich steht das Werk dem Expressionismus ganz fern. Durch eine komplizierte Erzähltechnik ist Döblin ein überzeugender Ausdruck für den tosenden Rhythmus der Millionenstadt gelungen, für ein Panorama ihres Alltags, für ihren technischen und wirtschaftlichen Mechanismus, der als Mosaik aus einer Fülle statistischer Angaben dargeboten wird – in der Komposition dem „Simultanismus" des amerikanischen Romans verwandt, aber auch den Bildcollagen, Photomontagen und Graphiken von Döblins Zeitgenossen im Berlin der zwanziger Jahre, Grosz und Heartfield.

Der Autor hat hier das Programm umgesetzt, daß er etwa fünfzehn Jahre zuvor formuliert hatte. Die beschreibenden Teile sind indes keine bloße Aufhäufung von Daten, sind nicht nur „nackte Wirklichkeit", wie der Schriftsteller einst gefordert hatte; sie sind durchdrungen von lakonischem Humor, in dem die erzählerische Freiheit ihren Niederschlag findet, die Möglichkeit, sich der mimetischen Verpflichtungen zu entledigen und mit den Figuren zu spielen.

Unter den in der Emigration entstandenen Werken sollte der Roman *Pardon wird nicht gegeben* (1935) erwähnt werden, eine Verurteilung bestimmter kapitalistischer Praktiken im kaiserlichen Deutschland; ferner eine Trilogie aus der südamerikanischen Geschichte (*Die Fahrt ins Land ohne Tod,* 1937, *Der blaue Tiger,* 1938, *Der neue Urwald,* 1948), die die Ursachen für den Mißerfolg des „christlichen Experiments" zur Zeit der Kolonialisierung aufzeigt und die Thematik letztlich in die Sphäre einer symbolischen Erörterung über den Sinn der christlichen Ethik erhebt; schließlich die Tetralogie *November 1918. Eine deutsche Revolution* (1938–1950), die zeitlich mit der Konversion des Autors zusammenfällt: die geschichtlichen Ereignisse der ersten Nachkriegstage (die Auflösung des deutschen Heeres, die revolutionäre Tätigkeit Rosa Luxemburgs und Karl Liebknechts) liefern den Hintergrund für die Tragödie eines jungen Idealisten, der sich bemüht, christliche Moral und die Anforderungen gesellschaftlicher Revolution miteinander auszusöhnen. Kein einziges dieser Werke reicht jedoch an das künstlerische Niveau des Berlinromans heran. Das gilt auch für die letzte Arbeit: *Hamlet oder Die lange Nacht nimmt ein Ende* (1956), ein Roman von komplexer Bauweise, dessen Grundmotiv der Konflikt zwischen individueller Ethik und der Moral der bürgerlichen Gesellschaft ist. Das heutige literarische Schaffen bestätigt mittelbar die Lebendigkeit von Döblins früheren Werken. Bedenkenswert ist, daß Günter Grass in Döblin seinen eigentlichen literarischen Lehrer sieht.

Neben Döblin wird manchmal Hans Henny Jahnn (1894–1959) genannt, ein Autor, der auch als Musikwissenschaftler einen Namen hat. Konsequenter Pazifist, emigrierte er während des ersten Krieges und neuerlich nach der Machtübernahme durch die Nationalsozialisten. Seine ersten literarischen Arbeiten sind Dramen (z. B. *Pastor Ephraim Magnus,* 1919), die ungezügelt pathetisch bürgerliche Lügen, ja überhaupt alle Konventionen verurteilen, die natürliche Instinkte abschnüren. Diese vitalistische Thematik ist die Achse der Romane *Perrudja* (1929) und *Fluß ohne Ufer* (3 Bde., 1949–1950), phantasiereicher, aber streckenweise völlig unglaubhafter epischer Rhapsodien über Gestalten, die die Fülle des in der modernen Zivilisation bedrohten und verkrüppelten Lebens fernab von ausgetretenen Pfaden suchen. Ähnlich Döblins frühen Romanen ist *Perrudja* ein Werk von mächtiger sprachlicher Spannung, voll frischer Bildlichkeit und klanglicher wie rhythmischer Kombinatorik. Und dennoch wirkt diese Prosa im ganzen unausgeglichen, vielfach auch stereotyp. Die Fürsprecher von Jahnns Kunst sind nicht ganz im Recht, wenn sie sich über das Unverständnis beklagen, das seine Werke begleitet.

Um die Mitte der zwanziger Jahre notierte Döblin, die zeitgenössische deutsche Literatur besitze einen Autor, den man zu den interessantesten Persönlichkeiten in der Geschichte der Erzählprosa rechnen müsse. Dieser Schriftsteller ist Franz

Franz Kafka *(1883–1924): seine breite Wirkung setzte erst nach dem Zweiten Weltkrieg ein, zuerst in Westeuropa und den USA.*

Kafka (1883–1924). Geboren wurde er in Prag in einer jüdischen Familie, seine Muttersprache war Deutsch. Nach Abschluß juristischer Studien in seiner Geburtsstadt nahm er dort eine Anstellung als Rechtssachverständiger einer Arbeiterversicherungsgesellschaft an. 1917 wurde bei ihm eine Tuberkulose festgestellt, die letzten Lebensjahre mußte er daher zumeist in Kurorten verbringen. Im Vorkriegs-Prag, damals im Verband der österreichisch-ungarischen Monarchie, lebte eine privilegierte Bürgerschicht deutscher Sprachzugehörigkeit, die eine beachtliche kulturelle Tätigkeit entfaltete und am Beginn des Jahrhunderts aus ihrer Mitte eine lebhafte literarische Aktivität hervorbrachte (s. Rilke). Eine Frucht dieser ungewöhnlichen „literarischen Enklave" ist auch Kafkas Werk. Der Autor konnte damals nicht einmal ahnen, daß seine Texte, die nach Meinung seiner Prager Freunde völlig von der Tradition dieser Stadt durchdrungen waren, über die lokale Bedeutung hinauswachsen und eines der universalen literarischen Zeugnisse unserer Zeit werden sollten. Kafka hat intensiv die Gegensätze der Epoche erlebt, umso mehr, als seine persönliche ethnische und gesellschaftliche Situation für ihn eine Quelle von Zweifel und Unruhe war. So fällt es nicht schwer, Kafkas Werke als Symptom persönlicher und gesellschaftlicher Widersprüche zu deuten. Auf die Bemerkung seines Verlegers Kurt Wolff, die Erzählung *In der Strafkolonie* sei qualvoll zu lesen, ja peinlich, entgegnete der Autor in einem Brief (vom 11. Oktober 1916): „Zur Erklärung dieser letzten Erzählung füge ich nur hinzu, daß nicht nur sie peinlich ist, daß vielmehr unsere allgemeine und meine besondere Zeit gleichfalls sehr peinlich war und ist [. . .]" Eine

Deutung der Kafkaschen Thematik kann sich auf diese Worte berufen. Wichtiger aber ist die Tatsache, daß diese längst vergangene Welt dank ihrer einzigartigen Verdichtung in Kafkas Prosa zu einem symbolischen Modell wurde, das auch für spätere Zeiten lebendig und ausdrucksstark geblieben ist.

Von der Faszination, die die Texte ausstrahlen, zeugt auch die auffällige Unverhältnismäßigkeit zwischen dem durch Umfang bescheidenen literarischen Werk und der gewaltigen kritischen und publizistischen Sekundärliteratur. Breite Wirkung setzte nach 1945 ein, zuerst in Westeuropa und Amerika. Eine soziologische Analyse dieser Rezeption – die überaus wichtig wäre – ist noch nicht systematisch durchgeführt worden. Die Kritik hat den Zugang zur Deutung der Texte, die wegen ihrer Rätselhaftigkeit eine ständige Herausforderung an die Interpretation darstellen, bisher überwiegend bei der Psychoanalyse, der Mythologie, der Religionspsychologie und der Strukturanalyse gesucht. Kafkas Werken konnte indes bisher nichts von ihrer hermetischen Aura genommen werden, die ohne Zweifel ein integraler Bestandteil ihres literarischen Gepräges ist. Legendären Charakter haben diese Werke auch infolge ihrer nicht alltäglichen Überlieferungsgeschichte gewonnen: Kafka hatte verfügt, daß sein literarischer Nachlaß – und das ist der größte Teil seines Werkes – verbrannt werden solle, was sein Testamentsvollstrecker und Freund, der Prager Schriftsteller Max Brod (1884–1968), nicht tat; vielmehr redigierte und veröffentlichte er den Hauptbestand der Manuskripte. Brods Verdienst ist groß, die redaktionellen Eingriffe sind jedoch umstritten; jedenfalls entsprechen die postumen Textausgaben nicht den Grundsätzen kritischer Editionen. Authentisch im engeren Sinne sind daher nur diejenigen Werke, die noch unter Aufsicht des Autors herauskamen, d. h. die Erzählungen, die dem überaus gewissenhaften Kafka ausgereift genug erschienen, um der Öffentlichkeit vorgelegt zu werden. Es sind dies die folgenden – meist kurzen – Texte: die Sammlung *Betrachtung* (1913), *Das Urteil* (1913, Sonderdruck 1916), *Der Heizer. Ein Fragment* (1913, eigentlich das erste Kapitel des Romans *Amerika*), *Die Verwandlung* (1915), *In der Strafkolonie* (1919), *Ein Landarzt. Kleine Erzählungen* (1919) und *Ein Hungerkünstler. Vier Geschichten* (1924). Der größere Teil von Kafkas Werk wurde also nach seinem Tode publiziert. Dazu gehören auch einige sehr bekannte Texte, die unter den unvorhersehbaren Bedingungen der Rezeption geradezu Aushängeschilder seines Schaffens geworden sind – wenngleich wir nicht wissen, wie er sie letztlich gestaltet hätte. Auch das ist eines der Paradoxa bei Kafka. Aus dem Nachlaß wurden etwa dreißig Kurzgeschichten veröffentlicht (in den Bänden *Beim Bau der chinesischen Mauer*, 1931, und *Vor dem Gesetz*, 1934), Tagebuchaufzeichnungen (aus den Jahren 1910 bis 1923) und drei Romane, die einige für die wichtigsten Werke halten – *Der Prozeß* (1914–1915, 1925 veröffentlicht), *Das Schloß* (1922, 1926 veröffentlicht) und *Amerika* (1912–1914, 1927 veröffentlicht). Die Briefe (aus den Jahren 1902 bis 1924, 1958 veröffentlicht) sind ein bedeutendes menschliches und literarisches Dokument. Besondere Beachtung fand die Korrespondenz mit der jungen tschechischen Intellektuellen Milena Jesenská (*Briefe an Milena*, 1952).

Kafkas erzählerische Welt ist hermetisch, durchweg einer eigenen Logik unterworfen, unerbittlich konsequent. Aber diese Welt ist nicht wie die Welt des

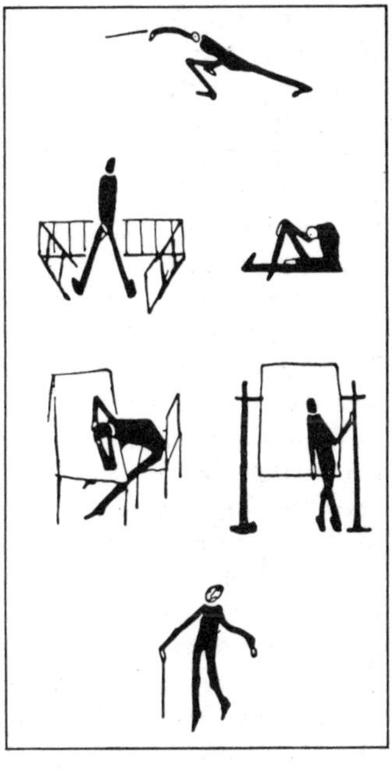

Franz Kafka, *Der Prozeß:* Federzeichnungen des Autors *zum Romanmanuskript, das nach Kafkas Wunsch wie sein gesamter Nachlaß verbrannt werden sollte.*

Märchens naiv phantasiereich und unbekümmert autonom hinsichtlich der realen Erfahrungswelt und der Geschichte. Fremd ist ihr auch der moralische Schematismus des Märchens. Kafkas literarische Wirklichkeit ist großenteils nach der Realität der zeitgenössischen bürgerlichen Welt modelliert, aber auf eine Art, die auf Schritt und Tritt den an eingespielte mimetische Verfahren gewöhnten Leser überrascht oder verstört. Ein Handlungsreisender erwacht eines Morgens in seinem Bett in dem Bewußtsein, daß er kein menschliches Wesen mehr, sondern ein riesiger Käfer ist (*Die Verwandlung*); der unbescholtene Bürger K. wird eines Tages einer Angelegenheit wegen angeklagt, von der er nichts weiß, und vor ein Gericht geladen, dem die Zeichen der Gesetzlichkeit fehlen (*Der Prozeß*); der Landvermesser K. trifft in der Überzeugung, auf einen Ruf hin eine Arbeit übernehmen zu sollen, in einem Dorf unterhalb eines Schlosses ein, vermag aber während der ganzen Zeit seines Aufenthaltes nicht in Erfahrung zu bringen, welches der Sinn und Zweck seines Herkommens ist (*Das Schloß);* ein Reisender fragt in einer fremden Stadt einen Polizisten nach dem Weg zum Bahnhof, der aber antwortet ihm: „Gibs auf, gibs auf" und kehrt ihm den Rücken zu (in der Prosaskizze *Gibs auf*). Diese ganze fiktionale Wirklichkeit ist gestört, defekt, alogisch, doch kommt sie unter dem Anschein von Logik und Natürlichkeit daher, zumal sie die Erfahrungswelt in ihren Einzelheiten so treffend simuliert, daß der Eindruck von Vertrautheit entsteht. Die menschlichen Gestalten verhalten sich scheinbar normal, ihre Reaktionen indes sind mechanisch, ähnlich dem Agieren von Marionetten; sie nehmen die Situationen, in die sie hineingeraten, hin, ohne nach Motiven und Ursachen zu fragen. Eines der hervorstechenden Kennzeichen dieser Prosa ist die Struktur des Paradoxons. Das klassische Beispiel liefert die Geschichte von dem Mann, der vor das Tor des Gesetzes gekommen ist, wo ein Türhüter steht, der ihm den Eintritt verwehrt (*Vor dem Gesetz*). Der Mann wartet geduldig, Jahre vergehen: Im Alter fragt der Mann den Türhüter mit letzter Kraft, weshalb die ganze Zeit über kein anderer vor das Tor des Gesetzes gekommen sei, wo doch alle Menschen nach dem Gesetz strebten. Der Türhüter erwidert, daß dieser Eingang nur für ihn bestimmt gewesen sei – und daß er ihn jetzt schließen werde. Das ist eine Komprimierung der unbegreiflichen Situationen, die Kafkas Welt beherrschen. In den mit Eigenheiten des zeitgenössischen Lebens modellierten Texten stiftet die Rätselhaftigkeit der Zustände und Verhältnisse noch größere Verwirrung. Absurde, unmotivierte Verhältnisse sind so dargestellt, als wären sie vollkommen vernünftig und alltäglich: die pervertierte Welt, beklemmend wie ein schwerer Traum, trägt das Siegel universaler Realität – und löst Schocks von der Art aus, wie sie analog strukturierte surrealistische Bilder erzielen, auf denen eine vertraute, aber unbegreiflich und unheilverheißend gemachte Gegenstandswelt zum Emblem der Entfremdung wird. Wie ein kalter und präziser Pinselstrich ist Kafkas Sprache leidenschaftslos ruhig, objektivistisch, auf das „beschriebene" Detail gerichtet, dann wiederum erstaunlich karg, nichtmetaphorisch, buchstäblich farblos, so daß sie an einen Schwarz-Weiß-Film erinnert. Der Erzählhorizont deckt sich oft mit dem Bewußtsein der Personen, das Geschehen wird immanent dargeboten ohne die Vermittlung eines übergeordneten, allwissenden Erzählerbewußtseins. Diese von den Naturalisten angeeignete Reduktion enthüllt bei Kafka ihre tiefere Bedeutung. Roman und Erzählung entsagen ihrem jahrhundertealten Privileg, mittels eines übersichtlichen Handlungsmusters, das ein Erzähler überwacht, in der Formsphäre die Möglichkeit auszusprechen, Wirklichkeit und menschliche Existenz als etwas Zusammenhängendes, Strukturiertes, vernunftmäßig Ergründbares aufzufassen. In der „spätbürgerlichen" Epoche wird die entsprechende literarische Gestaltungsweise ein Symptom tiefen Zweifelns an der Vernünftigkeit und Erkennbarkeit der Welt: der epische Raum ist ein Gefängnis des Bewußtseins, die Personen sind dem Ansturm von Ereignissen ausgeliefert, die ihnen unbegreiflich, absurd erscheinen. Kafkas Prosa ist dafür ein extremes Beispiel, sie wirkt kraft ihrer künstlerischen Konsequenz, ganz ohne jene auffälligen stilistischen Innovationen, mit denen zur gleichen Zeit die expressionistischen Autoren auftraten.

Jeglicher Versuch, Kafkas Werke nach einem bestimmten gedanklichen oder literarisch-allegorischen System aufzuschlüsseln, ist – darin haben einige Kritiker völlig recht – im Grunde widersinnig. Eine parabolische Deutung im herkömmlichen Sinne setzt ein System akzeptierter Werte und in den Text eingearbeiteter interpretativer Begriffe voraus. Die Werke des Prager Erzählers stemmen sich gegen jedwede „Übersetzung" in eindeutige Aussagen – auch wenn ihre Motive stets den Versuch dazu provozieren. Die Rätselhaftigkeit ist bei ihm bleibend, unentwirrbar und dergestalt konstitutiv, daß eine Rationalisierung den Sinn des Textes aufheben würde. Die suggestive Macht fußt dennoch auf dem Eindruck, daß die Gesamtheit des Werkes durch ihre Form etwas über die menschliche

Wirklichkeit aussagt. Es drängt sich der Vergleich mit der Welt als einer riesigen Falle auf, einem Schauplatz vergeblicher Anstrengungen. Ohne Rücksicht auf Kafkas mögliche metaphysische Intentionen kann sein Werk in unserem historischen Kontext als Chiffre für entfremdete, bis zur Sinnlosigkeit getriebene reale Verhältnisse begriffen werden.

Kafkas Bedeutung für die Entwicklung einer modernen Prosa in vielen Literaturen ist außergewöhnlich groß. Zu Lebzeiten war seine Wirkung allerdings bescheiden. Wegen der grotesken Züge in einigen Texten stellte man seine Verwandtschaft mit einer Reihe kleinerer Erzähler heraus, die oft ebenfalls mit Prag verbunden und darauf spezialisiert waren, mit okkulten Geschichten die Leser das Gruseln zu lehren. Heute fällt es nicht schwer, den Unterschied zwischen Kafka und diesen Schülern Poes zu erkennen. Es ist der Unterschied zwischen einem Schriftsteller, der für die Totalität seiner Lebenserfahrung einen universalen Ausdruck getroffen hatte, und Autoren, die mit dem Panoptikum, der nächtlichen Traumerscheinung, der Schauergroteske Nervenkitzel betrieben. Zu erwähnen ist GUSTAV MEYRINK (1868–1932), der um 1900 in Prag lebte. Seinen größten Erfolg errang er mit dem Roman *Der Golem* (1915), worin er mit expressionistischen Elementen den Geist alter Sagen aus der Frühzeit des Prager Judenviertels neu zu beleben suchte. In der Novellensammlung *Des deutschen Spießers Wunderhorn* (1909) sind die Grotesken mit satirischer Pointe auf die zeitgenössische Gesellschaft am gelungensten. Meyrinks Freund ALFRED KUBIN (1877–1959) ist eher als Maler bekannt, vor allem durch seine Graphiken. Seine obsessive Vorstellungskraft, die allenthalben groteske Dämonen und unheildrohende Symbole des Unterbewußtseins vorfindet, kam erst recht in Schwung in dem „phantastischen Roman“ *Die andere Seite* (1909), einem Prosastück von einem seltsamen Reich der Träume, wo sich das normale Bewußtsein zersetzt und in Schreckensvisionen auflöst. Anders als Kafka gehören Kubin und Meyrink zweifellos in die Traditionslinie der Schauerliteratur von der Romantik und Poe bis zu den Erzählern des „Satanismus“ um die Jahrhundertwende.

Der Expressionismus erlebte eine eigenartige Negation bereits zu einer Zeit, da er noch in vollem Gange war. Die Herausforderung kam von einer Gruppe junger Literaten und bildender Künstler, die sich während des Krieges zufällig in Zürich zusammengefunden hatten, einem Sammelpunkt für Emigranten aus aller Welt, überwiegend Pazifisten und politische Flüchtlinge. Die Programme, die sie 1916 in einem kleinen Lokal veranstalteten, hießen „Cabaret Voltaire“. Die Bezeichnung läßt sich allenfalls als Anspielung auf die Sarkasmen des Voltaireschen *Candide* deuten; ansonsten gab es in diesem Kabarett keine Spur von rationalistischer Philosophie oder Klassizismus. Der Rumäne TRISTAN TZARA (er schrieb französisch), die Deutschen HUGO BALL (1886–1927) und RICHARD HUELSENBECK (1892–1974), der Elsässer HANS (JEAN) ARP (1887–1966) und andere wollten in ihren Texten und Bildmontagen der ganzen Sinnlosigkeit der Zeit Ausdruck geben, in der, nach Balls Worten, die Menschheit bankrott ging und im Blut des Kriegsirrsinns erstickte. Die *Dadaisten*, wie sich die Vorkämpfer des neuen „Ismus“ nannten, hielten die konventionelle Kultur in einer Zeit allgemeinen

dadaco, *Anzeige von John Heartfield (1891–1968), enthalten in der Berliner Zeitschrift* Der Dada *(Nr. 2, 1919).*

Amoklaufs für eine blanke ideologische Lüge oder fade Dekoration, die es niederzureißen gelte. Im Expressionismus sahen sie keine Ausnahme: Der Glaube an die geistige Umgestaltung und den „neuen Menschen" sei das Symptom einer feisten Idylle, das Vergnügen von Dichtern, deren jambische Verse Blindgänger seien – behaupteten die Unterzeichner des ersten gemeinsamen dadaistischen Manifests (im April 1918 veröffentlicht). In diesem Jahr weitete sich der Dadaismus auch auf andere Länder aus. Tzara propagierte ihn in Frankreich, wo er sich eine Zeitlang mit Breton und anderen Mitgliedern des Zirkels um die Zeitschrift „Littérature" (1919–1920), den künftigen Surrealisten, zusammentat. In Berlin griffen neben Huelsenbeck weitere Autoren die neue Nonsens-Kunst auf: der Dichter Walter Mehring (1896–1981), Autor satirischer Kabarettexte, Raoul Hausmann (1886–1972), Theoretiker der Bewegung, Autor von Bildcollagen und Redakteur der Zeitschrift „Der Dada" (1919), die bildenden Künstler George Grosz, John Heartfield (eigentlich Helmut Herzfelde) u. a. Die Berliner Dadaisten demonstrierten auf eigene Weise gegen ideologisches Blendwerk und Militarismus und traten mit provokativen Ausstellungen und Veranstaltungen an die Öffentlichkeit, für die sich in unserer Zeit (die in dieser Hinsicht lediglich die dadaistische Praxis erneuert) die Bezeichnung „Happening" eingebürgert hat. Freilich war auch der Dadaismus in vielem nicht allzu originell. Die Texttypen, die das erwähnte dadaistische Manifest hervorhebt („bruitistische" und „simultanistische" Verse, die Lärm und Chaos des modernen Maschinenzeitalters wiedergeben sollten), finden wir schon in der Vorkriegsperiode bei den italienischen Futuristen. Von den Futuristen unterscheiden sich die Fürsprecher des „Dada" dadurch, daß sie immerhin der imperialistischen Begeisterung der Futuristen eine radikale Abfuhr erteilten. Der Blick auf die Fülle über Broschüren, Flugblätter und kurzlebige Zeitschriften verstreuter dadaistischer Texte zeigt, daß die Bewegung als ein kollektives Phänomen Aufmerksamkeit verdient, als Äußerung ohnmächtiger, „absurder" Auflehnung gegen eine Untertanen- und Apologetenkultur. Die Dadaisten waren sich im übrigen darüber im klaren, daß sie „donquijotisch" (Ball) handelten und ihr Treiben nur ein Teil jener „blutigen Farce" war, die sich in der Wirklichkeit abspielte.

Voller Spott über die individuelle „Künstleraura" betonten die Dadaisten demonstrativ den gemeinschaftlichen Charakter ihrer Veranstaltungen und Arbeiten. Die knappen Texte (Versgrotesken, Sketche, parodistische Montagen), bisweilen Zufallsprodukte, wie dann, wenn etwa aufs Geratewohl aus einer Zeitung ausgeschnittene Sätze aneinandergereiht wurden, erheben keinerlei Anspruch darauf, im traditionellen Sinne als „Kunstwerke" zu gelten. Das Paradoxe des Dadaismus kommt darin zum Vorschein, daß die Texte oftmals zu gleicher Zeit unkommunikativ und bis zum äußersten aktualistisch sind. Provokation, Verhöhnung und Schockierung beabsichtigen sie in ihren Anspielungen, die nur einem engen Kreis von Gleichgesinnten geläufig sind, so daß sie auf diese Weise gerade auf der Ebene jener literarischen Exklusivität verbleiben, gegen die sie in ihren Manifesten hart angingen. Heute ist unverkennbar, wieviel Kaffeehausimprovisation, ja auch wieviel Traditionalismus in den Dadaisten steckte. Balls Gedichte aus affektiven Lautgruppierungen ohne Bedeutung sind mit ihrem „reinen" Rhythmus- und Klangspiel im Grunde die verspätet erfüllten Sehnsüchte der Romantiker und Symbolisten. Die Heterogenität in den einzelnen Merkmalen der Bewegung dokumentiert sachgerecht Huelsenbecks 1920 in Berlin veröffentlichter internationaler Sammelband *Dada-Almanach* (mit einer charakteristischen Bildmontage auf dem Einband, Beethovens Totenmaske mit Schnurrbart – einem Vorläufer von Dalis schnurrbärtiger Mona Lisa). Lag die ganze Spannung des Dadaismus in aktueller Auflehnung, so erschöpfte sich diese Auflehnung in einem bestimmten geschichtlichen Augenblick: der Dadaismus konnte und wollte sein eigenes Altern nicht miterleben. So ist es nur ein Zeichen von Konsequenz, wenn die Mehrzahl seiner Verfechter schon in den zwanziger Jahren andere Wege beschritt.

Unter den Veteranen der Bewegung, die ihrer Vergangenheit nicht abschworen, war der Allround-Künstler Hans Arp, ein Dichter, Maler und Bildhauer. Er schrieb deutsch und französisch. Seine Gedichte (z. B. in den Sammlungen *Die Wolkenpumpe*, 1920, und *Der Pyramidenrock*, 1924) sind eine poetische Auflehnung gegen „Ordnung" und rationale Strukturen, eine völlig freie, alogische Wortwürfelei voll halsbrecherischer Metaphorik. Die Sprache schafft sich hier im wahrsten Sinne eine autonome Wirklichkeit, die allein in diesem Aufeinanderprallen sprachlicher Zeichen besteht. Die symbolistische Poetik, einst die Überzeugung von Asketen und Schwärmern, hat in Arp ihren grotesken Erben gefunden, einen verspielten und selbstironischen Clown der „reinen Dichtung".

schwarze winde hängen wie ketten von den sternen.
enterhaken greifen schwarze lackwände an.
die pläne der städte glühen.
die häuser laufen auf sieben rubinen oder drehen sich auf diamanten wie kreisel.
donner rollen durch die weiten höfe und die königinnen stürzen von ihren melkschemeln.
aus den hälsen der erde steigen die mieter und aftermieter mit ihren galvanisierten spinnen.

Dieser Abschnitt (aus *Der Vogel selbdritt*,1920) ist bezeichnend für die gegen Kriegsende entstandenen Gedichte in Prosa, ein Beispiel für Arps Vorwegnahme des Surrealismus. In einigen Texten aus dieser Zeit wird auch die letzte traditionelle Kategorie fallengelassen, der syntaktisch übersichtliche Satz – die Wort- oder Wortgruppenreihen ähneln nurmehr assoziativem Traumgestammel. Mit Arp verwandt war KURT SCHWITTERS (1887–1948), bildender Künstler und Dichter, Vertreter einer konstruktivistischen Variante des Dadaismus (in seinen Bildcollagen), Redakteur der Zeitschrift „Merz" (nach einem Segment des Wortes Commerz), die er allein von 1923 bis 1924 in Hannover herausgab. In den zwanziger Jahren arbeitete er von Zeit zu Zeit mit Arp zusammen. In den ersten Nachkriegsjahren veröffentlichte Schwitters in unterschiedlichen Zeitschriften Texte in Gedichtform, in denen er das Prinzip der Collage – der Bildkomposition aus verschiedenen Gebrauchsgegenständen und Abfällen – auf sprachliches Material anwandte, indem er Zeitungsanzeigen, öffentliche Anschläge, Reklamesprüche aneinanderreihte und verdrehte. Zum Beispiel: „Die Fundsachen werden ersucht Bekanntmachungen an der Leine zu führen. – Jeder Handel ist für Unbefugte Zahnpasta. – Das Öffnen der Türen ist während des Aufenthaltes untersagt." Neben solchen Texten, die eine Form dadaistischer Satire und antibürokratischen schwarzen Humors sind, gibt es bei Schwitters visuelle Kompositionen aus Wörtern oder Lauten (bzw. Buchstaben), Wortpuzzles nach dem Prinzip der Vertauschung und ähnliche Versuche. Darin ist er Vorläufer der neueren „konkreten Poesie".

16. Weimarer Republik und Literatur im Exil

Die Idealisierung des kulturellen Lebens der zwanziger Jahre, wie sie heute nicht selten in Rückblicken auf diese Zeit durchscheint, ist trotz der Beigaben modischer Nostalgie nicht ganz unberechtigt. Die verhältnismäßig kurze Epoche der ersten, 1919 in Weimar ausgerufenen deutschen Republik ist durch außerordentliche Lebhaftigkeit in allen Bereichen kulturellen Schaffens gekennzeichnet. Berlin hörte auf, Symbol eines sich ausbreitenden Imperiums zu sein, und wurde für etwa zehn Jahre eine der künstlerischen und wissenschaftlichen Metropolen der Welt, reich an neuen, frischen Impulsen. Diese fruchtbare Epoche war indes überschattet von gewaltigen und schließlich auch verhängnisvollen politischen Gärungsprozessen. Die angespannte politische und wirtschaftliche Lage nach dem militärischen Zusammenbruch des Kaiserreiches bedeutete eine schwere Belastung für die Republik, ein Gebilde voller innerer Widersprüche, das durch den Kompromiß der „gemäßigten" Parteien zustande kam, unter denen sich auch die Sozialdemokratische Partei befand. Die radikalere Linke rief eine neue Arbeiterpartei, die KPD, ins Leben. Ziel des Übereinkommens war die Aufrechterhaltung der bürgerlichen Ordnung und der kapitalistischen Besitzverhältnisse unter den neuen Bedingungen. Die Instabilität der Republik machte sich schon in den ersten Jahren bemerkbar; es war nicht zu verhehlen, daß die republikanische Obrigkeit nicht fähig, teilweise auch nicht willens war, dem offenen oder unterschwelligen Terror der politischen Rechten tatkräftigen Widerstand entgegenzusetzen. Seit der Mitte der zwanziger Jahre erstarkte mehr und mehr auch die nationalsozialistische Partei, die Anstalten zur Zerstörung der verfassungsmäßigen Ordnung und zur Abschaffung der demokratischen Rechte traf. Zehn Jahre nach dem Mißerfolg des ersten Hitlerputsches in Bayern rissen die Nazis in ganz Deutschland gewaltsam die Macht an sich.

Die dominanten kulturellen Merkmale in der Epoche zwischen Monarchie und braunem Terror sind vielfältig, lassen sich aber doch einigermaßen bestimmen, wenn man den urbanen Liberalismus hervorhebt, die mehr oder weniger radikale Kritik an traditionellen Institutionen und Ideologien, den Hang zum „Experiment", zur Erprobung neuer Möglichkeiten, die von der technischen Zivilisation geboten wurden. In dieser Epoche hastiger Entwicklung der Maschinen zur Überwindung des Raumes (Luftfahrt, Automobilverkehr), der ästhetischen und Informationsmedien (Film, Radio, Zeitungen mit Riesenauflage), sportlicher Leistung als Ideologie und Unterhaltung, moderner funktionaler Architektur, der Reportageliteratur und verwandter Erscheinungen lag die Weimarer Republik in manchem an der Spitze. Das berühmte „Bauhaus" (zuerst in Weimar, dann in Dessau), eine moderne, gemeinschaftlich geleitete Schule bzw. Werkstätte für bildende Künste, Architektur und angewandte Disziplinen, Sammelpunkt für Künstler und Theoretiker des „Konstruktivismus" aus verschiedenen Ländern, war eines der Zentren, von denen aus sich moderne Tendenzen verbreiteten. Auch nach der Auflösung dieser Einrichtung im Jahre 1933 fand die Theorie Nachfolger außerhalb Deutschlands. Walter Gropius und Ludwig Mies van der Rohe, neben Wright und Le Corbusier Vorreiter der neuen Architektur, beide Leiter des „Bauhauses", vertraten den Geist des modernen Urbanismus durch Verschmelzung ästhetischer und gesellschaftlich-funktionaler Gewichtungen. Das für diese Zeit sehr charakteristische Bemühen, die Kunst aus ihrer ästhetizistischen Isolation herauszuführen, fand besonders im Theaterleben seinen Niederschlag, am lebhaftesten in Berlin, wo damals neben Max Reinhardt und den Autoren und Regisseuren des expressionistischen Theaters Bertolt Brecht – neben Thomas Mann die Schlüsselfigur der Epoche – und Erwin Piscator wirkten, Piscator als der erste Vertreter einer politischen und dokumentarischen Dramaturgie. Die Politisierung der Kunst betrieben auf unterer Ebene, aber in ihrer Art virtuos, die Kabaretts, die im allgemeinen die Zielvorstellungen der liberalen Linken teilten. Die Kabaretts sind geradezu das Symbol der Zeit: auf ihren Brettern, in den Szenen und Chansons, die nach einer Ästhetik der „Gebrauchskunst" geschrieben waren, kam es zur fruchtbaren Begegnung von künstlerischer Phantasie, Popularität und kritischer Tendenz. Ein solches künstlerisches Programm machten sich auch einige herausragende Komponisten zu eigen, z. B. Kurt Weill und der Schönberg-Schüler Hanns Eisler, in gewissem Sinne auch Paul Hindemith, alle drei zeitweilige Mitarbeiter von Brecht.

In Literatur und bildender Kunst hatte der Expressionismus rasch seinen ursprünglichen Schwung eingebüßt. Die idealistische Begeisterung für die Überzeugung, daß der Geist der Welt eine neue Gestalt geben könne, zerschellte an der Enttäuschung, die die Zeitgenossen, die Zeugen der Kriegs- und Nachkriegsereignisse ergriff. In der Konfrontation mit der Wirklichkeit verlor die individuelle, pathetische Auflehnung der Expressionisten immer mehr an Glaubwürdigkeit und nahm die Züge einer gekünstelten Utopie an. In der Kunst von „Deformation und Aufschrei" sah die jüngere Generation eine eigentümliche Form von Flucht in die Abstraktion, gänzlich unangemessen dem, was den Menschen hier und heute bedrängt. Von den Höhen rauschender Metaphorik und großartiger „Menschheitsgebärden" mußte man auf die Straße hinuntersteigen, die Alltagswelt der Büros und Fabriken zeigen, die Erfahrungen der jüngsten Vergangenheit, den Krieg, das Elend, die Ursachen alles dessen. Von vielen Seiten wurden Stimmen laut, daß es die Alltagswirklichkeit neu zu entdecken gelte, wie häßlich und trivial sie auch sein möge. Für dieses künstlerische Bestreben bürgerte sich rasch, zuerst in den bildenden Künsten, die Bezeichnung „Neue Sachlichkeit" ein. Zu deren Vertreter gehörten George Grosz und Otto Dix, mit Graphiken und Bildern, die mit der Schärfe des satirischen Protests einer Gesellschaft das Urteil sprachen, die die Menschheit in den Krieg gestürzt hatte. Doch die Verfechter der „Sachlichkeit" hoben ihre Eindrücke nicht mehr wie die Expressionisten ins Allgemeine, sondern bemühten sich um ihre möglichst nüchterne Wiedergabe, indem sie die konkrete Gegenständlichkeit der Erfahrungswelt unterstrichen. Mit diesem Zugriff, der der Sentimentalität aus dem Weg geht, verstanden sie es, das Erscheinungsbild der Entfremdung in der modernen, von den Mechanismen der Technik gezeichneten Welt festzuhalten. Allerdings läßt sich leicht erkennen, daß in der nüchternen, geradezu reportageartigen Wirklichkeitssicht nicht selten eine kaum verhohlene, recht naive Begeisterung zum Vorschein kam, die den überraschenden Möglichkeiten der technischen Zivilisation galt, den Geschwindigkeitsrekorden, der Ästhetik der Wolkenkratzer und schlanken, blitzenden Chromkonstruktionen, Erscheinungen, die man damals als Anzeichen einer „Amerikanisierung" des Lebens wertete. „Was Schreibende und Leser suchen", schrieb Lion Feuchtwanger 1927 in einem programmatischen Artikel, „ist nicht Übertragung subjektiven Gefühls, sondern Anschauung des Objekts: anschaulich gemachtes Leben der Zeit, dargeboten in einleuchtender Form. Erotisches rückt an die Peripherie, Soziologisches, Wirtschaftliches, Politisches in die Mitte. Don Juan in seinen endlosen Varianten hat abgewirtschaftet, an seine Stelle tritt der kämpfende Mensch, Politiker, Sportler, Geschäftsmann. Den Schreiber und den Leser fesselt Gestaltung des unmittelbar Greifbaren: Sitten und Gebräuche des heraufkommenden Proletariats, die Institutionen Amerikas, Fabriken, Konzerne, Autos, Sport, Petroleum, Sowjetrußland."

Bei einer anderen Gelegenheit hob Feuchtwanger hervor, daß solche aktuellen Impulse in der Literatur die Position des Romans wieder stärken würden (der im Expressionismus ziemlich abgedrängt worden war), ihm aber zugleich die Verpflichtung auferlegten, die Erfahrungen der modernen Weltsicht in sich aufzunehmen, auf seine Weise Marx', Freuds und Einsteins Erkenntnisse zu integrieren – dabei aber das zu bleiben, was der künstlerische Roman stets gewesen sei: das Medium für ein umfassendes Bild des Lebens. Der Schriftsteller, fügt Feuchtwanger hinzu, dürfe sich nicht allein auf seine Phantasie verlassen; die Überzeugungskraft, die vom Leser gefordert werde, müsse er fest in der Realität verankern. Der heutigen Literatur könne der Film Anstöße geben, in der Schärfe der Beobachtung von Einzelheiten wie auch in seinen neuen Verfahren: dem raschen Szenenwechsel, der Montage. Feuchtwangers Vorschläge sind durch die Bemerkung zu ergänzen, daß die von ihm erwähnten Prinzipien mehr oder weniger auch für das Drama der zwanziger Jahre gelten, daß ferner die Tendenz zu strengem Empirismus einen ganz neuen Prosatyp hervorgebracht hat, die literarische Reportage, die nicht auf Suggestivität des Ausdrucks verzichtet, sich aber auch nicht auf den Boden prinzipieller Freiheit der Fiktion stellt, sondern auf den des authentischen Zeugnisses und der Dokumentation. Einige Schriftsteller dieser Zeit, darin den Naturalisten des vorigen Jahrhunderts ähnlich, gaben ihren erzählerischen oder dramatischen Texten theoretische Essays zum Geleit, die ein wichtiger Bestandteil ihres Werkes sind (z. B. Brecht, Döblin, Broch). Diese Erscheinung ist bei Autoren, die kompliziert strukturierte Texte geschaffen haben, ein auffälliges Symptom – Zeichen eines Bedürfnisses, künstlerische Verfahren, die die Kommunikation mit dem Leser erschweren, mit Hilfe zusätzlicher poetologischer Auskünfte zu erläutern.

Der Schritt vom Expressionismus zu den neuen Bestrebungen der zwanziger Jahre war am deutlichsten und verhältnismäßig früh erkennbar in den Werken eines der größten Dramatiker unseres Jahrhunderts. BERTOLT BRECHT (1898–1956), in einer Augsburger bürgerlichen Familie geboren, hegte schon frühzeitig Bedenken gegen das expressionistische Theater; seine Theaterkritiken aus der Studentenzeit geben bereits sehr nüchterne Einschätzungen der zeitgenössischen Dramen, deren Figuren abstrakt konzipiert sind und auch so wirken. In den Worten vom „dramatischen Papier" war schon jener lakonische, von Sarkasmus durchdrungene Ausdruck zu spüren, der für die meisten Werke Brechts charakteristisch bleiben sollte. Ein zweites ständiges Kennzeichen war im Begleittext zu *Trommeln in der Nacht* (1922) markiert, wo der Autor empfiehlt, während der Aufführung im Zuschauerraum ein Plakat mit dem Hinweis „Glotzt nicht so romantisch!" auszuhängen. Die Herausforderung ist an das Publikum gerichtet und signalisiert eine Forderung, die Brecht später in das Fundament seiner Dramaturgie eingebaut hat, die jede sentimentale oder pathetische Einfühlung verwirft und den Zuschauer ermuntert, eine kritische Haltung gegenüber dem Stoff einzunehmen. Auch die übrigen frühen Dramen (*Baal,* 1922; *Im Dickicht der Städte,* 1923) sind im bewußten Gegensatz zum Expressionismus konzipiert, wenn auch einzelne Verfahren und namentlich die Bildhaftigkeit der Sprache die zeitgenössischen Einflüsse nicht leugnen können; statt Spiritualität treten nackte, leidenschaftliche Sinnlichkeit und zynischer Amoralismus der Figuren hervor, die in ihrer Verachtung der Lügen und selbstgefälligen Sterilität der bürgerlichen Gesellschaft ein nahezu animalisches Leben führen. Die Welt der Bohemiens, Stromer und korrupten Kleinbürger in den Kneipen und Straßen der Vorstadt ist der dramatische Raum der Brechtschen Antihelden, die wie der Dichter Baal (der nach Episoden aus Rimbauds Lebensgeschichte gestaltet ist) der Gesellschaft den Rücken kehren, weil sie fest von der Sinnlosigkeit des Lebens in der modernen Zivilisation überzeugt sind. Der Kriegsheimkehrer Kragler lauscht den „Trommeln in der Nacht", den Stimmen der revolutionären Ereignisse im Berlin der ersten Nachkriegsmonate, vermag aber den Sinn der Revolution nicht einzusehen und entscheidet sich zynisch für die Kleinbürgergemütlichkeit. Während der expressionistische „neue Mensch" eine Verkörperung idealen (und idealistischen) Ansporns ist, sind Brechts frühe Gestalten Vertreter eines vegetativen Nihilismus, moderne literarische Verkörperungen der alten Renaissance- und Barockabenteurer und Schlemmernaturen, groteske Figuren eines Vitalismus ohne Ziel und Zweck. Ebenso sinnlos ist das rätselvolle, krampfhafte Ringen zweier Männer im Chicago des Jahrhundertanfangs (*Im Dickicht der Städte*), auf dem Schauplatz der großen kapitalistischen Spekulationen. Die Irrationalität dieses Kampfes, den der Autor wie eine Art unterbewußten Boxkampf konzipiert, ist nur eine mittelbare Widerspiegelung des unbarmherzigen Profitkampfes. Das Geschehen in den frühen Dramen (darunter auch eine freie Bearbeitung des Historienstücks *Leben Eduards des Zweiten von England* nach Marlowe, 1924) ist noch weit von einer Analyse der Klassenverhältnisse entfernt, ohne die das Schaffen des reifen Brecht undenkbar ist. Die Werke des Münchner Studenten und Regieanwärters sind krause Grotesken voll wilder, ungezügelter Poesie, unkonventionelle Versuche, das Theater mit Elementen des Volksstücks, mit der Buntheit des Jahrmarktspektakels, mit dem provokanten Humor von Kabarettchansons aufzufrischen. Die weniger bekannten Einakter aus jener Zeit (z. B. *Die Kleinbürgerhochzeit; Lux in tenebris*) sind drastische Schaustücke im Geist vulgarisierter Folklore, dem Zirkus oder den alten Fastnachtspielen näher als der akademischen Vorstellung von „Literatur". Augenfällig ist auch der Einfluß der frühen Filmpossen. Brecht hatte schon damals sehr viel für Chaplin übrig, er hielt ihn für einen der größten Künstler unserer Zeit. Wo der junge Brecht dem traditionellen Drama näher ist, drängen sich Vergleiche mit Büchner und Wedekind auf.

Die Gedichte, die in die Prosapartien der Dramen eingeschaltet waren, wurden auch in einer ersten Lyriksammlung veröffentlicht. Sie enthielt Dichtung, die großenteils um 1920 entstanden war, zu einer Zeit, da Brecht seine Verse zur Gitarrenbegleitung im Freundeskreis vortrug. Die *Hauspostille* (1927) spricht von bitteren Lebenserfahrungen, von Vergänglichkeit und Vergessen, von dem bleichen Himmel und den Wolken an Sommerabenden, von Abenteuern auf fernen

Meeren. Ungewöhnlich ist, daß das Eigentümliche dieser scheinbar einfachen, doch virtuosen Dichtung in ihrer Treue zur Tradition liegt. Nur daß sich Brecht auch hier *seiner eigenen* Tradition zuwendet: er scheut vor der Sprachesoterik der Symbolisten zurück und erneuert den schlichten Reiz des Volksliedes, den herben Ausdruck alter Balladen und die kraftvolle Sprache der Lutherbibel. Die lapidare Gewalt dieser sehr anschaulichen und sinnlichen Lyrik vereint ganz verschiedenartige Gedichttypen. Neben satirischen und parodistischen Versen, die an Villons Spottlieder und Wedekinds Grotesken erinnern, neben Gegenstücken zu protestantischen Kirchenliedern und neben Balladen von Korsaren und Abenteurern, die „von Sonne krank und ganz von Regen zerfressen" sind, finden sich Gedichte von zerbrechlicher Zartheit, unsentimentale Elegien, die ein Erlebnis oder eine Anregung in gelassener „Sachlichkeit" umsetzen und bemüht sind, daraus kraft ihrer Diktion allgemeine Bedeutung, den Anschein kollektiven Schaffens hervorzubringen. Dieses Merkmal der Brechtschen Lyrik sollte später noch stärker hervortreten. Die in Zyklen gegliederte Sammlung (die Zyklen, „Lektionen", tragen Überschriften wie Bittgänge, Exerzitien, Chroniken usw.) schließt mit dem berühmten ironischen Selbstporträt *Vom armen B. B.*, voller Spott auf den leichtfertigen Optimismus des technischen Zeitalters, das „die dünnen Antennen, die das Atlantische Meer unterhalten" gebaut hat. Von seinen „Städten wird bleiben: der durch sie hindurchging, der Wind!" Die Schlußfolgerung der letzten Strophe lautet: „Bei den Erdbeben, die kommen werden, werde ich hoffentlich/ Meine Virginia nicht ausgehen lassen durch Bitterkeit . . ."

Die Bühnenwerke, die nach Brechts Übersiedlung nach Berlin entstanden, wo er sich rasch als Schriftsteller und Regisseur Gehör verschaffen konnte (z. B. durch seine Zusammenarbeit mit Piscator bei der berühmten Dramatisierung von Hašeks *Schwejk*, 1927/28), bedeuten den vollständigen Bruch mit dem Expressionismus. Die Kritik sieht zu dieser Zeit in Brecht einen Protagonisten der Neuen Sachlichkeit, was nicht ganz zutrifft. In dieser Phase des Stil- und Denkumbruchs entdeckt und erprobt er dramaturgische Prinzipien, die ihn zeitweilig beträchtlich von den gewohnten Maßstäben für realistische Gestaltung abbringen sollten. Brecht erblickt im herkömmlich aufgefaßten dramatischen Helden das Relikt eines bürgerlichen Individualismus, der in einer Zeit gewaltiger gesellschaftlicher Umschichtungen und imperialistischer Kriege nurmehr bloße Ideologie ist, und stellt in *Mann ist Mann* (1926) den einzelnen als Gegenstand der Manipulation dar, als mechanisch austauschbares Objekt im Netz überindividueller Strukturen. Die angemessene szenische Form fand der Autor in einer dramatischen Parabel, die bar jeder motivierenden Psychologie ist. Zur Hälfte auf ein Mißverständnis seitens des Publikums gründet sich die Popularität der *Dreigroschenoper* (1928). Das Werk, nach heutiger Terminologie ein satirisches Musical, ist die Frucht der Zusammenarbeit mit Kurt Weill, dessen kongeniale Musik, eine Mischung aus neobarocker Motorik und Persiflage auf den gefälligen Song, viel zum Erfolg beigetragen hat. Brecht war es allerdings nicht um eine Operettenkarikatur oder um eine literarische Parodie für Genießer zu tun, die auf der Ebene einer Bühnenunterhaltung stehenbleibt, die Brecht damals als „kulinarisch" bezeichnet hat. Seine Bearbeitung des Gayschen Texten, der englischen *Beggars' Opera* aus dem 18. Jahrhundert, will durch Transposition der Handlung in die neuere Zeit die kritische Spitze aktualisieren. Das ältere Werk zeigt Raub und Bettelei als Gewerbezweig und hält fest: Diebe sind Bürger; Brecht siedelt das Geschehen in der Epoche des entwickelten Kapitalismus an, kehrt die Gleichung um und konstatiert: Bürger sind Diebe. „Was ist ein Dietrich gegen eine Aktie?" fragt sich der Haupt„held", der sich von den „kleinen", individuellen Raubüberfällen lossagt. „Was ist ein Einbruch in eine Bank gegen die Gründung einer Bank?" Die erzählerische Fassung des Stoffes, der *Dreigroschenroman* (1934), ist Brechts umfangreichstes Prosawerk. Der sichtlich traditionelle Chronikstil ist Beispiel für die distanzierte, ironische Gestaltung auf der Grundlage der Erkenntnisse, die der Autor schon in Berlin um die Mitte der zwanziger Jahre durch sein intensives Studium des Marxismus gewonnen hatte. Selbstverständlich konnte der Roman nicht mehr in Deutschland veröffentlicht werden; er erschien wie andere Werke antifaschistischer Schriftsteller im Ausland. Der historische Materialismus diente als Grundlage für die epische Belebung der Vergangenheit auch in dem (unvollendeten) Geschichtsroman *Die Geschäfte des Herrn Julius Cäsar* (1957), der einen satirischen Blick hinter die Kulissen der apologetischen Überlieferung römischer Geschichte freigibt. Die „private" und zugleich historisch-materialistische Perspektive erweckt den Eindruck, daß einen solchen Text, paradox ausgedrückt, auch Plutarch geschrieben haben könnte, wenn er Marx gelesen hätte.

Die Impulse seiner Marxismusstudien, diese bleibenden Erkenntnisgrundlagen Brechts, bringen die um 1930 entstandenen „Lehrstücke" zu radikaler literarischer Geltung. Ungefähr zur selben Zeit formulierte der Autor mit Hilfe soziologischer Kategorien zum erstenmal die Grundsätze seiner kritischen Dramenkonzeption, die Theorie des sog. Epischen Theaters: im Kommentar zur „Oper" (eigentlich burlesken Parabel, mit Musik von Kurt Weill) *Aufstieg und Fall der Stadt Mahagonny* (1929), die nach Art eines phantasievollen Sketches die bloßgelegte Struktur einer Gesellschaft zeigt, in der Geld der einzige Maßstab ist. Die Theorie des „epischen Theaters", von Brecht später „nichtaristotelisch" oder dialektisch genannt, verwirft die traditionelle dramatische Illusion und die suggestive „Bühnenmagie", die den Zuschauer dazu führt, sich in das dramatische Geschehen einzufühlen. Die „epischen", eigentlich erkenntnisanalytischen Verfahren unterstreichen den artifiziellen Charakter einer Theatervorstellung und sind darauf aus, den Zuschauer nicht nur emotional, sondern auch intellektuell zu aktivieren. Die ungewöhnlichen Verfahren (ans Publikum gerichtete poetische Kommentare; auffällige nichtmimetische Spielweise; episodische Komposition, die den illusionistischen „Spannungsbogen" zerstückelt; parodistische Zitate u. a.) sind als künstlerische Entsprechung zur Wirklichkeit bzw. zu einer Struktur gesellschaftlicher Verhältnisse angelegt, die ebenfalls Ergebnis „künstlicher", auf Klasseninteressen fußender Konventionen ist. Derartige, die Widersprüche einer Klassenordnung vergegenwärtigende Stilmittel in Sprache, Spielweise und Bühnenbild hat Brecht später „Verfremdungseffekte" genannt. Sein Ausdruck *Verfremdung* – gemeint ist die Wirkung, die wir erzielen, wenn wir etwas vermeintlich Natürliches und Selbstverständliches auf ungewohnte Weise darstellen und damit in irgendeinem Verhältnis oder Zustand dessen „Aufgesetztheit", aus ideologischen Beweggründen geborene Konventionalität aufdecken – ist verwandt mit Marx' Terminus *Entfremdung*: Brechts Versuch, mit den Hilfsmitteln des dramatischen Spiels Verwunderung angesichts der Unnatürlichkeit gesellschaftlicher Konventionen hervorzurufen, ist im Grunde eine ästhetische Verdeutlichung der von Marx untersuchten Erscheinungen. Die Paradoxien der Klassenverhältnisse und des politischen Kampfes interpretieren die Lehrstücke (darunter *Die Ausnahme und die Regel* und *Die Maßnahme,* beide 1930) durch äußerst sparsame dramatische Gestaltung, die einem Bühnenoratorium nahekommt. *Die Ausnahme und die Regel* ist eine Parabel über die Pervertiertheit aller menschlichen Beziehungen in einer Gesellschaft, die die Ungleichheit als ihre natürliche Basis ansieht: in einem solchen Gefüge sind Ausbeutung und Gewalt die Regel, schlichte menschliche Solidarität als die Ausnahme wird zur Quelle verhängnisvollen Mißverstehens. Auf dem Motiv des Widerspruchs, in den sich subjektive Güte verstrickt, die sich im Gegensatz zum objektiv Schlechten befindet, ist der letzte große Dramentext aus der Zeit der Weimarer Republik aufgebaut, das Stück *Die heilige Johanna der Schlachthöfe* (1932). Kapitalistische Methoden und Klassenkonflikte werden in einem Milieu vorgeführt, das aus Upton Sinclairs Roman *The Jungle* (1906) bekannt ist. In Brechts Werk fehlen jedoch Elemente der Reportage über die Verhältnisse in der Chicagoer Industrie; sein Drama vom Heilsarmeemädchen ist ein Parabelstück, das die Fruchtlosigkeit einer karitativen Ideologie zeigen kann. Der Autor meidet naturalistische Verfahren und betont die Bedeutung einer *künstlerischen* Demonstration gesellschaftskritischer Thesen: durch komplizierte Verfahren hebt er die mimetische Illusion auf – läßt z. B. die Fabrikanten im Versmaß des klassischen Dramas sprechen – und arbeitet ein Geflecht von vielfältigen Anspielungen in den Text ein, die die Bedeutungen auf einer Ebene symbolischer Travestie der Dramentradition vertiefen.

1933 verließ Brecht seine Heimat, die dabei war, sich in ein Gefängnis zu verwandeln, und ging nach Dänemark. Sein Haus nahe der Ortschaft Svendborg war zeitweilig Ort des Gesprächs für antifaschistische Künstler und Publizisten; zu lebhaften Auseinandersetzungen regten insbesondere Aufenthalte der marxistischen Theoretiker Walter Benjamin und Karl Korsch an. Nach Brechts Zufluchtsstätte ist auch eine Gedichtsammlung benannt *(Svendborger Gedichte),* 1939 veröffentlicht, als Brecht Dänemark verließ. Nach zeitweiligem Aufenthalt in Schweden und Finnland ging er 1941 in die Vereinigten Staaten. Die genannte Sammlung stellt einen neuen Höhepunkt in Brechts Lyrik der dreißiger Jahre dar. Aus der Zeit der *Hauspostille* waren der lapidare Ausdruck, die jedweder sprachlichen Vernebelung abgeneigte kommunikative Absicht wie auch die narrativen Züge des Verses geblieben; doch anstelle antibürgerlicher Provokation und anarchistisch eingefärbter Exotik fassen die neuen Gedichte zeitnahe politische Erfahrungen und Gedanken zusammen. Neben Versen, die die Diktion von Agitationsflugschriften oder den schlichten Ton alter Volkspoesie anschlagen, finden sich Beispiele dialektisch strukturierter reflexiver Lyrik – so das Gedicht *An die Nachgeborenen,* Brechts politisches Vermächtnis, einer der klassischen Texte über die schmerzlichen Widersprüche unserer Zeit. „Was sind das für

Zeiten, wo/Ein Gespräch über Bäume fast ein Verbrechen ist/Weil es ein Schweigen über so viele Untaten einschließt?"

Die in der Emigration geschaffenen Bühnenwerke sind der Gipfel von Brechts dramatischer Kunst. Mit der Ausarbeitung seines szenischen Stils im Einklang mit einer Dramenkonzeption, die sprachlich und visuell die Paradoxien geschichtlicher Prozesse zergliedern will, gelang Brecht eine Synthese aus gedrängtem Parabelstil und einem phantasievollen und spielfrohen Theater, das auch vor phantastischen, „unrealistischen" Elementen nicht zurückschreckt, wenn sie die ästhetische Erkenntnis fördern. Ohne von einer weitgefaßten didaktischen, im Grunde aktivistischen Funktion des Schauspiels abzurücken, betonte der Autor, daß Kunst, die auf ihre Weise der Verwirklichung der Marxschen These diene, wonach die Welt nicht allein zu interpetieren, sondern auch zu verändern sei, nicht einförmig oder plakativ sein dürfe; die marxistische Dialektik solle auf der Bühne durch „Phantasie, Humor und Sinn" aktiviert werden. Die „nichtaristotelische" Konzeption zeigt sich vor allem darin, daß die traditionellen Dramenkategorien (z. B. die Tragödie) Brechts Stücken nicht angemessen sind: da er die Beständigkeit jeglicher gesellschaftlich bedingter Phänomene und Auffassungen leugnet, ist dem Autor in gleichem Maße das Irrationale des „Schicksals" wie auch das Statische des naturalistischen Determinismus fremd. Leitfaden seiner großen Bühnenwerke ist ein Gegensatz, der vor Augen führt, wie paradox sich Menschen unter Bedingungen verhalten, die nur scheinbar „normal" sind, im Grunde aber den Mustern der Gewalt und Entfremdung in den gesellschaftlichen Verhältnissen entsprechen. Trotz freier Komposition, die den Handlungsfaden in Episoden mit antiillusionistischen Kommentaren zerschneidet, ist die Einheit der dramatischen Fabel durch die Funktion der Zentralfigur gewährleistet. Wenngleich die Hauptpersonen der Demonstration gesellschaftlicher Widersprüche dienen (die der Zuschauer analysieren soll, ohne sich dabei mit dem Verhalten der Personen zu identifizieren), zeigen sie doch individuelle Züge: es sind eigene und unvergeßliche Persönlichkeiten, die sich in ihrer Komplexität einer Typisierung entziehen.

Eine solche Persönlichkeit ist Anna Fierling, genannt Mutter Courage, in der dramatischen „Chronik aus dem Dreißigjährigen Krieg" *Mutter Courage und ihre Kinder* (1939). Ihre naive Schlauheit im Verein mit einer schwejkhaften Begabung des Taktierens kann ihr trotz allem nichts helfen: ihre Söhne fallen dem Krieg zum Opfer. Dennoch meint die Courage, daß der Krieg auch dem „kleinen Mann" Gewinn bringen könne. Eine widerspruchsvolle Persönlichkeit ist auch Galilei in dem historischen Drama über die entscheidenden Augenblicke im Leben des großen italienischen Physikers (*Leben des Galilei,* drei Fassungen: 1938, 1947, 1956). In Brechts Deutung ist Galilei keineswegs eine „charakterlich" mustergültige Figur; aber sein Verhalten bietet einen exemplarischen Stoff für ein Thema, das Brecht eindringlich beschäftigt hatte: das Verhältnis zwischen Wissenschaft und Gesellschaft, Sinn und Rolle intellektueller Tätigkeit. *Leben des Galilei* ist keine „Tragödie der Erkenntnis", sondern ein thematisch vielfältiges Drama über die geschichtlich bedingten Konflikte zwischen Ideologie und konkreter Erfahrung, über die Möglichkeiten der Taktik unter repressiven Bedingungen, über die humane Verantwortung der Wissenschaft. Das paradoxe Verhalten einiger Figu-

Mutter Courage und ihre Kinder, *eine „Chronik aus dem Dreißigjährigen Krieg" von Bertolt Brecht: die Aufnahme zeigt Helene Weigel in der Rolle der Mutter Courage (Inszenierung des Berliner Ensembles von 1949).*

ren ist objektiv bedingt; ihre „Zwiespältigkeit" ist ein Symptom sozialer Pathologie. – Die junge Chinesin Shen Te in der Parabel *Der gute Mensch von Sezuan* (1938–1941) muß ihrer menschlichen Gutherzigkeit wegen leiden, bis das Leben sie schließlich gelehrt hat, daß es in einer antagonistischen Gesellschaft keine andere Alternative als „ausbeuten oder ausgebeutet werden" gibt und diese bittere Lehre ihre Person verändert. Im Drama gibt es keine Lösung; der Autor richtet jedoch an die Zuschauer die Frage, was zu tun sei, damit die Wirklichkeit die Fiktion Lügen strafe. – Komödienhafte Elemente in *Herr Puntila und sein Knecht Matti* (1940), einem „Volksstück" aus dem Leben der finnischen Provinz, überspielen nur scheinbar das für Brecht typische Paradox, das Puntilas zwei „Gesichter" prägt: im Saufrausch ist dieser Grundbesitzer ein guter Kerl mit menschlichem Verhalten; in nüchternem Zustand kennt er keinerlei Rücksichten. Auf diese Weise verdreht die Pervertiertheit der gesellschaftlichen Praxis auch die Verhaltenskategorien. Brechts altes Thema von „Ausnahme und Regel" erscheint hier in einer neuen Variante. Damit verwandt ist die Problematik des Stücks *Der kaukasische Kreidekreis* (1944/45). Ein altes chinesisches Schauspiel ist hier die Vorlage für eine Parabel von der Sinnlosigkeit abstrakter Besitzverhältnisse. Brecht war sich darüber im klaren, daß der „Gebrauchswert" der Kunst, eine von ihm oftmals betonte Kategorie, an Aktualität gebunden ist und daß aktueller Wirkung im Zuge geschichtlichen Wandels das Vergessen droht. Aber gewiß wußte er auch, daß seine großen Dramen soviel Leben und Deutungsvielfalt in sich bergen, daß ihr dialektischer Funke auch auf spätere Epochen würde über-

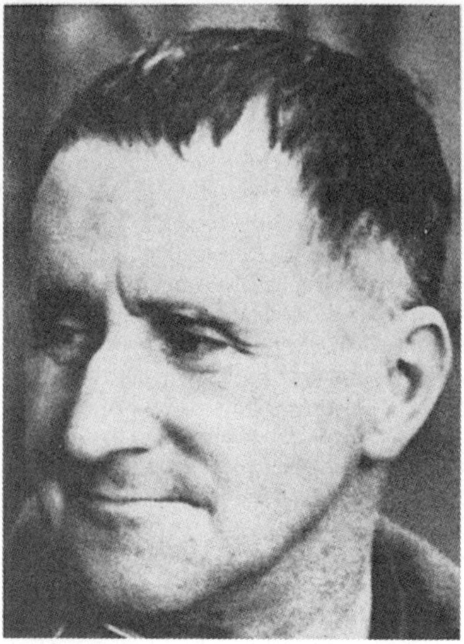

Bertolt Brecht *(1898–1956): die Photographie stammt aus der Zeit nach 1945.*

springen können. Widersprüche und Gegensätze werde es immer geben, hat Brecht am Ende seines Lebens gesagt.

Nach seiner Rückkehr aus der Emigration gründete er 1949 in Berlin/Ost das Theaterkollektiv „Berliner Ensemble", das unter seiner Leitung zum virtuosen Interpreten des epischen Theaters und einem der besten Theaterensembles der Welt wurde. Theoretische Hinweise gab Brecht in einer Reihe von Abhandlungen, z. B. in *Der Messingkauf,* einem umfangreichen Dialog über Dramaturgie (Fragmente, 1963 gesammelt herausgegeben), sowie komprimiert im berühmten *Kleinen Organon für das Theater* (1949). In Brechts Forderung nach einer Verschmelzung von ästhetischer und kritischer Funktion verbirgt sich indes einer der objektiven Widersprüche seiner Theorie und Praxis. Indem er ein Publikum ins Auge faßte, das er zugleich als Träger gesellschaftlicher Umgestaltung verstand, übersah er den großen Schritt zwischen Möglichkeit und Wirklichkeit, zwischen aktivistischer und populärer Zielsetzung seiner Bühnenwerke und ihrer sehr komplexen stilistischen Gestaltung, die manchmal so weit getrieben ist, daß gerade ihre wesentlichen Verfahren (Verfremdung) nur ein Literaturkenner begreifen kann. Solch einen Zuschauer verlangen auch die scharfsinnigen Bearbeitungen älterer dramatischer Werke (Sophokles, Shakespeare, Molière u. a.), die Brecht in seinen letzten Lebensjahren vorgenommen hat. Einige der späten Gedichte (etwa aus dem Zyklus *Buckower Elegien,* 1954) machen den künstlerischen Höhepunkt der letzten Schaffensperiode aus. Der größte Meister der deutschen Sprache nach Luther und Goethe hat hier seine Erfahrungen lyrischen

Miniaturen nach Art der Dichtung des Fernen Ostens anvertraut (einer Welt, die besondere Anziehungskraft auf ihn ausübte). Es sind überwiegend intime Gedichte, die jedoch stets nach epigrammatischer Pointierung streben; Augenblicke der Zufriedenheit oder des Zweifels sind darin gelassen, still, aber ohne Resignation zum Ausdruck gebracht.

Das politische Theater (1929) ist der Titel eines Buches von ERWIN PISCATOR (1893–1966), dem berühmten Regisseur und Vertreter einer sozialistisch ausgerichteten Bühnenkunst. Der Titel war Losung und Programm einer Reihe von Dramatikern, die zu Brechts Generation gehörten. Der revolutionäre Regisseur erweiterte die Dramenaufführung um dokumentarische Elemente (z. B. mit Hilfe von Filmprojektionen), gab so der Vorstellung die Bedeutung einer historischen und soziologischen Studie über den politischen Hintergrund der dramatischen Geschehnisse und bot kritischen Bühnenautoren durch diese Praxis beachtliche Anregungen. Anders als Brecht blieben aber diese Autoren in ihrer Mehrheit der traditionellen Dramenkonzeption treu. Verfahren aus Hauptmanns naturalistischen Dramen, namentlich auf der Ebene sprachlicher Milieucharakterisierung, vereinigen sich in ihren Werken mit dem neurealistischen Bemühen, durch Herausarbeitung einer kritischen „These" über ein zeitgenössisches gesellschaftliches Problem in der Öffentlichkeit eine Auseinandersetzung in Gang zu bringen oder zu fördern. Das künstlerische Medium der Bühne dient somit, ähnlich dem kritischen Journalismus, einer spezifischen Aufklärung der Öffentlichkeit, das Theater als Ganzes erfüllt die Funktion eines besonderen demokratischen Forums. So griff der sozialistische Dramatiker FRIEDRICH WOLF (1888–1953) mit zahlreichen Stücken in politische und gesellschaftliche Fragestellungen ein, getreu seiner Devise *Kunst ist Waffe* (vgl. den gleichnamigen programmatischen Text, 1928). Sein Drama *Cyankali* (1929) ist ein Beitrag zu den polemischen Auseinandersetzungen um den Paragraphen 218 des Strafgesetzbuches, demzufolge der künstliche Schwangerschaftsabbruch streng untersagt war, ohne Rücksicht auf den sozialen Status der Schwangeren. Der Autor zeigt an einem paradigmatischen Beispiel die diskriminierenden Folgen dieser Verfügung. Die breite Resonanz des Werkes in vielen Ländern bestätigte die Aktualität des Problems. Hintergrund und Motive der revolutionären Ereignisse, die 1918 in den Einheiten der Marine stattgefunden hatten, gehen wesentlich in das Drama *Die Matrosen von Cattaro* (1930) ein, das aufgrund authentischer Aufzeichnungen über einen Matrosenaufstand auf einem österreichischen Kriegsschiff geschrieben wurde. Ein Zeugnis des Naziterrors bietet das Drama *Professor Mamlock* (1934), Wolfs bekanntestes Werk aus der Zeit der Emigration.

Einige weitere Vertreter des gesellschaftskritischen Dramas mit dokumentarischer Grundlaage verdienen Erwähnung: PETER MARTIN LAMPEL (*Revolte im Erziehungshaus,* 1928; *Giftgas über Berlin,* 1929), BERTA LASK (*Leuna 21,* 1927), ERICH MÜHSAM (*Staatsräson,* 1928 – über den Fall Sacco und Vanzetti in den USA), GÜNTHER WEISENBORN (*U-Boot S 4,* 1928) und HANS JOSÉ REHFISCH (*Affäre Dreyfus,* Gemeinschaftsarbeit mit Wilhelm Herzog, 1929). Eine große thematische Spannweite zeichnet den Österreicher FERDINAND BRUCKNER (mit richtigem Namen Theodor Tagger, 1891–1958) aus, einen Schriftsteller, der die

Anteilnahme an gesellschaftlicher Problematik (z. B. am Klassencharakter der Rechtsprechung in *Die Verbrecher,* 1928) mit dem Interesse an adäquater Strukturierung des Bühnenraums verband. In dem Bemühen, die gewohnte Entwicklung der Fabel wenigstens teilweise durch ein Verfahren zu ersetzen, das die *Simultaneität* unterschiedlicher Handlungsstränge sinnfällig macht, teilte er den Bühnenraum in dem erwähnten Stück in Sektoren auf und hatte damit (ähnlich seinem Landsmann Nestroy im 19. Jahrhundert) einen Kontrapunkt des Geschehens geschaffen. Auf visueller und auditiver Gleichzeitigkeit baute er auch in dem historischen Drama *Elisabeth von England* (1930) die suggestive Wirkung einzelner Szenen auf, wenn etwa Szenen vom englischen und vom spanischen Hof so nebeneinander gestellt werden, daß die Ähnlichkeit der ideologischen Muster hervortritt. Hinsichtlich der Motivierung der geschichtlichen Tatsachen beschritt der Autor einen Mittelweg zwischen individualpsychologischer und materialistischer Deutung.

Um 1930 erfolgreich, nach dem Krieg nahezu in Vergessenheit geraten, ist Ödön von Horváth (1901–1938) heute einer der meistgespielten deutschsprachigen Autoren. In Anspielung auf die ungarische, kroatische und österreichische Herkunft seiner Vorfahren nannte er sich humoristisch eine österreichisch-ungarische Mischung. Als Bühnenautor konnte er Ende der zwanziger Jahre in Berlin Fuß fassen. Seine besten dramatischen Werke, scheinbar anspruchslose Tragikomödien oder „Volksstücke“, bieten eine bissige Diagnose des geistigen Elends der Kleinbürgerschichten, die nach dem Krieg von gesellschaftlichen Prozessen, vor allem von der Wirtschaftskrise und dem Aufstieg des Faschismus, erfaßt wurden (*Italienische Nacht,* 1931; *Geschichten aus dem Wiener Wald,* 1931; *Kasimir und Karoline,* 1932; *Glaube Liebe Hoffnung,* 1932). Horváths Theater erinnert an eine Röntgenaufnahme: durch scharfe Beobachtung scheinbar unbedeutender, aber sehr symptomatischer Einzelheiten enttarnt er Gleichgültigkeit, Egoismus, Feigheit und politische Blindheit hinter der Fassade kleinbürgerlicher „Moral“, Verlogenheit, die sich hinter ideologischem Kitsch verbirgt, Brutalität, die unter einer „gemütlichen“ Oberfläche lauert. Das Urteil darüber steckt in der Sprache der Personen; kommentarlos läßt der Autor das Elend der Menschen und ihrer Verhältnisse sich in Sprachschablonen spiegeln, die ihnen zufallen und denen sie gehorchen, in abgegriffenen ideologischen Slogans und stumpfen Klischees. Horváth hat die Möglichkeiten der sarkastischen Paraphrase (*Geschichten aus dem Wiener Wald*) und der Bloßstellung der Lüge in der alltagssprachlichen und der politischen Phrase entdeckt und kam unausweichlich mit dem Faschismus in Konflikt. Der Tod ereilte ihn im Exil. Mit ähnlichen dramatischen Verfahren arbeitete Marieluise Fleisser (1901–1974) die, vom jungen Brecht beeinflußt, den Konservativismus der bayerischen Provinz darstellte (*Pioniere in Ingolstadt,* 1929).

Der populärste Dramatiker der Zeit ist Carl Zuckmayer (1896–1977). Der Erfolg seiner drastischen Komödie *Der fröhliche Weinberg* (1925) zeigte das Ende der expressionistischen Phase im Drama an: das angespannte Pathos trat einem milieuhaften Humor den Platz ab. Zu einer Zeit, da im Anschluß an Nachkriegsunruhen und Inflation eine Periode relativer Stabilisierung der Verhältnisse im

Rahmen der Republik begonnen hatte, war der Beifall des nach Unterhaltung begierigen Publikums symptomatisch. Zuckmayers Ideal ist der „Vollblutmensch" mit überquellendem Temperament, der in naiver Weise menschliche Werte vertritt. Eine solche Figur ist der „edle Räuber" Schinderhannes im gleichnamigen Drama (1927) mit einem Stoff aus der Zeit der Napoleonischen Kriege. Der Konflikt eines treuherzig-unbefangenen Mannes mit einer bürokratisierten Gesellschaft ist das Thema von Zuckmayers erfolgreichstem Stück, dem „deutschen Märchen" *Der Hauptmann von Köpenick* (1930), einer Satire auf den preußischen Militarismus. In der Emigration entstand das Drama *Des Teufels General* (1946 veröffentlicht), das den Beteiligten des antifaschistischen Widerstandes in Deutschland gewidmet ist. Diese letzte größere Erfolgsarbeit löste lebhafte Auseinandersetzungen wegen Zuckmayers strittiger Deutung der politischen Motivation aus.

Die Bresche, die das Drama durch sein Abrücken vom Expressionismus geschlagen hatte, zeichnete auch die Wege des Romans und anderer Prosagattungen in der Zeit der „Neuen Sachlichkeit" vor. Die Photomontagen auf den Buchumschlägen der Berliner Verlagshäuser Malik (Heartfields Montagen) und Kiepenheuer zeigen eindeutig die Tendenzen der damaligen jungen Prosa. Photographien suggerieren Zuverlässigkeit der Aussage, Dokumentarität, wichtige Erfahrungen aus dem modernen Leben, vor allem Zeugnisse über große kollektive Ereignisse in der Welt der technischen Zivilisation. Die Erfahrungen des einzelnen stellen sich als Teil überindividueller politischer und gesellschaftlicher Prozesse dar. Auch die belletristische Prosa dieser Epoche befriedigt auf ihre Weise das Bedürfnis der Leser, in einem literarischen Werk eine Deutung oder eine Information über die chaotischen Zeitereignisse zu finden, etwas über die Leitlinien zu erfahren, die sich in alldem vielleicht vermuten lassen. Einer der Schlüsselbegriffe jener Zeit ist „Authentizität". Heute sei ein Fahrplan wichtiger als jeder Roman, lautet eine symptomatische Äußerung von Ernst Jünger (1895, einem politisch und literarisch umstrittenen Autor überwiegend essayistischer Prosa und zeitgeschichtlich interessanter Tagebücher, der unter anderem die Ideologie eines „geistesaristokratischen Konservativismus" vertrat, die faschistische Demagogie jedoch ablehnte). Um der dokumentarischen Authentizität willen ließen Schriftsteller von Zeit zu Zeit das Prinzip der Fiktionalität fallen und nahmen sich der Reportage und der Reisebeschreibung an. Anstöße dazu gaben die (reichlich übersetzte) sowjetische und amerikanische Literatur, in erster Linie Autoren wie Ilja Ehrenburg und Upton Sinclair. In den Stil dieser Prosa eingebaut ist ein Satztyp nach dem Muster der gedrängten Information: die kurze Beschreibung herrscht vor, rascher Wechsel der Segmente; die Reflexion tritt zugunsten fester Behauptung, die eigentümlich bildhafte zugunsten einer sparsamen Nachrichtendiktion in den Hintergrund. Die Übersteigerung des Ausdrucks, bei den Expressionisten ein hervorstechendes Merkmal, verliert ihre Funktion und wird ganz allgemein durch Elemente der Umgangs- bzw. praktischen Sprache ersetzt.

Der Weg vom Expressionismus zur neurealistischen Prosa läßt sich im Schaffen Leonhard Franks (1882–1961) verfolgen. Die Erfahrungen, die dieser Schriftsteller in seiner Jugend als manueller Arbeiter gesammelt hatte, fanden in vielen Werken ihren Niederschlag. Erste Anerkennung erwirbt er sich mit dem Roman *Die Räuberbande* (1914): dieser handelt von den „Abenteuern" Jugendlicher aus einem Kleinbürger- und Arbeitermilieu, die sich unter dem Eindruck der Romane Karl Mays in ihren Spielen nach einem anderen als ihrem grauen Alltagsleben sehnen. Die Ideologie, die den Kriegsgreueln den Boden bereitet hatte, trifft eine aktivistische Verurteilung in der größeren Erzählung *Die Ursache* (1916) und dem Zyklus *Der Mensch ist gut* (1918). Der Titel dieser Sammlung, die zeigt, wie der Krieg den Menschen erniedrigt, wurde zur Losung der engagierten unter den expressionistischen Schriftstellern. In seinen späteren Werken hält Frank Schritt mit der Zeit und gibt die pathetische Prosa auf. Den Übergang markiert eine Erzählung von einer ungewöhnlichen Liebe zwischen einem Kriegsheimkehrer und der Frau seines Kriegskameraden: *Karl und Anna* (1926). Charakteristisch ist ein mit Reportageelementen durchsetzter Roman aus der Zeit vor Franks Emigration, *Von drei Millionen Drei* (1931). Die Irrfahrten von drei Arbeitslosen durch die Welt bieten einen Ausschnitt aus den kollektiven Ereignissen zur Zeit der großen Wirtschaftskrise.

Eine ähnliche literarische Entwicklung durchlief LION FEUCHTWANGER (1884–1958), ein Schriftsteller von ausgesprochen intellektueller Begabung. Bei ihm gibt es keine sentimentalen Einsprengsel wie manchmal bei Frank. Die ersten Werke, die Beachtung fanden, sind historische Romane (z. B. *Jud Süß*, 1925), die nicht bei der psychologischen Porträtierung geschichtlicher Gestaltung haltmachen, sondern auch einen Einblick in die gesellschaftlichen Determinanten persönlicher Konflikte eröffnen. Ein solcher Zugriff dem Stoff gegenüber wird auch in den im Exil entstandenen historischen Romanen gewählt (*Waffen für Amerika*, 1947/48; *Goya*, 1951; *Narrenweisheit oder Tod und Verklärung des Jean-Jacques Rousseau*, 1952), wo Ereignisse und Gedanken des 18. Jahrhunderts unter den Blickwinkel einer materialistischen Geschichtsauffassung gerückt werden. All diese Werke sind nach den Worten ihres Autors Beiträge zur vernünftigen Deutung der menschlichen Vergangenheit und daher zugleich eine Mahnung zu allgemeiner Humanität und Toleranz. Das gilt auch für den umfangreichen *Wartesaal*-Zyklus: die drei Romane *Erfolg*, *Die Geschwister Oppenheim* und *Exil*, in denen sich Feuchtwanger mit der Weimarer Republik, den Anfängen der Nazidiktatur und der Emigration auseinandersetzte. Im ersten Werk, *Erfolg* (1930), entfaltet er ein Panorama der gesellschaftlichen Verhältnisse im Bayern der zwanziger Jahre. Von dokumentarischem Stoff ausgehend, beleuchtete Feuchtwanger hier im Stil des distanzierten Beobachters die ideologischen Strömungen der Zeit und machte auf die Gefahr aufmerksam, die von einem Erstarken des Nationalsozialismus drohte. 1933 veröffentlichte er, bereits emigriert, in Amsterdam den ersten Roman über die Folgen der Naziherrschaft in Deutschland, namentlich über die Judenverfolgung (*Die Geschwister Oppenheim*, nach dem Kriege unter dem Titel *Die Geschwister Oppermann*). Die souveräne, verhaltene Prosa dieses Werkes ist eines der dauerhaften Zeugnisse vom jüdischen Beitrag zur deutschen Kultur. Im dritten Band des *Wartesaal*-Zyklus, *Exil* (1938/39, in Buchform 1940), verknüpft der Autor den Handlungsfaden, den Kampf um die Freilassung eines von den

Nazis verschleppten deutschen Publizisten, mit einer eindrucksvollen Darstellung der Lebensbedingungen in der Emigration. – Ebenfalls den Errungenschaften der Vernunft und Toleranz gewidmet ist eine Trilogie über den römischen Chronisten jüdischer Herkunft Josephus Flavius (*Der jüdische Krieg*, 1932; *Die Söhne*, 1935; *Der Tag wird kommen*, 1945). Unter den Bühnenwerken verdienen Stücke Beachtung, die die Methoden der Kolonialpolitik darstellen (z. B. *Kalkutta, 4. Mai*, 1925; *Die Petroleuminseln*, 1927). Als Bühnenautor arbeitete Feuchtwanger eine Zeitlang mit Brecht zusammen.

Aus der Problematik des Judentums in der modernen Welt erwuchsen auch einige Werke (Romane und Abhandlungen) von ARNOLD ZWEIG (1887–1968). Nicht allein stofflich, sondern auch in der Erzählweise, die der nüchternen, empirischen Beschreibung die Ironie eines weitsichtigen Skeptizismus hinzufügt, erinnern Zweigs reife Werke an die Feuchtwangers. Der erste resonanzkräftige Text war ein lyrischer Prosazyklus über Episoden (Novellen) aus dem Leben eines Liebespaars, sensibler Intellektueller (*Novellen um Claudia*, 1912). Die psychologische Zergliederung erotischer Erlebnisse verhehlt nicht die Einflüsse von Freuds Psychoanalyse. Unter dem Eindruck des Weltkrieges konzipierte der Autor ein episches Panorama der Kriegsjahre, einen Romanzyklus unter dem Sammeltitel *Der große Krieg der weißen Männer* (die ironische Paraphrase einer Bezeichnung aus Wildwestromanen). Kernstück des Zyklus und zugleich erfolgreichstes Werk ist der Roman *Der Streit um den Sergeanten Grischa* (1927). Der Autor zeigt, darin stofflich etwa mit Karl Kraus vergleichbar, wie die Kriegsgreuel außerhalb der Reichweite der Granaten in Erscheinung treten, im Hinterland, in den bürokratischen Mechanismen der Kriegsgerichte. Der Rechtsstreit, von dem das Leben des russischen Kriegsgefangenen Grischa abhängt, ist ein Konflikt zwischen dem grausamen Pragmatismus mancher Militärbürokraten und den Traditionen humaner Moral. Zweigs Auffassung von den Gesetzmäßigkeiten der gesellschaftlichen Entwicklung wie auch seine sozialistische Orientierung kommen in den später veröffentlichten Romanen des Zyklus zum Ausdruck (*Junge Frau von 1914*, 1931, *Erziehung vor Verdun*, 1935, *Einsetzung eines Königs*, 1937, *Die Zeit ist reif*, 1957). Der gesamte Zyklus (die Romane aus den dreißiger Jahren wurden im Exil veröffentlicht) ist das breitestangelegte Erzählwerk über den Weltkrieg aus der Perspektive bürgerlicher Intellektueller.

Von allen literarischen Werken über den Krieg errang ein Buch unter verwandten Werken in vielen Sprachen den größten Erfolg in aller Welt – ein Buch, das die Kriegsereignisse aus der Perspektive des „kleinen Mannes" zeigt, des unmittelbaren Opfers der Handlungen auf dem Kriegsschauplatz. Von persönlichen Erfahrungen ausgehend, sprach ERICH MARIA REMARQUE (eigentlich Remark, 1898–1970) in seinem Roman *Im Westen nichts Neues* (1928, in Buchform 1929) unprätentiös über den Alltag der Schlachtfelder, so wie ihn die Soldaten aller kriegführenden Nationen erlebt hatten. Die Unmittelbarkeit drastisch vorgebrachter Erfahrung von den Schrecknissen sinnlosen Leidens, das den Menschen bis zum äußersten abstumpft und der verlogenen Idealisierung des „Kriegsheldentums" den Boden entzieht, ist nur eine Komponente des Erfolges; eine weitere ist in Remarques Bestreben zu suchen, eine Art Sinn für das Leid in der unpatheti-

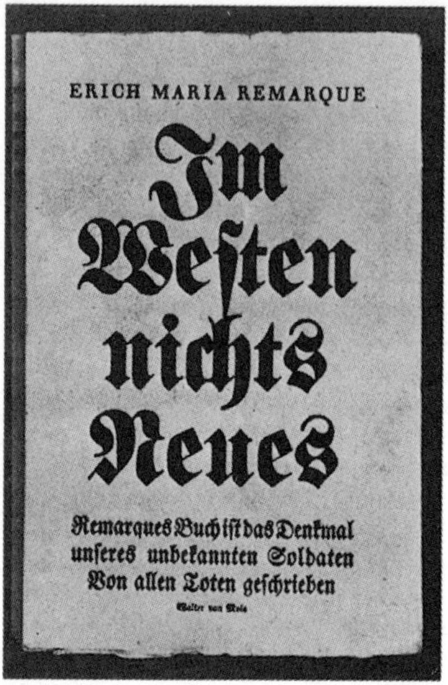

Im Westen nichts Neues *von Erich Maria Remarque (1898–1970): Vorderseite des Buchumschlags von 1929. Der Roman zeigt die Ereignisse des Ersten Weltkriegs aus der Perspektive des „kleinen Mannes" und wurde rasch ein Welterfolg.*

schen Kameradschaft und natürlichen Solidarität unter den Soldaten zu finden, vor allem aber in ihrem Wunsch, daß sich „ein solcher Krieg nie mehr wiederholen möge". Allerdings bleibt dieser Gedanke (der in manchen Episoden eine naiv idealisierende Darstellung bewirkt) auf der Ebene eines ohnmächtigen Pazifismus, ohne zu der Erkenntnis heranzureifen, daß der Krieg kein irrationales, sondern ein gesellschaftlich bedingtes Phänomen ist. Auch in seinem zweiten bedeutsamen Werk, dem Roman *Der Weg zurück* (1931), der Schicksale aus den ersten Nachkriegsjahren und die Schwierigkeiten der Wiederanpassung an ein Leben in Friedenszeiten zeigt, fügt sich der begrenzte Gesichtskreis alltäglicher Erfahrung nicht in eine umfassendere Deutung. 1933 kamen Remarques Bücher auf den Scheiterhaufen der Nazis. Von seinen zahlreichen in der Emigration und nach dem Krieg erschienenen Romanen (z. B. *Drei Kameraden,* 1937; *Arc de Triomphe,* 1946; *Der Funke Leben,* 1952) reicht nicht ein einziger in seinem Wert an die frühen Werke heran. In einigen überwiegen vollends die trivialen Elemente.

Bemerkenswert ist, daß Kriegsromane, in denen sentimentale Züge fehlen, weitaus geringeren Erfolg verbuchen konnten. Das gilt z. B. für die nüchternen, chronikartigen Romane, in denen Ludwig Renn (1889–1979, mit richtigem Namen Arnold Vieth von Golßenau, adliger Herkunft, Mitglied der KPD, führender Spanienkämpfer) ohne jegliche Idealisierung über den Krieg zu berichten suchte: *Krieg* (1928) und *Nachkrieg* (1930). Aufhorchen ließ auch Theodor Plievier (1892–1955, bis 1933, als er in die Emigration geht, führt er den Namen Plivier) aufgrund seiner geschickten Koppelung fiktiver und reportageartiger Elemente

(*Des Kaisers Kulis,* 1928, ein Roman über den Matrosenaufstand bei Kriegsende; *Der Kaiser ging, die Generäle blieben,* 1932). Nach dem Krieg erzielte der Autor einen verdienten Erfolg mit seinem Reportageroman *Stalingrad* (1945), der auf Erfahrungen beruht, die Plievier als sowjetischer Übersetzer gesammelt hatte. Das Werk zeigt die Schlacht um Stalingrad aus unterschiedlichen Perspektiven, vornehmlich jedoch „von unten“, aus der Sicht deutscher Soldaten, die zum Dienst in einem Strafbataillon verurteilt sind.

Einen künstlerisch ergiebigen Standpunkt wählte Ernst Glaeser (1902–1963) für seine Romane *Jahrgang 1902* (1928) und *Frieden* (1930). Leben, Anschauungen und Gewohnheiten bürgerlicher Beamtenfamilien während der Kriegsjahre und in den politischen Wirren von 1919 sind hier aus der Sicht eines Jungen eingefangen, der die Welt der Erwachsenen („Der Krieg – das sind unsere Eltern“, lautet das Motto des ersten Romans) mit neugieriger und noch unentschiedener Wachsamkeit beobachtet, das Aufkeimen der Sexualität erlebt und zugleich erste Erfahrungen mit gesellschaftlichen Erscheinungen macht. Glaesers stilistisches *staccato,* die Reihung von Eindrücken und Beobachtungen in knappen Sätzen, ist ein auffälliges Merkmal der damaligen „sachlichen“ Prosa. Während sie bei ihm manchmal impressionistisch eingefärbt ist, wird sie in den Werken Hermann Kestens (1900) eher rational. Der Autor spricht seine Ansichten über die bürgerliche Gesellschaft, Ansichten, in denen wenig Illusionen stecken, geistvoll pointiert aus, mit einer ausgesprochenen Neigung zur sarkastischen Sentenz. Am gelungensten sind die frühen Arbeiten, die Romane *Josef sucht die Freiheit* (1927), *Ein ausschweifender Mensch* (1929) und *Glückliche Menschen* (1931), wo die Hauptgestalten, junge Männer, beim Eintritt ins Leben nach und nach ihre Illusionen verlieren. Den „Spielregeln“ der bürgerlichen Gesellschaft, Zynismus und Lüge, setzen sie einen abstrakten Moralismus entgegen und verstricken sich damit in ständige Widersprüche. Eine Trilogie über die spanische Geschichte des 15. und 16. Jahrhunderts, die Epoche der Juden- und Maurenverfolgungen und des Terrors der Inquisition (*Ferdinand und Isabella,* 1936; *König Philipp II.*, 1938; *Um die Krone,* 1952) entstand in der Emigration; sie ist charakteristisch für das Bemühen antifaschistischer Schriftsteller, durch die Deutung einer historischen Problemlage zur Gegenwart Stellung zu nehmen.

Kestens Werken stilistisch und in gewissem Maße auch thematisch verwandt ist die Erzählprosa des österreichischen Schriftstellers Joseph Roth (1894–1939). Dieser Autor verbindet die Reportageelemente der „Neuen Sachlichkeit“ mit psychologischem Scharfsinn und verwendet oftmals autobiographischen Stoff – es sollte nicht unerwähnt bleiben, daß Roth jüdischer Herkunft und aus Galizien gebürtig war, sich nach seiner Rückkehr aus russischer Gefangenschaft dem Journalismus zuwandte und sich als Korrespondent während seiner Reisen häufig in verschiedenen europäischen Ländern aufhielt. Auch seine Romane schrieb er „in Hotels und Kaffeehäusern“. Von 1933 an lebte er in Paris. Obwohl ihm volle literarische Anerkennung erst verhältnismäßig spät zuteil wurde, machen den bedeutenderen Teil seines Werkes die frühen Romane aus (*Hotel Savoy,* 1924, *Die Rebellion,* 1924, *Die Flucht ohne Ende,* 1927), eine von kaum merklicher Ironie durchdrungene, chronikartig komponierte Prosa über Schicksale einiger von den

Kriegsfolgen bedrängter Menschen. Ende der zwanziger Jahre nahm er von den dokumentarischen Tendenzen Abschied, bezeichnete den zeitgenössischen Schriftstellertypus als „eine Mischung aus Pilot und Politiker“ und wandte sich einem „klassischen“ Realismus zu. Diese Phase repräsentiert sein bekanntestes Werk, *Radetzkymarsch* (1932), ein Roman über den symbolisch aufgefaßten Generationenwechsel in den letzten Jahrzehnten Österreich-Ungarns. Roths epische Vision der vergangenen Zeit ist wehmütig und nostalgisch, dann und wann idealisiert, aber zugleich doch auch von kritischer Strenge: die Klänge des Radetzkymarsches, die leitmotivisch das Verstreichen der Zeit begleiten, werden zum Todesmarsch einer absterbenden Epoche.

Die erwähnte polemische Äußerung Roths war vor allem auf die im „Bund proletarisch-revolutionärer Schriftsteller“ versammelten Autoren bzw. auf deren Programm gemünzt. Der 1928 gegründete Bund vereinigte die von Johannes R. Becher geleitete „Arbeitsgemeinschaft kommunistischer Schriftsteller“ mit Vereinen von Arbeiterschriftstellern. Diese Organisation (mit Hauptsitz in Berlin), die ihre literarischen und politischen Grundsätze in Übereinstimmung mit den Parteirichtlinien und in deutlichem Gegensatz zur bürgerlichen Linken festlegte, versammelte eine große Zahl von Mitgliedern und griff mit ihren Untergliederungen wirksam auch in die Provinz aus. Den besten Einblick in die literarische Aktivität des Bundes bietet die Zeitschrift „Die Linkskurve“ (1929–1932), die von Becher, Renn, Otto Biha (Bihalji-Merin) u. a. redigiert wurde. Neben vielen Debütanten aus den Reihen der Arbeiterschaft waren renommierte Schriftsteller der literarischen Linken beteiligt (Anna Seghers, Kisch, Weinert, Lukács u. a.). Uneinigkeiten in taktischen und künstlerischen Fragen linker Literatur sprachen aus den gegensätzlichen kritischen Werturteilen, die etwa über Bredels und Ottwalts Romane gefällt wurden. Lukács’ Artikel, die anstelle reportagehafter Prosa einen komplexeren Zugang zur Wirklichkeit nach dem Vorbild des bürgerlichen realistischen Romans forderten, leiteten eine Kontroverse ein, die in der Exilzeitschrift „Das Wort“ (Moskau, 1936–1939) fortgeführt wurde. Der Unterschied zwischen Lukács’ ästhetischem Traditionalismus und den Auffassungen derer, die wie Brecht dachten (Eisler, Bloch) und für einen engagierten Modernismus eintraten, war damals beträchtlich.

Anna Seghers (mit richtigem Namen Netty Reiling, (1900–1983) ist die bedeutendste und weltweit bekannteste Erzählerin aus diesem Kreise. Aus der Zeit vor ihrer Emigration ragen die größere Erzählung Der *Aufstand der Fischer von St. Barbara* (1928) und der Roman *Die Gefährten* (1932) heraus. Experimentelle Stilverfahren, auffällig noch im Prosastück über den mißlungenen Aufstand verarmter bretonischer Fischer, die wissen, daß eine bewaffnete Intervention alles, nur ihre Einmütigkeit nicht brechen kann („Aber längst, nachdem die Soldaten zurückgezogen, die Fischer auf der See waren, saß der Aufstand noch auf dem leeren, weißen, sommerlich kahlen Marktplatz“), hat Anna Seghers rasch fallengelassen und sich für einen sparsamen, chronikartigen Ausdruck entschieden. In dem Roman vom Schicksal revolutionärer Aktivisten in verschiedenen Ländern wandte sie eine für ihre Erzählweise charakteristische Technik an: das Ganze ist nach Art eines Mosaiks zusammengefügt und besteht aus parallelen Handlungs-

Anna Seghers *(1900–1983): nach anfänglichem Gebrauch experimenteller Stilverfahren entschied sich die Autorin seit der Emigration für einen sparsamen, chronikartigen Ausdruck.*

strängen, die die Simultanität des Geschehens sinnfällig machen. Auch die nachfolgenden Romane (*Der Weg durch den Februar*, 1935, über die Erhebung der Wiener Arbeiterschaft im Februar 1934; *Die Rettung*, 1937) sind Versuche, in epischer Form die Erinnerung an die Leiden der Namenlosen im Klassenkampf wachzuhalten. Ihr berühmtestes Werk, der Roman *Das siebte Kreuz* (1946, in englischer Sprache bereits 1942), stellt die Flucht eines Antifaschisten aus einem KZ dar und vermittelt durch die einzelnen Episoden ein überzeugendes Bild der Verhältnisse in einem vom Terror erfaßten Land. Das Werk ist erfüllt von Hoffnung in die Würde der „kleinen Leute", die die menschliche Solidarität hochhalten. Auch der weniger bekannte Roman *Transit* (1948, englisch 1943) ist ein erzählerisches Meisterwerk: in suggestiver Weise ist darin die Atmosphäre der Beklemmung und Ungewißheit spürbar, die die Emigranten, Menschen ohne Paß und ohne Heimat, umlagerte, als sie auch die europäischen Länder verlassen mußten. Die späteren Romane (darunter *Die Toten bleiben jung*, 1949; *Die Entscheidung*, 1959; *Das Vertrauen*, 1968) erreichen nicht mehr dieses künstlerische Niveau.

Unter den Werken der Arbeiterschriftsteller befinden sich die ausgesprochen dokumentarischen Romane, in denen Willi Bredel (1901–1964) Episoden aus dem Kampf der deutschen Arbeiterschaft schildert (z. B. *Maschinenfabrik N & K*, 1930; die Trilogie *Die Väter*, Moskau 1943, *Die Söhne*, 1949, *Die Enkel*, 1953, in der er sich Gor'kij zum Vorbild nahm). In viele Sprachen übersetzt ist der Roman *Die Prüfung* (1934, in der Emigration), eigentlich eine Aufzeichnung über die im Lager verbrachte Zeit, ein erschütterndes Zeugnis vom Naziterror. Die dokumentarische Achse ist auch in Ernst Ottwalts (1901–1937) Texten deutlich sichtbar, etwa in dem Roman *Denn sie wissen, was sie tun* (1931), der Episoden aus der Klassenjustiz zeigt, und in dem szenischen Werk *Jeden Tag vier* (1930), einem Drama aus dem Leben von Bergleuten, in Berlin von Piscator inszeniert. Ottwalts letzte Texte wurden in den Jahren 1935–1936 in Moskau veröffentlicht. 1937 fiel er dort den „Säuberungen" zum Opfer; nach 1953 wurde er rehabilitiert. – Reportagen und satirische Erzählungen aus dem Kleinbürgeralltag bilden die literarischen Anfänge von Franz Carl Weiskopf (1900–1955), Mitglied des Bundes proletarischer Schriftsteller und tschechischer Staatsbürger, der jedoch vorwiegend deutsch schrieb. Er brachte einige Sammlungen mit Übersetzungen tschechischer Lyrik heraus. Seine Hauptwerke (die Romane *Abschied vom Frieden*, 1950, und *Inmitten des Stroms*, 1955) blicken kritisch in die Vergangenheit, die Epoche der Donaumonarchie zurück. Weiskopfs Landsmann Egon Erwin Kisch (1885–1948), als „rasender Reporter" weltbekannt, war ein unermüdlicher Berichterstatter, einer der wendigsten Dokumentaristen der literarischen Linken. Er war Mitglied der KPD. Er verstand es, das Aufspüren von „Sensationen" (*Der rasende Reporter*, 1925) mit dem Bestreben zu verbinden, Zeugnis von den großen sozialen und politischen Gärungsprozessen der Epoche zu geben. Er reiste durch die Sowjetunion (*Zaren, Popen, Bolschewiken*, 1927) und, illegal, durch die Vereinigten Staaten (*Paradies Amerika*, 1930) und China (*China geheim*, 1933). Während des Krieges hielt er sich in Mexiko auf (*Entdeckungen in Mexiko*, 1945). Die besten von Kischs etwa zwanzig Reportage- und Feuilletonbänden sind repräsentativ für die nichtfiktionale Literatur in der ersten Jahrhunderthälfte und bedeutsam vor allem durch die Art und Weise, wie sich darin persönliche und globale Perspektive überschneiden.

Ein unermüdlicher Chronist der Epoche war auch Kurt Tucholsky (1890–1935) als brillanter Feuilletonschreiber und geistreicher Dichter. Die publizistische Prosa, das aktuelle Feuilleton, das satirische Chanson und die politische Glosse hob er mit seinem außerordentlich kommunikativen, scharf pointierten Stil auf ein solches literarisches Niveau, daß ihn die Kritik mit Recht den publizistischen Heine der Weimarer Republik genannt hat. Als kompromißloser Kritiker seiner Zeit steht er Karl Kraus nahe. Ein eifriger Verfechter von Republik und sozialistischen Tendenzen, griff Tucholsky alles an, was die demokratische Entwicklung hemmte: konservative und faschistische Ideologie, kleinbürgerliche Untertanenmentalität. Er arbeitete bei vielen Zeitungen und Zeitschriften mit und publizierte ausgewählte Feuilletons in Buchform (z. B. *Mit 5 PS*, 1928; *Das Lächeln der Mona Lisa*, 1929). Für die Kulturgeschichte der Nachkriegszeit hat seine Tätigkeit in der renommierten Zeitschrift der liberalen Linken „Die Weltbühne" (1918–1933, danach in der Emigration) besondere Bedeutung. Nach dem Tod Siegfried Jacobsohns (1881–1926), der das Blatt 1905 zunächst als „Schaubühne" gegründet, dann im letzten Kriegsjahr mit dem programmatisch geänderten Titel „Die Weltbühne" fortgeführt und auch weiter geleitet hatte, war Tucholsky eine Zeitlang Chefredakteur dieses Organs. Ihm folgte Carl von Ossietzky (1889–1938), dessen publizistischer Mut ein Symbol des Widerstandes gegen üble Tendenzen in der Weimarer Republik geworden ist. Zwar vorrangig politischer Kommentator, ist er doch einer der Klassiker essayistischer Prosa, musterhaft in der Einheit von kritischem Gedanken und literarischem Ausdruck. 1936 wurde ihm der Friedensnobelpreis zuerkannt, zu einem Zeitpunkt, da er in einem Konzentrationslager gefangengehalten wurde. Er starb an den Folgen des Lagerterrors.

In den neuen Ausgaben der Texte Tucholskys wird seinen Versen ein wichtiger Platz eingeräumt: der aktualistischen Dichtung, die in pazifistischem Geist gehalten ist, den satirischen Kabarettgedichten, die so scharfzüngig und unsentimental sind wie seine Prosa. Solche „Gebrauchslyrik“ ist charakteristisch für jene Zeit. Größter Beliebtheit erfreute sich Erich Kästner (1899–1974), dessen Werk von einem Paradox überschattet ist: seine besten Texte sind die relativ am wenigsten bekannten, und die Meinungen, die man oft über diesen Autor zu hören bekommt, gründen sich zumeist auf eine eingeschränkte Kenntnis seiner Werke. Tatsächlich sind seine bedeutendsten Texte, die in den Bänden *Herz auf Taille* (1928), *Lärm im Spiegel* (1929), *Ein Mann gibt Auskunft* (1930) und *Gesang zwischen den Stühlen* (1932) zusammengefaßten Gedichte, nahezu unübersetzbar; daher erscheint Kästners Name, obschon in der weltweiten Übersetzungsliteratur ausgiebig vertreten, sehr selten in Lyrikübertragungen. Diese stets flüssigen, nach den traditionellen metrischen Schemata angelegten Verse entsprechen meistens dem paradox zugespitzten, wortspielerischen Stil der Kabarettlyrik: sie enthalten aktualistische Betrachtungen über den gesellschaftlichen Alltag, doch herrscht bald spitze Satire, bald sanfter Humor vor. Immer gegenwärtig ist dabei aber die Besorgnis des skeptischen Intellektuellen, der die moderne Welt neugierig, aber argwöhnisch beobachtet und sich die Freiheit des vernünftigen Betrachters erhalten will. Der „Gesang zwischen den Stühlen“ ist eine kritische Charakteristik des eigenen Standpunkts. Kästners Sprachvirtuosität kommt in seiner Prosa weitaus seltener zur Geltung. Breite Popularität errangen die Romane für Kinder (z. B. *Emil und die Detektive*, 1928; *Das fliegende Klassenzimmer*, 1933), die unaufdringlich didaktisch geschrieben sind. Zum Erfolg beigetragen hat sicherlich die Tatsache, daß Kästner nicht nur für, sondern auch über Kinder schrieb und ihnen eine aktive Rolle bei Ereignissen zuteilte, die die Kinder ermuntern, selbständig zu handeln und ihre Fähigkeiten zu entwickeln. Für die Erwachsenen ist der Roman *Fabian* bestimmt (1931) , der geistvoll von den gesellschaftlichen und privaten, vor allem erotischen Erfahrungen eines jungen Intellektuellen zur Zeit der Wirtschaftskrise berichtet. Auch Kästners Bücher wurden 1933 verbrannt.

Die im besten Sinne feuilletonistische Dichtung, wie sie Kästner und Tucholsky schrieben, verzweigt sich bei einigen Zeitgenossen, die entweder zum politischen Agitationsgedicht oder zur lyrischen Groteske tendierten. Die erstere Möglichkeit schlägt sich im Schaffen Erich Weinerts (1890–1953) nieder, eines sehr aktiven Mitglieds des Bundes proletarisch-revolutionärer Schriftsteller und Autors, dessen satirische und kämpferische Verse eine Art politischer Chronik der Republik enthalten. Seine Gedichte (etwa in den Sammlungen *Affentheater*, 1925, und *Politische Gedichte*, 1928, nach dem Krieg gesammelt in dem Band *Das Zwischenspiel. Deutsche Revue von 1918 bis 1933*, 1950) sind geistreich und sprachlich erfinderisch; der „poeta militans", wie er sich selbst nannte, erlag nur selten der Schablone. Seine Gedichte trug er oft auf politischen Versammlungen vor. Die Einheit von literarischem und politischem Wirken kennzeichnete auch seine rege antifaschistische Aktivität in der Emigration. – Der zweiten der beiden genannten Tendenzen neigte JOACHIM RINGELNATZ zu (mit richtigem Namen Hans Bötticher, 1883–1934), der schon vor dem Ersten Weltkrieg als Kabarettist und Dichter von sich reden gemacht hatte. Eine Bohemenatur, trieb er sich in seiner Jugend u. a. als Matrose und Schauspieler in der Welt herum. In der Dichtung gelang ihm eine eigentümliche Synthese aus Großstadtchanson voll exzentrischen Humors und intimem, einfühlsamem, von leichter Hand wie unbekümmert hingestreutem Lyrismus. Mit seinem Hang zur Groteske spielte dieser Dichter in geradezu kindlicher Neugier mit der Sprache, indem er die Wörter um- und verdrehte, um so vielleicht in alogischer Willkür und Sinnlosigkeit einen verborgenen poetischen Sinn aufzuspüren. Das Leben, kunterbunt und unbeständig, wird durch die Augen eines betrunkenen Seemanns gesehen, der saftig und drastisch von den Ereignissen auf fernen Meeren, in Häfen und Bordellen schwadroniert (Sammlung *Kuttel Daddeldu*, 1920); es wird im Vorübergehen, beim Vagabundieren durch mancherlei Städte erlebt (*Reisebriefe eines Artisten*, 1927) und manchmal auch aus der Vogelperspektive betrachtet (*Flugzeuggedanken*, 1929). Satirische Gedichte mit einer Spitze gegen die „germanische" Ideologie enthält die Sammlung *Turngedichte* (1920). Den Zauber einer scheinbar naiven Parataxe, die frappierende und erfrischende Beobachtungen aus dem Alltagsleben aneinanderreiht, weisen auch die späten *Gedichte dreier Jahre* auf (1932).

Im Bereich der Prosa genießt unter den literarischen Weggenossen der gesellschaftskritischen Richtung HANS FALLADA (mit richtigem Namen Rudolf Ditzen, 1893–1947) die größte Popularität. In seinem – nicht immer erfolgreichen – Bemühen, Sentimentalität zu vermeiden, zeigt er mit viel Mitgefühl und Humor das Alltagsleben des „kleinen Mannes", seinen Überlebenskampf in der kapitalistischen Gesellschaft. Von der Reportageliteratur übernahm Fallada die gedrängte Erzählweise und das hastige Tempo; neben der dialogischen, „szenischen" Darbietung kennt er aber auch die humoristische Reflexion. Charakteristisch ist das Erzählen im Präsens: auch die Zeitform des Verbs wird in den Versuch eingespannt, den Erzählvorgang von der überkommenen Suggestivität der klassischen Vergangenheitsform freizuhalten, die Fiktionalität einschließt; das Präsens suggeriert demgegenüber die „Authentizität" der Ereignisse. Anders als die Schriftsteller, bei denen das individuelle Schicksal ganz im kollektiven Geschehen untergeht, baut Fallada die Fabel auf den Erlebnissen liebevoll geschilderter Personen auf. Obwohl er den größten Erfolg mit seinem Roman *Kleiner Mann, was nun?* (1932) erzielte, der vom anhaltenden Mißgeschick eines kaufmännischen Angestellten und seiner Familie zur Zeit der Wirtschaftskrise erzählt, ist doch ein anderer Roman ungleich wichtiger: *Bauern, Bonzen und Bomben* (1930), ein breites episches Gemälde von den politischen Konflikten in der Provinz, eines der besten Werke über die Verhältnisse in der Weimarer Republik. Die Texte, die im Anschluß an den Roman *Wer einmal aus dem Blechnapf frißt* (1934) herauskamen, zeigen Spuren des politischen Drucks, dem der Autor ausgesetzt war. Die qualvollen Erfahrungen aus der Nazizeit brachte er in seine letzten Romane ein (z. B. *Jeder stirbt für sich allein,* 1947; *Der Alpdruck,* 1947).

Der Sprache nach der deutschen Literatur zuzurechnen sind die frühen Romane des rätselhaften B. TRAVEN, eines Schriftstellers von Weltruf, dessen Identität noch immer nicht völlig geklärt und daher Gegenstand von allerlei Mutmaßungen ist. Vor 1933 hat er seine Romane in Deutschland veröffentlicht. Einer Hypothese zufolge ist Traven mit dem Publizisten R. Marut (Richard Maurhut) identisch, dessen Spuren sich nach der Zerschlagung der bayerischen Räterepublik verloren. Erwiesen ist jedenfalls, daß der Autor viele Jahre in Mexiko verbracht hat, wo er das Leben der Bauern, Tagelöhner und Goldgräber kennenlernte. Laut Aussage der mit der Wahrnehmung seiner Interessen Betrauten starb er 1969. Beträchtliches Aufsehen erregte er bereits mit seiner ersten Arbeit (*Das Totenschiff,* 1926), einem Roman vom abenteuerlichen Schicksal arbeitsloser Matrosen und Vagabunden. Den Hauptanteil seines Werkes machen die Romane aus, die am Leitfaden einer lebhaften Fabel ihren Stoff aus den zeitgenössischen Verhältnissen in Mexiko schöpfen und Episoden aus dem Leben von Plantagenarbeitern (*Die Baumwollpflücker,* 1926), Abenteurern auf Goldsuche (*Der Schatz der Sierra Madre,* 1927) und Einheimischen schildern, die ihren Besitz gegen das Vordringen des amerikanischen Kapitals verteidigen (*Die weiße Rose,* 1929). Gesellschaftskritische Erkenntnisse sind auch das Herzstück der übrigen Werke. Eine weitere Konstante von Travens Prosa ist die dokumentarisch untermauerte, mit Erzählmustern des Abenteuerromans versetzte Fiktion.

Die neurealistische Prosa ist nun allerdings nicht das einzige Kennzeichen der Literatur in der Zwischenkriegszeit. Das Nebeneinander unterschiedlicher Stilkonzeptionen und Auffassungen von der Funktion der Literatur, eine besonders um die Jahrhundertwende auffällige Erscheinung, zeichnet auch das literarische Leben der zwanziger Jahre aus. Ein Blick auf diese pluralistische Situation läßt erkennen, daß die großen Schriftsteller einer Epoche nicht immer Vertreter dominanter Strömungen zu sein brauchen. Zu gewissen Zeiten entziehen sich solche Autoren den aus den Haupttendenzen der Epoche abgeleiteten Merkmalsrastern. Das Werk Thomas Manns ist ein überzeugendes Beispiel. „Unzeitgemäßheit“ kann die Folge starker Traditionsbindung sein, einer Haltung, wie sie in den Werken konservativer Schriftsteller der ersten Jahrhunderthälfte durchschlägt (Werner Bergengruen, Reinhold Schneider, Hans Carossa, Ernst Wiechert u. a.). Die literarischen Leistungen dieser Schriftsteller, die namentlich als Erzähler bekannt wurden, sind unterschiedlich in Orientierung und Wert. Die Tradition klassischer Novellistik, vorwiegend in der Art der großen russischen Erzähler des 19. Jahrhunderts, pflegte mit hoher Sprachkultur WERNER BERGENGRUEN (1892–1964). Strukturell sind für seine zahlreichen Erzählbände (z. B. *Das Buch Rodenstein,* 1927, *Der tolle Mönch,* 1930, *Der Tod von Reval,* 1939, *Die Flamme im Säulenholz,* 1953) und Romane (z. B. *Der Großtyrann und das Gericht,* 1935) oft abenteuerhafte Begebenheiten und „Wunder“ bezeichnend, thematisch eine metaphysische Sicht und eine betont christliche Ethik. Nicht selten ist freilich augenzwinkernder Humor. Strenger in der religiösen Tendenz war REINHOLD

SCHNEIDER (1903–1958), dessen Schriften vor allem der Problematik des Glaubens und der politischen Macht gelten. Seine metaphysische Geschichtsdeutung (etwa im Roman *Las Casas vor Karl V.*, 1938) war zur Zeit der NS-Diktatur eine Form des Widerstandes. Schneider, Wiechert und verwandte Autoren wurden später als Gruppe begriffen: als Vertreter der „Inneren Emigration".

Ein ernsthafteres Problem literaturgeschichtlicher Synthese ist das Schaffen derjenigen Autoren, bei denen die Zeittendenzen in sehr komplizierter Weise ihren Niederschlag finden, stets mittelbar und auf Umwegen oder doch in einem Medium, das von aktuellen Merkmalen augenscheinlich frei ist. Ein solcher Autor ist der österreichische Erzähler ROBERT MUSIL (1880–1942). Ein allseitig gebildeter Intellektueller, Maschinenbauingenieur und Doktor der Philosophie (aufgrund einer Dissertation über Ernst Mach), ist Musil schon frühzeitig Skeptiker, der Identifizierung mit dem Milieu abgeneigt, ein introvertierter Beobachter des Lebens. Seine geistige Entwicklung ist in erster Linie durch sein Interesse für die Wissenschaft, die Philosophie, die Essayistik gekennzeichnet. In frühen Aufzeichnungen finden Nietzsche und Dostoevskij Erwähnung. Im Jahre 1906 veröffentlichte Musil seinen ersten Roman, der trotz des zeitgenössischen und in gewissem Maße sogar autobiographischen Stoffs „unzeitgemäß", man könnte sagen: verfrüht, wirkte. Ein Dutzend Jahre später, in der Hochphase des Expressionismus, schenkten die jungen Schriftsteller ihrem Vorgänger kaum Beachtung. *Die Verwirrungen des Zöglings Törleß* leugnen weder die Tradition des psychologischen Romans noch die der naturalistischen Detailauslotung. Aber der Schwerpunkt des Werkes liegt nicht im Zerfasern der Ursachen psychopathologischer Symptome im Verhalten der Zöglinge eines österreichischen Internates. Diese Prosa interessiert sich weit mehr für die Technik des psychischen Drucks, die Methoden, in denen der Sadismus einiger Zöglinge zutage tritt. Törleß, verwirrter und passiver Augenzeuge nächtlicher Geschehnisse im Dachgeschoß der Lehranstalt, lernt Dinge kennen, die der Autor des Romans später, als Offizier im Krieg, in weit größeren Ausmaßen antreffen und diagnostizieren sollte. Auf dem Wege zu seinem Hauptwerk hat Musil – gewissenhaft und rascher Arbeit abgeneigt – wenig veröffentlicht. In den Novellen *Drei Frauen* (1924) und den beiden dramatischen Werken (*Die Schwärmer*, 1921, und *Vinzenz und die Freundin bedeutender Männer*, 1924) sah er eher Schreibstudien.

Um die Mitte der zwanziger Jahre machte er sich an die Arbeit zu seinem Lebenswerk, dem Roman *Der Mann ohne Eigenschaften* (I 1930, II 1933, III postum in der Schweiz 1943), der trotz aller Anstrengungen des Autors unvollendet geblieben ist. Zu einer Zeit, da eine an der Reportage geschulte Prosa die Losung des Tages war, mußte Musils epische Retrospektive einem Teil der Kritik wiederum unzeitgemäß erscheinen. Schon zu Lebzeiten war der Autor, der 1938 ins Schweizer Exil gegangen war, nahezu vergessen. Erst die Nachkriegsausgaben haben die Erkenntnis gefördert, daß *Der Mann ohne Eigenschaften* einer der bedeutendsten Romane unseres Jahrhunderts, ein umfassendes Panorama der spätbürgerlichen Kultur ist. Schauplatz der in der Hauptsache geringfügigen Ereignisse ist der Staat „Kakanien" (d. h. die k. u. k. Monarchie, das kaiserlich-königliche Österreich-Ungarn) im letzten Jahr vor Ausbruch des Krieges. Der

Robert Musil (1880–1942), Der Mann ohne Eigenschaften *(Erstes Buch): Titelseite der Erstausgabe von 1930. Die künstlerische Gestaltung des Einbandes ist ein charakteristisches Beispiel für konstruktivistische Lösungen in der Buchausstattung Ende der zwanziger Jahre.*

Ironiker Musil hat in den Mittelpunkt seiner Bilanz der sterbenden Epoche die Figur des skeptischen Intellektuellen Ulrich gestellt, des „Mannes ohne Eigenschaften", d. h. eines Mannes ohne eigentliche Festlegung, eines scharfsinnigen Analytikers, dessen kritisches Bewußtsein jedwede Erscheinung von verschiedenen Standpunkten aus zerpflückt und dabei von ständigem Zweifel an der Wirkungskraft der Gedanken wie auch der Tatsächlichkeit alles Wirklichen ergriffen ist. Das Gerüst des Geschehens ist „gespenstisch unwirklich": in den Kreisen der Hofbürokratie, der Industriellen und anderer Vertreter der „Gesellschaft" erörtert man ein Programm für einen der Jahrestage der Monarchie, doch dies Vorhaben bleibt in einer Phase endloser Mutmaßungen, Intrigen und Ränke stecken. Ulrich, Sekretär eines Ausschusses, ist Zeuge der Ohnmacht und Hohlheit einer Gesellschaft, der er auch selbst angehört, ohne daß er sich indes mit dem Bemühen ihrer Repräsentanten identifizierte, die Anzeichen des Verfalls mit einer ideologischen Fassade zu verbrämen. Auch Ulrichs Privatleben, so seine erotische Zuneigung zu seiner Schwester, steht im Schatten der Unfähigkeit, inhaltsleere Konventionen zu verwerfen und die Vision eines harmonischen und sinnerfüllten Lebens zu verwirklichen, dem Ulrich in seinen träumerischen „Überlegungen im Konjunktiv" nachhängt. Musils sprachliche Virtuosität besticht ebenso wie der gedankliche Reichtum seiner Prosa; die Ironie der satirischen Kapitel wirkt ebenso intensiv wie der verhaltene Lyrismus der intimen Passagen. Wie einige Romane Thomas Manns verläßt auch Musils Werk mit seiner Fülle essayistischer

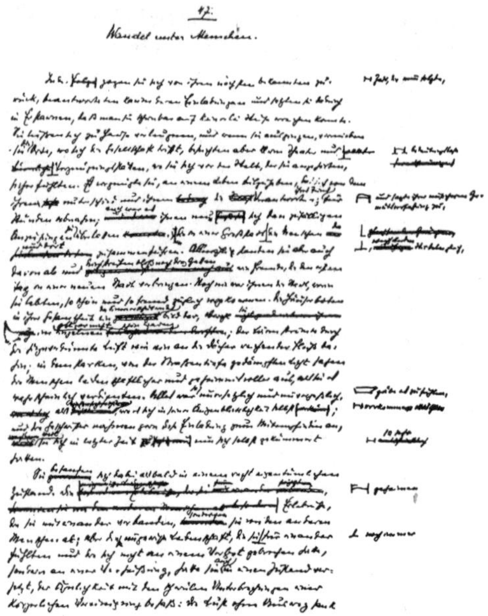

Die Manuskriptseite des Romans Der Mann ohne Eigenschaften *enthält den Entwurf zum 47. Kapitel – „Wandel unter Menschen" – am Schluß des dritten Buches. Dieses Lebenswerk von Musil entfaltet ein umfassendes Panorama der spätbürgerlichen Kultur und gilt als einer der bedeutendsten Romane unseres Jahrhunderts.*

Erwägungen das „Erzählen" im engeren Sinne und verschmelzt das Narrative mit kritischer Reflexion.

Auf dem Wege zum „philosophischen Roman" begleitete ihn sein Landsmann HERMANN BROCH (1886–1951). Auch der Lebenslauf gibt hier zum Vergleich Anlaß: Broch studierte in Wien Mathematik und Philosophie und erwarb sich eine breitgefächerte Bildung; seinen bürgerlichen Beruf in der Industrie gab er um der Literatur willen auf, stellte aber als freier Schriftsteller die Beschäftigung mit wissenschaftlichen Studien, z. B. der Psychologie, nicht ein. Gegen Ende seines Lebens wandte er sich Wissenschaft und Philosophie sogar immer stärker zu und trieb Forschungen auf dem Gebiet der kollektiven Psychologie. Aus dieser späteren Phase stammt eine Reihe ästhetischer, erkenntnistheoretischer und kulturgeschichtlicher Esssays (postum veröffentlicht in den Bänden *Dichten und Erkennen,* 1955, und *Erkennen und Handeln,* 1955). Für Broch war Literatur stets untrennbar mit intellektueller Erkenntnis verbunden, das literarische Werk bot ihm spezifische Möglichkeiten, seine Erfahrungen einem Gestaltungsprinzip zu unterziehen, wonach der Gedanke den Erzählvorgang durchdringen sollte. Ein solches Werk ist Brochs erste reife Leistung, die Trilogie *Die Schlafwandler* (1931/32), bestehend aus den Romanen *Pasenow oder die Romantik, Esch oder die Anarchie, Huguenau oder die Sachlichkeit*). Der Autor hat hier die stilistische Organisation der einzelnen Romane jeweils auf die literarischen Strömungen der Zeit, in der die Handlung verläuft, abgestimmt und rückt so vom traditionellen Erzählen bis zu den modernen Versuchen vor. Mit einer Reihe charakteristischer Figuren und Episoden steckt er den Zeitraum vom späten 19. Jahrhundert bis zum

Jahre 1918 ab und zeigt die moralische Desintegration der bürgerlichen Gesellschaft. In den dritten Roman arbeitete Broch als Stück um Stück aufgenommenen Parallelstrang zum erzählerischen Faden einen essayistischen Kommentar ein, der auch als integrale Abhandlung gelesen werden kann: den philosophischen Text vom „Zerfall der Werte", der den Entwicklungsgang des neuzeitlichen Bürgertums beurteilt. Die Atomisierung der menschlichen Tätigkeiten und den Verlust der Bindung an ein umfassendes moralisches Weltbild faßte er allerdings in idealistischer Weise auf, indem er geistige Phänomene als gänzlich autonome Phasen geschichtlicher Prozesse kennzeichnete. Deutlich spürbar ist daher in diesem Roman ein Gegensatz zwischen der philosophischen und der erzählerischen Ebene, die weitaus weniger abstrakt ist.

Hauptwerk der späten Schaffensperiode ist der Roman *Der Tod des Vergil* (1945), der in den Jahren der Emigration in den Vereinigten Staaten entstand. Einige Kritiker haben dieses Werk mit James Joyces *Ulysses* verglichen (einem Roman, den Broch außerordentlich schätzte), doch bleibt dieser Vergleich auf die Ebene einzelner Analogien beschränkt. Der Roman vom letzten Tag im Leben des römischen Dichters, von den Augenblicken, da sein Bewußtsein bereits im Schatten des Todes liegt, ist nach dem Verständnis des Autors ein „lyrischer Kommentar" zu einem Thema, das zu vielen Zeiten aktuell sein kann. Vergils gewaltiger innerer Monolog, der die schwellende rhythmische Prosa dieses Romans strukturiert, umfaßt alle Schichten des allmählich erlöschenden Bewußtseins, einen Schwall von Erinnerungen, Asssoziationen, Gedanken. Im Mittelpunkt steht die Frage: Soll, so wie es der Kaiser will, das Lebenswerk, das große Epos erhalten bleiben? Brochs Vergil gibt tiefem Zweifel am „artistischen Spiel" der Kunst Ausdruck und vertritt die Überzeugung, daß keine menschliche Tätigkeit der moralischen Verantwortung vor dem Leben ausweichen darf. Brochs These vom Übergang der Kunst in begrifflich definierte Erkenntnis (bei diesem Autor eine gedankliche Konstante, die auf die Tradition der Hegelschen Ästhetik verweist) zeigt, daß *Der Tod des Virgil* kein historischer Roman in einem gewohnten Sinne, sondern vielmehr eine Synthese von psychologischer Prosa und Parabel ist. Ausgangspunkte der Parabel waren Brochs politische Erfahrungen: in der Zeit der faschistischen Überfälle hatte die Problematik der Verantwortung, die auch in das künstlerische Schaffen hereinreicht, besondere Aktualität gewonnen. Brechts Frage, ob in einer Zeit der Gewalt ein Gespräch über die Schönheiten der Natur erlaubt sei, Adornos Gedanke, daß es barbarisch sei, Gedichte zu schreiben, ohne an die Todeslager zu denken, all das sind Formulierungen derselben Problematik, erwachsen aus derselben geschichtlichen Epoche. Die Erfahrungen mit dem Faschismus schlugen sich auch in dem „Roman" (eigentlich einem Zyklus von Erzählungen) *Die Schuldlosen* (1949) nieder, einem Prosawerk über Menschen, die wegen ihrer Gleichgültigkeit den politischen Erscheinungen gegenüber zu Mitschuldigen werden. Auch das letzte Werk, der Roman *Der Versucher* (1953), spielt auf Ereignisse aus der jüngsten Geschichte an: in der primitiv-archaischen Ideologie, die ein Blender den Bauern einer Gebirgsgegend einflüstern will, ist die Parallele zum Faschismus unschwer zu erkennen. Der Mythos von der natürlichen Güte indes, der das Gegengewicht zu Bedrohung und Gewalt schafft, ist ebenfalls irrational und wirkt sentimental. Im übrigen hat der Autor die Endredaktion des Werkes nicht mehr abschließen können.

In Wien lebte in den zwanziger und dreißiger Jahren auch FRANZ WERFEL, eine vollkommen gegensätzliche Künstlernatur. Nach einer expressionistischen Phase (die im Kapitel über den Expressionismus erwähnt wurde) entschloß sich dieser Autor zu einer Erzählprosa traditionellen Zuschnitts. Ohne den Hang zur Erprobung neuer Ausdrucksmöglichkeiten, aber geschickt in der Darstellung einer lebhaften Handlung und einprägsamer Gestalten, bereitete Werfel seinen Lesern weder Überraschungen noch Enttäuschungen. Besonderen Erfolg erzielte er mit dem „Roman der Oper" *Verdi* (1924), einer psychologisch durchleuchteten Episode aus dem letzten Lebensabschnitt des Komponisten, einer Zeit der Zweifel, die durch die Begegnung mit Wagners Kunst geweckt worden waren. Zu Werfels besten Texten sind die weniger bekannten Erzählungen *Der Tod des Kleinbürgers* (1927) und *Das Trauerhaus* (1927) zu rechnen, in denen sein sonst selten anzutreffender Sinn für Humor zur Geltung gelangt. Die späteren, im Wert unterschiedlichen Werke zeigen, daß es ihm nicht immer gelang, Sentimentalität oder oberflächlichen Effekt zu vermeiden. Wertvoll sind der kürzere psychologische Roman *Der Abituriententag* (1928) sowie die breitangelegten Romane *Barbara oder Die Frömmigkeit* (1929) und *Die vierzig Tage des Musa Dagh* (1933). Im Mittelpunkt der Thematik steht die moralische Standhaftigkeit von Menschen, die sich der Gewalt widersetzen. In der Emigration entstand die Romanlegende *Das Lied von Bernadette* (1941), ein Zeugnis von Werfels Neigung zur Glaubensmetaphysik, sowie der Roman *Stern der Ungeborenen* (1946), eine negative Utopie von einer fernen Zukunft, der „astromentalen" Epoche der Menschheit, in der die Perfektion der Technik furchtbar und lächerlich zugleich ist.

Broch, Musil, aber auch Karl Kraus steht ELIAS CANETTI nahe (geb. 1905 in Bulgarien, spanisch-jüdischer Herkunft). Er spricht von Kind an mehrere Sprachen, entschied sich aber in seinem literarischen Schaffen ganz für das Deutsche. Canetti studierte in Wien, lebt aber seit 1938 im Ausland. In Wien entstand sein bedeutendstes Erzählwerk, der Roman *Die Blendung* (1935), der erst in neuerer Zeit die verdiente Anerkennung gefunden hat. In sehr verhaltener psychologischer Prosa erzählt der Autor von einem launenhaften Intellektuellen, der in der Welt seiner Bücher lebt und die „Wirklichkeit" in Gestalt seiner Hauswirtin und späteren Frau kennenlernt. Die sinnlose Ehe, ein ständiger Kampf zwischen den genannten, durch eine tiefe Kluft voneinander getrennten Personen, endet mit dem grotesken Tod des geplagten Sonderlings. Der Roman ist eine suggestive Darstellung der Entfremdung und der gestörten menschlichen Beziehungen. Das verkrüppelte Bewußtsein des Idealisten und der rücksichtslose Egoismus des Pragmatikers sind nur verschiedene Symptome desselben Zustandes. Canettis dramatische Werke (*Die Hochzeit*, 1932; *Komödie der Eitelkeit*, 1934, 1950 veröffentlicht; *Die Befristeten*, 1956) sind Modelle absurder Zustände, die sich aus sinnlosen Konventionen, ideologischer Verblendung und Lebenslügen ergeben. Aufmerksamkeit beanspruchen in erster Linie die gedanklichen Konstruktionen;

Walter Benjamin *(1892–1940): Die Photographie stammt aus den zwanziger Jahren.*

die dramatische Durchführung ist nicht immer ganz überzeugend. Die Frucht anthropologischer Studien (die sich auch in den Dramen widergespiegelt haben) ist die umfangreiche philosophische und soziologische Abhandlung *Masse und Macht* (1960), die die Entwicklung des menschlichen Verhaltens in frühen Kulturen und den Einfluß archaischer Erscheinungen in jüngeren Epochen untersucht. Canettis analytischer Scharfsinn und essayistischer Glanz treten gleichermaßen in den Tagebuchaufzeichnungen zutage, knappen Essays und Aphorismen, die gesammelt in den Bänden *Aufzeichnungen* (1965) und *Alle vergeudete Verehrung* (1970) erschienen sind.

Literatur und Philosophie sind untrennbare Kategorien im Schaffen WALTER BENJAMINS (1892–1940) und ERNST BLOCHS (1885–1977), die Zeitgenossen zweier Epochen sind: der Zwischenkriegszeit, in der auch Bloch einen beträchtlichen Teil seines Werkes schuf, und der Nachkriegszeit die erst die wahren Dimensionen ihrer Gedanken offengelegt hat. Literaturkritik und Essayistik der zwanziger und frühen dreißiger Jahre sind heute ohne ihre Beiträge unvorstellbar. Benjamin, der vor seiner Emigration im Jahre 1933 überwiegend in Berlin lebte und dort als Übersetzer und Publizist tätig war, brachte nur einen geringen Teil seiner Arbeiten zur Veröffentlichung. In Buchform erschienen seine Studie *Ursprung des deutschen Trauerspiels* (1928) und eine Sammlung aphoristischer Aufzeichnungen und kurzer Essays mit dem Titel *Einbahnstraße* (1928). Die Studie über die allegorischen Merkmale des Barockdramas, eher eine philosophische als eine literaturgeschichtliche Arbeit, ist einer der bleibenden Texte im Rahmen der deutschen kulturwissenschaftlichen „Geistesgeschichte“, vergleichbar mit Lukács' Schrift *Die Theorie des Romans* (1916, 1920). Die Aufzeichnungen aus der *Einbahnstraße*, die im Grunde viele Bahnen kennt, sind charakteristisch für Benjamins Weise zu denken und Gedanken zu prägen: seine Stärke liegt in der glänzend formulierten Zusammenfassung begrifflicher Prozesse, im kritischen Funken, im kondensierten Essay. Als ein universeller Geist tritt Benjamin an ganz verschiedenartige Erscheinungen der modernen Kultur heran, dringt mit seinem Erkenntnisvermögen bis tief unter die Schicht der Konvention und enthüllt neue, überraschende Aspekte. Mit dieser seiner Prosa setzt er eine Tradtition fort, die von Lichtenberg und, später, Nietzsche bis zu Karl Kraus führt. Seine zweite Schaffensphase ist gekennzeichnet durch den Einfluß von Marx' Werken, durch den freundschaftlichen Verkehr mit Brecht und Ernst Bloch sowie durch die Mitarbeit an der Zeitschrift des Frankfurter Kreises, der Vertreter der Kritischen Theorie („Zeitschrift für Sozialforschung"). Der Briefwechsel mit Horkheimer und mit Adorno, der ihm nahe stand (und der 1955 die erste Ausgabe ausgewählter Werke veranstaltete), zeigt allerdings, daß auch beträchtliche Unterschiede in manchen Ansichten bestanden haben. Benjamins politische Position kam später derjenigen Brechts näher. In der Emigration veröffentlichte er 1936 seine bekannteste Abhandlung, *Das Kunstwerk im Zeitalter seiner technischen Reproduzierbarkeit*, den Entwurf einer Ästhetik, welche die Fragen der Machart und der Rezeption unter dem Gesichtspunkt der Besonderheiten von künstlerischem Material und Produktionsverhältnissen betrachtet. Die Abhandlung verfolgt die Dialektik der Entwicklung vom künstlerischen Werk, dem die unwiederholbare „Aura" des Originals anhaftet, bis zu den neuen Bedingungen in der Epoche von Photographie und Film. Eine Fülle von Anregungen für eine dialektische Soziologie der Kunst enthalten auch die Essays, etwa über Brecht und Leskov, namentlich aber die Fragmente einer breitangelegten Studie über Baudelaire und die Kulturgeschichte der Stadt Paris im 19. Jahrhundert (*Über einige Motive bei Baudelaire*, 1939, die nachgelassenen aphoristischen Notizen *Zentralpark*, 1955 u. a.). Benjamins eigentümliche Verarbeitung Marxscher (und auch Brechtscher) Impulse hat besonders im deutschen Sprachraum in den letzten Jahren eine sehr produktive Aktualität erlangt. Der Vergleich mit Lukács' späten Arbeiten zeigt die ganze Bandbreite von Möglichkeiten, die der Ästhetik und der Literaturgeschichte geboten werden, wenn sie die Marxsche Kritik an Produktion und Ideologie in der bürgerlichen Gesellschaft sinnvoll anwenden.

Ernst Bloch ist Benjamin in mancherlei Hinsicht verwandt. Die frühen Arbeiten im Zeichen des Expressionismus (z. B. *Geist der Utopie*, 1918, 1923) mühen sich um eine Aussöhnung von begrifflichem Verstehen und ekstatischer Vision. Der utopische Blick in die Zukunft ist der Kern sämtlicher Texte Blochs: die bisherige Geschichte der Menschheit ist nur ein Vorspiel voller Ahnung und Hoffnung, wie sie sich seit Urzeiten in den menschlichen Visionen einer Welt offenbaren, die eines Tages die glückbringende „Heimat" aller Menschen sein könnte. Die Kunst ist für Bloch einer der Horte menschlicher Hoffnung, ein Schaffen, das jene Freiheit offenbart, in der „Leben" erst seinen vollen Sinn finden wird. Literarischer Ausdruck einer solchen Anthropologie ist das Parabelbuch *Spuren* (1930). In der Auffassung, daß die Geschichte „auf die Zukunft hin offen" und der Mensch in ihr ständig „auf dem Wege" zur Verwirklichung seiner Träume sei, lehnte sich Bloch an Marx an und machte sich die materialistische Dialektik als adäquate kritische Einsicht in geschichtliche Prozesse und vor allem auch in ideologische Systeme zu eigen. Als Kritiker der aktuellen politischen Ereignisse im Schatten des Faschismus ist Bloch ein sarkastischer Analytiker der bürgerlichen Gesellschaft (*Erbschaft dieser Zeit,* 1935, im Exil). Die in diesem Band publizierten Artikel über Kunst sind Beispiele seiner ganz eigentümlichen Essayistik. Das gilt auch für die Texte, die im Band *Literarische Aufsätze* (1965), Betrachtungen zur Kultur des 19. und 20. Jahrhunderts, zusammengefaßt sind. Blochs bereits im Exil begonnenes Hauptwerk ist eine gewaltige philosophische Rhapsodie auf sein zentrales Thema, die Geschichte der menschlichen Hoffnung: *Das Prinzip Hoffnung* (3 Bde., 1954, 1955, 1959). Dies auch in seiner suggestiven, ästhetisch ausdrucksvollen Prosa außergewöhnliche Werk ist eine einzigartige Geschichte der Kultur und menschlichen Phantasie, wie sie sich in Mythen, Kunst und wissenschaftlichem Denken von den uralten Weissagungen an bis zu den schöpferischen Vorstellungen unserer Tage ausspricht. Besondere Hervorhebung verdienen die originellen Deutungen großer literarischer Werke unter dem Aspekt von Hoffnung und Antizipation.

Der Essayistik und Literaturkritik gehören auch einige Texte von THEODOR W. ADORNO (Wiesengrund-Adorno, 1903–1969) an, einem der Hauptvertreter der „Frankfurter Schule" der Philosophie und Soziologie. Sein Einfluß auf die gegenwärtige Ästhetik und Literaturtheorie läßt sich in vielen Arbeiten jüngerer Autoren erkennen. Einen starken Impuls gab er vor allem mit der Forderung, eine kritische Theorie der Kunst habe von einer soziologischen Erforschung der Formen, d. h. der kunstspezifischen Gestaltungssysteme auszugehen. Seine Auffassungen erläuterte er in zahlreichen musikwissenschaftlichen Abhandlungen und literaturkritischen Essays. (Die Texte zur Literatur sind in vier Bänden unter dem Titel *Noten zur Literatur* zusammengefaßt, 1958, 1961, 1965, 1974). Viele von Adornos Texten entstanden im Entwurf bereits in den dreißiger Jahren, in der Emigration. Der Einfluß von Benjamins und in gewissem Grade auch Kraus' Essayistik zeigt sich in der Notizen- und Aphorismensammlung *Minima Moralia* (erst 1951 veröffentlicht), die in gedrängter Form sein Denken repräsentiert. Diese „Reflexionen aus dem beschädigten Leben", wie der Untertitel lautet, sind eine scharfsinnige Analyse der alltäglichen, kaum merklichen Anzeichen von Entfremdung in den menschlichen Gewohnheiten. Gegen den ideologischen Mißbrauch von Hegels Gedanken, daß das Ganze das Wahre sei, richtete Adorno seine Formulierung, daß gerade das Ganze, die Totalität – das Unwahre sei. Seine Überzeugung, wonach die Philosophie lediglich eine Kritik des von ihr angetroffenen gesellschaftlichen Zustandes sein kann, begründete er in seinem philosophischen Hauptwerk, *Negative Dialektik* (1966).

Während der Naziherrschaft hat es in Deutschland und Österreich kein erwähnenswertes literarisches Leben gegeben. 1933 gingen die Werke nahezu aller repräsentativen Autoren der Zeit auf den Scheiterhaufen in Flammen auf. Im selben Jahr geschah etwas in der Geschichte aller Literaturen nie Dagewesenes: einige Hundert Literaten verließen teils freiwillig, teils erzwungenermaßen ein

Land, das zum Schauplatz der Gewalt geworden war. Unter ihnen sind auch die hervorragendsten Schriftsteller der Zeit: die Brüder Mann, Brecht, Musil, Broch, Werfel (nach der Annexion Österreichs), Toller, Anna Seghers, Feuchtwanger, Kaiser, Döblin, Becher, Leonhard Frank, Arnold Zweig, Zuckmayer, Roth, Remarque. Einige, darunter Kästner, blieben im Land und waren mehr oder minder zum Schweigen verurteilt. Die eigentliche Kontinuität der deutschen Literatur verbürgte so die literarische Tätigkeit im Exil. Unterschiedliche Motive konnten eine antifaschistische Haltung bedingen, so daß sich unter den Flüchtlingen nicht nur Vertreter der politischen Linken, sondern auch viele Schriftsteller aus den Kreisen des liberalen Bürgertums (z. B. Thomas Mann) befanden. Ihre Antwort auf die politischen Verfolgungen oder die auf allen Gebieten öffentlicher Tätigkeit gegen Juden gerichtete rassische Diskriminierung war weitgehend einhellig. Ernst Toller brachte diese Einhelligkeit in der Verurteilung der Nazibarbarei zum Ausdruck, die er im Mai 1933 in seiner berühmten Rede auf dem Dubrovniker Kongreß des Pen-Clubs aussprach.

Die literarische Tätigkeit im Exil gehört zum Werk der Autoren, die in diesem Kapitel vorgestellt worden sind. Man muß jedoch die allgemeinen Bedingungen des literarischen Lebens in der Fremde berücksichtigen. Vom größeren Teil ihrer Leserschaft abgeschnitten, fanden sich die Schriftsteller in einer gänzlich ungewöhnlichen, unnormalen Lage. Die Isolation traf besonders die weniger bekannten Autoren, denen keine Mittel aus fremdsprachigen Übersetzungen ihrer Arbeiten zuflossen. Die freie deutsche Literatur wäre regelrecht verstummt, hätten nicht Verleger und kulturelle Einrichtungen im Ausland (in der Tschechoslowakei, den Niederlanden, der Sowjetunion, Frankreich, der Schweiz, den Vereinigten Staaten, Mexiko und anderswo) durch die Veröffentlichung von Büchern und Zeitschriften der vertriebenen Autoren Hilfe geleistet. Besonderen Verdienst erwarben sich die Verlagsunternehmen Querido und Allert de Lange (Amsterdam), Malik (Prag, ab 1938 London) und Oprecht (Zürich), in denen die meisten in diesem Kapitel erwähnten Werke erschienen. Selbstverständlich fiel ein großer Anteil am literarischen Leben der Emigration den Zeitschriften, Sammelbänden, politischen Kundgebungen und weiteren zeitweiligen Publikationen der verschiedenen Gruppen und Vereinigungen freier deutscher Schriftsteller zu. Die Zeitschriften waren in erster Linie Kampforgane, sie kündeten von politischer Tätigkeit und literarischer Arbeit, die sich manchmal den sehr ungünstigen Bedingungen im Exil anpassen mußte. Unter den überwiegend literarisch orientierten Zeitschriften fanden die meiste Resonanz: „Neue deutsche Blätter" (Prag 1933–1935, Redaktionsmitglieder A. Seghers und W. Herzfelde), „Die Sammlung" (Amsterdam 1933–1935, Redaktion: Klaus Mann), „Internationale Literatur" (Moskau 1931–1945), Redaktionsmitglied J. R. Becher), „Das Wort" (Moskau 1936–1939, Herausgeber Brecht, Feuchtwanger und Bredel), schließlich „Maß und Wert" (Zürich 1937–1940, mit Thomas Mann in der Redaktion). Eine Fülle Stoff zur Geschichte dieser ungewöhnlichen Epoche der deutschen Literatur enthalten die Bücher *Unter femden Himmeln* von F. C. Weiskopf (1947) und *Der Wendepunkt* (1952), die Autobiographie KLAUS MANNS (1906–1949). Der Autor des *Wendepunkts,* ein Sohn Thomas Manns, veröffentlichte in der Emigration einige Romane, unter denen *Mephisto* (1936) und *Der Vulkan* (1939, über das Leben der Emigranten) auch als Beiträge zur Kulturgeschichte dieser Zeit Interesse verdienen.

17. Nachkriegsjahrzehnte

Die umwälzenden politischen Ereignisse des Jahres 1945 schufen die Bedingungen für die kulturelle Erneuerung in Deutschland und Österreich. Der Zusammenbruch des Naziregimes bedeutete die Befreiung vom Terror, der zwölf Jahre hindurch jedes freie Wort erstickt hatte. Parallel zur Erneuerung unterbrochener politischer Traditionen begann sich auch die Literatur allmählich von dem Zustand zu erholen, in den sie hineingeraten war, als die Scheiterhaufen der Diktatur die Zeit bestimmten. Die jungen Literaten der ersten Nachkriegsjahre hielten die geschichtliche Zäsur für so tief, daß sie eine Zeitlang den Kritikern Recht gaben, die behaupteten, der gegenwärtige Augenblick sei für die Literatur eine Anfangssituation im Sinne einer „Stunde Null" der Entwicklung. Das war allerdings ein Irrtum. Heute ist offensichtlich, daß die Nachkriegsliteratur undenkbar ist ohne die literarischen Faktoren, die eine Stilkontinuität im europäischen bzw. weltweiten Kontext verbürgten. Die Kontinuität wurde durch die deutsche Exilliteratur wiederhergestellt, die die Werte der deutschen Kultur außerhalb Deutschlands bewahrt hatte und jetzt ihren natürlichen sprachlichen Boden wiederfand. Die deutschen Leser lernten die in der Emigration geschaffenen Werke kennen, Werke von Thomas und Heinrich Mann, Brecht, Döblin, Broch, Anna Seghers, Feuchtwanger, Remarque und vielen anderen; zahlreiche Autoren kehrten in ihre Heimat zurück – aus England, der Sowjetunion, Schweden, den USA und Lateinamerika. Ein weiterer Stützpfeiler der Kontinuität waren die Schriftsteller der „Inneren Emigration", Literaten, die unter dem Nationalsozialismus niedergehalten worden waren oder nicht hatten veröffentlichen können; unter ihnen waren so gegensätzliche Autoren wie z. B. Kästner und (nach 1936) Benn. Die junge Generation begann sich durchgängig für die im „Dritten Reich" verschwiegene oder verfolgte modernistische Tradition der deutschen Literatur zu interessieren, für die Literatur der ersten drei Jahrzehnte des 20. Jahrhunderts. Unter den Autoren der vergangenen expressionistischen Epoche war Franz Kafka die größte Entdeckung. Seine Werke gingen erst fünfundzwanzig Jahre nach seinem Tode in den bleibenden Besitz der literarischen Kultur im deutschen Sprachraum ein – nachdem ein Teil der Texte in englischer und französischer Übersetzung bereits seinen Platz in der Weltliteratur gefunden hatte. Es ist zu betonen, daß Kafka in diesen Nachkriegsjahren nicht als „Klassiker", als kanonisierter Schriftsteller rezipiert wurde, dem eine angemessene Ehrerbietung gebührt, sondern eher als unmittelbarer Zeitgenosse und Augenzeuge der gespenstischen Ruinenfelder, die vielen wie metaphysische Landschaften vorkamen. So wurde seine groteskvisionäre, beklemmend-aktuelle Prosa Teil der Gegenwartsliteratur und zugleich ein Stilmodell für eine Gruppe junger Autoren in Westdeutschland und Österreich, die die Vieldeutigkeit der Parabel als Ausdruck einer Welt nahmen, welche noch vom Entsetzen der jüngsten Vergangenheit geschüttelt und nun einer ungewissen Zukunft anheimgegeben war. Es ist kein Zufall, daß Benn und Kafka, sonst vollkommen verschiedenartige Autoren, in derselben geschichtlichen Situation derartige Resonanz fanden. In beiden sah die junge Generation in ihrer Verstörung und Orientierungslosigkeit Künder geistiger Strukturen, die suggerierten daß geschichtliche Veränderungen – und damit auch geschichtliche Katastrophen – vorübergehende Erscheinungen seien und die Wirklichkeit existentiell zu deuten sei. Namentlich Benns Ästhetizismus versprach eine geistige Befreiung von der leidigen Wirklichkeit. Ein Gegengewicht zu dieser Auffassung bedeuteten die Werke Bertolt Brechts, die der existentiellen Vision die Dialektik geschichtlicher Prozesse entgegenhielten.

Die erste Nachkriegszeit war verständlicherweise eine Phase lebhafter Rezeption fremder Literaturen. Das Bedürfnis nach Überwindung eines Zustandes, wie er durch die zwölfjährige Isolation von den literarischen Strömungen der vom Zugriff des Faschismus verschonten Länder entstanden war, schlug sich in zahlreichen Übersetzungen und der Bereitwilligkeit junger Autoren nieder, sich anzueignen, was ihnen zuvor nicht zugänglich gewesen war. Vorbilder und Anregungen gab es viele: Hemingways lapidare Prosa beeinflußte die Herausbildung einer unsentimentalen Diktion in Kurzgeschichten von Kriegsschrecken und Nachkriegselend; Faulkners und Sartres Romane weckten das Gespür für ein Erzählen, das sich vom linearen Prinzip lossagt und in die Schichten des menschlichen Bewußtseins eintaucht; Beckett und Ionesco brachten in den fünfziger Jahren produktive Unruhe ins Theater mit ihrer Entdeckung, daß sich das Absurde zeitgemäß modellieren läßt; Majakovskij, die französischen Surrealisten und Lorca bereicherten (postum) den poetischen Sinn. Doch wurden die fremden Literaturen nicht überall auf die gleiche Weise rezipiert.

Ohne Rücksicht auf persönliche ästhetische Urteile begann sich schon bald nach 1945 auch im literarischen Leben die politische Teilung Deutschlands in einen östlichen und einen westlichen Teil abzuzeichnen, die 1949 durch die Schaffung zweier deutscher Staaten festgeschrieben wurde. Wenn auch die Behauptung einiger Kritiker, Folge der sehr komplizierten kulturellen Situation sei eine anhaltende Divergenz, die zu völliger gegenseitiger Entfremdung führe, unberechtigt ist, so muß man doch zugeben, daß die Entwicklungslinien – besonders in der Zeit des Kalten Krieges – zeitweise immer mehr Anzeichen für ein Auseinanderrücken erkennen ließen. Im ganzen ist die Einheit der Literatur im deutschen Sprachraum immerhin bedingt aufrechterhalten worden – gewährleistet nicht nur durch die grundsätzliche Identität der Sprache, sondern auch durch die ständigen Kontakte aufgrund der Medien Buch, Fernsehen usw. Eine besondere Stütze hat die literarische Integration in der Praxis der österreichischen und schweizerischen Autoren, denen eine Isolierung schon aus pragmatischen Gründen fremd ist; Schriftsteller aus diesen Ländern veröffentlichen ihre Werke vornehmlich in der Bundesrepublik. Dasselbe gilt für die Aufführung von Theaterstücken.

Die Leser, die bereit waren, sich mit den Bemühungen junger Schriftsteller auseinanderzusetzen, erkannten in den Texten WOLFGANG BORCHERTS (1921–1947) die erste authentische Stimme der „Trümmerliteratur", wie die Arbeiten der jungen Autoren damals genannt wurden. Borchert, der während des Krieges wegen passiven Widerstandes der Verfolgung ausgesetzt war, fand einen Ausdruck für den historischen Augenblick und die Erfahrung seiner Generation – der „betrogenen Generation". Charakteristisch sind Borcherts Kurzgeschichten und Prosaskizzen (gesammelt in *An diesem Dienstag* und *Die Hundeblume*, beide 1947), die einer Zeit Rechnung tragen, die nicht die Voraussetzungen für große Erzählformen besaß. Dem Augenblick entsprachen auch die in frei assoziierender, manchmal pathetischer Prosa gehaltenen Friedensmanifeste und die ruhigen, nüchternen Geschichten vom alltäglichen Sterben und Leiden. Am gelungensten sind die Texte, die das Grauen des Krieges parabolisch, scheinbar kalt, lakonisch, auf eine Weise darstellen, die an Brechts Verfremdungen erinnert. Borcherts einziges Bühnenwerk, *Draußen vor der Tür* (1947), nimmt in einzelnen Szenen die Dramaturgie des expressionistischen Theaters wieder auf: Typisierung, Allegorie, groteske Visionen. Im Mittelpunkt des gespenstischen Reigens aus physischem und moralischem Elend steht ein Kriegsheimkehrer, die Symbolfigur eines Menschen, den die Sinnlosigkeit des Krieges und die moralische Stumpfheit des Milieus zerbrochen haben. Dieser Text ist das erste auch im Ausland beachtete Werk der deutschen Nachkriegsliteratur. Ein vergleichbares Echo fand auch der Roman *Die Stadt hinter dem Strom* (1947) von HERMANN KASACK (1896–1966). Die Erfahrungen aus der Zeit der Diktatur faßte dieser Autor in Kafkascher Diktion in die beklemmende Chronik einer metaphysischen Stadt zwischen Leben und Tod, wo alles ohne Bewußtsein, Gefühl und Geist in rein mechanischen Abläufen vor sich geht. Eine negative Utopie enthält auch die Erzählung *Der Webstuhl* (1949): die Produktion eines riesigen Teppichs, die in einem Staat mit streng bürokratischem Regime das gesamte Wirtschafts- und Kulturpotential ausschöpft, droht am Ende alles Leben in diesem Lande zu ersticken und zu verschlingen.

Im Herbst 1947 (dem Gründungsjahr des für die westdeutsche Publizistik repräsentativen Nachrichtenmagazins „Der Spiegel") findet ein für die Entwicklung des literarischen Lebens in der künftigen Bundesrepublik entscheidendes Ereignis statt. Auf Initiative von HANS WERNER RICHTER (1908), einem Publizisten und Erzähler (Autor des Kriegsromans *Die Geschlagenen*, 1949), wurde eine Versammlung überwiegend junger Schriftsteller einberufen; Gleichgesinnte sollten – dies war die Absicht – eine neue Zeitschrift ins Leben rufen. Der Plan schlug fehl, aber die um Richter versammelten Autoren beschlossen, sich alljährlich in geschlossenem Kreise (Schriftsteller, literarische Debütanten und Kritiker) zusammenzufinden und aus ihren neuen Arbeiten vorzulesen. So wurde die berühmte Gruppe 47 gegründet, ein zeitweiliges Forum für die neue literarische Produktion und die kritische Auseinandersetzung. Diese Zusammenkünfte, die in der Zusammensetzung der geladenen Gäste unterschiedlich waren, jedoch stets der von Richter geführten Liste folgten, waren über volle zwanzig Jahre hinweg das Herzstück des literarischen Lebens der Bundesrepublik. Selbst wenn die

Kontinuität lediglich von dem Gedanken der Institution herrührte, ohne daß es eine feste Mitgliedschaft gegeben hätte (so daß die Bezeichnung „Gruppe" recht ungenau ist), so entwickelte sich doch im Laufe der Zeit eine Solidarität, die nicht ohne Einfluß auf einige öffentliche Aktivitäten bleiben konnte. Trotz unterschiedlicher Talente und Interessen konnte sich die Institution lange Zeit auf einen Konsens, eine Reihe ungeschriebener, aber konsequent vertretener Prinzipien gründen. Der gemeinsame politische Standort hat kaum Modifizierungen erfahren; man kann ihn verhältnismäßig genau bestimmen, wenn man ihn der Position linksliberaler Gesellschaftskritik zuordnet. Selbstverständlich war die Gruppe 47 solidarisch in ihrer Verurteilung aller konservativen Mythen, aber auch verschiedener Versuche, die Literatur im Niemandsland ästhetischer Isolation anzusiedeln. Sartres Begriff der „engagierten Literatur" gehört zu den Losungen der Gruppe, was aber nicht heißt, daß Einförmigkeit vorherrschend gewesen wäre. „Engagement" war für die meisten Schriftsteller in erster Linie eine moralische Kategorie und damit eine Verpflichtung, literarische Arbeit als ein besonderes Medium sozialer Tätigkeit im Geiste einer antifaschistischen Haltung zu begreifen. Poetologisch stehen besonders die ersten Jahre im Zeichen einer „Kahlschlagliteratur", wie man damals die Tendenz nannte, die Sprache literarischer Werke, gleichgültig, ob in Prosa oder verssprachlich organisiert, von Pathos und „Gewähltheit", überhaupt von jeglicher exklusiven Aura zu befreien. Die Autoren suchten nach einer Sprache, die karg wie die Wirklichkeit des Alltagslebens und auf das Maß nüchterner Mitteilung zurückgeschraubt war. Im System der literarischen Gattungen entsprach dieser Tendenz ein Hang zur reportageartigen Prosa (der Richter zuneigte), zur realistischen Erzählung, zu einer Lyrik, die reduziert war auf ein suggestives Aufzählen der Dinge, die das Lebensminimum eines Menschen ausmachen. (Charakteristisch ist in dieser Hinsicht das oft zitierte Gedicht *Inventur* von Günter Eich, ein rhythmisiertes, lakonisches „Verzeichnis" von Dingen, die in der Tasche eines Heimkehrers aus einem Gefangenenlager zu finden waren.) Von der Mitte der fünfziger Jahre an wird das Gemeinschaftsbewußtsein allmählich durch ein individuelles Bewußtsein verdrängt; viele Autoren, einst Debütanten bei den Zusammenkünften der Gruppe, werden Berufsschriftsteller mit persönlichen künstlerischen Erfahrungen. Folge dieses Verzweigungsprozesses ist, daß proportional zur wachsenden Popularität der Gruppe ihre stilistische Homogenität zurückgeht. Eine Retrospektive aus Anlaß des zwanzigsten Jahrestages hat jedenfalls erwiesen, daß das Forum der Gruppe 47, die auch einige Autoren außerhalb der Bundesrepublik versammelte und sich internationales Ansehen erwarb, eine literarische Tätigkeit angeregt hat, die eines der Hauptkapitel in der deutschen und europäischen Nachkriegsliteratur ausmacht. Die Aufzählung einiger Namen mag genügen, um das schöpferische Potential der Gruppe zu dokumentieren: Andersch, Bachmann, Böll, Eich, Enzensberger, Grass, Heißenbüttel, Höllerer, Jens, Johnson, S. Lenz, M. Walser, Weiss. Ersetzt man die Namen durch literarische Begriffe, so sind so verschiedene Kategorien vertreten wie der gesellschaftskritische Roman, die synthetische Prosa mit Elementen aus Fiktion und Essay, die Dichtung in surrealistischer Tradition, Sprachcollagen und dokumentarisches Theater.

Die Bildung literarischer Gruppen ist ein bedenkenswertes soziologisches Problem, eine Erscheinung, die in der Gegenwart nicht nur ästhetisch, auf der Ebene eines bestimmten Programms, bedingt ist, sondern auch durch das Bedürfnis, bei der Vielfalt des literarischen Angebots durch solidarisches Handeln günstige Bedingungen zu schaffen, damit junge Autoren Fuß fassen können. Von den organisierten Gruppierungen in der Bundesrepublik ist auch die Gruppe 61 (oder Dortmunder Gruppe) zu nennen, die 1961 in der Absicht gegründet wurde, die Öffentlichkeit mit der literarischen Tätigkeit von Arbeitern und Industrieangestellten bekannt zu machen, die in ihren Texten (vorwiegend erzählerischer Natur) die Lebens- und Produktionsbedingungen in der heutigen industriellen Zivilisation darstellen. Die Mitglieder dieser Gruppe fassen Literatur als eine Form der Dokumentation über Zeit und Umwelt auf und vermeiden bewußt den Anspruch bzw. die Autonomie der Literatur nach bürgerlicher Tradition. Die Spanne zwischen Absichten und Resultaten ist jedoch offenkundig; es wiederholte sich nicht selten, was einst in den Anfängen des Naturalismus geschehen war: der neue Stoff wurde nach traditionellen Verfahren gestaltet und blieb damit im Grunde Rohmaterial, denn er brachte keine adäquaten Strukturbeziehungen hervor. So sind die Veröffentlichungen der Gruppe 61 zumeist mit Stereotypen befrachtet. Durch literarischen Wert stechen die Romane ab, in denen MAX VON DER GRÜN (1926) ein Medium der Information über das Leben der Bergarbeiter im Ruhrgebiet sieht (z. B. *Irrlicht und Feuer*, 1963), außerdem die Texte von GÜNTER WALLRAFF (1942), der unter Verzicht auf Fiktionalität authentische Fälle aufzeichnete, die ein Licht auf die Kehrseiten des „Wirtschaftswunders" warfen (*13 unerwünschte Reportagen*, 1969). In einigen Reportagen Wallraffs lebt das Erbe Egon Erwin Kischs weiter.

Die Literatur der Dokumentation und Reportage, so charakteristisch für die gegenwärtige, vom Zweifel an der Überzeugungskraft des Fiktionalen erfüllte Epoche, aktualisiert aufs neue das Problem des Verhältnisses der Literatur zur empirischen Wirklichkeit. Auseinandersetzungen über den „Realismus" wie auch allgemein über die Möglichkeiten und Schwierigkeiten eines literarischen Zugangs zur konkreten Wirklichkeit hat es in den letzten zwanzig Jahren in der Literaturkritik im Überfluß gegeben – von Brechts These, daß der gesellschaftlichen Totalität allein die Dialektik gewachsen sei, die die Wirklichkeit als Prozeß auffasse, bis zu Behauptungen von Erkenntnisskeptikern der Literaturtheorie, wonach sich die Wirklichkeit in jedem Fall den sprachlichen Strukturen entziehe.

Im literarischen Leben der Deutschen Demokratischen Republik hat der ausgeprägte Funktionalismus und zeitweise auch Pragmatismus des Literaturverständnisses den Literaten häufig Erörterungen über den Sinn ihrer Arbeit im Einklang mit politischen Zielen auferlegt. Das in den fünfziger Jahren offiziell proklamierte Programm des Sozialistischen Realismus legte mit den ihm eigenen Elementen einer normativen Poetik das Verhältnis zu verschiedenen Strömungen der literarischen Tradition wie auch den Spielraum fest, innerhalb dessen das Verhältnis zu Stoff und Thematik der Gegenwart als positiv angesehen wurde. In der Periode ästhetisch doktrinärer Positionen war dieser Spielraum eng, und die offizielle Kritik fand sich oft dazu bereit, zu intervenieren und einigen Autoren (zeitweise auch Brecht) „Formalismus“ in den literarischen Verfahren vorzuhalten. Auf der Liste der „Formalisten“ standen Autoren wie Kafka, Joyce u. a., aber da ihr Schaffen als fruchtlos galt, erfolgte gar nicht erst eine literarische Rezeption. Einseitigkeit und voreilige Verurteilung „bürgerlicher Dekadenz“ hatten eine Reduzierung der literarischen Tradition zufolge. In der DDR wurde allerdings die Tradition der linken, gesellschaftskritischen Literatur der zwanziger Jahre integriert, mit Werken von Anna Seghers, Brecht, Arnold Zweig, Feuchtwanger, Heinrich Mann, Becher u. a. Die Mehrheit dieser Autoren gehört auch mit ihrem Nachkriegswerk zur Literatur sozialistischer Orientierung. Anregungen gab, besonders im Bereich des Romans und der Erzählung, auch die sowjetische Literatur. Die fünfziger Jahre sind – mit Ausnahme einiger Werke von Nachfolgern Brechts – allgemein durch Stagnation gekennzeichnet, das Ergebnis schablonisierter Verfahren. Neue Impulse bezweckte eine Beratung über Literatur in Bitterfeld (1959), wo die Losung ausgegeben wurde, die Literatur müsse von engstirnigem Professionalismus befreit und mit einem Amateurpotential aus den Reihen der Fabrikarbeiter bereichert werden. Zu den Ergebnissen dieses Programms kann man das neugeweckte Interesse zählen, das einigen Formen kollektiven Schaffens gilt. Auf einer höheren literarischen Ebene ist mit dieser Tendenz in gewissem Maße der aktivistische Modernismus von Schriftstellern verwandt, die, darin im besonderen Brecht folgend, Literatur nicht als Illustration oder ideologischen Zusatz zur Wirklichkeit, sondern als das Medium eines besonderen kritischen und schöpferischen Bezuges zur Wirklichkeit verstehen. Bei diesen Schriftstellern läßt sich die Bereitschaft beobachten, vorurteilslos die literarischen Erfahrungen auch solcher Autoren aus vorangegangenen Generationen anzuwenden, die in der Zeit des verknöcherten politischen Dogmatismus niedergehalten worden waren. Den Mut, den Bezug zur Wirklichkeit in eine neue, ungewöhnliche Form zu fassen, bewiesen besonders einige dramatische Texte (was angesichts des Einflusses von Brechts dialektischem Theater verständlich ist) wie auch die Lyrik. Widerstand gegen Konformismus und, andererseits, Ausbildung kritischer Tendenzen sind das gemeinsame Merkmal der auf Schablonen verzichtenden Literatur in beiden deutschen Staaten: eine gewisse Konvergenz ist in den letzten zehn Jahren offensichtlich.

Die Literatur in Österreich, die zwischen 1938 und 1945 ebenfalls der faschistischen Diktatur ausgesetzt gewesen war, befand sich nach der Befreiung in einer Situation, die sich nicht sehr von der Lage in den anderen Gebieten des deutschen Sprachraums unterschied. Die meisten bedeutenden österreichischen Schriftsteller der Vorkriegszeit (Musil, Broch, Roth, Werfel, Ehrenstein, Canetti) hatten neben vielen anderen Künstlern, Philosophen und Publizisten von Weltruf ins Exil gehen müssen; und für einige gab es keine Rückkehr mehr. Diese Schwächung des geistigen Potentials – ausgelöst besonders durch die Verfolgung der Juden, deren Beitrag zur österreichischen und deutschen Kultur unschätzbar ist – bewirkte in der Nachkriegszeit eine gewisse Provinzialisierung des literarischen Lebens, vereint mit restaurativen gesellschaftlichen Tendenzen. Die Pflege von Traditionen (unter denen wichtige, aber auch gänzlich überlebte waren) drohte aus Österreich (und das heißt in erster Linie Wien) ein Museum zu machen, eine

Galerie wehmütiger Erinnerungen an die ruhmreiche und die unrühmliche Vergangenheit. Das Verhältnis österreichischer Intellektueller gegenüber Bestrebungen, die Kultur des deutschen Sprachraums als ein Ganzes aufzufassen, bedeutete ein sehr kompliziertes Problem, worin die Dialektik der Autonomie zum Vorschein kam – und kommt: in dem Bemühen, die einheimische Überlieferung herauszustreichen und eigene Maßstäbe festzulegen, finden sich hier und da Einsprengsel einer regressiven Utopie. Die jungen Schriftsteller, die der Vergangenheit kritisch gegenüberstanden, trugen auf ihre Weise am meisten dazu bei, der österreichischen Gegenwartsliteratur Gehör zu verschaffen. Als fruchtbare Tradition würdigen sie Humor und Parodie des alten Wiener Theaters (etwa bei Nestroy), den scharfsinnigen polemischen Geist von Karl Kraus, Musils Universalismus im Roman, Freuds Psychoanalyse, die analytische Lehre der neopositivistischen Philosophen (Ludwig Wittgensteins und des Wiener Kreises). Der Faktor, der diese verschiedenartigen Impulse miteinander in Einklang bringt, ist der ausgeprägte Intellektualismus der meisten jüngeren Autoren – ihr Hang zum spekulativen literarischen „Experiment", zur Erprobung neuer Formen ästhetischer Kommunikation durch Koppelung verschiedener Zeichensysteme, allgemein der Hang, analytisch an Sprachmuster heranzugehen und neue Strukturen zu erproben. Die unterschiedlichen Typen von neuer Prosa und konkreter Poesie zeigen, daß es sich um eine Auffassung handelt, die der Sprachmagie eine Absage erteilt und um so mehr das Interesse an der Technologie der Sprache betont.

Das Interesse an der Literatur gründet sich allerdings auch in der gegenwärtigen Welt in erster Linie auf die Interpretation menschlicher Erfahrung mit Hilfe mimetischer Verfahren. Die jüngste Zeit bildet da keine Ausnahme. Von daher ist verständlich, daß sich unter den deutschsprachigen Schriftstellern, die nach 1945 an die Öffentlichkeit traten, neben einigen Dramatikern die Autoren von Erzählprosa weltweites Ansehen erwarben. Unter den Autoren der Gruppe 47 steht HEINRICH BÖLL (1917–1985) chronologisch an erster Stelle, ein Schriftsteller, der sich rühmen kann, nicht nur die Anerkennung ernstzunehmender Kritiker, sondern auch das Vertrauen eines breiten Publikums in West und Ost gewonnen zu haben. Einer der Gründe für seine Popularität ist gewiß die Tatsache, daß Böll im großen und ganzen einigen traditionellen Erzählkategorien die Treue gehalten hat und so seine Gestalten auch psychologisch motivierte Persönlichkeiten sind, die die Identifikationsbereitschaft des Lesers ansprechen. Diese Gestalten sind meist „kleine Leute", die die Last der geschichtlichen Ereignisse tragen und dennoch bemüht sind, sich gegen die Niederwalzung menschlicher Grundwerte zur Wehr zu setzen und so ihre moralische Integrität zu wahren, oft um den Preis des gesellschaftlichen Erfolges. Diese Moralisten ohne Pathos und Doktrin sind aufrechte Nonkonformisten, die die Alltagswirklichkeit ihrer (der Kriegs- und Nachkriegs-) Zeit erleben und dabei auf ihre Weise mit regressiven Erscheinungen, politischer Unmoral, aber auch dem verhärteten Dogmatismus kirchlicher Behörden in Konflikt geraten. In einer solchen Haltung, die nicht auf eine „Karriere" sieht, erblickt Böll das Unterpfand wahrer Humanität. Seine Begabung, unauffällig, mit sparsamen Linien eine menschliche Situation zu schildern und ihr symbolisches Gewicht zu geben, ist schon in den frühen Erzählungen

Heinrich Böll *(1917–1985), Nobelpreisträger 1972.*

sichtbar, vornehmlich in den ganz kurzen Texten (z. B. in der Sammlung *Wanderer, kommst du nach Spa . . .*, 1950), wo die Titelgeschichte das Grauen des Krieges durch Projizierung in das Bewußtsein der Opfer in suggestiver Weise darstellt. Der Aufbau eines größeren Ganzen mit der Technik novellenartiger Episoden kennzeichnet auch einige von Bölls Romanen. Unter den frühen sind *Und sagte kein einziges Wort* (1953) und *Haus ohne Hüter* (1954) die wichtigsten; ihnen gemeinsam ist die Problematik von Ehe und Erotik in einer Zeit, da Krisen die einst gefestigten gesellschaftlichen Konventionen erschüttern. Als ein Panorama der neueren deutschen Geschichte und eine Abrechnung mit der faschistischen Vergangenheit eines Teils der bürgerlichen Schichten ist der drei Generationen umspannende Roman *Billard um halbzehn* (1959) konzipiert. Seine Schwäche liegt in der ausgeklügelten Symbolik, der geradezu allegorischen Konstruktion von Gut und Böse. Bölls reife politische Einsichten haben darin keinen adäquaten künstlerischen Ausdruck finden können. Überzeugend sind der Roman *Ansichten eines Clowns* (1963) und die größere Erzählung *Ende einer Dienstfahrt* (1966), in denen Bölls satirisches Talent zutage tritt: seine Zielscheibe sind Institutionen, die den Menschen ideologisch abschnüren oder ihn erniedrigen, indem sie aus ihm ein Objekt von Propaganda- und Reklamemedien machen. Obwohl Glaubenstraditionen zugetan, ist Böll ein konsequenter Kritiker des einheimischen Klerikalismus, des falschen Bewußtseins in der Politik jener kirchlicher Institutionen, die sich ihrer ursprünglichen moralischen Verpflichtungen zugunsten einer opportunistischen Ideologie entzogen haben. Zu den besten Texten Bölls müssen die satirischen Erzählungen aus der Sammlung *Doktor Murkes gesammeltes Schweigen* (1958) gerechnet werden, Musterstücke seiner lakonischen Ironie. Eine vieldeutige Symbolik liegt in den Handlungen der Titelgestalt, eines Radioredakteurs, der aus Tonbändern mit Sprechsendungen die Pausen herausschneidet und auf diese Weise das Schweigen, die Stille sammelt. Im Jahr der Nobelpreisverleihung erschien Bölls bis dahin umfangreichstes – und kompliziertestes – Werk, der Roman *Gruppenbild mit Dame* (1972). Die Geschichte eines Mädchens, das während des Krieges dem Terror ihre schlichte Humanität entgegensetzt, ist ungewöhnlich in der Form, gleichsam eine fiktive Reportage: vom Lebensweg der Hauptgestalt berichten ausnahmslos die Bekannten, Augenzeugen und „Dokumente"; das Porträt wird immer wieder durch das Prisma unterschiedlicher, teils gegensätzlicher Meinungen und Eindrücke gebrochen.

Bölls Kurzgeschichten fordern den Vergleich mit gleichgearteten Texten von SIEGFRIED LENZ (1926) heraus, einem Erzähler, der ausgeprägten Innovationen abgeneigt und ein Verfechter eher traditioneller Fabelführung und klarer moralischer „Botschaft" ist, die allerdings stets unaufdringlich ausgesprochen wird. Lenz, der ebenfalls gegenwärtige Lebenswirklichkeit zeigt und sich dabei meist an das ihm vertraute Milieu norddeutscher Küstenlandstriche hält, interessiert sich für die Problematik menschlicher Reaktionen in sogenannten Grenzsituationen, wenn den Menschen die eingeschliffenen Verhaltensmuster und Stereotypen der Moral im Stich lassen und er sich Entscheidungen gegenübersieht, die eine individuelle Stellungnahme verlangen. Gewissenskonflikte unter den Bedingungen einer Diktatur sind bereits der Gegenstand des Romanerstlings *Es waren Habichte in der Luft* (1951). Von den zahlreichen dieser Thematik gewidmeten Erzählungen ist *Das Feuerschiff* (1960) die bekannteste. Zentrale Motive sind die Leiden einzelner Menschen, die den Normen einer Leistungsgesellschaft (in den Romanen *Der Mann im Strom*, 1957, und *Brot und Spiele*, 1959) oder Situationen unter politischem Terror ausgeliefert sind (in den Romanen *Stadtgespräch*, 1963, und *Deutschstunde*, 1968). Die Krise einer Gesellschaft, die unschlüssig ist, welche moralischen Werte sie der Jugend nahelegen soll, ist das Thema des Romans *Das Vorbild* (1973). Eine ähnliche Thematik – die Würde des einzelnen, der sich gegen jegliche Uniformität sträubt – beschäftigt auch WOLFDIETRICH SCHNURRE (1920–1989), einen der ersten Mitstreiter der Gruppe 47. Charakteristisch ist der Titel einer Sammlung von Erzählungen: *Man sollte dagegen sein* (1960) – gemeint ist: gegen alles, was den Menschen verunstaltet – Haß, rassische und nationale Vorurteile, die Automatismen eines versklavten Bewußtseins. Oft gesellen sich Groteske und „schwarzer Humor" zur realistischen Gestaltung oder drängen sie gar ganz in den Hintergrund; so in der surrealistisch angelegten „Chronik" *Das Los unserer Stadt* (1959), der Vision einer Stadt, in der die moderne Zivilisation Züge von Barbarei annimmt.

Das Herangehen an Phänomene des gegenwärtigen Lebens bezieht auch bei einigen anderen westdeutschen Schriftstellern Elemente surrealistischer Poetik und moderner Allegorie mit ein. HANS ERICH NOSSACK (1901–1977) beleuchtet in nüchterner, bewußt farbloser Prosa, die an Kafka erinnert, die „existentiellen" Probleme der gegenwärtigen Zivilisation, in der die Kontroll und Informationsmedien die Entfremdung zwischen den Menschen nicht aufheben, sondern vertiefen. Von den älteren Werken fand der „Bericht"zyklus *Interview mit dem Tode* (1948) besondere Beachtung, metarealistische Prosa von mythischen und modernen Schauplätzen des Todes. In seinen Romanen (darunter *Spätestens im November*, 1955, *Spirale*, 1956, *Der jüngere Bruder*, 1958, *Der Fall d'Arthez*, 1968, *Dem unbekannten Sieger*, 1969) stützt sich Nossack zum Teil auf psychologische Motivierungen, ohne jedoch von dem Bestreben abzulassen, in der jeweils aktuellen Phänomenalität menschlicher Schicksale einen bleibenden Sinn ausfindig zu machen. Für französische Leser hat Sartre Nossack entdeckt. – Eine im christlichen Glauben verankerte existentielle Auffassung vertritt ELISABETH LANGGÄSSER (1899–1950) in ihrem Hauptwerk, dem Roman *Das unauslöschliche Siegel* (1946), einem Versuch, die Errungenschaften des modernen Romans in eine universale mythische Epopöe von Glaubensmysterien einfließen zu lassen. Eine ähnliche Absicht verfolgt RUDOLF HAGELSTANGE (1912–1984) mit der Symbolik seines bedeutendsten Textes, der *Ballade vom verschütteten Leben* (1952, in Versen), in der das Schicksal einer Gruppe von Soldaten beschworen wird, die von der Außenwelt abgeschnitten und in einem unterirdischen Lebensmittellager zur Ungewißheit in zeitlosem Dunkel verurteilt sind. Die Reaktionen der sechs Männer versteht Hagelstange als Parabel von den Wegen des menschlichen Daseins.

Ein anderer Zugang zur Erfahrungswelt liegt in den Arbeiten solcher Literaten vor, für die „Erzählen" nicht so sehr ein gedankliches, sondern überwiegend ein ästhetisches und technisches Problem darstellt. WOLFGANG KOEPPEN (1906) schreibt eine komplexe, ausgesprochen affektive, bildhafte und doch zugleich intellektuelle Prosa – die seltsamerweise außerhalb literarischer Kreise verhältnismäßig wenig bekannt ist. In drei Romanen (*Tauben im Gras*, 1951, *Das Treibhaus*, 1953, *Der Tod in Rom*, 1954) hat Koeppen die Erzählprosa, die sich nach dem Krieg eine an Kafka, Brecht und Hemingway geschulte stilistische Askese auferlegt hatte und herb und transparent geworden war, mit einer leidenschaftlich-schwungvollen Sprache bereichert. Die Kritik nannte ihn nicht zu Unrecht einen Nachfolger von Döblin und Dos Passos. *Tauben im Gras* ist ein überzeugendes Beispiel für einen „Großstadtroman", nicht nur stofflich (die Handlung spielt sich wie in Joyces *Ulysses* im Laufe eines einzigen Tages ab, Schauplatz ist das Nachkriegsmünchen), sondern auch strukturell: eine Vielfalt einzelner Eindrücke, Erlebnisse und Schicksale im ununterbrochenen Bewußtseinsstrom verschiedener Personen suggeriert die Simultaneität des Lebens mit seinen ineinander verschlungenen, doch diffusen Abläufen. Ein paar festverknüpfte Grundmotive bieten der Komposition ein sicheres Gerüst. Innerer Monolog und Bewußtseinsstrom sind auch in den übrigen Romanen tragende Verfahren. Bei der konservativen Kritik machte sich Koeppen besonders mit dem *Treibhaus* unbeliebt, einem Roman über die Kehrseite des politischen Lebens in den Anfängen der Bonner Republik. Koeppen ästhetisch und politisch nahe ist ALFRED ANDERSCH (1914–1980), der in seinem autobiographischen Buch *Die Kirschen der Freiheit* (1952) die Ausweglosigkeiten im Lebensweg eines antifaschistischen Intellektuellen beschrieb. Anderschs zentrale Themen sind die Zweifel und Schwankungen von

Intellektuellen, die unter dem Druck politischer Ereignisse Stellung beziehen müssen. Der Roman *Sansibar oder Der letzte Grund* (1957) zeigt die Unmöglichkeit, unter Bedingungen, die die moralische Verurteilung einer Diktatur fordern, der politischen Tat auszuweichen. Die Schwierigkeiten der Stellungnahme in der Nachkriegszeit werden in den Romanen *Die Rote* (1960) und *Efraim* (1967) problematisiert. Die Erzähltechnik weist Verfahren der Filmmontage (plötzliche Szenenwechsel) und die Tendenz zu einem knappen, mit impressionistischer Bildhaftigkeit aufgelockerten „Reportage"stil auf. Der lapidare Ausdruck, in den Romanen nicht immer konsequent durchgehalten, kommt in den Kurzgeschichten zu funktionaler Geltung (z. B. in der Sammlung *Geister und Leute*, 1958).

Ein Bahnbrecher künstlerischer Innovation, man könnte sagen: um jeden Preis, ist der Erzähler und Essayist Arno Schmidt (1914–1979), dessen Texte ihrer extremen Komplexität halber weitgehend unübersetzbar sind. Seine Prosa (auf die Bezeichnungen wie „Roman" oder „Novelle" nur bedingt zutreffen, obwohl Schmidt Handlungsmuster im traditionellen Sinne nicht scheut) ist eine eigenartige, fast skurrile Anwendung theoretischer Prinzipien der modernen fiktionalen Prosagestaltung in der Joyce-Nachfolge. Der „Bewußtseinsstrom" fließt durch ein Gestrüpp bizarrer Metaphern (die eher Schmidts Sprachphantasie als der Wesensart seiner Charaktere entsprechen), vielfältiger Anspielungen und polemischer Abschweifungen – all dies zusätzlich durch ein ungewöhnliches Schriftbild dargeboten, das mit Absicht so organisiert ist, daß es ein flüssiges, automatisiertes Lesen verhindert. Indem bei Schmidt alles darauf konzentriert ist, psychologische Prozesse in ein System literarischer Zeichen und Kunstgriffe umzuschmelzen, ist der „Inhalt" nahezu sekundär. Das Stilsystem bleibt nämlich weitgehend unverändert, ob es nun um das Leben von Kleinbürgern in der Nazizeit (*Aus dem Leben eines Fauns*, 1953), um die Leidenschaften eines Bibliophilen (*Das steinerne Herz*, 1956) oder um einen utopischen Ausflug in eine Welt totaler Technik geht (*Die Gelehrtenrepublik*, 1957). Schmidt ist immer mehr dem Gedanken einer Literatenliteratur verhaftet. So ist sein Roman *Zettels Traum* (1970), die fiktive Chronik eines Übersetzungsprojekts, eine eigenartige Kuriosität: ein Buch von gewaltigem Format, randvoll mit philologischem Wissen, ist es der umfangreichste Text in der Geschichte der neueren Belletristik.

Die Kritik, die von Symptomen einer modernen „alexandrinischen Epoche" spricht, führt als Beispiel oft auch die Werke von Walter Jens (1923) an, einem Altphilologen, einflußreichen Kritiker und Romanschriftsteller. Sein erster Roman *Nein – Die Welt der Angeklagten* (1950) rief Vergleiche mit Kafkas und Orwells Visionen des Totalitarismus hervor. Für die späteren Texte, die Instrumentarium und Fertigkeiten des Literaturhistorikers und Philologen, des Kenners der Weltliteratur nicht verleugnen, ist die Verschränkung von erzählerischer Darstellung und Essay, von Reisebericht und Tagebuch charakteristisch. Die Erzählung *Das Testament des Odysseus* (1957) enthält eine neue, besinnliche Deutung der mythischen Gestalt, des „modernen" Odysseus, der mit intellektueller Skepsis sein Bild aus der epischen Überlieferung beleuchtet. Den Spuren der antiken Kultur in der griechischen Gegenwart folgt das fesselnde, Reisebericht und Essay vereinigende Buch *Die Götter sind sterblich* (1959). Jens' Eigenart tritt

Max Frisch *(1911–1991), Photo aus der Zeit nach 1970.*

noch deutlicher in dem ungewöhnlichen „Dialog über einen Roman" *Herr Meister* (1963) hervor, einem fiktiven Briefwechsel zwischen einem Literaten und einem Historiker, der die Schwierigkeiten erörtert, die sich heute beim Verfassen eines Romans ergeben. Das Paradox dieser „synthetischen Prosa", in der das Erzählen mit Essayistik verschmilzt, liegt darin, daß aus dem Theoretisieren ein Text hervorgeht, der selbst ebenfalls ein Roman eigener Art ist. Jens hat auch vielbeachtete Hörspiele geschrieben. Autor vergleichbarer intellektueller Prosa ist WOLFGANG HILDESHEIMER (1916–1991), bekannter als Dramatiker. *Tynset* (1965), sein bedeutendster erzählend-reflektierender Text, ist eine imaginäre „Reisebeschreibung", in der Geistes- und Erfahrungswelt auf verschiedene Weise ineinandergreifen.

Den Beweis, daß Werke mit ausgeprägtem intellektuellem Einschlag nicht esoterisch zu sein brauchen, liefern die Romane des Schweizer Dramatikers und Erzählers MAX FRISCH (1911–1991). Seine Texte nehmen sich wie Variationen auf ein Grundthema aus: das Problem der menschlichen Individualität, der persönlichen Identität in einer Welt, die immer mehr zu Unpersönlichkeit, Konformismus und Einförmigkeit und damit auch zu uniformem Denken und zu Voreingenommenheit tendiert. Dem Konfektionsmenschen, der sich in verschiedene Schnittmuster einfügt, setzt Frisch nicht etwa die idealistisch naive „wahrhafte" Persönlichkeit, den individuellen Helden entgegen, sondern behandelt – dabei voller moralischer Zweifel, aber auch tiefer Hoffnung – die psychologische und gesellschaftliche Problematik der Entfremdung in der gegenwärtigen Zivilisation, nicht selten mit

Hilfe der Parabelform. Anders als seine Dramen, denen oft politische Motive zugrunde liegen, entwerfen Frischs Romane „private" Schicksale bürgerlicher Intellektueller. *Stiller* (1954) ist ein Roman der Identitätssuche eines Künstlers, der seine Vergangenheit auslöschen und sein Leben „von neuem", anders beginnen will. Die Obsessionen von Personen, die ihre Identität zu bestimmen suchen, beschäftigten Frisch noch einmal in dem Roman *Mein Name sei Gantenbein* (1964), in dem er mit noch mehr spekulativem Artismus aufwartet, gewissermaßen als Ersatz für die Beschneidung der erfahrungsweltlichen Grundlage. Unmittelbarer wirkt der Kurzroman *Homo faber* (1957). Hauptgestalt ist hier ein Technokrat, der überzeugt ist, alles im Leben lasse sich auf Kalkulation und Zahlenverhältnisse zurückführen; in Griechenland, auf dem Boden der antiken Tragödie, erlebt er die Irrationalität, die die Zufälligkeiten des Lebens kennzeichnet, die Paradoxien der Wirklichkeit, die sich der technischen Determination entzieht. Zum besten, was Frisch an Prosa hervorgebracht hat, zählen Abschnitte aus seinen beiden Tagebuchbänden (*Tagebuch 1946–1949*, 1950, *Tagebuch 1966–1971*, 1972), Aufzeichnungen politischer und privater Einsichten. Die Erfahrung, daß die Widersprüche des Lebens oft der vernunftmäßigen Analyse ausweichen, thematisiert auch ein Landsmann Frischs, der Dramatiker Friedrich Dürrenmatt (1921–1990). Unter seinen Prosaarbeiten wurden seine Versuche, dem Kriminalroman literarisches Ansehen zu verschaffen, am bekanntesten (*Der Richter und sein Henker*, 1952, *Der Verdacht*, 1953, *Das Versprechen*, 1958). In dem dritten Roman ist Dürrenmatts bezeichnende Idee eines „Anti-Krimis" konsequent ausgeführt: ein unvorhersehbarer Zufall kündigt das Irrationale an, dem die polizeiliche Routine-Kombinatorik nicht gewachsen ist; statt einer wohlberechneten „Lösung" bleibt am Ende nur die Erfahrung der Vergeblichkeit, des Scheiterns.

Die Situation des Intellekts in einer Welt, die von modernen „Mythen" und Erscheinungsformen kollektiver Irrationalität bedrängt wird, war eines der Hauptmotive des österreichischen Nachkriegsromans. Das Niveau der reichen Romantradition der ersten Jahrhunderthälfte wurde jedoch nur selten erreicht. Die breitangelegten Gesellschaftsromane von Heimito von Doderer (1896–1966), der von einem Teil der Kritik als Nachfolger Musils und Brochs gefeiert wurde, erfüllten nicht die Erwartungen. Doderers Querschnitt durch die österreichische Gesellschaft der vergangenen Jahrzehnte (z. B. in den umfangreichen Romanen *Die Strudelhofstiege*, 1951, und *Die Dämonen*, 1956) ist eher prätentiös als überzeugend; die Fülle von Einzelporträts aus den Kreisen des Wiener Bürgertums, von ineinander verketteten Schicksalen im Schatten der politischen Ereignisse vom Verfall Alt-Österreichs bis zum Zusammenbruch der Republik hatte der Autor symbolisch vertiefen wollen, blieb aber zumeist auf der Ebene eines konservativen Feuilletonismus und psychologischen Anekdotenreigens stehen. Aus derselben Epoche schöpfte George Saiko (1892–1962) den Stoff für seine Romane *Auf dem Floß* (1948) und *Der Mann im Schilf* (1955), worin er das Auseinanderfallen der Standesnormen und die Krise traditioneller Anschauungen unter dem Druck von Erscheinungen zeigt, in denen er rätselvolle mythische Kräfte am Werke sieht. – Produkt einer bizarren Phantasie ist der gewaltige

„enzyklopädische“ Roman *Sonne und Mond* (1962) von ALBERT PARIS GÜTERSLOH (1887–1972), einem ehemaligen Vorkämpfer des Expressionismus in Österreich. Das Werk ist charakteristisch für das Bemühen einiger österreichischer Schriftsteller, der großen, „barocken“ Romanform ein restauratives Verständnis gesellschaftlicher Verhältnisse einzulagern. Treue zu traditionellen Erzählmustern bewahren einige Autoren der mittleren Generation, denen konservative Vorstellungen allerdings ganz fremd sind. Kritik an überlebten Überzeugungen findet sich in den Romanen *Letzte Ausfahrt* (1953) und *Erben des Feuers* (1961) von HERBERT ZAND (1923–1970) sowie *Moos auf den Steinen* (1956) und *Fasching* (1967) von GERHARD FRITSCH (1924–1969). Während in Fritschs erstem Roman noch das stilistische Vorbild Joseph Roths durchschlägt, überwiegt in *Fasching* eine sozialkritische Prosa mit grotesken Zügen. Der Roman stellt die Erfahrungen eines „Deserteurs“ in den letzten Kriegstagen des Jahres 1945 und, später, in einem von politischer Restauration vergifteten Kleinstadtmilieu dar.

Auf ausgetretenen Pfaden bewegte sich die Erzählprosa der ersten Nachkriegsjahrzehnte in der Deutschen Demokratischen Republik. Es dominierten Werke von Autoren, die sich schon in den Jahren der Weimarer Republik und des antifaschistischen Kampfes literarisch etabliert hatten (A. Seghers, Weiskopf, Bredel, A. Zweig u. a.). Die Texte der jüngeren Autoren, die nach dem Krieg in Erscheinung traten, orientierten sich ebenfalls an den thematischen und stilistischen Mustern der aktivistischen Literatur vergangener Jahrzennte. Die Kategorie des „Typischen“ ist nicht selten mit dem Motiv des – freilich positiv ausgerichteten – Entwicklungsprozesses abgestimmt, den die epischen Gestalten als eine Form der Geschichtsunterweisung erlebt haben – so in den Werken KARL MUNDSTOCKS (1915), etwa in dem Roman *Helle Nächte* (1952) und der Erzählungensammlung *Bis zum letzten Mann* (1956), und in den Arbeiten des Lyrikers und Novellisten FRANZ FÜHMANN (1922–1984) (den Erzählungen *Kameraden*, 1955, *Das Judenauto*, 1962, u. a.). Während bei Fühmann Sprachkultur und Bildungstradition ihren Ausdruck finden, besticht ERWIN STRITTMATTER (1912) durch die Leichtigkeit seines einfallsreichen Humors, mit dem er vom Alltag und den Mißgeschicken, aber auch Erfolgen im Leben sogenannter kleiner Leute, unheldischer Helden im Strudel der historischen Ereignisse erzählt. In Diktion und Lebendigkeit der Fabelführung ist dieser populäre Autor ein Nachfolger Falladas. Von seinen Romanen (*Der Ochsenkutscher*, 1951, *Der Wundertäter*, 1957, *Ole Bienkopp*, 1963) löste der letzte die meisten kritischen Auseinandersetzungen aus; er erzählt von einem Kolchosbauern, der an der Engherzigkeit der bürokratischen Verwaltung zerbricht. Diese „optimistische Tragödie“ wird getragen von einer geistreichen Prosa, die humorvoll mit der Erzählperspektive spielt.

Die neuen literarischen Akzente, die zugleich eine Annäherung verschiedener Tendenzen signalisierten und sich um 1960 im gesamten deutschen Sprachraum Geltung verschafften, finden ihren repräsentativen Ausdruck im ersten Roman von GÜNTER GRASS (1927), einem Ereignis in der Bundesrepublik und bald darauf in der ganzen literarischen Welt. *Die Blechtrommel* (1959) verfügt, wie alle großen Werke der Literatur, über eine weite Spanne von Bedeutungen: man kann diesen virtuos gestalteten Text als eine eigenartige Travestie auf den Bildungs- und

Günter Grass (1927), Die Blechtrommel: *Titelseite der Erstausgabe aus dem Jahr 1959 mit der eigenhändigen Zeichnung des Autors.*

Entwicklungsroman bzw. als einen Anti-Roman dieses Typs auffassen, aber auch als Groteske, in der Elemente des Zaubermärchens mit dem Determinismus und der empirischen Beschreibungstechnik realistischer Prosa verschmelzen, schließlich als einen „Regional"-Roman über die jüngste Geschichte Danzigs, der Geburtsstadt des Autors, und die unrühmliche Geschichte seiner Kleinbürger. Grass' Romanerstling ist all das zugleich. Die eigentümliche Erzählperspektive kommt durch die ganz ungewöhnlichen Eigenschaften der Hauptfigur, des Winzlings Oskar, zustande, der wegen einer Wachstumsstörung die Welt auf seine Weise sieht und erlebt: über die Handlungen und Ansichten der Erwachsenen bzw. der „normalen" Personen urteilt er mit beißendem Zynismus und läßt gesellschaftliche Konventionen und aktuelle Ideologien in ihrer Brüchigkeit erscheinen. „Von unten" betrachtet – im metaphorischen wie im wörtlichen Sinne –, aus einer Perspektive, deretwegen die Kritik das Werk mit dem Typus des Schelmenromans vergleicht, geraten diese Dinge lächerlich oder wirken sinnlos, bisweilen grotesk verzerrt. Zur Groteske passen auch einige bizarre Fähigkeiten Oskars, die der normalen Erfahrung, der realistischen Motivation zuwiderlaufen. Eine ähnliche Funktion – Erschütterung und Herausforderung eingeschliffener Wahrnehmungsweisen – haben auch die „anstößigen" Szenen. Wichtigstes Raster der künstlerischen Vision in der *Blechtrommel* ist der scheinbare Zynismus, mit dem die Wirklichkeit angegangen wird, eigentlich ein Versuch, natürliche und gesellschaftliche Ereignisse aus dem System üblicher Wertkategorien herauszulösen – und auf diese Weise mittelbar der Kritik zu unterziehen. Die künstlerische

Durchschlagskraft dieses konsequenten Ansatzes hat Grass in seinem zweiten großen Roman, *Hundejahre* (1963), nicht in dem Maße erreicht. Die virtuos austarierte Mischung von satirischer Karikatur, unsentimentaler Schilderung, dokumentarischer Montage und surrealistischer Phantasie (so auch in der größeren Novelle *Katz und Maus*, 1961) nimmt sich stellenweise wie eine Paraphrase des ersten Romans aus: auch hier sind am gelungensten solche Abschnitte, die eine sarkastische Anatomie des Kleinbürgertums enthalten. Die Geschichte von den zwei Jugendfreunden, die durch politische Konflikte entzweit werden, wirkt im ganzen doch zu gekünstelt, zumal da, wo die Flut der kunterbunten Episoden die Last des Allegorischen tragen soll. Während die beiden ersten Romane einen breiten historischen Hintergrund haben, konzentriert sich die Handlung des dritten, *Örtlich betäubt* (1969), auf eine Episode politischen Charakters aus dem Leben von Lehrern und Oberschülern im zeitgenössischen Berlin. Gedankliche Pointe ist die Kritik des Autors an der Bewegung der extremen Linken. Wie Marginalien in Versen, mit launisch-leichter Hand am Rande der Prosatexte notiert, wirken seine Gedichte, die in den Sammlungen *Gleisdreieck* (1960) und *Ausgefragt* (1967) vorliegen. Sein parlando, ohne Magie, aber auch ohne epigrammatische Pointe, erinnert manchmal an den „schwarzen Humor" von Kinderliedern – so als reimte Oskar diese Verse im Takt seiner Blechtrommel. Alltagserfahrungen fängt der Vers bei Grass unter ungewöhnlichen Aspekten ein, indem er Sprachklischees auf der Suche nach ihrem Sinn oder Unsinn hin und her dreht. Weniger wichtig sind die Bühnenwerke. Die frühen Stücke (wie *Hochwasser*, 1957, und *Onkel, Onkel*, 1958) sind Versuche im Gefolge des „absurden Theaters". Ein anspruchsvolleres Unternehmen ist die „deutsche Tragödie" *Die Plebejer proben den Aufstand* (1966), als politisches Drama über die Ereignisse von 1953 in Ost-Berlin zwar problematisch, aber interessant als Variation zum Thema des Verhältnisses von Bühnenwirklichkeit und tatsächlicher Erfahrungswelt, künstlerischer Vision und politischem Pragmatismus.

Breitausgeführte Romane in satirischer Tonlage kennzeichnen die Arbeit des Erzählers, Dramatikers und Essayisten MARTIN WALSER (1927). Neben Grass' Romanen machte zu Beginn der sechziger Jahre der Roman *Halbzeit* (1960) am meisten von sich reden, erster Teil einer epischen Trilogie über das Leben eines Angestellten, der als problematischer Held unserer Zeit die Odyssee des Handlungsreisenden erlebt, Sonnen- und Schattenseite des „Wirtschaftswunders" in der Bundesrepublik zu Gesicht bekommt. Im zweiten und dritten Teil (den Romanen *Das Einhorn*, 1966, und *Der Sturz*, 1973) lernt die Hauptgestalt die Medien manipulierter Kultur kennen. Das *Einhorn* ist eine geistreiche Reaktion auf die Flut von dokumentarischer und populärwissenschaftlicher Literatur: die Erzählung von der Absicht, ein Buch einmal auch über das zu schreiben, was in den Zeitschriften „Sex" heißt, wird zur Parabel über die Fruchtlosigkeit aller Versuche, ausgehend von verschiedenen Vorurteilen und populären Vorstellungen etwas über die komplexe Natur menschlicher Beziehungen auszusagen. – Die Schwierigkeiten bei dem Versuch, zu der von Vorurteilen und aufgezwungenen Informationen vernebelten Wahrheit vorzudringen, sind das von UWE JOHNSON (1934–1984) variierte Grundthema. Während für Walser sprachliche Fülle, ja

Überfülle in einer dichten Textur bezeichnend ist, bemüht sich Johnson, den Text von ausgeprägt literarischen Merkmalen freizuhalten und ihn auf diese Weise nahe an die mit der nackten, technisierten Wirklichkeit konfrontierte Erfahrung heranzubringen. Die Struktur seiner Romane (*Mutmaßungen über Jakob*, 1959, *Das dritte Buch über Achim*, 1961) suggeriert das Modell einer Welt, die nicht mehr ‚erzählbar" ist, da die Verhältnisse in der Realität derart unbestimmt und widersprüchlich und die Informationen über sie derart kontradiktorisch sind, daß der Literatur, nach Ansicht des Autors, nur noch bleibt, der Verworrenheit aller Vorstellungen von Menschen und Dingen Ausdruck zu geben. Johnson ist einer der seltenen Literaten, deren Stoff die Umstände sind, die sich aus den politischen Beziehungen zwischen den beiden deutschen Staaten ergeben haben. Seine Romantrilogie *Jahrestage* (1970–1973) verbindet die deutsche Problematik mit einer Kritik gesellschaftlicher Tendenzen in den Vereinigten Staaten, die auch den Schauplatz abgeben. – Die Schwierigkeiten in der Verständigung im menschlichen Zusammenleben, wobei psychologische Symptome als gesellschaftliche verstanden werden, schildert in zahlreichen Prosawerken GABRIELE WOHMANN (1932): in den Erzählbänden *Ländliches Fest* (1968) und *Sonntag bei den Kreisands* (1970), im Roman *Ernste Absicht* (1970) u. a.

Den Ernst der menschlichen Krisen, Lebensentscheidungen und Gewissenskonflikte, die von den Bindungen zwischen den deutschen Staaten herrühren, zeigt aus der Perspektive eines DDR-Bürgers die Schriftstellerin CHRISTA WOLF (1929). Ihre vielbeachteten Romane (*Der geteilte Himmel*, 1963, und *Nachdenken über Christa T.*, 1968) halten sich bei der Gestaltung privater Schicksale im Schatten ideologischer Konflikte fern von vorgestanzten Formen. Das Abrücken von den Nachkriegsrezepten eines plakativen „Realismus" wird ganz deutlich in *Nachdenken über Christa T.*, dunkel getönter Prosa über tragische Abläufe im Leben einer Frau. – Literatur als Abwehr von Schablonen, das ist auch die Auffassung von GÜNTER KUNERT (1929), einem der fruchtbarsten Lyriker unter den Autoren der DDR. Starke Impulse empfing er von Brecht. In seiner Prosa überwiegt die zur Parabel geronnene Kurzgeschichte (Prosasammlungen: *Tagträume*, 1964; *Die Beerdigung findet in aller Stille statt*, 1968, u. a.). Die Spur der Kafka-Lektüre ist unschwer zu erkennen. Stärker aber noch ist der Anteil der dialektischen Beurteilung gesellschaftlicher Erscheinungen: die paradoxen Zustände in Kunerts Geschichten sind der ins Allgemeine gehobene Ausdruck bestimmter soziologischer Beobachtungen. Der Roman *Im Namen der Hüte* (1967) ist eine Groteske über das Leben in den Trümmern der ersten Nachkriegszeit. Die stilistischen Verfahren in diesem Werk ließen den Vergleich mit der Prosa von Grass aufkommen. – Unter den DDR-Schriftstellern, die auf extensives Erzählen in einem traditionellen Rahmen setzen, zeichnet sich HERMANN KANT (1926) durch Gewandtheit und Witz aus; er ist Autor umfangreicher Romane (*Die Aula*, 1966, *Das Impressum*, 1972), die am Leitfaden der gesellschaftlichen Umwälzungen in den Nachkriegsjahren ein Geflecht von Lebenswegen vorführen. Erscheinungen des sozialistischen Alltags fanden in Kant einen kritischen, doch heiter sich gebenden Beobachter.

Von den jüngeren österreichischen Autoren wurden außerhalb ihrer Heimat

Thomas Bernhard *(1931–1989): seine Texte ähneln Aufzeichnungen neurotischer Symptome, fiktiven Berichten von Menschen, die ihrer krankhaften Sensibilität wegen die Welt als „Hölle" erleben.*

THOMAS BERNHARD (1931–1989) und PETER HANDKE (1942) am bekanntesten. Bernhards Texte ähneln Aufzeichnungen neurotischer Symptome, fiktiven Berichten von Menschen, die ihrer krankhaften Sensibilität wegen die Welt als „Hölle" erleben; infernalisch ist nach den Worten einer Figur aus dem Roman *Frost* (1963) die gesamte Erscheinungswelt, die Natur, die Menschen, die Beziehungen zwischen den Menschen. Vom Standpunkt eines solchen existentiellen Nihilismus aus – der in der Unerbittlichkeit seiner Diagnose dem Beckettschen nicht nachsteht – sind alle menschlichen Anstrengungen umsonst: einzig der Tod ist immer die Antwort auf alle Fragen. Und doch ist der Nihilismus der künstlerischen Vision der Wirklichkeit als eines gewaltigen Schauplatzes von Monstrositäten letzten Endes nicht inhuman; die Erkenntnis der Unmöglichkeit menschlicher Kommunikation enthebt den Menschen nicht seiner moralischen Verpflichtungen. Eine Antwort auf die Frage, welches dann der Sinn zwischenmenschlicher Rücksichten ist, geben Bernhards Texte bisher nicht. Ebenso bleibt die Frage nach dem Sinn künstlerischen Schaffens offen. Nihilistische Projektion und persönliche Kreativität schließen sich offenbar nicht gegenseitig aus. Während die Prosa in *Frost* eine eruptive Bildlichkeit entfaltet, tritt in den späteren Texten (*Verstörung*, 1967, *Ungenach*, 1968, *Das Kalkwerk*, 1970, *Midland in Stilfs*, 1971, u. a.) zur Ödnis des Lebens eine Sprache, die in ihrer starren Eintönigkeit die ständige Gegenwart der Verzweiflung ausdrückt.

Für Bernhard ist die Sprache eines der Symptome von Ohnmacht – für Handke ist sie ein Mittel von Manipulation und Zwang, eine der Masken im menschlichen

Verhalten: eine Maske, die dem Menschen so sehr angewachsen ist, daß sie allmählich in ihn hineinwächst und ihn nach den Besonderheiten formt, die das Instrument Sprache kennzeichnen. Literatur ist eine der Möglichkeiten, über Sprache zu sprechen, sie ist in dieser Funktion ein Meta-Medium; insofern sie jedoch auch selbst in allem von der Sprache abhängt, reproduziert sie im Grunde die Problematik sprachlicher Kommunikation auf einer höheren Ebene. Handkes größere Prosatexte (*Die Hornissen*, 1966, *Der Hausierer*, 1967, *Die Angst des Tormanns beim Elfmeter*, 1970, *Der kurze Brief zum langen Abschied*, 1972, *Wunschloses Unglück*, 1972) übertragen das Prinzip der Metasprache auf die literarischen Formen und Schemata und beleuchten, indem sie bestimmte Vorgänge „erzählen", zugleich kritisch die literarische Strategie der sprachlichen Formgebung. In den früheren Werken ist diese Literarisierung sehr ausgeprägt (so z. B. in der Kritik am Schema des Kriminalromans im *Hausierer*). Die jüngeren Texte bevorzugen eher die Analyse menschlicher Verhaltensweisen in Situationen, die eine gewisse Wahl offenlassen.

Einen Ausspruch Dostoevskijs über Gogol' paraphrasierend, könnte man behaupten, daß die modernen *Dramatiker* des deutschen Sprachraums nahezu ausnahmslos unter Brechts „Mantel" hervorgekommen sind. Brechts gewaltiges Werk, das die Bühnen der Welt erst nach dem Kriege eroberte, hinterließ seine Spuren auch im Schaffen jener Schriftsteller, die der Suggestivität seines Theaters zu trotzen suchten. Die Folge seines Einflusses ist nicht nur die Politisierung der Themenstellung im weitesten Sinne des Wortes, sondern auch die Entdeckung bis dahin vernachlässigter Möglichkeiten antiillusionistischer Dramatik. Die Bühne löste sich von der Verpflichtung zu naturalistischer Mimesis, wie sie nach der expressionistischen Phase erneut gepflegt worden war, und faßte den Mut, parabelhaften Formen Raum zu geben.

Künstlerische Wahrheit suchte und sucht man daher immer mehr außerhalb des notwendig beschränkten privaten Schicksals – in den Leidensbezeugungen namenloser Menschen, in paradigmatischen Fällen, in kollektiven Ereignissen. Die Phantasie der Abstraktion, sei sie „absurd" oder „didaktisch" angelegt, wird in den letzten Jahren mehr und mehr von der Faktizität der Dokumente, ja der (gar nicht einmal neuen) Überzeugung verdrängt, daß die Realität in ihrer Unerschöpflichkeit die schriftstellerische Vorstellungskraft überflügele und es so die Aufgabe eines Autors sei, den Einfluß der Subjektivität so weit wie möglich auszuschalten und der Kraft der Tatsachen zu vertrauen, die ein bestimmter Stoff enthält. Gegen solch eine These läßt sich argumentieren, Literatur habe ihre eigene Logik und keine Tatsachenhäufung könne die Grundvoraussetzung literarischen Schaffens aus dem Weg räumen: den Umstand nämlich, daß auch Tatsachen nur durch Einordnung in einen umfassenderen Zusammenhang sinnvoll erscheinen – das aber heißt, daß die Dinge erst aufgrund einer Auswahl zu einer Struktur werden. Freilich liegt die Problematik, die heutzutage manche Autoren beschäftigt, anders. Ihre Frage lautet: Wie kann man dem von der radikalen Kritik geäußerten Vorwurf entgehen, jedwede Art von Mimesis oder „Realismus" sei von vornherein dazu verurteilt, die vom heutigen Leben auf Schritt und Tritt aufgedrängten Schablonen zu reproduzieren? Die Stilpalette des Gegenwartsdramas antwortet entweder mit dem Versuch eines radikalen Bruchs mit der Fiktion oder aber spielt mit der Fiktion. Zwischen diesen Extremen liegt jedoch immer noch das breite Band von Möglichkeiten, für die sich Autoren entscheiden, die sich durch die Thesen von der Krise aller traditionellen künstlerischen Lösungen nicht haben einschüchtern lassen. Auch unter den Werken solcher Autoren befinden sich einige, die für die heutige Theaterkunst repräsentativ sind.

Es ist wohl kein Zufall, daß im Bereich des Dramas (das wegen des zugehörigen Aufführungsapparates die Kontinuität kultureller Bedingungen benötigt) in der ersten Nachkriegsphase zwei Schweizern ein besonderer Platz zukommt, Frisch und Dürrenmatt. Ihre dramatischen Werke stammten aus einer Literatur- und Theatertradition, die während des faschistischen Terrors in Europa Zuflucht in der Schweiz gefunden hatte. In diesem Zusammenhang ist es wichtig zu erwähnen, daß in Zürich während der Kriegsjahre überhaupt zum erstenmal einige von Brechts großen Dramen aufgeführt worden sind (*Mutter Courage* z. B. schon 1941). Ohne diese Anstöße sind Frischs und Dürrenmatts frühe Stücke schwerlich vorstellbar. Mit den Werken dieser Autoren hat die Schweizer Bühnenliteratur im übrigen zum erstenmal Weltgeltung erlangt.

Max Frisch assimilierte anfangs verschiedenartige literarische Erlebnisse: Brecht, Wilder und Pirandello waren sichtlich die nachhaltigsten. Seine Begabung für die Sprache des Theaters trat schon in den ersten Stücken hervor: der „Romanze" *Santa Cruz* (1944, 1947) und dem „Versuch eines Requiems" *Nun singen sie wieder* (1946), wo die Opfer des vergangenen Krieges aufgefordert werden, die Fragen hinauszuschreien, denen die Überlebenden ausweichen. Ein Dauererfolg gelang Frisch mit der „Farce" *Die chinesische Mauer* (1947). Dieses geistreiche Schauspiel von den Paradoxa der Weltgeschichte versteht sich als die Antwort eines skeptischen Intellektuellen auf die Politik der Gewalt in einer Zeit, die unter der Bedrohung der atomaren Zerstörung lebt. Der Intellektuelle (der im Stück zugleich als eine Art Conférencier auftritt) stellt dem Publikum bekannte historische Persönlichkeiten vor und beleuchtet ironisch ihre Bedeutung für Vergangenheit und Gegenwart – in einer imaginären Revue, die in Raum und Zeit des Theaters abläuft, „heute abend", „auf dieser Bühne". Opfer der Geschichte ist die Symbolgestalt eines stummen jungen Mannes. Die meisten Dramen Frischs bringen eine politische Problematik aus der gegenwärtigen Welt vor, ohne sich dabei allerdings auf bestimmte Doktrinen festzulegen. Das Denken, von dem sich der Autor leiten läßt, verschweigt nicht seine Herkunft aus dem rationalistischen Skeptizismus; der ihm eigene Zweifel, der jede politische Überzeugung trifft, die im Namen einer universalen Wahrheit auftritt, ist konsequent genug, auch sich selbst in die Analyse miteinzubeziehen. Daher nagt auch an der kritischen, auf Toleranz gegründeten Liberalität dieser Zweifel. Dem daraus entspringenden allgemeinen Relativismus entspricht im Aufbau des Dramas das Muster ständiger paradoxer Wendungen und unlösbarer Widersprüche. So führt im Drama *Graf Öderland* (1951) das Motiv des ständigen Aufruhrs gegen die Gesellschaftsordnung zu einer Wendung, die durch die Einsicht gekennzeichnet ist, daß auch eine Revolution Herrschaft rationalisieren und ein sinnvolles Verhältnis zwischen Zweck und Mittel festlegen muß. Um einen möglichst hohen Grad von Allgemeinheit bemüht, neigt Frisch bisweilen zum abstrakten Thesenspiel (und erinnert darin an Georg Kaiser). Da er einer definitiven Deutung seiner Texte aus dem Wege gehen wollte, half er sich folgerichtig mit Ironie: die Bezeichnung „Lehrstücke ohne Lehre“ paßt nicht nur zu der Groteske *Biedermann und die Brandstifter* (1958), die die Gefahren des politischen Opportunismus vor Augen führt. Umfassend und dennoch unzweideutig ist der Parabelgedanke in *Andorra* (1961), einem von Frischs besten Stücken. Kern des Dramas ist die Verurteilung rassischer Intoleranz, zugleich die Verurteilung von Institutionen der bürgerlichen Gesellschaft, die in verschiedenster Weise interessegebunden sind und denen moralische Grundsätze zu Lügen geraten. *Andorra* gibt die politische Variante zu einem Motiv, das zu den Konstanten in Frischs Werk gehört, namentlich in seinen Prosaarbeiten. Das Problem der „etikettierten Persönlichkeit“, die durch die Vorstellung determiniert ist, welche sich die Umwelt von ihr macht, nimmt sich unter einem unpolitischen Blickwinkel die Komödie *Don Juan oder Die Liebe zur Geometrie* (1953) vor; sie liefert eine geistvolle, ganz ungewöhnliche Deutung der Überlieferung von dem ruhmreichen literarischen Helden: Frischs intellektueller Don Juan ist nur aus dem Zwang der Verhältnisse heraus ein Liebhaber, denn die Fama hat ihm diese Rolle aufgedrängt, während doch seine wahre Leidenschaft der durchgeistigten Wissenschaft gehört. Der den bockigen „Verführer“ verschlingende Höllenschlund ist Teil eines kleinen Spektakels, das Don Juan selbst in Szene gesetzt hat, um seinen Liebespflichten entrinnen und sich in die Einsamkeit, zum eifrigen Studium der Geometrie zurückziehen zu können. Das Recht des Menschen, sich der Einordnung in Kategorien zu widersetzen und zwischen Möglichkeiten der Metamorphose zu wählen, ist das Hauptthema Frischs, der sich mit Nachdruck um eine neue „Dramatik der Wahlfreiheit“ bemüht, die er der traditionellen „Dramatik der Notwendigkeit“ und dem Drama der Determination entgegensetzt. Das ausgesprochen spekulative Schauspiel *Biografie: Ein Spiel* (1967) ist zwar theoretisch nicht bündig, aber interessant als Versuch einer psychologischen und zugleich akausalen Auffassung von Dramengestalten.

Friedrich Dürrenmatts Kunst entwickelte sich unter ganz ähnlichen Umständen; Frischs frühe Vorbilder waren auch die Dürrenmatts. Neben einem intellektuellen Skeptizismus machte sich der ehemalige Theologiestudent freilich auch Prinzipien eines moralischen Rigorismus wie auch metaphysische Auffassungen zu eigen. Das Pathos seiner ersten Dramen (*Es steht geschrieben*, 1947, und *Der Blinde*, 1948) rührt eben daher. In den reifen Werken tritt es seinen Platz einem einschneidenden Sarkasmus ab, und an dem metaphysischen Horizont zeichnet sich deutlich die politische und gesellschaftliche Realität der heutigen Welt ab. Für den streitbaren, unkonventionellen Protestanten Dürrenmatt ist Moralismus die Herausforderung an eine Welt, in der Gegensätze und Paradoxa von wahnwitzigen Ausmaßen bis zur Absurdität angewachsen sind, eine Welt, in der die Verantwortlichkeit des einzelnen sich im Strudel der Gesichtslosigkeit verliert und „den Fall Antigone Kreons Sekretäre erledigen“. Der angemessene dramatische Ausdruck einer solchen Welt ist die Groteske. Anders als Ionesco gibt aber Dürrenmatt in seinen Komödien absurder Situationen die Perspektive des vernünftigen bzw. satirischen Urteils nicht auf. Die Kette seiner Theatererfol-

Friedrich Dürrenmatt *(1921–1990): Höhepunkt seines Theaterwerks ist die „Tragikomödie"* Der Besuch der alten Dame *(1956).*

ge beginnt mit der „unhistorischen Komödie" *Romulus der Große* (1949). Der glänzende Dialog und die burlesken Szenen geben eine sehr freie Deutung eines historischen Augenblicks: des Untergangs des Römischen Reiches. Romulus „liquidiert" das korrupte Imperium ganz bewußt, mit viel vergnüglichem Zynismus, und rechnet nebenbei mit der Ideologie einer Gesellschaft ab, die ihren eigenen Untergang mit dem Untergang von Kultur und Zivilisation überhaupt gleichsetzt. Weniger gelungen sind die phantastischen Komödien über Motive des politischen Terrors: *Die Ehe des Herrn Mississippi* (1952) und *Ein Engel kommt nach Babylon* (1954). Bisheriger Höhepunkt von Dürrenmatts Theater ist die „Tragikomödie" *Der Besuch der alten Dame* (1956), eines der besten Werke des Gegenwartsdramas. Es ist eine moderne Parodie auf die Tragödie, beruhend auf der parabelhaften These von der Bestechlichkeit des Bewußtseins in einem Land (Dürrenmatts „Sezuan"), wo das Geld sich alle Menschen gefügig gemacht hat. Eine Millionärin kehrt in ihr Geburtsstädtchen zurück, will sich an einem ehemaligen Liebhaber rächen und bietet dem Mörder Bezahlung: das ganze Städtchen läßt sich von den „konjunkturellen Aussichten" hinreißen und verwandelt sich moralisch und auch physisch in einen kollektiven Verbrecher. Praktiken aus den Kreisen des Großkapitals zeigt nach Art eines Kabarettsketches die „Oper einer Privatbank" *Frank V.* (1960), die Thesen aus Brechts *Dreigroschenoper* aktualisiert. Am formalen Muster des klassischen Dramas entwickelte Dürrenmatt die grausame Farce *Die Physiker* (1962). Wie die meisten seiner Werke geht das Stück an die gesellschaftlichen Paradoxa der Gegenwart nicht „realistisch" heran, sondern entwirft Modelle möglicher Verhältnisse und Situationen. Das Gegenstück zu Brechts Galilei-Drama enthüllt andere Aspekte des Zustandes, in dem sich heute ein Gelehrter befinden kann, der den Forderungen der Politiker, aber auch seinem eigenen Gewissen gegenübersteht. In *Der Meteor* (1966), einer Groteske über die „Unsterblichkeit" des Literaten in einer Gesellschaft, die alles mit kommerziellen Kategorien mißt, und in *Porträt eines Planeten* (1971), einer satirischen Utopie, wird der Sarkasmus immer bitterer, die Vision der Zukunft immer düsterer. Der verbitterte Moralismus des virtuosen Theaterkenners offenbart sich auch in seinen Bearbeitungen fremder Bühnenwerke (z. B. *Play Strindberg*, 1969). Obwohl bei Dürrenmatt die Suggestivität der szenischen, visuellen Wirkung hervorsticht, sind einige auf akustische Dramentechnik beschränkte Werke ebenfalls ein bedeutsamer Teil seines Schaffens. Unter den – überwiegend satirischen – Hörspielen (z. B. *Der Prozeß um des Esels Schatten; Stranitzky und der Nationalheld; Das Unternehmen der Wega; Abendstunde im Spätherbst*) verdient die Kriminalgroteske *Die Panne* (dazu die gleichnamige Erzählung, 1956) besondere Aufmerksamkeit: Ein Handelsvertreter gerät dort auf der Reise durch die Provinz in eine wunderliche Gesellschaft von pensionierten Richtern und Anwälten, die im privaten Kreise mit einem fiktiven Verbrecher „Gerichtsverhandlung" spielen; sie erheben in einem Spiel Anklage gegen den Gast und spüren die Motive tatsächlicher, alltäglicher – wenn auch niemals belangter – Verbrechen in einer Gesellschaft auf, deren Wettlauf um Geld und Karriere in den Mitteln nicht wählerisch ist.

Das Drama als ein Modell der (historischen oder existentiellen) Sinnlosigkeit, wie sie von einigen Frühwerken Ionescos und Becketts her bekannt ist, hat im deutschen Bühnenschaffen keinen festen Platz finden können. Außer dem jungen Grass ist Wolfgang Hildesheimer der einzige namhafte Vertreter eines „absurden Theaters". Seine Stücke, die gesammelt unter dem Titel *Spiele, in denen es dunkel wird* (1958) erschienen, sind witzige und zugleich beklemmende Variationen zum Thema menschlicher Entfremdung (so der Autor in dem Vortrag *Über das absurde Theater*, 1960). Versklavt durch Konventionen und Verhaltensnormen im gesellschaftlichen Leben und den Produktionsprozessen, wird der Mensch zu einer Marionette – zum starren Bürokraten oder zum Opfer, das von den Spuren unbewußt erlittener Gewalt gezeichnet ist. Das Hörspiel *Herrn Walsers Raben* (1960) spricht eine Entfremdungserfahrung aus: Es gibt keine Berufe, die wir ergreifen; die Berufe ergreifen uns. Trotz der verwirrenden Zusammenhanglosigkeiten des Dialogs in Hildesheimers Texten tritt der Parabelgrundriß stellenweise deutlich zutage.

Seit Beginn der sechziger Jahre werden die kniffligen Parabelstrategien mit ihren behutsam dosierten Pointen immer seltener angewandt. Um die Mitte des Jahrzehnts setzte sich ein Schauspieltypus durch, der sich bei der Hervorkehrung der politischen Stellungnahme und provokativen Funktion des Theaters keine Zurückhaltung mehr auferlegte. Die Betonung lag auf Agitation oder dokumentarischer Montage, jedenfalls auf Verfahren, die die „Botschaften" viel direkter umsetzen sollten als z. B. Brechts dialektische Dialoge. Brecht noch am nächsten stehen einige Autoren aus der DDR, in erster Linie Peter Hacks (1928), ein sehr produktiver Schriftsteller. Als Schüler Brechts machte er sich in seinen ersten Arbeiten geschickt die Prinzipien seines Lehrers zu eigen und setzte bei den Möglichkeiten eines Theaters an, das nach epischem Verfahren locker verbundene Szenen aneinanderreiht und in dieser Weise einen historischen Stoff (meist aus der fernen Vergangenheit) in das analytische Licht des historischen Materialismus stellt (z. B. *Eröffnung des indischen Zeitalters,* 1954, *Die Schlacht bei Lobositz,* 1956, *Der Müller von Sanssouci,* 1958). Während diese Stücke der kritischen Überprüfung von nationalen und Klassenlegenden dienen, schöpfen einige von Hacks' neueren Komödien ihren Stoff aus der Erfahrung der gesellschaftlichen Situation in der DDR (*Die Sorgen und die Macht,* 1960, *Moritz Tassow,* 1965). Auch Hacks' Landsmann HEINER MÜLLER (1929)* beschäftigen die Widersprüche in verschiedenen Entwicklungsphasen der neuen Gesellschaftsverhältnisse (in den Stücken *Die Korrektur,* 1958, *Der Bau,* 1965, u. a.). Ständig auf der Suche nach angemessenen Formen für ein aktuelles Theater, versuchte sich Müller an unterschiedlichen Typen politischen Theaters (das bei ihm stets stilisiertes Theater ist). In letzter Zeit reizt ihn der Parabeltypus (so in seinen Bearbeitungen antiker Dramen, z. B. *Philoktet,* 1965). – Deutlich spürbar ist Brechts Hand stellenweise auch in den Dramen MARTIN WALSERS, des bekannten Romanautors aus der Bundesrepublik. Bei Walser ist der Angelpunkt zumeist politischer Natur, so in der „deutschen Chronik" *Eiche und Angora* (1962), einer effektvollen Satire, in der die Begebenheiten um die Hauptfigur, eine Art Schwejk, eine Revue des politischen Opportunismus von den Tagen Hitlers bis heute ergeben; oder in den Dramen *Der Schwarze Schwan* (1964) und *Ein Kinderspiel* (1970), die, gestützt auf die künstlerischen Erfahrungen des psychologischen Realismus, der Problematik einer Jugend nachspüren, die am Gewissen der älteren Generation zweifelt.

Das Dokumentartheater empfing seine Impulse von der Überzeugung, allein das authentische Zeugnis könne das ganze Gewicht realer Geschehnisse vor Augen führen und das Bühnenwerk dürfe deshalb so gut we kein einziges Wort enthalten, das ohne „Deckung" in einem authentischen geschichtlichen Text sei. Der Ursprung dieser Konzeption liegt bei Piscators Theaterexperimenten aus der Mitte der zwanziger Jahre. So ist es kein Zufall, daß dieser Regisseur, nach dem Zusammenbruch der NS-Diktatur in seine Heimat zurückgekehrt, in West-Berlin die Uraufführung eines Dramas inszenierte, das damals, 1963, als ein Zeichen der Zeit galt: ROLF HOCHHUTHS (1931) Trauerspiel *Der Stellvertreter.* Der lärmende, von Skandalen begleitete Erfolg dieser politischen Tragödie gründet sich in erster Linie auf die These des Stückes, daß nämlich die katholische Kirche aus Opportunismus die christliche Moral verraten und den Judenverfolgungen in der Nazizeit keinerlei Widerstand entgegengesetzt habe. In Machart und Sprache konventionell, steht das Werk eher dem aus dem vorigen Jahrhundert bekannten Typ des „Thesendramas" nahe. Als Herausforderung an ein Theater, das zum unverbindlichen „absurden" Spiel neigt, verdient Hochhuths Versuch jedoch Anerkennung. Politische Thesen veranschaulichen in ähnlicher Weise auch weitere Stücke: *Soldaten. Nekrolog auf Genf* (1967), mit einer umfassenden Dokumentation zum Problem der Beurteilung von Kriegsverbrechen, und *Guerillas* (1970), wo ein fiktives Geschehen die Möglichkeiten einer Revolution in den USA zeigt. Bei-

* gestorben 1996

Peter Weiss *(1916–1982): die dramatische Groteske* Die Verfolgung und Ermordung Jean Paul Marats *... markiert einen Wendepunkt in seinem Schaffen und verhalf ihm zu weltweiter Anerkennung.*

spiele strenger Dokumentarität auf der Bühne sind Texte (bzw. Montagen) von HEINAR KIPPHARDT (1922–1982), der in der Einhaltung des Grundsatzes dokumentarischer Genauigkeit so weit geht, die Rolle des „Autors" eines Theater- oder Fernsehtextes auf die Funktion einer Instanz zu reduzieren, die die Ergebnisse ihrer Stoffauswahl montiert. Daß solch ein Verfahren Berechtigung und auch literarischen Rang hat, beweist Kipphardts bekannte dramatische Kollage *In der Sache J. Robert Oppenheimer* (1964). Unter Verwendung von aufgezeichnetem Material hat Kipphardt hier den politischen Hintergrund der Untersuchung gegen den berühmten amerikanischen Physiker ausgeleuchtet. Neben Brechts Galilei-Drama und Dürrenmatts *Physikern* ist dies der dritte Theatertext über die Gewissenskonflikte eines Gelehrten, dessen Erkenntnisse und Entdeckungen Gegenstand politischen Druckes werden.

Die radikalste Auffassung von der Bühne als politisches Forum vertritt PETER WEISS (1916–1982). Wegen der Rassenverfolgungen verließ er nach 1933 seine Heimat und siedelte sich in Schweden an. Seine ersten Veröffentlichungen sind Prosaarbeiten: psychologisch tiefgehende autobiographische Aufzeichnungen (*Abschied von den Eltern*, 1961, und *Fluchtpunkt*, 1962) sowie ein „Mikroroman" mit dem bewußt unbeholfenen Titel *Der Schatten des Körpers des Kutschers* (1960, geschrieben schon 1952), ein Text, der mit seinen eindringlichen, geradezu quälenden Beschreibungen des belanglosen, grauen Provinzalltags die Verfahren des französischen „nouveau roman" vorwegnimmt. Ein Wendepunkt in seinem Schaffen – und die weltweite Anerkennung – datiert mit der Uraufführung der

„barock" betitelten dramatischen Groteske *Die Verfolgung und Ermordung Jean Paul Marats dargestellt durch die Schauspielgruppe des Hospizes zu Charenton unter Anleitung des Herrn de Sade* (1964). Weiss bediente sich hier des alten Musters vom „Theater im Theater" und konnte so das Geschehen auf zwei Zeitebenen ansiedeln, die sich wechselseitig erhellen und deuten. Dies Verfahren bringt eine anhaltende Spannung ins Spiel und ist seinerseits im Aufeinanderprallen gegensätzlicher Auffassungen über Sinn und Tragweite einer politisch-sozialen Revolution verankert. In beklemmender Umgebung, unter Geisteskranken, treffen die Anschauungen des heruntergekommenen Marquis, eines Skeptikers, der über das Los der Revolution vom Standpunkt späterer Erfahrungen aus urteilt, auf die begeisterten Reden Marats, des Tribuns, für den die Revolution nicht bloß ein hohler Krampf ist, der – wie de Sade meint – nur eine Herrschaftsform durch eine andere ersetzt. Dieses virtuose Werk, worin Entsetzen und plebejischer Humor, intellektueller Dialog und Wahnsinnskrämpfe, hohes Pathos und vulgärer Jargon, Strenge des klassischen Theaters und Übermut parodistischen Stils ineinander übergehen, räumt bei seiner Realisierung der Phantasie des Regisseurs einen beträchtlichen Anteil ein. Der Sachverhalt, daß Weiss' Texte, die manchmal lediglich Spielvorlagen sind, erst in ihrer lebendigen, voll ausgespielten Visualisierung zur Geltung kommen, ist eine notwendige Ergänzung zur künstlerischen Askese der späteren, politisch-didaktischen Stücke: *Gesang vom Lusitanischen Popanz* (1967), *Viet Nam Diskurs* (1968) und *Trotzki im Exil* (1970), die sich auf Weiss' Überzeugung gründen, daß Literatur und Theater heute den kollektiven Ereignissen in der Welt sich zuwenden müssen. Zur vollständigen Reduktion eines Textes auf Dokumentation kommt es in dem „Oratorium" *Die Ermittlung* (1965), einer rhythmisch stilisierten Montage von erschütternden Zeugnissen über die Schrecken von Auschwitz. Das Schauspiel *Hölderlin* (1971), eine Reihung von Episoden aus dem Leben des deutschen Dichters, ist szenisch ebenso ausdrucksvoll wie historisch wenig überzeugend. In der Überzeugung, marxistisch zu urteilen, hat der Autor einige Erkenntnisse des historischen Materialismus im Grunde simplifiziert: Hölderlins Zeitgenossen sind bei ihm Marionetten, der Dichter selbst das makellose Opfer erbärmlicher Verhältnisse bzw. das Opfer geistigen Verrates. So hat sich die materialistische Absicht des Autors gegen seinen Willen in eine idealistische Verteidigung des Geistes verkehrt, mit einem in nahezu schillerscher Manier voluntaristischen Helden im Mittelpunkt.

Der hohe Abstraktionsgrad, der die szenischen Modelle von Peter Weiss kennzeichnet, ist nicht nur ein Merkmal des im engeren Sinne politischen Theaters. Szenisches Geschehen als ein allgemein gehaltenes Zeichensystem ohne gewisse traditionelle Kategorien des Schauspiels (z. B. individuelle Gestalten und Fabel) ist der Ausgangspunkt der Bühnenwerke des Österreichers PETER HANDKE, der gerade als Theaterautor seinen ersten Erfolg hatte. Bezeichnend für Handke und noch mehr für die Stimmung jener Jahre ist, daß sein vielbeachteter Bühnenerstling gegen das traditionelle Theater geschrieben ist, genauer: gegen das herkömmliche Verhältnis des Publikums zum Geschehen auf der Bühne. Es handelt sich um eine Art ununterbrochenen (vierstimmigen) Monolog mit dem Titel *Publikumsbeschimpfung* (1966) – „Beschimpfung" auch im wörtlichen

Peter Handke *(1942): sein vielbeachteter Bühnenerstling* Publikumsbeschimpfung *(1966) ist gegen das herkömmliche Verhältnis des Publikums zum Geschehen auf der Bühne geschrieben.*

Sinne, und zwar der Herausforderungen wegen, die die Ausführenden (etwa zur Begleitung von Beatmusik) dem „satten", „kulinarischen" Publikum ins Gesicht schleudern. Gleichzeitig ist dies ein beziehungsreicher Traktat zur Theorie des Dramas, namentlich zum komplexen Phänomen der Bühnenillusion und zur besonderen Beschaffenheit von Zeit und Raum, die durch Worte und Gebärden täglich auf der Bühne angedeutet werden. Ebenso weit von konventionellen Zuschauererwartungen entfernt ist Handkes bisher bekanntester Theatertext, *Kaspar* (1968), eine eigenartige Partitur, die Elemente von Pantomime und Sprechstück miteinander verknüpft und die Abhängigkeit des einzelnen wie auch gesellschaftlicher Gruppen von der manipulativen Rolle der Sprache bei der Formung des Bewußtseins und seiner Inhalte sichtbar macht. Der dargestellte „Erziehungs"prozeß, den anonyme, körperlose Stimmen mit Hilfe von Sprachmustern dem verstörten einzelnen aufzwingen, ist ebenfalls ein szenischer Traktat, und zwar eine Belehrung über die Belehrung – wobei das Thema: Notwendigkeit des Nachdenkens über Sprache und Sprachfunktionen in einer Tradition steht, die etwa von Flaubert bis Wittgenstein reicht. Die Automatismen des menschlichen Verhaltens, das Sprachklischees unterworfen ist, werden auf ähnliche Weise in dem Stück *Der Ritt über den Bodensee* (1971) dargestellt.

Im Leben der einzelnen Formen der Literatur offenbart sich eine besondere Dialektik: die rebellische Stimmung bürgerlicher Intellektueller des 18. Jahrhunderts fand ihren lebendigsten Ausdruck in den allerintimsten poetischen Texten; die Naturalisten trafen ihre unkonventionelle Stoffwahl ausgerechnet im Schoße der Institution, die am stärksten von den konventionellen Erwartungen des Publikums abhängig ist: dem Theater ... usw. Beispiele gibt es viele. In der Nachkriegskritik, besonders in den ersten Jahren, kam es manchmal zu ungestümen Auseinandersetzungen über den Sinn von Literatur überhaupt; bemerkenswert ist, daß die Schärfe einiger Argumente auf die Einschätzung der *Lyrik* zurückgeht – d. h. auf die Einschätzung literarischer Werke, von denen man hätte meinen können, daß sie von einer Erörterung des Aktualitätsproblems ausgespart bleiben würden. Die radikalste Herausforderung an einen moralisch trägen Traditionalismus liegt in den Worten Theodor W. Adornos von 1951, wonach es im Grunde barbarisch sei, Gedichte zu schreiben, nachdem die Wahrheit über die unsäglichen Greuel von Lagern wie Auschwitz an die Öffentlichkeit gedrungen ist. Für dieses Urteil gilt, was Adorno bei anderer Gelegenheit über Freud behauptete: daß nämlich die Wahrheit der Psychoanalyse in ihren Übertreibungen liege. Die Wahrheit von Adornos polemischer These über die Dichtung liegt in der Erkenntnis, daß es unmöglich ist, Gedichte zu schreiben, „als ob nichts geschehen wäre" – in der Erkenntnis, daß das literarische Wort besondere Verantwortung vor dem Urteil der Geschichte trägt. Überlegungen wie die Adornos hingen nicht etwa in der Luft; sie waren im Gegenteil sehr notwendig in einer Zeit, da es eine Zeitlang den Anschein hatte, daß in der Nachkriegslyrik, besonders in der Bundesrepublik, vor allem jene Autoren sich behaupten würden, die in ihren Texten der Konfrontation mit der Ernsthaftigkeit des historischen Augenblicks aus dem Wege gingen und jene Art von Dichtung vertraten, die die Kritik schon in früheren Zeiten als „eskapistisch" bezeichnet hatte. Anläßlich eines Vergleichs dieser zeitgenössischen Tendenz mit dem Zustand nach dem Ersten Weltkrieg wies die Kritik darauf hin, daß sich die expressionistische Aufbruchsstimmung nicht erneuert habe und eine ungewöhnliche Windstille, eine „nachsintflutliche Atmosphäre" herrsche. Ein Abglanz des „kosmischen Aufruhrs" der Expressionisten gab sich nur noch in den späten Gedichten Gottfried Benns zu erkennen, aber schon ganz verhalten, wie von fern. Benns Lyrik ist eine der geistigen Klammern der Epoche. Doch ihre Faszination, der sich in den fünfziger Jahren die Dichter überließen, war auch nur eine Stimme der Resignation und Ausdruck von Ermattung, ein Zeichen des Zweifels am Sinn der Geschichte.

„Eskapismus" ist ansonsten in jenen Jahren nach dem Krieg ein Merkmal für Dichter, die überzeugt waren, der Rückzug „nach der Sintflut" führe dorthin, wo es noch nicht allenthalben Spuren historischer Ereignisse gebe: in die Natur. Die Natur als Reservat und Zufluchtsstätte – das ist eines der herausragenden Motive der Nachkriegslyrik. Anders als die Romantiker, die in der Natur eine magische Totalität ahnten, suchen die Dichter der Gegenwart, die Zeugen kriegerischer Zerstörungen geworden sind, in den „grünen Weiten" die Schönheit und Friedfertigkeit der Details, in denen sich die Fähigkeit zu ständiger Erneuerung spiegelt. Der Blick, der an Brandstätten nach einem Lebenszeichen sucht, findet in Gewächsen den Zauber der Natur. Da dieser Zauber in den Einzelheiten liegt, ähnelt der lyrische Wortschatz nicht selten dem Fachvokabular des Botanikers. Diese Rückwendung des Verses zur besonderen Erfahrung und Konkretisierung von Bedeutungen ist gleichermaßen Ausdruck des Zweifels am Sinn philosophischer Verallgemeinerungen, eine Form des Widerstandes gegen eine poetische Sprache, der die Rhetorik leerer Verallgemeinerungen drohte. In der „Naturdichtung" fällt die Diktion zweier älterer Dichter ins Auge: Oskar Loerkes, des einstigen Weggenossen der Expressionisten, und WILHELM LEHMANNS (1882–1968), eines Autors, der lange Zeit unbeachtet geblieben war und erst spät als Anreger der Nachkriegsgeneration volle Anerkennung fand. Einige seiner Gedichte (aus den Sammlungen *Der grüne Gott,* 1942, *Entzückter Staub,* 1946, *Abschiedslust,* 1962) haben anthologischen Wert: sie wirken unmittelbar in der Sinnlichkeit ihrer Beobachtungen und sind reich an kombinatorischer Erfindung, wo anschauliche Bildhaftigkeit mit geistreichen literarischen Anspielungen verschmilzt. Von Lehmanns und Loerkes Einfluß auf die jüngeren Autoren zeugt auch der charakteristische Gebrauch mythischer Motive in der Landschaftsdichtung. Die historische Erfahrung gibt sich in vielen Versen als das vergängliche Beispiel uralter mythischer Vorstellungen und Widerschein „archetypischer" Erlebnisse, die besonders in der antiken Kultur ihren Boden haben.

Eine weite Spanne von Ausdrucksmöglichkeiten in der Nachkriegslyrik weist das Werk von GÜNTER EICH (1907–1973) auf, einem der ältesten Autoren der Gruppe 47. Von den Sammlungen *Abgelegene Gehöfte* (1948), *Untergrundbahn* (1949) und *Botschaften des Regens* (1955) bis zu den Gedichten der Bände *Zu den Akten* (1964) und *Anlässe und Steingärten* (1966) führt sein Weg zu einer immer konsequenter verwirklichten Verdichtung des Ausdrucks. Durchgängiges Stilmerkmal bei Eich ist das unsentimental Gefaßte und Karge der Gestaltung, der Vers, dem es darum geht, ohne Pathos der Fülle der schmerzlichen Erfahrungen menschlicher Leiden Ausdruck zu geben. Während in den frühen Gedichten, die unter dem Eindruck der Kriegsereignisse entstanden waren, die Erlebnisse in auffälliger Weise durch einen Wortschatz konkretisiert werden, der drastische Einzelheiten nicht scheut, um so den Gegensatz zur esoterischen Lyrik zu unterstreichen, suchen die späteren Verse immer deutlicher die Magie vieldeutiger poetischer „Chiffren" in einem lakonischen, fast bis zum äußersten komprimierten Stil – ähnlich der Lyrik des Fernen Ostens (die Eich als Sinologe gut kannte). Liest man die Gedichte aus der letzten Sammlung, vermag man die Konsequenzen dieser Komprimierungstechnik zu ahnen: der Autor stand an der Schwelle des Schweigens. Die Handschrift des Lyrikers ist auch in seinen Hörspielen wiederzuerkennen. Als einer der Pioniere dieser literarischen Gattung fand Eich in der Dramaturgie des Radios ein geeignetes Medium für seine poetischen Spiele. Der Verpflichtung zum Visuellen enthoben, berufen sie die „körperlosen" Erscheinungen des menschlichen Lebens, Träume, Ahnungen, Irrfahrten der Phantasie, und suggerieren manchmal Gleichzeitigkeit von Ereignissen, die an verschiedenen Handlungsorten stattfinden, Simultaneität der poetischen Räume. Der Zyklus *Träume* (1953) stellt in einer Reihe qualvoller Situationen die Gefährdung des Lebens in der modernen Welt dar, etwa in einer Großstadt, die von Termiten zerfressen wird. Unter den in den Sammlungen *Stimmen* (1958) und *In anderen Sprachen* (1964) zusammengefaßten Texten ragt das Hörspiel *Die Mädchen aus Viterbo* hervor, wo physisch unverbundene Ereignisse durch die Darstellung zu symbolischer Einheit gebracht werden: abwechselnd sind die Stimmen einer verfolgten jüdischen Familie (1943 in Berlin) und die Stimmen italienischer Schülerinnen zu hören, die sich in Katakomben verlaufen haben. Auch die übrigen Texte sprechen meist von komplexen seelischen Wandlungsvorgängen und vermitteln Eichs Überzeugung, daß die Gewähr für Humanität in der menschlichen Fähigkeit liegt, sich Schemata und Mechanismen von Vorurteilen zu entziehen. Dichtung, schrieb Eich, ist kein Öl für das Getriebe der Welt, sondern Sand, der Reibung verursacht.

Häufig wird neben Eich Karl Krolow (1915) erwähnt, der in seinen frühen Gedichten ein ausgesprochener Naturlyriker ist. Außer Loerke und Lehmann übten moderne französische und spanische Autoren einen Einfluß auf ihn aus. In den frühen Gedichten (der Sammlungen *Die Zeichen der Welt,* 1952, *Wind und Zeit,* 1954) spürt er einer verlorenen und vergessenen Welt der Substanzen und Gewächse, des vegetativen Wachstums und Verfallens nach. In diese Welt trägt der Mensch, wenngleich auch nur ein Spielball der Zeit, die Ordnung seiner geistigen Schöpfungen, seine Heiterkeit und Sehnsucht hinein. Bezeichnend für Krolow sind Verse, die die Schönheit organischer Wandlungen und anorganischer Gebilde durch das Ebenmaß abstrakter, geometrischer Formen versinnbildlichen. „Drei Orangen, zwei Zitronen" genügen zuweilen, um darin eine verborgene Gleichung, eine „Algebra reifer Früchte" zu erkennen. Den Dichter, der mit seinem Blick in die Dinge eindringen kann, erfaßt „mathematische" Begeisterung. Die späteren Gedichtbände (*Fremde Körper,* 1959, *Unsichtbare Hände, Landschaften für mich,* 1966, *Alltägliche Gedichte,* 1968, *Nichts weiter als Leben,* 1970) sprechen gesammelt und wehmutsvoll von alltäglichen menschlichen Erfahrungen. Der Ausdruck ist nüchtern, fast erzählend, er rückt von der lebhaften Farbigkeit und der surrealistischen Metaphorik früherer Gedichte ab. Erkennbar ist jedoch nach wie vor die intellektuelle Grundlinie eines Dichters, der trotz allem an den Sinn schöpferischer Heiterkeit glaubt, wie sie im Spiel mit der Phantasie an den unerschöpflichen Quellen der Sprache ihren Niederschlag findet.

Die Spannung zwischen Natur und Geschichte ist das zentrale Motiv in der Lyrik Peter Huchels (1903–1981) und Johannes Bobrowskis (1917–1965). Huchel redigierte in der DDR von 1949 bis 1962 die Zeitschrift „Sinn und Form", eines des wichtigsten Organe der Nachkriegsliteratur. (Seit 1964 wird die Zeitschrift von Wilhelm Girnus geleitet.) Die in den Bänden *Gedichte* (1948) und *Chausseen, Chausseen* (1963) gesammelte Lyrik ist das Werk eines Autors, der strenge Maßstäbe anlegt und modischen Effekten aus dem Weg geht. Seine klanglich und metaphorisch ausgefeilten Verse rufen die rauhe Schönheit der Natur und altes Mythendenken an. Höhepunkt von Huchels Dichtung sind seine Elegien über die grauenvollen Verheerungen des Krieges (im Zyklus *Der Rückzug*), die in gedrängtem Ausdruck die gewaltigen Spannungsbogen und Wechselfälle der menschlichen Geschichte benennen. Unter den Autoren ähnlicher Orientierung ist Bobrowski ein Meister des Verses, der auf die verbale Suggestivität einzelner, nahezu isolierter Wörter setzt. Ihrer assoziativen Kraft vertraut er sein zentrales Motiv an: die Trauer wegen der schweren moralischen Schuld gegenüber den Ländern Osteuropas. Landschaftsbilder des slawischen Ostens sind hier der mit Leben erfüllte Gegenstand einer lyrischen Geographie; die Gedichtbände tragen charakteristische Titel: *Sarmatische Zeit* (1961), *Schattenland Ströme* (1962) und *Wetterzeichen* (1966). Mit dem wehmutvollen Gedenken an ferne Wälder, Ebenen und Flüsse verschmelzen in Bobrowskis Gedichten bildhaft-bunte Motive aus der slawischen und jüdischen Folklore; in ihnen liegt zugleich die Weisheit alter Märchen und ein phantastisches Geflecht von Bildern, die an die Magie Chagallscher Gemälde erinnern. Thematische Ergänzung zu dieser Dichtung sind die erzählerischen Werke: die Romane *Levins Mühle* (1964) und *Litauische Klaviere* (1966).

Die metaphorische Kühnheit expressionistischer Lyrik und die Gegenwartsdichtung der romanischen Völker konstituieren eine Stiltradition, der sich Erich Arendt (1903–1984) zugewandt hat. Dieser Autor war Spanienkämpfer und bis 1950, als er sich in der DDR niederließ, Emigrant in Kolumbien; in seine Gedichte, deren biographischer Hintergrund der Kampf gegen den Faschismus ist, brachte er die karge Schönheit südlicher Landschaften ein und gestaltete sie in einer Metaphorik, die Pablo Neruda nahesteht (der von Arendt übersetzt wurde). Spanische und lateinamerikanische Motive finden sich in den Bänden *Bergwindballade* (1952), *Gesang der sieben Inseln* (1957), *Über Asche und Zeit* (1957). Bedrohung, aber auch Begeisterung, die von der modernen Zivilisation ausgehen, sind Thema der Sammlung *Flug-Oden* (1959). Ein vergleichbarer Lebensweg liegt der literarischen Entwicklung Stephan Hermlins (1915) zugrunde, eines Lyrikers (*Zwölf Balladen von den großen Städten*, 1945; *Der Flug der Taube*, 1952, u. a.) und Novellisten (*Erzählungen*, 1965), der die poetischen Erfahrungen des Symbolismus und Surrealismus in den Dienst einer politisch bestimmten Literatur stellte (die Stoff und Motive meist aus dem Kampf gegen den Faschismus bezieht). Bezeichnend ist sein bildreicher, häufig pathetischer langzeiliger Vers.

Von der Poetik des Symbolismus löste sich, unentwegt auf der Suche nach neuen Möglichkeiten lyrischer Diktion, Paul Celan (eigentlich Paul Antschel, 1920–1970). In Rumänien geboren, veröffentlichte er die ersten Gedichte (mit denen er sich auch Gehör verschaffen konnte) in Österreich und lebte dann später in Paris. Aus seiner Heimat, dem Landstrich zwischen dem Dnestr und den Karpaten, brachte er Sprache und Geist chassidischer Geschichten und Legenden mit, mit der deutschen Sprache eignete er sich die Lyriktradition von der Romantik bis zu Rilke und Benn an. Französischer und russischer Symbolismus waren ebenfalls Wegweiser für ihn. Schon die ersten Gedichtsammlungen (*Sand aus den Urnen*, 1948, *Mohn und Gedächtnis*, 1952, *Von Schwelle zu Schwelle*, 1955) enthalten reife Dichtung, die von den bitteren Erfahrungen der Kriegsjahre durchdrungen ist, Gedichte über Tod und Vereinsamung, in „hermetischer" Metaphorik, ohne Beiklänge eines persönlichen Bekenntnisses. Das Ideal einer Dichtung mit ausgeprägter Bildkombinatorik und herber Klangstruktur erfüllt Celans bekanntestes Gedicht: die *Todesfuge*, das die Motive des Henkers und seiner Opfer ineinandergreifen läßt und dabei die Verwandtschaft mit einer musikalischen Komposition suggeriert. Das Gedicht ist ein Mahnmal für die Opfer, die Juden, die in Lagern wie Auschwitz umgekommen sind. Die späteren Sammlungen (*Sprachgitter*, 1959, *Die Niemandsrose*, 1963, *Atemwende*, 1967,

Schneepart, 1971) sind noch konsequentere „hermetische" Dichtung, rätselhafte „Sprachgitter" aus Anspielungen auf Glaubensvorstellungen und Mythen, vorwiegend aus der jüdischen Vergangenheit. Wie Eich hatte Celan seinen Ausdruck zuletzt in einem Grade komprimiert, der ihn an die Grenze sprachlicher Artikulation heranführte. Aus der kulturellen Überlieferung der Juden schöpfte auch Nelly Sachs (1891–1970, Nobelpreis 1966), die ihre Lyrik (*In den Wohnungen des Todes,* 1947, *Sternverdunkelung,* 1949, *Flucht und Verwandlung,* 1959, *Glühende Rätsel,* 1964, u. a.) unter dem Eindruck der Ereignisse in einer Zeit, da „der Leib des Judentums zu Rauch und Asche geworden ist", dem Andenken an die jahrhundertealten Leiden ihrer Glaubensbrüder widmete. Die Gedichtsammlungen sind im Grunde ein gewaltiger Elegienzyklus in freiem Vers, auf der Suche nach einer zeitgemäßen Umsetzung des Bilderreichtums und rhythmischen Schwungs der biblischen Psalmen. In den „dramatischen Szenen" *Zeichen im Sand* (1962) versucht Nelly Sachs, mit dichterischen, choreographischen und klanglichen Mitteln den szenischen Stil der alten biblischen Geschichten neu zu beleben. Der Lagertod, dem Nelly Sachs entging, ereilte die Dichterin Gertrud Kolmar (1894–1943). Zwei zu Lebzeiten erschienene Gedichtsammlungen (*Preußische Wappen,* 1934, *Die Frau und die Tiere,* 1938) mußten in der Nazizeit unbeachtet bleiben. Erst eine Nachkriegsausgabe ihrer gesammelten Werke (1955) lenkte die Aufmerksamkeit auf die suggestive Ausdruckskraft dieser nahezu vergessenen Texte – erotische Gedichte und einsame Bekenntnisse, die sich in ihrer sinnlichen Intensität und bildlichen Phantasie mit der Dichtung Else Lasker-Schülers messen können.

Dichte Metaphorik in der Tradition symbolistischer „sinnlicher Irrealität" und eine existentielle Thematik kennzeichnen die Lyrik von Ingeborg Bachmann (1926–1973), einer österreichischen Autorin, die neben Eich, Krolow und Celan für diesen Typ von Dichtung im ersten Nachkriegsjahrzehnt repräsentativ ist. Sie versuchte sich in nahezu allen literarischen Gattungen (außer in der Lyrik am erfolgreichsten im Hörspiel), erzielte jedoch einen Höhepunkt ihres Schaffens in den Gedichtbänden *Die gestundete Zeit* (1953) und *Anrufung des großen Bären* (1956). Ingeborg Bachmanns Dichtung verfügt über ein umfangreiches Stilregister, das von dissonanten bis zu gelassen-musikalischen Versen in traditionell gebauten Kurzstrophen reicht. Einheitsstiftend wirkt das Motiv des Gegensatzes von Vergänglichkeit und Dauer. Augenblicke brüchiger Heiterkeit und unverhoffter Erkenntnisse sind von dem Bewußtsein überschattet, daß die menschliche Zeit „gestundet" ist. Die technisch möglichen Katastrophen sind Schicksal und ständige Bedrohung der Gegenwart, in jedem Augenblick unseres Daseins vorhanden. Verwandte Züge, wenn auch stärker traditionsverbunden, weisen die Gedichte, Hörspiele und Erzählungen von Marie Luise Kaschnitz (1901–1974) auf. – Der Versuch, in der Sprache Stütze und Ort menschlicher Artikulation zu finden, kennzeichnet auch die Lyrik Walter Höllerers (1922), eines Schriftstellers und Literarwissenschaftlers (der 1954 in der Bundesrepublik gemeinsam mit dem Erzähler Hans Bender die bekannte literarische Zeitschrift „Akzente" begründete). In seinen Gedichten (den Sammlungen *Der andere Gast,* 1952, *Gedichte,* 1964, *Systeme,* 1969) gewinnen universale Erfahrungen mit der modernen Welt eine Sprache, die immer deutlicher zu intellektueller Kombinatorik tendiert, ohne doch die Evidenz der Sinnesunmittelbarkeit aufzugeben. Der Roman *Die Elephantenuhr* (1973) ist ein sehr anspruchsvoller erzählerischer Text über die Erkenntnisse eines Intellektuellen in der Welt der Elektronik.

Zeugnisse von den Wegen der Ästhetik in der Epoche der elektronischen Geräte und der Informatik liefert die Dichtung einiger deutscher Autoren, deren „Verstexte" (diese neutrale Bezeichnung schlagen die Autoren selbst vor) Emotionales zugunsten besonderer Formen einer artistischen Beschäftigung mit der sprachlichen Materie zurückdrängen. Visuelle Gestaltung von Bedeutung mit Hilfe graphischer Anordnung („Konkrete Poesie") und verschiedenartige Demonstrationen semiotischer Prinzipien sind nur einige der Möglichkeiten künstlerischer Arbeit, die ihre Poetik aus der anthropologischen Theorie ableiten, wonach die Quellen geistigen Schaffens im kombinatorischen Spiel zu suchen sind. Das „Traumlaboratorium", von dem die Jünger des Symbolismus sprachen, verwandelt sich hier im wörtlichen Sinne in eine Experimentierwerkstatt, in der Sprachkonstellationen auf der Grundlage von Statistik und mathematischen Berechnungen erstellt werden. Der Autor ist ein neuer Typ von Dichter, bildlich gesprochen: ein Mann im weißen Kittel, mit Rechenmaschinen ausgestattet und in der Kybernetik geschult. Bezeichnend sind die Titel, die die Autoren ihren Veröffentlichungen geben: mit Bezeichnungen wie „Topographie", „Formeln", „Figuren", „Markierungen" unterstreichen sie deren artifiziell-technisches Gepräge. Zweifellos können sie als Zusatz zu ihrer Theorie die Bedeutungsgeschichte des Wortes „Poesie" anführen, zumal das „Machen", das „Erproben" ja auch im wesentlichen ihr Ziel ist. Nur daß sie an diese Arbeit in der Überzeugung herangehen, Vorbedingung für die Freisetzung neuer ästhetischer Energien sei die Erkenntnis, daß das traditionelle System sprachlicher Kommunikation in eine Krise geraten sei. Das alte Sprachmodell, mit Subjekt, Prädikat und Objekt, sei schon ausgelaugt – verkündet Helmut Heissenbüttel (1921), einer der führenden Theoretiker und „Textographen" der Gruppe. Neben Heißenbüttel, der die Sammelbände *Kombinationen* (1954), *Topographien* (1956) und *Textbuch I–VI* (1960–1967) vorlegte, sind vor allem Franz Mon (1926) als Autor der synthetischen Texte *artikulationen* (1959), *herzzero* (1968) u. a. sowie Eugen Gomringer (1925) als Urheber mehrerer Sammlungen *Konstellationen* (1953–1962) hervorgetreten.

Die Überzeugung, wonach die Sprache im Sinne eines besonderen, ständig seine Muster reproduzierenden Systems sich in unserer Zeit mehr denn je von der Wirklichkeit entfernt habe und Literatur eine Art experimenteller Metasprache sei, wird auch von einigen österreichischen Autoren vertreten, die sich unter der Bezeichnung „Wiener Gruppe" zusammengefunden haben: Hans Carl Artmann (1921), Konrad Bayer (1932–1964), Gerhard Rühm (1930), Oswald Wiener (1935) u. a. Für sie ist Literatur eine Art Spiel im weitesten Sinne des Wortes: ein Puzzle mit Buchstaben, Wörtern, Syntaxmustern, freilich niemals naiv, sondern genau durchdacht, ein strategisches Feld angewandter Kritik der Sprachpraxis. Auf diesem literarischen „Spielfeld" bewegen sich die Autoren sehr geschickt, produzieren – meist kurze – scharadenähnliche Texte und deuten diskret ihre linguistischen oder naturwissenschaftlichen Kenntnisse an (wobei zu

Hans Magnus Enzensberger *(1929): Kennzeichnend ist für ihn die Verbindung von Poesie und Essayistik.*

erinnern ist, daß wesentliche Anregungen für die moderne Wissenschaftstheorie von Wien ausgegangen sind). Eine zweite, besonders bei Artmann ausgeprägte Komponente ist das Spiel mit literarischen Konventionen der Vergangenheit, also nach den Regeln, die von alters her für Parodie, Travestie und Pastiche vorgesehen sind: so schillern Artmanns Gedichte, denen oft eine faszinierende Bildkombinatorik eignet, in allen literarischen Farben. (Lyrik: *ein lilienweißer brief aus lincolnshire,* 1969; dramatische Arbeiten unter dem Sammeltitel *die fahrt zur insel nantucket,* 1969; Prosabände seit 1959, so *grünverschlossene botschaft,* 1967; *die anfangsbuchstaben der flagge,* 1969, *how much, schatzi?,* 1971 u. a.) Die Palette ist sehr abwechslungsreich: neben humoristischen, mit surrealistischer Metaphorik gewürzten Versen im lokalen Dialekt finden sich szenische Grotesken nach dem Vorbild des österreichischen Barocktheaters, neben der Parodie auf Trivialliteratur stößt man auf Nachahmungen, die sich an alte didaktische Texte anlehnen. Die manieristische Virtuosität ist Artmanns wichtigstes Schaffensprinzip.

Im Jahre 1957 erschien die erste Gedichtsammlung von Hans Magnus Enzensberger (1929), *Verteidigung der Wölfe.* Seitdem gibt es im literarischen Leben der Bundesrepublik eine – auch ästhetisch eindringliche – Dichtung, die gemeinhin „engagiert“ genannt wird, eine Dichtung, die auf ihre Weise die Berührung, aber auch den Konflikt mit der gesellschaftlichen Totalität anstrebt und ihre Rolle mittelbar politisch auffaßt. Enzensberger griff Brechts Anregungen auf, verknüpfte sie mit dem Montageverfahren der modernen Lyrik und schuf so ein eigentümliches Idiom, das sichtlichen Einfluß auf die jüngere Generation ausgeübt hat. Den politischen und kulturellen Widersprüchen der gegenwärtigen Welt nähert sich dieser Autor – manchmal satirisch, stets aber dialektisch pointiert – sehr erfinderisch, durch Verse, die mit Hilfe stilistischer Kontraste Erkenntnisse anregen. Zu den Mitteln gehören technische Fachsprache, Abzählreime, parodistische Zitate, Straßenjargon, politische Rhetorik, surrealistische Metaphern, Neologismen usw. Nach den Gedichtsammlungen *Landessprache* (1960) und *Blindenschrift* (1964) veröffentlichte Enzensberger eine Anzahl neuer Gedichte in Buchform erst wieder 1971 (*Gedichte 1955–1970*). Offensichtlich im Zweifel über die Wirksamkeit der Lyrik, die innerhalb der Gesellschaft auf eine traditionelle Weise funktioniert, befaßt er sich immer intensiver mit Essayistik (erste Sammlung: *Einzelheiten*, 1962), Bearbeitungen von Dokumentarmaterial (in dem dramatischen Text *Das Verhör von Habana*, 1970) und politischer Publizistik (*Politik und Verbrechen*, 1964). Unter den Essays finden sich scharfsinnige Analysen der Verfahren, die zur gelenkten Auswahl von Informationen in der „Bewußtseinsindustrie", im Zeitungswesen, im Fernsehen und anderen Medien eingesetzt werden. Die kritischen Begriffe in Enzensbergers frühen Essays gehen namentlich auf die soziologische Theorie der „Frankfurter Schule", besonders auf Adornos Arbeiten zurück.

PETER RÜHMKORF (1929), ebenfalls der Gruppe 47 zugehörig, weist als Lyriker manche mit Enzensberger verwandte Züge auf. In seinen ersten Sammlungen (*Heiße Lyrik*, 1956, zusammen mit Werner Riegel; *Irdisches Vergnügen in g.*, 1959, und *Kunststücke*, 1962), die Anklänge an den Expressionismus und an Brecht sowie Anspielungen auf ältere Traditionen (Barock und Aufklärung) enthalten, erscheinen die politischen Motive jedoch ironisch gebrochen. Der Autor zeichnet sich dadurch aus, daß er gesellschaftliche und individuelle Widersprüche des zeitgenössischen Lebensgefühls sprachlich virtuos und auf sehr unterschiedlichen Stilebenen gestaltete.

Der Typus „kritischer Poesie", für die gesellschaftliche Problematik und persönliche Sensibilität keine gegensätzlichen Kategorien sind, ist repräsentativ auch für einige Lyriker in der DDR. In den Gedichtbänden von GÜNTER KUNERT (darunter *Wegschilder und Mauerinschriften*, 1950, *Der ungebetene Gast*, 1965, *Verkündigung des Wetters*, 1966, *Warnung vor Spiegeln*, 1970), KARL MICKEL (1935; *Vita nova mea*, 1966), VOLKER BRAUN (1939; *Provokation für mich*, 1965, *Wir und nicht sie*, 1971) und anderen Autoren begegnet man einer Lyrik, die namentlich durch die Verknüpfung sprachlicher Genauigkeit (in der Abwehr klischeehafter Wendungen) und eines logisch pointierten Aufbaus gekennzeichnet ist – einer Lyrik, die weder triste Bekenntnisse noch feierliche Verkündigungen bieten will, sondern Beispiele jener Erfahrungsneugier und praktischen Lebensweisheit, die auch Brecht zu den Voraussetzungen bedeutender Dichtung gezählt hat.

Merkmale dieser Art treten ebenso deutlich in den Gedichten ERICH FRIEDS (1921–1988) und WOLF BIERMANNS (1936) hervor. Der österreichische Autor Fried, der neben zahlreichen Gedichtbänden (*Warngedichte*, 1965, *und Vietnam und*, 1966, *Die Beine der größeren Lügen*, 1969, u.a.) neue Übertragungen Shakespearescher Dramen vorgelegt hat, gehörte zu den produktivsten politischen Dichtern der Gegenwart. Manche seiner Gedichte nehmen sich wie epigrammatische Kommentare aus marxistischer Sicht zu den Widersprüchen unseres Zeitalters aus. Die Wiener Tradition des Wortspiels, von Nestroy bis Karl Kraus, wird von Fried eigenständig fortgesetzt und an eine neue Spielart politischer Poesie angeschlossen, in der Wortspiele zu geschickt angelegten rhetorischen Fallen geraten. Unmittelbarer ist der sprachliche Zugriff in den Gedichten Wolf Biermanns (z. B. *Die Drahtharfe*, 1965, *Mit Marx- und Engelszungen*, 1968, *Deutschland, ein Wintermärchen*, 1972), des ehemaligen DDR-Autors, in denen sich gesellschaftskritische, historische und private Motive finden. Die Verwendung alltags- und umgangssprachlicher Wendungen, aber auch Zitate und literarisch-politische Anspielungen gehören zum stilistischen Inventar dieses Autors, der sich auch um die Neubelebung von Traditionen der Ballade und des politischen Volkslieds verdient machte. Beträchtliche Popularität gewann er als Liedermacher und Sänger durch öffentliche Auftritte und zahlreiche Schallplatten.

Seit der Mitte der sechziger Jahre zeichnet sich im gesamten deutschen Sprachbereich eine wachsende Neigung zu – im weitesten Sinne des Wortes – politischer und kommunikativer Lyrik ab. Peter Hamms Anthologie *Aussichten* (1966) ist in dieser Hinsicht höchst bezeichnend. Diese Tendenz läßt erkennen, daß die prägende Wirkung von Brechts lakonischer Sprechweise gegenwärtig ungleich stärker ist als die Sprachmagie aus expressionistischer oder gar symbolistischer Überlieferung.

18. Tendenzen der siebziger Jahre

Es ist durchaus denkbar, daß einem Historiker in der Zukunft lediglich aufgrund literarischer Texte aus den sechziger und siebziger Jahren eine „Rekonstruktion" der Lebenswelt und der politischen Tendenzen jener Zeit gelingen könnte. Unmittelbarer als in den vergangenen Jahrzehnten setzt sich die Literatur mit dem Zeitgeschehen auseinander, nimmt zu Tagesfragen Stellung und begreift sich mehr als jemals zuvor als „Stimme der Öffentlichkeit", mit einer Bereitschaft, in der in extremen Fällen die Selbstpreisgabe enthalten ist. Es gehört freilich zu den Widersprüchen der vielberufenen Lebensnähe, daß die literarische Produktion der letzten fünfzehn Jahre – namentlich in der Bundesrepublik – nicht nur der allgemeinen Politisierung der Gesellschaft folgte, sondern mit Nachdruck sehr bald auch die sogenannte Tendenzwende signalisierte, die zeitweilige Abkehr von politischen Fragen zugunsten des Interesses an den als privat verstandenen Lebensproblemen.

Bei dem überaus raschen Wechsel politischer Situationen in der Gegenwart erscheint es unangemessen, aus der politischen Chronik des verflossenen Jahrzehnts Maßstäbe für die literarhistorische Gliederung der Epoche abzuleiten. Es sollte zu denken geben, daß die als besonders spektakulär empfundenen literarischen oder vielmehr antiliterarischen Aktivitäten der Zeit um 1968 im Westen, so etwa die von Literaten betriebene Abschaffung der Literatur, heute bereits kulturgeschichtliche Daten mit einem Anflug unfreiwilliger Komik sind. Der in linkem Affekt überflüssigerweise verkündete Tod der Literatur war ein eher flüchtiges Zeitsymptom, mehr nicht. Die Jahre politischer Infragestellung mancher kultureller Konventionen, vor allem im Rahmen der Studentenbewegung, hinterließen zwar in der Literatur deutliche thematische Spuren, an den institutionalisierten Formen literarischer Kommunikation änderten sie jedoch so gut wie nichts. Die Straßentheater und Flugschriften der ausgehenden sechziger Jahre waren nur kurzlebige Versuche, einer „Gegenkultur" Gehör zu verschaffen. In mancherlei Hinsicht erinnerten diese Hervorbringungen an die Bemühungen der linken (und auch dadaistischen) literarischen Szene in den ersten Jahren der Weimarer Republik. Wie vor fünfzig Jahren konnten auch in der jüngsten Vergangenheit Aktivitäten einer dogmatischen oder anarchistischen Linken nicht immer von den Happenings, d. h. dem ästhetischen „Aktionismus" bloß neuerungssüchtiger Künstler unterschieden werden. Angestrebt oder zumindest vorgetäuscht wurde – wie schon seinerzeit bei den Dadaisten – *Spontaneität*, sowohl im Sinne von Unmittelbarkeit in der ästhetischen Improvisation wie auch im Sinne von Freiheit, wirklich oder scheinbar verbürgt durch Unabhängigkeit von dem kostspieligen materiellen Aufwand der Medien. In dem Jahrzehnt seither ist es deutlich geworden, daß Episoden dieser Art kaum dazu angetan sind, das Gesamtbild bemerkenswert zu verändern. Namentlich dann nicht, wenn die Erfahrung gemacht wird, daß die den globalen politischen Rahmen bildenden Erscheinungen, wie etwa die chinesische „Kulturrevolution", auch selbst sich im Handumdrehen als gegenstandslos erweisen können.

Für das neueste literarische Schaffen gelten also nach wie vor sowohl die Medien Buch, Theater (vorwiegend im subventionierten Schauspielhaus), Rundfunk und Zeitschrift als auch – mit Einschränkung – die überlieferten Gattungen wie Roman/Erzählung, Bühnenwerk, Gedicht. Trotz mancher Abwandlungen im einzelnen ist die Produktion der letzten Jahre von den traditionellen Erwartungen der meisten Leser nicht wesentlich abgewichen. Bezeichnend ist in dieser Hinsicht die Breitenwirkung, die einige durchaus anspruchsvolle Texte im Bereich der Erzählprosa und des Schauspiels, ja sogar im Bereich der Lyrik erzielen konnten. (Daß das Verlegen von Büchern, namentlich belletristischen, schwieriger geworden ist und mehr und mehr zu bedenklichen Konzernbildungen im Verlagswesen führt, steht auf einem anderen Blatt.)

Geht man unter Berücksichtigung verschiedener außerliterarischer, jedenfalls nicht-sprachlicher Gesichtspunkte von der Existenz mehrerer deutschsprachiger „Literaturen" aus, so gilt es festzustellen, daß im vergangenen Jahrzehnt trotz aller politischen Spannungen (oder auch gerade infolge dieser Spannungen) eher ein gewisser Zusammenschluß sich abzeichnete, erkennbar vor allem in der wachsenden Tendenz gegenseitiger Kenntnisnahme. Literarische Grenzen zwischen Westdeutschland bzw. der Bundesrepublik einerseits und der Schweiz und Österreich anderseits hat es schon von den Anfängen nach 1945 an nicht gegeben; man denke nur an die Bedeutung von Autoren wie Frisch, Dürrenmatt, Ingeborg Bachmann und Celan für das westdeutsche literarische Leben der fünfziger Jahre. Seither hat sich die Präsenz auch jüngerer Autoren aus der Schweiz (zu nennen sind etwa Adolf Muschg und Gerold Späth) und Österreich (Bernhard, Handke und viele andere) in den Verlagsprogrammen großer Verlage in der Bundesrepublik, und bei einigen Autoren auch in den Verlagen der DDR, nur noch verstärkt. Durchlässiger ist, zumindest für Literatur, auch die Grenze zwischen dem westlichen und dem östlichen deutschen Staat geworden. Namentlich im Westen häufen sich die Einzelausgaben und Anthologien, die das wachsende Interesse für die – auch in ihrem literarischen Wert steigende – schriftstellerische Produktion in der DDR dokumentieren. Parallelausgaben einzelner literarischer Werke in beiden Staaten sind keine Seltenheit mehr, und im Hinblick auf die ausgeprägte Neigung bei DDR-Autoren, sich auch im Westen aufzuhalten, fällt es neuerdings immer schwerer, Schriftsteller auf Grund von Wohnsitz, Reisepaß oder Verlagsbindung zu etikettieren. Es erscheint sogar geboten, mit Rücksicht auf den ständigen Wechsel politischer oder privater Lebensbedingungen sowie auf die erwähnten Eigentümlichkeiten der literarischen Kommunikation vorerst in der deutschsprachigen Gegenwartsliteratur auf starre Einteilungsgrundsätze, vor allem außerliterarischer Natur, zu verzichten.

Daß es einseitig ist, die siebziger Jahre stets nur im Zeichen des Umschwunges zu sehen, die Kontinuität in manchen Bereichen dagegen außer acht zu lassen, zeigt am deutlichsten die Lyrik. Zahlreiche Gedichtbände und Anthologien lassen erkennen, wie nachhaltig die spätestens seit den frühen sechziger Jahren bemerkbare Tendenz zum beschreibenden oder epigrammatisch formulierten „Alltagsgedicht", oft mit gesellschaftskritischer Spitze, auch das letzte Jahrzehnt geprägt hat: eine Diktion, wie man sie bei Brecht oder, anders, bei Enzensberger findet, scheint vorläufig fast uneingeschränkt das Gedicht zu beherrschen. Um die Poesie absoluter Metaphorik aus symbolistischer oder surrealistischer Tradition, die in den ersten beiden Jahrzehnten nach Kriegsende weitgehend dominierte, ist es still geworden und – trotz der „Tendenzwende" – still geblieben. Etwas abgenommen hat auch das Interesse an den verschiedenen Spielarten der konkreten Poesie, die durch Experimentieren mit sprachlichen und nichtsprachlichen Zeichen versucht hat, die absolute Geltung der Sprach-Dichtung einzuschränken (und die man statt Konkrete Poesie allenfalls, und wohl weniger mißverständlich, auch Semiotische Poesie nennen könnte). Zweifellos fallen schon seit geraumer Zeit die poetischen Entscheidungen zugunsten einer lyrischen Rede, die sich fast ausnahmslos am Alltag der Sprache orientiert, an der Vorstellung einer poetischen Umgangssprache sozusagen, eines Idioms jedenfalls, das stilistisch vor allem bemüht ist, Ähnlichkeit mit den traditionellen Mustern „gehobener Dichtersprache" zu vermeiden. Es liegt nur nahe, einen Zusammenhang herzustellen zwischen dieser Absicht und dem Umstand, daß Gedichtbände in den letzten Jahren mehr Leser gefunden haben als zuvor.

Bezeichnend für die Kontinuität, von der hier die Rede ist, erscheint der Titel einer mit Recht als repräsentativ geltenden Anthologie aus der Mitte der siebziger Jahre: Jürgen Theobaldys *Und ich bewege mich doch ... Gedichte vor und nach 1968* (1977): in Diktion und Motivik ist kein Unterschied erkennbar zwischen der Zeit vor und der Zeit nach dem Stichjahr. „Diese Lyrik", schreibt der Herausgeber, „ist aktuell in dem Sinn, daß in ihr keine Zeitflucht stattfindet, auch nicht nahegelegt wird; vielmehr fließen jene Inhalte in sie ein, die auch gesellschaftlich aktuell sind, gerade weil sie in den offiziellen Verlautbarungen um ihre Widersprüche gebracht werden, entschärft durch Sprachregelungen, verwaschen." Die Wörter in diesen Gedichten „drücken nicht Protest aus, sie *sind* Protest, Einspruch, Gegenbilder. Worum es geht, ist, daß die Sprache, in der sich die Lyrik derzeit organisiert, eine der persönlichen Erfahrung ist, ein Widerstand gegen die Massenmedien, Wirtschaftsverbände, Parteien und Ministerien mit ihren verstümmelnden, wirklichkeitsverzerrenden und synthetischen Produkten. Der Bezug auf das Selbsterlebte ist der Versuch, Verläßliches, Überprüfbares zu sagen angesichts der öffentlichen Parolen." (Es sollte im Hinblick auf den Zusammenhang von Sprache, Erfahrung und Öffentlichkeit zu denken geben, daß bereits vor mehr als achtzig Jahren Hofmannsthal in einer Rezension die Dinge beim Namen nannte, als er von dem „Ekel vor den Gesinnungen" und dem „stumpfen Haß gegen die Worte" sprach, Erscheinungen, hervorgerufen durch die „unendlich komplexen Lügen der Zeit, die dumpfen Lügen der Tradition, die Lügen der Ämter, die Lügen der einzelnen, die Lügen der Wissenschaften . . .") Was gegen die abgedroschene Phrase, die Rhetorik der Werbung und das politische Korsett von der Poesie ins Treffen geführt wird, macht im einzelnen die Kunstleistung aus: die einprägsame Formulierung dessen, was als Gegenteil von Norm, Schablone und verdinglichtem Leben empfunden wird, nämlich unmittelbare, subjektive Erfahrung (daher das Losungswort von Neuer Subjektivität), Einsichten in Widersprüche, und zwar nicht nur in politische im engeren Sinne des Wortes – all dies durch ein behutsames, liebevolles, aber auch ironisches Verhältnis zur Sprache.

Trotz gemeinsamer Neigungen, oder genauer: gemeinsamer Abneigungen, sind die jungen und jüngsten Dichter keineswegs auf einen Einheitston eingeschworen; die Abneigung gegenüber pathetischer, überhaupt jeglicher überhöhter Redeweise läßt einen genügend breiten Spielraum offen, Bewegungsfreiheit für schlichte Wahrnehmungsprotokolle, Beweise „neuer Sensibilität", für dialektische Pointen in Versen, für ein spielerisches Verhältnis zur Sprache. Unter den Motiven dieser Lyrik tritt nun wieder die Natur hervor, freilich ohne Rückgriffe auf das Naturgedicht der fünfziger Jahre. Die Verpflichtung, über die – bedrohte – Natur zu reden, wird betont: *kein* Gespräch über Bäume sei fast ein Verbrechen, heißt es jetzt, in Anspielung auf Brechts Gedicht *An die Nachgeborenen*, wo – vor mehr als vierzig Jahren – davor gewarnt wurde, die Natur als einen Ort der Zuflucht und als Ablenkung von der Politik zu begreifen.

Da es hier unmöglich ist, auch nur einen Bruchteil der im letzten Jahrzehnt erschienenen Gedichtbände zu nennen, seien zumindest noch zwei weitere Sammelpublikationen angeführt: der 1978 veröffentlichte *Lyrik-Katalog Bundesrepublik* (herausgegeben von J. Hans, U. Herms und R. Thenior), der das auch literatursoziologisch bemerkenswerte Phänomen eines Lyrik-Festivals, abgehalten in Hamburg im Juni 1977, dokumentiert, sowie das *Jahrbuch für Lyrik* (seit 1979, herausgegeben von K. O. Conrady, B. Pinkerneil und G. Kunert). Doch wenigstens *ein* Autor soll hervorgehoben werden, weil er schon seit den fünfziger Jahren als Bahnbrecher der neuen deutschen Lyrik gelten kann: Hans Magnus

Enzensberger. Sein neuester Gedichtband, *Die Furie des Verschwindens* (1980), zählt, wie auch seine „Komödie" *Der Untergang der Titanic* (1978), eigentlich eine Versdichtung in 33 Gesängen, zu den Höhepunkten deutscher Gegenwartsliteratur. Diese Texte beweisen auch die Kontinuität im Schaffen des Autors: die Souveränität, mit der er über seine poetischen Mittel, von der lakonischen Behauptung bis zur surrealen Metapher, verfügt, wie auch die Natürlichkeit, mit der bei ihm das politische Gedicht zum privaten wird und das private zum politischen.

Überblickt man im Bereich der Lyrik das gesamte deutsche Sprachgebiet, so fällt auf, daß Gedichtbände in den letzten Jahren vorwiegend deutsche Autoren (im engeren Sinne) vorgelegt haben und daß dagegen der österreichische Beitrag (trotz Artmann, Jandl und Mayröcker), und erst recht der schweizerische, vergleichsweise schmal geblieben ist. Einen Schwerpunkt bilden in diesen Ländern die erzählende und die essayistische Prosa wie auch das Bühnenstück, ein Sachverhalt, der zu einem Teil etwas mit regionalen Traditionen zu tun haben mag, doch sicherlich auch damit zu erklären ist, daß junge Autoren dort mit geringeren Veröffentlichungsmöglichkeiten für Gedichtbände zu rechnen haben.

Durchaus gewichtig ist hingegen gerade der Anteil österreichischer Schriftsteller auf dem Gebiet des Dramas oder, genauer, des Bühnenschaffens (Bernhard, Bauer, Turrini u. a.). Daß man im allgemeinen, auch im Hinblick auf andere Autoren heute, zögert, uneingeschränkt von Dramatik zu reden, hängt mit der nach wie vor ausgeprägten Tendenz zusammen, das Bühnenwerk im voraus als eine Synthese verschiedener Zeichensysteme zu konzipieren. Die zeitgenössischen Stücke sind daher alles andere als Lesedramen oder Texte mit klassischer Dialogdramaturgie; sie sind eher Vorlagen für Theaterspiel, Theater im ursprünglichen Sinne, übrigens auch dort, wo es (wie bei Handke etwa) scheint, als erschöpften sich die Texte hauptsächlich darin, gegen die Konventionen der Bühne aufzubegehren. Die Entscheidung für die vielfältigen Möglichkeiten des Spiels (heute dem Kasperltheater näher als der klassizistischen Sprechbühne) geht im übrigen nicht zufällig einher mit dem Ermatten des Interesses am dokumentarischen Drama. Während man in den sechziger Jahren diesen Dramentypus mit seiner notwendigerweise stofflichen Ausrichtung als eine Chance begriff, der literarischen Kommunikation durch das authentische Zeugnis einen besonderen Sinn zu verleihen, gilt die Aufmerksamkeit neuerdings wieder stärker den Spielarten der Fiktion. Daß dies nicht nur eine Folge literarischer Moden ist, sondern auch etwas mit den Inhalten zu tun hat, wird an der Rezeption der Stücke von Peter Weiss deutlich. Während seine dokumentarischen Texte aus den Jahren nach 1965 (mit Ausnahme der *Ermittlung*) sehr bald der realhistorischen Entwicklung und damit ihrer eigenen inneren Dialektik zum Opfer fielen, kann das Marat/de Sade-Drama für jüngere Stückschreiber nach wie vor als Vorbild gelten. Zumal nach der dokumentarischen Orientierung mit ihren asketischen Zügen wieder die Neigung spürbar ist, „entfesseltes" Theater zu machen. Bei österreichischen Autoren, namentlich bei PETER TURRINI (*Rozznjogd*, d.h. Rattenjagd, 1971, *Sauschlachten*, 1972, *Kindsmord*, 1975) ist nicht nur die Nachfolge des kritischen Volksstückes erkennbar, sondern auch die abgewandelte Tradition von Artrauds

Botho Strauß *(1944): das Verhältnis zwischen „Privatem" und „Öffentlichem" als Thema.*

„Theater der Grausamkeit". Nicht weniger bezeichnend, wenn auch ganz anders geartet, sind die erfolgreichen Bühnenwerke von BOTHO STRAUSS (*Trilogie des Wiedersehens*, 1976, *Groß und klein*, 1978), in denen sogenannte Alltagserfahrungen aus der Gegenwart in einer sehr eigentümlichen Weise stilisiert, symbolisch überhöht erscheinen. Der Irrtum, es könnte sich um „realistische" Stücke handeln, wird an manchen Stellen überaus drastisch beseitigt: der Kenner der Literatur um 1914 wird in diesen Texten über die gespenstische Irrealität der modernen Zivilisation manche Züge expressionistischer Grotesken wiedererkennen.

Überhöhung, Überzeichnung bzw. auch Untertreibung, spitze Karikaturen und heftige Schockwirkungen – das sind einige markante Merkmale des heutigen Dramas und Theaters. Im Gegensatz zum „absurden Theater" von gestern handelt es sich jedoch zumeist um Stücke, an denen die Politisierungsbestrebungen der Epoche nicht spurlos vorbeigegangen sind. Dem abstrakten Überall aus den frühen Werken Becketts oder Ionescos begegnet man kaum noch; denn auch dort, wo das Geschehen in existentieller Sicht erscheint (wie vor allem bei Bernhard), ist der Zeitbezug oft überaus deutlich. Es bleibt der Eindruck, daß Sinnlosigkeit und Grausamkeit nicht unbedingt unveränderbare Merkmale des menschlichen Daseins sind. Jedenfalls sind gesellschaftskritische Momente allenthalben erkennbar, und zwar bei so unterschiedlichen Autoren wie Bernhard (etwa in *Der Präsident*, 1975, *Die Berühmten*, 1976, *Vor dem Ruhestand*, 1979), WOLFGANG BAUER (*Film und Frau*, 1971, *Party for six*, 1971, *Magnetküsse*, 1976, u. a.) und Strauß. Erst recht gilt das von den zahlreichen Stücken des bayerischen Stückeschreibers FRANZ XAVER KROETZ (z.B. *Heimarbeit*, 1971, *Stallerhof*, 1972, *Oberösterreich*, 1972, *Sterntaler*, 1974, *Mensch Meier*, 1977), der wie Turrini Möglichkeiten des neuen „Volksstücks" erprobt, oder von den Dramen der DDR-Autoren Peter Hacks (*Omphale*, 1970, *Adam und Eva*, 1973, u. a.) und Heiner Müller, deren Bühnenwerke häufig aktuelle Sozialkritik mit der Deutung mythischer Vorlagen verbinden. Besondere Wirkungen gehen in allen diesen Texten vom Sprachduktus aus: von der rhythmischen, oratorisch stilisierten Entfaltung der Rede bei Bernhard, die gleichsam einen Terror durch Sprache veranschaulicht, nicht weniger als von der beklemmenden Reduktion des Ausdrucksvermögens in den Dialogen bei Kroetz, in denen die Verkümmerung der Sprache ein Zeichen menschlicher Verkümmerung ist.

Während das Drama – im Gegensatz zu seinen Traditionen im 19. Jahrhundert, doch durchaus konform mit den Tendenzen seit dem späten Strindberg – überwiegend überhöhende Typisierung oder gar allegorische Züge hervorkehrt, besinnen sich Roman und Erzählung heute in überraschendem Maß des Grundsatzes, der seit dem 18. Jahrhundert diesen Gattungen immer wieder Leben verlieh: literarischer Ausdruck der individuellen menschlichen Erfahrung zu sein. Auf diese Forderung greift auch die jüngste Prosa zurück – gleichgültig, ob sie sich als erzählende Literatur im überlieferten fiktionalen Sinn oder als persönliches Zeugnis versteht. Jedenfalls fällt die Bereitschaft auf, Begriffe wie Subjektivität oder Innerlichkeit, die man noch vor wenigen Jahren stets mit spöttischen Gänsefüßchen versah, heute wieder ohne Anführungszeichen zu gebrauchen. Das Bekenntnis zur individuellen Erfahrung, von dem schon die Rede war, stützt sich dabei mit Vorliebe auf die Spielarten der Memoirenliteratur. Kein verallgemeinernder kritischer Überblick heute, der es versäumt, darauf hinzuweisen, wie bezeichnend für die Literatur der siebziger Jahre eine Vielzahl von Erfahrungsberichten und autobiographischen Schilderungen ist. Die Grenze zwischen erzählter Autobiographie und fiktionalisierter Reportage ist, wie erwähnt, in diesen Texten fließend, im Grunde auch nicht wesentlich, zumal der Reiz mancher Werke darauf beruht, die Grenzüberschreitungen zu thematisieren, d. h. in das Spiel mit dem Leser mit einzubeziehen. Zu den am häufigsten genannten Veröffentlichungen zählen das *Tagebuch 1966–1971* (1972) und die „Erzählung" *Montauk* (1975) von Max Frisch, Handkes *Kurzer Brief zum langen Abschied* (1972) und *Wunschloses Unglück* (1972), Bernhards Salzburger Zyklus *Die Ursache* (1975), *Der Keller* (1976), *Der Atem* (1978) und *Die Kälte* (1981), Koeppens Erinnerungen an Greifswald vor dem Ersten Weltkrieg *Jugend* (1976), Christa Wolfs *Kindheitsmuster* (1977). Daß auch die Grenze zum Essay und zur Reportage überschritten werden kann, beweisen die *Kopfgeburten* (1980) von Grass, ebenso wie sein 1977 erschienener Roman *Der Butt*, der die zeitkritische Erzählung, die Mythentravestie und die geschichtsphilosophische Betrachtung zur erzählerischen Synthese führt. Der Grenzgang sowie die Neigung, Mischungen zu erproben, gehören auch sonst zu den literarischen Zeichen der Zeit. In DIETER KÜHNS Roman *Die Präsidentin* (1973) werden der dokumentarische Stoff und die Bloßlegung des erzählerischen Verfahrens, Dinge also, die früher als Gegensätze galten, auf

Ulrich Plenzdorf *(1934): der Autor des neuen „Werther“.*

eigentümliche Weise miteinander verknüpft, in Hermann Kants Roman *Der Aufenthalt* (1977) erscheint tragisches Zeitgeschehen aus Krieg und Nachkriegszeit in Polen mit Elementen des humoristischen Schelmenromans in Verbindung gebracht – um nur zwei Werke zu nennen, die dem Leser im übrigen keine großen Schwierigkeiten bereiten. Eher dürfte das bei manchen Texten österreichischer Autoren wie H. C. Artmann, Andreas Okopenko, Gert Jonke u. a. der Fall sein, bei Autoren also, die zum Teil manieristischen Traditionen folgen.

Der Literarhistoriker, der nach Parallelen in der Vergangenheit Ausschau hält, wird sich nicht ohne Grund veranlaßt fühlen, Erzählwerke aus den siebziger und achtziger Jahren des 18. Jahrhunderts zum Vergleich heranzuziehen. Zwei der bekanntesten Erzählungen der letzten Jahre, *Die neuen Leiden des jungen W.* (1972) des DDR-Schriftstellers Ulrich Plenzdorf sowie *Lenz* (1973) von Peter Schneider, legen sogar durch die stoffliche Fühlung mit Autoren und Werken des 18. bzw. 19. Jahrhunderts den Gedanken an eine gewisse literaturgeschichtliche Reprise ausdrücklich nahe. Was die beiden Epochen in der Tat miteinander vergleichbar macht, ist das Interesse für den Einzelmenschen aus subjektiver Sicht, für verschärfte, auch unkonventionelle Wahrnehmung, für Psychologie, „Erfahrungsseelenkunde“, und nicht zuletzt für die Wunden, welche die Gesellschaft dem einzelnen zufügt, dem einzelnen, der nicht selten zum Melancholiker oder „Aussteiger“ wird und dessen Lebenslauf diese Entwicklung sichtbar macht. Vergleichbar ist schließlich der Zweifel an naivem Optimismus und leichtfertigen sozialen Versprechungen, eine Skepsis, die tiefer dringt und die Komplexität der

Lebensverhältnisse erkennt. Doch gerade in diesem Punkt tritt auch ein Unterschied zutage: unserer Zeit ist offenbar die Unbedingtheit fremd, mit der die literarischen Gestalten des 18. Jahrhunderts an ihre Lebenskonflikte herantraten. Weder die radikale individualistische Lösung in Goethes *Werther* noch die moralistische Pointe in Schillers *Räubern* würde heute überzeugen. Der einstigen Unbedingtheit in Zuversicht oder Verzweiflung steht heute – als kennzeichnender Leitbegriff – „Offenheit" gegenüber, eine Offenheit, die Unbestimmtheit und Unruhe zugleich bedeutet, eine Ungewißheit, die sich in der Literatur und darin äußert, daß Autoren wohl mehr denn je zögern, ihre Leser mit handfesten „Botschaften" zu versorgen. Zugenommen hat dagegen die Neigungm, den Leser zum Mitdenken zu veranlassen, ihnb gleichsam zum Partner zu erklären. In einer literarischen Epoche, die das „Positive" lieber meidet, darf man in dem Wunsch, mit mündigen Lesern zu rechnen, das eigentliche Positive erblicken.

19. Postmoderne Zeichen

Ein Rückblick auf die achtziger Jahre bestätigt die Feststellung, daß das Verschwinden des politisch verfehlten, völlig überflüssigen Staates im Osten Deutschlands in literarischer Hinsicht kaum einen Einschnitt darstellt. Die seit langem bestehende (und in dieser Literaturgeschichte auch immer wieder betonte) inoffizielle Einheit der deutschsprachigen Literatur erhielt durch die weltgeschichtlichen Ereignisse der Jahre 1989 und 1990 nun auch einen entsprechenden Rahmen. Entscheidende Folgen mögen die Veränderungen allenfalls für das literarische Fußvolk der regierenden Partei in der ehemaligen DDR haben; eine dauerhafte Wirkung auf das Schaffen der Autoren von Rang, diesseits wie jenseits der einstigen Grenze, ist dagegen kaum anzunehmen. Aus soziologischer Sicht ist die seit vielen Jahren unbestreitbare Rolle der Bundesrepublik als Verlagsmittelpunkt der gesamten Literatur in deutscher Sprache auch in diesem Zusammenhang besonders hervorzuheben. Als ein einheitlicher, im übrigen auch gesamteuropäisch weitgehend homogener Raum stellt sich die literarische Landschaft ferner unter gattungsmäßigen Gesichtspunkten dar – unter Aspekten also, die dem Literarhistoriker maßgebliche Stichwörter liefern.

Vorauszuschicken ist indessen, daß die literarische und kunstkritische Situation der achtziger Jahre durch eine Besonderheit gekennzeichnet ist, die gewisse Analogien zur Lage der ausgehenden sechziger Jahre aufweist. Die Verwandtschaft besteht im auffallenden Hervortreten der theoretischen Betrachtung über Kunst im Rahmen einer allgemeinen kulturkritischen Diagnostik. Räumten die radikalen Einschätzungen der Zeit um 1968 der Kunst im weitesten Sinn, und damit auch der Literatur, kaum noch wirkliche Chancen ein, so stehen freilich gegenwärtig die Zeichen für ein Weitermachen relativ günstig. Zweifel an den Möglichkeiten und Aussichten der Kunst sind zwar geblieben, doch nicht im Hinblick auf ein angebliches gesellschaftliches Versagen, sondern viel eher auf Grund der Erkenntnis, daß sich eine Langzeitepoche der Modernität, gekennzeichnet durch fortlaufendes, äußerste Grenzen erreichendes Innovationsstreben, rasch ihrem Ende zuneigt. Nach weit verbreitetem, gewiß nicht unbegründetem Urteil wird sich namentlich die – immer noch weitgehend an das Medium Buch gebundene – Literatur mit der Einsicht abfinden müssen, daß es künftig viel mehr als bisher auf die Abwandlung und das mehr oder minder geistvolle Spiel mit bereits erprobten Mustern ankommen werde. Als diagnostische Bezeichnung für den erreichten Zustand hat sich das Wort ‚Postmoderne' durchgesetzt.

Ein Publikum, dem beim Lesen, Betrachten und Hören zunehmend Attribute wie ‚eklektisch' oder ‚epigonal' in den Sinn kommen, wurde in den letzten Jahren reichlich mit verschiedenen Deutungen des kulturgeschichtlichen Phänomens versorgt – nicht zuletzt mit Auffassungen, die zu Recht darauf hinweisen, daß die genannten Eigenschaftswörter in einer historischen Situation, in der der Begriff des Neuen, völlig Unerprobten in eine Dauerkrise geraten ist, kaum noch etwas bedeuten. Hier seien aus der Fülle der Titel wenigstens zwei Veröffentlichungen herausgegriffen: eine Dokumentation, die über den Gang der programmatischen und wissenschaftlichen Diskussion unterrichtet, die von Wolfgang Welsch herausgegebene Sammlung *Wege aus der Moderne. Schlüsseltexte der Postmoderne-Diskussion* (1988), ferner die Schrift von Peter Sloterdijk *Kopernikanische Mobilmachung und ptolemäische Abrüstung* (1987), eines Autors, der auch mit anderen essayistischen Abhandlungen in den vergangenen Jahren viel von sich reden gemacht hat und der als Vertreter der Gattung Essay auch selbst zur Gegenwartsliteratur zu zählen ist. Sloterdijk hat recht, wenn er davon ausgeht, daß die sogenannte Schock-Ästhetik, wirksam namentlich in den ersten Jahrzehnten des 20. Jahrhunderts, keine künstlerische Konzeption von Dauer sein kann; denn zum Wesen des Schocks (der verfremdenden Montage, der Abstraktion, der Häßlichkeits-Ästhetik usw.) gehört die Überraschung, die Überrumpelung gleichsam, und diese nutzt sich unweigerlich ab, infolge des fortwährenden Wechsels sogar sehr rasch. Wenn der Schock Schulfach wird – so drückt der Verfasser es zugespitzt aus – und die Kunststudenten die Akademie als Diplomsurrealisten verlassen, hat sich der leitende Grundsatz des Modernismus erschöpft. Man muß freilich hinzufügen, daß dies nur die eine Seite des Problems ist. Die andere ist durch den wahrhaftig universalen Historismus unseres Zeitalters gegeben. Hört das Wort ‚epigonal' auf, ein Schimpfwort zu sein, so sind nicht nur „Diplomsurrealisten" möglich, sondern auch viele andere „Isten", mit den verschiedensten Stilarten quer durch die Jahrhunderte. Kurzum, für den postmodernen Künstler bzw. Literaten liegt das „Neue" nicht nur in der Zukunft; man findet es auch bei den Urgroßeltern.

Verbindet man solche Überlegungen allgemeiner Art mit konkreten Daten des literarischen Lebens, so stellt man fest, daß sich die Buchkultur trotz gewisser Erschütterungen durch neue Medien ohne sichtbare Einbußen auch weiterhin behauptet. Ein im wesentlichen herkömmliches Bild bieten im übrigen auch die literarischen Gattungen, allen voran die seit nahezu zwei Jahrhunderten führende Gattung: der Roman. Als es vor etwa zwanzig Jahren so aussah, als sei die fiktionale Erzählprosa von der Neigung zur dokumentarischen, reportagehaften und offen autobiographischen Prosa in ein Seniorenreservat abgedrängt worden, waren nicht mehr alle kritischen Leser von der Widerstandskraft dieser Gattung überzeugt. Die Erfahrung der unmittelbaren Gegenwart zeigt indessen, daß sowohl der Triumph der Romangegner als auch das Bangen der Anhänger unbegründet waren.

In den siebziger Jahren, als es nach einer Phase politisierter, asketisch sich gebärdender Gebrauchsliteratur die sogenannte Neue Sensibilität ein aktuelles Bedürfnis erfüllte, sah es eine Zeitlang so aus, als würde die Lyrik eine schon lange nicht mehr dagewesene Breitenwirkung erleben. Die vielen Anthologien und Jahrbücher sowie die zahllosen Gedichtbände junger Autoren ließen die Kritiker, wohl etwas voreilig, von einem neuen lyrischen Zeitalter schwärmen. Die zum Teil beachtlichen Ergebnisse dieser Phase sind geblieben; von einer bleibenden Dominanz des Gedichts kann jedoch keine Rede sein. (Eine Vorstellung vom Ertrag des Jahrzehnts verschafft Hans Benders Anthologie *Was sind das für Zeiten. Deutschsprachige Gedichte der achtziger Jahre*, 1988.) Daß die Gattung des Dramas traditionsgemäß nicht dazu angetan ist, die Erzählformen der Prosa in der Gunst der Leser zu bedrohen, braucht kaum gesagt zu werden. Eine andere Frage ist der Druck, dem das Drama als Bühnenwerk und das Theater als Institution insgesamt durch Kino und Fernsehen ausgeliefert sind. Allein auch hier gibt es bislang nur Schwankungen, doch keine Anzeichen einer dauerhaften Bedrohung des Theaters.

Sieht man sich im Bereich des Romans um, so fällt die Neigung zu Werken auf, in denen mythische Stoffe oder Motive nach dem Muster literarischer Phantastik in eine gegenwartsbezogene Sicht gerückt werden. Ein solcher Roman ist *Die Rättin* (1986) von Günter Grass, ein Buch, das zudem bezeichnend ist für das postmoderne Spiel mit Versatzstücken und Zitaten. Der Autor der *Blechtrommel*, weltweit der wohl am meisten geschätzte lebende deutschsprachige Schriftsteller, führt hier in die phantastisch-utopische Handlung Gestalten aus eigenen Romanen ein und bietet so den Lesern gleichsam Einblick in eine literarische Wiederaufbereitungsanlage. Die moralistische Sicht, die man bei Grass trotz aller Sarkasmen neuerdings nur selten vermißt, umfaßt hier eine Welt, die geprägt ist von einer totalen Katastrophe, vom großen atomaren „Knall". Das Grauen des globalen Untergangs und die spielerische literarische Maskerade erscheinen vom Hang zum Grotesken verklammert.

Folgt man den angedeuteten motivtypologischen Beziehungen, rückt der Roman *Ahasver* (1981) von STEFAN HEYM neben die phantasmagorischen, eine Mischung aus volksmythologischen Elementen und Futurologie inszenierenden Werke von Grass. Es geht um den Leidensweg des jüdischen Volkes durch Jahrtausende, verkörpert in der Figur des Ewigen Juden, einer Sagengestalt, in der Heym nicht nur die tragischen Züge deutlich macht, sondern auch humoristisch getönte. Den Kern des Romans bildet eine farbig erzählte, sprachlich auf einem kernigen Lutherdeutsch beruhende Geschichte aus dem Zeitalter der Reformation. In die jüngste Vergangenheit führt eine satirische Parallelhandlung, in der ein Ostberliner Institut für Religionsfragen den Atheismus mit wahrhaftig zelotischer Strenge betreibt.

Im Hinblick auf diese und auf weitere Werke erscheint es zutreffend, von einem Romantypus zu sprechen, der sich auf die Idee mythischer Bezüge und *transhistorischer Parabeln* gründet. Daß dabei nicht manieristische Einfälle im Spiel sind, sondern daß das mythische Analogon in vollem existentiellen Ernst heraufbeschworen wird, beweist Christa Wolfs große Erzählung *Kassandra* (1983), eine eigentümliche poetisch-politische Fassung der antiken Sage. Es geht auch hier um das aus der griechischen Dichtung bekannte Schicksal der trojanischen Königstochter, der warnenden Seherin: es geht um Torheit, Macht und Krieg, um Gewalt und Tod, vor allem aber um ein Frauenschicksal in einer von Männern beherrschten Welt. Die Autorin hat ihr Werk mit einer Begleitschrift versehen, *Voraussetzungen einer Erzählung: Kassandra* (ebenfalls 1983), in der Formen des poetischen Reiseberichts, des literaturkritischen Essays, des Tagebuchs und der politischen Betrachtung miteinander verbunden sind. Den Kern bildet die Frage nach der Deutung menschlicher Geschichte aus feministischer Sicht, d.h. aus einer Perspektive, die Wahrnehmungen und Utopien anderer Art erlaubt. Mit der Infragestellung der historischen „Männergesellschaft" nähert sich diese Schrift thematisch den zahllosen feministischen Veröffentlichungen der jüngsten Zeit, doch sie ist ‚Frauenliteratur' mit viel Umsicht: nichts wäre falscher, als den Männlichkeitswahn durch einen Weiblichkeitswahn zu beantworten, das ist eine der Schlußfolgerungen der Verfasserin.

Die Idee der mythischen Allgegenwart greift auch eines der fesselndsten (und erfolgreichsten) Werke dieser Jahre auf, der Roman *Die letzte Welt* (1988) des bisher wenig bekannten, 1954 geborenen österreichischen Autors CHRISTOPH RANSMAYR. Der Text ist eine Prosadichtung von großer Bildkraft, die nicht nur von Ovid und seinen *Metamorphosen* handelt, sondern das antike Werk auf eine eigentümliche Weise fortführt. Ein Freund Ovids begibt sich auf der Suche nach dem verbannten Dichter an die Schwarzmeerküste, findet aber dort, im fernen Grenzbereich Roms, nur vage Spuren der Erinnerung an den Verstorbenen, in Form einer gelebten Überlieferung seiner Dichtung. Die bizarren Schicksale der Küstenbewohner erlebt der Römer als ein poetisches Welttheater, in dem sich die Verwandlungsphantasien Ovids zu neuen Figuren zusammenfügen. Die Vieldeutigkeit des Romans, verursacht durch stets neue Vexierspiele, erinnert auch selbst an das Grundmotiv des Werkes: an die Geheimnisse der Verwandlung. Das für die postmoderne Situation bezeichnende Verfahren der Anspielungen und Zitate erfährt hier eine Verdichtung, die das Werk als besonders epochenrepräsentativ erscheinen läßt.

Neben dieser Tendenz behauptet sich das Muster des breit angelegten Zeit- und Gesellschaftsromans mit eher herkömmlicher Erzählform, etwa im *Exerzierplatz* (1984) von Siegfried Lenz, dem Autor der *Deutschstunde*, der nach wie vor zu den erfolgreichsten deutschen Erzählern gehört. Gleicherweise ist die Neigung zur Schilderung privater Erfahrungen erkennbar, als Fortsetzung der Bestrebungen, mit denen die Neue Sensibilität der siebziger Jahre ihre Wirkung erzielte. Beispiele bieten neue Erzählwerke von Peter Härtling, Jurek Becker, Gert Hofmann u.a., insbesondere aber Martin Walsers Roman *Brandung* (1985), sein wohl bestes Werk seit den sechziger Jahren. Stofflich gesehen ist das Buch ein Campus-Roman, in der Art etwa, wie sie aus englischen und amerikanischen Werken der letzten Jahrzehnte bekannt geworden ist: geschildert wird nämlich der Aufenthalt eines deutschen Germanisten an einer amerikanischen Universität. Geläufig ist auch das Grundmotiv, die Liebe des Sprachlehrers zu einer Studentin, im übrigen in einem Rahmen, den man platonisch zu nennen pflegt. Da die Geschichte mit dem Unfalltod des Mädchens schließt, wird der Leser auch an den traditionsreichen Motivkreis der Beziehung zwischen Eros und Thanatos erinnert. An der Handlung, die man einem alten Klischee zufolge als „romantisch" bezeichnen müßte, dürfte den Autor weniger der Stoff, als vielmehr die Herausforderung gereizt haben, zu zeigen, daß es nicht auf den Gegenstand ankommt, sondern allemal darauf, was man daraus macht. Die subtile, auch literarisch beziehungsreiche Erzählweise des Autors bestätigt diese Absicht.

Die Bestrebung, Intimität und subjektive Bekenntnisfähigkeit literarisch zu veranschaulichen, zeigt sich namentlich in den neueren Werken Peter Handkes. Das zuweilen nicht unbedenkliche Mitteilungsbedürfnis des Autors hat eine Fülle von Veröffentlichungen hervorgebracht, die mit wechselndem Erfolg die – in der modernen Literatur nicht eben häufige – Neigung offenbaren, individuelle Harmonie- und Glückserfahrung auf die Ebene utopischer Allgemeinheit zu erheben. Bezeichnend sind namentlich der Roman *Die Wiederholung* (1986) sowie die Erzählung und Essay verbindende Schrift *Die Lehre der Sainte-Victoire* (1980). Diese ist in mancherlei Hinsicht ein Schlüssel zum Verständnis der späteren Texte. Die darin vertretene Intuitionslehre gipfelt im Urteil, der Verstand vergesse, die Phantasie dagegen nie. Kennzeichnend für Handkes Überzeugungen ist der Umstand, daß in diesem Werk die Kunstauffassung Cézannes und die Erzählkunst Stifters einen gemeinsamen Resonanzboden haben.

„Immer wieder das Bedürfnis, als Schriftsteller Mythen zu erfinden, zu finden, die mit den alten abendländischen Mythen gar nichts mehr zu tun haben: als bräuchte ich neue Mythen, unschuldige, aus meinem täglichen Leben gewonnene: mit denen ich mich neu anfangen kann (keine alexandrinischen Mythen*spiele* mehr wie bei Joyce und Beckett)." Das steht in Handkes tagebuchartigen Aufzeichnungen *Das Gewicht der Welt* (1977). Der neben Handke bekannteste österreichische Gegenwartsautor, der 1989 verstorbene Thomas Bernhard, hat bis zuletzt wohl nur die eine literarische Absicht gehabt: Mythen, welcher Art auch immer, zu zerstören. Er vertraut diese Absicht dem monologischen Redefluß seiner Romanfiguren und Dramengestalten an, die zumeist exzentrische oder neurotische Künstler und Gelehrte sind, Menschen, die in ihrer Kritik der Umwelt einen eigentümlichen Radikalismus nihilistischer Art entfalten. Daß diese Figuren gewissermaßen Sprachrohre des Autors sind, hat dieser niemals verborgen; jedenfalls sind deren Ansichten von den Ansichten Bernhards (in Interviews) kaum zu unterscheiden. Es bleibt allenfalls die Frage, ob der Autor die Gestalten nach seinen Anschauungen gemodelt hat oder ob er Gefallen daran fand, in der Öffentlichkeit eine Maske anzulegen und als Sprecher seiner Erfindungen aufzutreten.

Namentlich die Romane der letzten Schaffensphase (z.B. *Holzfällen*, 1984, *Alte Meister*, 1985, *Die Auslöschung*, 1986) zeigen die Fixiertheit auf bestimmte

Situationen und Motive. Immer wieder wird das Scheitern, der Verzicht oder die moralistische Menschenscheu geistig begabter Menschen zum Anlaß genommen zu einer Art Erfahrungsinventur, wobei die Ursachen der erwähnten Reaktionen in bohrenden Befragungen und Selbstbefragungen erkundet werden, in einer Spannweite, die von subtilen Beobachtungen über die Beschaffenheit seelischer Vorgänge, etwa in der Kindheit, bis zu grotesk-komischen Auslassungen reicht, in denen gesellschaftliche Konventionen als unfreiwillige absurde Vorgänge dargestellt werden. Ihre letzte Begründung findet diese Art von Kritik, ähnlich wie bei Samuel Beckett, dem Bernhard in mancher Hinsicht verwandt ist, im Gedanken der Nichtigkeit aller Dinge angesichts der einzigen Konstante aller Zeiten: des Todes. Zu den Eigentümlichkeiten von Bernhards Prosa gehört vor allem der Umstand, daß die Erzählerfiguren zumeist Mittler sind, die fremde Gedanken oder das Gegeneinander fremder und eigener Meinungen wiedergeben. In der Welt der Vereinsamung und Zwietracht täuscht Bernhards Prosa paradoxerweise die Sprache des kommunikativen Alltags vor: eine folgerichtig auf „Einfachheit" reduzierte, allenfalls durch mechanisch hämmernde Wiederholungen auffällig gemachte, aggressiv wirkende umgangssprachliche Sprechweise beherrscht den Text. In den bitteren Ernst der Lebenslagen (Krankheit, schwere Verluste, Verbitterung), von denen die Rede ist, mischen sich immer wieder karikaturistische Züge, so daß nicht wenige Gestalten fast clownhafte Züge aufweisen. Man kann in dem grausig-komischen Schwadronieren der Gestalten, das nicht zuletzt die besondere Stellung des Autors in der Gegenwartsliteratur bezeichnet, eine eigentümliche Spielart des Schwarzen Humors erblicken.

Alle diese Züge treten in Bernhards Bühnenwerken fast noch deutlicher zutage. Das bestätigen auch die späten Stücke. Die Verständigungsunfälle der Gestalten, deren Sprechen vorwiegend aus einem Aneinander-Vorbeireden bestehen, kommen auf der Bühne besonders sinnfällig zur Geltung. Bezeichnend ist auch hier der Unmut über nationale Traditionen oder allgemeine menschliche Eigenschaften, der sich in kettenartigen Monologen entlädt und der dem Autor den Ruf eines Unruhestifters eingetragen hat – eines *troublemakers* freilich, der die Skandale, die den Inszenierungen seiner Stücke zuweilen vorangehen oder folgen, mit Zufriedenheit quittiert. Es überrascht nicht, daß man sich an der Heftigkeit stieß, mit der etwa in den letzten beiden Bühnenwerken *Elisabeth II.* (1987) und *Heldenplatz* (1988), österreichische Verhältnisse oder Überlieferungen von den Dramenfiguren attackiert werden – im *Heldenplatz* dazu noch in einem politischen Zusammenhang, denn es geht darin um das Schicksal einer jüdischen Familie in Wien (der Titel bezieht sich auf die Ereignisse von 1938). Berücksichtigt man die motivischen Konstanten bei Bernhard, so fällt der paradoxe Umstand auf, daß die Angriffe auf heimatliche Zustände in den meisten Werken auf eine heimischen Traditionen verbundene Art erfolgt. In Stücken wie *Der Theatermacher* (1985), einem seiner besten, und *Elisabeth II.* erkennt man die Verwandtschaft der schimpfenden oder nörgelnden Gestalten mit der Figur des komischen Misanthropen, des „Raunzers" in der österreichischen Bühnenliteratur von Raimund und Nestroy bis Karl Kraus. Bernhards Werke sind allerdings – trotz der häufigen Bezeichnung ‚Komödie' – keine lustspielhaften oder satirischen Stücke nach überliefertem Verständnis. Die traditionelle Grenze zwischen tragischen und komischen Elementen im Drama ist bei Bernhard sinnlos geworden. Das „Raunzen" seiner Dramen- und Romangestalten kann daher so maßlos und so offensichtlich widersinnig sein, weil es keine Kritik im Sinne eines rationalen Modells darstellt, sondern gleichsam den Ausdruck eines existentiellen Unmuts und einer fortwährenden Gereiztheit angesichts des Verlaufs der menschlichen Geschichte sowie der Beschaffenheit der *conditio humana.*

Im Hinblick auf die Radikalität in der Wahl der Thematik und der Kunstmittel kann zu den vergleichbaren Autoren Heiner Müller gezählt werden, zumindest mit seinen neueren Bühnenwerken. Der Autor hat sich, von Brecht herkommend, in den letzten Jahrzehnten mehr und mehr zum Dramatiker eines transhistorischen Menschenbildes gewandelt, ohne jedoch bestimmte gesellschaftskritische Ansichten aufzugeben. Das Ergebnis ist eine Dramatik, die nicht selten den Anschein erweckt, sie sei eine Verbindung von Brechts Materialismus und Artauds Theater der Grausamkeit. Dramentexte wie *Hamletmaschine* (1977) und *Leben Gundlings Friedrich von Preußen Lessings Schlaf Traum Schrei* (1976, man beachte den für Müller so bezeichnenden asyntaktischen Titel!) bedienen sich literarischer und historischer Stoffe, um in Form eines „entfesselten", aggressiven Theaters das Gegeneinander menschlicher Leidenschaften und gesellschaftlicher Normen und Zwänge in krasse Bilder zu bannen. Wenn der Autor Unterdrükkung darstellt, so meint er nicht nur die üblichen Erscheinungsformen, sondern auch die Gewalt, die die menschlichen Instinkte erleiden müssen, in historischen Prozessen, die gespenstischen Dompteurakten im Weltzirkus gleichen.

Erkennt man in der Kunstgestalt der genannten Dramen Elemente aus der Tradition des Expressionismus, so gilt das in gewissem Maße auch für das Bühnenschaffen von Botho Strauß, der heute zu den meistgespielten deutschen Autoren zählt. Seine Werke stehen in der Gunst mancher Kritiker allerdings eher dank dem Zusammenhang mit einer vagen Vorstellung von Postmoderne. Als zeitgemäß in stilistischer Hinsicht erscheint die Beliebigkeit, mit der unterschiedliche Mittel aus dem Museum des Theaters und der Literatur für eigene Zwecke verwendet werden. Die neueren Bühnenwerke (etwa die Schauspiele *Der Park*, 1983, und *Die Fremdenführerin*, 1986, die Komödie *Besucher*, 1988, sowie das Stück *Die Zeit und das Zimmer*, 1988) bestätigen den Eindruck, den schon die früheren Dramen hervorgerufen haben: daß sich in den Neigungen des Autors eine Renaissance der Dramaturgie Strindbergs abzeichnet, etwa die Konzeption des *Traumspiels*. Stofflich ist bei Strauß die Verankerung in der Wohlstandsgesellschaft der Gegenwart sehr deutlich; doch daraus ergibt sich bei ihm keine Verpflichtung zu ungebrochenen erfahrungsmäßigen Abbildern. Wie bei Strindberg verdichten sich die Figuren zu allegorischen und modellhaften Zeichen, die sich ohne „realistische" Motivierung verwandeln, spalten, verflüchtigen. Der Anschein alltäglicher Konkretheit und der Eindruck gespenstisch abstrakter Allgemeinheit bilden hier eine untrennbare Einheit. Zu den konstanten Merkmalen bei Strauß gehört ferner (ausgeprägt namentlich im breit angelegten Stück *Der Park*, einer Kontrafaktur zu Shakespeares *A Midsummer Night's Dream*) das Thema der „kranken Zivilisation": die moderne Welt erscheint als ein hochartifizielles Gebilde, in dem der Mensch mit seiner Körperlichkeit an die blasse, wesenlose Künstlichkeit von Ersatzdingen und Ersatzhandlungen gefesselt ist. In seiner Rede bei der Entgegennahme des Büchner-Preises 1989 setzt er das Problem folgendermaßen ins Bild: „Was ist Glashaus, was ist Welt? Was innen, was außen? Was Automat und was Organ? Nicht mehr zu unterscheiden. Wir fühlen unseren Kopf Globus werden und gehen auf einer Erde, die sich anschickt, ein einziger Kopf zu werden. Die verschaltete Welt ist das komplette *artificium*, die künstliche Kunst nur ihr oberster Verdichtungsgrad." Die Dramen „verdichten" folgerichtig eine Welt, in der höchste Künstlichkeit einhergeht mit Zufälligkeit und Beliebigkeit. Bezeichnend für Strauß ist die Austauschbarkeit der einzelnen Szenen in einer Folge, die Zufälligkeit suggeriert – zum Beispiel durch das Zusammenführen von Personen in einem Warteraum, einem Büro-Vorzimmer oder einer Gemäldegalerie (in Räumen, die in diesem Sinn beispielhafte Handlungsorte sind). Das oft krampfhafte Verhalten der Figuren ist ein Zeichen der Angst davor, zur Marionette zu erstarren. Das Unpersönliche des Raumes deckt sich damit zeichenhaft mit den Eigenschaften der Gestalten. Die Gefahr, die dem Menschen droht, selbst wesenlos zu werden, ist das zentrale Thema des Autors. Er ist damit repräsentativ für eine sehr ausgeprägte Strömung in der Kunst der Gegenwart. Die Postmoderne, sollte sie hier erkennbar sein, zeigt darin ihr bedrohliches Antlitz, viel mehr als ihr versöhnliches.

Autorenverzeichnis

Dieses Verzeichnis enthält neben den *Autoren* auch alle im Text erwähnten *Personen des kulturellen Lebens* wie Künstler, Musiker und zitierte Literaturwissenschaftler. Darüber hinaus findet der Leser hier außer den Namen *literarischer Gruppierungen* z. B. auch *Zusammenschlüsse von Autoren* und *Theater(ensembles)* aufgeführt.

Werkverzeichnis

Dieses Verzeichnis enthält die Titel aller im Text erwähnten *Werke*. Als Hilfe zur raschen Orientierung sind die Zahlen jener Seiten, auf denen ein Werk ausführlicher behandelt wird, durch **Fettdruck** hervorgehoben. Außerdem findet der Leser hier auch die in der Literaturgeschichte genannten *Zeitschriften*.

Leben des Grafen Federigo Confalonieri 269

letzten Tage der Menschheit, Die **256**

Sachverzeichnis

Quellenverzeichnis der Abbildungen

Verlags AG „Die Arche“, Zürich 368
Archiv für Kunst und Geschichte, Berlin 38, 40, 56, 75, 80, 91, 93, 94, 96, 103, 115, 116, 127, 132, 136, 140, 157, 163, 165, 167, 180, 183, 189, 193, 205, 207, 209, 210, 213, 214, 216, 218, 228, 231, 249, 272, 296
Archiv Nole Saßmannshausen, Frankfurt 312
S. Fischer Verlag, Frankfurt 262, 307
Hoffmann und Campe Verlag, Hamburg 174
Insel Verlag, Frankfurt 245
Hannes Jähn, Köln 354
Kösel-Verlag, München 255
Kraus-Reprint, Nendeln 287
(Abdruck mit Genehmigung von Frau Sina Walden, München)
Hermann Luchterhand Verlag, Darmstadt 333
Renate von Mangoldt 371
Roger Melis 389
Digne Meller Marcovicz, Frankfurt 364
Isolde Ohlbaum, München 373
Andrej Reiser 358
Rowohlt Verlag, Reinbek bei Hamburg 339
Schiller-Nationalmuseum, Marbach am Neckar 243, 253
Scriptor Verlag, Königstein 13, 21, 27, 35, 36, 45, 49, 50, 51, 53, 55, 59, 61, 65, 72, 77, 83, 85, 89, 108, 118, 153, 170, 224, 238, 266, 278, 280, 284, 285, 289, 309, 323, 340, 361
Suhrkamp Verlag, Frankfurt 268, 324, 343
Irving Teitelbaum 380
Ullstein Bilderdienst, Berlin 130, 226, 232, 330
Walter Verlag, Freiburg 303
Ruth Walz, Berlin 387
Wissenschaftliche Buchgesellschaft, Darmstadt 146
Württembergische Landesbibliothek, Stuttgart 240